国家“万人计划”科技创新领军人才项目资助
国家优秀青年科学基金项目（51522406）资助

流态矿产资源开采导论

Introduction to the development of fluid and solid mineral resources in drilling method

主　编　黄炳香
参　编　赵兴龙　陈树亮　李　楠
　　　　陈大勇　刘江峰　段天宏

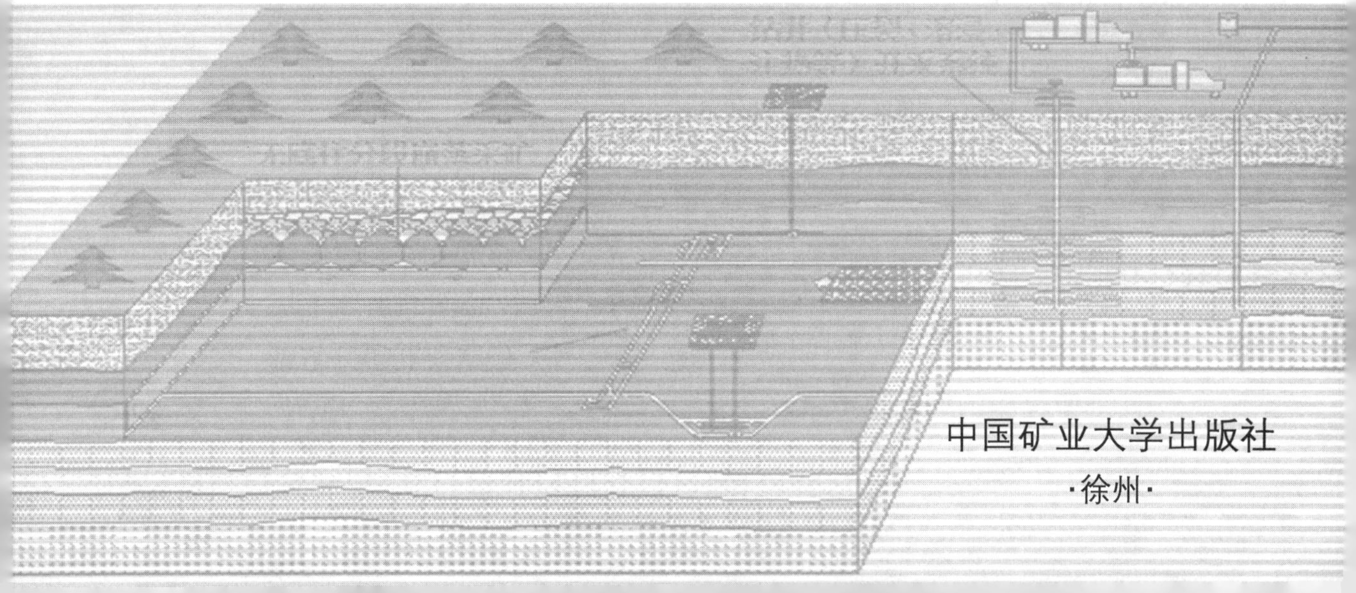

中国矿业大学出版社
·徐州·

内容简介

煤与煤系共伴生资源协调开采、深部固体矿产流态化开采等涉及流态矿产资源开采，采矿工程专业学生目前的学习目标主要是掌握固体矿产开采知识，而科技发展与“大采矿”办学理念要求学生掌握一些流态矿产开采知识。流态矿产资源及其开采的范畴包括流体矿产资源和由固态转化成流态开采的矿产资源。本书系统性地介绍了流态矿产资源的地质赋存特征、多孔介质渗流特性与多场耦合理论、开采方法、开采钻完井、储层压裂与驱替、排采、储运等内容，并介绍了固体矿产的流态化开采、共伴生矿产资源协调开采与流态矿产资源的可持续性开发。这些知识内容构成较为系统的流态矿产资源开采的理论、方法与技术体系，与传统的固体矿产开采结合，形成“大采矿”的框架。

本书可以作为采矿工程专业研究生与高年级本科生的教材，也可以作为矿业工程领域科研人员的参考书。

图书在版编目(CIP)数据

流态矿产资源开采导论 / 黄炳香主编. —徐州 ：中国矿业大学出版社，2019.12

ISBN 978-7-5646-3929-7

Ⅰ. ①流… Ⅱ. ①黄… Ⅲ. ①流态化—矿产资源开发—研究 Ⅳ. ①F407.133

中国版本图书馆 CIP 数据核字(2018)第050300号

书　　名　流态矿产资源开采导论
LIUTAI KUANGCHAN ZIYUAN KAICAI DAOLUN
主　　编　黄炳香
责任编辑　王美柱
出版发行　中国矿业大学出版社有限责任公司
（江苏省徐州市解放南路　邮编 221008）
营销热线　(0516)83884103　83885105
出版服务　(0516)83995789　83884920
网　　址　http://www.cumtp.com　**E-mail**:cumtpvip@cumtp.com
印　　刷　江苏淮阴新华印务有限公司
开　　本　787 mm×1092 mm　1/16　**印张** 31　**字数** 774 千字
版次印次　2019 年 12 月第 1 版　2019 年 12 月第 1 次印刷
定　　价　58.00 元

前　言

采矿是自地壳内和地表开采矿产资源的科学和技术。而矿产资源指由地质作用形成的，在当前和可预见将来的技术条件下具有开发利用价值的，呈固态、液态或气态的自然矿物。因此，采矿的范畴是广泛的，包括能源矿产、金属矿产、非金属矿产、水气矿产等开采。

中国煤炭行业传统的资源勘探和开采主要针对煤炭。探矿权人在取得煤系特定区域的探矿权后，大多只针对煤炭进行详细勘探，而对煤系的共伴生矿产资源没有进行必要的勘探；相应的，在后续开采过程中，采矿权人也只针对煤炭进行规划开采。这就形成了目前煤系的煤炭、油气、金属矿产等独立开采的局面，鲜有多种矿产资源协调开采的实例。而煤系共伴生资源种类多且储量丰富，因此，可由传统的仅开发煤炭转变为煤与煤系共伴生资源协同开发；同时，考虑采前科学规划、采后闭坑矿井的科学利用，在传统科学采矿的基础上，研究矿井所有资源全生命周期科学采矿的理论与技术。这将有利于提高资源利用率，推动煤炭开发产业结构调整，从而为矿业可持续发展提供新的思路。

煤炭是我国的主体能源，煤炭开采导致的安全、环境等问题受到国家的高度重视，煤炭开发科技革命势在必行。煤炭地下气化等流态化开采是保障煤炭行业安全高效绿色的发展方向。

因学习苏联，我国很多高校形成了行业办学的模式。煤炭行业院校的采矿工程专业主要学习煤炭开采相关知识。而国际上的采矿工程专业涉及众多矿种的开采，没有明确限定煤炭等。目前，国家正在推进"双一流"学科建设，"双一流"是国家打造高等教育强国的重大战略；中国矿业大学的矿业工程学科入选国家"双一流"建设学科，强本拓新是中国矿业大学采矿工程专业的发展战略。因此，从矿产资源共伴生禀赋、矿业产业结构与可持续发展、人才培养、学生就业、科学研究等方面考虑，按"大采矿"思路办学和进行学科建设势在必行；国内外矿业研究与实践也证明了这一点。采矿工程专业学生目前的学习目标主要是掌握固体矿产开采知识，而科技发展与"大采矿"办学要求学生掌握一些流态矿产开采知识。

我研究煤岩体水压致裂起初主要应用于煤矿，2012 年开始与中国石油天然气股份有限公司华北油田分公司就地面煤层气开采进行压裂方面的合作，之后将压裂的相关研究成果应用于中国石油化工股份有限公司西北油田分公司新疆油田的石油开采。同时，我带领研究生尝试涉足可燃冰、页岩气等的开采。在与不同矿种开采行业的科研合作过程中形成一个共识：不同行业或领域的一些根源性的问题是相通的。

基于此，我在 2015 年年底开始尝试构思编写《流态矿产资源开采导论》，研究团队的编写分工如下：第一章绪论（黄炳香）、第二章流态矿产资源赋存特征（李楠）、第三章多孔介质渗流特性与多场耦合理论[刘江峰，黄炳香（编写 3.3.5 小节）]、第四章流态矿产资源的开采方法[赵兴龙，陈大勇（编写 4.2、4.3 和 4.5 节）]，第五章油气开采的钻完井（李楠）、第六章流态矿产储层的压裂改造(黄炳香、赵兴龙、陈树亮)、第七章流态矿产资源的抽采(陈树亮、赵兴龙)、第八章流态矿产资源的分离与储运(陈树亮)、第九章固体矿产的流态化开采[段天宏,黄炳香(编写 9.2 节)]、第十章煤系共伴生资源协调开采(赵兴龙、黄炳香)、第十一章流态矿产资源的可持续开发[陈大勇,黄炳香(编写 11.3.2 小节和 11.5 节)],黄炳香负责全书的构思与统稿。

感谢中国石油天然气股份有限公司华北油田分公司崔金榜总工程师以及汤继丹、刘斌等提供了一些现场资料!衷心感谢肖栋老师对 4.5 节生物开采法中微生物开采相关内容进行了核对与指导!研究生蔡青旺等参与了部分资料的整理和图表的制作工作,感谢他们付出的辛勤劳动!

本书内容主要取材于国内外有关文献,一部分系本人团队的研究成果。由于流态矿产开采涉及的专业领域多,以及编写人员水平所限,书中不妥之处在所难免,敬请批评指正,以便今后再版时加以完善。

黄炳香

2019 年 9 月于徐州

目　次

1 绪 论

本章主要介绍流态矿产资源开采的背景、流态矿产资源的开发利用历程与现状、流态矿产资源开采的体系框架，其中采矿的范畴与流态矿产资源开采的体系框架要求掌握，流态矿产资源开采的背景、历程和现状了解即可。

采矿(mining)是自地壳内和地表开采矿产资源的科学和技术。而矿产资源(mineral resources)指由地质作用形成的，在当前和可预见将来的技术条件下具有开发利用价值的，呈固态、液态或气态的自然矿物。因此，采矿的范畴是广泛的，包括能源矿产、金属矿产、非金属矿产、水气矿产等开采。

1.1 流态矿产资源开采的背景

煤层具有很大的生气能力，仅从褐煤到无烟煤阶段，煤生气可达 400 m^3/t 以上，故整个成煤期生成的煤系气远大于煤层中保存的天然气(natural gas)[1]。据苏联地质学家 A. K. 马特维耶夫提供的资料，苏联含煤盆地煤层生成甲烷(methane)总量约为 2.65×10^{15} m^3，而保存在煤层中的甲烷只有 $2.4\times10^{14}\sim2.5\times10^{14}$ m^3，这表明 90%以上约 2.4×10^{15} m^3 的甲烷从煤层中运移而出，而这些逸出的甲烷多运移到煤系中[2]。煤系气经过运移，呈游离状态聚集在其他沉积岩、火成岩或变质岩储层中，称为煤成气(coal derived gas，coal formed gas)；煤系气生成之后，未逸出的部分主要呈吸附状态赋存在煤层中，成为煤层气(coalbed gas，coalbed methane)；赋存在富有机质页岩层系中的煤系气是煤系页岩气，它是页岩气(shale gas)的一种重要类型；赋存在低孔隙率、低渗透性、低饱和度的砂岩中的煤系气，是致密砂岩气(tight sandstone gas)[3]。近年来，国内学者对青海木里的天然气水合物(natural gas hydrate)的研究认为，冻土带的存在为天然气水合物的形成提供了温度和压力条件，而木里地区丰富的煤炭资源在煤化进程中提供了气源基础，故称之为煤型气源天然气水合物[4-5]。世界范围内储存在天然气水合物中的碳至少有 1.0×10^{13} t，约是当前已探明的所有化石燃料(包括煤、石油和天然气)中碳含量总和的 2 倍。其中，煤型气源天然气水合物大概占 35%。

煤与煤系共伴生资源按开采的方式可以分为两大类[6]，即固体资源和流体资源(见图 1-1)。固体资源是指自然条件下为固态的资源。可利用现有的固体矿床开采方式，通过在目标岩土层中掘进巷道等开采空间直接将固体资源剥落并运输至地面，或者通过溶浸、热溶、化学开采等方式使固体资源溶解在注井液中并将浸出液抽采出来。固体资源按照赋存特征，又可分为沉积层状矿体和非层状矿体。沉积层状矿体成层分布，如煤炭、硫铁矿、铝土矿、高岭石和石墨等矿层。非层状矿体共伴生于煤层或煤系中或以矿脉的形式赋存，如铀、锂、锗、镓等稀有金属元素，银、金、铂族元素等贵重金属元素以及镧系元素和钇等稀土元素。

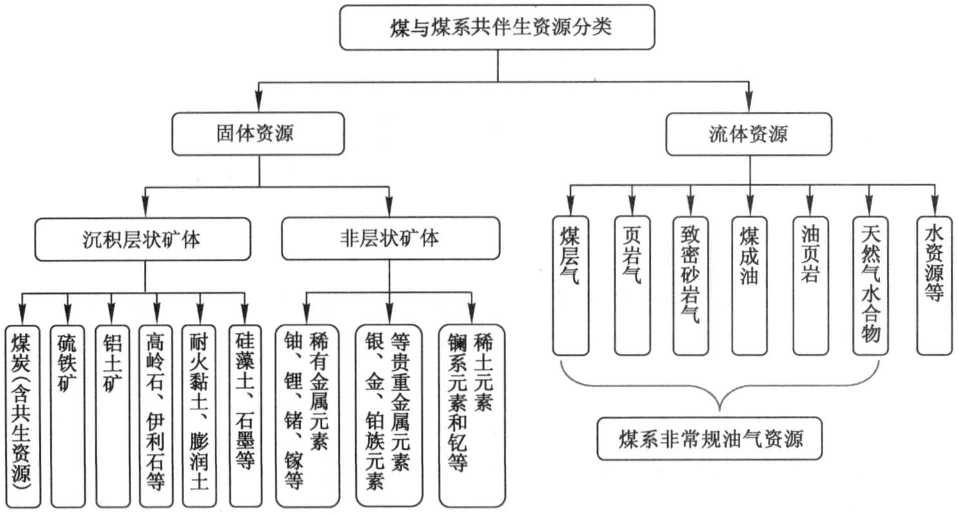

图 1-1　煤与煤系共伴生资源分类

流体资源是指自然赋存状态就是流体，或赋存在流体中，或者通过某种措施(加热、催化等)可以转变为流态的资源。如以固态形式存在的油页岩、天然气水合物等，以液态存在的水资源、软沥青、煤成油、地热资源等，以及以气态存在的煤层气、页岩气、致密砂岩气等。可通过在地面或井下钻井将目标层的流体资源抽采出来。

中国煤炭行业传统的资源勘探和开采均针对煤炭。探矿权人在取得特定区域的探矿权后，大多只针对煤炭进行详细勘探，而对该区域的其他共伴生资源没有进行必要的勘探；相应的，在后续开采过程中，采矿权人也只针对煤炭进行规划开采。这就形成了目前煤系的煤炭、油气、金属矿产等独立开采的局面，鲜有多种矿产资源协调开采的实例。

中国煤炭行业最近经历了 1998 年左右和 2013—2015 年的两次整体效益不景气。而煤系共伴生资源种类多且储量丰富，可由传统的仅开采煤炭转变为煤与煤系共伴生资源共采。传统煤矿仅开采煤炭资源，对煤系共伴生的其他资源考虑较少或没有考虑。近些年，国内开始出现煤与煤系共伴生资源开采的矛盾，如鄂尔多斯矿区煤炭开采与煤系铀矿开采的矛盾[7]。2014 年，国内煤炭行业的效益整体下滑[8]。同时，中国东部大量井工煤矿的煤炭资源枯竭，处境艰难。因此可以尝试转变思路，由传统的仅开采煤炭，转变为煤与煤系共伴生资源共采，使产品多样化，突破单一行业的限制，实现企业的最佳经济与社会效益。

传统的采矿工程专业主要从事固体矿产的开采，石油工程专业从事油气(流态)矿产的开采。煤与煤系共伴生资源的协调开采需要油气开采的知识，采矿工程专业技术人员需要了解流态矿产开采(fluidized mineral exploitation)理论与技术。另外，井工开采煤炭等固体矿产的安全性受到普遍关注，采矿技术的革新势在必行；人员不下井，无人则安，在地面通过钻孔等将地下矿产流态化并抽采出来，煤炭地下气化(underground coal gasification)、微生物气化(microbial gasification)等固体矿产流态化开采方法相继被提出并试验探索。因此，煤系共伴生资源开采和固体矿产的流态化开采均需要流态矿产开采知识。

1.2 流态矿产资源的开发利用历程与现状

1.2.1 矿业发展史及流态矿产资源的开发历程

人类的采矿活动直接促进了人类社会的发展。在石器时代,人们采集石料、陶土制作石刃、陶器,这是最早人类采矿的萌芽[9],对矿物的合理利用直接使得人类从食物采集者变成了食物生产者。后来随着技术的进步,人类采矿的种类发生了很大的变化。公元前4000年至公元初年,人类掌握了冶铜技术,进入青铜时代。中国较为著名的有商周时期的铜矿开采。1988年,在江西省瑞昌市夏畈镇的幕阜山东北角发现的商周铜矿采矿遗址,既有露天开采又有地下开采,巷道用木头结构框架支撑,向下延伸数十米;利用水平高度不同的井口解决通风的问题,并且在采矿区还配有利用重力选矿的木溜槽。矿盐在人类社会中扮演重要的角色,中国盐矿的开采最早能追溯到商代后期[10],但是比较有名的还是战国末期蜀郡太守李冰开采盐矿,晋人常璩在《华阳国志·蜀志》中记载:“周灭后,秦孝文王以李冰为蜀守。冰能知天文地理……又识齐水脉,穿广都盐井诸陂池,蜀于是有养生之饶焉”。李冰开凿的是一种大口浅井,可以开采自然盐泉,也可开采地下盐层。之后盐井的深度不断加大,到了汉代(公元前202年—公元220年)已经深达60多丈(约200 m)。这样深的井筒有能力沟通地下天然气,世界上第一口天然气井也在这一时期诞生。据《天工开物·井盐》记载:“西川有火井,事奇甚。其井居然冷水,绝无火气,但以长竹剖开去节合缝漆布,一头插入井底,其上曲接,以口紧对釜脐,注卤水釜中。只见火意烘烘,水即滚沸。”这里的西川即四川,确切的地点是四川省邛崃市境内的火井镇(见图1-2);“火井”即天然气井,这口火井的深度为4~7 m[11]。当地人用刨去竹节的竹筒引导井内的天然气到灶台中燃烧煮盐,这是世界上第一个利用天然气的实例(见图1-3),比西方1659年发现天然气早了上千年。值得一提的是,这样深度的井筒,也使得人们实现了对地热资源——温泉的开采。北周(公元557—581年)人王褒在《温汤碑》中说道:“火井飞泉,垂天远扇。焦源沸水,冲流迸集。”另有唐玄宗在《温汤对雪》中说道:“未见温泉冰,宁知火井灭”。当然,中国最早使用地热资源的记录可追溯到商代[12],比较有名的是北魏(公元386—534年)地理学家郦道元在其所著的《水经注》中记载:“鲁山皇女汤,可以熟米,饮之愈百病,道士清身沐浴,一日三次,多么自在,四十日后,身中百病愈。”这些流态矿产资源都因为易于开采,较早被利用。

图 1-2 四川省邛崃市火井镇火井遗址

图 1-3 《天工开物》中记载的蜀省井盐制作过程

相比之下，铁的大规模利用受限于冶铁技术。公元前 2000 年左右，小亚细亚地区的人们就掌握和垄断了冶铁技术[9]，而中国到了西汉（公元前 202 年—公元 8 年）中期才逐渐掌握了鼓风炼铁和炼钢技术，铁矿得到大规模开采[13]，并由此更改了农业生产局面和游牧民族的军事局面。有关铁矿的开采，明代《天工开物·五金》铁篇中记载（见图 1-4）："凡铁场所在有之，其质浅浮土面，不生深穴，繁生平阳、岗埠，不生峻岭高山。质有土锭、碎砂数种。凡土锭铁，土面浮出黑块，形似秤锤。遥望宛然如铁，拈之则碎土。若起冶煎炼，浮者拾之，又乘雨湿之后牛耕起土，拾其数寸土内者。耕垦之后，其块逐日生长，愈用不穷。"可见当时主要是开采风化后的土锭铁矿和铁砂。而煤得到比较普遍的开发利用是在南宋（公元 1127—1279 年）时期，主要用于瓷器烧制与金属冶炼。那时人们没有利用煤层气，明代《天工开物·燔石》煤炭篇对采煤有这样的记载（见图 1-5）："凡取煤经历久者，从土面能辨有无之色，然后掘挖，深至五丈许方始得煤。初见煤端时，毒气灼人。有将巨竹凿去中节，尖锐其末，插入炭中，其毒烟从竹中透上，人从其下施钁拾取者。或一井而下，炭纵横广有，则随其左右阔取。其上支板，以防压崩耳。凡煤炭取空而后，以土填实其井，以二三十年后，其下煤复生长，取之不尽。"这里的"毒气"即煤层气，当时人们井工掘巷采煤，用竹筒排煤层气的做法类似今天煤矿工程中的"石门揭煤"。但是，由于当时对煤层气的认识有限，其并没有像天然气那样得到利用；一直到了现代，煤层气才被作为一种资源开采出来进行利用。而有关石油的利用则得益于凿井技术的提升，石油在汉代就被发现，班固在《汉书·地理志》中关于"高奴，有洧水，可燃"的记载就说明了曾经延安延河存在石油；到了明代正德十六年(公元1521年),在官府的推动下,四川峨眉乐山地区凿成了世界上第一口数百米深的石油竖井;在清代道光年间,民间力量将钻井深度提高到了1 000 m以上,并且实现了自流石油井的系统化生产[14]。

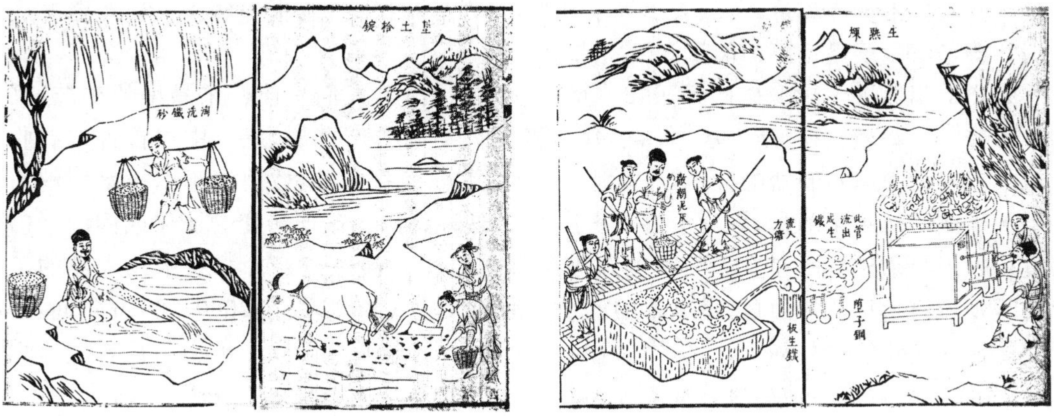

图1-4 《天工开物》中记载的铁矿开采与冶炼

图1-5 《天工开物》中记载的采煤

明清时期闭关锁国，中国矿业发展相对滞后，直到西方列强打开中国国门，疯狂掠夺中国丰富的矿产资源，中国矿业才步入近代化发展时期[15]。中华人民共和国成立以来，中国积极推动矿产资源勘探和开采工作。时至今日，中国已经确立了 173 个矿种[16]，煤、石油、天然气开采技术世界先进，海域天然气水合物(可燃冰)开采技术世界领先。矿产资源成为中国社会经济发展最重要的能量和原料来源。

人类文明促进了流态矿产开采技术的进步。在古代，人们只能开采易得的矿产，采用的技术有“火攻法”“耕牛垦土法”等；矿盐是极为重要的矿产资源之一，中国自古就有收集盐池或者地层中卤水制盐的技术，在盐池干涸后，人们挖掘水井，收集地下承压水溶解石盐矿层后生成的卤水来晒盐，称为水溶采矿法[17]。这种将固体矿产转变为流体或固液(气)流后进行收集的采矿技术在今天被称为流态化开采技术。流态矿产开采技术在人类的工业化进程中扮演了重要的角色，最重要的就是石油和天然气的开采，在 2000—2016 年间，中国消费石油和天然气共计约 116 亿吨标准煤[18]。如今流态矿产资源已扩展到页岩气、地热、矿泉水、天然沥青等多种类目。

流态化开采技术安全性高，且生产系统相对简单，越来越多的固体矿产转用流态化技术开采。除了古人采用的水溶法外，如今的流态化开采方法借助物理、化学、生物等多种手段，如煤炭地下气化/液化技术、可燃冰降压分解技术、微生物增产煤层气技术。甚至在地热开采中，直接将热能的赋存介质由干热岩转变为水或气，抽采热水或气，实现赋存介质的流态化。

1.2.2 流态矿产开采理论与技术的发展历史

流态矿产开采技术的发展历史表现出从顺应自然向改造自然转变的特点。古代的流态矿产开采技术取决于凿井技术。早在新石器时代，人们就已经通过凿井收集地下水用于生活生产[19]。或者利用承压水溶解盐岩来采盐。这种井的形态因为凿井技术的提升经历了由李冰时期的“大口浅井”向“小口深井”的演变。小口深井又叫“卓筒井”(与川音有关，可能为竹筒井)，苏轼在《东坡至林》卷四《蜀盐说》中记载：“自庆历、皇祐(1041—1053 年)以来，蜀始创筒井。用圜刃凿，如碗大，深者数十丈。以巨竹去节，牝牡相衔为井，以隔横入淡水，则咸泉自上；又以竹之差小者，出入井中为桶，无底而窍其上，悬熟皮数寸，出入水中，气自呼吸而启闭之，一筒致水数斗。凡筒井皆用机械，利之所在，人无不知。”对于这里的“圜刃”，人们推敲其可能为一种形状不规则的“一”字形钻头[20][见图 1-6(a)]。钻井采用冲击式钻进法，旋转钻头控制环向的钻进程度，从而保证钻进方向竖直向下。固井采用巨竹(南竹，竿高可达 20 余米，直径可达 20 余厘米)以公母榫形结构首尾相接，下入井内，隔绝淡水，防止井壁坍塌。洗井则首先用水混成泥浆，然后用较细的竹子和皮钱制成一个可控制的单向阀提捞竹筒[见图 1-6(b)]提捞岩屑泥浆。对此，《天工开物》中也有详细记载(见图 1-7)。

小口深井钻井(现在被称为小口径顿钻钻井)是当时世界领先的钻井技术。开凿和使用大口浅井都需要人员下到井内作业。而小口深井则几乎可以全部实现“机械化”开凿和使用。圜刃是现代钻头的鼻祖，套管护井法为世界首创，提捞法早于西方 700 多年。使用泥浆洗井的技术在今天仍然被使用，其支撑井壁、携带岩屑的作用已经被现代科学所证实[21]。小口深井缩小了孔径，提升了密封性和钻井深度，直接促进了石油、天然气、地热等其他流

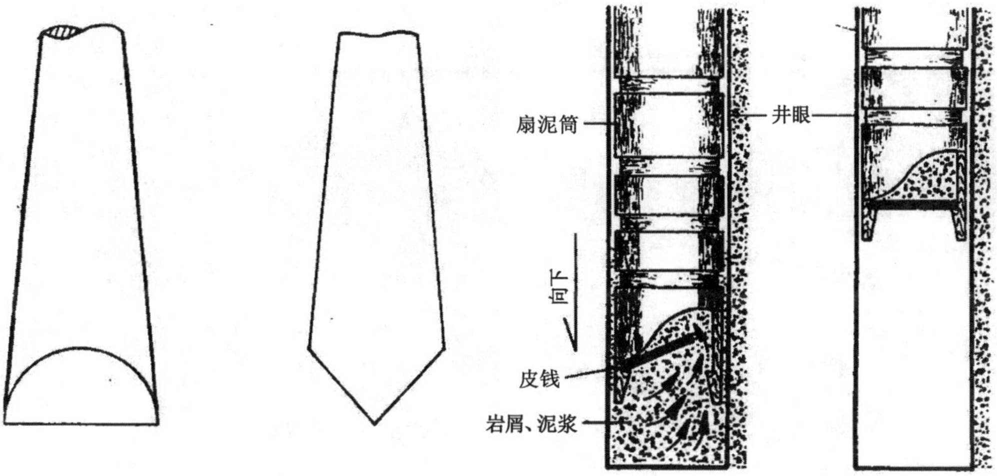

(a) 圜刃形状示意;(b) 提捞竹筒。

图 1-6 小口深井使用的圜刃及提捞竹筒

态矿产资源的开采。受限于当时的材料,如没有能传递大扭矩的钻杆,否则,中国古代的钻井技术可能更让世人所惊异。到了近代工业初期,随着钻井材料的改进,又相继有了近代顿钻钻井,并逐步发展为旋转钻井,在之后的流态矿产开采中,旋转钻井成为技术主流。中华人民共和国成立以来,钻井技术攻关取得了一系列成果,如"五五"期间的喷射钻井、"六五"期间的平衡钻井、"七五"期间的定向钻井、"八五"期间的水平钻井、"九五"期间的短半径侧钻水平井、"十五"期间的欠平衡钻井和抗高温钻井、"十一五"期间的气体钻井、"十二五"期间的超深井及超深水平井钻井等[22]。目前,钻井技术已不再是限制流态化开采技术发展的主要因素。

流态矿产开采方法引领流态矿产开采技术的进步。石油和天然气是常规的流体矿产资源,但是随着甜点油气资源的逐步枯竭,油气开采需要额外的人工举升,常用的手段有储层注水、注气、机械抽采等。对于石油资源存在过稠过致密难以开采的问题,还特别发展出了强化采油技术(也称三级采油技术)[23],该种方法利用微生物、地下焖火、注气驱替、化学驱替等手段提高石油采收率。流态矿产开采也不只局限于流体矿产资源。随着流态化手段的发展,也可以使用流态化开采技术开发原本固体原位开采的矿产。常见的手段如煤炭地下气化、油页岩裂解液化、天然气水合物分解气化等。能量也能使用流态化开采手段进行转移收集,如使用水置换干热岩资源中的能量进行流态化开采。

在流态矿产资源开采框架下,多种资源得到统一协调开采;以往存在的企业矿产品单一问题,共伴生矿产资源的浪费问题可以得到解决;共伴生矿产资源开发利用,能量不分流,物质精加工,可提高采矿效益和资源利用率;模糊同类矿产的界限,将多种矿产资源统筹采用固体或流态矿产开采方法进行协调开采,如油气藏协调开采、煤与共伴生资源协调开采、盐湖锂资源综合利用等。流态化开采矿产资源理念越来越成为人们的共识。

(a)

(b)

(c)

图 1-7 《天工开物》中记载的小口深井凿井过程

(d)

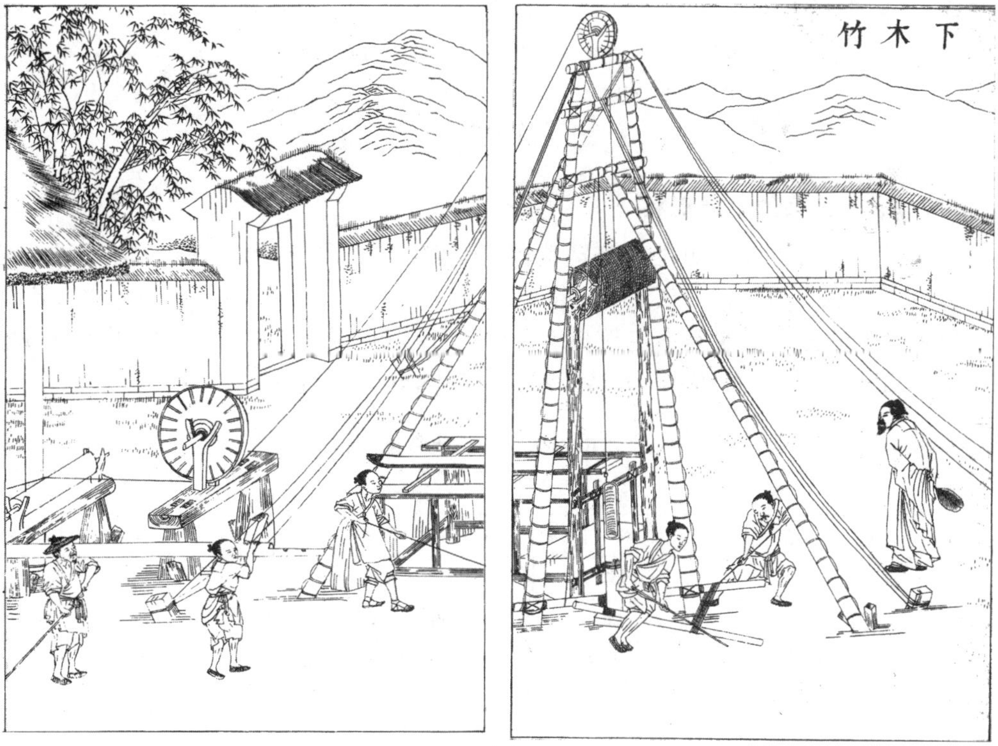

(e)

图 1-7(续)

(f)

(a) 开井口;(b) 下石圈;(c) 凿井;(d) 制木竹;(e) 下木竹;(f) 汲卤。

图 1-7(续)

1.2.3 流态矿产开采的发展现状

中国是世界上第一大能源生产与消费国,主体矿产资源/储量呈现出"相对富煤、贫油少气"的局面(见表 1-1)。在油气资源(oil and gas resources)供给方面,进口占很大比例,并且有持续增高的趋势。煤炭基本实现自给。据统计数据(见图 1-8),2017 年中国能源消费结构中煤炭占 60.4%,石油占 18.8%,天然气等能源占 20.8%。

表 1-1 中国主体矿产查明资源/储量[16]

矿产	单位	储量	矿产	单位	储量
煤炭	亿 t	17 085.73	钾盐(KCl)	亿 t	10.16
石油	亿 t	35.73	硼矿(B_2O_3)	万 t	7 836.57
常规天然气	亿 m^3	57 936.08	钠盐(NaCl)	亿 t	14 240.94
煤层气	亿 m^3	3 046.30	油页岩[24](折合页岩油)	亿 t	476.44
页岩气	亿 m^3	2 160.20			

中国石油预测的潜在资源量 1 257 亿 t,其中可采资源量 301 亿 t。中国石油资源分散,其中 76%在陆地[80%集中在浅部(埋深<2 000 m)和中深部(埋深 2 000~3 500 m)地层

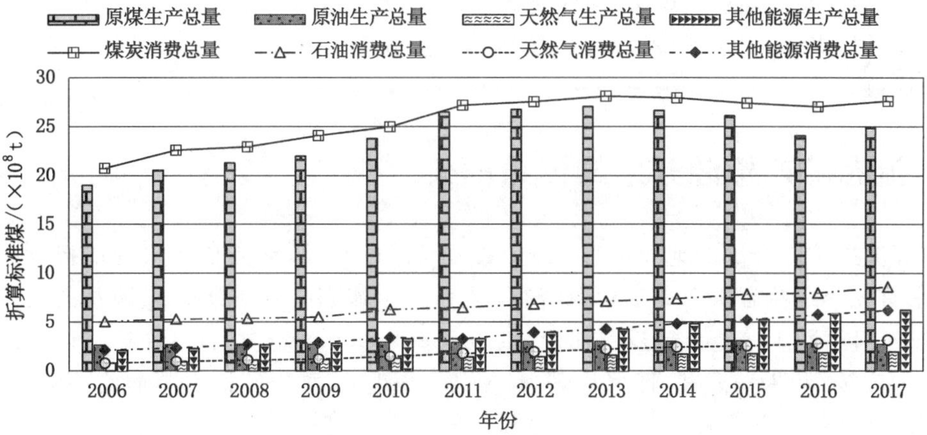

图 1-8　2006—2017 年中国能源矿产生产与消费量[25]

内]。海域石油主要集中在渤海、南海和东海。现有石油开采企业主要以中石油、中石化、中海油三家大型油企为主,这三家企业已探明石油地质储量分别占已探明总地质储量的63%、25%和 10%[26]。大部分油井进入了二次采油阶段,部分油井已经进入三次甚至四次强化采油阶段。预计到 2030 年,中国 80%的石油可能需要进口。

中国常规天然气预测地质资源量 9.0×10^5 亿 m^3,可采资源量 5.0×10^5 亿 m^3。资源主要分布于塔里木盆地、鄂尔多斯盆地、松辽盆地和四川盆地。非常规天然气资源赋存潜力巨大,主要包括煤层气、水溶气、致密砂岩气、页岩气、深源气和天然气水合物。埋深 2 000 m 以浅煤层气预测地质资源量 3.0×10^5 亿 m^3,可采资源量 1.25×10^5 亿 m^3[16],探明地质储量约 1 023 亿 m^3。钻探煤层气井 1 000 余口,煤层气的勘探开发目前还处在勘探评价和开发准备阶段[27]。中国埋深 4 500 m 以浅页岩气预测地质资源量约 1.22×10^6 亿 m^3,可采资源量 2.2×10^5 亿 m^3[16];页岩气资源在四川盆地、吐哈盆地、鄂尔多斯盆地、塔里木盆地、准噶尔盆地、民和盆地、松辽盆地、江汉盆地、渤海盆地和滇黔贵盆地均广泛分布,埋深一般在200～400 m。至 2013 年中国已钻页岩气开发试验区钻井 62 口,其中 24 口获得工业气流,建立了延长页岩气开发示范基地和四川长宁—威远国家级页岩气示范区[28]。

天然气水合物是中国第 173 个矿种,在低温(0～20 ℃)、高压(0～20 MPa)的环境中生成,主要成藏于:(1) 浅海陆坡水深 300～3 000 m 的海底以下 0～1 000 m 的地层沉积物中;(2) 高纬度大陆地区永久冻土带 150～2 000 m 深的地层及极地大陆架海下地层中。中国是第三大冻土国;南海、东海均有面积广阔的大陆坡,全区烃气源丰富,蕴藏潜力巨大,初步预测中国海域天然气水合物资源量约 800 亿吨油当量。目前,中国在南海神狐海域发现并试采天然气水合物取得成功,在青海祁连山、木里盆地等均发现了天然气水合物赋存的证据。海域天然气水合物试采实现了天然气水合物防砂、储层改造、勘查、钻完井、测试与模拟实验、环境监测六大技术体系和深海进入、深海探测、深海开发等 20 项关键技术的自主创新[16]。

煤炭地下气化已经有 100 多年的研究历史,英国、澳大利亚、南非、加拿大、美国等正在进行的煤炭地下气化项目超过 50 个[29]。中国建立了中国矿业大学煤炭地下气化工程研究中心，并先后在黑龙江伊兰煤矿、河南鹤壁三矿、河南新密下庄河煤矿、河北唐山刘庄煤矿、山东新汶孙村煤矿、山东邹城里彦煤矿等多地进行了矿井式气化方法的试验研究，取得了一定的成效。

1.3 流态矿产资源开采的体系框架

掌握流态矿产资源的地质赋存(geological occurrence)特征是开采的前提和基础。因此，本书首先介绍流态矿产资源赋存特征；然后介绍流态矿产资源开采涉及的共性核心基础理论——渗流(seepage)与多场耦合(multi field coupling)理论；再介绍一般流态矿产资源的开采方法、开采钻完井、储层压裂、排采等；另外，针对采矿技术革命的趋势，介绍固体矿产的流态化开采以及共伴生矿产的协调开采。要利用从井口采出的流态矿产资源，需要将流态矿产资源分离与储运。矿产开采还需要考虑安全、环境、经济、政策法规等；矿井开采完后要考虑矿井的关井与利用；矿产开采在具体的地域进行，还需要考虑开发规范与社区等。应全过程(全生命周期)进行科学采矿，实现矿产资源的可持续开发。

本书以流态矿产资源开采的共性基本问题为主线，体现开采涉及的各部分内容的内在逻辑关系；力求阐明流态矿产资源开采的理论与技术体系。流态矿产资源开采的体系框架如图 1-9 所示。

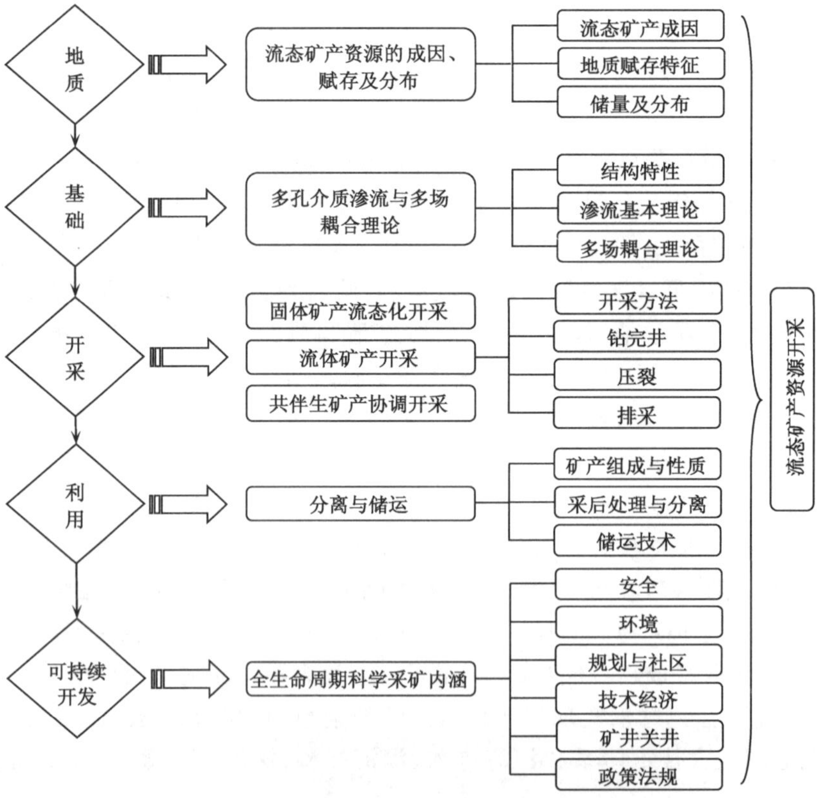

图 1-9　流态矿产资源开采体系框架

探索性思考题

(1) 煤系共伴生矿产资源协调开采需要考虑哪些问题?

(2) 固体矿产流态化开采在工程中需要解决哪些核心共性问题?

(3) 采矿工程专业学生了解油气等流态矿产开采知识有何意义?

参考文献

[1] 孙永祥.苏联煤系和亚含煤系中天然气生成和聚集的几个问题[J].石油勘探与开发,1989,16(4):80-81.

[2] 王佟,王庆伟,傅雪海.煤系非常规天然气的系统研究及其意义[J].煤田地质与勘探,2014,42(1):24-27.

[3] 戴金星,倪云燕,吴小奇.中国致密砂岩气及在勘探开发上的重要意义[J].石油勘探与开发,2012,39(3):257-264.

[4] 王佟,刘天绩,邵龙义,等.青海木里煤田天然气水合物特征与成因[J].煤田地质与勘探,2009,37(6):26-30.

[5] 曹代勇,姚征,李靖.煤系非常规天然气评价研究现状与发展趋势[J].煤炭科学技术,2014,42(1):89-92.

[6] 黄炳香,赵兴龙,张权.煤与煤系伴生资源共采的理论与技术框架[J].中国矿业大学学报,2016,45(4):653-662.

[7] 国务院国有资产监督管理委员会.中核集团与神华集团商谈能源矿产资源勘查开发合作[EB/OL].(2013-03-04)[2019-01-07].http://www.sasac.gov.cn//n2588025/n2588124/c4124609/content.html.

[8] 国家煤炭工业网.环渤海动力煤价格指数[EB/OL].(2013-01-31—2015-10-30)[2019-01-07].http://www.coalchina.org.cn/.

[9] 童念慈.浅析材料发展与人类文明[J].企业导报,2013(3):269-270.

[10] 任桂园.最早的井盐产地在三峡[J].中国三峡建设,2006(2):45-49.

[11] 刘德林.从李冰"识齐水脉"开凿盐井到《四川盐法志》"看榜样"选定井位:关于先民对地下卤水资源规律的识察及其布井法的初探[J].盐业史研究,1992(3):24-32.

[12] 张德祯.河南省地热资源勘查、开发利用简史[J].资源导刊,2007(7):34-35.

[13] 张文彬,孟凡人.试以考古材料简论战国、西汉时期冶铁业的发展[J].郑州大学学报(社会科学版),1980(1):33-41.

[14] 殷德涛,余坤.盐卤、天然气、石油的开采[J].西部资源,2012(5):37.

[15] 荆世杰.近代中国矿业发展述论[J].石家庄经济学院学报,2000,23(4):386-392.

[16] 中华人民共和国自然资源部.中国矿产资源报告2019[M].北京:地质出版社,2019.

[17] 王清明.我国盐类矿床水溶采矿简史[J].盐业史研究,1997(2):30-36.

[18] 中华人民共和国国家统计局.数据统计/年度数据/能源消费总量/[EB/OL].(2006—2016)[2019-01-07].http://data.stats.gov.cn/easyquery.htm?cn=C01&zb=

A070B&sj=2017.
[19] 郑洪春.考古发现的水井与“凿井而灌”[J].文博,1996(5):50-53.
[20] 钟长永.论宋代卓筒井的卓越成就[J].盐业史研究,1998(3):3-9.
[21] 范维庆,苏长明.大斜度定向井、水平井泥浆技术[J].钻井液与完井液,1995,12(3):45-48.
[22] 高德利.钻井科技发展的历史回顾现状分析与建议[J].石油科技论坛,2004(2):29-39.
[23] 王德民.发展三次采油新理论新技术,确保大庆油田持续稳定发展(上)[J].大庆石油地质与开发,2001,20(3):1-7.
[24] 施国泉.一种现实的石油替代能源:油页岩[J].吉林大学学报(地球科学版),2006,36(6):888-891.
[25] 中华人民共和国国家统计局.年度数据/能源/能源生产总量/[EB/OL].(2006—2017)[2019-01-07].http://data.stats.gov.cn/easyquery.htm? cn=C01.
[26] 马玲.浅析当前中国石油开采的现状及其措施[J].中国石油和化工标准与质量,2013(1):248.
[27] 郑得文,张光武,杨冬,等.国内外天然气资源现状与发展趋势[J].天然气工业,2008,28(1):47-49.
[28] 付亚荣.中国页岩气发展现状及前景展望[J].石油地质与工程,2013,27(6):19-22.
[29] 朱铭,徐道一,孙文鹏,等.国外煤炭地下气化技术发展历史与现状[J].煤炭科学技术,2013,41(5):4-9.

2 流态矿产资源赋存特征

本章主要介绍石油、天然气、致密油、页岩气、煤层气等流态矿产资源的赋存特征，详细叙述了流态矿产资源的成因理论、成分及性质、地质赋存特征、储量及分布规律。流态矿产资源成分、性质以及地质赋存特征要求掌握，流态矿产资源的成因理论要求理解，流态矿产资源的储量及分布了解即可。

流态矿产资源主要包括石油、天然气，致密油、页岩油、页岩气、煤层气等非常规油气以及地下水资源等。关于这些流态矿产资源成因的争论由来已久；而关于流态矿产的成因、地质赋存及分布等问题，涉及地球科学、化学、生物学等众多学科领域，一直是学术界和工业界研究和关注的热点、难点和焦点。目前，仍然有大量学者从事这方面的研究工作。流态矿产是多种有机物（油气）和无机物（水及各种矿物质组分）的混合体，这些混合物包含的成分很多，而且非常复杂。其中，油气资源的成分复杂程度最为显著。本章主要从流态矿产资源成因、组成成分、地质赋存及分布规律等方面进行阐述。

2.1 流态矿产资源成因理论

2.1.1 油气成因学说发展概述

油气成因问题作为油气地质学的三大基本科学问题之一，一直是国内外学者的研究热点和难点。直到今天，关于油气的成因理论仍没有得到统一的认知。在整个自然科学迅速发展的推动下，以及在油气勘探和开发实践的不断进步中，人们对油气等流态矿产形成过程的认识正在不断加深。由于流态矿产复杂的化学成分以及流动的特性，通常发现流态矿产资源的地方并不是其产生的地方，这使得人们对流态矿产的形成过程的研究产生了极大的复杂性。因此，很长时间以来，人们就流态矿产的形成过程，在原始物质、自然环境和转化条件等方面，进行过非常激烈的争论[1]。人们根据当时实验室研究的证据，结合油气勘探和开采中所取得的资料进行地质推论，提出了各种假说。总体来说，关于油气等流态矿产的形成，学者们的观点基本上可以归纳为两类，即无机生成和有机生成。无机成因说(inorganic origin theory)认为流态矿产是无机生成的，认为石油及天然气是在地层深处高温高压条件下由无机物转化合成的；有机成因说(organic origin theory)主张油气是在地质历史上由分散在沉积岩中的动物、植物等有机物质生成的。这两种观点都得到了充分的论证。

2.1.1.1 无机成因说

油气的无机成因说认为油气的组成元素是非生物源的，其形成与生物作用无关而是无机化学作用的结果。无机成因油气田是指其中占绝对优势的组分或各组分均是无机成因的[2]。早期的油气无机成因说归纳起来有以下几种[3-4]。

(1) 碳化物说

碳化物说由俄国著名化学家门捷列夫于1876年提出。他认为在地球内部水与金属碳化物相互作用,可以产生碳氢化合物:

$$3Fe_mC_n + 4mH_2O \longrightarrow mFe_3O_4 + C_{3n}H_{8m} \tag{2-1}$$

碳化物说认为,在地球形成初期,温度很高,碳和铁呈液态,它们互相作用而形成碳化铁。由于密度很大,碳化铁被保存在地球深处。后来,地表水沿地壳断裂向下渗透,与碳化铁作用生成碳氢化合物,后者又沿着断裂上升到地壳的冷却部分。有些碳氢化合物浸透了岩石,形成油页岩、藻煤及其他含沥青岩石;有些碳氢化合物在地表附近受到氧化,形成地沥青等产物;如果碳氢化合物上升到地壳比较冷却的部分,冷凝下来形成石油,并在孔隙岩层中聚集即可形成油藏。

(2) 宇宙说

宇宙说是由俄国化学家索科洛夫于1889年10月3日在莫斯科自然科学研究者协会年会上首次提出的。宇宙说主张在地球呈熔融状态时,碳氢化合物就包含在它的气圈中;随着地球冷凝,碳氢化合物被冷凝岩吸收,最后,它们凝结于地壳中形成石油。宇宙说的基本论点为:

① 在天体中碳和氢的储量很大,因此同样可以假设这些元素在地球上也很丰富。

② 由碳、氢合成碳氢化合物,出现在天体发展的早期阶段。甲烷可按下列方式生成

$$CO + 3H_2 \Longleftrightarrow H_2O + CH_4 \tag{2-2}$$

$$CO_2 + 4H_2 \Longleftrightarrow 2H_2O + CH_4 \tag{2-3}$$

③ 同其他天体一样,地球上形成的碳氢化合物为岩浆所吸收。

④ 岩浆进一步冷却紧缩时,包含在其中的碳氢化合物就沿断裂和裂隙分离出来。

由于上述假说在当时缺乏实际证据,几乎被人们所遗忘。但近年来随着宇航相关技术和宇宙化学的发展,人们发现太阳系某些星球的大气主要成分为甲烷,这从一个侧面说明了太阳系星球中碳氢化合物宇宙成因的可能性,这就是现代的宇宙说[5]。

(3) 岩浆说

1949年10月3日,在发表宇宙说六十周年纪念日的同一讲坛上,苏联学者库德梁采夫提出了石油起源岩浆说,于是又引起了石油成因两大学派的激烈争论。

库德梁采夫首先提到在许多天体上存在碳氢化合物、泥火山重复喷发,在地球上所谓烃源岩之下的岩浆岩和变质岩中形成和存在油气藏都是无机成因说的论据。他认为石油的生成与基性岩浆冷却时碳氢化合物的冷却有关。该过程是在高压条件下完成的,因而可以促使不饱和碳氢化合物聚合而成饱和碳氢化合物。

(4) 高温生成说

切卡留克根据合成金刚石的经验,用方解石、石英、六水泻盐等矿物混合物代替石墨反应器,在高压(6 000~7 000 MPa)和高温(1 800 K)下,几分钟后由反应器中分离出易挥发组分,包括甲烷、乙烷、丙烷、丁烷、戊烷、已烷及少许庚烷。从而他认为在深约150 km的上地幔内,在温度超过1 500 K、压力达到5 000 MPa的情况下,由于有氧化铁的参与,水和二氧化碳能够还原成烃类。

(5) 蛇纹石化生油说

耶兰斯基根据某些油田在蛇纹岩及强烈蛇纹岩化的橄榄岩中被发现的事实(如俄罗斯伏尔加—乌拉尔油区的巴依土冈和丘波夫油田)，提出橄榄石的蛇纹石化作用可以产生烃类：

$$3(Fe,Mg)_2 \cdot SiO_4 + 7H_2O + SiO_2 + 3CO_2 = 2Mg_3(OH)_4 \cdot Si_2O_5 + 3Fe_2O_3 + C_3H_6 \tag{2-4}$$

橄榄石的蛇纹石化作用是埋深 22～40 km 的地壳玄武岩层底的橄榄岩同 12～22 km 深处的深水圈层接触的结果。这种接触发生在地壳深坳陷区域，由于延伸扩张、裂开，水沿萌芽状态的断裂进入橄榄岩发育带，生成烃类又沿着断裂而进入沉积岩。

上述关于油气资源的无机成因说多是在油气工业发展早期被提出的，是建立在无机物发生化学反应生成化合物的实验基础上的；然而地球内部是否发生这样的化学反应至今没有得到确切的证据，同时无机成因说也缺乏来自油气勘探实践的证据的支持，没有对油气勘探实践起到重要的指导作用，始终未成为油气成因的主流学说。

2.1.1.2　有机成因说

油气勘探实践和科学技术的进步促进了人们对于油气成因的不断认识。随着世界油气勘探实践的丰富和发现的油气田越来越多，人们发现了很多采用无机成因说难以解释的事实[3,6]。

(1) 99.9%的油气田都分布在沉积岩中。无论是在海相沉积盆地中，还是在陆相沉积盆地中，都发现了大油气田。而在与沉积岩无关的地盾和巨大结晶基岩突起发育区没有油气聚集，如加拿大、澳大利亚等地盾本部。

(2) 在寒武纪至第四纪的各时代地层中都找到了石油。如我国渤海湾盆地冀中坳陷任丘油田的原油主要产自中元古界雾迷山组白云岩中；委内瑞拉东部夸仑夸尔油田和美国加利福尼亚州夏陆油田都有上新世和更新世地层中的油藏。但是，石油和天然气在地质时代上的分布很不均衡，这与沉积岩中的有机质分布情况相吻合，并且同煤、油页岩等可燃有机矿产的时代分布也有一定关系。

(3) 世界上既没有化学成分完全相同的两种石油，也没有化学成分完全不同的两种石油。石油是由多种碳氢化合物组成的非常复杂的混合物。较老的古生代石油多为烷烃类，而年轻的古近纪—新近纪石油则以环烷烃类为主。但是，大多数石油的化学组成十分相似，按质量计算，含碳 80%～88%，含氢 10%～14%。所以，石油的相似性是主要的，这正好说明它们的成因可能大致相同，而它们在成分上的差异性则可能与原始生油物质和生成环境的不同、油气生成后经历的变化有关。

(4) 光谱分析表明，中生代、新生代石油的灰分以氧化铁为主(含量低于 70%)，古生代石油的灰分则主要为氧化钒和氧化镍。将石油灰分与岩石圈的成分比较，可见石油中大大富集了几种元素：钒的含量是它在岩石圈中含量的 2 000 倍，镍的含量是它在岩石圈中含量的 1 000 倍，铜的含量是它在岩石圈中含量的 50 倍，钴的含量是它在岩石圈中含量的 30 倍。而从石油与煤的灰分对比中发现，沉积岩的基本元素富集系数都在 1～5 以下，但钒、镍、铜、钴、铅、锌、钡、银等稀有元素的富集系数都超过 10～1 000，这种吻合现象可能正说明煤和石油在成因上是相似的。煤是有机成因的已是公认的事实，所以石油可能也是有机成因的。

(5) 从大量油田测试结果可知：油层温度很少超过 100 ℃，仅有些深部油层温度可以高达 150 ℃。在所有石油中，轻质芳香烃含量由大到小的顺序为：二甲苯＞甲苯＞苯，而当温度升高到 700 ℃时，就会急剧发生逆向变化。石油所含卟啉化合物、石油旋光性以及环己烷、环戊烷与其同系物之间存在的一定关系都证明石油是在低温条件下生成的，而不是在高温高压条件下合成的。

(6) 由前所述，在上新世至更新世地层中发现的商业油藏，从生成石油到聚集成油藏所需的时间不到 100 万年。在委内瑞拉东部佩得纳尔斯有 1 个厚约 6 m 的砂层被封闭在约 61 m 厚的帕里亚黏土层中，其中所含烃类浓度比周围的黏土层或发育到地面的砂岩高出 4 倍。用 ^{14}C 测定得出整个帕里亚黏土层沉积不到 1 万年，而所封闭的砂层沉积只有千年左右。在砂层中平均烃含量约为 150 g/t，减去整个地层平均烃含量 25 g/t，剩下的 125 g/t 就是在砂层沉积后聚集起来的；换言之，烃含量平均每年增加 1.25×10^{-4} g/t。依此类推，只要 100 万年就可聚集成为一个丰富的油田了。

(7) 我国石油地质工作者对青海湖及洞庭湖，美国学者史密斯对墨西哥湾、菲利波对加利福尼亚滨外大陆架，苏联学者维别尔和高尔斯卡娅对里海、黑海及谢万湖的近代沉积物的研究表明：在近代沉积物中确实存在着油气生成过程，至今还在进行着，而且生成的油气数量也很可观。这为油气有机成因说提供了有力的科学证据。

(8) 我国和世界其他国家的研究人员在实验室对从沉积岩中分离出来的有机物质加热，生成了类似石油的物质。由此证明，对有机物质加热可以生成石油。

上述重要事实极大促进了油气有机生成理论的发展。另外，物理、化学、生物学等基础科学的不断发展，再加上色谱、光谱、质谱、电子显微镜和同位素分析等先进技术的广泛应用，推动了对近代沉积物和古代沉积岩中烃类生成过程的研究，从而使油气有机成因说日趋完善。实际上，有机成因说与无机成因说几乎是在 19 世纪同时被提出来的，当时有所谓的“动物说”和“植物说”等古典有机成因说。但具有实际意义的有机成因说主要有早期成因说和晚期成因说两种观点。早期成因说主张沉积物所含原始有机质在成岩作用的早期逐步转化为石油和天然气，并运移到邻近的储集层中形成油气藏。这一假说在 20 世纪前 50 年占主导地位。晚期成因说认为沉积物埋藏到较大深度，到了成岩作用晚期或后生作用初期，沉积岩中的不溶有机质[称为干酪根(kerogen)]在高温的作用下达到成熟，通过热降(裂)解生成大量液态石油和天然气。因此，晚期成因说也称为干酪根热降解生烃学说。

20 世纪 70 年代初，以法国著名地球化学家蒂索等为代表的科学家综合归纳前人的研究成果，建立了干酪根热降解生烃演化模式，提出并完善了干酪根热降解生烃学说。干酪根热降解生烃学说是当时指导油气勘探的主要油气成因理论，并在油气勘探实践中取得了巨大成功。

但是，原始有机质从沉积、埋藏到石油和天然气的生成经历了一个逐渐演化的过程，不能因为晚期生油说的卓越贡献就完全忽略早期生油的可能性。在干酪根热降解生烃学说广泛为国际石油界所接受的同时，在世界上许多国家的油气勘探实践中，不断发现有“未熟—低成熟”石油的存在，即在晚期生烃理论中根本不具备成熟烃源岩的地区发现了石油，甚至在发育“未熟—低成熟”烃源岩的地区已探明的石油储量超过成熟烃源岩的可能生油量。这表明，自然界中确实还存在相当数量的各类早期生成的非常规油气资源。晚期成因说与早期成因说相互统一与相互补充，已形成一套比较完善的有机生油理论。

按照现在的油气成因理论，油气主要是有机成因的，但不排除相当一部分天然气是无机成因的。但无论是油气有机成因学，还是无机成因说，都还有很多问题尚待进一步深入研究，诸如地球深部和宇宙空间烃类的成因及分布、各种原始物质(包括有机物和无机物)转化为油气的详细机理、不同原始物质生成的石油或天然气有哪些特征等问题。此外，随着宇宙化学和地球形成新理论的兴起、板块构造理论的发展和应用以及同位素地球化学研究的深入，出现了油气的地幔脱气说、费-托合成说等新假说。相信随着现代技术和实验手段的发展，油气成因方面的研究将继续深入下去，从而为全世界油气勘探事业作出更大的贡献。

2.1.2 油气生成基础及演化过程

2.1.2.1 油气生成的物质基础

有机成因学认为石油和天然气来源于沉积岩中那些不溶于有机溶剂的分散有机质，即干酪根。而干酪根是原始有机质在成岩作用阶段经过生物化学和缩聚作用形成的。这些原始有机质主要来自细菌、浮游植物、浮游动物和高等植物。在不同沉积环境中，不同类别生物体的天然组合决定了沉积岩中有机质的组成和类型。这些原始沉积有机质主要由类脂化合物、蛋白质、碳水化合物以及木质素等生物化学聚合物组成，下面对这些化合物的组成和分布特征进行简要介绍。

脂类又称类脂化合物，是生物体在维持其生命活动中不可缺少的物质之一，主要包括化学结构与油脂不同，但物态和物理性质与其相似的化合物，如磷脂、甾类和萜类等。尽管它们的化学组成差别较大，但具有共同的特性，即不溶于水而溶于低极性的有机溶剂。动植物中的油脂是最重要的脂类，油脂大量分布于动物皮下组织以及植物的孢子、种子和果实中。细菌和藻类也含有丰富的脂类。此外，脂类还有角质、孢粉质等，它们存在于高等植物中。

据统计，地球表面每年合成的有机质中，蛋白质占 1/4～1/3。但由于蛋白质是一种性质不稳定的有机化合物，它会在酸、碱或酶的作用下发生水解，形成氨基酸而被破坏。因此，在沉积岩中很少发现完整的蛋白质。

碳水化合物又称糖类，是自然界中分布极广的有机物质，也是一切生物体的重要组成之一。几乎所有的动物、植物、微生物体都含有碳水化合物，在植物中含量最多。碳水化合物的元素组成为碳、氢和氧。碳水化合物按其水解产物可分为单糖、双糖和多糖。

木质素具有芳香结构的特征。木质素是植物细胞壁的主要成分，在高等植物中可由芳香醇脱水缩合而成。木质素的性质十分稳定，不易水解，但可被氧化成芳香酸和脂肪酸。在缺氧水体中，在水和微生物的作用下，木质素可分解，并与其他化合物反应生成腐殖质。丹宁的组织和特征介于木质素与纤维素之间，主要出现在高等植物中。此外，还有一系列酚类和芳香酸及其衍生物广泛分布在植物中。它们是沉积有机质中芳香结构的主要来源，也是成煤的重要有机组分。

沉积物中的沉积有机质在埋藏过程中经历了复杂的生物化学及化学变化，通过腐泥化及腐殖化过程形成了干酪根，干酪根是生成石油及天然气的母质。

干酪根一词最初被用来描述苏格兰油页岩中的有机质，这种有机质经蒸馏后能产出似蜡质的黏稠石油。J. M. Hunt[7]将干酪根定义为沉积岩中所有不溶于非氧化性的酸、碱和非极性有机溶剂的分散有机质。B. Durand[8]认为不溶于一般有机溶剂的沉积有机质为干酪根。B. Durand 与 J. M. Hunt 对干酪根定义的不同之处在于，B. Durand 把现代沉积物中的腐殖质也包括进去了。实际上,腐殖质含有大量的可水解的有机组分,它是干酪根的早期形式,但不是干酪根。J. M. Hunt 对干酪根的定义也有一定的局限性,它仅包括了沉积岩中以分散状态存在的不溶有机质。而近年来有关煤成油的大量研究成果表明,煤中以集中状态存在的有机质不仅可以生成天然气,在一定条件下也可以生成具有商业价值的石油。因此,干酪根是沉积岩中所有不溶于非氧化性的酸、碱和非极性有机溶剂的有机质,既包括以分散状态存在于沉积岩中的不溶有机质,也包括以集中状态存在于煤中的不溶有机质[3]。

实际上,根据是否可以溶解于有机溶剂,可将沉积岩中的有机质划分为两部分。其中,可以溶解于有机溶剂的部分为可溶有机质,一般称为沥青(bitumen);不溶于有机溶剂的部分即干酪根。干酪根的成分十分复杂,由于不同干酪根的来源和经历千差万别,其成分也不相同。国内外研究表明,干酪根是一种相对分子质量高的聚合物,没有固定的化学成分,主要由 C、H、O 和少量 S、N 组成。B. Durand[8] 对世界各地 440 个干酪根样品的元素分析结果表明,C、H、O 占干酪根质量百分比分别为 76.4%、6.3%和 11.1%,三者共占 93.8%,是干酪根的主要成分。

2.1.2.2 油气生成的动力条件

油气生成的母质干酪根是一种复杂的大分子,在结构上主要由具有芳香结构的核和具有脂肪族链状结构的支链组成,这些支链通过一些化学键连接在核上。研究表明,干酪根生成油气的过程,实际上就是干酪根核上连接着这些支链的化学键发生断裂使支链从核上脱落的过程。

要使化学键发生断裂,就必须对它施加一定的能量。使化学键发生断裂的能量称为键的分解能。当施加的能量超过键的分解能时,化学键就能发生断裂。在沉积盆地中,促使干酪根化学键发生断裂的最主要的能量为来自地下的热量(由地下温度表征)。当温度升高到一定值时化学键就会发生断裂,而温度的上升在一定程度上又与时间有关。大量的研究和世界油气勘探的实践表明,沉积盆地的地温与石油的生成和油气分布有重要的关系;干酪根生成油气的过程主要受温度和时间的控制,而且干酪根生烃过程是一种化学反应,符合化学动力学的一级反应;细菌、催化剂、放射性物质等其他因素对油气的生成也有一定的影响。

(1) 温度和时间在干酪根生烃过程中的作用

干酪根的生烃过程可以用化学动力学的一级反应描述。化学动力学一级反应原理是反应速度与反应物浓度成正比,可用式(2-5)表示:

$$-\frac{\mathrm{d}c}{\mathrm{d}t} = kc \tag{2-5}$$

式中,t 为反应时间,s;c 为 t 时刻反应物的浓度;k 为反应速度常数,与反应物的性质和温度有关。

对于干酪根生烃的化学反应,干酪根就是反应物,这一反应的性质由反应的活化能和频率因子所确定,反应速度就是干酪根热降解生成油气的速度。温度和时间对这一反应速度的影响程度就反映了它们对油气生成过程的影响程度。研究表明:在干酪根生烃过程中,干酪根的反应程度与温度呈指数关系,与时间呈线性关系。这说明温度是影响干酪根生烃化学反应的主要因素,时间是次要的影响因素。温度和时间这两个影响因素具有互补性,即高温短时间和低温长时间可以达到相同的反应程度。

大量研究与工程实践表明,只有当埋藏深度达 1 370 m,温度升高到 65 ℃时,岩石中烃类的含量才开始迅速增大，表明有机质开始大量生成石油。可见，随着埋藏深度的增大，只有当温度升高到一定数值时，干酪根才开始大量生烃，这个温度界限称为干酪根的成熟温度或生油门限，这个成熟温度所在的位置称为成熟点。

（2）细菌的生物化学作用

细菌是地球上分布最广、繁殖最快的一类生物。它可以在变化很大的温度及压力条件下生存，也可以在淡水和咸水、近代沉积物和古代沉积岩中大量生存。按生活习性可将细菌分为喜氧细菌、厌氧细菌和通性细菌三类。对油气生成来讲，最有意义的是厌氧细菌。厌氧细菌能够在缺乏游离氧的还原条件下将有机质分解而产生甲烷、氢气、二氧化碳以及有机酸和其他碳氢化合物。细菌在油气生成过程中的作用实质是将有机质中的氧、硫、氮、磷等元素分离出来，使碳、氢，特别是氢富集起来。

C. E. Zobell 认为，在没有游离氧的条件下，有机物因细菌发酵可析出大量氢气，同时在厌氧细菌的催化作用下，氢能被活化与二氧化碳结合产生甲烷，细菌还可以使不饱和有机化合物加氢产生饱和烃。所以在海洋沉积物中，容易见到甲烷、硫化氢、其他饱和烃类等还原产物，而看不到游离氢，这正是细菌活动的结果。此外，细菌还可将植物选择性分解，使其中原来合成的大量烃类分离出来，直接埋藏于沉积物中。

（3）催化作用

催化剂是加快化学反应速度而本身并不在反应中消耗的物质，在反应完成前后催化剂的成分毫无变化。在油气生成过程中催化剂与分散有机质作用破坏了后者的原始结构，促使分子重新分布，形成内部结构更稳定的物质——烃类。

在自然界有机质向油气转化的过程中，主要存在无机盐类和有机酵母两类催化剂。黏土矿物是自然界分布最广的无机盐类催化剂。在实验室用黏土做催化剂，在 150～250 ℃时，可以使酒精和酮脱水或使脂肪酸去羧基，都可产生类似石油的物质。此外，在黏土岩中富集大量放射性物质，沉积物中的水在 α 射线轰击下可产生大量游离氢，所以这些放射性物质的作用也可能是促使有机质向油气转化的能源之一。

有机酵母催化剂能加速有机质的分解。当有酵母存在时，有机质的分解比在有细菌活动时还要快得多。实验证明，在过氧化物的破坏过程中，如以酵母代替胶体氢氧化铁，将使催化活性急剧增加。酵母的作用不决定于岩石的埋藏深度，而决定于岩石的成分。在富含有机质的岩石中，特别是在富含植物残余的岩石中，酵母的活动性最大。酵母的分布很广，特别是发酵作用几乎不需要外部能量来源，可以不受压力、温度、湿度及食物补给的影响。因此，酵母在油气生成过程中的作用可能是很重要的，但是对这个问题至今研究得还很不够。

在有机质向油气转化过程中，上述各种条件的作用强度不同。细菌和催化剂都是在特定阶段作用显著，加速有机质降解生油、生气；放射性作用则可不断提供游离氢；只有温度与时间在油气生成全过程中都有着重要作用。所以，有机质向油气的转化是在适宜的地质环境里多种因素综合作用的结果。

2.1.2.3 油气生成的演化过程

在沉积盆地中，原始有机质含量随着埋藏深度的增加而逐渐增大，地温不断升高，在缺氧的还原环境下有机质逐渐发生一系列的变化。由于在不同深度范围内，有机质所处的环境和所受的动力因素不同，它所发生的反应性质及形成的主要产物有明显的区别，从而使原始有机质的演化过程和烃类的生成过程具有明显的阶段性。目前应用较为广泛的两种有机质演化阶段的划分模式分别是：根据有机质的成熟度对有机质演化阶段的划分和根据油气生成机理和产物类型对有机质演化阶段的划分[3]。

有机质的成熟度是指在温度的作用下有机质的热演化程度。有机质的成熟度可以通过一系列的指标来衡量，目前常用的指标是镜质体反射率。镜质体(vitrinite)是有机质的一种显微组分，它主要是植物的茎、叶和木质纤维素经过凝胶化作用而形成的。随着镜质体演化程度的增加，其反射光的能力增强。镜质体反射光的能力用镜质体反射率表示，常用符号为 R_o。根据有机质镜质体反射率的大小，一般将有机质的演化过程分为四个阶段：未成熟阶段、成熟阶段、高成熟阶段和过成熟阶段。根据有机质演化过程中油气生成机理和产物类型的变化，将有机质的演化过程划分为生物化学生气阶段、热降解生油气阶段、热裂解生凝析气阶段和深部高温生气阶段等四个阶段。关于上述各种方案中不同演化阶段的界线，不同学者的划分略有不同，考虑实际应用的方便，本书采用表 2-1 和图 2-1 的方案进行简要介绍。

表 2-1　有机质演化阶段和特征

演化阶段	生物化学生气阶段(未成熟阶段)	热降解生油气阶段(成熟阶段)	热裂解生凝析气阶段(高成熟阶段)	深部高温生气阶段(过成熟阶段)
R_o/%	<0.5	0.5～<1.2	1.2～<2.0	≥2.0
埋藏深度/km	<1.5	1.5～<4.5	4.5～<7.5	≥7.5
温度/℃	<60	60～<180	180～<250	≥250
干酪根颜色	黄色	暗褐色	深暗褐色	黑色
煤种	泥炭—褐煤	长焰煤—气煤—肥煤	焦煤—瘦煤—贫煤	半无烟煤—无烟煤
生烃机理	生物化学作用	热催化作用	热裂解作用	热变质作用
主要产物	甲烷、未熟油、干酪根	液态石油	湿气	干气(甲烷)

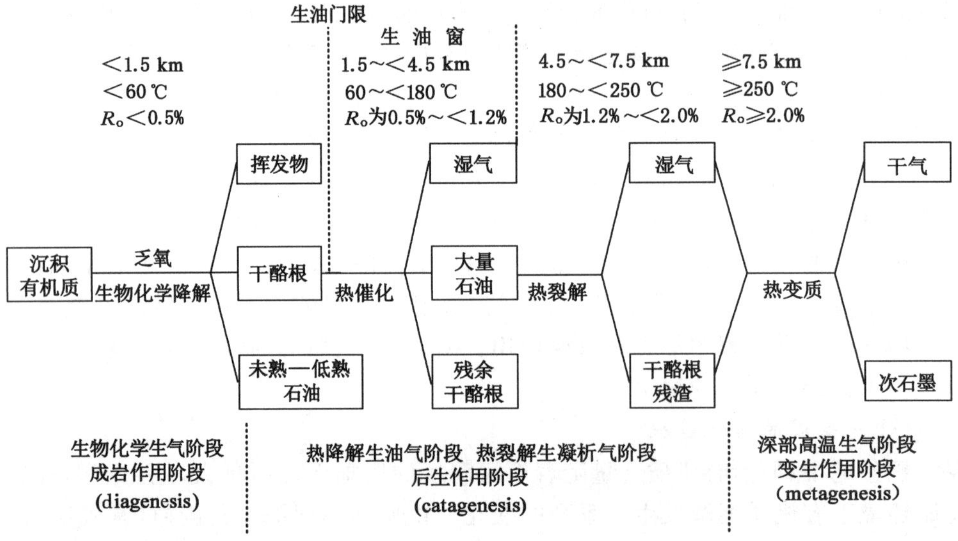

图 2-1　有机质演化阶段划分图[9]

(1) 生物化学生气阶段(未成熟阶段)

有机质沉积后就开始了生物化学生气阶段。这个阶段的有机质埋藏深度通常从沉积界面到1 500 m甚至更深,温度小于60 ℃,此时有机质处于未成熟阶段,镜质体反射率小于0.5%。

在生物化学生气阶段早期,在缺乏游离氧的还原环境中,厌氧细菌非常活跃,细菌的生物化学作用使来源于生物体的沉积有机质被选择性分解。这种生物化学作用形成的甲烷(CH_4)是这一阶段的主要烃类产物,含量在95%以上,称为生物成因气,简称生物气。生物气是重要的天然气资源,可以富集成大型和特大型气田。到该阶段后期,随着埋藏深度加大,温度升高,可能会生成少量液态石油,如木栓质体、树脂体、藻类和高等植物生物类脂物以及富硫大分子等特殊组成的有机质可以生成未熟石油[10]。除生物气和未熟石油外,有机质被细菌分解后的大部分产物会相互作用形成具有复杂结构的地质聚合物"腐泥质"和"腐殖质"。前者富含脂肪族结构,后者由多缩合核、支承碳链和官能团组成。

(2) 热降解生油气阶段(成熟阶段)

随着沉积物埋藏深度增加和温度升高,有机质的演化进入热降解生油气阶段。这个阶段的有机质埋藏深度通常在1 500～<4 500 m之间,地温上升至60～<180 ℃。此阶段的有机质处于成熟阶段,镜质体反射率介于0.5%～<1.2%之间。实际上,有机质从其成熟点(生油门限)开始就进入了热降解生油气阶段。

在热降解生油气阶段,温度是促使有机质演化的最活跃因素。此时随着温度的升高和受热时间的加长,再加上黏土矿物类催化剂的催化作用,干酪根中化学键发生断裂,连接在干酪根核上的支链断裂下来,形成相对分子质量不等的烃类。由于烃类的生成,干酪根中脂肪族链状结构逐渐减少,而芳香结构的相对含量逐渐增加。

液态石油是热降解生油气阶段的主要产物。在该阶段早期,有机质生成的液态石油在组成和性质方面与生物化学生气阶段形成的未熟石油具有一定的相似性,称为低熟石油,与未熟石油合称未熟—低熟石油。当镜质体反射率达到0.8%以上时,有机质生成的石油已经成熟,正烷烃碳原子数及相对分子质量递减,奇数碳优势消失;环烷烃及芳香烃的碳原子数也递减,多环及多芳核化合物显著减少;在化学结构上显示出同原始有机质及未熟—低熟石油的明显区别。

(3) 热裂解生凝析气阶段(高成熟阶段)

当沉积物埋藏深度达到4 500～<7 500 m,地温达到180～<250 ℃时,有机质进入热裂解生凝析气阶段,又称热裂解生湿气阶段。此时有机质处于高成熟阶段,镜质体反射率介于1.2%～<2.0%。

该阶段的地温超过了烃类物质的临界温度,除继续断开杂原子官能团和侧链生成少量水、二氧化碳和氮外,主要反应是大量C—C键断裂,包括环烷的开环和破裂,液态烃急剧减少。C_{25}以上相对分子质量大的正烷烃含量渐趋于零,只有少量低碳原子数的环烷烃和芳香烃。相反,相对分子质量小的正烷烃剧增。实际上,该阶段包含两种不同机理的反应过程:一种是干酪根在高温作用下裂解,形成一些具有短链的烃类;另一种是液态石油烃由于C—C键断裂形成相对分子质量小的气态烃。不论哪种反应,该阶段的主要产物都是甲烷及其气态同系物,其中乙烷以上的重烃气所占比例最大,为湿气。

(4) 深部高温生气阶段(过成熟阶段)

当埋藏深度超过 7 500 m,温度超过 250 ℃时,有机质就进入深部高温生气阶段,此时有机质的演化进入过成熟阶段,镜质体反射率大于或等于 2%。

深部高温生气阶段以高温高压为特征,已形成的液态烃和重质气态烃强烈裂解,变成热力学上最稳定的甲烷,所以,这个阶段出现了全部沉积有机质热演化的最终产物——干气甲烷和碳沥青或石墨。中国科学院地球化学研究所对石油进行高温高压实验,发现若压力固定不变,则石油随温度升高向两极明显分化,最后形成气体与固态沥青,演化过程是石油→油+气→油+气+固态沥青+液态沥青→气体+固态沥青。在四川盆地威远隆起震旦系白云岩中见到石油热演化的最终产物——甲烷和固态沥青,后者呈不规则浸染状或粒状。国外大批超深井钻探多产天然气和凝析油,而液态石油非常罕见。上述实验室实验和现场勘探结果是深部高温生气的有力证明。

上述有机质演化和油气生成的四个阶段是以蒂索为代表的研究人员通过大量实验室实验、理论分析和现场勘探实际总结而来的,是有机质演化和油气生成的理想模式,反映了有机质演化和油气生成的一般规律,称为干酪根热降解生烃模式(又称蒂索模式)。蒂索模式主要强调了干酪根热降解和热裂解生成油气的过程。实际上,在整个有机质的演化过程中,沉积岩中的可溶有机质和不溶有机质是一个相互转化的有机整体。在未成熟阶段,岩石中的一些低聚合度的有机质或可溶有机质的一部分直接转化为未熟石油,另一部分缩合到干酪根中去;在成熟阶段,干酪根热降解形成液态石油;到高成熟和过成熟阶段,液态烃裂解成天然气。

2.1.3 煤成油及煤层气

2.1.3.1 煤成油问题

煤是在沼泽环境中由以植物为主的有机质经过煤化作用形成的一种有机矿产。煤中以腐殖型有机质或Ⅲ型干酪根为主。在成煤过程中,煤中的有机质可以形成天然气是人们普遍接受的事实,煤层中存在大量瓦斯就是很好的证明。而对于煤系有机质是否能够形成具有商业价值的液态油气这一问题,长期以来存在争议。但是自 20 世纪 60 年代以来,在澳大利亚的吉普斯兰盆地、印度尼西亚的库特盆地、加拿大的斯科舍盆地和麦肯齐盆地以及北海默里盆地等地区都发现了与中生界、新生界煤系有关的重要油气田;20 世纪 80 年代后期,在我国吐哈盆地也发现了与侏罗系煤系有关的大油田,从而引起人们对煤成油研究的广泛兴趣。最近十多年来,人们通过有机岩石学与有机地球化学相结合的方法和实验模拟,从多方面对煤成油问题作了相当广泛而深入的探索,取得了重大进展。目前,人们已经普遍认识到煤系不仅能够生成天然气,而且能够生油。人们将由煤和煤系中集中和分散的陆源有机质在煤化作用的同时所生成的液态烃类称为煤成油。

目前,有机岩石学家和石油地球化学家普遍认为,煤究竟是生气还是生油及生成液态烃的能力与煤的类型和显微组分组成密切相关。富含富氢显微组分无定形体、藻类体和壳质体的煤均有生成液态烃的能力,而富含贫氢显微组分镜质组和惰质组的煤与Ⅲ型干酪根相似,以生气为主。近年来的研究表明,煤的液态烃生成潜力不仅取决于富氢组分腐泥组和壳质组的含量,煤中的基质镜质体可能也是煤成油的重要贡献者。煤中基质镜质体也含有较多的氢,它的数量与氢指数呈良好的相关性,这说明了基质镜质体在煤成油过程中具有重要作用。

实际上，煤和煤系有机质的生烃机理与干酪根的生烃机理没有本质的区别，也遵循前面阐述的有机质生烃机理，只是其中所含的有机质比较特殊而已。煤是一种集中分布的有机质，有机碳的含量在50%以上，甚至高达90%以上，这是煤与一般的烃源岩的重要区别。尽管腐殖煤中的干酪根总体是Ⅲ型的，应以生气为主，但在腐殖煤中仍不乏具有生油潜力的富氢显微组分，只要这部分富氢显微组分的含量达到煤中总有机质的5%～10%以上，就足以生成具有商业价值的液态烃。

2.1.3.2 煤层气成因

煤层气属于非常规天然气资源的一种，它是植物有机物在成煤过程中生成的。原始腐殖质沉积后通常经历2个成气时期：第一个是从植物遗体到泥炭的生物化学作用成气时期；第二个是在高温高压作用下从褐煤到烟煤再到无烟煤的煤化变质作用成气时期。煤层中瓦斯生成量主要取决于原始母质腐殖质的组成和煤化作用所处的阶段[11-12]。

(1) 生物化学成煤时期瓦斯生成[11-12]

生物化学成煤时期产生的瓦斯是从成煤原始有机物堆积在沼泽相和三角洲相环境中开始的。在温度不超过65 ℃时，成煤原始物质经厌氧微生物分解生成瓦斯。这个过程可用纤维素的化学反应式来表示：

$$4C_6H_{10}O_5 \longrightarrow 7CH_4\uparrow + 8CO_2\uparrow + 3H_2O + C_9H_6O \tag{2-6}$$

或

$$2C_6H_{10}O_5 \longrightarrow CH_4\uparrow + 2CO_2\uparrow + 5H_2O + C_9H_6O \tag{2-7}$$

在生物化学作用成气阶段，成煤物质生成的泥炭层埋藏浅，上覆盖层胶结固化不好，生成的瓦斯通过渗透和扩散容易排放到古大气层中，因此该阶段生成的瓦斯一般不会保留在现有的煤层中。在此之后，随着泥炭层的下沉，上覆盖层越来越厚，成煤物质的温度和所受压力随之增高，生物化学作用逐渐减弱直至结束，在较高的压力和温度作用下泥炭开始转化为褐煤，并逐渐进入煤化变质作用阶段。

(2) 煤化变质作用时期瓦斯生成

褐煤层进一步沉降，压力和温度作用加剧，便进入煤化变质作用成气阶段。在100 ℃高温及相应的地层压力作用下，煤会产生强烈的热力变质成气作用。在煤化变质作用的初期，煤中有机质基本结构单元主要是带有羟基(—OH)、甲基($—CH_3$)、羧基(—COOH)、醚基(—O—)等侧链和官能团的缩合稠环芳烃体系。煤中的碳元素则主要集中在稠环中。一般情况下，稠环的键结合能力强、稳定性好，侧链和官能团之间及其与稠环之间的结合力弱、稳定性差。因此，随着地层下降，压力增大，温度升高，侧链和官能团不断发生断裂与脱落，生成CO_2、CH_4和H_2O等挥发性气体，如图2-2所示。

煤化过程中有机质分解脱出甲基侧链和含氧官能团而生成CO_2、CH_4和H_2O是煤化过程中形成瓦斯的基本反应，可以用下列反应式来表达不同煤化阶段的成气反应：

$$4\underset{\text{泥炭}}{C_{16}H_{18}O_5} \longrightarrow \underset{\text{褐煤}}{C_{57}H_{56}O_{10}} + 3CH_4 + 4CO_2 + 2H_2O \tag{2-8}$$

$$\underset{\text{褐煤}}{C_{57}H_{42}O_{10}} \longrightarrow \underset{\text{烟煤}}{C_{54}H_{42}O_5} + 2CH_4 + CO_2 + 3H_2O \tag{2-9}$$

$$\underset{\text{烟煤}}{C_{15}H_{14}O} \longrightarrow \underset{\text{无烟煤}}{C_{13}H_4} + 2CH_4 + H_2O \tag{2-10}$$

从上述反应式和图2-2可以看出，煤化过程中生成的瓦斯以CH_4为主要组分。在瓦斯

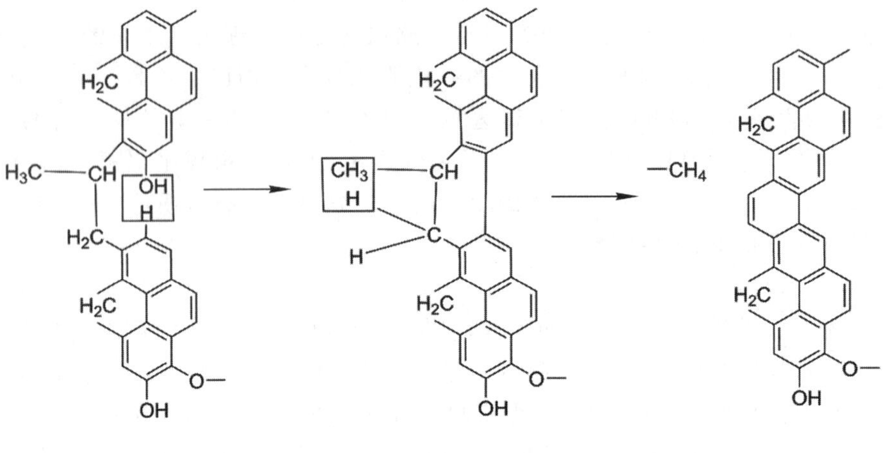

图 2-2　煤化变质作用(碳含量 83%～92%)成气反应示意

产出的同时,芳核进一步缩合,碳元素进一步集中在碳网中。随着煤化变质作用的加深,基本结构单元缩聚芳核的数目不断增加,到无烟煤时,主要由缩聚芳核所组成。从褐煤到无烟煤,煤变质程度越高,生成的瓦斯量越多。但各个煤化阶段生成的气体组分不仅不同,而且数量上也有很大变化。

图 2-3 是俄国化学家索科洛夫等给出的腐殖煤在煤化变质阶段成气的一般模型。从图中可以看出,CH_4生成是个连续相,即在整个煤化阶段的各个时期都不断地有CH_4生成,只是各阶段生成的数量有较大的波动而已;而重烃的生成则是个不连续相。实验表明,这个以人工热演化产生瓦斯为基础的模型与实测的结果在趋势上是一致的。煤的有机显微组分产烃能力的大小次序是:壳质组>镜质组>惰质组。

苏联学者乌斯别斯基根据地球化学与煤化作用过程反应物与生成物平衡原理,计算出了各煤化阶段的煤所生成的甲烷量,其结果如图 2-4 所示。

实际上,由于泥炭向褐煤过渡时期生成的甲烷很容易流失掉,所以目前估算煤层生成甲烷量的多少,一般都以褐煤作为计算起点;但由于自然界的实际煤化过程远比带有许多假设进行的理论计算复杂,所以上述数据只能是近似的,仅供参考。

在煤和石油共生矿区,有时煤层瓦斯同油气田的瓦斯侵入有关。例如,重庆中梁山煤矿 10 号煤层的瓦斯与底板石灰岩溶洞中的瓦斯有关,铜川矿业(局)有限公司焦坪煤矿井下的瓦斯与顶底板砂岩含油层的瓦斯有关。

一般来说,世界各国煤田中所含瓦斯以CH_4为主,但在某些煤层中还含有C_2H_6、C_3H_8等重烃气体及CO_2等其他气体。例如,甘肃窑街矿区煤二层中富含CO_2,通过对煤二层CO_2地球化学特征的测试分析,得出煤二层CO_2是地壳热动力变质成因的,煤二层东部 F_{19} 断裂带的周期活动特征对CO_2成藏起控制作用。

国内外对煤层瓦斯组分的大量测定表明,煤层瓦斯有约 20 种组分:甲烷及其同系烃类气体(乙烷、丙烷、丁烷、戊烷、已烷等)、二氧化碳、氮气、二氧化硫、硫化氢、一氧化物和稀有气体(氦气、氖气、氩气、氪气)等,其中,甲烷及其同系物和二氧化碳是成煤过程的主要产物。当煤层赋存深度大于瓦斯风化带深度时,煤层瓦斯的主要组分(>80%)是甲烷[13]。

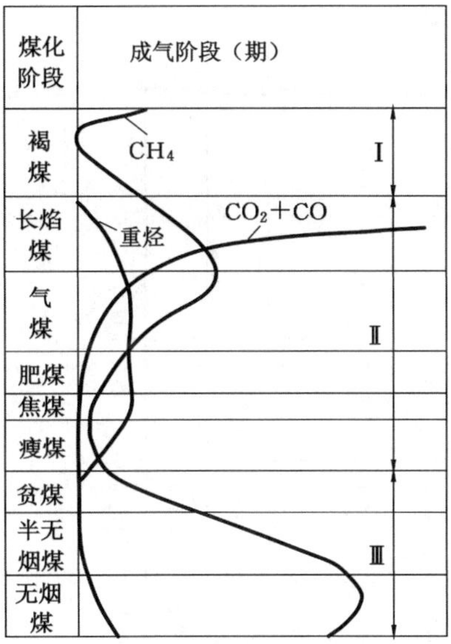

图 2-3　腐殖煤在煤化变质阶段成气的一般模型

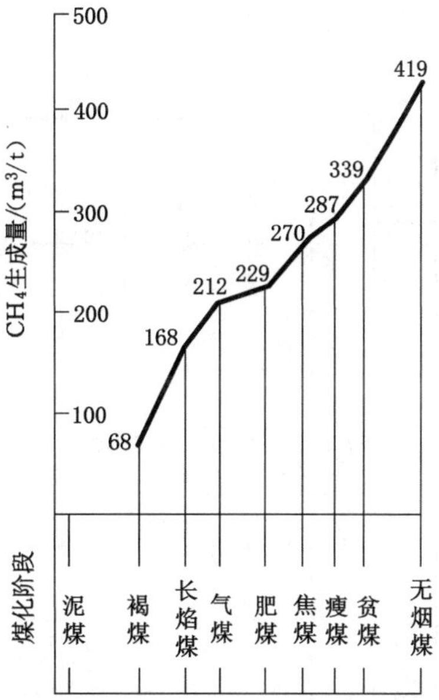

图 2-4　各煤化阶段 CH_4 生成量曲线的一般模型

表 2-2 列出了我国部分煤矿煤层瓦斯组分的分析结果。表 2-3 和表 2-4 分别列出了国外几个国家煤层瓦斯组分的测定结果[14]。

2.1.4　地下水成因

水资源是指地球上可以被利用或有可能被利用的、具有一定数量和可用质量的水源[15]。水资源是自然资源的一个重要组成部分，按水质可分为淡水和咸水，其中咸水约占全部水资源的 97.5%，无法直接饮用；而在约占全部水资源 2.5%的淡水资源中，有 87%是目前人类难以利用的两极冰盖、高山冰川和永冻地带的冰雪。真正与人类活动密切相关的淡水资源仅占地球总水资源的 0.25%左右。目前，人类可直接利用的天然淡水资源主要有河流水、湖泊水、湿地水以及地下水。其中，河流水、湖泊水和湿地水为地表水。从广义上讲，地下水是指埋藏在地表以下土层或岩石孔隙、裂隙和溶隙等空隙空间中的各种状态的水，包括结合水（吸着水、薄膜水）、毛细水、重力水、固态水和气态水，狭义上的地下水仅指赋存于地下水面以下（饱水带）土层或岩土孔隙中的重力水，是人类生产生活的重要水源，也是人类开发利用的主要对象[16-17]。

地下水起源即指地下水的最初来源。一些学者把地下水起源和地下水形成不加区分。多数水文地质学家认为，地下水形成仅指地下水循环中的补给项，两者含义不同，是两个术语[18]。如果认为地下水的首次形成即起源的话，则对何谓首次形成有两种观点：一种观点是从地质循环角度来看地下水起源问题，即首次进入含水介质的地下水属地下水起源，如把沉积盆地形成时埋藏下来的水归入地下水起源范畴，把参与现代水文循环的降水入渗、水汽凝结归入地下水形成，从而把地下水起源与地球水圈起源两个问题区别开来；另一种观点是从行星水圈形成角度看地下水起源问题，把参与地球水循环（包括参与水文循环的渗入水、凝结水以及参与地质循环的沉积水）进入地下水圈的水均归属地下水形成范畴，而仅将地球水圈形成至今由地幔持续析出的内生水归入地下水起源领域。

表 2-2　我国部分煤矿煤层瓦斯组分分析结果

采样地点	煤层	煤种	煤层瓦斯组分/%									
			N_2	CO_2	CH_4	C_2H_4	C_3H_8	$i\text{-}C_4H_{10}$	$i\text{-}C_5H_{12}$	C_6H_{14}	C_7H_{16}	C_8H_{18}
北票台吉矿－550 m水平	4	气肥煤	7.10	0.39	92.03	0.090 8	0.007 9	0.018 7	0.011 8	0.023 6	0.027 1	
北票台吉矿－550 m水平,东三石门	5A	气肥煤	1.42	1.60	73.07	16.180 0	5.490 0	0.713 0	0.173 0	0.099 0	0.154 0	0.064 0
北票冠山矿－58 m水平	5C	气肥煤	7.28	0.93	91.57	0.070 4	0.001 8	0.005 2	0.006 0	0.022 3	0.064 8	0.019 4
铁法大隆矿西翼南二区	7	气煤	12.27	1.08	84.92	1.686 8	0.006 0	0.000 3	0.001 9	0.010 8		
鸡西滴道盛和煤矿立井二路	18	焦煤	12.85	1.07	85.87	0.045 3	0.004 2	0.000 4			0.159 0	
中梁山北井2443采煤工作面	K_4	焦煤	4.61	3.33	91.35	0.670 8	0.013 5	0.002 0	0.000 6		0.005 2	
天府南井六石门	K_9	焦煤	5.05	2.95	91.92	0.034 4	0.026 0	0.002 6	0.001 1	0.002 3	0.006 5	
天府南井北段＋110 m水平	K_2	焦煤	2.98	2.64	93.78	0.547 7	0.004 3	0.000 6				
南桐直属二井2504采煤工作面	5	瘦煤	2.96	1.97	87.44	6.271 1	1.312 1	0.005 0	0.000 5			
沈阳红阳三井860孔	7	瘦煤	5.45	5.50	87.58	1.314 3	0.088 8	0.003 1	0.001 1	0.001 1	0.028 1	0.016 6
松藻＋430 m水平,1356采煤工作面	K_3	无烟煤	14.17	0.32	84.84	0.548 5	0.006 0					
白沙红卫坦家冲井	6	无烟煤	9.07	12.14	73.72	4.120 0	0.034 8	0.002 7	0.000 4		0.094 9	
焦作李封大井	2	无烟煤	9.15	9.14	77.82	2.970 0	0.020 5	0.000 1	0.001 9		0.014 3	

注:根据空气中氧和氮的比例,按试样中的氧含量扣除混进的空气量。除沈阳红阳三井煤样为勘探钻孔煤样外,其他煤样均为井下新暴露面煤样。

表 2-3 煤层瓦斯组分质谱定性鉴定结果

国别	矿区或矿井	煤层瓦斯组分/%					
		CH_4	N_2	CO_2	H_2	O_2	其他烷烃
苏联	顿巴斯	91.56～98.40	0.71～7.97	0.016 9			
比利时	60 个矿井	92.90～99.60	0～6.27	0.158 0	0～0.24		0.02～2.79
英国	鲍尔兹矿	95.80	0.006	3.070 0	0.20	0.20	

表 2-4 美国煤层瓦斯组分 单位：%

气体组分	最大	最小	平均	气体组分	最大	最小	平均
CH_4	99.22	63.10	91.89	CO_2	14.75	0.06	3.58
C_2H_6	1.59	0	0.48	N_2	35.96	0.05	4.017
C_3H_8	0.010 9	0	0.001 49	O_2	0.50	0	0.148
C_4H_{10}	0.002 2	0	0.000 33	H_2	0.02	0	0.002
C_4H_{12}	0	0	0	He	0.27	0	0.03

注：表中数据为 6 个煤层 84 个气样的气相色谱分析结果。

人们对地下水起源提出了不同的假说，如渗入说、凝结说、沉积说、初生说和内生说等[19]。渗入说于公元前 1 世纪由古罗马建筑师波利奥提出，认为地下水是由雨水和雪水渗入地下形成的。这一假说在中世纪广为盛行，并且在很长时期内占着统治地位。凝结说于公元前 4 世纪由古希腊人提出，在 19 世纪末又为奥地利工程师福尔格大力提倡，认为地下水是由空气中水蒸气凝结而成的。事实是，由水蒸气凝结而成的地下水，除干旱地区在地下水形成中占有一定地位外，广大的湿润地区即使有凝结水也仅占地下水总量中的很小部分。沉积说是人们在地下深处普遍发现高温卤水存在以后，于 20 世纪初提出的。沉积说的主要内容是地下水与含水岩石同时形成于沉积盆地中，两者的年龄一致，并把这种水命名为沉积水（同生水）。除了个别大陆淡水盆地中的沉积水以外，沉积水一般总具有很高的矿化度，大部分富集海洋中特有的某些微量元素，如溴、碘、钾等。沉积说支持者还特别指出，大量高孔隙率的海相及大陆沉积相软泥在成岩过程中挤出的大量高矿化度地下水，可能进入周围含水层的地下水中。以上假说，在当时大部分都很流行，但它们大体都没有直接回答地下水起源的根本问题。

1902 年由奥地利地质学家修斯提出的初生说，认为初生水来自岩浆源的分异作用，初生水的基本标志是高温、溶解有特殊的与岩浆有关的化学成分，如氯、二氧化硅、硫、硼、磷、砷等，这些组分大部分不可能从沉积岩的溶解作用中产生。可是，纯粹由初生水组成的矿泉在自然界并不存在，因为这些水在上升运动中与大量的其他成因的水相混合而失去了它的固有特征[18]。因此，初生说一直没有得到新的发展。内生说由苏联水文地质学家卡明斯基提出，认为凡是早于渗入循环（水文循环）与沉积循环（地质循环）生成的地下水均可命名为内生水，它主要由岩浆及变质（由地球内力作用引起岩石的改造与变化）起源的水、汽组成。20 世纪 30—40 年代以来，很多学者都注意到地壳深部（包括大型沉积盆地与褶皱山区）广泛存在的高矿化地下卤水形成中内生溶液参与的可能性问题。由地壳下部岩浆源区分异出来的热的、高矿化的、富气的内生溶液常常在地壳深大断裂处大范围地富集，目前出露于地表与岩浆侵入作用无直接关系的热液矿化带及有关矿床，就是这种内生热水溶液活动的一个有力的佐证。全球性蛇纹石化岩带的形成是这一问题的另一个证据。内生说的提出是人们对地下水起源问题认识上的一个新的突破。自 20 世纪 60 年代以来，已逐渐公认地下水的起源与地球水圈起源紧密相关，在原始地壳出现以后，地球水圈才逐渐形成。包含在地球水圈中的水（包括地面水和地下水）主要是整个地质时期从地球内部持续地逸出起源的。

从形成地下水化学成分的基本成因出发，可将地下水分为三种类型：溶滤水、沉积水和内生水[18]。溶滤水是指富含 CO_2 和 O_2 的渗入成因的地下水，溶滤它所流经的岩土而获得其主要化学成分，主要受岩性、气候、地貌等因素的影响。沉积水又称埋藏水、封存水，指与沉积物大体同时形成的古地下水。沉积水一般埋藏于封闭的地质构造内，包括同生沉积水和后生沉积水。同生沉积水是指与岩层同时埋藏形成，且保存于其中的水；后生沉积水是指成岩以后邻近岩层挤压而来的水。内生水是指在地壳深部的物质分异或岩石变质作用（如火山活动、岩浆活动和变质作用等）中形成和参与的水，目前对于内生水的研究还很不成熟。

长期以来，围绕地下水的成因问题，存在着不同的观点和认识。大洋钻探、科学深钻、油气勘探、寻找核废料地质处置场所等探查工程技术工作，以及气体地球化学和同位素地球化学研究的深入，极大地丰富了有关地下水成因类型的认识。目前在地下水成因方面初步取得了基本一致的观点，即地下水的成因包括渗入成因、沉积成因、岩浆成因和变质成因四种基本类型[19-21]。

2.2 流态矿产资源成分及性质

2.2.1 石油的成分及性质

石油（又称原油）是以流态形式存在于地下岩石孔隙中，由各种碳氢化合物和少量杂质组成的可燃有机矿产。石油无论是在成分上，还是在相态上都是极其复杂的混合物。在成分上，石油以烃类为主，同时含有数量不等的非烃化合物及多种微量元素；在相态上，石油以液态为主，溶有大量烃气及少量非烃气，同时溶有数量不等的烃类和非烃类固态物质。因此，石油没有确定的化学式和物理常数。

2.2.1.1 *石油的化学组成*

（1）组成石油的化学元素

组成石油的化学元素主要是碳和氢，其次是硫、氮、氧。表 2-5 分别给出了国内外部分石油的元素组成[3]。

从表 2-5 可以看出，不同产地的石油其化学元素所占比例虽然存在差异，但大体相同。石油中的碳含量一般为 83%～87%，氢含量为 11%～14%，两元素在石油中一般占 95%～99%，平均为 97.5%，硫、氮、氧及微量元素的总含量一般只有 1%～4%。不同油田石油的硫含量变化很大，大部分石油的硫含量都不到 1%，但是有的油田石油硫含量可高达 4%～5%。例如，我国任丘油田石油硫含量为 0.33%～0.43%，克拉玛依油田石油硫含量为 0.05%；墨西哥油田石油硫含量高达 3.6%～5.3%。

表 2-5 国内外一些石油的元素组成

石油产地		元素组成/%				
		w(C)	w(H)	w(S)	w(N)	w(O)
中国	大庆(萨尔图混合油)	85.74	13.31	0.11	0.15	0.69
	胜利(101 混合油)	86.26	12.20	0.80	0.41	
	孤岛	84.24	11.74	2.20	0.47	
	大港	85.67	13.40	0.12	0.23	
	江汉(混合油)	83.00	12.81	2.09	0.47	1.63
	克拉玛依(混合油)	86.13	13.30	0.05	0.25	0.27
苏联	雅雷克苏	86.61	10.36	1.05		8.02
	老格罗兹尼	86.42	12.62	0.32		0.64
	卡尔·布拉克	87.77	11.77			0.46
美国	文图拉(加利福尼亚州)	84.00	12.70	0.40	1.70	1.20
	科林加(加利福尼亚州)	86.40	11.70	0.60		
	博芒特(得克萨斯州)	85.70	11.00	0.70	2.61	
	堪萨斯州	84.20	13.00	1.60	0.44	0.45

除上述 5 种元素外，在石油中还发现其他一些微量元素，它们主要构成石油的灰分。由于石油的性质不同，灰分含量的变化很大，从十万分之几到万分之几，胶质和沥青质含量多的石油灰分含量往往也很多。利用发射光谱法和中子活化法从石油灰分中发现了 59 种元素。

(2) 石油的烃类组成[3]

碳和氢两种主要元素以各种碳氢化合物的形式存在于石油中。碳氢化合物按本身结构的不同，可分为烷烃、环烷烃和芳香烃三类。

① 烷烃的通式为 C_nH_{2n+2}，属饱和烃。在常温常压下，含 1～4 个碳原子的烷烃呈气态；含 5～16 个碳原子的直链烷烃呈液态；含 17 个及以上碳原子的高分子烷烃皆呈固态。表 2-6 给出了正烷烃的相对密度、熔点、沸点及相态参数。

表 2-6 正烷烃的物理参数

名称	相对密度(液态时)	熔点/℃	沸点/℃	相态
甲烷	0.424 0	−182.6	−161.6	气态
乙烷	0.546 0	−182.1	−88.6	气态
丙烷	0.582 0	−187.1	−42.2	气态
丁烷	0.577 9	−138.0	−0.5	气态
戊烷	0.626 3	−129.7	36.1	液态
己烷	0.659 4	−95.3	68.8	液态
庚烷	0.683 7	−90.3	98.4	液态
辛烷	0.702 8	−56.8	125.6	液态

表 2-6(续)

名称	相对密度(液态时)	熔点/℃	沸点/℃	相态
壬烷	0.702 8	−53.7	125.6	液态
癸烷	0.717 9	−29.7	174.0	液态
十一烷	0.740 4	−25.6	195.8	液态
十二烷	0.749 8	−9.7	216.2	液态
十三烷	0.756 8	−6.0	235.5	液态
十四烷	0.763 8	5.5	251.0	液态
十五烷	0.768 8	10.0	268.0	液态
十六烷	0.774 9	18.1	280.0	液态
十七烷	0.776 7	22.0	303.0	固态
十八烷	0.777 6	28.0	300.0	固态
十九烷		32.0	330.0	固态
二十烷		36.0		固态

从表 2-6 可以看出，所有烷烃的相对密度都小于 1，且随相对分子质量增加而增大。另外，烷烃分子的结构特点是碳原子与碳原子都以 C—C 键相连，排列成直链式。无支链者为正构烷烃或正烷烃；有支链者为异构烷烃或异烷烃。石油中不同碳原子数正构烷烃的相对含量分布称为正烷烃分布特征，石油的正烷烃分布特征反映重要的石油成因意义。

② 环烷烃是一类性质与烷烃相似，但在分子中含有碳环结构的饱和烃。它们由许多围成环的亚甲基(—CH_2—)组成。组成环的碳原子数可以是 3，4，…，相应称为三元环、四元环……按分子中所含碳环数目，可以分为单环烷烃(通式 C_nH_{2n})、双环烷烃(通式C_nH_{2n-2})、三环烷烃(通式 C_nH_{2n-4})和多环烷烃。石油中的环烷烃多为五元环或六元环。几种常见的环烷烃的物理参数见表 2-7。

表 2-7　部分常见的环烷烃的物理参数

名称	相对密度(20 ℃)	熔点/℃	沸点/℃
环丙烷	0.720(−79 ℃)	−127.6	−32.9
环丁烷	0.703(0 ℃)	−80.0	12.0
环戊烷	0.745	−93.0	49.3
甲基环戊烷	0.779	−142.4	72.0
环己烷	0.779	6.5	80.8
甲基环己烷	0.769	−126.5	100.8
环庚烷	0.810	−12.0	118.0
环辛烷	0.836	11.5	148.0

环烷烃的相对密度、熔点和沸点都比碳原子数相同的烷烃高，但相对密度仍小于 1。我国克拉玛依原油中环己烷与环戊烷的比值为 3.6，玉门原油为 2.5。由于碳原子所有的化合价已被饱和，所以环烷烃和烷烃一样，都是比较稳定的。

③ 芳香烃系指含有由6个碳原子和6个氢原子组成的特殊碳环——苯环的化合物，其特征是分子中含有苯环结构，属不饱和烃。石油中已鉴定出的芳香烃的基本类型有：苯（一环 C_nH_{2n-6} 型）、萘（二环 C_nH_{2n-12} 型）、蒽和菲（三环 C_nH_{2n-18} 型）以及苯并蒽（四环 C_nH_{2n-24} 型）等。其中，苯、萘、菲三种化合物含量较多。单环芳香烃不溶于水，但溶于汽油、乙醇、乙醚等有机溶剂。它们具特殊气味，有毒，相对密度一般介于0.86～0.90，比水轻。表2-8给出了几种单环芳香烃的物理参数。

表2-8　几种单环芳香烃的物理参数

名称	相对密度(20 ℃)	熔点/℃	沸点/℃
苯	0.879	5.5	80.1
甲苯	0.867	−95.0	110.6
对二甲苯	0.861	13.2	138.4
乙苯	0.867	−95.0	136.1
正丙苯	0.862	−99.6	159.3
异丙苯	0.862	−96.0	152.4
连三甲苯	0.894	−25.5	176.1

(3) 石油的非烃组成

石油所含的非烃化合物数量不少，尤其在重质馏分中含量更高。石油中的非烃化合物主要包括含硫化合物、含氧化合物和含氮化合物，它们都具有一定的成因意义，对石油的质量和炼制加工有着重要影响。

硫是石油的重要组成元素之一。它在石油中的含量变化很大，从万分之几到百分之几。石油中所含的硫是一种有害的杂质，所以硫含量常作为评价石油质量的一项重要指标。通常将硫含量大于2%的石油称为高硫石油，低于0.5%的称为低硫石油，介于0.5%～2%之间的称为含硫石油。

石油中的氧含量一般只有千分之几，个别石油可高达2%～3%。氧在石油中均以有机化合物状态存在，可分为酸性氧化物和中性氧化物两类。前者有环烷酸、脂肪酸及酚，总称为石油酸；后者有醛、酮等，含量极少。在石油酸中，环烷酸最重要，约占石油酸的90%。碱金属的环烷酸盐能很好地溶解于水，在与石油接触的地下水中常含这种环烷酸盐，可作为找油的一种标志。

石油中的氮含量一般在万分之几至千分之几。石油中的金属卟啉类化合物和咔唑类含氮化合物在油气成因和成藏研究中有重要应用。

2.2.1.2　*石油的物理性质*

石油的物理性质取决于它的化学组成。由于石油的化学成分极其复杂，因此它没有确定的物理常数。不同地区、不同层位甚至同一层位不同构造部位的石油，其物理性质也可能有明显的差别。石油的物理性质主要从颜色、相对密度、黏度、溶解性、荧光性、旋光性等方面体现。

石油的颜色变化范围很大，从无色、淡黄色、黄褐色、深褐色、黑绿色至黑色都有。例如，无色石油在美国加利福尼亚、我国四川盆地、伊朗等地都有产出。但是，不同程度的深色石油占绝大多数，几乎遍布世界各含油气盆地。石油的颜色与胶质—沥青质含量有关，其含量越高，石油颜色越深。

石油的相对密度是指 20 ℃时石油的质量与 4 ℃时同体积水的质量的比值。石油复杂的化学组成导致它的相对密变化较大，一般介于 0.75～1.00 之间。石油的密度与颜色有一定关系，一般淡色石油的密度小，深色石油的密度大，但是归根到底，石油的密度取决于其化学组成，即胶质和沥青质的含量、石油组分的相对分子质量以及溶解气的数量。一般来说，密度小而颜色浅的石油常为石蜡性质的，含油质多，加工后能获得较多汽油和润滑油；密度大而颜色深的石油则含高相对分子质量的沥青质多。

黏度代表流动时分子之间相对运动引起的内摩擦力的大小。流体黏度越大，就越难流动。石油的黏度可以分为运动黏度和动力黏度。运动黏度可以通过黏度仪测定，单位为 m^2/s，常用单位为 mm^2/s；动力黏度由运动黏度乘以流体密度得到，单位为 Pa·s。石油黏度主要受温度、压力和石油的化学成分的制约。石油黏度与温度成反比，与压力成正比。环烷烃及芳香烃含量高、高分子碳氢化合物含量高的石油黏度较大；而原油中溶解气量的增加会使其黏度降低。石油黏度是一个很重要的物理特性，它直接影响石油在地下的流动，也影响流入井中及在输油管线中的流动速度，所以在油田开采和石油运输方面都有重要的意义。

石油是各种碳氢化合物的混合物。由于烃类难溶于水，因此，石油在水中的溶解度很低。若以碳原子数相同的分子进行比较，则烷烃溶解度最小，芳香烃最大，环烷烃居中。除甲烷外，各族烃类在水中的溶解度均随相对分子质量的增大而减小。石油在水中的溶解度受温度、压力、水中无机组分等外界因素影响。当温度由 150 ℃降低到 25 ℃时，石油的溶解度会降低 78%～95%；除烷烃中的气态馏分外，压力对烃类的溶解度影响甚微；当水中无机组分含量和盐含量增加时，烃类的溶解度会降低；若水中有皂胶粒存在，烃类的溶解度则会相应增加。石油尽管难溶于水，却易溶于许多有机溶剂，如氯仿、四氯化碳、苯、石油醚、醇等。石油在有机溶剂中的溶解性，有助于鉴定岩层中的石油含量及性质。

石油的荧光性是指石油在紫外光照射下产生荧光的特性。石油的荧光性主要是因为不饱和烃及其衍生物能吸收紫外光中波长较短、能量较高的光子，随后放出波长较长而能量较低的可见光即荧光。荧光色随不饱和烃的浓度及相对分子质量增大而加深。在石油勘探中，常用荧光性来鉴定岩样中是否含油，并可粗略确定其组分和含量。这个方法简便快速，经济实用。

2.2.2 天然气的成分及性质

广义的天然气是指自然界存在的一切气体。它包括各种产状和成因的气体，如 N_2、O_2、H_2、CO_2、H_2S、气态烃，以及惰性气体氦气、氖气、氩气等。

流态矿产资源中的天然气是指沉积有机质演化生成的可燃气体，即存在于沉积物或沉积岩中以气态烃为主的气体。这类气体在成分上以气态烃为主，伴有一定数量非烃气体，如 CO_2、H_2S 和少量稀有气体，是一种混合物。

2.2.2.1 天然气的产状

天然气按照其分布特征可分为聚集型和分散型两类；按照其与其他矿产的关系可分为伴生气和非伴生气；按照存在的相态可以分为游离态、溶解态、吸附态和固态天然气水合物。

聚集型天然气主要以游离态存在。只有大规模的游离气聚集，才能有效地开发和利用。分散型天然气主要以油溶气、水溶气、煤层气和固态天然气水合物赋存。任一油藏的石油中总是溶解有数量不等的天然气，每吨油中溶解气的数量少则几到几十立方米，多可达数百到上千立方米。水溶气，包括低压水溶气和高压水溶气。低压水溶气一般不单独开采。高压地下水中含气量较高，特别是在异常高压带以下的地下水中，含气量特别高，因此，开发异常高压带的水溶气，特别是水溶气和热水的综合利用，是很有价值的。煤层气，又称煤层瓦斯，是在煤的变质过程中生于煤又赋存于煤层的伴生气。煤层气以吸附和游离状态赋存在煤层中，它的含量因煤变质程度和煤层顶板的透气性不同有很大差异。煤层气不仅本身具有经济价值，它的利用还有利于煤矿安全生产。天然气水合物，也称水合物、可燃冰等，外观形似冰、雪或固体酒精，遇火可燃，多表现为白色固态结晶物，当有杂质混杂其中时可表现为灰白色、淡黄色、棕黄色、暗褐色及灰黑色等其他颜色。

2.2.2.2　天然气的化学组成

天然气的化学组成可分为烃类气体与非烃类气体两类[4]。烃类气体主要是甲烷(CH_4)，并含有数量不等的重烃气(C_{2-4})；非烃类气体常见的有 N_2、H_2、CO_2、CO、H_2S、SO_2等。自然界中绝大多数天然气都是由多种气体组分组成的，各组分所占比例不尽相同，这不仅是天然气本身成因不同所致，在天然气形成后的运移、成藏过程中，某些外界因素对天然气组分也具有重要影响。因此，研究天然气的组成特征，对于天然气成因分析、气藏形成规律研究以及天然气资源量预测都有实际意义。

绝大多数天然气主要是由烃类气体组成的，烃类含量高于 80％的气藏数占总气藏数的 85％以上，其原因在于自然界聚集成藏的天然气主要以沉积物有机质演化成气过程中产生的烷烃气为主[22]。以 N_2 为主的气藏仅占百分之几；以 CO_2 和 H_2S 为主要成分的气藏为数甚少，所占比例远低于 1％。天然气的烃类组成一般以甲烷为主，其次是重烃气。重烃气以 C_2H_6 和 C_3H_8 最为常见，丁烷及以上组分较少见。在多数情况下，重烃气含量随碳原子数增加而减少，但在有些气藏中可见 C_2H_6 和 C_3H_8 异常高值现象。C_4—C_7 重烃气中，除正、异构烷烃外，有时还有少到微量环烷烃和芳香烃。根据天然气组分中重烃气(C_{2+})含量可以将其分为湿气和干气，但是具体的划分标准和量值并没有达成共识。天然气地质学研究中通常认为湿气中重烃气(C_{2+})含量不低于 5％，干气中重烃气(C_{2+})含量小于 5％。

天然气中常见的非烃气有 N_2、CO_2、H_2S、H_2、CO、SO_2、蒸汽及惰性气体，有时还含有少量有机硫、氧、氮化合物。非烃气的含量一般低于 10％，但也有少量气藏非烃气的含量超过 10％，极少数是以非烃气为主的气藏，如 N_2气藏、CO_2气藏、H_2S 气藏。除上述外，天然气中还有痕量到微量的稀有气体，如氦气、氖气、氩气、氪气等惰性气体。它们在沉积圈中含量较低，不能单独形成气藏，而常与其他气体共存于气藏中，少部分则溶于石油及地层水中。在泉水中，微量稀有气体具有医疗价值。但要将稀有气体作为气藏来开采，其必须具有相当大的浓度，而且数量相当大时才有价值。

2.2.2.3　天然气的物理性质

在常温常压条件下以气态存在的烃类有甲烷、乙烷、丙烷、丁烷及异丁烷，非烃类有氢气、氮气、一氧化碳、硫化氢和惰性气体。在地层高温高压下，C_4—C_7烷烃及部分环烷烃、芳香烃及有机硫化物也可以呈气态存在。天然气一般无色，可有汽油味或硫化氢味，可燃。下面主要对天然气的相对密度、黏度、溶解性、吸附作用和扩散性等物理性质进行简要介绍。

天然气的密度定义为单位体积天然气的质量，地下天然气的密度需要考虑地层温度压力等条件下天然气的体积。在标准状态下，单位体积天然气与同体积空气的质量之比称为天然气的相对密度。天然气的相对密度一般与相对分子质量成正比。湿气含重烃气较多，因此，湿气的相对密度大于干气。

天然气的黏度是天然气分子内部产生摩擦力的一种度量，是测量天然气抵抗流动能力的一种度量，常用的是动力黏度，即绝对黏度。天然气的黏度与其化学组成及所处环境的温度、压力等参数有关。天然气的黏度一般随相对分子质量增大而减小，随温度和压力增高而增大。天然气的黏度是研究天然气运移、开发和输送的重要参数。

天然气能不同程度地溶于石油和水这两类不同的溶液中。随着天然气重烃类含量的增加，天然气在石油中的溶解度随之增加。此外，天然气在石油中的溶解度还与温度和压力等因素有关。天然气也可以溶解在水中，这是与石油性质的重要区别。压力和温度都可以影响天然气在水中的溶解性，但是压力的影响更大。如前所述，天然气在高压地下水中含量较高，特别是在异常高压带的地下水中含量特别高，可以达到每吨水中几到几十标准立方米。天然气在地层水中的溶解不仅可以形成丰富的水溶气资源，对天然气藏的形成过程也有重要影响。

分子引力使岩石固体颗粒对天然气有一定的吸附能力，但吸附量较小。岩石对甲烷的吸附能力最小，而煤对甲烷的吸附能力很大。通常，岩石对烷烃的吸附能力随碳原子数增加而增加。

扩散作用是物质在浓度梯度的作用下自发地发生的从高浓度区向低浓度区转移以达到浓度平衡的物质传递过程。与石油相比，天然气的分子体积小，在地下具有很强的扩散性，甚至可以通过岩石的微小孔隙发生扩散作用，而石油基本不能通过泥岩的孔隙扩散。扩散的结果是使天然气通过岩石的孔隙从高浓度区向低浓度区运移。天然气从烃源岩向储集层的扩散是天然气初次运移的重要形式。因此，研究天然气的扩散作用具有重要意义。

2.2.3 地下水的主要成分

赋存于岩石圈内的地下水并不是化学上纯的 H_2O，它不断与岩土发生物理化学反应，同时不断地与大气圈、水圈、生物圈进行水量和化学成分交换，是一种复杂的溶液。地下水中含有各种气体、离子、微量组分、有机质、胶体以及微生物等成分[23]。地下水中常见的气体成分主要有 O_2、N_2、CO_2、CH_4 以及 H_2S 等。其中，O_2 和 N_2 主要来源于大气，以渗入补给为主；CH_4 和 H_2S 主要与微生物参与的生物化学过程有关；CO_2 主要来源于土壤，其次为降水和地表水入渗补给，另外在深部高温作用下，含碳酸盐类的岩石也可变质生成 CO_2。主要的离子成分有 Cl^-、SO_4^{2-}、HCO_3^-、Na^+、K^+、Ca^{2+} 和 Mg^{2+} 等。微量组分主要有 Br、I、F、B 和 Sr 等。主要的胶体成分有 $Fe(OH)_3$、$Al(OH)_3$ 和 H_2SiO_3 等。有机质常常以胶体形式存在于地下水中，且常使地下水酸度增加，有利于还原作用。氧化环境下的地下水中存在硫细菌和铁细菌等，而还原环境下的地下水中存在脱硫酸细菌等。

2.3 流态矿产资源地质赋存特征

2.3.1 常规油气的地质赋存特征

油气矿产就是赋存在岩石中的石油或天然气。大量理论和实验研究、油气勘探开发实践表明，地层中并不存在“油湖”“油河”“气湖”等，油气资源储存在那些具有互相连通的孔隙、裂隙的岩层内，就好像水在海绵里的状态一样[3]。凡是具有一定的连通孔隙、能使流体储存并在其中渗滤的岩石(层)称为储集岩(层)(reservoir)。它之所以能够储集油气，是由于它们具备相对强的孔隙性和渗透性。储集层中储存了油气，则称其为含油气层，已开采的含油气层称为产层。世界上绝大多数油气藏的含油气层是沉积岩(主要是各类砂岩、砾岩、石灰岩、白云岩、礁灰岩等)。盖层(cap rocks)是位于储集层上方，能够阻止油气向上逸散的岩层，主要起封闭作用。盖层通常具备相对弱的孔隙性和渗透性，从而起到封盖油气的作用。最重要的盖层是蒸发岩类和泥页岩类。

储集层和盖层是油气聚集成藏所必需的两个基本要素。储集层的层位、类型、发育特征、内部结构、分布范围以及物性变化规律等，是控制地下油气分布状况、含油气层储量及产能的重要因素。同时，在油气田开发过程中，对储集层进行改造，变低产油气层为高产油气层时，需要仔细研究和掌握油气储集层的变化情况。盖层的类型、分布范围对油气聚集和保存有重要控制作用。所以，储集层和盖层研究是油气勘探开发工作中的重要课题。

岩石的孔隙性和渗透性是影响油气储集的两个重要因素。孔隙性直接决定岩层储存油气的数量，渗透性则控制储集层内所含油气的产能。因此，岩石的孔隙性和渗透性是反映岩石储存流体和运输流体能力的重要参数，是石油地质学研究的重要内容，通常把它们称为储集物性。

岩石中的孔隙有的是相互连通的，有的是孤立的。根据孔隙的成因，可将其分为原生孔隙和次生孔隙。原生孔隙是指沉积作用过程中碎屑颗粒与颗粒之间的支撑作用形成的孔隙，如粒间孔隙；次生孔隙是指在成岩作用过程中或成岩以后形成的孔隙，如溶蚀孔隙。裂缝是岩石在成岩作用过程中，或在各种构造应力作用下破裂而形成的各种缝隙，如构造裂缝、收缩裂缝。岩石中孔隙的发育程度用孔隙率来衡量。岩样中所有孔隙空间体积之和与该岩样总体积的比值，称为该岩石的总孔隙率或绝对孔隙率。生产中，只有那些互相连通的孔隙才具有实际意义，因为它们不仅能储存油气，而且可以允许油气在其中渗滤。因此在生产实践中，又提出了有效孔隙率的概念。有效孔隙率是指那些互相连通的，在一般压力条件下可以允许流体在其中流动的孔隙体积之和与岩样总体积的比值。同一岩石的绝对孔隙率大于有效孔隙率。砂岩储集层的有效孔隙率在5%～30%，一般为10%～20%；碳酸盐岩储集层的孔隙率一般小于5%。

岩石的渗透性是指在一定压差下，岩石本身允许流体通过的能力。渗透性表征岩石对流体的传导性能。渗透性岩石是指在地层压力条件下，流体能较快地通过其连通孔隙的岩石。砂岩、砾岩、孔隙性的石灰岩、裂缝灰岩、白云岩等都是渗透性岩石。岩石的渗透性只能说明流体在其中流动的能力，而与其中流体的实际含量无关。岩石渗透性用渗透率来表示，渗透率是一个具有方向的向量，也就是说，从不同方向测得的岩石渗透率是不同的。因为岩石孔隙率和渗透率的影响因素很多，所以两者之间没有严格的函数关系。

碎屑岩储集层是目前世界上各主要含油气区的重要储集层之一，它在岩石类型上主要包括各种砂岩、砂砾岩、砾岩、粉砂岩等，其中以中细砂岩和粉砂岩储集层最为常见[24]。据对世界546个大中型油气田油气储量的统计，碎屑岩中的储量占57.1%。世界上许多特大油气田，如俄罗斯西西伯利亚盆地的各大油气田、科威特的布尔干油田、委内瑞拉的玻利瓦尔湖岸油田、美国的普鲁德霍湾油田、荷兰的格罗宁根气田等，它们的储集层都是碎屑岩储集层。我国的松辽、渤海湾、准噶尔、吐哈等盆地的油气田的主要储集层也都是碎屑岩储集层。

储集层的储集空间就是储集层中各种孔隙空间。由于不同类型储集层的成因、演化历史的不同，其储集空间的类型也不同。表2-9给出了碎屑岩储集层储集空间分类。

表2-9　碎屑岩储集层储集空间分类

类	亚类		空间大小/mm	特征
原生孔隙	粒间孔隙		＜2	颗粒原生或残留孔隙
	杂基孔隙			黏土杂基间孔隙
次生孔洞	颗粒及粒内溶孔			如长石和岩屑等颗粒的大部、局部或粒内溶解
	粒间溶孔	胶结物及其晶内局部溶解		如方解石等胶结物或其晶体内的局部溶解
		杂基溶解		黏土杂基的局部溶解
	超大孔			由胶结物及颗粒一起被溶解所致
	铸模孔	粒模		颗粒溶解而保留外形
		晶模		晶体溶解而保留外形
		生物模		生物溶解而保留外形
	晶间孔			如在晚期形成的高岭石、白云石等晶体的孔隙
	溶洞		＞2	多与表生淋滤作用有关
裂缝	层间缝、收缩缝		＞0.01	由沉积作用形成
	成岩缝及其溶孔			无方向性，缝细，延伸范围小，有的可见溶解现象
	构造缝			受应力控制，组系分明，平整延伸，切割力强，有的可见溶蚀现象

从表2-9可知，碎屑岩储集层的孔隙空间类型可以划分为三大类：原生孔隙、次生孔洞和裂缝。原生孔隙的发育主要受沉积因素的控制，次生孔洞主要受成岩作用的控制，裂缝主要受后期构造运动的控制。

原生孔隙是指在沉积时期形成的孔隙，主要包括粒间孔隙和基质内由杂基支撑的孔隙，其次为沉积期已存在的岩屑粒内孔隙。粒间孔隙在砂岩储集层中最普遍，分布比较稳定，是许多碎屑岩储集层的主要储渗空间；杂基孔隙通常个体很小，一般由束缚水占据而不能储集油气；岩屑粒内孔隙一般数量很少，且往往是只有一端开口的“死孔隙”，对油气储渗意义不大。次生孔洞是指在成岩作用过程中形成的孔隙和溶洞。次生溶蚀孔隙也是碎屑岩储集层的主要储渗空间。裂缝包括各种应力作用使岩石破裂而产生的裂隙，一些层理缝和矿物解理缝也属于此类。一般而言，碎屑岩储集层中的裂缝并不发育，仅在个别情况下，裂缝对储渗性能(尤其是渗透性)可起重要作用。

地下存在的碎屑岩储集层是在一定沉积条件下经过漫长而复杂的成岩后生变化而最终形成的。因此碎屑岩中的矿物组成及存在形式,有机质组成及含量,沉积环境,压实、压溶和胶结等成岩作用,次生孔隙、岩层层面、层理面发育程度等都是影响碎屑岩储集层的物性特征的主要因素。

碳酸盐岩储集层是另一类重要的油气储集层。碳酸盐岩储集层中的油气储量占世界油气总储量的一半左右,产量已达到总产量的60%以上。碳酸盐岩油气田油气储量一般比砂岩油气田大,单井产量高,容易形成大型油气田。据对世界上198个大油田的统计,碳酸盐岩大油田平均可采储量为5.6×10^8 t,砂岩大油田的平均可采储量为2.9×10^8 t。另外,世界上共有9口日产量曾达万吨以上的高产井,其中有8口井的储集层属碳酸盐岩储集层。如墨西哥黄金巷油区的赛罗·阿泽尔4号井,它的储集层为中白垩统的礁灰岩,最高日产量曾达37 140 t。我国碳酸盐岩地层分布极为广泛,层位多,厚度大,油气显示丰富,并已找到工业性的油气藏。

碳酸盐岩储集层的岩石类型多样,主要包括石灰岩、白云岩、粒屑灰岩、礁灰岩等。碳酸盐岩的储集空间,通常分为孔隙、溶洞和裂缝三类。孔隙是指岩石结构组分粒内或粒间的空隙,形状近于等轴状,与碎屑岩中的孔隙相似。溶洞是由溶解作用扩大了的孔隙,直径一般大于2 mm,有人将溶洞和孔隙合称为孔洞。裂缝是伸长状的储集空隙,其长宽比一般大于10。一般说来,孔隙和溶洞是主要的储集空间,在一定程度上可起通道作用;裂缝是主要的渗滤通道,具有一定的储集能力。

碳酸盐岩储集空间的形成是一个复杂而长期的过程,它贯穿在整个沉积过程及其以后的各个地质历史时期。除了受沉积环境的控制外,地下热动力场、构造应力场等因素均对碳酸盐岩储集空间的形成和发展有巨大的影响。碳酸盐岩的易溶性和不稳定性,使碳酸盐岩储集空间的演化复杂多变,在同一储集层内存在着多种类型的孔隙,各种孔隙又往往经受几种因素的作用和改造。

其他类型储集层主要是指除碎屑岩和碳酸盐岩外的其他岩类储集层,如火成岩、变质岩、泥质岩等岩类的储集层。与碎屑岩和碳酸盐岩储集层相比,这类储集层在岩性、岩相、成岩、储集空间及电性、含油气等方面存在较大差异。尽管这类储集层的岩石类型很多,但在世界油气总储量中只占很小的比例,故其意义远不如碎屑岩和碳酸盐岩储集层。但是近年来,随着油气勘探与开发理论和技术的不断发展,国内外都发现了不少这些类型储集层的油气藏。例如,美国页岩气(页岩储集层属于泥质岩类储集层)勘探开发已经取得了巨大成功,深刻改变了美国乃至世界的能源格局。

需要指出的是:岩石类型并不是能否形成油气储集层的主要影响因素,关键在于岩石是否具有孔隙性和渗透性。任何岩类的岩石只要具有一定的孔隙性和渗透性,都可能成为油气储集层。因此,在油气勘探中,固然应该注意一些常见的已知储集层岩类,但也不能忽视一些具有孔隙性和渗透性的其他岩类储集层。总之,储集层是油气储存、聚集的场所,储集层的有无和发育程度往往影响一个地区油气资源赋存,是评价一个地区、一个构造含油气性的重要条件,是油气勘探工作中的核心问题之一。

盖层的好坏直接影响油气在储集层中的聚集效率和保存时间。盖层发育层位和分布范围直接影响盆地油气分布的层位和区域。盖层是油气藏形成的重要地质要素,是石油地质学研究的重要内容。

从不同的角度和出发点，盖层的分类主要有以下三种。按岩性可以将盖层分为膏盐类盖层、泥质岩类盖层和碳酸盐岩类盖层。按分布范围可以将盖层分为区域性盖层和局部盖层。按纵向分布位置可以将盖层分为直接盖层和上覆盖层。

从理论上讲，任何一种岩性的岩层只要其排替压力大于下伏储集层中油气向上运动的动力均可作为盖层。但是大量研究表明，膏盐岩类(包括盐岩、石膏和无水石膏等)和泥质岩类(包括页岩、泥岩等)是最常见的两类盖层。在特殊的情况下，如在构造变动微弱的地区，裂缝不发育，致密的泥灰岩及石灰岩也可充当盖层。盖层的厚度对盖层的封闭性有很大影响。从保存油气的角度来看，盖层厚度越大对油气的保存越有利。有效盖层对厚度的要求还与盖层的类型有关。若直接作为油气藏盖层的局部盖层和直接盖层，则其厚度有几十米甚至几米就够了；但要作为对盆地或盆地内的大部分地区的油气起保护作用的区域性盖层，其厚度往往需要百余米甚至数百米，只有这样才能保证油气在区域上的稳定分布。因此，盖层的大范围连续稳定分布对于油气聚集有十分重要的意义。

圈闭(trap)与油气藏(oil and gas reservoir)是石油地质学的重要概念，油气藏是盆地中油气聚集最基本的单元，油气勘探的目标就是寻找有利的圈闭和油气藏。圈闭是指地下适合油气聚集的场所，圈闭由三部分构成：储集层，盖层，阻止油气继续运移、造成油气聚集的遮挡物。储集层提供了油气聚集的空间；盖层位于储集层之上，对油气的向上散逸起阻止作用；遮挡物位于储集层侧面，对油气的侧向运移起阻挡作用。遮挡物可以是盖层本身的弯曲变形体，如背斜，也可以是封闭性断层或非渗透性岩层，如岩性变化、不整合地层等。圈闭中聚集了油气就形成了油气藏。油气藏是地壳上油气聚集的基本单元，“单一圈闭中”的油气聚集是油气藏的重要特点。“单一”的含义，主要是指在单一的储集层中，具有统一的压力系统和统一的油、气、水界面。若油气聚集的数量足够大，具有开采价值，则称为商业油气藏。

油气藏的形成和分布是烃源岩、储集层、盖层、圈闭、运移和保存条件等多种地质因素综合作用的结果。烃源岩是形成油气藏的物质基础，储集层为油气的聚集提供了空间，盖层是避免储集层中的油气向上逸散的屏障，圈闭是油气得以聚集的场所。油气从分散状态向圈闭集中是形成油气藏的必备过程。上述六个方面的地质因素经常被概括为“生、储、盖、圈、运、保”六个字，这六个字全面地概括了油气藏形成的基本条件，是石油地质学的“灵魂”。但是，要形成丰富的油气资源仅仅具备上述条件是不够的，上述条件的相互匹配关系对油气藏的形成和油气富集起重要的控制作用。

油气来源是油气藏形成的物质基础，只有具备充足的油气来源，才能在长久的地质演化中不断生成油气，这直接决定能否形成油气藏，特别是大型油气藏。有利的生储盖组合配置关系是油气藏形成的关键条件。生储盖组合是地层剖面中紧密相邻的包括烃源岩、储集层和盖层的一个有规律的组合。理论研究表明，烃源岩、储集层、盖层的有效匹配是形成丰富的油气资源，特别是形成大型油气藏必不可少的条件之一。所谓有利的生储盖组合，是指烃源岩中生成的丰富油气能及时地运移到良好的储集层中，同时盖层的质量和厚度又能保证运移至储集层中的油气不会逸散。大量油气勘探实践表明，当油气来源充足时，并非所有的圈闭都聚集了油气，经常出现所谓的“空圈闭”。因此能否在油气生成的同时把油气聚集并圈闭起来也是重要的影响因素之一。另外，在地质历史中已经形成的油气藏能否保留到现在，取决于油气藏形成以后是否遭受破坏和改造。因此，保存条件不仅对于油气藏的形成非常重要,也是油气藏能否保留的重要前提。油气藏在形成过程中和形成后的保存主要与盆地区域性盖层的条件、构造运动的强度以及水动力条件有关。

图 2-5 是几种典型的储油构造。其中,背斜圈闭如图 2-5(a)所示,它像一口倒扣的铁锅,有的背斜圈闭接近圆形,多数则呈长条椭圆状。背斜圈闭往往几个、十几个成群出现,组成背斜圈闭带。目前已开发的油田中,背斜圈闭约占 58.2%,产油量占 80%。断层圈闭如图 2-5(b)所示,地壳运动使地层断裂、错位形成断层,若断裂一侧的孔隙性地层恰好被另一侧的不渗透地层封堵,就构成了封闭石油的条件。目前已开发的油田中,断裂圈闭约占 7.8%,产油量占 1.2%。不整合圈闭如图 2-5(c)所示,水域底部沉积了某一时代地层后,由于地壳运动,水域底部上升并露出水面,此时它不仅不能接受沉积,已经沉积的岩层也将被风化、剥蚀。当地层运动再次下降至水面以下时,又有新的沉积层覆盖在老地层上,新老地层的接触面称不整合面。若较早沉积的孔隙性地层被新沉积的不渗透地层所封闭,就形成了适合的储油条件。目前已开发的油田中,不整合圈闭约占 6%,产油量占 2.8%。此外,还有因地层渗透性能变化形成的透镜状储油构造,即非结构性圈闭,如图 2-5(d)所示。

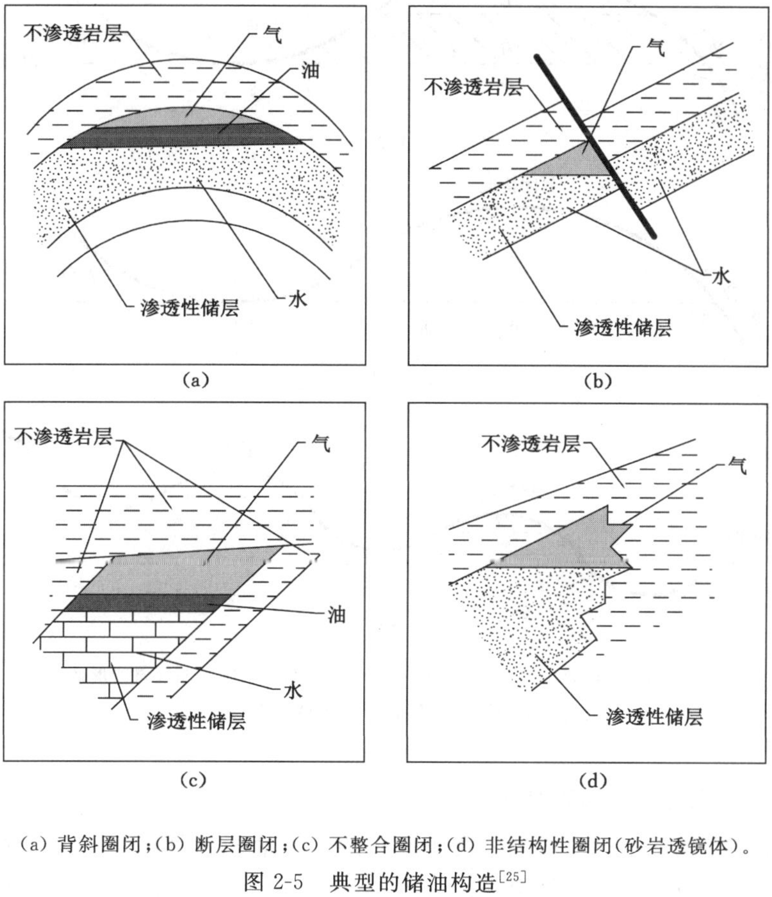

(a) 背斜圈闭;(b) 断层圈闭;(c) 不整合圈闭;(d) 非结构性圈闭(砂岩透镜体)。

图 2-5 典型的储油构造[25]

当丰富的油气资源运移至背斜构造带时,随运移时间的延续油气越聚越多,油气和油水界面将逐渐下降,如图 2-6(a)所示。当油水界面降到构造溢出点时,后来的石油将不再进入封闭构造 1 中储存。随油气继续运移,已储存在封闭构造 1 中的油会逐渐被后来进入封闭构造 1 中的气体驱替出去，从而使油气界面下降，如图 2-6(b)所示。当油气界面达到溢出点时，封闭构造 1 中只储有气体，如图 2-6(c)所示。上述过程也会在封闭构造 2、3 中继续出现，聚集起一连串阶梯状的油气藏，如图 2-6(d)所示。由上述石油运移过程可知：溢出点最低的封闭构造首先为气体所占据，溢出点稍高的构造含油、气或只含有油，更高的则只含水。一般的，在埋深 6 000～7 000 m 以下发现的几乎都是天然气藏，在 2 000～5 000 m 内既产油又产气，更浅则以产原油为主。

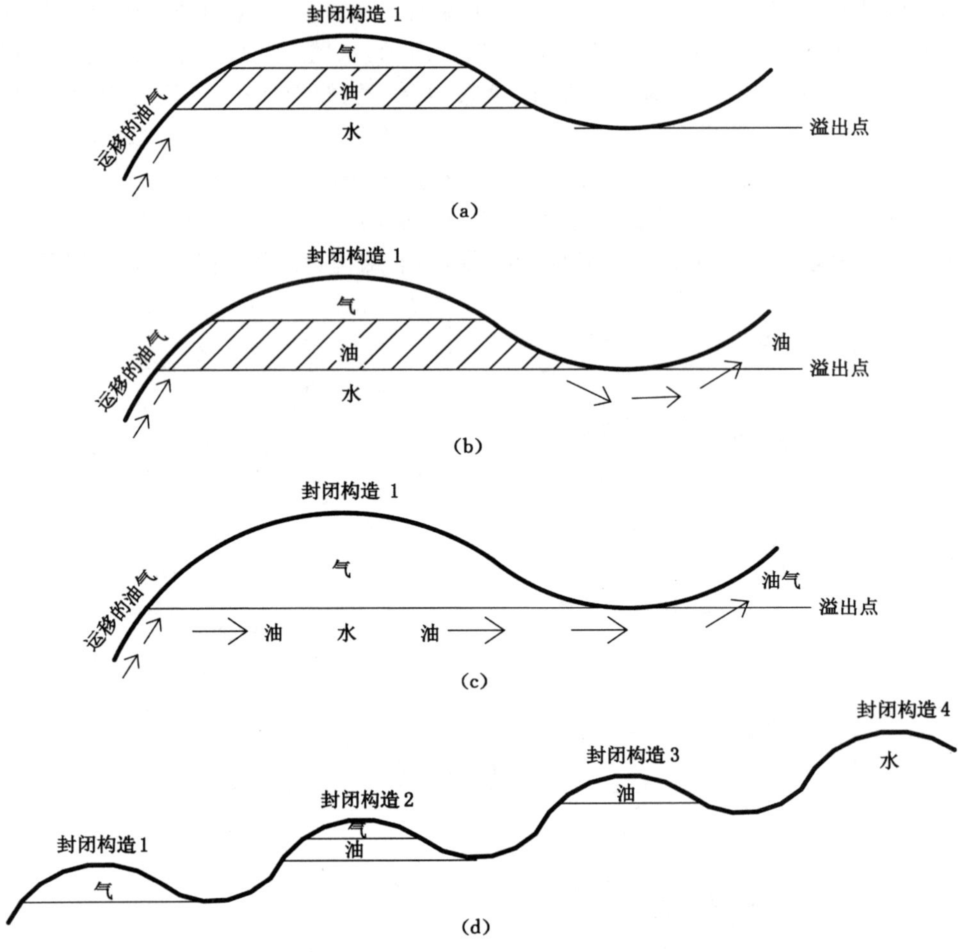

(a) 第一阶段；(b) 第二阶段；(c) 第三阶段；(d) 阶梯状油气藏的形成。

图 2-6　背斜构造带油气的运移和聚集示意[26]

2.3.2　非常规油气的地质赋存特征

非常规油气资源是相对常规油气资源而言的。在常规油气勘探开发实践中，陆续发现一些难以用传统的油气生成和聚集理论解释的、不能用常规油气勘探开发技术进行商业开采的油气资源，人们便将这些油气资源统称为非常规油气资源。截至目前，仍未形成一个公认的非常规油气资源的概念和分类体系。从工程技术角度，非常规油气资源是指采用现有常规技术难以实现经济开发的油气资源。因为油气藏的地质特征不会受到油气勘探开发技术的影响,因此从地质角度定义非常规油气资源更具客观性。B. E. Law[27]认为,常规与非常规油气藏在地质上存在着根本性差异。常规油气藏是受浮力驱动形成的,其分布表现为受构造圈闭或岩性圈闭控制的不连续分布形式;而非常规油气藏则是由非浮力驱动形成的,分布表现为不受构造圈闭或岩性圈闭控制的区域性连续分布形式。邹才能等[28-29]认为非常规油气资源就是在成藏机理、赋存方式、分布规律和勘探开发技术等方面有别于常规油气的、需要用新技术改善储集层渗透率或流体黏度才能经济开发的、连续或准连续型聚集的烃类油气资源。

非常规油气资源丰富、种类多样,目前还没有统一的非常规油气资源划分方案,但是资源类型通常可以归纳为非常规天然气和非常规石油两大类。非常规天然气资源包括页岩气、煤层气、致密砂岩气、水溶气、天然气水合物等;非常规石油资源包括页岩油、致密砂岩油、油页岩、油(沥青)砂、重(稠)油等。非常规油气有两个关键标志和两个关键参数。两个关键标志分别为:油气大面积连续分布,圈闭界限不明显;自然工业产量不稳定,达西渗流不明显。两个关键参数为:储集层孔隙率小于10%;孔喉直径小于1 μm,或渗透率小于1.0×10^{-3} μm^2。非常规油气资源主要地质特征表现为源储共生,在盆地中心、斜坡大面积分布,圈闭界限与水动力效应不明显,储量丰度低。各种类型的非常规油气资源与常规油气资源在成因上密切联系、空间分布上相互伴生,在沉积盆地(凹陷)中的空间分布见图2-7。下面分别对主要非常规油气的地质赋存特征进行介绍。

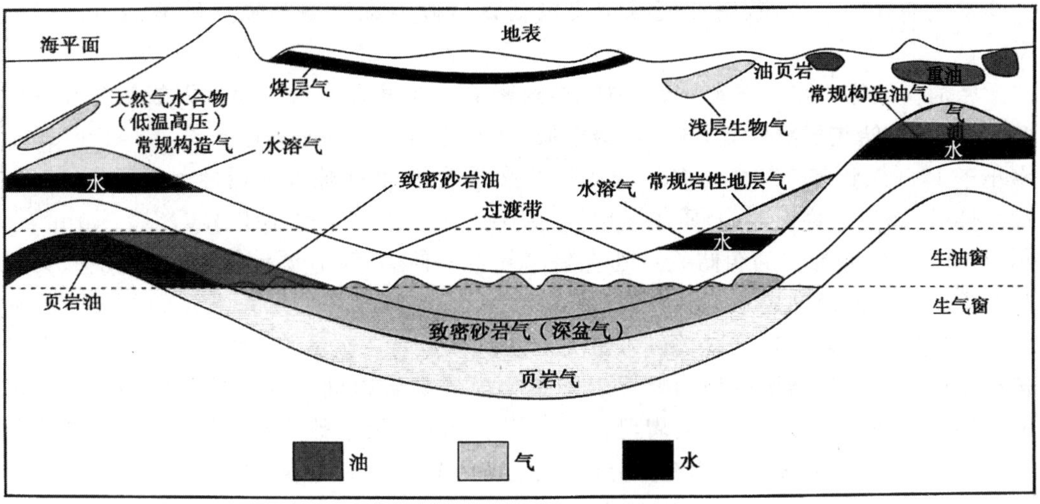

图2-7 非常规与常规油气资源空间分布示意

2.3.2.1 页岩油气的地质赋存特征

页岩油是指已生成的、现今仍滞留于泥页岩微米—纳米级储集空间中的石油。富有机质泥页岩既是石油的生油岩,又是石油的储集岩。页岩气是指主要以游离和吸附方式赋存于富有机质和极低孔隙性渗透性泥页岩地层系统中的天然气。在自然地层条件下,页岩基质渗透率通常小于或等于1.0×10^{-6} μm^2,页岩油气单井一般无自然产量,需要通过一定的增产措施才能获得工业产量。

页岩油气主要地质特征有:页岩油气储集层致密,渗透率低;主要以纳米级孔隙为主,局部发育微米级孔隙;纳米级孔隙、有机质孔隙、微裂缝是页岩油气主要的储集空间。页岩气成因类型及储集岩性多样,页岩气可以是生物化学成因气、热成因气或两者的混合;与页岩气不同,页岩油主要形成在有机质演化的液态烃生成阶段。烃源岩受热成熟度控制,如果处于生油窗阶段,则生成的是油;如果处于生气窗阶段就生气。页岩油气储集层主要富含有机质泥页岩,可以有砂岩和碳酸盐岩夹层,组成含气泥页岩层段。页岩气组成以甲烷为主,在原始地层中的赋存状态多样,主体以游离态和吸附态赋存于泥页岩层段中。前者赋存于基质孔隙和裂缝中,后者主要赋存于有机质、黏土矿物表面上。此外,还有少量页岩气以溶解态存在于有机质、液态烃以及残留水中。在富有机质泥页岩持续生油阶段,石油在泥页岩储层中滞留聚集,只有在泥页岩储层自身饱和后才向外溢散或运移。因此,处在液态烃生成阶段的富有机质泥页岩均可能聚集页岩油。页岩储层中广泛发育的50～300 nm级孔喉系统是页岩油最主要的储集空间。页岩油气就是残留在富含有机质泥页岩层段中的石油和天然气,页岩油气藏属于典型的“自生自储”成藏模式,富含有机质泥页岩既是烃源岩,同时又是储集层和盖层,具有“生-储-盖”三位一体的特点。页岩油气往往大面积连续分布于盆地或凹陷中心及邻近斜坡带,属于源内聚集,资源规模大。

2.3.2.2 致密油气的地层赋存特征

目前,国内外对致密油气的定义还不完全统一,称谓也存在差异。通常,致密油气主要是指油气储集层岩石致密、只有经过大型改造增产措施才可以获得经济产量的烃源岩外油气。同常规油气藏一样,致密油气藏主要包括致密砂岩油气藏和致密碳酸盐岩油气藏两大类。

致密油气多表现出以下地质赋存特征:致密油主要发育于致密湖相碳酸盐岩和致密砂岩两类储集层,储集层物性差,基质渗透率低,储层绝对渗透率一般小于 $2.0\times10^{-3}\ \mu m^2$,孔隙率小于12%。致密气储集层多为低孔隙性渗透性-特低孔隙性渗透性-致密砂岩储集层,非均质性强,储集层物性差,基质渗透率低,储层绝对渗透率一般小于 $1.0\times10^{-3}\ \mu m^2$,孔隙率小于10%。致密油气的源储关系既有源储共生一体型,又有源储接触型,大多数为烃源岩与储集层紧邻的源储接触型。致密油气多数聚集在与烃源岩层系共生的各类致密储集层中,油气聚集运移距离一般较短,为初次运移或短距离二次运移;渗滤扩散和超压等是油气运移主要方式。源储接触型的烃源岩外聚集模式是致密油气与页岩油气和煤层气的最主要区别。致密油气源储共存或者源储层系共生接触,聚集效率高;油气具有多期充注聚集特点。流体分异差,无统一的流体界面与压力系统,饱和度差异大,油、气、水易共存。由于储集层物性差,油气主要聚集于纳米级微孔隙中,总体资源丰度低,平面上能形成油气区,但是通常无自然产量或产量极低,需要采用适宜的增产措施才能形成工业产量,稳产时间较长。

2.3.2.3 煤层气的地质赋存特征

如前所述,煤层是煤层气的源岩,煤在演化过程中生成了大量的气体,这些气体中的很大一部分仍保留在煤层中。煤层中的孔隙和裂隙为煤层气的赋存提供了空间,也为其运移提供了通道。煤层是煤层气的储集层,在有些情况下部分顶底板也可作为储集层的一部分,由此可见煤层气是一种自生自储的非常规天然气。

煤层既是煤层气的源岩,又是其储集层。作为储集层,它有着与常规天然气储集层明显不同的特征。最重要的区别在于,煤是一种双孔介质材料,含有基质孔隙和裂隙,具有孔隙直径小至0.5 nm、大至毫米级的不同数量级的孔隙和裂隙系统。基质孔隙和裂隙的性质、规模、大小、形态、孔隙率和连通性等决定了煤层气的储集、运移和产出。

煤的基质孔隙是指煤的基质块体单元中未被固态物质充填的空间，主要由孔隙和通道组成，一般将较大空间称为孔隙，连通的狭窄部分称为通道。基质孔隙可以根据成因和大小进行分类，根据成因主要分为气孔、残留植物组织孔、次生孔隙、晶间孔和原生粒间孔。按照孔隙大小进行的分类较多，我国主要采用苏联科学家霍多特于1961年提出的分类系统，即微孔（孔径＜10 nm）、小孔（孔径10～＜100 nm）、中孔（孔径100～＜1 000 nm）和大孔（孔径≥1 000 nm）。依据该划分方法，一些较大的孔隙表现为裂隙孔隙的性质。

煤的裂隙是指成煤过程中煤受到自然界各种力的作用产生的破裂形迹，按成因不同可分为内生裂隙（又称为割理）和外生裂隙。内生裂隙是在煤化作用过程中，由于煤脱水、脱挥发分和体积收缩等作用产生的裂隙，或是由煤化作用生成的水、气体及温度升高，孔隙产生膨胀，形成异常高压产生的裂隙。煤中割理与煤岩组分和煤化程度密切相关。它一般只发育在镜煤和亮煤分层中，不切穿上下分层，割理面平坦，无擦痕，显微镜下观测割理大多具有张性特征。中变质阶段的煤中割理最发育，平均每5 cm达40～60条，向低变质烟煤阶段逐渐减少。向高阶无烟煤过渡，割理的密度存在三种变化趋势：首先与过去的认识一致，即随煤阶增高，割理密度逐渐降低并趋于完全闭合；其次是割理密度在达到最大值后随煤阶的增高保持不变；最后是割理密度达到最大值后随煤阶增高有所下降，但下降到一定值时不再变化。外生裂隙是在煤层形成之后，煤在较强的构造应力作用下形成的裂隙。外生裂隙的成因与岩石节理的成因相近，剪性和张性外生裂隙是煤体脆性形变阶段的产物。煤中以剪性外生裂隙为主，张性外生裂隙比较少见，这一现象可能与煤的力学性质有关。

煤层气必定以不同于天然气的状态赋存。

除页岩气储层外，岩石一般没有气体吸附能力。而由于煤对煤层气具有较大的吸附能力，煤储层对煤层气的容纳能力远远超过自身基质孔隙和裂隙体积。我国已查明的南方古生界页岩平均含气量为2.1～2.4 m^3/t，美国页岩平均含气量为4～8 m^3/t[30]；而在我国煤矿现有开采深度条件下，实测的煤层最大瓦斯压力能够达到8～10 MPa，最大瓦斯含量达20～30 m^3/t[31]。目前关于煤层气赋存状态比较一致的认识是：它以吸附态、游离态和溶解态三种形式赋存在煤储层中，其中最主要的是吸附态。通常吸附状态的瓦斯量占80%～90%，游离瓦斯量占10%～20%[14]，溶解态瓦斯含量极少。

煤层中煤层气的含量远远超过其自身孔隙的容积，用溶解态和游离态难以解释该现象，因此必定存在其他赋存状态——吸附态。煤层气吸附量与煤的比表面积、温度和压力有关，这种吸附是通过分子间的引力实现的，是可逆的，属物理吸附。由于煤层气在煤孔隙表面的吸附为单分子层吸附，因此煤的比表面积能够较好地反映煤层气分子在煤孔隙表面的吸附能力[14]。任何固体表面放大到一定程度时都是粗糙的、不平整的。严格来说，固体的绝对表面积是测不准的。为解决这一逻辑难题，多采用人为规定标准，即将在一定分辨能力下测得的表面积作为该固体表面积的近似值，这一面积称比表面积。最常用的测定比表面积的方法是浸润热法。煤层气在煤孔隙表面的吸附过程和状态可以用吸附方程来表达，但是最直观的表示方式是吸附等温线，且吸附等温线符合朗缪尔方程。除煤自身特性外，煤体对煤层气的吸附能力还受煤中水分、煤温度、煤颗粒大小等许多外部因素影响。

在气饱和的情况下，煤的孔隙和裂隙中充满游离状态的煤层气。这种状态的煤层气气体服从气体状态方程，因分子热运动显现出气体压力。游离瓦斯的含量取决于煤的孔隙(裂隙)体积、温度、压力和瓦斯成分及其压缩系数。此外，由于煤储层多是含水的，在一定压力条件下就会有一部分煤层气溶解于其中。因此，煤储层中还包含少数液态和固溶体状态的煤层气。当外界的压力和温度发生变化或受煤层采动影响时，其运动平衡状态就会破坏，从而产生新的平衡状态。此外，研究表明当煤层气压力不高时，甲烷分子能进入尺寸大于或相当于甲烷分子平均自由程的孔隙或缺陷内，而不能进入煤物质分子或芳香层之间的空隙内。当煤层气压力较高时，煤层气能够楔开或进入与甲烷分子尺度相当的微孔隙，并以固液态的形式存在而不易脱附。煤中甲烷在较大压力下虽不发生毛细凝结现象，但能以准液态的形式存在于煤孔隙表面。上述现象除了受气体分子和固体分子间的作用力的影响外，还与气体分子的热运动剧烈程度有关。

2.3.2.4 天然气水合物的地质赋存特征

天然气水合物是在相对低温高压条件下由水和天然气混合而组成的固态结晶物，是自然条件下被封存于水分子的笼状结构中、可经济开发的一种非常规天然气资源[32]。天然气水合物，也称水合物、可燃冰、冰冻甲烷等，外观形似冰、雪或固体酒精，遇火可燃(见图 2-8)。天然气水合物一般具有针状、轴状、层状或分散状结构特点，多呈现为白色，当有杂质混杂其中时可呈现灰白色、淡黄色、棕黄色、暗褐色及灰黑色等其他颜色。有关天然气水合物研究是一个全新的科研领域，目前针对该领域的研究在世界范围内方兴未艾，许多国家和地区纷纷成立专门的研究机构，制订研究计划，表现出前所未有的兴趣。

图 2-8 可燃冰燃烧

天然气水合物形成所必需的低温高压特殊条件决定了其通常赋存于大陆架斜坡带、洋中脊、海沟和海岭等海底沉积层环境和阿拉斯加北部陆坡、西伯利亚地区及加拿大马更些河三角洲冻土带区域，其中赋存于海底的天然气水合物占 97%，而陆上的只有 3%[33]。天然气水合物的气源广泛，包括生物成因气、热解成因气和无机成因气[34]，其中以生物成因气为主，热解成因气次之，无机成因气最少[35]。目前研究认为，天然气水合物既可以作为充填物以块体状、结核状、颗粒状赋存在岩石的孔隙结构中，也可以作为骨架局部胶结物或包裹式胶结物，将骨架颗粒交联或包裹在一起，还可以作为骨架的一部分，起到一定的支撑作用[36-41]。天然气水合物的实际存在形式有块状、薄夹层状、结核状和颗粒状，以及在泥岩、砂岩孔隙中的分散状，这在世界多个天然气水合物勘探活动中得到了证实。例如，海洋砂岩储层中赋存的天然气水合物，见于日本 Nankai 海槽、卡斯卡迪亚大陆架和墨西哥湾[42-43]。日本 Nankai 海槽区域的天然气水合物在沉积层中填充孔隙，并起到了一定的骨架支撑作用[43]；在墨西哥湾和印度海域常见裂缝性海洋泥岩储层[44-45]。其中，印度发现了世界级的页岩裂缝天然气水合物储层，也发现了很多砂岩和泥岩天然气水合物储层[46]。细颗粒沉积层中的孔隙填充型天然气水合物在海洋环境中分布广泛，可能是全球天然气水合物资源量最大的一种分布形式，如阿拉斯加北部陆坡、卡罗来纳海域的布莱克海台和中国南海海域[47-48]。

地层中天然气水合物饱和度的变化范围很大，如日本 Nankai 海槽中部分地层天然气水合物饱和度达到 90%，中国南海神狐海域天然气水合物分散在细粒泥质沉积层中，饱和度为 20%～40%，墨西哥湾天然气水合物的饱和度在 30%～40%[46,49]。根据国际上已获取的天然气水合物样品的资料，天然气水合物沉积层的孔隙率一般为 20%～48%，甚至更高[50]。例如，经测定，加拿大北部马利克地区井中地层孔隙率为 40%，墨西哥湾北部海域天然气水合物地层孔隙率约为 42%，日本 Nankai 海槽天然气水合物地层孔隙率约为 40%，中国神狐海域钻孔天然气水合物沉积层孔隙率在 55%左右[50-52]。在天然气水合物分解之前，地层的渗透率非常低，然而在天然气水合物开采过程中，它可能发生分解使得气、水、水合物饱和度以及孔隙水发生变化，进而使地层的渗透性发生变化。这是天然气水合物储层与一般含气储层流体渗流的重要区别，因此天然气水合物地层的气水渗透比一般油气储层要复杂得多。渗透率是天然气水合物开采的重要参数。无论是采用热激开采、降压开采，还是化学试剂诱发开采，地层渗透率在很大程度上决定了储层的开采效率。

2.3.3 地下水资源的地质赋存特征

地下水资源是全球水资源的一部分，并且与大气水资源和地表水资源密切联系、互相转化，具有流动性和可恢复性的特点[53]。从广义上讲，埋藏在地表以下土层或岩石空隙（孔隙、裂隙和溶隙）中的各种状态的水统称为地下水，包括结合水（吸着水、薄膜水）、毛细水、重力水、固态水和气态水。岩石孔隙中的水构成自然界地下水的主体。狭义上的地下水仅指赋存于地下水面以下（饱水带）土层或岩土孔隙中的重力水，是人类生产生活的重要水源，也是人类开发利用的主要对象[15,23]。

地下水受诸多因素的影响，各种因素的组合错综复杂，因此，出于不同的目的或角度，人们提出了各种各样的地下水分类。但概括起来主要有两种：一种是根据地下水的某种单一的因素或某种特征进行的分类，如按硬度分类、按地下水起源分类等；另一种是综合考虑地下水的若干特征进行的分类。如根据地下水的埋藏条件可分为包气带水、潜水和承压水[54-55]。不论哪种类型的地下水，均可按其含水层的空隙性质分为孔隙水、裂隙水和岩溶水。

位于潜水面以上未被水饱和的岩土中的水，称为包气带水。包气带水主要是土壤水和上层滞水。

潜水是埋藏于地面以下第一个稳定隔水层之上的具有自由水面的重力水。潜水一般多储存在第四系松散沉积物中，也可以存储在裂隙或可溶性基岩中，形成裂隙潜水和岩溶潜水。潜水具有自由水面，在重力作用下可以由水位高处向水位低处渗流，形成潜水径流。潜水的分布区和补给区基本上是一致的。在一般情况下，大气降水、地面水都可通过包气带入渗直接补给潜水。潜水的水位、水量、水温、水质等随季节不同而有明显变化。如雨季降水多，潜水补给充沛，则潜水面上升，含水层厚度增大，水量增加，埋藏深度变浅；而在枯水季节则相反。因在潜水含水层之上无连续隔水层覆盖，因此，潜水容易受到污染。

承压水是充满于两个隔水层或弱透水层之间具有静水压力的重力水。承压水含水层上部的隔水层，称为隔水顶板；下部的隔水层，称为隔水底板；顶、底板之间的垂直距离称为承压含水层的厚度。承压水具有承压性能，其顶面为非自由水面。承压水分布区与补给区不一致。承压水动态受气象、水文因素的季节性变化影响不显著。承压水的厚度稳定不变，不受季节变化的影响。

地下水资源与油气等矿产资源最大的不同就是地下水属于可再生资源。地下含水层自外界获得水量的过程称为地下水的补给（见图 2-9）。地下水的补给来源主要包括大气降水和地表水的渗入；另外，大气中水汽和土壤中水汽的凝结以及特殊条件下的人工补给也是地下水的补给形式[23]。

大气降水包括雨、雪、雹等。在很多情况下，大气降水是地下水的主要补给方式。当大气降水降落到地表后，一部分形成地表径流，一部分蒸发重新回到大气层，一部分渗入地下成为地下水。大气降水补给地下水的数量受到很多因素的影响，与降水的强度、形式、植被、包气带岩性、地下水的埋深等密切相关。一般当降水量大、降水过程长、地形平坦、植被茂盛、上部岩层透水性好、地下水埋藏深度不大时，大气降水才能大量补给地下水。这些影响因素中起主导作用的常常是包气带岩性，如北京昌平地区年降水量平均为 600 mm 左右，由于地表附近的岩性不同，渗入量有很大差别。其中，在岩石破碎、裂隙发育的山区降水量有 80％渗入补给地下水；在砂砾石、砂卵石分布的山前地区，有 50％～60％补给地下水；在粉砂、粉土、粉质黏土分布的平原地区，大约有 35％补给地下水。

地表水包括江、河、湖、海、水库、池塘、水田等水体中的水（见图 2-9）。在这些地表水体附近，地下水有可能获得地表水的补给。河流补给地下水常见于某些大河流的下游和河流中上游的洪水期，在这样的条件下河水水位往往高于岸边的地下水位。在干旱地区，降水量少，河水的渗漏往往是地下水的主要补给源。地表水对地下水的补给强度主要受岩层透水性的影响，同时取决于地表水水位与地下水水位的高差、洪水的延续时间、河流流量、河流的含泥沙量、地表水体与地下水的联系范围等因素。

在干旱地区，降水都很少。例如，我国内蒙古、新疆的一些地区年降水量不足 100 mm，大气降水和地表水体的渗入补给量都很少。在这类地区凝结水往往是地下水的主要补给水源。在一定温度下，空气中只能含有一定量的水蒸气，空气在 10 ℃时最大含水量为 9.3 g/cm^3，而在 5 ℃时最大含水量为 6.8 g/cm^3，多于以上数量的水分就会凝结成为液态水从空气中分离出去。由于这类地区昼夜温差很大，白天空气中含水量可能还不足，但夜晚温度很低，空气中的水蒸气出现过饱和现象，多余的水蒸气就从空气中析离出来，在地表凝结成水，渗入地下补给地下水。

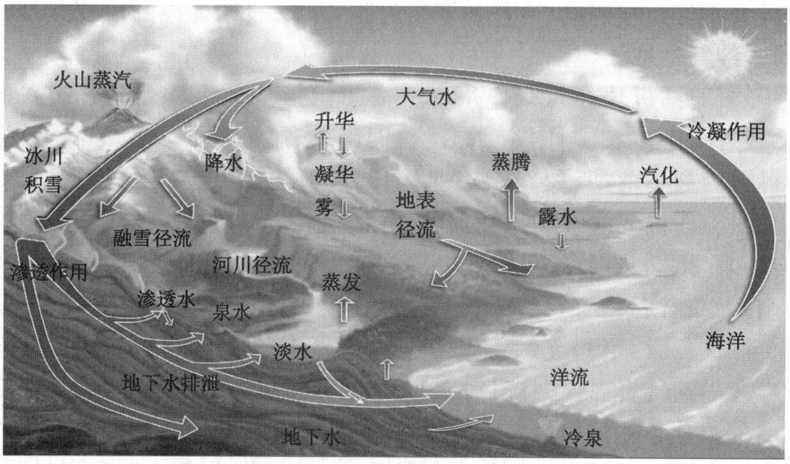

(a)

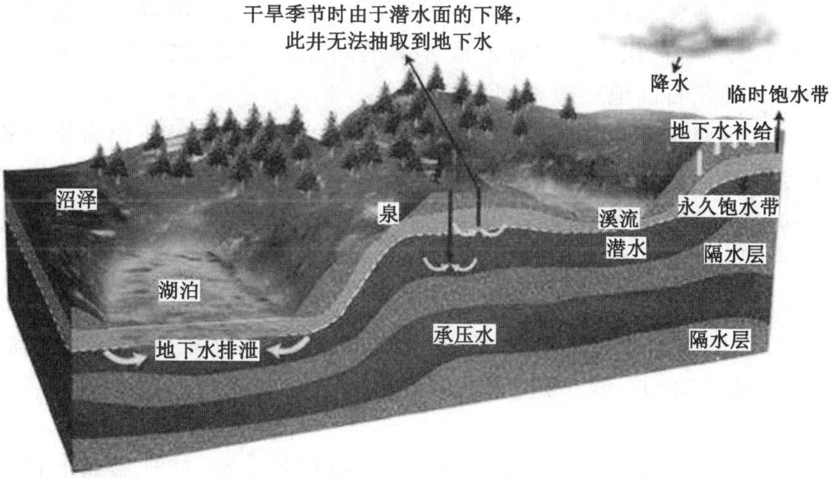

(b)

(a) 自然界水循环示意[56]；(b) 地下水循环示意。

图 2-9 水资源循环示意

2.4 流态矿产资源量及分布

2.4.1 石油和天然气资源量及分布

2.4.1.1 含油气盆地分布

地球上油气资源的分布是极其广泛的，但是油气资源不论是在时间上还是在空间上的分布又是很不均衡的。目前，世界上发现的油气藏都发育并形成于含油气盆地中。没有盆地就没有石油，找油必须先找盆地。从不同的角度，“盆地”一词有不同的含义。地理上，四周被高地围绕的低洼地区，称为“地貌盆地”，如四川盆地、塔里木盆地等。在某一特定地质历史时期，长期不断下沉接受沉积物堆积，沉积物的厚度比周围地区的沉积物厚，这样的区域称为“沉积盆地”。油气资源主要赋存在沉积盆地。含油气盆地是具有良好的生储盖组合和圈闭条件，又发生油气生成、运移和聚集过程，形成油气聚集的沉积盆地。下面简要介绍几种典型的含油气盆地。

裂谷盆地是岩石圈板块在拉张作用下减薄下沉形成的沉积盆地。裂谷的形成是拉张作用的结果。裂谷形态多种多样，有断槽状、锯齿状、雁列状、三叉式等。根据构造演化阶段，裂谷盆地可分为裂谷前期、裂谷断陷期和裂谷坳陷期三个阶段。裂谷盆地是重要的含油气盆地类型之一，在世界油气勘探开发领域占有极其重要的地位。裂谷盆地的油气潜力取决于烃源岩的发育、储盖组合、足以使烃源岩成熟的上覆岩系、圈闭和油气藏保存等条件之间的有利配合。裂谷盆地油气藏类型众多，主要有背斜油气藏、断块油气藏、岩性油气藏、地层不整合油气藏、地层超覆油气藏等。国内外在该类盆地的油气勘探都取得了重大进展，探明了丰富的油气资源。据统计，在世界探明储量超过 5.0×10^8 桶的 877 个大油气田中，31%的油气田分布在陆相裂谷盆地中。裂谷盆地在我国油气勘探开发中也占有十分重要的地位，我国东部松辽、渤海湾等盆地都是中、新生代发育的大型裂谷盆地，油气储量和产量在我国总的油气储量和产量中占 70%以上[57]。这使我国成为在陆相裂谷盆地中找到石油最多的国家，而且积累了世界上最丰富的陆相石油地质资料，为系统总结我国东部油气聚集规律和陆相石油地质理论创造了条件。

前陆盆地是指发育在收缩造山带与相邻克拉通之间，平行于造山带呈狭长带状展布的不对称的冲断挠曲盆地。前陆盆地形成于造山带前缘与相邻克拉通之间的前陆地区，主体坐落在与克拉通相关的陆壳上，靠造山带一侧可卷入部分褶皱基底。前陆盆地是世界上油气资源极丰富的盆地类型之一，不管是储量还是产量，这类盆地都很高。世界上已在 21 个前陆盆地中发现石油可采储量大于 7.0×10^7 t 的大油气田，国外许多著名的含油气盆地，如西加拿大盆地、波斯湾盆地、落基山盆地、东委内瑞拉盆地、阿拉斯加北斜坡盆地、阿巴拉契亚盆地等，都是前陆盆地。我国川西北、酒西、库车、塔西南等坳陷也都具有前陆盆地的特征，并已发现大量油气。

克拉通是指具有厚层大陆地壳的广大地区，包括稳定的、变形微弱的地盾和地台。克拉通盆地是指发育在克拉通地块之上的沉积盆地，该类盆地平面上呈圆形、椭圆形，剖面上呈碟形。克拉通盆地在世界油气工业中具有重要的地位，其油气储量约占世界油气储量的 1/4。克拉通盆地的地质条件决定了其具有复杂的油气聚集历史。在世界主要克拉通含油气盆地中，从寒武纪到白垩纪都有烃源岩分布，岩性主要为泥岩、页岩和碳酸盐岩等。不同盆地有机质含量差别很大，如塔里木盆地有机质含量较低，伊利诺伊盆地、威利斯顿盆地有机质含量较高。在同一盆地不同的演化阶段，有机质的分布特征可能存在差别，如西西伯利亚盆地下侏罗统为腐殖型有机质，上侏罗统主要为腐泥型有机质，侏罗系有机质含量自下而上逐渐增高；白垩系阿普第阶有机质为腐殖型的，塞诺曼阶为腐泥型的，尼欧克姆阶为腐泥腐殖型的。克拉通盆地油气田发育具有分区性和分层性特点。

叠合盆地是指经历了多期构造变革，由多个单型盆地经多方位叠加复合而形成的具有复杂结构的盆地。我国含油气盆地多属叠合盆地，如塔里木盆地、鄂尔多斯盆地、四川盆地、准噶尔盆地、渤海湾盆地和松辽盆地等，它们具有多层结构，在长期演化过程中经历过多次构造变革，烃源岩种类多，油气经历了多期运移、聚集乃至破坏的过程，油气藏的分布状态复杂。总结起来，叠合盆地的石油地质特征可概括为以下五个方面[58]：第一，构造演化历史复杂；第二，油气系统复合、叠合和混合现象普遍；第三，多期生排烃并多期运聚散；第四，目的层埋深大，油气成藏机理复杂；第五，不同层系油气成藏主控因素不同，油气分布存在差异性。

2.4.1.2　油气资源量及分布[3]

(1) 世界油气资源

油气资源是在自然条件下生成并赋存在天然地层中，最终可以通过各种方式和方法被人类利用的石油和天然气的总体。已经发现的油气资源的量称为储量，尚未发现的油气资源的量称为未发现资源量，两者统称为油气资源量。我国油气资源分类规范规定油气资源量是地质资源量和可采资源量的统称。地质资源量，是指根据不同勘探开发阶段所提供的地质、地球物理和分析化验资料，选择运用具有针对性的方法所估算的已经发现和尚未发现的原始储藏的油气总量。可采资源量是指从原地资源量中可采出的油气的数量。通常人们最关心的是在近期可以使人们获益的、能开采出来的商品石油与天然气的量，也就是经济可采资源量，即指通过经济可行性评价，依据当时的市场条件开采，技术上可行、经济上合理、环境等其他条件允许，储量收益能满足投资回报要求的那一部分可采出资源量。由于经济形势不断变化，采油气技术不断改善和提高，现在看来不经济的资源未来也许是经济的，现在不可采出来的油气未来可能可以采出来。

地球上到底有多少石油和天然气？从油气工业发展的历史来看，随着油气勘探活动的不断推进、新油气田的不断发现，估算的世界常规油气资源量和探明可采储量是持续增长的。由于不同时期、不同研究者或单位所依据的资料不同，估算的资源量会有所变化，有时变化会很大。

20 世纪 40 年代预测的世界石油资源量是 5.0×10^{10} t。1983 年在伦敦召开的第 11 届世界石油大会估算的全球石油资源量是 2.46×10^{11} t。1994 年在挪威召开的第 14 届世界石油大会预计的石油资源量是 3.113×10^{11} t。2000 年在加拿大召开的第 16 届世界石油大会上，美国联邦地质调查局公布的评估结果是：全球石油资源量为 4.138×10^{11} t，累计产出量约 9.726×10^{10} t；天然气资源量为 4.36×10^{14} m^3，累计产出量将近 5.0×10^{13} m^3。根据英国石油公司(BP 公司)统计的 2018 年年末数据，世界六大地区(包括中东地区、中南美洲、北美洲、独联体国家、非洲、亚太地区)石油探明可采储量为 1.73×10^{12} 桶，天然气探明可采储量为 1.969×10^{14} m^3。2018 年世界石油年产量为 3.45×10^{10} 桶，天然气年产量为 3.87×10^{12} m^3。按照该年度的石油和天然气探明可采储量与产量计算，石油和天然气分别可以继续开采 50 a 和 51 a。

(2) 油气资源的地理分布

根据 BP 公司统计的 2018 年年末数据，石油探明可采储量在世界不同地区分布极不均衡(详见图 2-10)。波斯湾盆地是目前世界上最富含油气的盆地，中东地区石油探明可采储量为 8.361×10^{11} 桶，所占比例为 48.3%；中南美洲为 3.251×10^{11} 桶，所占比例为 18.8%；非洲为 1.245×10^{11} 桶，所占比例为 7.2%；北美洲为 2.367×10^{11} 桶，所占比例为 13.7%；亚太地区为 4.84×10^{10} 桶，所占比例为 2.8%；独联体国家为 1.453×10^{11} 桶，所占比例为 8.4%；欧洲仅为 1.43×10^{10} 桶，所占比例为 0.8%。

根据 BP 公司统计的 2018 年年末数据(见表 2-10)，在不同国家的石油探明可采储量中，居于前十位的分别是委内瑞拉、沙特阿拉伯、加拿大、伊朗、伊拉克、俄罗斯、科威特、阿联酋、美国、利比亚。其中，前 8 位的石油探明可采储量都超过了 100 亿 t。

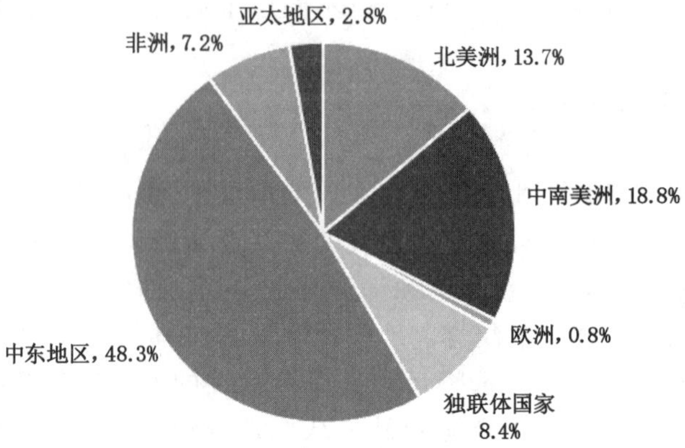

图 2-10　2018 年年末世界石油探明可采储量分布

表 2-10　2018 年年末世界石油探明可采储量前十位的国家

序号	国家	探明可采储量/亿 t	序号	国家	探明可采储量/亿 t
1	委内瑞拉	480	6	俄罗斯	146
2	沙特阿拉伯	409	7	科威特	140
3	加拿大	271	8	阿联酋	130
4	伊朗	214	9	美国	73
5	伊拉克	199	10	利比亚	63

世界天然气探明可采储量的分布与石油有所不同，两个明显富集天然气的地区分别为中东地区和独联体国家，如图 2-11 所示。中东地区天然气探明可采储量最丰富，为 7.553×10^{13} m^3，占世界的 38.36%，可见中东既是最富集石油的地区，也是最富集天然气的地区；独联体国家天然气探明可采储量为 6.283×10^{13} m^3，占世界的 31.91%，这与西西伯利亚盆地富集丰富的天然气有关；亚太地区和非洲也是富集天然气的地区，天然气探明可采储量分别为 1.810×10^{13} m^3 和 1.441×10^{13} m^3，分别占世界的 9.20% 和 7.32%；北美洲约占 7.06%。

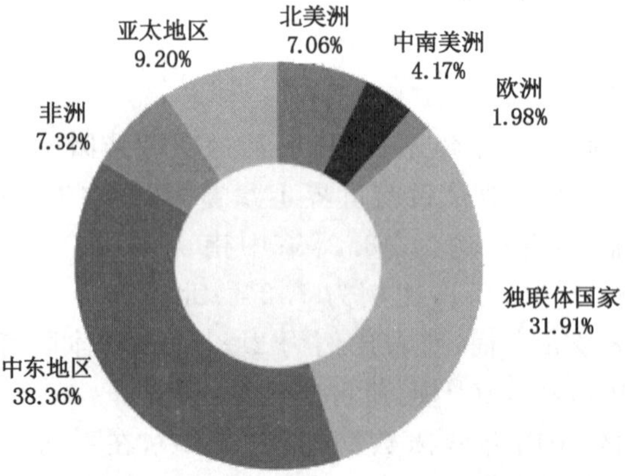

图 2-11　2018 年年末世界天然气探明可采储量分布

在不同国家的天然气探明可采储量(见表2-11)中,居于前十位的分别是俄罗斯、伊朗、卡塔尔、土库曼斯坦、美国、沙特阿拉伯、阿联酋、委内瑞拉、尼日利亚、阿尔及利亚。居于前三位的国家的天然气探明可采储量都超过了 2.5×10^{13} m^3。

表2-11　2018年年末世界天然气探明可采储量前十位的国家(据英国BP公司统计)

序号	国家	探明可采储量/($\times10^{12}$ m^3)	序号	国家	探明可采储量/($\times10^{12}$ m^3)
1	俄罗斯	47.5	6	沙特阿拉伯	8.0
2	伊朗	33.1	7	阿联酋	6.1
3	卡塔尔	25.2	8	委内瑞拉	5.5
4	土库曼斯坦	17.5	9	尼日利亚	5.1
5	美国	10.4	10	阿尔及利亚	4.5

从特大型气田分布的国家来看,俄罗斯是拥有特大型气田最多的国家,累计可采储量超过 4.0×10^{13} m^3;其次为美国、伊朗、哈萨克斯坦和土库曼斯坦,各有2个。从已发现的天然气田可采储量来看,分别位于卡塔尔的北方气田与位于伊朗的南帕斯气田[二者实际属于同一气田(北方—南帕斯气田)],横跨波斯湾,储层为上二叠统的白云岩,为穹窿构造气田,可采储量超过 3.8×10^{13} m^3,为世界最大气田。

(3) 油气资源的埋藏深度分布

从全球不同埋藏深度大油气田的储量分布来看(见表2-12),大油田埋藏深度小于1 220 m的储量分布较少,占5.1%;大多数大油田的埋藏深度为1 220～3 050 m,其储量占79.0%;埋藏深度在3 050 m之下,大油田储量分布逐渐减少;到埋藏深度大于4 270 m范围,大油田储量仅占0.2%。大气田储量分布与大油田的不同,主要集中分布在埋藏深度浅于3 660 m范围内,且以1 220～3 050 m深度段最丰富,占46.1%;埋藏深度浅于1 220 m范围储量分布也较多,占25.7%;3 050～3 660 m深度段储量占25%;埋藏深度在3 660 m之下,大气田储量分布显著减少。上述油气的分布除了受烃源岩的演化阶段、运移特征、压力等因素控制外,还和勘探程度有密切关系。随着勘探程度的提高,在深部发现的油气储量将会逐渐增加。

表2-12　全球不同埋藏深度大油气田储量分布

埋藏深度/m	<1 220	1 220～3 050	3 050～3 660	3 660～4 270	>4 270
大油田储量所占比例/%	5.1	79.0	8.1	7.6	0.2
大气田储量所占比例/%	25.7	46.1	25.0	1.9	1.3

从资源埋藏深度分布看,中国49.57%的石油资源量分布在埋藏深度2 000～3 500 m范围内;其次为埋藏深度3 500～4 500 m范围,其资源量占23.26%;其余主要分布在埋藏深度浅于2 000 m范围内。应当指出的是,新疆南北区石油资源埋藏深度一般多在3 500～4 500 m,塔里木盆地有 4.045×10^9 t的石油资源量埋藏深度大于4 500 m。天然气埋藏深度与石油基本相同,中国中部和海域的天然气资源埋藏深度多在1 000～3 500 m范围内。

2.4.2 非常规油气资源量及分布

非常规油气资源主要包括页岩气、页岩油(致密油)、致密砂岩气、煤层气、水溶气以及天然气水合物(可燃冰)等类型。世界非常规油气资源潜力非常巨大,随着勘探和开发技术的进步,非常规油气已成为世界油气工业中重要的组成部分。以美国为例,2002 年其致密砂岩气、煤层气、页岩气 3 种类型非常规天然气产量之和占天然气总产量的 32%,2006 年上升至 40%,2012 年则达 50%。

初步研究表明,全球非常规油气资源量巨大,这是世界油气业界的共识。但由于人们对非常规油气资源了解程度不够,勘探开发程度有限,世界非常规油气资源量究竟有多大,目前还没有一个权威的评价结果,而且不同的机构、专家给出的评价数字相差比较大,同一机构或专家在不同时间的评价数字也有较大差别。

2.4.2.1 页岩气

从全世界范围来看,泥、页岩约占全部沉积岩的 60%,页岩气资源前景巨大。全球页岩气资源分布广泛,主要分布在北美、中亚和中国、拉丁美洲、中东和北非、俄罗斯和独联体国家等地。据美国能源信息署 2013 年发布的全球页岩油气资源评价结果[59],世界范围内页岩气的技术可采资源量为 7.764×10^{15} ft^3($1\ ft^3=0.028\ 316\ 8\ m^3$)。其中,北美地区是全球页岩气技术可采资源量最大的地区,其页岩气技术可采资源量为 2.279×10^{15} ft^3,所占比例为 29.4%;亚太地区以 1.808×10^{15} ft^3 的页岩气技术可采资源量居全球第二位,所占比例为 23.3%;南美和非洲地区的页岩气技术可采资源量大致相当,分别为 1.430×10^{15} ft^3 和 1.362×10^{15} ft^3,所占比例分别为 18.4%和 17.5%;欧洲及俄罗斯地区的页岩气技术可采资源量相对较少,为 8.850×10^{14} ft^3(见图 2-12)。从国家分布来看,美国是全球页岩气技术可采资源量最大的国家,其页岩气技术可采资源量为 1.161×10^{15} ft^3,占整个北美地区的 51%;中国的页岩气技术可采资源量为 1.115×10^{15} ft^3,居全球第二位,约占整个亚太地区页岩气技术可采资源量的 62%;阿根廷和阿尔及利亚分别以 8.020×10^{14} ft^3 和 7.070×10^{14} ft^3 的页岩气技术可采资源量居全球第三和第四位,也分别是南美和非洲地区页岩气技术可采资源量最丰富的国家,均占其所在地区页岩气技术可采资源量的 1/2 以上;其余几个页岩气技术可采资源量排名前 10 的国家分别为加拿大、墨西哥、澳大利亚、南非、俄罗斯和巴西(见图 2-13)。

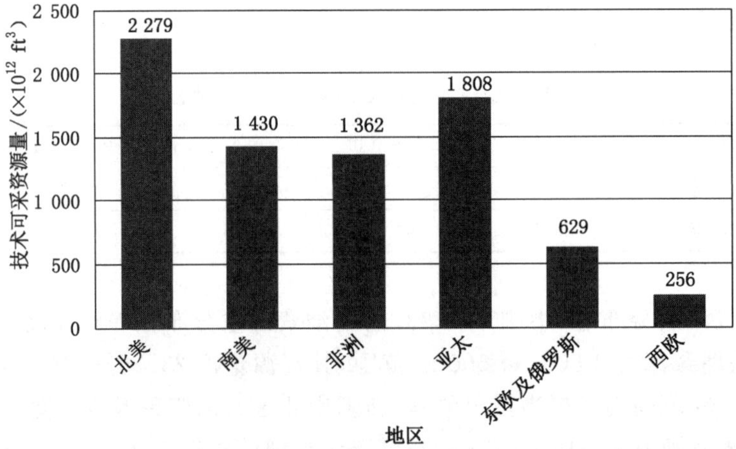

图 2-12 世界主要地区页岩气技术可采资源量

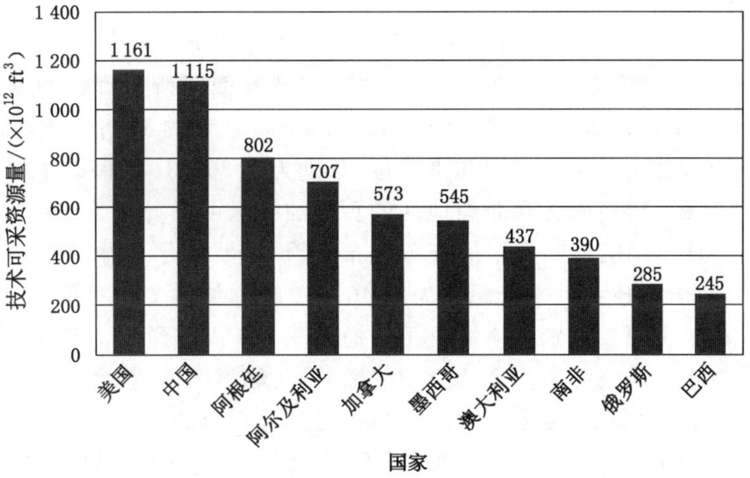

图 2-13 全球页岩气技术可采资源量排名前 10 的国家

世界上对页岩气资源的研究和开发最早始于美国，经过近 200 年的发展，美国已成为世界上第一个实现页岩气大规模商业性开采的国家。1821 年，威廉・哈特在纽约州成功钻探了世界第一口页岩气井。然而直到 21 世纪之后，美国的页岩气开采技术才逐渐成熟并迎来大规模商业化开采，引发所谓的“页岩气革命”。2009 年，美国页岩气年产量为 9.82×10^{10} m^3，超过中国常规天然气年产量；2012 年页岩气年产量为 2.3×10^{11} m^3，占美国天然气总产量的 34%[60]。据美国能源信息署预测，页岩气将成为美国未来天然气产量增加的主要来源，到 2035 年在总产量中所占的比例将提高到 49%。美国的页岩气开发对象主要是海相沉积页岩。得克萨斯州的巴尼特(Barnett)页岩储层和东北部阿巴拉契亚盆地的马塞勒斯页岩储层是美国最重要的页岩气储层。

中国页岩地层在各地质历史时期十分发育，页岩气资源丰富、分布广泛。2012 年 3 月，国土资源部油气中心组织完成了全国页岩气资源潜力分析，对 41 个盆地进行了系统评价，得出页岩气地质资源量为 $1.344\ 2\times10^{14}$ m^3，可采资源量为 2.508×10^{13} m^3，主要分布在四川盆地、黔中隆起、鄂尔多斯盆地、塔里木盆地、松辽盆地、渤海湾盆地等。中国与美国在页岩气地质条件和开发条件上都存在一定差异，中国的富有机质海相页岩热成熟度较高、构造复杂、断层发育；陆相页岩成熟度较低、分布非均质性强，整体埋藏较深、地表条件复杂，还面临水资源缺乏等问题[61-62]。陆相沉积页岩是中国页岩气资源的重要来源，而目前美国的页岩气开发对象主要是海相沉积页岩，开发经验和技术不能直接照搬应用于陆相页岩气，中国需要加快自主研发，在深入研究开发机理的基础上制定适合中国资源特点的开发方案。

此外，澳大利亚也开始关注页岩气的评价及开发工作。欧洲对页岩气的开发比较乐观，一些大石油公司都将目光聚集于法国、波兰及瑞士等国家的页岩气勘探，投入资金进行或者关注页岩气的地质储量及可采储量的评估。在南美洲，阿根廷和智利是比较受关注的国家。印度开始评估本国的页岩气的资源量，并且投入巨大的资金投资北美的页岩气开发，这也是出于学习技术的目的。虽然如此，如同历史上所有工业的发展一样，页岩气工业的发展从开始到规模性生产都不是短期内能完成的，页岩气的兴起在近期内不会被其他国家复制，但是它必将改变世界油气资源勘探开发的格局。

2.4.2.2 页岩油

据美国能源信息署 2013 年发布的全球页岩油气资源评价结果[59]，全球页岩油(包括致密油)技术可采资源量约为 3.305×10^{11} 桶。其中，东欧及俄罗斯是页岩油资源最丰富的地区，其页岩油技术可采资源量为 7.98×10^{10} 桶，约占全球总量的 1/4；亚太和北美地区的页岩油技术可采资源量分别居全球第二和第三位，分别为 7.39×10^{10} 桶和 6.99×10^{10} 桶，分别占全球总量的 22% 和 21%；南美和非洲地区的页岩油技术可采资源量分别为 5.97×10^{10} 桶和 3.81×10^{10} 桶。从不同国家的页岩油资源分布来看，俄罗斯是全球页岩油技术可采资源量最大的国家，其页岩油技术可采资源量为 7.46×10^{10} 桶，约占全球总量的 23%；美国和中国的页岩油技术可采资源量分别为 4.80×10^{10} 桶和 3.22×10^{10} 桶，居全球的第二和第三位；阿根廷的页岩油技术可采资源量为 2.70×10^{10} 桶，居全球第四位；其余几个页岩油资源较丰富的国家为利比亚、澳大利亚、委内瑞拉、墨西哥、巴基斯坦和加拿大。

据我国研究者初步估计，我国页岩油可采资源量在 1.0×10^{10} t 以上，但目前对页岩油资源还没有进行系统研究，也未进行专门的资源潜力分析[63]。泌阳凹陷安深 1 井、泌页 HF-1 井以及辽河坳陷曙古 165 井均在页岩层段压裂测试中获得工业性油流，揭示了东部断陷盆地古近系具有较大的页岩油勘探潜力。

2.4.2.3 致密砂岩气

全球致密砂岩气资源丰富，分布范围十分广泛，在世界多数沉积盆地都有分布，主要集中在北美、拉丁美洲、亚洲和俄罗斯等地区和国家。目前勘探开发比较活跃的国家主要有美国、加拿大和中国。美国联邦地质调查局研究结果表明，全球已发现或推测发育致密砂岩气的盆地大约有 70 个，资源量约为 2.10×10^{14} m^3，其中，亚太地区、北美地区、拉丁美洲分别拥有致密砂岩气资源量 5.10×10^{13} m^3、3.88×10^{13} m^3、3.66×10^{13} m^3。

美国的致密砂岩气资源丰富，已经实现了大规模的商业化开发。根据美国能源部(2005)报告，在美国天然气储量排名前 100 的气田中有 58 个是致密砂岩气气田。美国能源信息署 2008 年评价认为，美国的致密砂岩气资源量为 $(1.98\sim4.25)\times10^{13}$ m^3，占美国常规天然气资源量(6.65×10^{13} m^3)的 29.8%～63.9%。截至 2009 年 1 月，美国致密砂岩气技术可采资源量为 8.77×10^{12} m^3，占美国天然气技术可采资源量的 17%。

中国致密砂岩气资源比较丰富。据初步估算，全国致密砂岩气技术可采资源量约 1.10×10^{13} m^3，主要分布在四川、鄂尔多斯、松辽、渤海湾、柴达木、塔里木及准噶尔等 10 余个盆地，其中，四川盆地和鄂尔多斯盆地的致密砂岩气资源极为丰富。截至 2010 年年底，全国致密砂岩气累计探明储量约 3.01×10^{12} m^3，占全国天然气总探明储量的 39.2%[64]。

2.4.2.4 煤层气

煤层气资源和煤炭资源有直接关系，世界煤炭资源丰富，但分布比较分散。世界煤层气资源丰富，全球煤层气资源量超过 2.60×10^{14} m^3，90% 的煤层气资源量分布在 12 个主要产煤国，其中，俄罗斯、加拿大、中国、美国和澳大利亚的煤层气资源量均超过 1.00×10^{13} m^3。美国、加拿大和澳大利亚的煤层气开发走在世界前列，已经进入大规模商业化开发利用阶段。美国煤层气资源量为 4.887×10^{13} m^3，主要分布在西部落基山脉的中新生代含煤盆地和阿拉斯加北部的科尔维尔盆地及阿拉斯加半岛的奇格尼克盆地和育空盆地。加拿大煤层气资源量为 $(1.79\sim7.60)\times10^{13}$ m^3，主要分布在阿尔伯塔盆地。目前，阿尔伯塔东南部和西部、不列颠哥伦比亚的东北部和东南部以及温哥华岛均为煤层气勘探开发工作区。澳大利亚煤层气资源量为$(8.0\sim14.0)\times10^{12}$ m^3，主要分布在东部沿海地带，主要位于昆士兰和新南威尔士两个州。

我国是世界上最大的产煤国和煤炭消费国，煤层气资源丰富。全国煤层气资源评价对陆上42个主要含煤盆地(群)、121个含气区带进行评价，并筛选评价了22个重点煤矿区煤层气资源。评价结果表明，我国埋深2 000 m以浅的煤炭资源量为$5.952\ 358\times10^{12}$ t，煤层气评价面积为374 953.44 km^2，煤层气地质资源量为3.681×10^{13} m^3，地质资源丰度为9.8×10^7 m^3/km^2；埋深1 500 m以浅的煤层气可采资源量为1.087×10^9 m^3。煤层气资源主要分布在东部、中部、西部及南部4个大区，地质资源量分别为1.13×10^{13} m^3、1.05×10^{13} m^3、1.04×10^{13} m^3、4.7×10^{12} m^3；可采资源量分别为4.3×10^{12} m^3、2.0×10^{12} m^3、2.9×10^{12} m^3、1.7×10^{12} m^3。从层系分布看，中生界和上古生界煤层气资源最为丰富，地质资源量分别为2.05×10^{13} m^3和1.63×10^{13} m^3，新生界分布较少。我国煤层气资源具有主要含气盆地集中分布、中小盆地资源量有限的特点。地质资源量大于1.0×10^{12} m^3的含气盆地(群)有鄂尔多斯、沁水等9个盆地(群)。其中，鄂尔多斯盆地资源量最大，为9.9×10^{12} m^3，占全国资源量的27%；其次为沁水盆地，其资源量为4.0×10^{12} m^3，占全国资源量的11%。

2.4.2.5 水溶气

很多国家和地区都有水溶气资源存在，据估算，全球水溶气资源量达$(1.0\sim15.0)\times10^{16}$ m^3。苏联乌克兰天然气研究所认为，水溶气资源广泛分布于含油气盆地、含煤盆地及其他水文盆地中，全世界水溶气资源量为$(1.0\sim100.0)\times10^{15}$ m^3。我国水溶气资源十分丰富，不同学者采取不同的方法对我国水溶气资源量进行了估算，认为我国的水溶气资源量在$(1.2\sim6.5)\times10^{16}$ m^3。

2.4.2.6 天然气水合物

天然气水合物主要分布在海域和永久冻土带，初步研究认为其资源量巨大。在地球表面，海洋和永久冻土的面积分别约占70%和7%。从全球水合物资源的分布来看，海洋中的天然气水合物资源量超出永久冻土中天然气水合物资源量两个量级[65]。天然气水合物在海底储层中的资源量占其总资源量的99%左右，大部分发育于泥岩裂缝和致密砂岩的非渗透性储层中。据测算，水合物中的有机碳约占全球有机碳的53.3%，而煤、石油和天然气三者中的有机碳总量才占到26.6%。

天然气水合物的资源量到底有多少？自20世纪70年代以来，许多科学家相继对全球海洋和陆地天然气水合物进行了测算，但是由于各自对实际资料的掌握程度以及评价方法的差异，预测结果相差较大。例如，20世纪80年代，苏联科学家估算了全球水合物资源量，陆地为5.7×10^{13} m^3，海洋为$5.0\times10^{15}\sim2.5\times10^{16}$ m^3，其总资源量大约相当于全世界已知煤、石油和天然气总量的两倍。到20世纪90年代，人们逐步认识到水合物不可能在整个大洋中存在，一些研究甚至认为水合物仅分布在大陆边缘的小部分区域，此阶段得到的水合物的资源量一般为1.0×10^{16} m^3。21世纪以来，很多学者根据间接或直接的测量和钻井数据，预测了水合物资源量。由于在预测中认为含水合物面积和水合物的饱和度估算值较低，大多数水合物资源量估算值在1.0×10^{15} m^3左右。根据美国地质调查局估算，全球海洋和陆地上已发现的天然气水合物矿藏所蕴藏的甲烷气体为$(1.0\sim5.0)\times10^{15}$ m^3。我国天然气水合物勘探区域主要集中在南海、青藏高原、冲绳海槽等地区，根据我国学者对天然气水合物资源量的初步预测，南海地区天然气水合物资源量为$6.496\ 8\times10^{13}$ m^3[66]，青藏高原天然气水合物资源量为3.5×10^{13} m^3[67]，冲绳海槽天然气水合物资源量为$(1.947\sim25.9)\times10^{12}$ m^3[68]。

目前，美国、日本和中国等国家均已经在各自海域发现并开采出天然气水合物。美国、日本、俄罗斯、加拿大、德国等是世界上较早开展天然气水合物研究的国家。虽然我国在这一研究领域的研究和调查起步较晚，但是近十年来在天然气水合物理论研究和勘探开发实践中不断取得重大突破。1995 年，美国在东部海域布莱克海台实施了一系列深海钻探工程，取得了大量水合物岩芯，首次证明该矿藏具有商业开发价值。1998 年，日本通过与加拿大合作，在加拿大西北部的麦肯兹三角洲进行了水合物钻探，在 890～952 m 深处获得 37 m 水合物岩芯。该钻井深 1 150 m，是在高纬度地区永久冻土带中研究气体水合物的第一口井。中国分别于 2007 年 5 月和 2008 年 11 月，在南海北部海域和青海省天峻县（海拔 4 062 m，祁连山南缘永久冻土层区，井深 130～396 m）获得了海洋型和陆地型水合物钻探样品，标志着我国的水合物调查和研究水平进入了一个新的阶段。日本在 2013 年 3 月 12 日成功从爱知县附近深海可燃冰层中提取出甲烷，成为世界上首个掌握海底可燃冰采掘技术的国家。2017 年 5 月 10 日，我国在南海北部神狐海域从水深 1 266 m 海底以下 203～277 m 的天然气水合物矿藏中成功开采出天然气；至 5 月 26 日，试采井连续产气 16 d，平均日产量超过 10 000 m^3。

2.4.3 地下水资源及分布

在地球形成后的初期，由于热动力的影响，地球物质在铅直方向上发生分异，形成不同的层圈，从地球球心往外分别为地核、地幔、地壳、水圈、生物圈和大气圈。自然界的水包含于上述各层圈中，但是不同层圈其水分含量、分布及物理化学状态差别很大[23]。

根据水的状态特点，把从大气圈到地壳的上半部称为地球的浅部层圈。大气水、地表水和地下水分布在此层圈中。这些水不受高温高压影响，其化学状态以 H_2O 分子形式存在。按物理状态划分，主要有气态水、液态水和固态水，其中以液态水为主。据推测，整个地球浅部层圈水的总量约为 1.408×10^9 km^3。不同层圈中水的总量相差极大，大气圈中的水仅占总量的 0.000 9%，地壳浅部的地下水约占 1.710%，生物圈中的水约占 0.000 1%，而地表水圈中的水占 98.289%，其中，绝大部分都是海洋水，成为地球浅部层圈水的主体部分。

地壳的下部至地核之间为地球的深部层圈。这一层圈里所包含的水分比浅部层圈的要多得多，但因深度大，环境的温度和压力增高，水的物理化学状态发生变化。在地壳下部 15～35 km 处，地温达 400～425 ℃，压力也很高，所以这里的水不可能以普通液态水或一般气态水形式存在，而成为一种被压密的气水溶液。关于地幔的含水率，学者通过不同的方式得到基本相同的结论，即未经去气作用的地幔物质含有 5%～7%的水，假定地幔总质量为 4.0×10^{24} kg，其中熔融物质占 25%，则地幔软流圈中所含水分总量相当于目前海洋水总量的 35～50 倍。

探索性思考题

(1) 简述油气的无机成因说和有机成因说。

(2) 试述油气有机成因说取得成功的原因。

(3) 简述油气生成的物质基础和动力条件。

(4) 试述油气生成的演化过程。

(5) 试述煤层气在煤变质过程中的生成过程。

(6) 简述石油的烃类组成和非烃类组成。

(7) 天然气的物理性质主要包含哪些内容?

(8) 简述烃源层、储集层、盖层基本概念。

(9) 试述石油、天然气和煤层气在生成、运移、储存等阶段的主要差异。

(10) 试述油气藏的基本条件及形成过程。

(11) 试述煤中吸附态、游离态瓦斯的基本存在形式。

(12) 简述天然气水合物的地质赋存特征。

(13) 试述非常规油气资源的地质赋存特征与常规油气有何不同。

(14) 简述裂谷盆地、前陆盆地、克拉通盆地和叠合盆地 4 种典型的含油气盆地。

(15) 简述油气资源的地理分布和深度分布。

(16) 试述美国"页岩气革命"以及对全球能源、政治、经济的影响。

参考文献

[1] 徐永昌. 天然气成因理论及应用[M]. 北京:科学出版社,1994.

[2] 戴金星,石昕,卫延召. 无机成因油气论和无机成因的气田(藏)概略[J]. 石油学报,2001,22(6):5-10.

[3] 柳广弟. 石油地质学[M]. 4 版. 北京:石油工业出版社,2009.

[4] 赵靖舟,张金川,高岗. 天然气地质学[M]. 北京:石油工业出版社,2013.

[5] 戴金星,宋岩,戴春森,等. 中国东部无机成因气及其气藏形成条件[M]. 北京:科学出版社,1995.

[6] 杜建国,张友联,谢鸿森,等. 油气成因理论研究进展[J]. 矿物岩石地球化学通报,1996,15(2):124-127.

[7] HUNT J M. Petroleum geochemistry and geology[M]. San Francisco:W. H. Freeman,1979.

[8] DURAND B. Kerogen-insoluble organic matter from sedimentary rocks[M]. Paris:Editions Technip,1980.

[9] 张厚福,方朝亮,高先志,等. 石油地质学[M]. 北京:石油工业出版社,1999.

[10] 王铁冠,钟宁宁,侯读杰,等. 低熟油气形成机理与分布[M]. 北京:石油工业出版社,1995.

[11] 周世宁,林柏泉. 煤层瓦斯赋存与流动理论[M]. 北京:煤炭工业出版社,1999.

[12] 俞启香. 矿井瓦斯防治[M]. 徐州:中国矿业大学出版社,1992.

[13] 于不凡. 煤矿瓦斯灾害防治及利用技术手册[M]. 北京:煤炭工业出版社,2000.

[14] 程远平,刘清泉,任廷祥. 煤力学[M]. 北京:科学出版社,2017.

[15] 缪韧. 水文学原理[M]. 北京:中国水利水电出版社,2007.

[16] 高正夏. 地下水资源可持续开发理论与实践[M]. 北京:科学出版社,2009.

[17] 唐益群,叶为民. 地下水资源概论[M]. 上海:同济大学出版社,1998.

[18] 陈葆仁. 地下水起源[J]. 水文地质工程地质,1981(6):60-61.

[19] 沈照理. 水文地球化学基础[M]. 北京:地质出版社,1986.
[20] 王焰新,文冬光,沈照理,等. 深部地下水的起源及其成矿作用[J]. 地学前缘,1996,3(3/4):274-281.
[21] WHITE D E. Subsurface waters of different origins[C]//Extended Abstracts, Fifth International Symposium on Water-Rock Interaction. Iceland: Reykjavik, 1986: 629-632.
[22] 戴金星. 各类烷烃气的鉴别[J]. 中国科学(B 辑),1992(2):185-193.
[23] 束龙仓,陶月赞. 地下水水文学[M]. 北京:中国水利水电出版社,2009.
[24] 裘怿楠,薛叔浩,应凤祥. 中国陆相油气储集层[M]. 北京:石油工业出版社,1997.
[25] 冯叔初,郭揆常. 油气集输与矿场加工[M]. 2 版. 青岛:中国石油大学出版社,2006.
[26] ROJEY A. Natural gas[M]. Paris:Editions Technip,1997.
[27] LAW B E. Basin-centered gas systems[J]. AAPG bulletin,2002,86(11):1891-1919.
[28] 邹才能,陶士振,侯连华,等. 非常规油气地质[M]. 2 版. 北京:地质出版社,2013.
[29] 邹才能,张国生,杨智,等. 非常规油气概念、特征、潜力及技术:兼论非常规油气地质学[J]. 石油勘探与开发,2013,40(4):385-399,454.
[30] 谢克昌,邱中建,金庆焕,等. 我国非常规天然气开发利用战略研究[M]. 北京:科学出版社,2014.
[31] 俞启香,程远平. 矿井瓦斯防治[M]. 徐州:中国矿业大学出版社,2012.
[32] SLOAN E D. Clathrate hydrates of natural gases[M]. New York:[s. n.],1998:1-10.
[33] MAKOGON Y F. Natural gas hydrates: a promising source of energy[J]. Journal of natural gas science and engineering,2010(2):49-59.
[34] KVENVOLDEN K A. A review of the geochemistry of methane in natural gas hydrate[J]. Organic geochemistry,1995,23(11/12):997-1008.
[35] 狄永军,郭正府,李凯明,等. 天然气水合物成因探讨[J]. 地球科学进展,2003,18(1):138-143.
[36] WORTHINGTON P F. Petrophysical evaluation of gas-hydrate formations [J]. Petroleum geoscience,2010,16(1):53-66.
[37] ECKER C,DVORKIN J,NUR A M. Estimating the amount of gas hydrate and free gas from marine seismic data[J]. Geophysics,2000,65(2):565-573.
[38] DVORKIN J, HELGERUD M B, WAITE W F, et al. Introduction to physical properties and elasticity models[C]//Coastal Systems and Continental Margins. Dordrecht:Springer Netherlands,2003:245-260.
[39] HOLLAND M, SCHULTHEISS P, ROBERTS J, et al. Observed gas hydrate morphologies in marine sediments [C]//Proceedings of the 6th International Conference on Gas Hydrates(ICGH 2008),2008:6-10.
[40] LONG D, LOVELL M, JACKSON P, et al. Petrophysical characterisation of gas hydrate sediments[C]//SPWLA 43rd Annual Logging Symposium. Oiso,2002.
[41] DVORKIN J,NUR A. Elasticity of high-porosity sandstones: theory for two North Sea data sets[J]. Geophysics,1996,61(5):1363-1370.

[42] RIEDEL M,BELLEFLEUR G,DALLIMORE S R,et al. Amplitude and frequency anomalies in regional 3D seismic data surrounding the Mallik 5L-38 research site, Mackenzie Delta, northwest Territories, Canada [J]. Geophysics, 2006, 71 (6): 183-191.

[43] BOSWELL R. Is gas hydrate energy within reach?[J]. Science,2009,325:957-958.

[44] COLLECT T, RIEDEL M, COCHRAN J, et al. Indian nation hydrate program expedition 01 initial reports[R]. [S. l.],2006.

[45] COOK A E, GOLDBERG D, KLEINBERG R L. Fracture-controlled gas hydrate systems in the northern Gulf of Mexico[J]. Marine and petroleum geology, 2008, 25(9):932-941.

[46] COLLETT T S. Geology of Marine Gas Hydrates and Their Global Distribution [C]//Proceedings of Offshore Technology Conference(OTC),Houston,Texas,2008.

[47] PAULL C K, USSLER W, BOROWSKI W S, et al. Methane-rich plumes on the Carolina continental rise: associations with gas hydrates [J]. Geology, 1995, 23(1):89.

[48] YANG S,ZHANG H,WU N,et al. High concentration hydrate in disseminated forms obtained in Shenhu area, North Slope of South China Sea[C]//Proceedings of the 6th International Conference on Gas Hydrates(ICGH 2008),Vancouver, British Columbia,2008:6-10.

[49] LEE M W, COLLETT T S. Integrated analysis of well logs and seismic data to estimate gas hydrate concentrations at Keathley Canyon,Gulf of Mexico[J]. Marine and petroleum geology,2008,25(9):924-931.

[50] 罗敏,王宏斌,杨胜雄,等. 南海天然气水合物研究进展[J]. 矿物岩石地球化学通报,2013,32(1):56-69.

[51] BOSWELL R, SHELANDER D, LEE M, et al. Occurrence of gas hydrate in Oligocene Frio sand: Alaminos Canyon Block 818: northern Gulf of Mexico [J]. Marine and petroleum geology,2009,26(8):1499-1512.

[52] UCHIDA T,TSUJI T. Petrophysical properties of natural gas hydrates-bearing sands and their sedimentology in the Nankai trough[J]. Resource geology, 2004, 54 (1): 79-87.

[53] 中国科学院. 中国学科发展战略:地下水科学[M]. 北京:科学出版社,2018.

[54] 蒋辉,曾波,潘宏雨. 地下水动力学[M]. 上海:同济大学出版社,1998.

[55] 周训,金晓媚,梁四海,等. 地下水科学专论[M]. 2 版. 北京:地质出版社,2017.

[56] USGS. The water cycle[EB/OL]. (2017-11-15)[2019-04-10]. https://www.usgs.gov/special-topic/water-science-school/science.

[57] 赵文智. 石油地质理论与方法进展[M]. 北京:石油工业出版社,2006.

[58] 庞雄奇,金之钧,姜振学,等. 叠合盆地油气资源评价问题及其研究意义[J]. 石油勘探与开发,2002,29(1):9-13.

[59] EIA. Annual energy outlook 2013 early release reference case[J/OL]. (2013-02-22)

[2019-04-30]. https://www. eia. gov. /outlooks/aeo/correction. php.
[60] EIA. Annual energy outlook 2013 early release overview [J/OL]. (2012-12-05) [2019-04-30]. http://www. eia. gov. /forecasts/aeo/er/executive_summary. cfm.
[61] 董大忠,邹才能,杨桦,等. 中国页岩气勘探开发进展与发展前景[J]. 石油学报,2012,33(增刊1):107-114.
[62] 邹才能,董大忠,王社教,等. 中国页岩气形成机理、地质特征及资源潜力[J]. 石油勘探与开发,2010,37(6):641-653.
[63] 李玉喜,张金川. 我国非常规油气资源类型和潜力[J]. 国际石油经济,2011(3):61-67.
[64] 戴金星,倪云燕,吴小奇. 中国致密砂岩气及在勘探开发上的重要意义[J]. 石油勘探与开发,2012,39(3):257-264.
[65] SLOAN E D, KOH C A. Clathrate hydrates of natural gases[M]. 3rd ed. [S. l. : s. n.], 2007.
[66] 梁金强,吴能友,杨木壮,等. 天然气水合物资源量估算方法及应用[J]. 地质通报,2006,25(9/10):1205-1210.
[67] 祝有海,赵省民,卢振权. 中国冻土区天然气水合物的找矿选区及其资源潜力[J]. 天然气工业,2011,31(1):13-19.
[68] 黄永样,张光学. 我国海域天然气水合物地质-地球物理特征及前景[M]. 北京:地质出版社,2009.

3　多孔介质渗流特性与多场耦合理论

本章主要从如下三个方面进行介绍：首先对多孔介质本身的定义、分类、基本特性及简化模型进行阐述；随后介绍多孔介质的渗流理论，主要包括吸附和扩散、达西渗流及裂隙网络渗流等；最后对实际工程问题中多孔介质渗流演化的多场耦合理论进行讲解，同时利用Comsol软件对多孔介质渗流与多场耦合作用的实例进行模拟，来加深对多场耦合理论的理解。该章是基础理论，要求理解。

在众多工程领域，如地下油气田开采、煤层气开采、地热开采、水利水电工程等，其研究的对象为多孔介质及流体在其孔隙中的运移特性。对这些工程问题的研究，若单纯按照固体力学、渗流力学、传热学、传质学和物理化学理论，则将与实际情况存在较大的误差。因此，必须要按照其所处的环境，考虑多孔介质变形、流体渗流、热量传输、传质及化学反应间的相互耦合作用。

3.1　多孔介质结构特性

3.1.1　多孔介质的定义

多孔介质（porous medium）在自然界中是广泛存在的，比如土壤、孔隙或裂隙岩石、陶器、滤纸及植物体的根茎等。尽管上述物质的存在和分布状态具有明显的差异，但它们仍然具有若干可以将其归为多孔介质的共同特点。

通俗来讲，多孔介质为“带有孔洞的固体”[1]。这显然是不够准确和完善的，比如对于一个中空的圆管，一般不应该将其看作多孔介质。我们要研究的是流体在多孔介质中的运移规律，这就要求我们要从渗流的观点来定义多孔介质，规定多孔介质中的孔隙至少有一部分是相互连通的，即可以允许流体从多孔介质的一侧流向另外一侧；与此同时，要求孔隙和连通的孔道在整个多孔介质中以规则或者不规则的方式广泛分布。

总结概括以上论述[1-2]，对多孔介质可以从如下三个层次进行定义：

（1）多孔介质是占据一部分空间的多相物质。多相物质包括固相、液相和气相，且至少有一相不是固相。我们把固相称为固体骨架，剩余的部分空间称之为孔隙，由液相或者气相或者气液两相占有。相对其中任意一相来说，其他相都弥散分布其中。

（2）在多孔介质所占据的范围内，固相应该遍及整个多孔介质区域，或者说在每一个表征单元体积（representative elementary volume，REV）内都必须存在固体颗粒。

（3）构成多孔介质的孔隙至少有一部分应当相互连通，从而保证流体可以从多孔介质中流过。我们将相互连通的孔隙称为有效的孔隙，而将那些孤立的不连通的孔隙视为固体骨架的一部分。

3.1.2 多孔介质的分类

多孔介质有多种类型，按照孔隙的形态和结构来划分，大致可以分为三大类型[2]，即孔隙性多孔介质(porous porous medium)、裂隙性多孔介质(fractured porous medium)、岩溶性多孔介质(karst porous medium)，以及包含上述多种类型的多重性多孔介质(multiple porous medium)，如图 3-1 所示。孔隙性多孔介质是由一些松散的颗粒物堆积所构成的多孔介质，如土壤层、砂层和人造颗粒物的堆积体等。裂隙性多孔介质内的空隙主要由发育的微小裂隙组成，如含有发育裂隙的砂岩、玄武岩和花岗岩等，裂隙根据成因不同可以分为构造裂隙、风化裂隙和成岩裂隙。岩溶性多孔介质是由发育有岩溶的基岩所构成的介质，如发育有溶隙的碳酸盐岩。岩溶是指由于水及其所包含的物质对可溶解的岩石进行化学溶解和机械破坏从而在岩石中和地层表面形成的空隙。多重性多孔介质同时包含多种类型的微小空隙，如含有孔隙和裂隙的膨润土[图 3-1(e)]，被称为双重性多孔介质。

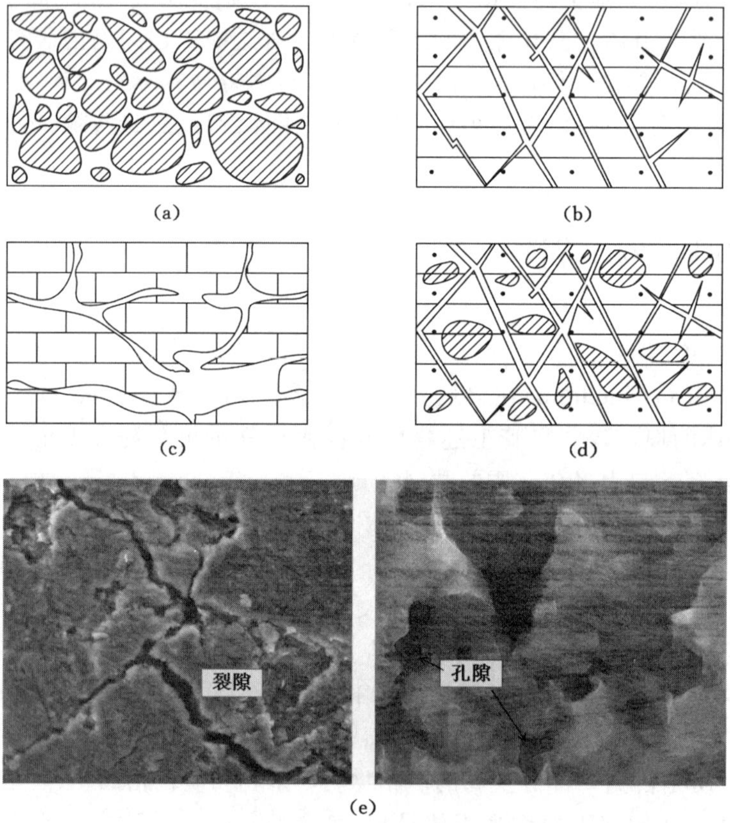

(a) 孔隙性多孔介质；(b) 裂隙性多孔介质；(c) 岩溶性多孔介质；
(d) 双重性多孔介质；(e) 膨润土 SEM(扫描电镜)不同尺度孔隙结构。

图 3-1 多孔介质类型(按照孔隙的形态与结构划分)

按照孔隙的形成原因来划分，多孔介质可分为天然多孔介质(natural porous medium)

和人造多孔介质(artificial porous medium),如图 3-2 所示。其中,天然多孔介质又分为地下多孔介质和生物多孔介质。前者如岩石和土壤;后者如人体和动物体内的微细血管网络和组织间隙以及植物体的根、茎、枝、叶等。人造多孔介质种类繁多,大致可分为工程多孔介质和物化多孔介质。前者如过滤设备内的滤器,铸造砂型,陶瓷、砖瓦、木材等建筑材料,活性炭、催化剂、鞍形填料和玻璃纤维等的堆积体等;后者主要指实验室通过物理-化学方法得到的物质,如纳米颗粒等。

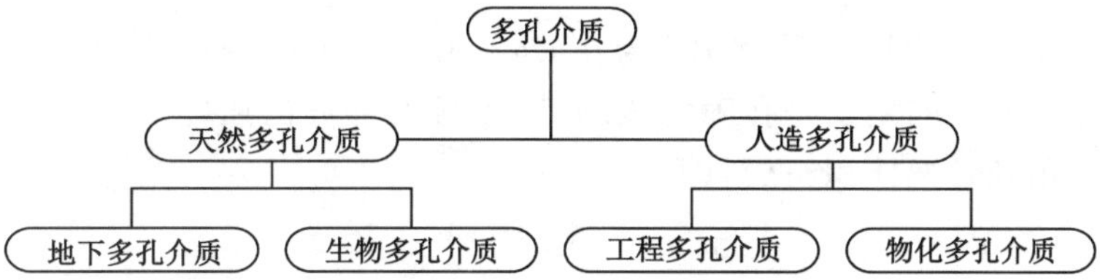

图 3-2　多孔介质类型(按照孔隙的成因划分)

3.1.3　多孔介质的基本特性

多孔介质的基本特性主要包括[2]:孔隙性、连通性、压缩性。

(1) 孔隙性(porosity)

由前面多孔介质的定义,多孔介质为“带有孔洞的固体”,即多孔介质具有孔隙性。在实际的工程应用中,通常采用孔隙率 n 和孔隙比 e 来表征多孔介质的孔隙性。

多孔介质的孔隙率定义为单位多孔介质体积中的孔隙体积:

$$n=\frac{V_n}{V},\ 0<n<1 \tag{3-1}$$

式中,n 为孔隙率;V_n为孔隙体积;V 为多孔介质体积。

多孔介质的孔隙比定义为多孔介质中孔隙体积与固体骨架体积之比:

$$e=\frac{V_n}{V-V_n}=\frac{n}{1-n},\ 0<e<+\infty \tag{3-2}$$

式中,e 为孔隙比。

多孔介质的孔隙率或孔隙比主要取决于多孔介质中固体骨架的粒径分布和孔径分布。

(2) 连通性(connectivity)

研究多孔介质中流体的渗流特性,这就要求流体可以在多孔介质中流通,也即要求多孔介质中必须要存在连通的孔隙。所以,从渗流的观点来看,多孔介质中只有那些相互连通的孔隙对于流体的流动才是有意义的,完全孤立的孔隙或者单向连通的孔隙是无效的。除此之外,当孔隙中存在水时,水分子与固体颗粒之间由于引力的作用将会在固体的表面附近形成一层水膜,称之为结合水。结合水的运动能力很差,所以结合水所占据的那部分孔隙空间也是无效的。因此,多孔介质中真正可以进行流体流动的有效空间为相互连通且不为结合水所占据的孔隙空间。通常用有效孔隙率 n_e来衡量多孔介质的连通性。

多孔介质的有效孔隙率定义为单位多孔介质体积中的有效孔隙体积:

$$n_e=\frac{(V_n)_e}{V},\ 0<n<1 \tag{3-3}$$

式中，n_e为有效孔隙率；$(V_n)_e$为有效孔隙体积。

本书除特别说明外，孔隙率都指有效孔隙率。

(3) 压缩性(compressibility)

当多孔介质受到压力时会产生压缩变形，采用压缩系数 α 来衡量多孔介质的压缩性，利用弹性胡克定律表示如下：

$$\frac{dV}{V} = -\alpha dp \text{ 或 } \alpha = -\frac{1}{V}\frac{dV}{dp} \tag{3-4}$$

式中，α 为压缩系数；dp 为压力增量；dV 为在 dp 作用下多孔介质的体积改变量。

已知多孔介质的压缩主要是孔隙的压缩，固体骨架部分的压缩可忽略不计。多孔介质的体积由孔隙体积和骨架体积组成，即

$$V = V_n + V_s = nV + V_s \tag{3-5}$$

直接对式(3-5)进行微分，得：

$$dV = d(nV) + dV_s \approx d(nV) = ndV + Vdn \Rightarrow \frac{dV}{V} = \frac{dn}{1-n} \tag{3-6}$$

将式(3-6)代入式(3-4)，得到用孔隙率和压力的变化关系表示的多孔介质的压缩系数，即

$$\alpha = -\frac{1}{1-n}\frac{dn}{dp} \tag{3-7}$$

该方程称为多孔介质的状态方程。对式(3-7)进行积分进而得到多孔介质的压缩方程，即

$$n = 1 + (n_0 - 1)\exp[\alpha(p - p_0)] \tag{3-8}$$

式中，n_0为初始孔隙率；p_0为初始压力。

3.1.4 多孔介质孔隙结构简化模型

多孔介质的孔隙结构决定着多孔介质的物理和化学特征。建立合理准确的孔隙模型，对于油气田开发、岩土工程及石油化工领域都有着重要的意义。但是，由于多孔介质孔隙分布具有随机性，且孔隙形状具有复杂性，要准确建立孔隙模型具有很大的难度。现阶段，主要采用概念模型的建模方法[3]，即从多孔介质中抽象出具有一定代表性的孔隙大小、孔隙形状及其分布的模型，该模型主要用于定性或者半定量地解释多孔介质的物理和化学特征。在建立概念模型时，根据研究的对象和侧重点不同，主要有毛管束模型、孔喉模型和网络模型等。

(1) 毛管束模型[4-7](capillary bundle model)

毛管束模型是发展较早，研究较广泛的一种多孔介质孔隙模型，其主要针对由大量球状骨架颗粒所组成的孔隙，是用于测定毛细管压的最简单的一种孔隙模型。毛管束模型由一簇不同直径的等高圆柱形毛细管组成，并假定沿着长度方向毛细管的管径恒定，如图 3-1 所示。

(2) 孔喉模型[4-7](pore throat model)

相对毛管束模型，孔喉模型更加符合真实的孔隙结构。孔喉模型假定多孔介质内部的孔隙直径都是不均匀的，它是由直径尺寸各异的孔道和喉道构成的，如图 3-4 所示，孔道半径与喉道半径之比定义为孔喉比。孔喉模型所假设的孔隙结构特征更加符合低渗

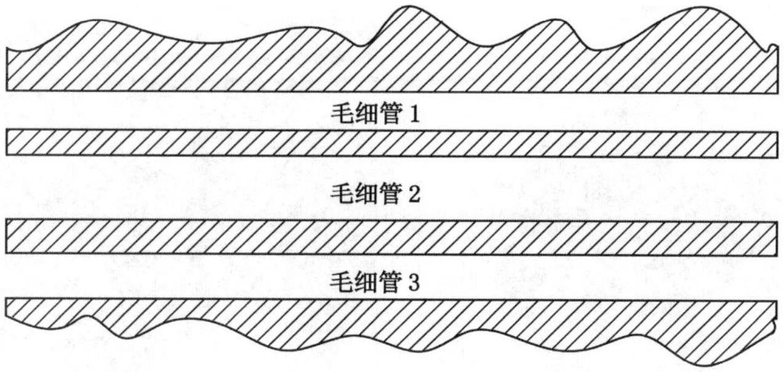

图 3-3 毛管束模型

透性、特低渗透性油藏小孔细喉或者细孔微喉的结构特征，能更好地对真实的孔隙结构进行表征。

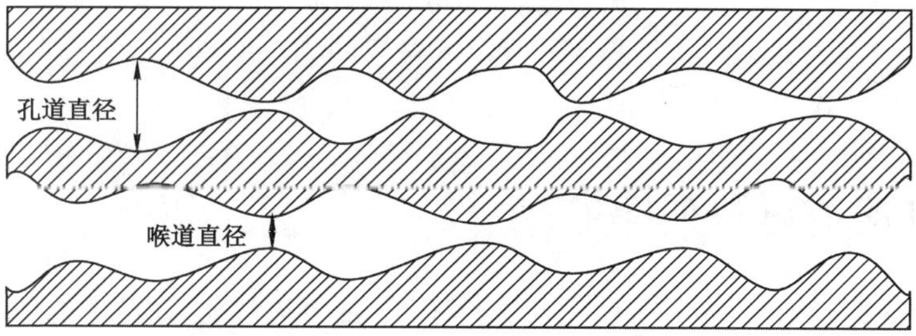

图 3-4 孔喉模型

(3) 网络模型(pore network model)

迄今为止，所建立的孔隙网络模型种类繁多，按照其拓扑性质可以分为两类，即规则拓扑孔隙网络模型和真实拓扑孔隙网络模型[8]。规则拓扑孔隙网络模型是指组成孔隙网络模型的基本单元(孔道和喉道)在二维平面上或者三维空间中具有十分规整的排布形式，最典型的就是表征孔道和喉道的基本单元分别沿笛卡尔坐标系的三个主轴方向排布而构成的网络模型。

但由于规则拓扑孔隙网络模型与真实多孔介质内部的孔隙空间相差较大，故我们将着重介绍真实拓扑孔隙网络模型。

真实拓扑孔隙网络模型是在数字岩芯的基础上建立的，其具有与数字岩芯孔隙空间等价的拓扑结构。真实多孔介质内部的孔隙空间可以被近似看作贯穿多孔介质内部相互连通的空心孔道，这些孔道的横截面形状极不规则。提取这些孔道的中轴线，并在该中轴线上的任意一点赋予通过该点截面的等效半径值。虽然中轴线不能完全表征孔隙空间的几何特征，但是其准确地保留了孔隙空间的拓扑结构，最后以孔道的中轴线为基础，对整个孔隙空间进行合理分割和简化得到孔隙网络模型，如图 3-5 所示。

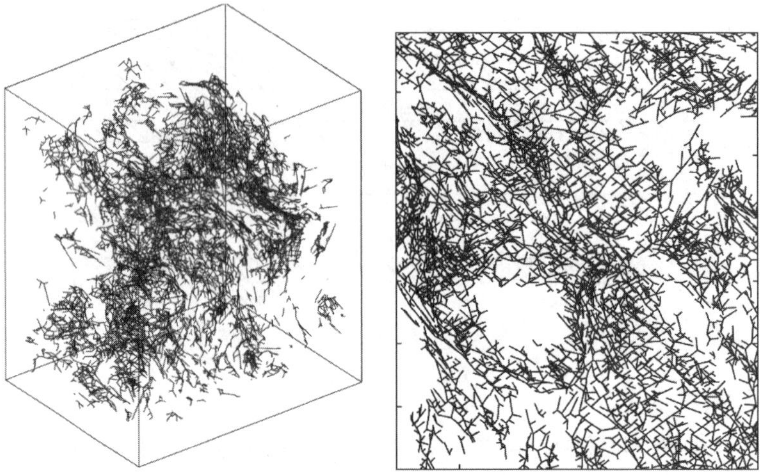

(a) 三维空间;(b) 二维平面。

图 3-5　孔隙网络模型[9]

3.2　多孔介质渗流基本理论

渗流力学(seepage mechanics)就是研究多孔介质中流体运动规律的科学,是流体力学的重要分支。多孔介质渗流理论广泛应用于工程学科中,包括地下水文学、土力学、石油工程学、农业工程学等。

多孔介质渗流理论在环境、工程和技术等领域具有非常广阔的应用前景,相关的问题涉及:(1) 环境问题——水库诱发地震、渗流引起山体滑坡、过度开发水资源引起的地面沉降、煤矿中瓦斯突出等。(2) 工程领域——能源工程(石油、水合物、煤层气开采等)、交通工程(隧道、高速公路及铁路路基等)、农田水利工程(土壤改良、盐碱化处理、水土保持等)。因此,研究多孔介质渗流理论具有重要的意义。

3.2.1　吸附和扩散

气体的扩散(diffusion)可以分为稳态和非稳态两种。在稳态扩散中,单位时间通过垂直于给定方向的单位面积的通量不随时间变化,即任意一点的浓度不随时间变化;在非稳态扩散中,通量则随时间变化。

菲克(Fick)在 1855 年提出了菲克(Fick)第一定律,将扩散通量(diffusion flux)和浓度梯度(concentration gradient)联系起来。Fick 第一定律指出,在稳态扩散条件下,单位时间内通过垂直于扩散方向的单位面积的扩散通量与该界面处的浓度梯度成正比,考虑一维情况,则 Fick 第一定律的表达式为:

$$J = -D\frac{\mathrm{d}c}{\mathrm{d}x} \tag{3-9}$$

式中,J 为扩散通量;D 为扩散系数;$\frac{\mathrm{d}c}{\mathrm{d}x}$为浓度梯度。

多孔介质中各组分的气体在流动中，其扩散速度各不相同。微观各向异性（micro-anisotropy）（包括孔隙几何尺寸、分布及连通性）和宏观各向异性（macroscopic anisotropy）（煤层结构及组成）决定局部运移速率的差异。分子扩散速度只和气体的浓度梯度的变化有关，与多孔介质固体颗粒骨架的表面性质无关，因此可以使用 Fick 定律来描述。

实际上，很多重要的扩散过程为非稳态的，在扩散过程中，扩散物质的浓度随时间变化。为研究这种情况下的扩散，根据扩散物质的质量守恒原理，在 Fick 第一定律的基础上，推导了 Fick 第二定律，用以研究非稳态的情况。

如图 3-6 所示的体积单元，沿 x 方向设某一点的浓度为 $c(x,t)$，扩散通量为 $j(x)$，则可得：

$$j(x+\mathrm{d}x)=j(x)\frac{\partial j(x)}{\partial x}\mathrm{d}x \tag{3-10}$$

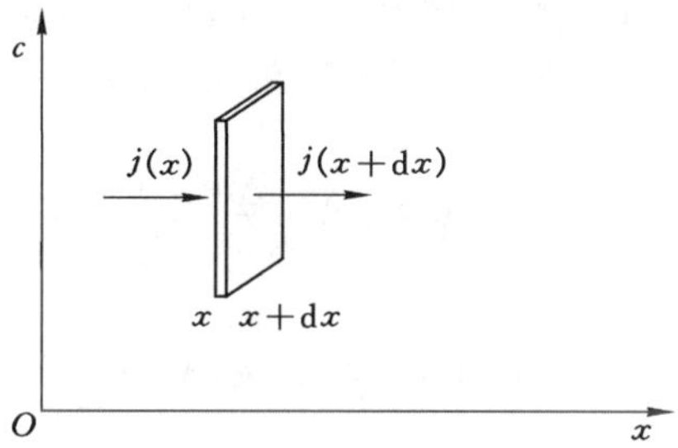

图 3-6　体积单元

浓度为：

$$\mathrm{d}c(x)=\frac{[j(x)-j(x+\mathrm{d}x)]A\mathrm{d}t}{A\mathrm{d}x} \tag{3-11}$$

则有：

$$\frac{\partial c(x)}{\partial t}=-\frac{\partial j(x)}{\partial x} \tag{3-12}$$

将 Fick 第一定律代入则可得：

$$\frac{\partial c}{\partial t}=D\frac{\partial^2 c}{\partial x^2} \tag{3-13}$$

即 Fick 第二定律。

3.2.2　达西渗流

3.2.2.1　达西渗流试验

法国工程师达西（Darcy）于 1855 年对均匀砂土进行了大量的渗流试验，得出了层流（laminar flow）条件下，土中水渗流速度与能量之间的渗流规律，也就是达西定律（Darcy law）。

达西渗流试验装置如图 3-7 所示，装置中的主要部分是上端开口的直立圆筒，筒中装满均质砂土。砂土试样长度为 L，截面积为 A。从试验筒顶部注水，使水位保持稳定，砂土试样两端各装一支测压管，测得两支测压管水位差为 Δh，试验装置底部留有排水口。

达西对不同尺寸圆筒和不同类型及长度的土样进行试验，发现单位时间内的渗流量 Q 与圆筒过水断面 A 和水力梯度 $i(i=\Delta h/L)$ 成正比，且与土的渗透性质有关，即

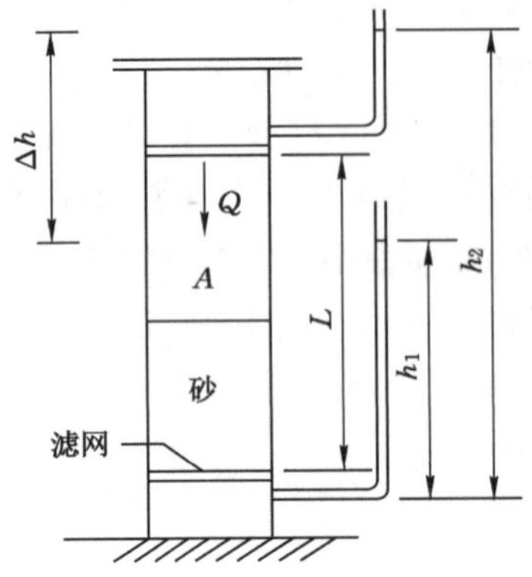

(a)

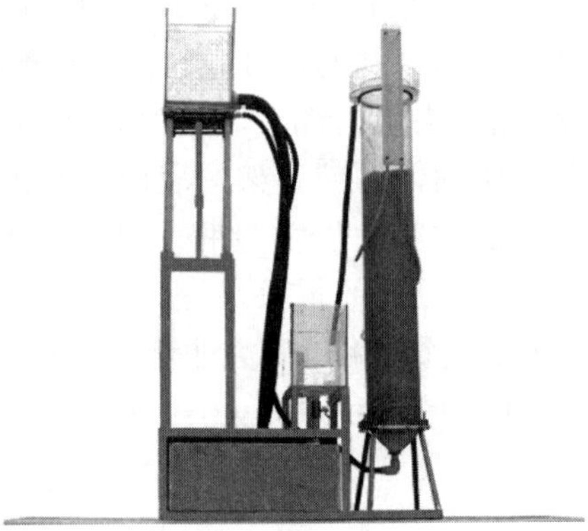

(b)

(a) 达西渗流试验装置结构图;(b) YUY-LT21 自循环达西渗流试验仪。

图 3-7 达西渗流试验装置

$$Q \propto A \cdot \frac{\Delta h}{L} \tag{3-14}$$

用等式可以表示为:

$$Q = vA = KiA \tag{3-15}$$

或

$$v = \frac{Q}{A} = Ki \tag{3-16}$$

式中,Q 为单位时间渗流量,m^3/s 或者 m^3/d;v 为渗流速度,m/s 或者 m/d;K 为渗透系数(permeability coefficient),也称水力传导系数(hydraulic conductivity),定义为单位水力梯度下的单位流量,表示流体通过孔隙骨架的难易程度,量纲与流速相同,单位为 m/s 或者 m/d。

3.2.2.2 达西定律的理论证明

虽然达西定律[式(3-16)]是根据试验结果得出的,但还可以基于层流、等温、绝热的假定,在一定的理想孔隙模型下,从理论上加以证明[10]。考察如图 3-8 所示的长为 $\mathrm{d}l$,面积为 $\mathrm{d}A$ 的单元柱,分析其中流体所受的力有:两端的孔隙水压力 u 和 $u+\mathrm{d}u$、水的重力 $\rho_w g n \mathrm{d}l \mathrm{d}A$ 及水通过孔隙通道所受到的颗粒阻力 F。根据水流方向的力平衡条件,可以建立方程:

$$-(u+\mathrm{d}u)n\mathrm{d}A + un\mathrm{d}A - \rho_w g n \mathrm{d}l \mathrm{d}A \sin\theta - F = 0 \tag{3-17}$$

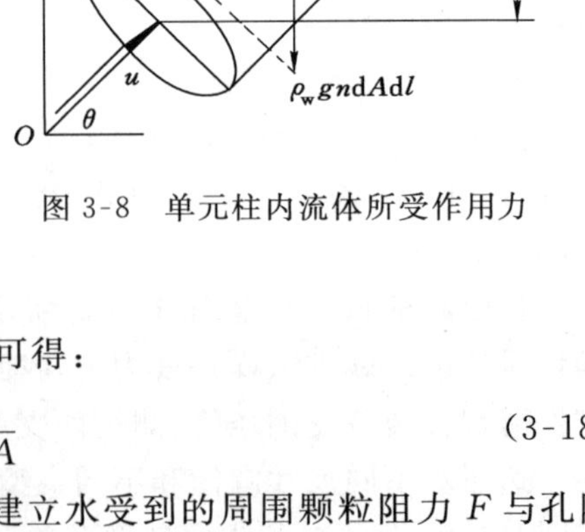

图 3-8 单元柱内流体所受作用力

式中,n 为孔隙率。

将 $\sin\theta = \mathrm{d}z/\mathrm{d}l$ 和 $u = \rho_w g(h-z)$ 代入式(3-17),可得:

$$-\frac{\mathrm{d}h}{\mathrm{d}l} = \frac{F}{\rho_w g n \mathrm{d}l \mathrm{d}A} \tag{3-18}$$

根据水动力学理论(hydrodynamic theory),可以建立水受到的周围颗粒阻力 F 与孔隙中水实际流速$v'=v/n$之间的关系式，它与颗粒的形状、排列方式、颗粒大小及水的黏滞性有关，可以统一表示为：

$$F=f(v',\lambda,D,\mu,N) \tag{3-19}$$

式中，D为颗粒直径；λ为邻近颗粒影响系数；μ为水的动力黏度，Pa·s；N为颗粒数目。

再代入式(3-18)，并考虑$i=-\mathrm{d}h/\mathrm{d}l$，最终建立不同理想孔隙模型下的渗流速度与水力梯度之间的关系，可以统一表示成如下形式：

$$v=CD^2\frac{\rho_w g}{\mu}i \tag{3-20}$$

式中，C为颗粒形状影响系数或孔隙形状影响系数。

将式(3-16)和式(3-20)对比，可得到渗透系数和渗透率有如下关系：

$$K=CD^2\frac{\rho_w g}{\mu}=k\frac{\rho_w g}{\mu} \tag{3-21}$$

式中，k为渗透率，m^2；ρ_w为流体密度；μ为流体的动力黏度，Pa·s；g为重力加速度。可见，影响多孔介质渗透系数的因素有两个：一个为渗透率，与颗粒或孔隙的形状、大小和排列方式有关；另一个与流体的密度和黏滞性有关。

渗透率(permeability)与渗透系数是完全不同的概念，需要加以区分。渗透率是岩土体的固有特性，与流体的性质无关；而渗透系数与流体的性质有关。

在涉及渗透率的问题中，还需要区别两个概念：一个是有效渗透率(effective permeability)，当多相流体在多孔介质中渗流时，其中某一相流体的渗透率叫该相流体的有效渗透率，又叫相渗透率；另一个为绝对渗透率(absolute permeability)，是指当多孔介质孔隙中只有一种流体(单相)存在时，且流体不与多孔介质发生任何的物理和化学反应时的渗透率。

3.2.2.3 达西定律的适用性

达西定律是在层流假设条件下被提出的，然而在工程实践中发现有许多偏离达西定律的现象存在，即渗流速度与水力梯度不呈线性关系。此时，达西定律已经不能满足精度要求，因此需要考虑这种渗流速度与水力梯度的非线性带来的影响。实际中，这种非达西渗流表现为两类：一类是低渗透率下的非达西渗流；另一类则是高流速下的非达西渗流。

(1) 低渗透率下的非达西渗流理论

低渗透率下的非达西渗流也可以称为达西渗流的下限。在低渗透率下，流体的性质有别于通常意义的流体，不能再将其看作牛顿流体(Newtonian fluid)，它已表现出非牛顿流体(non-Newtonian fluid)的特性。在渗流速度与水力梯度的关系中，存在一临界水力梯度，只有当水力梯度i大于临界水力梯度i_0时，流体才会发生流动，如图3-9所示。

描述这种非线性特性的方程为：

$$v=\begin{cases}0 & i<i_0\\ K(i-i_0) & i\geqslant i_0\end{cases} \tag{3-22}$$

式中，v为渗流速度；K为渗透系数。

也可以采用其他形式，比如：

$$v=\begin{cases}0 & i<i_0\\ A[i-\exp(-Bi)] & i\geqslant i_0\end{cases} \tag{3-23}$$

式中，A，B 是与流体和介质性质相关的常数。

（2）高流速下的非达西渗流理论

当流速增大到一定程度时，渗流速度与水力梯度的关系同样会偏离达西定律，表现出非线性的特性，如图 3-10 所示。此时水流由层流进入紊流（turbulence）状态。在管道流中，通常用雷诺数（Reynolds numbers）Re 来作为层流与紊流的临界判别条件，雷诺数与水流速度、管道直径成正比，与水流运动黏度成反比。相关研究表明，偏离达西定律是惯性力引起的，在低雷诺数下，惯性力与黏滞阻力相比通常可以忽略不计，但是在大雷诺数下，则必须考虑惯性力。

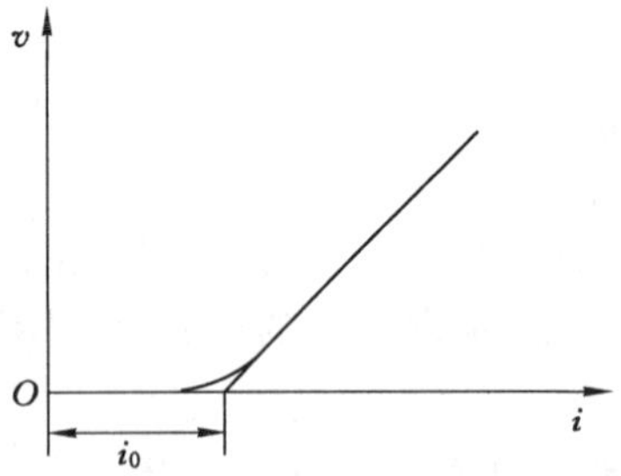

图 3-9　低渗透率下的非达西渗流特性

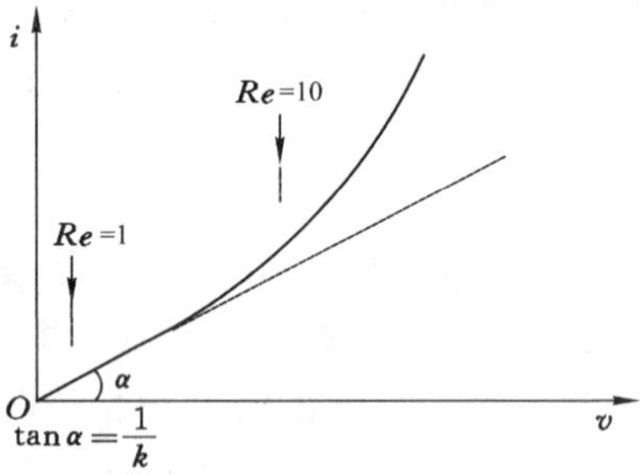

图 3-10　高流速下的非达西渗流特性

通常将雷诺数定义为：

$$Re = \frac{vd}{\nu} \tag{3-24}$$

式中，v 为流体速度；d 为孔隙直径；ν 为流体运动黏度。

当 Re 达到 1～10 时，将会偏离达西定律。

描述这种非线性关系，通常用如下形式：

$$i = Av + Bv^2 \tag{3-25}$$

式中，A，B 是与流体和介质性质相关的常数。

3.2.2.4　*液体渗透系数的测定方法*

渗透系数是描述土体渗透性的重要指标，它表示达西定律中流速与水力梯度线性关系的比例常数，其物理意义是水力梯度等于 1 时的渗透流速。土体渗透系数不仅与颗粒的形状、尺寸和排列方式有关，还与流体的性质有关。

渗透系数确定的准确性直接影响渗流计算结果的正确性和渗流控制方案的合理性。传统上确定渗透系数的方法有室内试验法和现场测定法等。

（1）室内试验法

室内测定渗透系数的仪器和方法很多，但从原理上大体可分为常水头法和变水头法两种。

① 常水头法

常水头法在整个试验过程中，水头保持不变，适用于透水性较大的无黏性土。其试验装置如图 3-11 所示。

设试样厚度为 L，截面积为 A，试验时的水位差保持为 h，用量筒和秒表测得 t 时段流经试样的水量为 V，则根据达西定律有：

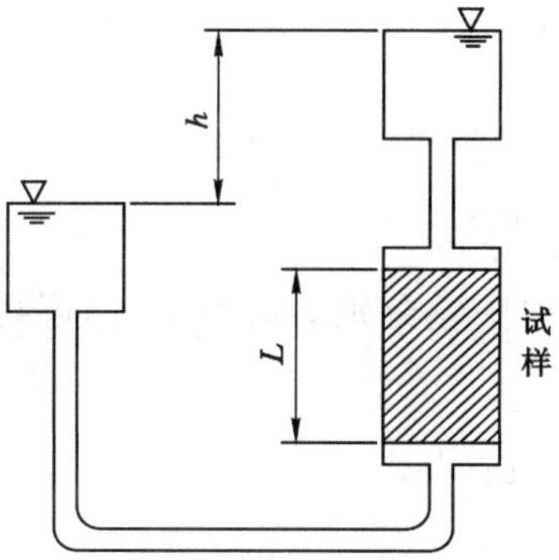

(a)

(b)

(a) 试验装置结构图;(b) TST-70 型渗透仪

图 3-11 常水头渗流试验装置

$$V = KiAt = K\frac{h}{L}At \tag{3-26}$$

于是渗透系数为:

$$K = \frac{VL}{Aht} \tag{3-27}$$

② 变水头法

变水头法试验装置如图 3-12 所示。与常水头法试验不同,其试样的一端与细玻璃管相连,在整个试验过程中,水头是随着时间变化的,它适用于透水性较小的黏性土。

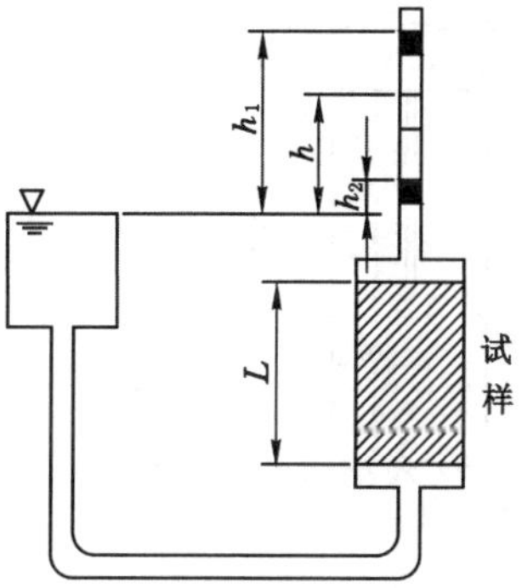

(a)

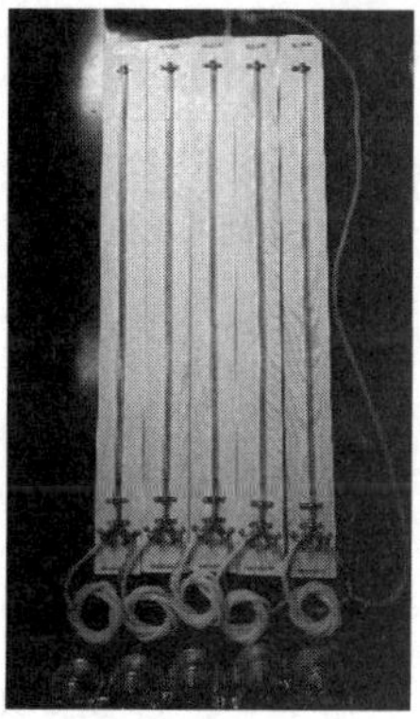

(b)

(a) 试验装置结构图;(b) TST-55 型渗透仪。

图 3-12 变水头渗流试验装置

设细玻璃管内截面积为 a,t 时刻细玻璃管中的水位为 h,经 $\mathrm{d}t$ 时段,水位下降 $\mathrm{d}h$,则经 $\mathrm{d}t$ 时段流经试样的水量为:

$$\mathrm{d}V = -a\mathrm{d}h \tag{3-28}$$

根据达西定律,在时段 $\mathrm{d}t$ 内流经试样的水量为:

$$dV = K\frac{h}{L}A\,dt \tag{3-29}$$

因此有：

$$a\,dh = -K\frac{h}{L}A\,dt \tag{3-30}$$

将式(3-30)两边积分，并设时刻t_1和t_2对应的水头差分别为h_1和h_2，则可得渗透系数的表达式：

$$K = \frac{aL}{A(t_2 - t_1)}\ln\frac{h_1}{h_2} \tag{3-31}$$

(2) 现场测定法

现场进行岩土体的渗透系数测量，常用井孔抽水试验或者井孔注水试验，抽水试验与注水试验的原理相似，这里仅介绍通过井孔抽水试验测定渗透系数的方法。

图3-13为现场井孔抽水试验示意。首先在现场打一口试验井，井要贯穿需要测定渗透系数的岩土层，同时在距井中心的不同距离处设置1～2个观测孔。观测孔的布置要考虑地下水的流向、坡度以及含水层的均一性，通常布置在与地下水流垂直的方向上。然后在井中以不变的速率连续抽水，形成一个以井孔为轴心的降落漏斗状的地下水面。进而根据试验井与观察孔中的稳定水位，可以画出测压管的水位变化图。测压管水头差产生的水力梯度导致水流向井内流动。假设水流是水平流动的，则流向井的渗流过水断面应该是一系列的同心圆柱面。当出水井和井中的动水位稳定一段时间后，若测得的抽水量为Q，观察孔距离井轴线的距离分别为r_1和r_1，观察孔内水位高度分别为h_1和h_2，则可以通过达西定律求出岩土层的平均渗透系数。

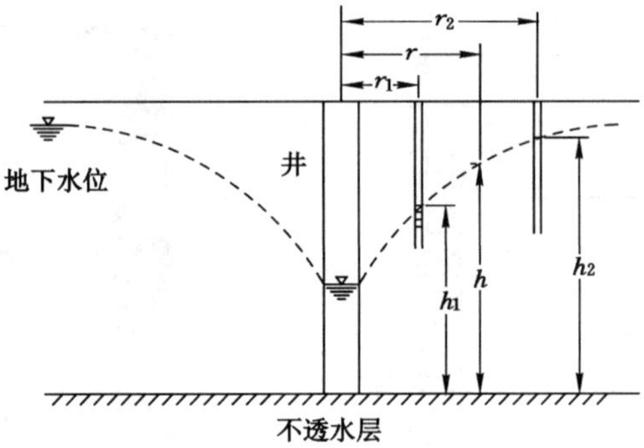

图3-13 现场井孔抽水试验示意

围绕井轴取一过水断面，该断面距离井中心的距离设为r，水面高度为h，那么过水断面的面积为$A=2\pi rh$。设该过水断面上各处的水力梯度i为常数，且等于地下水水位线在该处的坡降，则有$i=\frac{dh}{dr}$。

根据达西定律，单位时间内井内抽出的水量应为：

$$Q = KiA = K\frac{dh}{dr}2\pi rh \tag{3-32}$$

即

$$Q\frac{\mathrm{d}r}{r}=2\pi hK\,\mathrm{d}h \tag{3-33}$$

对等式两边进行积分得：

$$Q\int_{r_1}^{r_2}\frac{\mathrm{d}r}{r}=2\pi K\int_{h_1}^{h_2}h\mathrm{d}h \tag{3-34}$$

可以得到渗透系数：

$$K=\frac{Q}{\pi}\frac{\ln\frac{r_2}{r_2}}{(h_2^2-h_1^2)} \tag{3-35}$$

3.2.2.5　气体渗透率的测试方法

气体渗透率测量装置示意如图 3-14 所示。

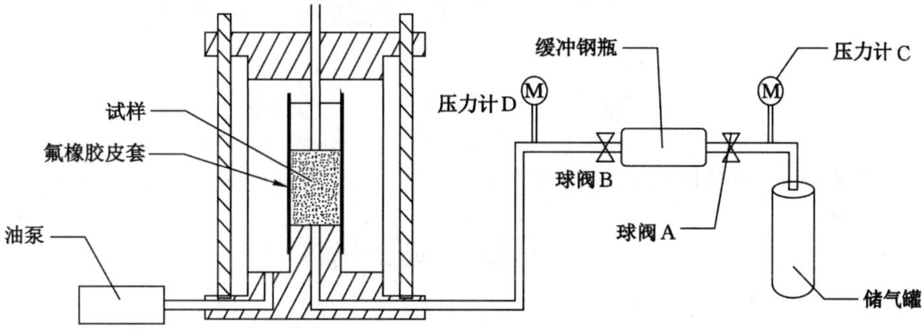

图 3-14　气体渗透率测量装置示意

测量时，将试样放置在缸筒内部，之后打开储气罐与缓冲钢瓶之间的球阀 A，向缓冲钢瓶中注入一定压力(p_1)的气体，通过缓冲钢瓶与储气罐之间的压力计 C 可以读出 p_1 值；然后关闭球阀 A，打开球阀 B，开始向试样注入气体。从压力计 D 可以读出这一过程中的压力变化，经过 Δt 时间，压力计读数变为 $p_1-\Delta p$。那么在 Δt 时间内，缓冲钢瓶内的平均压力为：

$$p_{\mathrm{mean}}=\frac{p_1+p_1-\Delta p}{2}=p_1-\frac{\Delta p}{2} \tag{3-36}$$

根据达西定律可以知道：

$$Q_{\mathrm{mean}}=-K\frac{A}{\mu_{\mathrm{g}}}\frac{\partial p}{\partial x} \tag{3-37}$$

根据质量守恒方程有：

$$\Delta pV_0=p_{\mathrm{mean}}Q_{\mathrm{mean}}\Delta t \tag{3-38}$$

则有：

$$Q_{\mathrm{mean}}=\frac{V_0\Delta p}{p_{\mathrm{mean}}\Delta t} \tag{3-39}$$

式中，V_0为缓冲钢瓶的体积。

如图 3-15 所示的试样计算坐标图，根据 E. Dana 等[11]的研究成果，气体的压力分布服从以下函数关系：

$$p(x,t)=\sqrt{p(0,t)^2\left(1-\frac{x}{h}\right)+p(h,t)^2\frac{x}{h}} \tag{3-40}$$

式中，h 为试样的高度；$p(0,t)=p_{mean}$；$p(h,t)=p_0$，p_0 为大气压。

对式(3-40)求导得：

$$\frac{\partial p(x,t)}{\partial x}=\frac{1}{2}\frac{\frac{p(h,t)^2}{h}-\frac{p(0,t)^2}{h}}{\sqrt{p(0,t)^2\left(1-\frac{x}{h}\right)+p(h,t)^2\frac{x}{h}}} \tag{3-41}$$

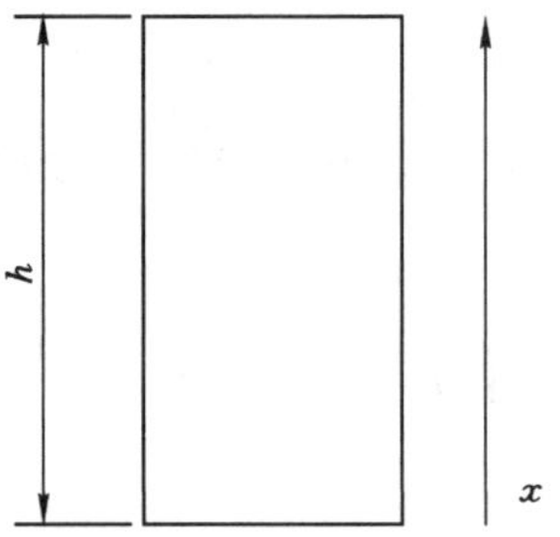

图 3-15　试样计算坐标图

若要测量试样入口端的气体渗透率，即气体进入渗透率，则取 $x=0$，有：

$$\frac{\partial p(x,t)}{\partial x}=\frac{1}{2}\frac{p_0^2-p_{mean}^2}{p_{mean}h} \tag{3-42}$$

代入达西定律，即

$$Q_{mean}=\frac{V_0\Delta p}{p_{mean}\Delta t}=-k_g\frac{A}{\mu_g}\frac{\partial p}{\partial x}=-\frac{1}{2}\frac{k_gA}{\mu_g}\frac{p_0^2-p_{mean}^2}{p_{mean}h} \tag{3-43}$$

则可以得到入口端气体的有效渗透率：

$$k_g=\frac{\mu_gV_0\Delta p}{A\Delta t}\frac{2h}{(p_{mean}^2-p_0^2)} \tag{3-44}$$

3.2.2.6　气体与水的渗透率的差别

多孔介质的固有渗透率与孔隙率、孔隙形状及孔隙尺寸分布有关，而和流体的性质无关。因此，不论是使用气体作为孔隙流体，还是使用液体作为孔隙流体去测量岩体的固有渗透率，结果都应该是相同的。但是克林肯贝格发现多孔介质相对气体的渗透率要大于液体渗透率。他发现气体分子在固体壁上有滑移流动的现象。

流体在多孔介质中运动时，气体在固体壁上表现出有限的速度，而液体的速度则为零，气体表现出的这种现象称为滑脱效应(slippage effect)，也称为克林肯贝格效应。它导致气体具有较高的流量，从而使其渗透率大于液体渗透率。

克林肯贝格于1941年发现气固之间的分子作用力要远比液固之间的分子作用力小，认为在固体表面，气体分子仍处于运动状态，并不会完全附着在管壁上，同时，由于相邻层之间的气体分子存在动量交换，可连同管壁的气体分子做定向运动，即沿着固体壁面运动，也就是滑脱效应[12]。

此时渗透率可表示为：

$$k_g=k_\infty\left(1+\frac{\omega}{p}\right) \tag{3-45}$$

式中，k_g为多孔介质中的气体渗透率；k_∞为绝对渗透率；p 为孔隙压力，Pa；ω 为滑脱因子，可以由式(3-46)定义：

$$\omega=\frac{c_\omega\kappa T}{\sqrt{2}\pi r^3} \tag{3-46}$$

式中，c_ω 为比例因子；κ 为玻耳兹曼常数，J/K；T 为温度，K；r 为孔隙的平均半径，m。

3.2.3　裂隙网络渗流理论

对裂隙岩体(fractured rock mass)中渗流理论的研究，自20世纪60年代开始，至今已有几十年的历史，该理论已趋向成熟，已经得到较为广泛的认可。归纳裂隙岩体的渗流理论，大致可以分为裂隙孔隙双重介质模型(double-medium model)和连续介质模型(continuum model)两类。

3.2.3.1 裂隙孔隙双重介质模型

裂隙孔隙双重介质模型认为岩体是由裂隙和孔隙共同组成渗流通道的“双重介质”，认为裂隙岩体是由孔隙性差而渗透性强的裂隙系统和孔隙性好而渗透性弱的岩块孔隙系统共同构成的统一体。其研究将裂隙系统与孔隙系统看作连续体，先单独研究，基于达西定律建立各自系统的水流运动方程，之后考虑两类系统之间的水力交换，利用两类系统之间的水交替方程将其联系起来。根据水交替方程的建立方法，又可将其分为拟稳态流模型和非稳态流模型[13]。

(1) 拟稳态流模型

拟稳态(pseudo-steady state)流模型认为裂隙系统与岩块孔隙系统的水交替量与两类系统中的水头差成正比。由于水交替量是时间 t 的隐式，因此称之为拟稳态流模型。建立该类模型的主要代表人物有 G. I. Barenblatt[14] 和 J. E. Warren[15] 等。

G. I. Barenblatt 等提出的渗流模型是裂隙网络渗流模型(fissured network seepage model)的基础，他首先提出了水力双重介质的概念，并引入 3 个假设：① 裂隙系统和岩块孔隙系统皆遍布整个区域，形成两个重叠的连续体，在渗流场中每一点都具有两个水头值——该点附近岩块孔隙系统中的平均水头值和裂隙系统中的水头值；② 岩块的渗透率比孔隙率小几个数量级，而裂隙的渗透率比孔隙率大几个数量级，水在岩体中的运动表现为两类不同系统之间的激烈水交换；③ 裂隙和孔隙岩块皆为均质、各向同性的。同时，裂隙流动与孔隙流动都符合达西定律。由此，流体渗流方程为：

$$\begin{cases} v_1 = -\dfrac{k_1}{\mu}\mathrm{d}p_1 \quad 或 \quad v_1 = -\dfrac{k_1}{\mu}\operatorname{grad} p_1 \\ v_2 = -\dfrac{k_2}{\mu}\mathrm{d}p_2 \quad 或 \quad v_2 = -\dfrac{k_2}{\mu}\operatorname{grad} p_2 \end{cases} \tag{3-47}$$

式中，v 为流速；k 为渗透率。

质量守恒方程为：

$$\begin{cases} \dfrac{\partial(n_1\rho)}{\partial t} + \operatorname{div}(\rho v_1) + Q_{\mathrm{pf}} = 0 \\ \dfrac{\partial(n_2\rho)}{\partial t} + \operatorname{div}(\rho v_2) + Q_{\mathrm{pf}} = 0 \end{cases} \tag{3-48}$$

式中，n 为孔隙率。

考虑流体与介质(基质岩块与裂隙)具有可压缩性，设流体的可压缩系数为：

$$\beta = \frac{1}{\rho}\frac{\mathrm{d}\rho}{\mathrm{d}p}$$

则：

$$\frac{\mathrm{d}\rho}{\mathrm{d}t} = \beta\rho\frac{\partial p}{\partial t}$$

设基质岩块的压缩系数为α_1，裂隙的压缩系数为α_2，根据有效应力原理(effective stress principle)，作用于岩块与裂隙上的压力分别为$p_1 - p_2$与$-(p_1 - p_2)$。

代入质量守恒方程第一项,则有:

$$\frac{\partial(n_1\rho)}{\partial t}=\frac{\partial n_1}{\partial t}\rho+n_1\frac{\partial\rho}{\partial t}=n_1\beta\rho\frac{\partial\rho}{\partial t}+\rho\alpha_1\left(\frac{\partial p_1}{\partial t}-\frac{\partial p_2}{\partial t}\right)\tag{3-49}$$

则:

$$\begin{cases}\dfrac{k_1}{\mu}\Delta p_1=(n_1\beta+\alpha_1)\dfrac{\partial p_1}{\partial t}-\alpha_1\dfrac{\partial p_2}{\partial t}+\dfrac{ck_1}{\mu}(p_1-p_2)\\ \dfrac{k_2}{\mu}\Delta p_2=(n_2\beta+\alpha_2)\dfrac{\partial p_2}{\partial t}-\alpha_1\dfrac{\partial p_1}{\partial t}+\dfrac{ck_2}{\mu}(p_1-p_2)\end{cases}\tag{3-50}$$

式中,c 为与岩块的比表面积成正比的裂隙岩体的特征系数。

若流体为水,同时使用储水系数 S_s 表示介质与流体的压缩系数,并忽略两介质系统压力对岩体骨架变形的影响,则有:

$$\begin{cases}k_1\Delta p_1=S_{s1}\dfrac{\partial p_1}{\partial t}+\dfrac{ck_1}{\mu}(p_1-p_2)\\ k_2\Delta p_2=S_{s2}\dfrac{\partial p_2}{\partial t}+\dfrac{ck_2}{\mu}(p_1-p_2)\end{cases}\tag{3-51}$$

Barenblatt 模型考虑了裂隙系统与孔隙系统渗流之间的差异,为双重介质理论的发展奠定了重要基础,但它假设两者均为各向同性、均质的,当忽略两类系统之间的水力交换时,将裂隙岩体看成各向同性的孔隙介质,会造成裂隙系统只起到如同孔隙通道的作用,与实际情况差别较大,所能反映的渗透机理较为狭隘,仅仅适应于受到剧烈构造变动作用的泥岩岩体或者表面受到风化作用的岩体。因此,Barenblatt 模型的主要缺点是不能反映裂隙岩体及其中水流普遍具有的各向异性特点。

为此,J. E. Warren 等对 Barenblatt 模型进行了修正,在原有假设之上对裂隙系统的几何特性和渗透特性增加了新的限制,假设:① 岩体中发育有均质的、正交的、互相连通的裂隙系统,渗透主轴与每一方位裂隙组相平行,垂直各主轴的裂隙组等间距分布、宽度不变,但沿各主轴的裂隙组的间距和宽度可以不同,以便模拟介质的各向异性;② 被裂隙所划分的各岩块所包含的孔隙系统是均质、各向同性的;③ 两类不同系统之间广泛发生水交替,水交替量与水头差成正比。显然,该模型能够考虑裂隙岩体的渗透特性普遍具有各向异性的特点,较 Barenblatt 模型前进了一步,但它只能应用于均质的正交裂隙网络。

Warren 模型方程:

$$\begin{cases}(n_1\beta+\alpha_1)\dfrac{\partial p_1}{\partial t}+\dfrac{ck_1}{\mu}(p_1-p_2)=0\\ \dfrac{k_x}{\mu}\dfrac{\partial^2 p_1}{\partial x^2}+\dfrac{k_y}{\mu}\dfrac{\partial^2 p_1}{\partial y^2}+\dfrac{k_z}{\mu}\dfrac{\partial^2 p_1}{\partial z^2}=(n_2\beta+\alpha_2)\dfrac{\partial p_2}{\partial t}-\dfrac{ck_2}{\mu}(p_1-p_2)\end{cases}\tag{3-52}$$

对于地下水流,式(3-52)可简化为:

$$\begin{cases}S_{s1}\dfrac{\partial p_1}{\partial t}+\dfrac{ck_1}{\mu}(p_1-p_2)=0\\ k_x\dfrac{\partial^2 p_1}{\partial x^2}+k_y\dfrac{\partial^2 p_1}{\partial y^2}+k_z\dfrac{\partial^2 p_1}{\partial z^2}=S_{s1}\dfrac{\partial p_2}{\partial t}-ck_2(p_1-p_2)\end{cases}\tag{3-53}$$

W. Wittke 提出了更为复杂的裂隙岩体渗流模型。他假设裂隙岩体的渗透空间是由裂隙个体所构成的裂隙网络组成的。规定模型中的岩体可以同时分割成几种渗透介质单元,根据守恒方程,可以列出每种单元各自满足的方程。

考虑下列三组方程。

① 在裂隙汇交点，流体流入与流出的节点流量代数和为零：

$$\sum_{N_j} Q_i = 0,\ j = 1,2,\cdots,n \tag{3-54}$$

式中，N_j 为第 j 个节点基本单元中相交的裂隙总数。

② 裂隙将岩体分割为 r 块，则可以将分割各基质岩块的裂隙看成一多边形的闭合回路，而各个回路的压力差之代数和为零：

$$\sum_{G_j} L_i p_i = 0,\ j = 1,2,\cdots,m \tag{3-55}$$

式中，L_i为第 i 回路的长度；p_i 为第 i 回路的压力梯度；G_j为形成回路的裂隙段条数。

③ 沿水位降落方向的裂隙将岩体分割为不规则的基本单元，而每个单元中只有唯一的裂隙形成的弯曲通道：

$$\sum_{S_j} L_i p_i = \Delta H,\ j = 1,2,\cdots,r \tag{3-56}$$

式中，ΔH 为流入边界至流出边界的总压力差；S_j 为构成第 j 个多边形基本单元的总数；i 为该单元弯曲路径的代号。

将以上三组方程联立有：

$$\begin{cases} \sum_{N_j} Q_i = 0 \\ \sum_{G_j} L_i p_i = 0 \\ \sum_{S_j} L_i p_i = \Delta H \end{cases} \tag{3-57}$$

一共有$(n+m+r)$个方程，构成了此模型的控制方程(control equation)。由于 W. Wittke 在提出这一模型时，采用回路压力梯度和节点流量做基本变量，这就大大增加了待求解的未知量个数。若采用节点压力作为基本变量，同时采用裂隙单元渗透系数与压力梯度来表示节点流量，则可以发现 Wittke 方程中有较多的相关性。对此赵阳升[16]简化了 W. Wittke 所提出的模型。

研究任意一裂隙单元 k，其两端点的节点号为 i，j，设裂隙宽度为b_k，长度为L_k，孔隙率为n_k，ρ 为流体密度，则单元 k 的流量为：

$$q_k = -\frac{b_k^2}{12\mu}\frac{p_i - p_j}{L_k} \tag{3-58}$$

设有 n 个裂隙单元汇聚的节点为 i，并通过 n 个单元与另外 n 个节点k_i相联系。研究节点 i 的流量的平衡问题，由于节点本身并不具备储存流体的能力，因此，根据质量守恒方程，节点的总流量的代数和为零，即

$$-\frac{\rho}{12\mu}\sum_{k=1}^{n}\frac{b_k^2(p_i - p_{ki})}{L_k} = 0 \tag{3-59}$$

式中，p_i表示节点 i 的水压；p_{ki}表示联系节点 i 的第 k 个单元的另一个节点的水压。若考虑各裂隙单元的储存流体性能，且节点具有源或汇，用W_i表示，则式(3-59)可以写为：

$$\sum_{k=1}^{n}\left[\frac{\partial(\rho n_k)}{\partial t} - \frac{\rho}{12\mu}b_k^2\frac{p_i - p_{ki}}{L_k}\right] + W_i = 0 \tag{3-60}$$

通过研究所有的节点，则可构成求解 m 个节点水头的 m 个方程。显然，赵阳升简化的这一方程既考虑了裂隙的储存能力，又直接用节点压力表示了裂隙网络渗流控制方程，而且便于采用有限元等计算方法求解，并克服了 Wittke 模型的缺点。

(2) 非稳态流模型

非稳态流模型(unsteady water flow model)认为裂隙系统与孔隙系统的水交替是通过岩块孔隙中的水向裂隙中流动来完成的，因此可以根据岩块孔隙中的水流运动规律来建立水交替方程。由于水交替量是时间 t 的显式，因此称之为非稳态流模型。在非稳态流模型中，根据对裂隙系统空间配置的不同假定，目前主要包括平行裂隙非稳态流模型和组裂隙非稳态流模型[17]。

平行裂隙非稳态流模型[18-19]的主要假定是：① 裂隙系统由 1 组具有相同隙宽和间距的无限延伸的平行裂隙所构成，岩块被裂隙切割成柱状体；② 两类系统的水交替表现为岩块孔隙系统中的流体向裂隙中垂直线性流动，这样就可以采用具有适当边界条件和初始条件的一维支配方程来描述。显然，该模型只适用于由顺层裂隙系统所形成的渗透空间结构。

组裂隙非稳态流模型[20]的主要假定是：① 裂隙系统由 3 组具有相同隙宽的相交裂隙构成，岩块被裂隙切割成块状体，同时用一系列具有相同半径的等效均质球体代替之；② 两类系统的水交替表现为流体由岩体基质中心向裂隙的径向流。显然，该模型较平行裂隙非稳态流模型有所改进，但仍对裂隙配置作了一定限制。

由此可见，裂隙孔隙双重介质模型的突出优点是考虑了两类不同系统之间的水交替过程，它尤其适合于考虑流体在裂隙含水层中的贮存作用，对于从埋深千米以上的高压裂隙储层中采油或含稀有元素的古变质水，有一定的指导意义。但在它所包含的两种模型中，拟稳态流模型假定水交替量与两类系统的水头差成正比，不直接为时间 t 的显式，实际上这会带来很大误差。R. W. Zimmerman 等[21]指出，这种误差在很长时间之后才会消除，而在初期是不能忽略的。对于非稳态流模型，水交替方程是与裂隙系统的空间配置有关的。为了建立水交替方程，所有这些模型对裂隙系统的配置和形状都作了一定的限制，这样就限制了这些模型的应用。在实际工程中，需要根据岩体中裂隙的实际发育情况谨慎选用。裂隙孔隙双重介质模型尚需要进一步完善。

3.2.3.2 连续介质模型

关于连续介质模型(continuous medium model)，E. S. Romm 最早提出并且奠定了这一研究的基础。E. S. Romm 假设岩体的基质岩块孔隙很不发育，因此岩体储存以及通过流体的能力很弱，从而流体仅在裂隙网络中流动，并且认为流体在裂隙中的流动仍然符合达西定律。E. S. Romm 引入了与 J. E. Warren 同样的假设，即按同一方位分布的裂隙有固定的裂隙间距以及张开度，而不同方位的裂隙可以不同，这实际上是均质各向异性模型，只是描述方法有所不同。E. S. Romm 采用与多孔介质描述方法类似的等效渗透张量(equivalent permeability tensor)描述裂隙渗透特征，即根据裂隙内的流体运动规律，把裂隙岩体当成连续介质考虑，认为流体在整个岩体中流动，将裂隙流体的流动速度转换为假想连续地充满裂隙岩体的流动速度，称为等效(或当量)渗流速度。他以单条裂隙流动方程为推导的出发点，继而考虑一组裂隙与多组相交裂隙的情况[16]。

单条裂隙的流体渗流方程为：

$$v_e = -\frac{b^2}{12\mu}\nabla p \tag{3-61}$$

式中，v_e 为单条裂隙的渗流速度；p 为流体压力。

若是一组裂隙，则第 i 条裂隙区域当量流量为：

$$Q_i = b_i f_i v_e \tag{3-62}$$

式中，b_i为第 i 条裂隙的宽度；f_i为第 i 条裂隙的线性密度（即单位长度上的裂隙数目）。将式(3-61)代入式(3-62)，则有：

$$Q_i = -\frac{b_i^3}{12\mu}f_i\nabla p \tag{3-63}$$

总流量是 n 条裂隙分流量Q_i之和：

$$Q = -\frac{1}{12\mu}\sum_{i=1}^{n} b_i^3 f_i \nabla p \tag{3-64}$$

亦可以写作：

$$Q = -\frac{K_e}{\mu}\nabla p \tag{3-65}$$

即

$$K_e = \frac{1}{12}\sum_{i=1}^{n} b_i^3 f_i \tag{3-66}$$

式中，K_e 称为裂隙组的等效渗透系数。

若该组裂隙方向与坐标轴的方向余弦分别用α_1，α_2，α_3表示，则各向异性的渗透张量可以用矩阵表示为：

$$\boldsymbol{K}_f = \begin{bmatrix} K_e(1-\alpha_1\alpha_1) & -K_e\alpha_1\alpha_2 & -K_e\alpha_1\alpha_3 \\ -K_e\alpha_2\alpha_1 & K_e(1-\alpha_2\alpha_2) & K_e\alpha_2\alpha_3 \\ -K_e\alpha_3\alpha_1 & K_e\alpha_3\alpha_2 & K_e(1-\alpha_3\alpha_3) \end{bmatrix} \tag{3-67}$$

总流量可以表示为：

$$Q = -\frac{1}{\mu}\boldsymbol{K}_f\nabla p \tag{3-68}$$

若选择各向异性的主方向与坐标轴重合，则有：

$$\boldsymbol{K}_f = \begin{bmatrix} K_e(1-\alpha_1\alpha_1) & 0 & 0 \\ 0 & K_e(1-\alpha_2\alpha_2) & 0 \\ 0 & 0 & K_e(1-\alpha_3\alpha_3) \end{bmatrix} \tag{3-69}$$

若裂隙岩体含有 m 组不同的裂隙组，则有：

$$\boldsymbol{K}_f = \begin{bmatrix} \sum_{j=1}^{m} K_{ej}(1-\alpha_{1j}^2) & -\sum_{j=1}^{m} K_{ej}\alpha_{1j}\alpha_{2j} & -\sum_{j=1}^{m} K_{ej}\alpha_{1j}\alpha_{3j} \\ -\sum_{j=1}^{m} K_{ej}\alpha_{2j}\alpha_{1j} & \sum_{j=1}^{m} K_{ej}(1-\alpha_{2j}^2) & -\sum_{j=1}^{m} K_{ej}\alpha_{2j}\alpha_{3j} \\ -\sum_{j=1}^{m} K_{ej}\alpha_{3j}\alpha_{1j} & -\sum_{j=1}^{m} K_{ej}\alpha_{3j}\alpha_{2j} & \sum_{j=1}^{m} K_{ej}(1-\alpha_{3j}^2) \end{bmatrix} \tag{3-70}$$

式中，j 为裂隙组号；α_{ij}（$i=1,2,3;j=1,2,3,\cdots,m$）为第 j 组裂隙方向与坐标轴 i 的方向余弦。

3.3 多孔介质渗透演化多场耦合理论

在众多工程领域中[22]，如新能源(页岩气和煤层气等)的开发、环境保护(污染物的迁移扩散)和高放核废料地下处置(核素泄漏)等，往往都会涉及温度(temperature)、渗流(hydraulic)、应力(mechanics)和化学(chemistry)等多场作用下的耦合问题。在多物理场耦合作用下，确定多孔介质内部热量的传递规律、孔隙流体的渗流规律、固体骨架的变形规律及化学反应规律，是目前十分重要且亟须解决的问题。由于不同问题关注的侧重点不同，对于一个具体的问题，只选定几个对结果影响较大的物理场进行耦合研究，忽略其他影响较小的因素。任意两个物理场之间都可以产生耦合作用，如图 3-16 所示[23]。上述基本物理场间耦合问题的求解，将为有效解决许多实际的工程问题提供基本的理论指导和分析研究方法。

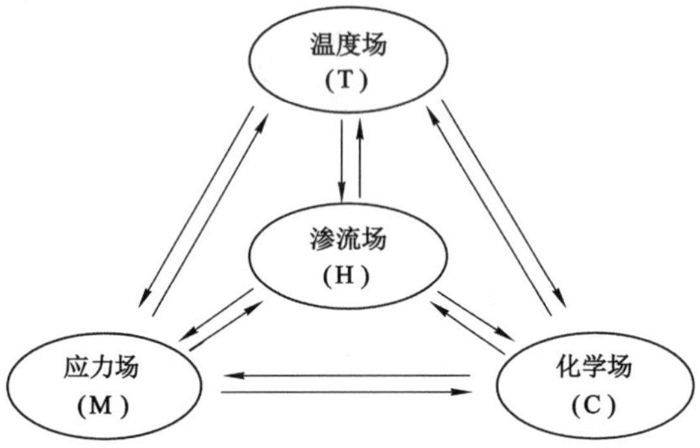

图 3-16 多物理场耦合示意

多孔介质渗流多场耦合问题的控制方程组除了包含每一物理场的独立控制方程[24](control equation)，如固体骨架变形场控制方程、流体渗流场控制方程、温度场控制方程及化学反应场控制方程，还包括各物理场之间的耦合控制方程(coupling control equation)，如流固耦合问题中的有效应力方程、热固耦合问题中的热膨胀变形方程等。

3.3.1 固体骨架变形场控制方程

假设多孔介质为均质且各向同性的线弹性材料(linear elastic material)，由弹性力学的知识可以知道，多孔介质固体骨架变形的控制方程包含如下几组基本方程，为表达清晰明了采用张量形式表示。

(1) 应力平衡方程(动量守恒)(conservation of momentum)

$$\sigma_{ij,j} + f_i = 0 \quad (i,j = 1,2,3) \tag{3-71}$$

式中，$\sigma_{ij,j}$ 为应力分量对坐标的偏微分；f_i 为体积力分量。

对于动力学问题，考虑惯性项，式(3-71)可以写为：

$$\sigma_{ij,j} + f_i = \rho \frac{\partial^2 u_i}{\partial t^2} \quad (i,j = 1,2,3) \tag{3-72}$$

式中，ρ 为固体骨架密度；u_i 为位移分量。

(2) 变形几何方程(质量守恒)(mass conservation)

$$\boldsymbol{\varepsilon}_{ij}=\frac{1}{2}(u_{i,j}+u_{j,i})\quad(i,j=1,2,3)\tag{3-73}$$

式中，$\boldsymbol{\varepsilon}_{ij}$为应变张量；$u_{i,j}$为位移分量对坐标的偏微分。

(3) 物理本构方程(能量守恒)(conservation of energy)

用应力表示应变：

$$\varepsilon_{ij}=\frac{1+\nu}{E}\sigma_{ij}-\frac{\nu}{E}\delta_{ij}\Theta\quad(i,j=1,2,3)\tag{3-74}$$

用应变表示应力：

$$\sigma_{ij}=\frac{E}{1+\nu}\varepsilon_{ij}+\frac{E\nu\theta}{(1+\nu)(1-2\nu)}\delta_{ij}\quad(i,j=1,2,3)\tag{3-75}$$

式中，ν为泊松比；E为弹性模量；δ_{ij}为克罗内克符号；$\Theta=\sigma_{ii}$，为体积应力；$\theta=\varepsilon_{ii}$，为体积应变。

3.3.2 流体渗流场控制方程

由渗流力学的基本理论——流体在多孔介质中渗流必须要满足质量守恒，可以建立多孔介质中流体的连续性方程(continuity equation)，即选定一微元体，在一定的时间间隔内，流入该微元体与流出该微元体的质量差值等于该微元体的质量改变量。

(1) 连续性方程(质量守恒)

$$\mathrm{div}(\rho\boldsymbol{q})+\frac{\partial(\rho n)}{\partial t}=0\tag{3-76}$$

根据达西定律，可知：

$$\boldsymbol{q}=-\frac{k}{\mu}\mathrm{grad}\ p\tag{3-77}$$

代入连续性方程，得：

$$\mathrm{div}\left(\rho\frac{k}{\mu}\mathrm{grad}\ p\right)=\frac{\partial(\rho n)}{\partial t}\tag{3-78}$$

式中，ρ为流体密度；$\boldsymbol{q}$为截面流量向量；n为孔隙率；t为时间；k为渗透率；μ为动力黏度；p为流体压力差。

(2) 状态方程(state equation)

对于不可压缩流体，其密度等于常数，连续性方程可简化为：

$$\mathrm{div}\left(\frac{k}{\mu}\mathrm{grad}\ p\right)=\frac{\partial n}{\partial t}\tag{3-79}$$

对于可压缩流体，引入状态方程，即

$$\rho=\frac{Mp}{RT}\tag{3-80}$$

式中，M为流体摩尔质量；R为摩尔气体常数；T为热力学温度。

将状态方程代入连续性方程，得到可压缩流体的连续性方程：

$$\mathrm{div}\left(\frac{Mk}{2RT\mu}\mathrm{grad}\ p^2\right)=\frac{\partial}{\partial t}\left(\frac{Mpn}{RT}\right)\tag{3-81}$$

(3) 不可压缩多孔介质连续性方程

对于不可压缩变形的多孔介质，其孔隙率保持不变，同时假定多孔介质是均质且各向同性的，流体的动力黏度为常量，温度为等温，得不可压缩流体和可压缩流体的连续性方程，分别为：

$$\nabla^2 p = \frac{\partial^2 p}{\partial x^2} + \frac{\partial^2 p}{\partial y^2} + \frac{\partial^2 p}{\partial z^2} = 0 \tag{3-82}$$

$$\nabla^2 p^2 = \frac{\mu n}{kp} \frac{\partial p^2}{\partial t} \tag{3-83}$$

3.3.3 温度场控制方程

凡是存在温差的地方，就发生着热量的传递。热量会自发地从高温物体传向低温物体，或者由物体的高温部分传向低温部分。

(1) 傅立叶定律

1822 年法国科学家傅立叶通过大量的试验提出：在单位时间内通过特定横截面的热量与该截面面积和垂直于该截面方向上的温度变化率成正比，热量传递的方向与温度下降的方向一致，即

$$Q = -\lambda A \operatorname{grad} T \tag{3-84}$$

$$q = -\lambda \operatorname{grad} T \tag{3-85}$$

式中，Q 为热流量；q 为截面热流量；λ 为导热系数；A 为横截面面积；T 为温度。

需要指出，傅立叶定律不适用于温度极低和热流密度极大条件下的热传导问题，其属于非傅立叶导热过程。

(2) 能量守恒

与渗流场一样，热量的传导满足能量守恒，即任意选定一微元体，在一定的时间间隔内，传入该微元体与传出该微元体的热量差值等于该微元体的热量改变量。

$$\operatorname{div}(\lambda \operatorname{grad} T) + Q = \rho c \frac{\partial T}{\partial t} \tag{3-86}$$

式中，ρ 为固体骨架密度；c 为多孔介质比热容；Q 为热源项。

当导热系数为常数时，能量守恒方程简化为：

$$\nabla^2 T + \frac{Q}{\lambda} = \frac{\rho c}{\lambda} \frac{\partial T}{\partial t} \tag{3-87}$$

当导热系数为常数且无热源时，能量守恒方程简化为：

$$\nabla^2 T = \frac{\rho c}{\lambda} \frac{\partial T}{\partial t} \tag{3-88}$$

当导热系数为常数且稳态时，能量守恒方程简化为：

$$\nabla^2 T + \frac{Q}{\lambda} = 0 \tag{3-89}$$

当导热系数为常数，无热源且稳态时，能量守恒方程简化为：

$$\nabla^2 T = 0 \tag{3-90}$$

3.3.4 物理场耦合控制方程

上述各物理场控制方程均未考虑其他物理场对其的影响，早期的研究都是基于单物理场的，然而大量的实践证明，得到的结果与实际相差甚远。因此，进行多物理场的耦合研究是实际工程问题的客观要求。

多物理场耦合的研究主要涉及研究某一物理场的本构规律和控制方程的形式受其他物理场的作用而产生的变化[24]。

（1）渗流场和温度场对固体力学场的作用

由于固体介质性质的不同，渗流场对固体力学场影响可分为可恢复的和不可恢复的。一般情况下，流体的存在会降低固体骨架的弹性模量、泊松比及强度等；当流体消失后，固体骨架的性质就会恢复，如水或者瓦斯对岩石的影响。而对于土体，该作用将是永久的。视多孔介质材料的不同，工程上多采用如下经验公式[25]。

饱和水含水率 W_c 对多孔介质单轴抗压强度 σ_c 的影响：

$$\sigma_c = a - bW_c \tag{3-91}$$

饱和水含水率 W_c 对多孔介质弹性模量 E 的影响：

$$E = \frac{a}{W_c} - b \tag{3-92}$$

孔隙水压力 p 对多孔介质弹性模量 E 的影响：

$$E = a - bp \tag{3-93}$$

式中，a 和 b 分别为由试验数据拟合得到的常数。

温度场的存在对固体力学场的影响是不可逆的。当温度较低时，固体会发生变形，并产生大量的微观裂纹，将直接影响其力学参数；当温度较高时，固体介质的某些组分会发生熔融，从而不能再用固体力学的理论进行分析。同渗流场对固体力学场的影响一样，多孔介质的弹性模量与温度的关系如下：

$$E = E_0 - kT \tag{3-94}$$

式中，E_0 为常温状态下多孔介质弹性模量；k 为由试验确定的常数。

固体多孔介质由于温度的作用会产生膨胀或者收缩，其膨胀系数与温度的关系为 $L=L(T)$，则热膨胀应变为：

$$\varepsilon_i = L(T)T \quad (i = x, y, z) \tag{3-95}$$

（2）固体力学场和温度场对渗流场的作用

流体在多孔介质中的传输基于达西定律，它建立了流体的比流量与压力梯度的比例关系，比例系数既与多孔介质的骨架形态（如孔隙的连通性和孔径的分布特征等）有关，也与流体的性质（如流体的动力黏度）有关。当固体骨架处于应力场中时，固体骨架会发生变形，内部的孔隙闭合减小或连通扩大，进而影响固体骨架的渗透性。变形若处于弹性阶段，则该过程是可恢复的；当变形超过弹性段后，固体骨架会产生永久变形，渗透系数改变，甚至可能会使流体在其中的传输形式改变，由达西流变为非达西流。对于煤体这类多孔介质，人们已经证明它的渗透系数与其体积应力及内部的孔隙压力呈指数规律变化，即

$$K = a\exp(cp - b\Theta) \tag{3-96}$$

式中，a，b，c 为待确定常数。

温度场的存在通过影响固体骨架的变形间接影响流体在多孔介质中的传输。除此之外，温度还将直接影响流体的动力黏度。在较高温度下，流体还会发生相变，从而造成渗流控制方程的改变。

（3）固体力学场和渗流场对温度场的作用

多孔介质中热量的传输方式主要有热传导（heat conduction）、对流传热（convection heat transfer）和辐射传热（radiation heat transfer）。热传导通过固体骨架进行热量的传输，外部应力使得固体骨架发生变形，进而影响导热系数。当固体骨架发生压缩变形时，导热

系数增加;反之,导热系数减小。应力场对对流传热的影响恰恰相反,其主要依靠流体在多孔介质内部的流动进行传热。即固体骨架发生压缩变形时,骨架的渗透性减弱,从而使得导热系数同步减小;反之,导热系数增加。渗流场的存在对对流传热有较大影响,会改变对流传热系数。

3.3.5 孔隙煤岩内水力驱赶瓦斯的流固耦合数学模型实例

在煤矿井下对高瓦斯煤层进行注水或水力压裂时,巷道风流中的瓦斯浓度明显升高,这种现象被称为水力驱赶瓦斯现象(效应)[26]。为了研究煤岩内水力驱赶瓦斯过程中的饱和度(saturation)、孔隙压力(pore pressure)及其梯度的分布规律,按照孔隙煤岩内水力驱赶瓦斯的实际过程,根据多孔介质弹性理论、有效应力原理、瓦斯吸附解吸变形原理、质量守恒定律和流体的达西定律,建立了考虑瓦斯吸附解吸效应、煤岩骨架变形的变形场和渗流场的水力驱赶瓦斯流固耦合数学模型,并用 Comsol 软件对该数学模型进行求解计算。

水力驱赶瓦斯流固耦合数学模型建立在以下假设的基础上:

① 水和瓦斯两相流为不混溶体系,瓦斯在水中的溶解度忽略不计;

② 渗流场内的温度恒定,水、瓦斯、岩层三者之间处于热平衡状态;

③ 瓦斯为理想气体,水和瓦斯在煤层中的流动均为层流渗透,且服从达西定律;

④ 煤岩是均质的、各向同性的,且固体骨架和孔隙是可压缩的;

⑤ 煤岩多孔介质的变形为弹性小变形,考虑毛细管压力和重力的影响。

基于多孔介质弹性理论,考虑吸附作用的煤体本构方程为[27]:

$$\varepsilon_{ij} = \underbrace{\frac{1}{2G}\sigma_{ij} - \left(\frac{1}{6G} - \frac{1}{9K}\right)\sigma_{kk}\delta_{ij}}_{\text{地应力应变}} + \underbrace{\frac{\alpha}{3K}p\delta_{ij}}_{\text{孔隙压力引起的应变}} + \underbrace{\frac{\varepsilon_a}{3}\delta_{ij}}_{\text{吸附膨胀应变}} \tag{3-97}$$

其中:

$$\begin{cases} G = E/[2(1+\nu)] \\ \sigma_{kk} = \sigma_{11} + \sigma_{22} + \sigma_{33} \\ \alpha = 1 - K/K_s \\ K = 2G(1+\nu)/[3(1-2\nu)] = E/[3(1-2\nu)] \\ K_s = E_s/(1-2\nu) \\ \varepsilon_a = \varepsilon_g V_g = \varepsilon_g \dfrac{V_L p}{p + p_L} \\ p = S_w p_w + S_g p_g \\ S_w + S_g = 1 \end{cases} \tag{3-98}$$

式中,G 为煤岩剪切模量;E 为煤岩弹性模量;ν 为泊松比;σ_{kk} 为正应力分量;p 为孔隙压力;$\alpha(\leqslant 1)$为毕渥(Biot)有效应力系数;K 为煤岩体积模量;K_s 为煤岩骨架体积模量;E_s 为煤岩骨架弹性模量;δ_{ij} 为克罗内克符号(当 $i=j$ 时,$\delta_{ij}=1$;当 $i\neq j$ 时,$\delta_{ij}=0$);ε_a 为瓦斯的吸附应变;ε_g 为吸附应变系数;V_g 为吸附气体的含量;S_w 为水的饱和度;S_g 为瓦斯的饱和度;p_w 为孔隙内水压力;p_g 为孔隙内瓦斯压力;p_L 为朗缪尔压力常数;V_L 为朗缪尔体积常数。

联立式(3-71)、式(3-73)、式(3-97)和式(3-98),可得到以位移为基本未知量且包含耦合项的修正 Navier 平衡方程:

$$Gu_{i,jj} + (G+\lambda)u_{j,ji} - \alpha_p p - K\varepsilon_{a,i} + F_i = 0 \tag{3-99}$$

式中，u_i为 i 方向的位移；F_i为 i 方向的体积力($i=x,y,z$)。

煤层内瓦斯是以吸附和游离两种赋存状态存在的。单位体积的煤中瓦斯含量(m)由两部分组成：一部分是游离瓦斯含量(m_y)；另一部分为吸附瓦斯含量(m_x)。

游离瓦斯的含量可表示为：

$$m_y = \rho_g n_{nw} \tag{3-100}$$

式中，ρ_g 为瓦斯的密度；n_{nw}为含瓦斯的煤岩孔隙率。

将瓦斯视为理想气体，瓦斯的密度和压力满足：

$$\rho_g = \beta p_g \tag{3-101}$$

式中，p_g 为瓦斯压力，Pa；$\beta=M_g/(RT)$，为瓦斯的压缩系数，kg/(m^3 · Pa)；M_g为瓦斯的相对分子质量，kg/mol；R 为摩尔气体常数，3.814 kJ/(mol · K)；T 为绝对温度，K。

吸附瓦斯的含量满足朗缪尔方程，即

$$m_x = \frac{ab\beta p_0 \rho_c}{1+bp_g} p_g \tag{3-102}$$

式中，a 为朗缪尔极限吸附量，m^3/kg；b 为吸附平衡常数，Pa^{-1}；p_0为标准状况下的大气压力，101 325 Pa；ρ_c 为煤体密度，kg/m^3。

在水力驱赶瓦斯的过程中，瓦斯是可以压缩的。联立式(3-97)至式(3-102)可得：

$$\beta p_g S_g \frac{\partial n}{\partial t} + n\beta p_g \frac{\partial S_g}{\partial t} + \left[n\beta S_g + \frac{ab\beta p_0 \rho_c}{(1+bp_g)^2} \right] \frac{\partial p_g}{\partial t} - \nabla \cdot [\beta p_g \lambda_g (\nabla p_g + \rho_g g \nabla D)] = 0 \tag{3-103}$$

式中，D 为坐标系的高程，m。

在水力驱赶瓦斯的过程中，将水当作不可压缩的流体来处理。水的密度为定值，则水的连续性方程可以简化为：

$$\frac{\partial (nS_w)}{\partial t} - \nabla \cdot [\lambda_w (\nabla p_w + \rho_w g \nabla D)] = n \frac{\partial S_w}{\partial t} + S_w \frac{\partial n}{\partial t} - \nabla \cdot [\lambda_w (\nabla p_w + \rho_w g \nabla D)] = 0 \tag{3-104}$$

综上可得，水力驱赶瓦斯过程的水相连续性方程为：

$$n \frac{\partial S_w}{\partial t} - \nabla \cdot [\lambda_w (\nabla p_w + \rho_w g \nabla D)] = - S_w \frac{\partial n}{\partial t} \tag{3-105}$$

气相连续性方程为：

$$n\beta p_g \frac{\partial S_g}{\partial t} + \left[n\beta S_g + \frac{ab\beta p_0 \rho_c}{(1+bp_g)^2} \right) \frac{\partial p_g}{\partial t} - \nabla \cdot [\beta p_g \lambda_g (\nabla p_g + \rho_g g \nabla D)] = - \beta p_g S_g \frac{\partial n}{\partial t} \tag{3-106}$$

Level set 方法采用 Level set 方程来追踪不混溶两相流的界面位置变化。Level set 方程为[28]：

$$\frac{\partial \phi}{\partial t} + u \cdot \nabla \phi = \gamma \nabla \cdot \left(\varepsilon \nabla \phi - \phi(1-\phi) \frac{\nabla \phi}{|\nabla \phi|} \right) \tag{3-107}$$

式中，ϕ 为水气两相界面轮廓线；γ 为方程求解中的重新初始化参数；u 为流体的速度；ε 为水气界面的厚度；t 为水气两相流动的时间。

在 Level set 方程中，参数 ϕ 可以当作水气两相流中水的体积百分数。气区由 $\phi=0$ 来表征，水区由 $\phi=1$ 来表征，流体的界面则由 $\phi=0.5$ 的水平集轮廓线来表征。

为了避免数值计算的不稳定性，在界面附近需要对流体的密度和动力黏度进行光滑处理。采用 Level set 方法进行光滑处理时，把水气两相流运动过程中的密度和动力黏度变化用 level set 函数来表示，相应的描述方程为：

$$\begin{cases}\rho(\phi) = \rho_g + (\rho_w - \rho_g)\phi \\ \mu(\phi) = \mu_g + (\mu_w - \mu_g)\phi\end{cases} \tag{3-108}$$

式中，ρ_w，ρ_g 分别为水和瓦斯的密度，kg/m^3；μ_w，μ_g 分别为水和瓦斯的动力黏度，Pa·s。

孔隙率和渗透率是煤层瓦斯运移的关键参数，这两项参数与煤岩所受应力和煤岩固有材料属性密切相关。煤岩多孔介质的孔隙率受到孔隙压力和吸附/解吸造成的基质膨胀/收缩的影响，考虑煤岩孔隙压力和基质膨胀/收缩共同作用的孔隙率动态模型为[29-30]：

$$n = \frac{1}{1+S}[n_0(1+S_0)+\alpha(S-S_0)] \tag{3-109}$$

其中：

$$\begin{cases}S = \varepsilon_V + p/K_s - \varepsilon_a \\ S = \varepsilon_{V0} + p_0/K_s - \varepsilon_{a0} \\ \varepsilon_V = \varepsilon_x + \varepsilon_y + \varepsilon_z\end{cases} \tag{3-110}$$

式中，n 为煤岩孔隙率；ε_V 为煤岩的体积应变；ε_x，ε_y，ε_z 分别为 x，y，z 方向的体积应变；K_s为煤岩骨架体积模量。下标为 0 表示初始值。

多孔介质的绝对渗透率同样受到地应力的影响，其动态演化模型为：

$$k = \frac{k_0}{1+\varepsilon_V}\left[1+\frac{\varepsilon_V - \Delta p(1-n_0)/K_s}{n_0}\right]^3 \tag{3-111}$$

式中，k_0为多孔介质初始渗透率。

R. H. Brooks 和 A. T. Corey 采用毛细管压力曲线来计算多孔介质内流体的相对渗透率。根据 Brooks-Corey 模型，孔隙煤岩内的水相和瓦斯相相对渗透率是水相流体饱和度的函数，对应的表达式分别为[31]：

$$k_{r,w} = k_{r,w0}\left(\frac{S_w - S_{r,w}}{1-S_{r,w}-S_{r,g}}\right)^{3+\frac{2}{\lambda}} \tag{3-112}$$

$$k_{r,g} = k_{r,g0}\left(1-\frac{S_w - S_{r,w}}{1-S_{r,w}-S_{r,g}}\right)^2\left[1-\left(\frac{S_w - S_{r,w}}{1-S_{r,w}-S_{r,g}}\right)^{1+\frac{2}{\lambda}}\right] \tag{3-113}$$

式中，$k_{r,w0}$为水相端点的相对渗透率；$k_{r,g0}$为瓦斯相端点的相对渗透率；$S_{r,w}$为水相的残余饱和度；$S_{r,g}$为瓦斯相的残余饱和度；λ 为表征多孔介质孔隙结构特征的参数。

当水和瓦斯这两种不混溶的流体在孔道内流动时，两相流动的区域中形成很多弯月状的两相分界面。分界面两侧的压力不连续，这种压力的差值被称为毛细管力，用 p_{cgw}表示，对应的表达式为：

$$p_{cgw} = p_g - p_w \tag{3-114}$$

饱和多孔介质内水气两相流体充满多孔介质内的有效孔隙，这一现象用饱和度方程来表示，对应的表达式为：

$$S_g + S_w = 1 \tag{3-115}$$

水从钻孔处进入煤岩内部，驱赶着瓦斯在煤岩内渗流前移。与物理模型相对应的边界条件和初始条件的数学形式为：

$$\begin{cases} p_w = p_w(t) & \partial\Omega \text{ 入口表面} \\ p_g = p_{g0} & \partial\Omega \text{ 出口表面} \\ n \cdot \rho_w[-\lambda_w(\nabla p_w + \rho_w g \nabla D)] = 0 & \partial\Omega \text{ 底面和顶面边界} \\ n \cdot \rho_g[-\lambda_g(\nabla p_g + \rho_g g \nabla D)] = 0 & \partial\Omega \text{ 底面和顶面边界} \\ p = p_0 & \partial\Omega \end{cases} \tag{3-116}$$

将上述水力驱赶瓦斯的流固耦合控制方程及其相应的初始条件和边界条件输入 Comsol Multiphysics 软件进行求解。该软件能实现孔隙煤岩内水力驱赶瓦斯行为的可视化，有利于实现动态的水气两相饱和度空间分布规律可视化的半定性半定量研究。饱和度分布云图能够更直观地显示水力驱赶瓦斯过程中的水和瓦斯饱和度空间分布的动态变化过程。煤样在 1 min、5 min、10 min、30 min 4 个时刻的水相和瓦斯相的饱和度空间分布云图如图 3-17 所示。

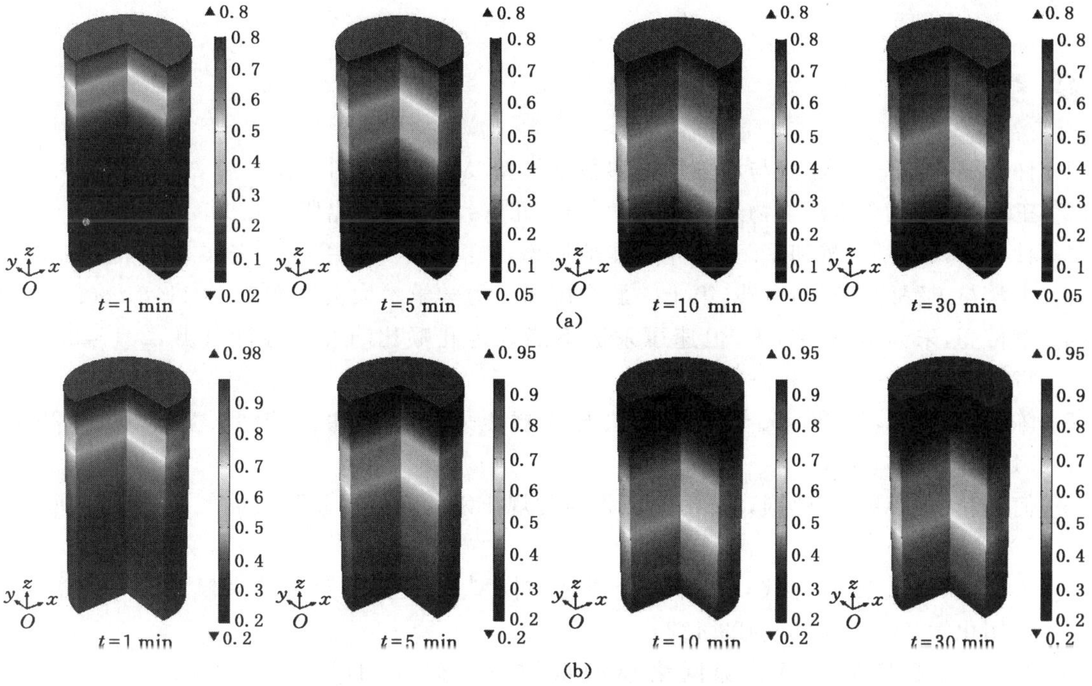

(a) 水相饱和度空间分布云图；(b) 气相饱和度空间分布云图。

图 3-17　水气两相饱和度的空间分布云图

由图 3-17 可以看出：① 水力驱赶瓦斯过程中，煤样内的水气两相饱和度发生了重新分布。沿着水气驱替的方向，煤样内的水相饱和度不断增加，而气相饱和度不断降低。这是因为进入煤样内的水抢占了原本属于瓦斯的孔隙空间，进入煤样内的水越多，被水驱赶出来的瓦斯也越多。② 随着注水过程的持续进行，煤样内被水饱和的区域沿水气驱替方向逐渐扩大。这是因为随着靠近进水端的孔隙被水饱和，水会不断地沿着驱替方向渗流，逐步占据距进水端较远的孔隙空间。③ 水进入煤岩孔隙内，并不能将煤岩内的瓦斯全部赶走，煤岩孔隙内残留有瓦斯。因为本次模拟设置的瓦斯残余饱和度为 0.2，所以水相饱和度的最大值为 0.8。当煤样空间点上的水相饱和度为 0.8 时，表明该处的孔隙已经被水饱和。④ 在煤样内部存在一定量的结合水和自由水，被称为束缚水。束缚水的存在致使煤样内的孔隙不可能完全被瓦斯充满。因为本次模拟设定的束缚水饱和度为 0.05，所以瓦斯相的最大饱和度为 0.95。水气两相饱和度分布云图显示的水气两相饱和度的最大值和最小值与数值模拟预先设定的条件完全一致，这表明利用该模型进行数值求解是可行的，也是可靠的。

探索性思考题

(1) 多孔介质孔隙结构简化模型有哪几种？

(2) 达西定律的适应条件是什么？

(3) 简述有效渗透率和绝对渗透率的概念及区别。

(4) 多孔介质渗流多场耦合问题中的“多场耦合”具体指的是哪几个“场”相互作用和相互影响？

参考文献

[1] 仵彦卿. 多孔介质渗流与污染物迁移数学模型[M]. 北京：科学出版社，2012:42-45.

[2] 王洪涛. 多孔介质污染物迁移动力学[M]. 北京：高等教育出版社，2008:1-5.

[3] 杜新龙，康毅力，游利军. 多孔介质孔隙模型建立方法及应用研究进展[C]//佚名. 渗流力学与工程的创新与实践：第十一届全国渗流力学学术大会论文集，2011:81-86.

[4] 李传亮，朱苏阳，聂旷，等. 恒速压汞法不能确定孔喉比[J]. 岩性油气藏，2016，28(6)：134-139.

[5] 陈蒲礼，王烁，王丹，等. 恒速压汞法与常规压汞法优越性比较[J]. 新疆地质，2013，31(增刊)：139-141.

[6] 何顺利，焦春艳，王建国，等. 恒速压汞与常规压汞的异同[J]. 断块油气田，2011，18(2)：235-237.

[7] 王达健，陈书荣，张雄飞，等. 多孔介质孔隙模型及其应用：毛细管束模型[J]. 计算机与应用化学，2001，18(5)：429-432.

[8] 赵秀才. 数字岩心及孔隙网络模型重构方法研究[D]. 青岛：中国石油大学(华东)，2009.

[9] KELLER L M, SCHUETZ P, ERNI R, et al. Characterization of multi-scale microstructural features in Opalinus Clay[J]. Microporous and mesoporous materials, 2013, 170:83-94.

[10] 殷宗泽. 土工原理[M]. 北京：中国水利水电出版社，2007:150-151.

[11] DANA E, SKOCZYLAS F. Gas relative permeability and pore structure of sandstones[J]. International journal of rock mechanics and mining sciences, 1999, 36(5):613-625.

[12] 薛强，刘磊. 垃圾填埋气体运移的多场耦合理论及应用[M]. 北京：科学出版社，2012:39.

[13] HUYAKORN P S, LESTER B H, FAUST C R. Finite element techniques for modeling groundwater flow in fractured aquifers[J]. Water resources research, 1983, 19(4):1019-1035.

[14] BARENBLATT G I, ZHELTOV I P, KOCHINA I N. Basic concepts in the theory of seepage of homogeneous liquids in fissured rocks strata [J]. Journal of applied mathematics and mechanics, 1960, 24(5): 1286-1303.
[15] WARREN J E, ROOT P J. The behavior of naturally fractured reservoirs[J]. Society of petroleum engineers journal, 1963, 3(3): 245-255.
[16] 赵阳升. 多孔介质多场耦合作用及其工程响应[M]. 北京:科学出版社,2010:87-91.
[17] 王媛,速宝玉. 裂隙岩体渗流模型综述[J]. 水科学进展,1996,7(3):276-282.
[18] STRELTSOVA T D. Hydrodynamics of groundwater flow in a fractured formation [J]. Water resources research, 1976, 12(3): 405-414.
[19] BIBBY R. Mass transport of solutes in dual-porosity media [J]. Water resources research, 1981, 17(4): 1075-1081.
[20] NERETNIEKS I. Diffusion in the rock matrix: an important factor in radionuclide retardation? [J]. Journal of geophysical research: solid earth, 1980, 85(B8): 4379-4397.
[21] ZIMMERMAN R W, CHEN G, HADGU T, et al. A numerical dual-porosity model with semianalytical treatment of fracture/matrix flow[J]. Water resources research, 1993, 29(7): 2127-2137.
[22] 蔡国庆. 基于多孔介质理论的土体多场耦合模型及其在非饱和土本构建模中的应用[D]. 北京:北京交通大学,2012.
[23] 薛强,刘磊. 垃圾填埋气体运移的多场耦合理论及应用[M]. 北京:科学出版社,2012:37-38.
[24] 赵阳升. 多孔介质多场耦合作用及其工程响应[M]. 北京:科学出版社,2010:72-112.
[25] 赵阳升. 多孔介质多场耦合作用及其工程响应[M]. 北京:科学出版社,2010:202-207.
[26] HUANG B X, CHENG Q Y, CHEN S L. Phenomenon of methane driven caused by hydraulic fracturing in methane-bearing coal seams [J]. International journal of mining science and technology, 2016, 26(5): 919-927.
[27] LI S, FAN C J, HAN J, et al. A fully coupled thermal-hydraulic-mechanical model with two-phase flow for coalbed methane extraction[J]. Journal of natural gas science and engineering, 2016, 33: 324-336.
[28] COMSOL INC. Capillary filling-level set method[R]. [S. l.], 2015.
[29] 刘清泉,程远平,李伟,等. 深部低透气性首采层煤与瓦斯气固耦合模型[J]. 岩石力学与工程学报,2015,34(增1):2749-2758.
[30] 范超军,李胜,罗明坤,等. 基于流-固-热耦合的深部煤层气抽采数值模拟[J]. 煤炭学报,2016,41(12):3076-3085.
[31] CHEN J, HOPMANS J W, GRISMER M E. Parameter estimation of two-fluid capillary pressure-saturation and permeability functions [J]. Advances in water resources, 1999, 22(5): 479-493.

4　流态矿产资源的开采方法

本章主要介绍流态矿产资源的常用开采方法，包括钻井抽采法、溶浸开采法、水溶开采法、注热开采法、生物开采法、流体热交换开采法等。详细叙述了这些开采方法的定义、发展历程、原理及工艺流程、优缺点及适用条件，其中各种开采方法的定义、优缺点及适用条件要求掌握，原理及工艺流程要求理解，发展历程了解即可。

流态矿产资源的开采包括流体矿产资源的开采和固态矿产资源的流态化开采。固态矿产资源的流态化开采是指首先通过一定的技术措施将固态资源转化为流态，然后采用流态矿产资源的开采方法进行开采。流态矿产资源的开采方法按照开采过程中是否发生化学反应分为物理开采方法和化学开采方法两大类(见图 4-1)。物理开采方法是通过物理机械的方式将地下矿物开采出地面，此过程中不发生化学反应。物理开采方法主要包括钻井抽采法、注热开采法、流体热交换开采法等。化学开采方法是指用化学工艺，使有用矿物在地下转变成气体或液体，通过管道抽采至地面的开采方法。化学开采方法包括溶浸开采法、水溶开采法、生物开采法等。流态矿产资源的具体开采方法有很多，本章主要介绍一些基本且常用的方法。

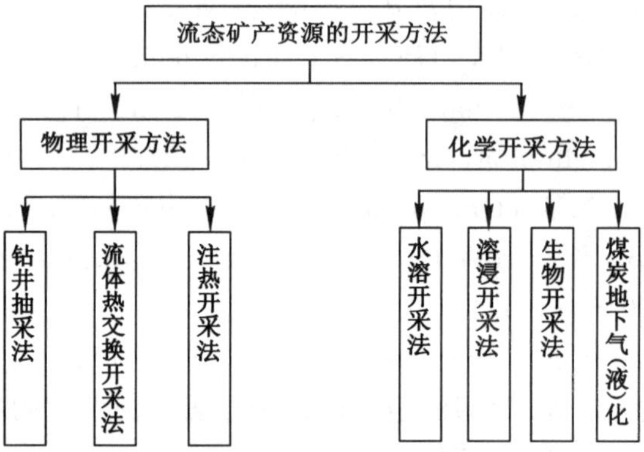

图 4-1　流态矿产资源开采方法分类

对于单一资源赋存且赋存条件较为简单的矿产资源，根据其赋存特征选择适用的开采方法。当资源赋存条件较为复杂或多种资源共伴生赋存时，往往需要采用多种开采方法相互配合，协调开采。2 种及以上基本开采方法的组合称为综合开采方法，对于多资源共存及赋存条件复杂的矿产资源，应积极探索适应的综合开采方法。

4.1 钻井抽采法

钻井抽采法(drilling and extracting)是指由地面向流体资源储层施工钻井,然后将钻井接在专用的管道上,用抽采设备将储层中的流体资源抽至地面加以利用的开采方法。钻井抽采法主要用于石油、天然气、煤层气等油气资源的开采中,因此下面主要对油气资源的钻井抽采过程进行介绍。

4.1.1 油气资源钻井抽采概述

钻井抽采法的示意如图 4-2 所示。通过向目标层施工钻井,利用储层自身的压力或人为的抽采措施,将井筒周围储层中的流体资源抽采至地面。油气的抽采根据动力来源不同分为自喷抽采和机械抽采两种。

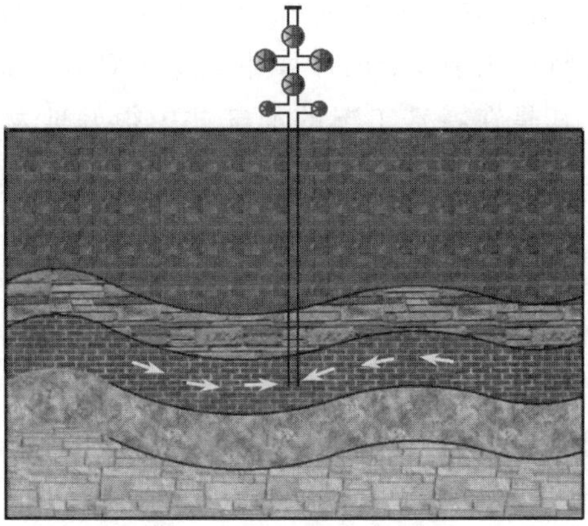

图 4-2 钻井抽采法示意

自喷采油法(self-injection method)是指依靠油层自身的能量把油从油层驱至井底,并从井底把油举出井口的采油方法。

油、气同时在井内沿油管向上流动,其能量主要消耗于重力和摩擦力。在一定的油层压力和油气比的条件下,每口井中的油管尺寸和深度不变时,有一个充分利用能量的最优流速范围,即最优日产量范围。必须选用合理的油管尺寸,调节井口节流器(常称油嘴)的大小,使自喷井的产量与油层的供油能力相匹配,以保证自喷井在最优产量范围内生产。

自喷采油法管理方便,生产能力高,耗费小,是一种比较理想的采油方法。很多油田都采取早期注水、注气保持油藏压力的措施,延长油井的自喷期。

由于油层能量的逐步降低和含水量的不断升高,大部分油气井在短暂的自喷采油后就必须进入人工抽采阶段[1]。截至 2009 年,全世界有机械抽采井近百万口,国内有 7 万多口机械抽采井,超过生产油气井总数的 96%。随着油气开发工艺技术的进步,主要有 6 种人工抽采方式应用于油气开采:有杆泵、电潜泵、螺杆泵、水力喷射泵、水力活塞泵和气举抽采等[2]。

有杆泵是当前国内外各油田应用最普遍的一种人工抽采设备。尽管有杆泵可以达到小排量深井抽采要求,但是由于杆管柱工作时存在弹性伸缩,因而冲程损失大。并且有杆泵抽采存在抽油杆的断脱和杆管柱偏磨问题；若用于抽采深层稠油井，则抽油杆不仅下行难度大，而且上行时还要承受较大负荷，系统效率会降低；若用于抽采大斜度井，则偏磨会愈加严重。虽然随着有杆抽油设备研发技术的进步，选用了很多较大型的抽油机和高强度的抽油杆，从而使得有杆泵超深井抽采工艺有了明显的进展，国内 3 000 m 以内可以正常工作，国外最大深度已经可达 4 421 m，但是由于仅仅做了单井试验，所以产量较小、生产周期较短[3]。

电潜泵抽采系统在国内外石油和天然气领域的应用越来越普遍。因为电潜泵排量较大，适合中、高含水期抽采，且易于管理。从迄今为止的现场使用情况来看，电潜泵用于 3 000 m 井深以内抽采是可行的，用于 4 000 m 超深井抽采尚无法正常运转[4]。

螺杆泵由于其特有的构造简单、体积质量小、节能且泵效高等优势，可用于稀油、稠油、高凝油及高含砂、高含气、含水油井的抽采[5]。可抽采黏度达到 5 000 mPa·s 的稠油，还可抽采气油比达到 700 m^3/m^3 的高含气原油和含砂量达到 2.5%的含砂原油。

水力喷射泵具有构造简单、没有运动部件，并且易于管理和适应性较强等优点，近几年在现场得到了大量使用，尤其是在特殊工况的油气井中很好地发挥了作为无杆泵的工艺技术优势[6]。但是它的效率太低，回压的所有变化对其都会产生影响，另外还需要占抽采高度 20%以上的沉没度。以现今的水力喷射泵工艺水平可以保证其在 3 000 m 以内稳定运转。

与其他人工抽采设备相比，水力活塞泵具有泵挂深、泵效高、排量范围较大、易于调参，并且可液力起、下泵等特点，可用于丛式井、水平井、普通稠油井、高凝油（伴热抽采）井的抽采[7]，均有很好的现场使用效果。但是该泵需要动力液标准较高，保养较为困难，现今的泵挂深度小于 3 200 m。且地面水力活塞泵动力端、井下泵两者很难密封。地面设备过于庞大，限制了该泵用于大井距井网的抽采[8]。

气举抽采方式相对其他方式较为优越，在美国，气举抽采方式应用较为广泛，其气举抽采井数约占机械抽采井总数的 12%，产油量约占机械抽采井总产油量的 33%。在美国，只要有天然气资源，尤其对于海上丛式井开发的油气田，都优先选用气举抽采法。我国气举抽采技术的发展起步较晚。辽河、四川、塔里木及吐哈等油田均相继引进了该抽采方式，并针对各自油田的特点采用了相应的气举抽采方式[9]。

4.1.2 钻井抽采法的原理及工艺流程

自喷抽采法的原理是通过储层与井筒之间的流体压力差驱动井筒周边的流体向井筒流动，并提升至地面。井底原油能自喷到地面主要是受多种地层驱动力的作用。当油藏未开发、地层未打开时，油层中的压力处于平衡状态，原油在地下处于静止状态。一旦地层中钻有油井，并开始生产时，油层内的压力平衡被打破，井底压力低于油层压力。在地层驱动力的作用下，先将原油从地层内推向井筒，若还有剩余的能量，且大于井筒液柱压力，再将井筒内的原油举升到地面。

自喷驱动力的种类包括静水压头驱动和气顶压缩气的膨胀力驱动（气顶驱动）。静水压头驱动分为边水驱动和底水驱动。有些油田的油层与四周地面水源连通，或油层的底部四周与水源连通，且油水表面间有一定的高度差，在水的压力差的驱使下，油层的原油向井筒内流动，若剩余压力大于井筒液柱压力，原油就自喷至地面。这两种情况分别称作边水驱动和底水驱动。

有的油层中，原油的溶气量达到饱和状态后，多余的天然气就聚集到油层的顶部，处于高度压缩状态。当油井生产时，随着油层压力的降低，压缩气体膨胀，推动原油流向井筒并喷出。气顶驱油能量与气顶的体积和气体的压缩性等有关。

自喷采油是靠地下油层能量把原油举升到地面的一种采油方式。当地层的能量不足以维持自喷或不能自喷时，必须人为地从地面补充能量，才能把原油举升出井口。如果补充能量的方式是采用机械能量将油抽采出地面，就称为机械抽采。

机械抽采的基本原理是用专门的抽油装置，将油井中的油液举升至地面，以便保持井底和油层之间油液流动的压力差，同时保证油气从地层远远不断地流向井底。它用于低渗透、低压力油层地区的采油。目前我国的机械采油量占总采油量的 80%以上。

4.1.3　采油井结构及生产原理

（1）自喷井结构及生产原理

自喷井是指在完钻井基础上，在井筒套管内下入油管及喇叭口，再配以井口装置，其结构如图 4-3 所示。自喷井的生产原理是油层流体从油层流到井底，依靠自身的能量由喇叭口进入油管，到达井口，通过油嘴喷出。

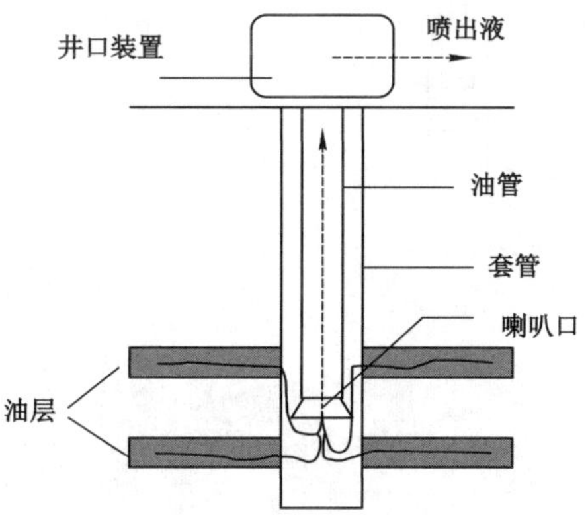

图 4-3　自喷井结构

（2）抽油机井结构及生产原理

抽油机井结构包括井口装置、地面抽油机设备、井下抽油泵设备、抽油杆、油管、套管等（见图 4-4）。抽油机井的生产原理是由地面抽油机的机械能通过抽油杆带动井下抽油泵往复抽吸井筒内的液体降低井底压力，从而使油层内的液体不断流入井底，抽油泵抽出的液体由井口装置不断抽出。

（3）电动潜油泵井结构及生产原理

电动潜油泵井是指在钻完井基础上，在井筒套管内下入油管及电动潜油泵装置，再配以井口装置及地面电能输入设备（见图 4-5）。地面电能通过电缆传递给井下潜油电机，潜油电机再把电能转换为机械能带动多级离心泵，从而把井内液体加压通过油管经采油树举升至地面；在多级离心泵不断抽吸过程中，井底流体压力降低，从而使油层流体不断流入井底。

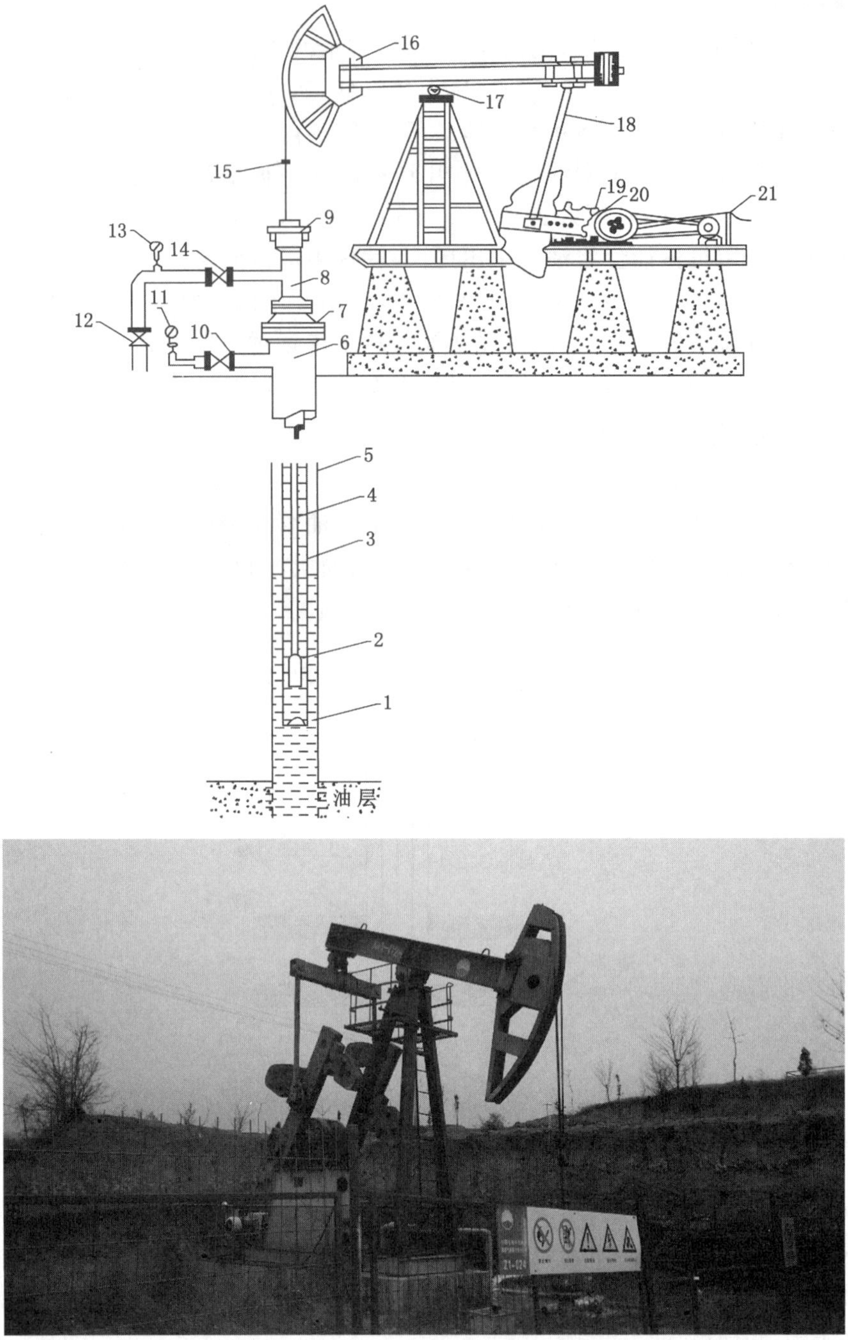

1—吸入凡尔；2—活塞；3—油管；4—抽油杆；5—套管；6—油管头；7—井口法兰；
8—三通；9—盘根盒；10,12,14—安全阀；11,13—压力表；15—悬绳器；
16—驴头；17—支架轴；18—连杆；19—减速箱；20—减速箱皮带轮；21—刹车。

图 4-4 抽油机井结构

4.1.4 钻井抽采法的适用条件

钻井抽采法适用于流态矿产资源的开采。但不是所有流态矿产资源储层都能满足钻井自喷开采的要求，有些矿层其自身集聚了能量，但其自身的能量不足以将流态资源托举至地面，这时采用适当的手段为其补充能量，流态矿产资源即可喷出到地面。常用的补充能量的手段是气体托举，即向流入井筒的流态矿产资源注入高压气体，形成混合流体，高压气体的体积膨胀，使混合流体密度减小，从而使流体所具有的能量可以将其托举至地面[10]。气体托举法包括连续注气与间歇注气两种方法，连续注气适用于高产高效矿井。这种方法设备、工艺成熟，但前期投资很大，尤其是需要可靠的高压气体源，当流态矿产资源有气体矿藏伴生时，可适当降低成本。

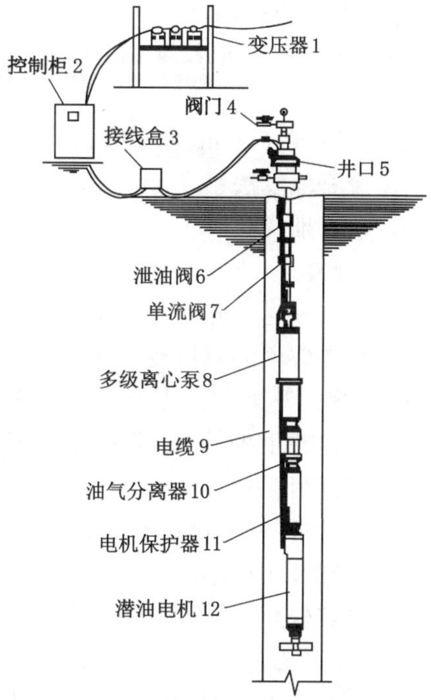

图 4-5　电动潜油泵井结构

4.2 溶浸开采法

4.2.1 溶浸采矿概述

所谓溶浸采矿(leach mining)，就是根据物理化学原理和化学工艺，利用某些化学溶剂(有时还要借助微生物的催化作用)，有选择性地溶解、浸出和回收矿床或矿石中有用组分的一种矿床开采方法。它是建立在地质学、水文地质学、矿物学、采矿学、地球化学、化学工艺学、岩石破碎学等学科基础上的，融常规采矿、选矿和浸出于一体，直接从矿石中提取金属的化学开采综合工艺技术。采出来的是含金属的溶液，而不是矿石，这从根本上改变了常规采、选、冶工艺，简化了工艺流程，是采、选、冶工艺技术的综合发展[11]。

该采矿方法起源很早，公元 618—907 年间，我国就在安徽、江西等地用之大量生产胆铜。在国外，16 世纪匈牙利从什臭依尔来梯兹(Schmoellnitz)矿山废水中回收铜，17 世纪西班牙在里约地多(Rio Tinto)铜矿进行堆浸采铜，19 世纪美国从布特(Butte)铜矿坑内水中提取海绵铜；至于铀、金、银的开采则是 20 世纪 50 年代及以后的事情[12]。

20 世纪以来，此法深受各国重视，发展很快，可处理的金属增多，有铜、铀、金、银、锰、镓、钼、铅、锌、铬、钛、铊、汞、铋、砷、铼、钇等。80 年代初期，美国用此法生产的铜、金、银分别占其生产总量的 20%、40%和 15%，近年来，美国 50%的铀由原地浸出法生产。法国旺达矿区在 1982—1984 年就采用堆浸技术处理了 88.2 万 t 矿石，回收的铀约占其总产铀量的 30%。20 世纪 70 年代中期，加拿大阿格钮湖铀矿采用深孔挤压爆破筑堆，随后采用淹没法浸出，虽然铀矿石的品位只有 0.045%，仍然取得了较好的经济效益。90 年代，江西某铀矿先后进行了千吨和万吨级规模的堆浸提铀工业试验，浸出率达到 90.7%，总回收率达到 87.6%；1993—1994 年，广东某铀矿山开展了万吨级规模的就地爆破浸出工业试验，采用深孔分段爆破技术顺利完成了筑堆；1996 年，新疆某铀矿原地浸出采铀工程建成并投入生产，主要工艺技术指标达到了国际先进水平[13]。

溶浸采矿根据被浸矿石的物理化学性质、粒级组成、品位及赋存条件等，可作如下分类[14]：

(1) 堆浸法(dump leaching)

① 废石堆浸法；

② 矿石堆浸法。

(2) 地浸法

① 不经预先破碎的原地浸出法(in-situ leach mining)；

② 预先破碎的就地浸出法(in-situ fragmentation leaching)。

与常规的开采方法比较，溶浸采矿法具有如下优点：

① 基建费用少，设备简单，成本较低，建矿速度快，容易实现自动化。

② 能源消耗量较低。

③ 劳动条件好，作业安全。

④ 对环境污染小。

⑤ 能够较好地回收常规开采方法不能回收的低品位矿石、难采矿体以及常规选矿方法难以分选的矿石和被公认为废石中的有用成分，拓宽了地下矿产资源的利用范围，增加了工业矿石储量，为满足世界对矿石产品日益增长的需要开辟了新的途径。

⑥ 地浸法还突破了采、选、冶的界限，从地下采出的不再是矿石，而是直接提取金属，从根本上改革了地下采矿工艺。

溶浸采矿的主要缺点是浸出过程漫长，生产周期长，而且适用条件苛刻。

4.2.2 溶浸采矿的常用名词及专业术语

涉及溶浸采矿的常见名词及专业术语主要有[15]：

溶浸剂：用于溶解矿物的化学溶剂，如 H_2SO_4，NaOH，NaCN 等。

溶浸液：由溶浸剂、氧化剂、水等按一定的比例配制而成的溶液，用于喷淋矿石/废石或注入矿层溶解矿物。

浸出液：溶浸液与矿物充分接触后，将矿物由固相转变为液相，经抽液孔/集液巷道抽出的富含金属的液体叫作浸出液。

产品溶液：是指金属含量达到或超过最低工业指标而又无过量杂质的浸出液，也就是从技术经济角度考虑适于水冶工艺加工的浸出液。

淋洗剂：用于淋洗富含金属的饱和树脂的液体。

沉淀剂：用于沉淀淋洗下来的金属的试剂，如 NaOH。

渗透系数：指矿层中的水在单位时间内所流经的距离，单位为 m/d。

单孔抽液量：指单个钻孔在单位时间内所抽出的液体量，单位为 m^3/h。

溶浸死角：在溶浸采矿中，溶浸液没有流到(覆盖)的矿体，叫作溶浸死角。

原矿岩孔隙率：孔隙体积占原矿岩体积的百分比。

有效孔隙率：在一个多孔体系(矿体)中有两种孔隙——一种孔隙是彼此不连通的；另一种孔隙是彼此连通的。对矿石浸出来说，就需要利用连通的孔隙进行矿石浸出，这部分孔隙体积占原矿岩体积的百分比称为有效孔隙率。

金属浸出率:已浸出的金属量与原始金属量的百分比。

地浸工艺参数:是反映矿床条件和地浸工艺技术的重要数据,也是衡量地浸效果的一套数据,它包括浸出率、液固比、单位酸耗、浸出液中的金属平均含量和浸出时间等。

4.2.3 溶浸采矿理论基础

溶浸的主要作用,是溶解和浸出矿石或废石中的有用成分,通过收集含有有用成分的溶液,并从中回收有用成分,以供人们加工利用。也就是说,溶浸液中的化学溶剂,在通过矿石或废石时,由于对流扩散和分子扩散作用,从溶浸液主体中得以扩散,并吸附在矿石或废石颗粒表面。然后溶浸液再从矿物颗粒表面通过分子扩散,经矿石或废石中孔隙和毛细裂隙渗透到矿物内部,并排挤出其中原有的孔隙液。渗入的溶剂,与矿石或废石中的有用成分发生化学反应,使其中有用成分由固相转入液相,从而生成可溶性金属盐类新的孔隙液,且浓度逐渐增大。这种新的孔隙液,从矿物颗粒内部再扩散流出外表,进入流动的液体中,形成浸出液,这便是溶浸作用的机理。由此可见,溶浸过程不仅与溶浸化学反应过程有关,也与扩散过程有密切联系[12]。

溶浸采矿的基本理论是建立在化学反应过程的基础上的,它要求矿石或废石中有用成分能很好地溶浸在液体中,并从液体中被回收才有价值。所以,化学反应过程是溶浸采矿法中的一个主要组成部分。就溶解化学反应过程而言,氢离子与可溶性阴离子结合的反应过程,是溶解化学的基础,其反应速度快,并取决于活化能量,而且是不可逆的。因此,液-固相界面上的化学反应速度,远较扩散过程速度快。但是一个非稳态系统的溶解速度,由速度最慢的子系统决定。所以浸出过程,一般并非由化学反应速度控制的过程,而是为扩散过程所控制的多相反应动力学过程。这样在研究提高溶浸效率时,就要提高溶液中的反应剂浓度,改善矿石自身和矿石堆内部的渗透性,增强溶液流速,扩大并不断更新液-固相界面面积,减少界面层厚度和阻力,这才是溶浸取得成功的关键。化学溶浸可以运用酸性、碱性或中性的化学溶液,溶解矿石或废石中的金属及其矿物盐类,形成富液流出,然后从中回收并提取金属产品,其中常常伴随有细菌溶浸,并为细菌生存、繁殖和活动提供条件,而细菌的生化作用又促进化学溶浸加快反应速度。而两者中,化学溶浸是主要的。

由于被溶浸的矿石及其中有用矿物成分的物理化学性质不同,适用的溶浸剂及其化学反应各有区别。几种常用溶浸铜、铀和金、银矿石的方法中,其化学反应方程如下[12]。

(1) 铜矿物

铜矿物的种类繁多,氧化矿物主要有孔雀石、硅孔雀石、蓝铜矿、赤铜矿、黑铜矿、透视石、水胆矾等,以及自然铜;硫化矿物主要有辉铜矿、铜蓝、黄铜矿、斑铜矿、硫砷铜矿、黝铜矿、砷黝铜矿、方黄铜矿等。它们的溶解特性各不相同,适用的溶浸剂也各异。

① 铜的氧化矿物的溶解

在碳酸铜类矿物中,如孔雀石[$Cu_2CO_3 \cdot (OH)_2$]和蓝铜矿[$CuCO_3 \cdot Cu(OH)_2$]都易溶于稀硫酸,并产生 CO_2,反应式如下:

$$CuCO_3 \cdot (OH)_2 + 2H_2SO_4 \longrightarrow 2CuSO_4 + 3H_2O + CO_2 \quad (4\text{-}1)$$

$$2CuCO_3 \cdot Cu(OH)_2 + 3H_2SO_4 \longrightarrow 3CuSO_4 + 4H_2O + 2CO_2 \quad (4\text{-}2)$$

碳酸类矿石的天然 pH 约为 8,为了进行溶解,必须把 pH 降到 2 以下。反应速度与酸度和矿物颗粒有关，而且还受酸向矿物表面扩散或 CO_2 的迁移所限制，在室温下的反应迅速。

在氧化铜类矿物中，如黑铜矿[CuO]易溶于稀硫酸，而赤铜矿[Cu_2O]则溶解较慢，但有 O_2 或 Fe^{3+} 存在，在常温下亦可迅速溶解于硫酸。

$$CuO + H_2SO_4 \longrightarrow CuSO_4 + H_2O \quad (4\text{-}3)$$

$$Cu_2O + 2H_2SO_4 + \frac{1}{2}O_2 \longrightarrow 2CuSO_4 + 2H_2O \quad (4\text{-}4)$$

在硅酸铜类矿物中，如硅孔雀石[$CuSiO_3 \cdot 2H_2O$]在稀硫酸中可溶性很好；透视石[$CuSiO_3 \cdot H_2O$]也可溶解，但速度较慢。

$$CuSiO_3 \cdot 2H_2O + H_2SO_4 \longrightarrow CuSO_4 + SiO_2 + 3H_2O \quad (4\text{-}5)$$

而自然铜则需先行氧化，再溶于硫酸：

$$Cu + H_2SO_4 + \frac{1}{2}O_2 \longrightarrow CuSO_4 + H_2O \quad (4\text{-}6)$$

② 铜的硫化矿物的溶解

铜的硫化矿物难溶于硫酸，但易溶于酸性硫酸铁溶液，如铜蓝[CuS]、黄铜矿[$CuFeS_2$]、斑铜矿[Cu_5FeS_4]、辉铜矿[Cu_2S]的反应式如下：

$$CuS + Fe_2(SO_4)_3 \longrightarrow CuSO_4 + 2FeSO_4 + S \quad (4\text{-}7)$$

$$CuFeS_2 + 2Fe_2(SO_4)_3 \longrightarrow CuSO_4 + 5FeSO_4 + 2S \quad (4\text{-}8)$$

$$Cu_5FeS_4 + 6Fe_2(SO_4)_3 \longrightarrow 5CuSO_4 + 13FeSO_4 + 4S \quad (4\text{-}9)$$

$$Cu_2S + 2Fe_2(SO_4)_3 \longrightarrow CuS + CuSO_4 + 2FeSO_4 \quad (4\text{-}10)$$

综上所述，含氧化铜和硅酸铜的矿石，溶浸时常用稀硫酸，以化学浸出为主；而对含硫化铜的矿石，则应采用酸性硫酸铁溶液，实现化学浸出与细菌浸出并重。

(2) 铀矿物

铀矿石的种类较多，成分复杂，按矿石类型分为：原生矿石（沥青铀矿、晶质铀矿、钛铀矿及含铀的钛钽铌酸盐等）、次生矿石（铀黑、水沥青铀矿、红铀矿、柱铀矿、铜铀云母、铁铀云母以及含铀的磷酸钙、有机物、黏土等）及混合矿（一种共生的原生和次生铀矿物）。铀矿的浸出可分为酸浸和碱浸，依矿石的矿物组成及脉石的性质而定。而铀矿物一般则分为次生六价铀氧化物和原生四价铀化合物两大类。次生六价铀氧化物易溶于酸或碱性介质；而原生四价铀化合物，则必须先氧化成六价，才能溶解于酸或碱性介质之中。通常是硅酸盐矿石适合于酸浸；而碳酸盐或其他碱性成分较高的矿石，因耗酸量大，只能采用碱浸法。酸浸流程简单，成本较低，故广泛采用。

酸浸时，四价铀氧化为六价铀后，与硫酸反应生成可溶性硫酸铀酰进入浸出液：

$$UO_2 \cdot 2UO_3 + \frac{1}{2}O_2 + 3H_2SO_4 \longrightarrow 3UO_2SO_4 + 3H_2O \quad (4\text{-}11)$$

而六价铀酸浸反应式为：

$$UO_3 + H_2SO_4 \longrightarrow UO_2SO_4 + H_2O \quad (4\text{-}12)$$

碱浸的反应式为：

四价铀 $$2UO_2 + O_2 \longrightarrow 2UO_3 \quad (4\text{-}13)$$

六价铀 $$UO_3 + 3Na_2CO_3 + H_2O \longrightarrow Na_4UO_2(CO_3)_3 + 2NaOH \quad (4\text{-}14)$$

(3) 金银矿物

金主要以单质的自然金存在，少数呈碲金矿、碲金银矿、针碲金矿、叶状碲金矿等产出，常和黄铁矿、毒砂等硫化矿物共生。在自然界中银也有呈单质自然银存在的，但主要以化合物出现，如辉银矿、硫铜银矿、硫锑银矿、硫砷银矿、角银矿等。自然金及其与银共生矿物易溶解于稀氰化物溶液（0.03%～0.08%）中，只要氰化钠浓度达到0.05%，溶解反应即迅速进行。但是为了金的溶解完全，用空气作为氧化剂，其反应式为：

$$2Au+4NaCN+\frac{1}{2}O_2+H_2O \longrightarrow 2NaAu(CN)_2+2NaOH \tag{4-15}$$

含砷、碲的金矿石，则不宜浸出；含铜、铁、铅、锌、锑等时，则易消耗氰化物，又不易于金银的溶解，也不利于浸出；含黏土、碳质物质，因易造成矿堆堵塞，又会吸附部分金银和消耗氰化物，应尽量设法避免所造成的损失。

至于银矿石中的辉银矿和角银矿，虽都容易溶解于氰化物溶液中，但溶解速度只有金的一半，其反应式如下：

$$Ag_2S+4NaCN \longrightarrow 2NaAg(CN)_2+Na_2S \tag{4-16}$$

$$AgCl+2NaCN \longrightarrow NaAg(CN)_2+NaCl \tag{4-17}$$

以上概述了溶浸采矿的基本理论，溶浸的对象不同，其溶浸液类型及工艺流程就不一样。对于铀、金、银等矿石的溶浸，细菌也可产生重要的作用。

4.2.4 堆浸法

堆浸法是指将溶浸液喷淋在矿石堆或废石堆上，溶浸液在向下渗滤的过程中，有选择性地溶解和浸出其中有用成分，随后从堆底流出并汇集起来的浸出液中回收金属的方法[14]。

基于处理原料的不同，堆浸法可分为矿石堆浸法（主要处理贫矿和低品位表外矿）和废石堆浸法（主要处理露天矿或地下矿排弃的废石或其他废料）。它们的不同之处在于：废石堆浸的原料无须另行破碎而直接浸出，其成分、形状和块度因时因地而异，浸堆容量较大（数十万吨至数亿吨不等），底板一般无须额外施工，浸出条件简陋，效率较低，浸出周期较长（可达数年）；矿石堆浸的原料通常都要经过初碎、分级，有的还要进行细碎、制粒或预处理，其成分和块度比较均匀，故浸出性较好，底板需要进行平整施工并采取防漏措施[14]。

生产实践证明，与常规开采方法相比，堆浸法具有以下优点[14]：

(1) 不需要庞大的基础工程和复杂昂贵的生产设备，故基建周期短，基建费用省。

(2) 生产费用和能源消耗远较常规选、冶方法低。

(3) 能处理常规选矿和冶炼方法不能经济或难以处理的贫矿、废石或其他原料。

(4) 直接从浸出液中获得金属或金属化合物，其产品价值一般均高于矿山传统产品——矿石或精矿的价值，故可增加矿山的经营效益。

(5) 可回收低品位表外矿及废石中的有用成分，扩大矿石的工业储量，充分利用闲置资源，提高金属回收率和矿产资源综合利用率。

堆浸法的主要缺点是浸出过程缓慢，金属回收率较低，生产周期长，适用条件苛刻。堆浸法适用范围为[14]：

(1) 处于边界品位以下但所含金属量仍有回收利用价值的贫矿或废石。

(2) 品位虽然在边界品位以上，但氧化程度深，不宜采用常规选矿法处理的矿石。如孔雀石、硅孔雀石等氧化铜矿石。

(3) 化学成分复杂，甚至含有害伴生矿物的低品位金属矿。如含砷的金银矿、铜锌混合矿等。

(4) 被遗弃的其他仍有回收价值的尾矿、残渣及冶金过程产生的其他废料。

铀矿石堆浸工艺流程一般如图 4-6 所示，硫化铜矿石/废石堆浸工艺流程如图 4-7 所示。

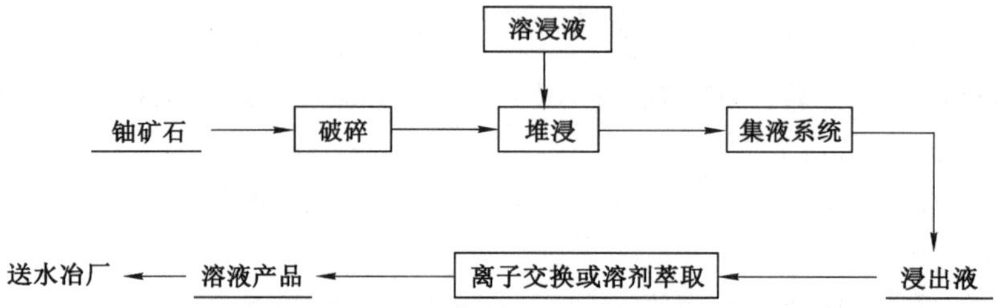

图 4-6 铀矿石堆浸工艺流程[12]

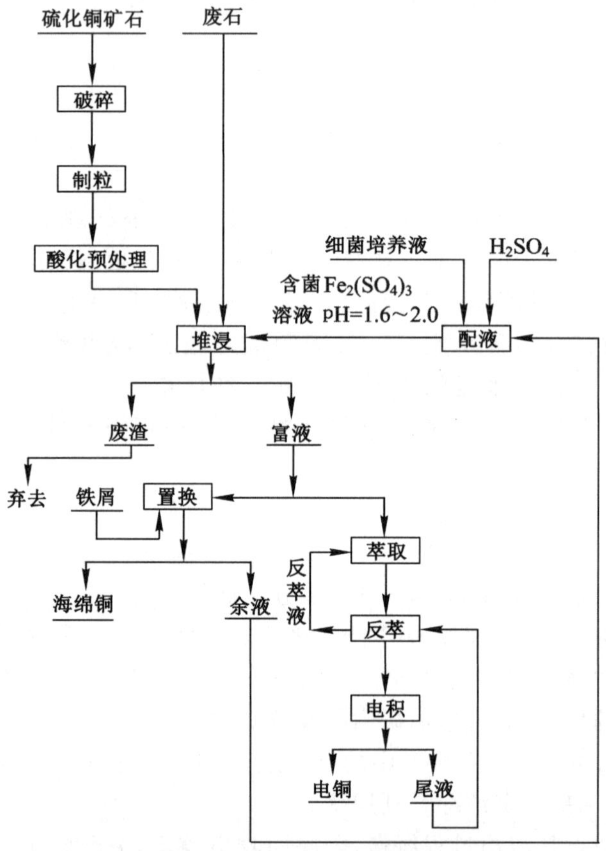

图 4-7 硫化铜矿石/废石堆浸工艺流程[12]

4.2.5 地浸法

4.2.5.1 概述

(1) 地浸法定义

地浸法可细分为不经破碎松动的原地浸出法和预先破碎松动的就地浸出法两种。原地浸出法如图 4-8 所示，是指通过钻孔工程（注液钻孔、抽液钻孔），使用溶浸液从天然埋藏条件下的非均质矿石中，有选择性地浸出有用成分的采矿方法。其主要特征是，矿石处于天然状态下未经任何位移，通过注液工程往矿层注入溶浸液，使之与非均质矿石中的有用成分接触，进行化学反应。反应生成的可溶性化合物，通过扩散和对流作用离开化学反应区，进入沿矿层渗透的溶液液流，汇集成含有用成分的浸出液向一定方向运动，并通过集液工程抽至地表，然后输送到水冶车间加工处理[12]。

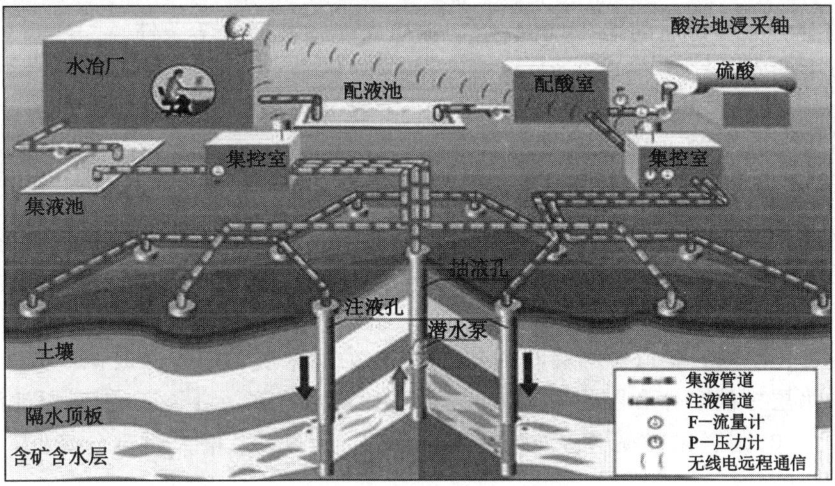

图 4-8 原地浸出法示意[16]

就地浸出法和原地浸出法一样，通过注液工程和集液工程，将溶浸液注入和抽出，达到从地层深处对矿石进行溶浸的目的。但对矿石需要通过爆破等手段预先破碎到一定块度，使天然埋藏条件的矿石产生一定程度的松动和位移，为溶浸液的渗滤创造必要的条件，进而提高矿石中有用成分的浸出效率[14]。

(2) 地浸法优缺点

与常规的采、选、冶方法相比，地浸法的主要优点如下[14,16]：

① 由于不需要（或很少需要）昂贵、繁重的井巷工程或剥离工程及相应的采、装、运输、破碎设备和设施，并将采、选、冶合成一体，所以基建投资少，建设周期短，生产成本低。据国内外资料统计，地浸法基建投资比常规采冶节省一半，建设周期缩短 1/3～1/2，全员劳动生产率提高几倍至几十倍，产品生产成本降低 1/3～1/2。

② 环境保护条件较好，基本上不破坏或很少破坏地表，能将环境污染减小到最低限度。据测定，工业放射性污染相当于常规开采的 1/1 000 左右。

③ 可从根本上改善生产人员的劳动和卫生保健条件。

④ 能使繁重、艰苦、易出事故的采矿作业“化学化”、“工厂化”、“管道化”、生产连续化

和自动化。

⑤ 能较充分地利用资源，回收常规采矿方法不能回收的贫矿体和难采、难选矿体。

其缺点为[14,16]：

① 应用条件苛刻，受地质、水文地质、矿石性质、地球化学和浸出位置等条件的限制。

② 如果矿化程度不均匀、矿层各部位的矿石胶结程度和渗透性不均匀，或者是矿石中部分有用成分难以浸出，则资源的回收率比较低。

③ 如果使用碳酸铵、碳酸氢铵或氰化物做溶浸剂，则矿层地下水的复原比较困难。

④ 地表管线多，安装、防冻、防滴漏、维护工作量大。

⑤ 地下浸出受地球化学规律制约比较明显，浸出速度可调节的幅度较小。

4.2.5.2 原地浸出条件评价

矿床原地浸出的适用条件，就是从技术条件和经济条件分析原地浸出的可能性和合理性。主要内容是分析矿床的地质条件、水文地质条件和物理化学条件。

(1) 地质条件[14]

适用原地浸出的矿床，基本上是那些沉积、淋积并具有一定有效孔隙率的层状矿体，而且应具备如下条件。

① 顶底板岩石不透水，矿层本身应有一定的有效孔隙率。在这类矿床的含水层中，整个含水层的断面积与矿体断面积的比值应限制在一定的范围内，该比值称为贫化系数：

$$K_p = \frac{F_0}{F_p} \tag{4-18}$$

式中，K_p 为贫化系数；F_0 为含水层断面积，m^2；F_p 为含水层中矿体断面积，m^2。

当该含水层中的矿体和围岩的有效孔隙率相等时，若 $K_p=1\sim10$，则对原地浸出法是有利的；若 $K_p>10$，则意味着浸出富液含有用成分的浓度随 K_p 增大而过分降低，不利于原地浸出。

② 与固孔管材强度相适应的矿层埋藏深度。矿层埋藏深度不会影响原地浸出的可行性，但视所选用的溶浸剂不同，应与之相适应。a. 采用酸浸并选用聚乙烯管固孔时，可采深度在 200 m 以内。b. 采用苏打溶液或水溶液做溶浸剂时，允许采用一般金属或不锈钢管固孔，此时的可采深度就可以超过 1 000 m。

③ 有利的金属富集条件。当大部分金属富集在疏松的岩层中时，有利于原地浸出作业。

④ 对浸出有利的矿岩物质成分。当矿石的物质成分易溶，而围岩的物质成分不易溶于溶浸剂时，对原地浸出有利。

⑤ 能考虑综合回收的多金属矿床。从合理回收主要金属及伴生元素的观点来评价，该地质条件往往有利于原地浸出法技术经济指标的改善。

⑥ 有利于环境保护。在上述各因素存在的条件下，环境卫生的相关指标往往是选择原地浸出法的决定性因素。必须能确保化学溶剂不会扩散到远离矿体的地方，不会进入地下水体或出露到地表的水体。因此，必须探明矿床的构造、岩石裂隙、岩溶及洞穴等情况，必须确保不会产生上述污染。

(2) 水文地质条件

矿床的水文地质条件，是评价矿床原地浸出是否可行的至关重要的条件之一。水文地质构造、含水层的特征及静水位、地下水的流向与流速、岩石的渗透性、含水层的涌水量及它们的水力联系、隔水层的分布及特征，以及层间水的化学成分等，都对原地浸出的技术经济效果影响甚大[14]。

(3) 物理化学条件

溶浸是借助溶浸液对矿物有选择性的化学作用来进行的，因此矿床的物理化学条件直接关系地浸方法是否可行。例如，矿石的化学成分与溶解性能、矿物在岩石中的存在形式、矿石的孔隙率和有效孔隙率、矿石品位、矿石和岩石中的试剂容量、矿石和岩石的物质成分等，都直接关系溶浸剂是否能与有用成分起化学反应及反应的速度，关系溶浸剂是否能自由渗透到整个矿层[14]。

地浸法的技术经济性在宏观上与矿床地质、水文地质条件有关，矿床地质和水文地质条件与地浸法技术经济性的关系如表 4-1 所示。

表 4-1　矿床地质和水文地质条件与地浸法技术经济性的关系[17]

序号	技术经济性	影响技术经济性的地质和水文地质条件
1	地浸法技术可行性	矿石是否疏松、多孔隙或裂隙，并具有一定渗透性，这是地浸法在技术上是否可行的决定性条件。矿石和围岩的物质成分以及有用组分在矿石中的存在形式和赋存状态，有时也是地浸法在技术上是否可行的极重要条件
2	钻孔深度和结构、施工费用	矿体埋深和厚度、矿石渗透系数、岩层物理力学性质
3	钻孔间距、布置形式及钻孔总工程量	矿体埋深和厚度、矿石渗透系数、矿体产状和形态
4	钻孔注液能力	矿石渗透系数、矿体厚度
5	溶浸液配制和费用	矿石物质成分、有用组分在矿石中的存在形式和赋存状态
6	浸出液有用组分的平均含量	矿石品位、厚度、渗透系数，有用组分在矿石中的存在形式和赋存状态
7	矿石酸(碱)性、氧化剂消耗量	矿石物质成分、有用组分在矿石中的存在形式和赋存状态
8	结束一个矿块浸出工作所需时间	矿石渗透系数、有用组分在矿石中的存在形式和赋存状态
9	有用组分浸出率、资源回收率	矿石物质成分、有用组分在矿石中的存在形式和赋存状态
10	抽出扬程和电耗	矿层地下水位深度
11	生产规模	矿床储量、钻孔抽液能力、抽出液中有用组分的含量

4.2.5.3　原地浸出法工艺技术

(1) 工程设施

原地浸出法包括浸出作业、富液加工处理及辅助作业等三大工序，因此其工程设施也相应地由开采(原地浸出)系统、富液水冶加工处理车间及辅助设施三大部分组成。

开采(原地浸出)系统的工程设施主要包括以下内容[14]：

① 注液和抽液工程。包括抽液钻孔、注液钻孔、观测孔、检查孔、孔口装置。

② 溶浸液配制设施。包括配液设备、酸(碱)储罐、氧化剂储罐。

③ 注液和抽液设备。包括不锈钢潜水泵或气升泵、耐腐蚀计量泵。

④ 输送管道。包括溶浸液和浸出液输送管、压缩空气输送管、供水供热管。

⑤ 各种用途的储池(槽)。包括配液池、注液池、抽出液沉淀池及储存池。

⑥ 控制室。包括溶浸液配制自动装置、注液和抽液自动装置、自动输送富液装置等。

富液水冶加工处理车间的设施根据矿种、溶浸液和富液的类型不同而各异。例如,处理富铀溶液的常用设施有:富液贮池、离子交换树脂吸附塔和淋洗塔、酸(碱)和其他原材料贮槽、淋洗液配制和贮存槽、沉淀池、压滤干燥设备、化验分析室、产品仓库等,此外,还应包括三废处理设施[4]。辅助设施包括运输道路、车辆和车库、输电线路和供电所、供水设备、加工修理车间、材料设备库、洗浴间、卫生间以及各项生活设施等[14]。

(2) 主要工艺技术

原地浸出工艺流程,因矿种和溶浸液不同而异,但基本相似,图 4-9 为原地浸出工艺的流程之一。

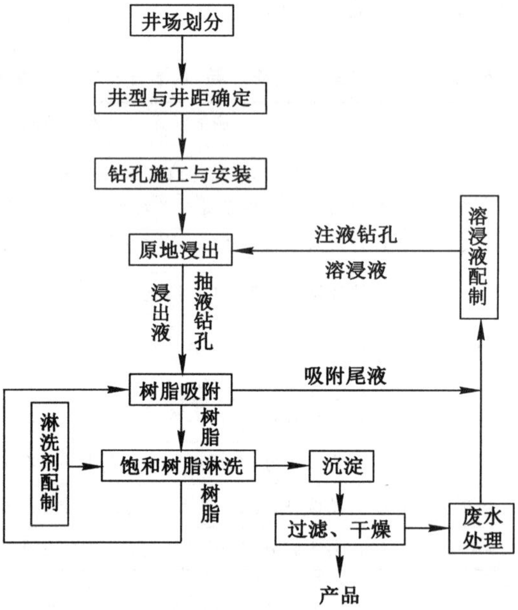

图 4-9 原地浸出工艺流程[15]

原地浸出既要使矿石中有用成分的浸出率达到一定的指标,又要使抽出液在数量和质量上经济合理,并适于水冶加工处理。因此其钻孔工程、溶浸液的配制和使用以及溶浸范围的控制这三项技术在企业建设和生产中非常重要。

① 钻孔工程

地浸钻孔不但起着开拓、采准和提供采矿通道的作用,还担负着圈定采区、控制溶浸液运动以及监控浸出富液数量和质量等工作的部分任务。因此,要求地浸钻孔能承受一定的压力(液体压力、原岩应力)、有较大的抽注液能力、能向具有不同矿石品位和渗透性的矿段分配不同数量的溶浸液,并能长期保持稳定的生产能力。钻孔工程技术主要包括钻孔的结构(钻孔深度、直径、过滤器类型及钻进过程中钻头的换径次数等)确定、施工以及布置[14]。

② 溶浸液的配制和使用

原地浸出的溶浸液,其配方和使用方法与堆浸法稍有不同,对它的基本要求为[14]:

a. 能够有选择性地高效地与矿石中的有用成分起化学反应；

b. 不会导致矿层堵塞而恶化其渗透性能；

c. 对设备无严重的腐蚀性；

d. 获取方便，价格便宜。

③ 溶浸范围的控制

溶浸范围的控制，包括注入矿层的溶浸液能控制在一定范围内，控制范围内的所有矿石都能与溶浸液接触而不出现溶浸死角，并且溶浸液不漏失和不被稀释。溶浸范围与钻孔分布、注液压力和抽液孔内液位降深等条件密切相关。

原地浸出虽然对环境的影响已减小到最低限度，但已被溶浸的矿层存在溶浸剂的残留问题，这必将会污染地下水体，乃至对地面产生污染。因此，溶浸结束后需要采取措施，杜绝溶浸剂残留的危害。例如，用酸浸时，一般需要抽洗数月，即可使矿层水质恢复；若用氰化物做溶剂，尚需要加入洗涤剂进行清洗，直到水质符合卫生标准为止[14]。

4.2.5.4　*就地浸出法*

(1) 概述

矿床经预先破碎松动的就地浸出法，是指首先利用井巷工程和凿岩爆破技术，开挖一定规模的爆破补偿空间，然后将矿石原地爆破破碎到一定块度，就地形成待浸矿堆，再向矿堆注入溶浸液，有选择地浸出矿石中有用成分，最后将浸出液输送到地面加工厂，回收其中的金属[13]。其工艺技术与原地浸出法有诸多相似之处。它们的主要区别是就地浸出法增加了矿石破碎这一工序，以及与此相适应的其他具体细节。

就地浸出法具有以下优点[13]：

① 生产工艺简单、生产成本低。与常规开采方法相比，就地浸出法减少了出矿、顶板管理、矿石运输、破磨和固液分离等多个工序，生产成本比常规采矿法低50%～60%，比堆浸法低15%～20%。

② 资源利用率高。由于就地浸出法生产成本低，原来无经济效益的表外资源，用该法仍可开采。

③ 绝大部分矿石不出窿，可减少尾渣对环境的污染，有利于环境保护和环境治理，与此同时，也可以减轻地表沉陷。

④ 基建投资少，比常规开采方法低40%左右。

⑤ 生产安全。在就地浸出法采场施工过程中，人员只在采准切割井巷中作业，安全性得到很好的保证。另外，70%～80%的矿石不出窿，可很好地控制矿压，避免对相邻采场的影响。

⑥ 为深部资源及小矿点和残矿资源回收提供了技术支撑。

就地浸出法的缺点[13]：

① 浸出率较低。由于采用爆破方法破碎矿石难以达到机械破碎的粒度，因此浸出率比常规方法低，一般只能达到70%～80%。

② 采场浸出周期长。由于矿石块度大，要达到预期的浸出率，所需的浸出周期长，一般需要400～500 d。

③ 浸出液平均浓度低。由于浸出中后期主要是从矿石颗粒内部浸出金属的，持续时间长，浸出液中金属浓度低，会加大水冶处理成本。

④ 矿堆的形状、倾角、尺寸受矿体赋存条件的限制，矿体局部的膨胀、收缩、分支及夹石，会增加矿石贫化损失。

⑤ 受水文地质条件影响较大，防渗漏工作要求严格，否则会污染地下水。

(2) 就地浸出法的工艺流程和关键技术

就地浸出法的工艺流程(见图 4-10)包括[13]：

① 就地爆破落矿筑堆。先进行采切工程施工，并将采场中 20%～30%的矿石运至地表，形成矿石破碎所需的爆破补偿空间，其余矿石就地崩落，形成待浸矿堆。

② 布液浸出。安装喷淋管线和装置，并进行布液浸出。

③ 浸出液收集。做好集液设施，收集浸出液。

④ 金属回收。使用浸出液进行吸附、淋洗、沉淀等，最终得到金属。

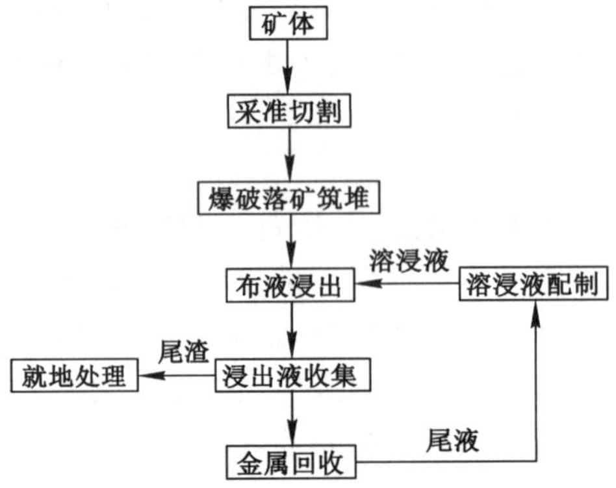

图 4-10　就地浸出工艺流程[13]

根据就地浸出法的工艺特点，其关键技术包括爆破落矿筑堆技术、布液浸出技术及集液与防渗漏技术。

就地浸出工艺从本质上讲采用的采矿方法是留矿法，其与常规留矿法的区别是没有大量出矿的工序。以落矿方式和落矿厚度为分类依据，可将爆破落矿筑堆分为以下三类：① 分层爆破落矿筑堆；② 分段爆破落矿筑堆；③ 阶段爆破落矿筑堆。

根据布液管网与矿堆的空间位置关系和布液的实施方法，布液方法可分为：矿堆表面布液、矿堆内部预埋管网布液、钻孔布液及几种方法联合布液。布液方法的选择与矿堆的空间形态和爆破筑堆方法有关。

集液是指收集采场的浸出液并提升至地表的过程，一般包括两部分：一是采场集液；二是整个矿井浸出液的收集。集液与矿井排水相类似，但要求相关的设备、管线等能够防腐。

为防止浸出液的流失或者地下水的涌入造成的稀释及污染问题，必须在浸出过程中进行渗漏控制，一般采用的技术或措施有帷幕注浆法、PVC 塑料软板防渗法、沥青防渗法、环氧树脂胶与玻璃纤维布粘贴防渗法等，并且在浸出过程中还需要对浸出液是否渗漏进行监测。

(3) 爆破落矿筑堆的质量要求

爆破落矿筑堆技术是就地浸出法的关键技术之一，其质量的好坏直接影响浸出率的高低和经济效益的优劣。因此，待浸矿堆需要满足以下要求[13]。

① 矿石的粒径及其级配合理

减小矿石的破碎粒径，可增大矿石与溶液的接触面积，缩短颗粒内部孔隙扩散路径，提高浸出效率和缩短浸出周期。但粒径过小，会增加试剂消耗量和爆破落矿筑堆成本，同时会降低矿堆的渗透性能。因此，矿石粒径应适中，且粒径级配合理，即控制矿石粒径在一定范围的同时，各粒级还应占有一定的合适比例。这样小颗粒充填到大颗粒间的孔隙之中，既可避免矿堆中出现大的空洞，使矿堆孔隙分布均匀，改善矿堆渗透性能，又可避免无谓的消耗和爆破成本增加。

② 矿堆的孔隙分布均匀

矿堆中的矿石颗粒间的孔隙是溶液运行的通道，只有溶液在孔隙间流动，浸出液中的金属才能迁移。若孔隙分布不均匀，则矿堆各部位的渗透性能不同，矿堆内部会产生优先流，从而导致矿堆中出现浸出的积极区和消极区。在积极区液体流动速度快，反应产物可顺利导出，浸出比较充分；在消极区，液体流动速度慢，反应产物不易导出，浸出不充分。因此在爆破落矿筑堆时，应尽量保证矿堆的孔隙分布均匀。

③ 矿堆有合理的渗透性能

浸出过程是通过溶液在矿堆中的渗流来实现的，矿堆的渗透性能影响溶液的渗流速度。若渗流速度过大，则会造成浸出液中金属浓度过低和试剂消耗量增加。但渗流性能太差，渗流速度过低，也会造成浸出液难以排出，浸出周期长，从而影响浸出效果。

目前，关于溶浸采矿技术的研究热点集中在矿石破碎技术、溶浸布液与收集技术、矿石溶浸化学、浸出液中金属提取技术以及地下溶浸过程的模拟及经济评价方法等方面。古德生等针对目前溶浸采矿技术的一些关键问题，建议从以下几方面深入研究[18]：

① 研究高温下的硬岩深孔钻进技术，采用原地钻孔溶浸法回收深部贫矿资源；

② 原地爆破破碎溶浸采矿的合理采准布置方案；

③ 爆破技术以及块度、矿物性质与浸出液之间的合理关系；

④ 溶浸液流动规律与固、气、液多相介质耦合作用；

⑤ 原地溶浸采矿涉及的环境保护问题；

⑥ 溶浸过程涉及的多学科的理论。

总之，经过世界各国矿业工作者近百年的努力，至今溶浸采矿已成为人们公认的从难采、难选以及一些废弃的矿产资源中回收有价值金属的一种既经济有效又安全可靠的采矿技术。无论是从资源角度，还是从环境保护及矿业开发可持续发展的角度来看，原地溶浸采矿技术的应用发展前景都十分广阔。

4.3 水溶开采法

4.3.1 水溶开采概述

盐类矿床是盐类物质在适宜的地质条件和干旱的气候条件下，天然蒸发、浓缩而形成的天然卤水和化学沉积矿床。矿床中的主要盐类矿物有：岩盐（$NaCl$）、钾盐（KCl）、水氯镁石（$MgCl_2 \cdot 6H_2O$）、光卤石（$KCl \cdot MoCl \cdot 6H_2O$）等氯化物类矿物；硬石膏（$CaSO_4$）、石膏（$CaSO_4 \cdot 2H_2O$）、无水芒硝（$Na_2SO_4$）、芒硝（$Na_2SO_4 \cdot 10H_2O$）、泻利盐（$MgSO_4 \cdot 7H_2O$）

等硫酸盐类矿物；钾盐镁矾（$KCl\cdot MgSO_4\cdot 3H_2O$）、钙芒硝（$Na_2SO_4\cdot CaCO_3$）、杂卤石（$2CaSO_4\cdot K_2SO_4\cdot MgSO_4\cdot 2H_2O$）、无水钾镁矾（$K_2SO_4\cdot 2MgSO_4$）、白钠镁矾（$MgSO_4\cdot Na_2SO_4\cdot 4H_2O$）、软钾镁矾（$K_2SO_4\cdot MgSO_4\cdot 4H_2O$）等氯化物和硫酸盐的复盐矿物；水碱（$Na_2CO_3\cdot 10H_2O$）、天然碱（$Na_2CO_3\cdot NaHCO_3\cdot 2H_2O$）等碳酸盐类矿物；钠硝石（$Na_2NO_3$）、钾硝石（$K_2NO_3$）等硝酸盐类矿物和硼矿（$Na_2B_4O_7\cdot 10H_2O$）、钠硼解石（$Na_2CaB_5O_9\cdot 8H_2O$）等硼酸盐类矿物[14]。

水溶开采（solution mining）是指根据大部分盐类矿物易溶于水的特性，把水作为溶剂注入矿床，在矿床赋存地发生物理化学作用，将矿床中的盐类矿物就地溶解，转变为流动状态的溶液——卤水，然后进行采集、输送的一种采矿方法。在采矿学相关著作中，水溶开采通常被列入“特殊采矿方法”[19]。

4.3.2 水溶开采的基本原理

（1）盐类矿物的溶解机理

在盐类矿床水溶开采过程中，溶解是指用水或添加其他辅助溶剂无选择性地或有选择性地溶解盐类矿物，该过程不破坏有益矿物的组分。盐类矿床的水溶开采，大部分属于无选择性的溶解过程[19]。

水是由 1 个带负电的氧离子和 2 个带正电的氢离子组成的。由于氢和氧的不对称分布，在接近氧离子一端形成负极，而在接近氢离子一端形成正极，成为偶极分子。水与盐类矿物接触会形成结晶格架的离子，其被水分子带相反电荷的一端所吸引，当水分子对离子的引力足以克服结晶格架中离子间的引力时，盐类矿物结晶格架遭到破坏，离子进入水中，这就是水溶解盐类矿物的过程[19]。

根据化学动力学的观点，盐类物质的溶解过程，可以看作盐类矿物与溶剂在界面上发生的非均质反应。这种反应包括水进入被溶矿物表面，水与盐类矿物间的相互作用，以及溶解后的盐类物质从被溶盐类矿物表面扩散等基本过程。盐类矿物溶解的动力，是溶液的浓度差。

当水与盐类矿物接触时，同时发生两种相反的作用：溶解作用与结晶作用。当水作用于盐类矿物表面时，盐类矿物的结晶格架中的离子由于本身的运动和水分子对它的吸引，逐渐离开盐类矿物的表面，并通过扩散作用分散到溶剂中去。与此同时，已溶解到水中的盐类离子，在运动过程中遇到尚未溶解的盐类矿物，可以被吸引住，重新由溶液中回到盐类矿物结晶格架中去，即结晶过程。溶解与结晶达到动态平衡的溶液，称为饱和溶液。

盐类矿物在溶解过程中，往往伴随着热动力现象，即有热量的放出或吸收。这是因为盐类矿物溶解伴随两种过程：一是晶格破坏、溶质粒子与晶体分离并向溶液中扩散要吸收热量，这是物理过程；二是溶质分子和水分子结合生成水化物并放出热量，这是化学过程。可见，盐类矿物的溶解开采工艺过程，是一个物理-化学过程[19]。

（2）溶解度

一般把某种矿物溶于水的能力叫作“溶解性”，而矿物溶解能力的大小通常用“溶解度”表示。在温度为 20 ℃、压力为 1 个大气压条件下，单位体积溶剂（水）中所溶解的某种矿物的饱和盐量称为该矿物的溶解度，单位为 g/100 g。不同的盐类矿物的溶解度各不相同，从盐类矿物类型来看，其溶解度由大到小的顺序为：氯化物＞硫酸盐＞碳酸盐＞硼酸盐。

一般来说，盐类矿物的溶解度随温度的升高而增大，同一盐类矿物随温度的升高，其溶解度的增大幅度不同。不同的盐类矿物随着温度的升高，其溶解度增大的幅度也不相同。也有个别盐类矿物的溶解度在一定温度范围内随温度的升高而降低(如无水芒硝在温度高于 32.38 ℃时的溶解度就属于此种情况)。

复盐矿物或矿石中有两种及以上盐类矿物共生时，其溶解度遵循以下规律[19]。

① 在溶液中存在与该盐类物质含有共同离子的另一种盐类物质时，该盐类物质的溶解度降低。例如，KCl 与 NaCl 的共同可溶性，在任何温度下都比它们单独溶解时要小。

② 在溶液中存在与该盐类物质未含共同离子的另一种盐类物质时，该盐类物质的溶解度增大。例如，$CaSO_4$ 在单独溶解时，其溶解度为 2.08 g/L；而在 NaCl 溶液中，$CaSO_4$ 的溶解度可达到 5～6 g/L。

(3) 溶解速率

溶解速度是指盐类矿物在单位面积和单位时间内所溶解的盐量，常以 $g/(cm^2 \cdot h)$ 或 $kg/(cm^2 \cdot h)$ 表示。影响盐类矿物溶解速率的因素很多，主要表现在以下两个方面[14]：

① 在温度一定时，溶解速率是矿石品级、溶液浓度、岩层厚度的函数。矿石品级越高，溶解速率越大；品级越低，溶解速率越小。溶解速率与溶液中含盐浓度呈反比关系。

② 溶液在盐溶空间的流速、温度、压力以及溶解面在空间的位置也是影响溶解速率的重要因素。

(4) 水溶开采的水动力学原理

盐类矿床的水溶开采，除遵循物理化学原理外，还遵循水动力学原理及物质扩散和质量传递规律。大多数盐类矿物的溶解是按扩散动力学规律，通过扩散作用在水溶液中进行质量传递的。扩散的质量传递速度，即单位时间内通过单位面积的盐类物质的量，由扩散系数与浓度梯度所决定，与浓度梯度成正比。

总的来说，当盐类矿物溶解时，盐类物质由固-液相边界层进入溶液，便在分子扩散及对流(重力流)的共同作用下进行质量传递，从而改变盐类矿物溶解表面的浓度梯度，进而影响其溶解速率。因此，在水溶开采中自然对流效应非常重要[19]。

在盐类矿床水溶开采中，盐类矿物溶解表面处的溶液中盐类物质浓度高、密度大。由于自然对流作用，这部分溶液沿盐类矿物溶解表面向下运动，溶洞中的溶液发生重力分离作用，在垂直方向出现浓度分带现象，具体表现为溶洞上部盐类矿物的溶解速率最大、侧向次之、下部最小。这样，溶解所形成的溶洞侧面往往是倾斜的[19]。

(5) 溶洞形态及侧溶底角

由于盐类矿床水采溶洞中在上、下、侧方向上溶解速率存在差异，及盐类矿物中的不溶残渣不断沉积于溶洞底部，覆盖住底部未溶盐类矿物，会在溶洞底部形成一个以钻井(或初始硐室)为中心，形似空心倒圆锥形的倾斜底面。溶洞倾斜底面与水平面的夹角，称为侧溶底角 α，如图 4-11 所示。侧溶底角的大小，与盐类矿石的品位有关，影响矿石采收率。矿石所含的水不溶物少、品位高时，侧溶底角小，其溶洞底部矿石损失小，矿石采收率高[19]。

4.3.3 水溶开采法分类及选择因素

水溶开采法分类如图 4-12 所示。

选择水溶开采方法主要依据以下几个因素[19]：

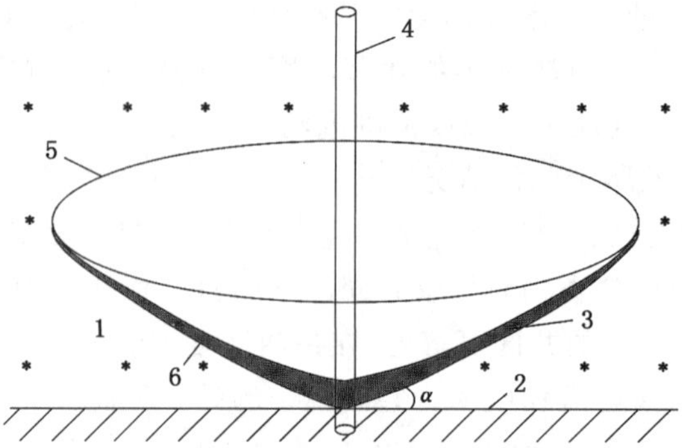

1—石盐矿层；2—岩层底板；3—不溶残渣；4—钻井；5—溶洞顶板；6—溶洞底板；α—侧溶底角。

图 4-11　水溶开采溶洞示意[19]

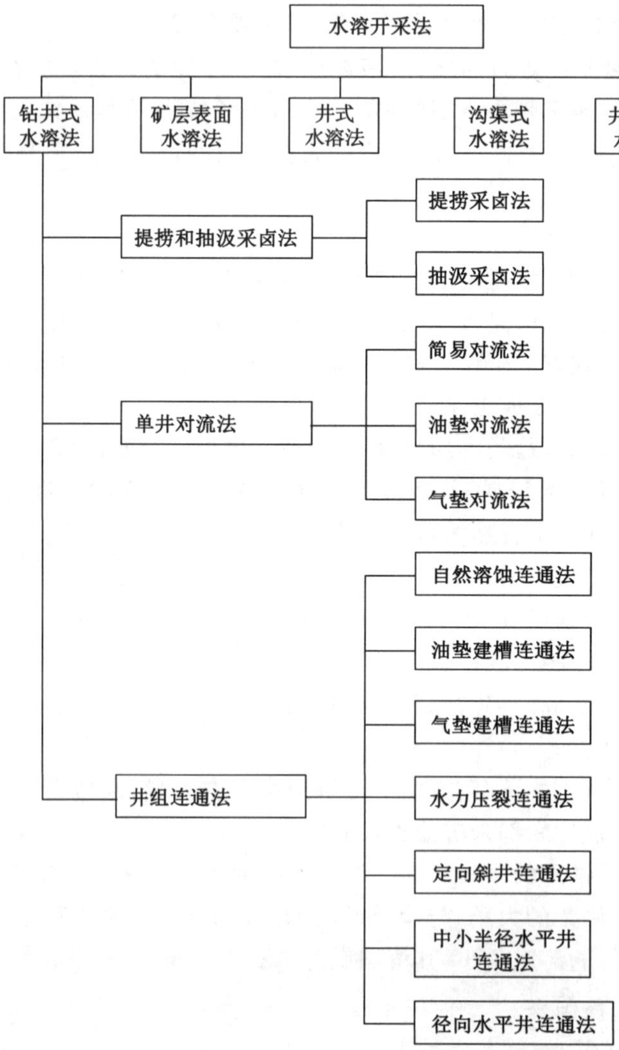

图 4-12　水溶开采法分类

(1) 矿层厚度

根据盐类矿床的特点，矿层厚度一般分为五类：极薄，厚度<0.5 m；薄，厚度0.5～2 m；中厚，厚度2～5 m；厚，厚度5～20 m；巨厚，厚度>20 m。巨厚矿层，特别是巨厚的盐丘矿床，较适合用油垫对流法开采。

(2) 矿石品位

富矿(如NaCl平均品位>80%)、中矿(如NaCl平均品位50%～80%)可选用单井对流法和井组连通法开采；NaCl平均品位40%～50%的贫矿，在矿体埋藏较浅时，可选用气垫对流法或气垫建槽连通法开采；NaCl平均品位30%～40%的贫矿，在水不溶残渣多、膨胀系数大时，可选用硐室水溶法开采。

(3) 矿体埋深

矿体出露地表可用沟渠式水溶法开采。品位大于40%的贫矿，在埋深小于150 m时，可选用气垫对流法、气垫建槽连通法开采；在水不溶残渣多、膨胀系数大、埋深小于500 m时，可用硐室水溶法开采；在埋深大于千米时，一般选用钻井式水溶法开采，具体选择何种钻井式水溶法，需综合分析各项条件确定。

(4) 矿石和围岩的稳固性

若矿石和围岩不稳固，则水溶开采在溶洞直径很小时就会出现顶板坍塌现象，进而埋管和堵塞初始溶洞而无法继续开采。若矿石和围岩较稳固或极稳固，则当矿石品位低于40%时，可选用硐室水溶法开采；当矿石品位较高时，可选用钻孔水溶法开采。

(5) 构造特征

当矿区构造裂隙发育，特别是断裂发育时，不宜用水力压裂连通法开采矿石。

4.3.4　水溶开采法工艺流程概述

4.3.4.1　简易对流法

简易对流法是在井内两层同心套管的密闭系统中，从其中一层套管向井下注入淡水溶解盐类矿物，生成卤水后，再利用注水余压使卤水从另一层套管返回地面，而对井下岩层的溶解作用不加控制的开采方法[19]。

由于简易对流法井身结构简单，开采工艺简便易行，基建投资少，适用于开采各种易溶类矿床，故自19世纪末20世纪初以来，此法被各国普遍采用。

(1) 盐井布置

实际上，简易对流法的一口开采井为一个开采单元。井距需要根据最大的溶采直径来确定；而溶采直径的确定，需考虑矿石品位、矿层厚度及采卤工艺改进后可能发挥的生产能力等因素。溶采直径取值大了，开采达不到预定边界，会降低单井的矿石采收率；取值过小，单井的服务年限太短。实践经验表明，溶采直径控制在100 m左右较为合适，开采井呈正三角形布置，井距取溶采直径的1.5倍。井间未溶矿层留作保安矿柱[19]。

(2) 中心管

简易对流法的技术套管下入开采的盐类矿层顶部，经固井、钻开矿层并洗井后，还需要下入中心管并将其悬挂于井口装置上。简易对流井的井身结构如图4-13所示。

(3) 井口装置

井口装置是装在井口的一套控制和调节生产的设备。其主要作用是：悬挂内管柱；控

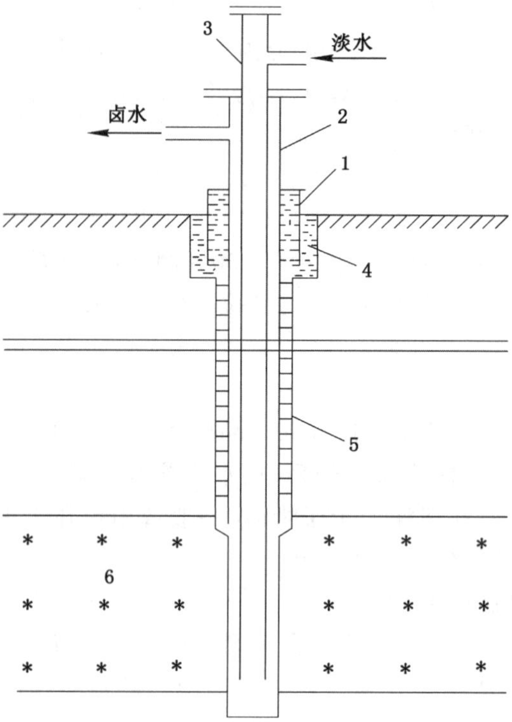

1—表层套管;2—技术套管;3—中心管;4—固井水泥;5—井颈;6—盐类矿层。

图 4-13　简易对流井井身结构示意[19]

制和调节注入溶剂及排卤量;记录溶剂的注入压力和出卤水头压力,便于生产管理。

井口装置主要由中心管头、阀门、法兰、三通、四通、短节和压力表等组成,其中,控制溶液正反循环作业的是 4 个阀门。井口装置一般要承受高压和中压,密封性能要好。

(4) 简易对流法的生产阶段

① 建槽期

建槽期指从注水溶解矿层开始,将初始管状硐室(裸眼井)内矿层暴露的溶解面逐步扩大,到建成一定直径的溶洞,经连续注淡水采卤,采出的卤水浓度和产量达到设计生产能力的时期,一般为 1～6 个月。建槽期间一般采用正循环注水,即由中心管注入淡水,从中心管与套管环隙出卤水。正循环注水的主要作用是:清出井底碎屑物,充分暴露岩层;淡水沿管状井壁向上冲刷,形成梨形溶腔;进一步扩大溶洞,溶洞内卤水在垂直方向上按相对密度分层,溶解速率出现差异,上部溶蚀快,下部溶蚀慢,从而使溶洞逐渐发展成倒锥形[19]。

② 生产期

当溶腔建成后,注入的溶剂能最大限度地溶解盐类物质,生产接近饱和的卤水(不宜达到饱和状态,以防盐类物质结晶)。此时多采用反循环操作,即从中心管与套管的环隙注水,从中心管出卤,目的是增加溶蚀面积,加快侧溶速度,使溶腔增大,提高采盐效率。采用正反循环交替注水,可以溶去管壁上的石膏和其他盐类结晶,以防止结晶堵管[19]。

③ 衰老期

盐井经长时间开采,水溶开采溶洞已接近最大可采直径,顶板充分暴露、垮塌,溶洞底部堆积大量的碎屑物，溶解面减小，溶解速度递减，卤水浓度和产量达不到设计要求，此时，盐井进入衰老期。此时，可充填饱和卤水，其溶蚀作用停止，卤水生产停止。这一阶段占服务年限的 15％～20％[19]。

(5) 简易对流法的优缺点及适用条件

简易对流法具有工艺简单、操作容易、适用性强、基建投资省、生产成本低等优点，仍被川、滇、湘、鄂、赣、皖、苏等省诸多盐矿普遍使用，甚至是一些水溶开采矿山的主要开采方法[19]。

它的主要缺点为[19]：

① 服务年限短，一般为 2～3 a，长的 4～5 a，短的不到 1 a。

② 溶洞形状呈倒锥形，加之顶板过早暴露并垮塌，会影响矿石溶解，矿石采收率低。简易对流法需配合自然溶蚀连通法或其他连通法才能提高矿石采收率。

③ 井下事故多。中心管下部常发生弯曲、变形和断裂事故，当矿层顶板稳定性差时，还会发生顶板垮塌，进而导致技术套管变形、断裂事故。

简易对流法一般适用于矿层底板较稳固、密封条件好、成矿后未受断层破坏、矿石品位高的易溶性矿床。

4.3.4.2 油垫对流法

油垫对流法以一口井为一个开采单元，利用油、水互不相溶和石油密度小，且石油不溶解盐类矿物的特性，在井内三层同心套管的密闭系统中，从技术套管与内套管环隙间歇性地注入石油，使其在水溶开采溶洞顶部形成一个很薄的油垫层，将水与矿体隔开，以限制上溶，迫使溶解作用往水平方向进行。当建立的圆盘状盐槽达到设计的溶采直径后，再自下而上地进行水溶开采。从内套管与中心管环隙(或中心管)注入淡水，溶解盐类矿层，生成卤水后，再利用注水余压使卤水从中心管(或内套管与中心管环隙)返出地面[19]。油垫对流井井身结构如图 4-14 所示。

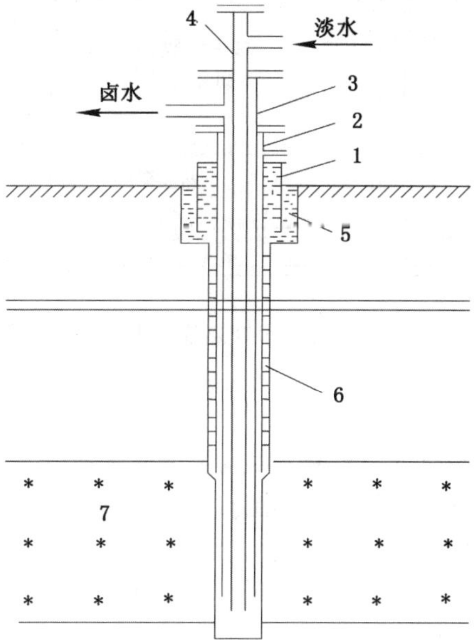

1—表层套管；2—技术套管；3—内套管；4—中心管；5—固井水泥；6—井颈；7—盐类矿层。

图 4-14 油垫对流井井身结构示意[19]

当套管层数较多时，钻井直径较大，建井费用昂贵。为节省投资，有的水溶开采矿山用"两管油垫对流法"，即节省了一层内套管，其井身结构与简易对流井相同，石油与水从同一层管内注入井下。

将技术套管下入开采矿层顶板，用油井水泥封固开采矿层以上地层，钻开矿层并洗井后，再分层下入内套管和中心管，并把它们悬挂在井口装置上。

油垫对流法的开采工艺、所用主要设备与简易对流法基本相同，只是增加注油、油水分离和回收系统及相关设备。

油垫对流法的优点为[20]：在建成高度小、直径大的大圆盘状盐槽后，能形成有利的顶溶面，卤水产量大、浓度高，生产能力比简易对流法高；可有效控制上溶，防止矿层顶板过早暴露和垮塌，延长盐井服务年限；溶洞形状可控，可建成近似圆柱状溶洞；矿石回收率可达35%。

油垫对流法的缺点是[20]：建槽时间较长；矿石品位越低，油耗越大；常发生井下管柱弯曲、变形和断裂事故。

油垫对流法在矿石品位大于70%、矿层厚度大于15 m的易溶性盐类矿床中被广泛采用。

4.3.4.3 自然溶蚀连通法

用简易单井对流法开采时，若对井下矿层的上溶作用不加控制，则随着溶采直径的增大，当两井或多井溶蚀连通后，可改用井组连通法开采。从其中一口井（或一些井）注入淡水，溶解矿层，生成卤水，再利用注水压力从另一口井（或一些井）采取卤水，如图4-15所示。

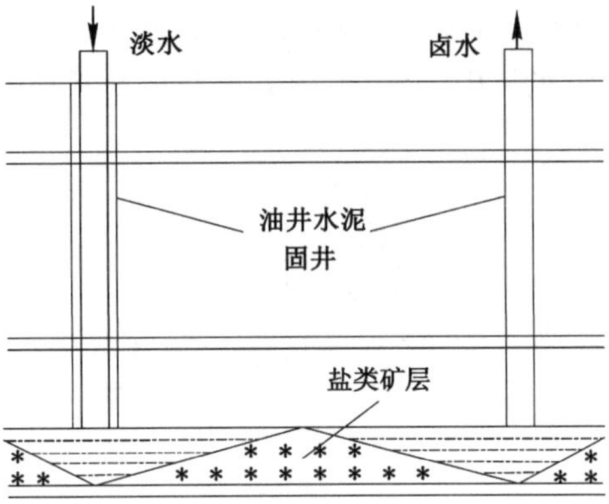

图4-15 自然溶蚀连通法开采示意[19-20]

（1）自然溶蚀连通法的优点[20]

① 可以起出中心管，简化井身结构，从而减少井下事故；

② 卤水浓度增大，产卤量增加，开采薄矿层时尤为显著；

③ 有助于提高矿石回收率。

因此，这种方法已成为用简易对流法开采的矿山后期开采的重要方法。

（2）自然溶蚀连通法的缺点[20]

① 简易对流法开采井，到生产后期才能在水采溶腔的上部进行连通；

② 溶腔中的侧溶底角以下的矿层难以继续溶解，会影响矿石回收率。

(3) 自然溶蚀连通法的适用条件

自然溶蚀连通法适用于开采矿石品位较高的盐类矿床。当邻近的简易对流开采井在盐类矿层中溶蚀连通后，用井组连通法进行后期开采。对于品位较低的盐类矿床，因矿石中泥沙等杂质含量较高，水采溶腔的侧溶底角较大，简易对流井又有一定间距，难以用简易对流法使邻井在盐类矿层中溶蚀连通[20]。

4.3.5 水溶开采法的特点及优缺点

4.3.5.1 水溶开采法的特点

水溶开采法有三个突出的特点[19-20]：

(1) 改变了常规开采方法"先采矿后加工"的程序，将采、选、冶融为一体，利用物理化学反应溶解矿石中的有益成分，把泥沙等杂质留在原地。

(2) 直接作用于矿体的"开采工具"是最廉价的溶剂——水或淡卤，有的矿床加助溶剂(如 NaOH 等)，经过物理化学作用，把固相盐类矿物转化成液相状态的卤水，然后进行提取。

(3) 盐类矿床的水溶开采过程，是盐类矿物形态由固态转化为液态的加工过程，它不改变盐类矿物的化学成分。

4.3.5.2 水溶开采法的优缺点

水溶开采法已广泛应用于盐类矿床开采。将应用最广泛的钻井水溶法与常规的开采方法比较，其优点主要表现在以下四个方面[19]：

(1) 能简化生产工序，加快矿山建设，降低基建费用和生产成本。

(2) 能增大开采深度，提高可采储量，在一定程度上提高矿石的采收率。常规开采方法开采盐类矿床的深度受到限制，多数在 1 000 m 以内，而水溶开采已达到 3 000 m。

(3) 可改善劳动条件，提高劳动效率。水溶开采作业全部在地面进行，劳动强度相对较轻，生产和安全条件大为改善。并且由于生产工序简化，原料和产品输送可全部实现"管道化"，有利于实现生产的自动控制，劳动生产率显著提高。

(4) 能减轻环境污染。水溶开采时，将盐类矿物就地溶解成卤水后采出，矿渣留在原地，对环境污染大大减轻。

与此同时，我们也要清醒认识到，水溶开采作为一种尚在发展中的交叉应用技术，其采收率一般较低；尚有少数矿山采用该开采方法会诱发地质灾害，出现地面沉降和冒卤现象，从而导致地面设施毁坏，污染生态环境，影响农业生产。因此，水溶开采尚需不断发展和完善。

4.4 注热开采法

注热开采法(heat injection mining method)是指通过钻孔向熔点或沸点低的矿产资源储层注入高温高压流体，使矿物液化或气化，并抽采至地面。注热开采法包括热熔抽采法和气化液体萃取法。热熔抽采法(heat fusion mining method)是指通过钻孔将高温高压水注入地下熔点较低的固体矿物储层，使矿物熔化在高温高压水溶液中，并抽采至地面。气化液体萃取法(gasified liquid extraction method)利用液态矿产资源的沸点差异大的特点，通过控制温度，将想要的矿产由液态变为气态抽出来，即实现分流开采。下面着重介绍热熔抽采法。

4.4.1 热熔抽采法概述

热熔抽采法主要用于采硫，利用自然硫熔点低（112.8～119 ℃）、不溶于水且密度比水大等特点，通过钻孔将加压的过热蒸汽（165～170 ℃）注入硫矿层，使自然硫就地熔化并汇集于钻孔底部，通过同一钻孔排至地表进行加工。由于该方法是通过热力作用将固态硫熔化为液态硫，然后通过钻井抽采出来的，因此也被称为液相开采。该法的实质是通过钻井向硫矿层输入热能，然后抽出受热力作用而熔化的液态硫。该法的机理是利用硫矿物的物理特性（熔点 118～120℃，相对密度约为 2，不溶于水）、硫的黏度特性、矿层的渗透性和岩石的热物理特性（热容量、导热系数、热传递系数），使自然硫在矿层中熔融、汇集并流出。

热熔抽采法采硫具有以下工艺特点[21]：

① 受热力作用硫黄在原地发生相变。

② 在矿层中存在两种不同的温度区，即高于硫黄熔点和低于硫黄熔点的温度区。这两种温度区由某一在时间和空间上不断位移的面所隔开。

③ 在矿层中同时存在两相渗流。

④ 在钻井中有三种流动介质：过热蒸汽、熔融硫和压缩空气。体积膨胀会引起硫-空气混合物的温度发生变化。

⑤ 回采钻井结构复杂，有多层同心管壁。

⑥ 回采井有两种工作状态：一种是在注水时的工作状态；另一种是在注水和提硫时的工作状态。

热熔抽采法是一项综合技术，涉及水文地质、测量、采矿、热力学、流体动力学、物理化学等多学科。虽然热熔抽采法的开采工艺比较简单，但其技术难度较大。这种方法在美国被称为弗拉施法，在波兰被称为流体动力法。两种方法适应于开采不同类型的自然硫矿床。前者成功地应用于开采盐丘型自然硫矿床，后者则广泛用于开采沉积型自然硫矿床。

（1）弗拉施法

此法首先由弗拉施于 1891 年提出，故又名弗拉施采矿法（Fra Shi mining method），在 1903 年被改进完善。

迄今，国内外对于埋深在 60～500 m 的自然硫矿层普遍采用弗拉施法开采。这种采矿法与露采或坑采的根本区别是：不采矿石，无须专门选矿和熔炼，直接获得的硫黄纯度达 99.5%～99.9%；没有矿石贫化问题，硫的采出率可达 60%～80%。由于弗拉施法在降低产品成本、提高劳动生产率等方面有很大优越性，故该采矿法被普遍用来开采自然硫矿床[22]。

弗拉施法采硫已有一套完整的地面装置和钻井工艺，并已规范化。在钻井和装备完成后便可投入生产。除了在陆地使用弗拉施法开采硫矿已取得成熟的经验外，美国还用弗拉施法进行了海底硫矿床开采。目前，世界上著名的深海海底中的工业硫矿床仅有一个，它位于墨西哥湾。这里的硫是在 1954 年勘探石油期间发现的，属于盐丘型。已开采的靠近路易斯安那州海岸的两个矿，年产硫 100 万 t。为了用弗拉施法开采该硫矿床，在海洋中建设了专用的人工岛，这个岛曾是较大的海上建筑之一，岛屿总长达 800 m，高出海平面 20 m。在岛上安装有大锅炉，用于将海水加热到 160 ℃，并在压力作用下将热水压入矿床，熔融地下硫黄。熔融硫被提到岛屿表面之后，通过专用预热管道输送到陆地[21]。

(2) 流体动力法

在弗拉施法的基础上，波兰人进行了改进，创立了流体动力法，并用于开采自然硫矿床，成功开发了波兰、伊拉克、俄罗斯等国的非封闭型自然硫矿床，这是采硫业技术进步的一大标志。流体动力法保留了弗拉施法用 160 ℃过热蒸汽熔融地下硫黄的基本思路，其本质是使过热蒸汽在矿床中流动，在采区内人为地限制热水按生产要求向排水井方向流动，排水井方向的压降大于其他方向的压降。该法不局限于开采四周封闭的盐丘型硫矿床，对非封闭的、渗透性不符合要求的以及贫矿化的硫矿床都能应用，从而扩大了弗拉施法的适用范围，使喀尔巴阡盆地、美索不达米亚盆地的沉积型硫矿床得以被开发。用流体动力法开采硫黄，生产规模大，波兰达 500 万 t/a，伊拉克达 100 万 t/a，俄罗斯达 200 万 t/a[21]。

用热熔抽采法开发巴什尼亚硫矿床是波兰采硫工业中的重要进展。巴什尼亚硫矿床岩层致密，渗透性不均匀。根据多年经验，通过人工预裂改变矿床渗透性，在不同采区运用不同的注水方式，设计使用的筛管结构与矿层相适应等技术措施取得了积极的效果。使用该法平均每吨硫的耗水量为 10.5 m^3，而俄罗斯在同一矿床每吨硫的耗水量达 20～30 m^3；该矿已由年产 3 万 t 的试验矿发展为年产 100 万 t 的生产矿[22]。

4.4.2 热熔抽采法的原理及工艺流程

(1) 弗拉施法

弗拉施法通常用于开采盐丘型自然硫矿床。这类矿床多赋存于不透水岩层中，形状如山丘，自然形成基本隔热的封闭条件。应用弗拉施法自地表打直径 250～300 mm 的钻孔，钻穿矿层进入底板，作为采硫井。井内套装一组同心钢管(压气管、升硫管、热水管和表层套管)，用以注压气、升硫、注过热蒸汽和保护井壁。将 160 ℃的过热蒸汽沿热水管注入矿床，熔融自然硫，熔融的液态硫积聚在井底的溶腔中。自压气管压入压缩空气，在压缩空气与液态硫混合后，利用空气升液原理将液态硫从升硫管中举升出来(见图 4-16)。

弗拉施法的生产工艺主要包括：

① 在动力厂加热大量的过热蒸汽，要求温度在 165 ℃以上；

② 向钻井(开采井)注入过热蒸汽，以熔融硫；

③ 靠压缩空气的作用把熔融硫抽出地面；

④ 将抽出地面的液态硫降温凝固或将液态硫装入加热罐储存待运；

⑤ 从排水井排出矿层水，以保持矿层压力，并对排出水进行处理。

弗拉施法最宜用于开采有可靠水源和廉价燃料供应的大型自然硫矿床。影响该法开采经济效益的地质条件有矿石储量及矿床品位、赋存深度、孔隙率、渗透率和覆盖层厚度等。

① 矿床品位直接影响回收率。平均品位大于 20%的富矿，回收率可达 75%；品位低于 10%的贫矿，回收率只能达 40%～50%。开采中、低品位的致密薄矿床时，可采品位随矿层厚度的增大而降低。

② 适宜的矿床赋存深度应能保持住足够的井底压力，防止注入的热水沸腾、汽化而使熔融硫沉淀。目前，经济合理的开采深度为 50～600 m，条件好的富矿床可达 800～1 000 m。

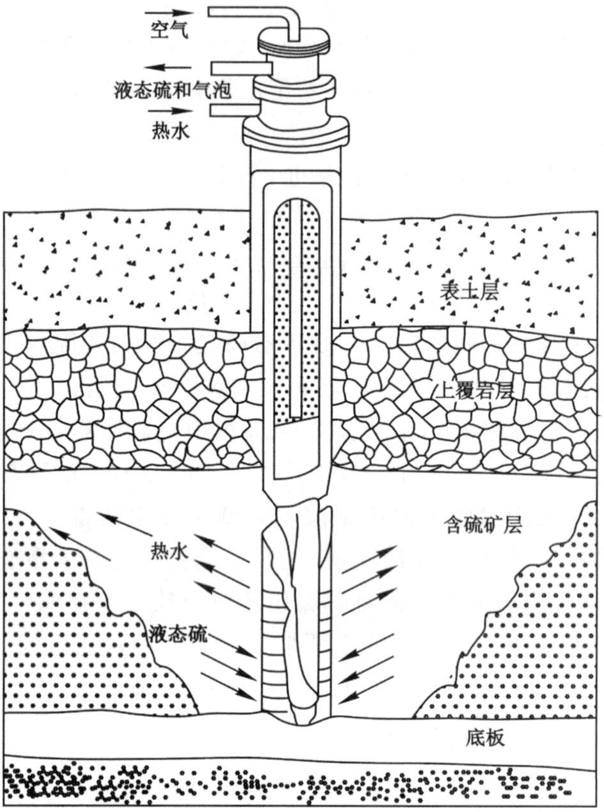

图 4-16　生产井采硫工艺原理

③ 一般要求矿床有 15%～20%的孔隙率，顶底板有一定的密封性，以利热水渗流，从而加速硫的熔融，减少热量流失。

(2) 流体动力法

流体动力法通常用于开采蒸发盐型沉积自然硫矿床。这类矿床的矿层多而薄，呈不规则层状或透镜状，厚度从几厘米到几米，延深广阔，封闭性不好，隔热条件极差，常很致密，渗透性差。开采这类矿床须采取预先爆破和充填处理措施。进行采前地下预爆破可增加开采区段的渗透性，形成垂直方向的隔离层，起截流或隔离老采空区的作用。在开采过程中，于采矿前进方向的不透水区实施爆破，可使热水流入下一个开采区段，从而对矿层预热。流体动力法简图如图 4-17 所示。

自钻孔向矿层顶、底板岩层充填泥浆，可堵塞过热蒸汽渗漏通道，从而形成开采区段的封闭条件。流体动力法采硫井结构与弗拉施法相同。120～158 ℃是熔融硫流动的最佳温度。温度低于 119.3 ℃时，液态硫开始结晶；高于 158 ℃时，黏度急剧增大。因此，须严格控制地下开采区段的温度。自排水井排出的水的温度通常保持在 70～80 ℃。排出的热水经净化后可回收复用。

4.4.3　热熔抽采法的优缺点及适用条件

4.4.3.1　优缺点

热熔抽采法工艺简单、生产安全、投资省、生产效率高、开采深度大、无尾矿和污染问

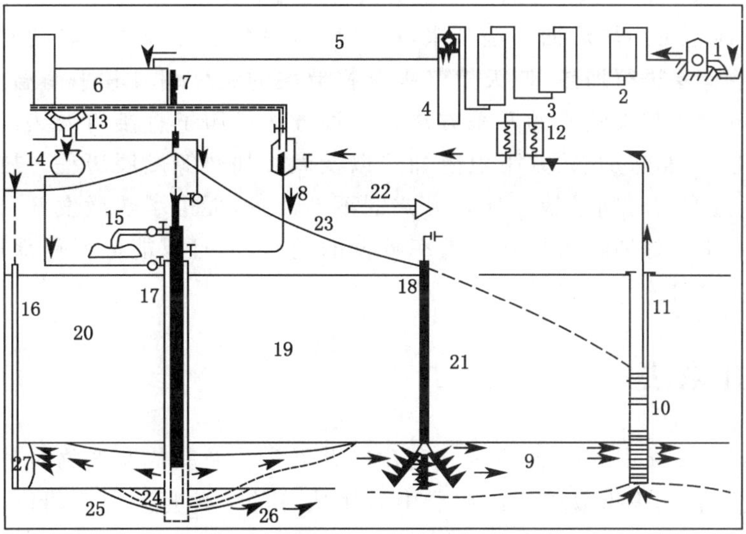

1—河水吸取管；2—絮凝与过滤装置；3—离子交换装置；4—除气装置；5—去矿化的冷水；6—锅炉房；
7—热水和 230 ℃的蒸汽；8—160 ℃的补充蒸汽；9—加压水和矿床水的流向改变区；10—降压孔中的水；
11—降压井；12—降压水净化装置；13—空气压缩机；14—泥浆悬浮液输入口；15—硫黄库；
16—爆破药筒隔离定位孔；17—生产井；18—爆破药筒爆破孔；19—爆破药筒隔离区；
20—充填泥浆的加压水动力平衡区；21—已爆破的不透水矿带；22—开采推进方向；
23—用加压-降压法造成的压力变化线；24—熔融硫；25—硫黄过滤；26—下伏地层（有时高度透水）；27—泥浆。

图 4-17　流体动力法简图[21]

题、可获得含 99.5％液态硫的产品，其主要缺点是回采率低、热效率差、耗水量大[22]。

该法能直接在矿床中进行物理化学加工，一次性提出硫产品；没有井巷工程与提升、运输、破碎、加工等繁重工序；全部在地表控制生产，易使开采过程全部自动化；可以开采露天和地下采矿法难以开采的矿床，是一种工艺简单、高效、安全的采矿方法；建设周期短，基建投资少；可在降低产品成本和提高劳动生产率的同时，无须很大投资就能很快地扩大开采范围，增加硫产品；还能减轻环境污染。但只有在特定的矿床开采技术条件下，才能采用此法。地下热效率和硫回采率低是该法待改进的问题。

4.4.3.2　适用条件

热熔抽采法适用于开采盐丘型、蒸发岩型等自然硫矿床。应根据矿床类型，选用回采工艺方法。热熔抽采法的适用条件如下[22]：

（1）弗拉施法

弗拉施法适用于开采矿层厚 20～100 m，渗透性良好而且均匀（渗透系数＝15 m/d），孔隙率为 10％～15％，上覆岩层少孔，矿体含硫 28％～32％以上，埋藏深度在 100 m 以上，平均 300～400 m 的盐丘型自然硫矿床。

（2）流体动力法

流体动力法适用于开采矿层薄而平坦、渗透性较差、硫层厚度 15～30 m 的敞开型硫矿床，以及矿层致密、倾斜、矿床渗透性不均匀（有的不渗透、有的高渗透或有岩溶洞穴，局部 K 在 0～200 m/d 内变化）、含硫品位 22％～28％或矿层平均含硫量不少于 10 t/m^2、埋藏深度 60 m 以上(平均 100～250 m)的沉积型层状自然硫矿床。

此外,可燃冰也可用热熔抽采法开采,即可燃冰热激发开采法。热激发开采法是直接对天然气水合物储层进行加热,使天然气水合物储层的温度超过其平衡温度,从而促使天然气水合物分解为水与天然气的开采方法。这种方法经历了直接向天然气水合物储层中注入热流体加热、火驱法加热、井下电磁加热以及微波加热等发展历程。热激发开采法可实现循环注热,且作用时间较快。加热方式的不断改进,促进了热激发开采法的发展。但这种方法至今尚未很好地解决热利用效率较低的问题,而且只能进行局部加热,因此该方法尚有待进一步完善。

4.5 生物开采法

生物开采(biological mining)主要是利用某些微生物及其代谢产物对某些特定矿物或矿层的物理、化学作用来提取矿石或矿层中有用成分的一种开采方法,目前应用较广的主要有煤矿微生物流态开采技术、金属矿物的微生物浸出技术及石油的微生物开采技术。

4.5.1 煤矿微生物流态开采技术

微生物技术在煤矿开采中的应用主要集中在利用微生物代谢与煤层环境间的交互作用实现生物成气、甲烷无害化处理、煤表面改性等。该技术的应用,一方面能够实现煤层气增产,另一方面可以消除或弱化瓦斯对矿山安全的威胁。

4.5.1.1 微生物法煤层气增产技术

煤层气属非常规天然气,主要组分为甲烷,与天然气一同被列为化石能源。中国的煤层气储量约为 3.68×10^{13} m^3,占全球总量的 15%,位居世界第三位[23]。煤层气的开采不仅能够改善能源供给结构,有效缓解天然气供应不足的能源危机,而且能够促进煤矿的安全开采,减少温室气体的排放,具有重大的经济、社会和环境意义[24]。当前煤层气增产技术主要有生物法煤层气增产技术和热解法煤层气增产技术。其中,生物法煤层气增产技术以其处理体量大、环境亲和力强、资源需要量小、污染少、成本低等特点成为当前技术发展热点。

1981 年,德国的 R. M. Fakoussa[25]首次以硬煤作为碳源研究了煤的微生物转化问题,为生物法煤层气增产技术的研究拉开了序幕。A. R. Scott 于 1999 年首次提出利用微生物增产煤层气[26],即为了实现煤层气的增产,将厌氧微生物种群及其所需营养物质注入煤层中,利用微生物能够降解煤而产生甲烷的特性来提高煤层中甲烷的含量。他同时指出,这一技术不但具有产出新煤层气的资源潜力,而且微生物的降解作用可以增加煤层的渗透性,从而有利于煤层气的开采。K. H. Baker 研究表明[27],只向煤层中注入营养物质以激活其中的本源菌也能达到应有的甚至更佳的效果,这是因为微生物可以利用来自较低煤阶煤中的富含小分子量的有机物进而产气。

在现场试验与应用方面,美国的 Luca Technologies 公司在粉河盆地(Powder River Basin)成功进行了利用微生物增产煤层气的现场试验,确定了能够促进微生物降解煤的化合物,并提出相应的微生物增产煤层气实施方案[23]。美国的 Wytex 公司也成功地进行了小范围的利用微生物增产煤层气试验,从工业生产规模上证明了技术的可行性[28]。肖栋等于 2015 年利用营养物质加注与本源产甲烷菌群平衡联控方法在我国沁水盆地进行了现场试验，首次在无烟煤环境中实现了煤的生物法甲烷化技术应用[29]。借助微生物对煤中部分有机质的降解与甲烷化作用，二次活化煤层中的生物成气过程，并通过人工控制，实现生物法煤层气增产目标[30]。

可降解煤基质的甲烷化应用广泛。除生物法煤层气增产外，借助产甲烷菌的二氧化碳还原作用，在特定条件下配合煤层二氧化碳储存技术，能够实现二氧化碳甲烷化，即实现二氧化碳的循环利用[31-32]。借助特定蛋白酶的固氮作用(或配合注氮技术)，在近煤体表面产生类硝化作用，可将气态氮转化为氨或亚硝酸和硝酸盐[33]。借助微生物对宏观空间的不敏感特性，利用生物流态开采技术能够实现薄煤层、难采煤层或煤柱、采空区、非贯通裂缝带的资源的充分开采。因此，利用微生物增产煤层气技术具有重大的能源与经济价值和广阔的应用前景。

微生物法煤层气增产技术的核心机理是通过微生物发酵煤中部分有机质，经层级降解实现有机质的甲烷化。生物成因煤层气的生成机理即如此。煤是杂环大分子化合物，主要为芳香族及木质素衍生的包含氮、硫、氧的复杂碳水化合物，其中部分有机质或支链结构可以作为碳源被微生物生物降解。一般来说，大分子化合物的厌氧发酵产甲烷都符合经典生物甲烷成气的发酵理论[34]，如图 4-18 所示。与一般大分子有机物相比，煤分子的结构更加紧密，基本结构包含大量的苯环、脂环和杂环，相较常规有机质，微生物降解煤的难度更大[24]。

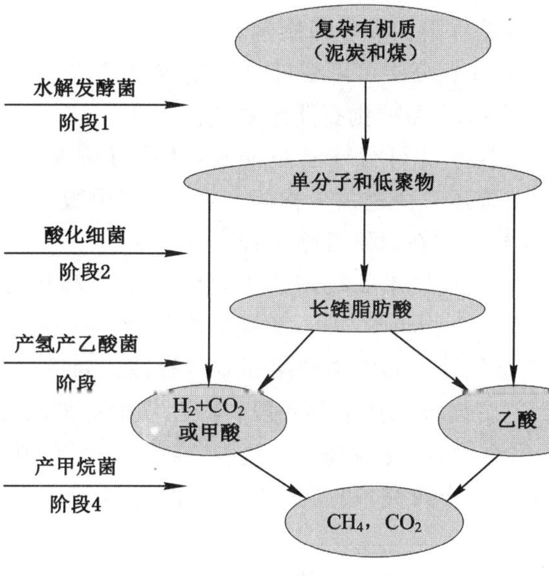

图 4-18　厌氧环境下有机质甲烷化四阶段示意

微生物法煤层气增产技术的工艺核心与盐岩井工开采有诸多相似之处，如图 4-19 所示。首先，通过泵在注射钻孔和产气钻孔之间实现煤层水的循环流动；其次，在建立稳定的煤层水循环之后，通过注射钻孔向煤层加注营养液或菌液至循环煤层水中，以实现在煤层中生产甲烷。所产甲烷被流动的煤层水及压力流体带出煤层，并通过产气钻孔上升至地面。生物成因煤层气经净化、压缩后被输送至用户地区，以便进一步地利用或深加工。

综合来说，微生物法煤层气技术增产具有以下优势[28]：

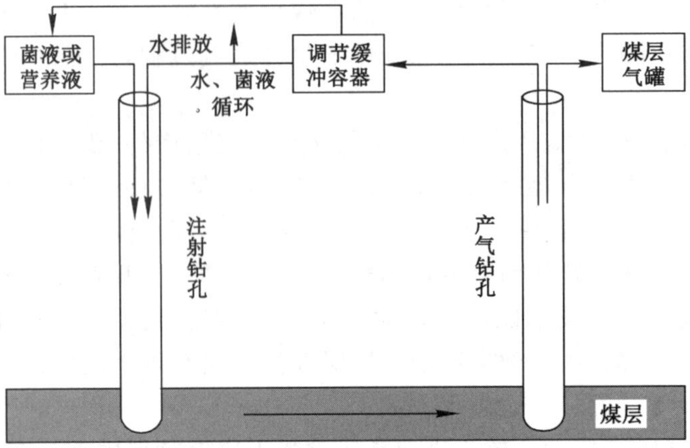

图 4-19　微生物法煤层气增产技术开采工艺示意

① 生物成因煤层气的开采依托一定的水、菌液、营养液，可通过外部机械（循环泵）使其循环，在细菌群落的生物化学作用下实现在煤层中人为“造气”，因此微生物技术的靶向性极强。

② 生物成因煤层气以甲烷为主，从气体组分分析，它比天然气更纯净。

③ 生物成因煤层气开采仅需钻孔作业，基本不破坏地表生态，可减少对环境的破坏，所使用的工艺细菌群落对环境基本不构成任何影响。

④ 该技术主要是把煤炭挥发分中可降解部分转化成甲烷，在充分利用原生煤层气的同时能避免对煤炭资源的破坏，充分保护化石能源安全。

利用微生物增产煤层气技术的可行性已被证实，且具有诱人的应用前景。然而，利用微生物增产煤层气技术的效果还有待进一步提高。因而，利用微生物增产煤层气技术的相关研究还需进一步加强，主要表现在以下几个方面[23]：

① 对利用微生物增产煤层气技术的机理认识仍然不足。对利用微生物增产煤层气技术的机理进行研究需要加强微生物组学分析、关键微生物营养代谢与能量代谢分析。

② 利用微生物增产煤层气技术的实施效率还有待提高。对关键微生物，还可以采用基因工程方法、原位诱导技术、新型突变技术等手段，构建、获取高效功能菌[23]。

③ 现场煤层环境因子（压力、温度、酸碱度、盐度、有害元素、孔隙结构等）对微生物代谢活动的综合影响作用有待进一步研究，以便开发出可以针对特定煤层的靶向生物煤层气技术[35]。

④ 应开发出多阶段交替式微生物转化技术，提高煤的转化效率与转化速率，产生的生物煤层气通过钻孔抽至地表，改变先采煤层气后采煤的现状。

⑤ 应加强利用微生物增产煤层气的配套技术研究，如适合复杂煤层的水力压裂/气体压裂/脉冲波压裂、支撑剂选型、封堵等综合技术。

4.5.1.2　微生物法瓦斯无害化处理技术

利用微生物治理瓦斯技术通过将选育和驯化的甲烷氧化菌直接喷涂煤岩表面、灌注煤层或采空区，把甲烷氧化为二氧化碳，从而降低煤矿瓦斯危害。

20 世纪 70 年代初，苏联的科研人员基于在有氧条件下噬甲烷菌能将甲烷氧化为二氧化碳的原理,在采空区喷洒活性噬瓦斯生物菌,形成一个具有吞噬瓦斯作用的氧化菌生物过滤层。该技术在顿涅茨克和库兹涅茨克煤田的矿井中进行了工业化试验,甲烷含量降低30%~60%[36]。加拿大学者查克拉沃蒂等通过分离煤矿水样中存在的甲烷氧化菌,开发出“消除瓦斯危险的新技术”,经细菌处理后的甲烷浓度降低90%以上[37]。澳大利亚研究人员将可降解甲烷的菌液喷洒到煤壁上,经过20 d后井下甲烷含量减少了66%[38]。美国研究人员在自然界发现了一种能高效降解甲烷的细菌贝耶林克氏菌,该细菌能降解大气中90%的甲烷[39]。在我国,中国矿业大学[40-41]、北京科技大学[42]、重庆大学[43]、浙江大学[44]、河南理工大学[45]、河南工程学院[46]等院校也在利用微生物治理煤矿瓦斯方面进行了研究和实践。

甲烷氧化细菌是甲基氧化菌的一个分支,其以甲烷为唯一碳源和能源,经培养后可对甲烷有不同程度的氧化降解作用。甲烷氧化菌的典型特征是其含有甲烷单氧酶(MMO),MMO可将甲烷催化转化为中间产物甲醇等,最终生成产物为CO_2,且在此过程中不断获取生长所需的营养和能量。该降解、氧化过程的具体步骤可表述为[47]:由MMO催化甲烷生成甲醇;甲醇进一步被氧化分解为甲醛;甲醛再继续被同化为细胞生物,然后经过一系列的脱氢反应生成CO_2,或通过甲酸氧化最终生成CO_2重新回到大气中。

目前,利用甲烷氧化菌治理煤矿瓦斯的研究还多处于实验室研究阶段,有诸多方面有待研究:

① 现阶段的少量试验仅为初步试验,今后应立足煤矿的实际生产环境(温度、压力、湿度等),研究甲烷氧化菌在煤矿无氧和缺氧环境下的适应性。

② 应着重研究甲烷氧化过程中起重要作用的甲烷单氧酶的产生与温度、压力、氮源和氧气浓度等的关系及代谢过程中的中间产物及其对降解效果的影响。

③ 利用基因工程、人工诱导和生物固化等生物技术,提高甲烷氧化菌在特定煤层中的转化效率及稳定性,实现菌种的高密度培养,以便节约治理成本。

4.5.2 金属矿物的微生物浸出技术

某些微生物及其代谢产物,能对金属矿物产生氧化、还原、溶解、吸附等作用,从而使矿石中的不溶性金属矿物转变为可溶性盐类,并转入水溶液中,为进一步提取这些金属创造条件。利用微生物的这一特性进行溶浸采矿,是近几十年来发展起来的一种新的采矿方法。目前,主要有铜、金和银等金属矿物被微生物成功浸出并应用于工业化生产[47]。

4.5.2.1 *微生物浸矿相关名词术语*

涉及微生物浸矿的名词术语主要有[48]:

(1) 微生物溶浸液、浸出液

微生物溶浸液(有时简称浸矿液或溶液)是指在浸矿过程中所用的含微生物溶液;而由微生物溶浸液浸矿后得到的含有用成分的溶液称为浸出液,其中,已达到合格含量的称为成品液,又称为富液或贵液(含金、银者)。

(2) 有用组分的浸出率

有用组分的浸出率是指被微生物溶浸的矿石经过浸出后,溶解到溶浸液中的有用组分量与浸出前矿石中有用组分总量的百分比。

(3) 微生物溶浸液消耗量

微生物溶浸液消耗量，是指单位质量被浸矿所消耗的微生物溶浸液的质量。

(4) 微生物浸矿

微生物浸矿也叫微生物浸出，主要指氧化铁硫杆菌等自养细菌浸出矿石，因此通常叫细菌浸出。

(5) 微生物溶液渗透

含微生物的溶液在多孔介质(如破碎后的矿石集合体、砂岩)中的流动称为微生物溶液渗透。

矿岩渗透性是对微生物浸矿有较大影响的因素之一。渗透系数过小，浸矿溶液与矿石中的有用成分接触时间短，特别是微生物浸矿反应速度慢，需要更长的时间，才能取得更好的效果；渗透系数过大，则含微生物的溶液流速过大，与有用组分接触时间也短，同样达不到好的效果。具体数据要根据实测才能确定，一般矿岩渗透系数小于 0.1 m/d 和大于 10 m/d 均不宜用微生物浸矿，在 0.1～0.5 m/d 和 5～10 m/d 时可用，在 1～5 m/d 时最适合用。影响渗透系数的因素除矿岩性质和构造(节理、裂隙、断层)、孔隙率以外，还有矿页含泥率、裂隙和断层的分布特点等。如用常规方法测出的页岩孔隙率可能较大，但由于页岩含泥率高，加入微生物溶浸液后，泥质膨胀，渗透性大大变差，所以采用微生物浸矿页岩含泥率不应大于 20%，最大不超过 25%。断层和裂隙分布均匀与否，也直接影响浸出效果，若它们分布不均，即使渗流速度适合，但溶液向断裂径流，微生物溶液接触不到裂隙间有用成分，则浸出率也低。

(6) 微生物溶浸液浸矿角

用微生物溶浸液向矿堆淋浸过程中，溶浸液所能湿润到达矿石堆范围的边界线与水平面的夹角称为微生物溶浸液浸矿角。边界线以外为浸矿液不能到达的区域，称为微生物溶(淋)浸死带，以内为微生物淋浸区可控制范围。

(7) 微生物溶浸液浓度

微生物溶浸液浓度是单位体积溶浸液内所含微生物数量，如每升溶浸液中的细菌数目。

4.5.2.2 *浸矿微生物*

可用于浸矿的微生物有几十种，按其生长的最佳温度可分为三类：中温菌、中等嗜热菌和高温菌[47]。

中温菌生长的最佳温度为 25～45 ℃，在 45 ℃以上不能生长，比较重要的有三种：嗜酸氧化亚铁硫杆菌、嗜酸氧化硫硫杆菌、氧化亚铁钩端螺旋菌。中温菌是目前工业生产中应用的主要菌种。

中等嗜热菌生长的最佳温度范围为 40～65 ℃，主要存在于火山附近、温度较高的酸性废水及温度和条件适合这些微生物繁殖的硫化矿石堆和废石堆中。中等嗜热菌具有比常温微生物更高的氧化效率，其可耐受的温度也高。主要有黄杆菌属、嗜热氧化铁微螺菌、喜温硫杆菌。

高温菌多为古生菌，其生长的最佳温度为 60～95 ℃。这类微生物于 20 世纪 60 年代被发现，目前主要有硫化叶菌属、氨基酸变性菌属、金属球菌属和硫化小球菌属四个属。它们均极端嗜高温、嗜酸，均属兼性自养菌，能在自养、异养、混养条件下生长。

4.5.2.3 微生物浸矿机理

目前,有关微生物的浸矿机理有三种说法[47],第一种是间接作用浸出理论,认为微生物不对矿物及矿物中的有用成分起直接作用,有用组分的浸出是通过纯化学反应进行的;第二种是直接作用浸出理论,认为微生物本身对矿石及矿物中的有用成分起直接浸出作用;第三种是复合作用浸出理论,即微生物浸矿是上面两种作用相结合的浸出过程。

(1) 间接作用机理

氧化硫杆菌、聚硫杆菌等具有使元素硫氧化的能力,在溶浸液中可产生 H_2SO_4;氧化亚铁杆菌、氧化亚铁硫杆菌等具有把 $FeSO_4$ 氧化成 $Fe_2(SO_4)_3$ 的能力,能使溶液中的 $Fe_2(SO_4)_3$ 含量增加。H_2SO_4、$Fe_2(SO_4)_3$ 溶液为含铀、铜等矿物浸出普遍使用的溶浸液。但是自然氧化的速度较慢,远远不能满足溶浸需要。

(2) 直接作用机理

细菌浸矿直接作用观点认为,细菌可以直接浸出不含铁的矿物(如铜蓝、辉铜矿、黝铜矿、辉锑矿和雄黄)。因此,细菌直接浸出是指细菌与矿物表面接触,将金属硫化物氧化为酸溶性的二价金属离子和硫化物的原子团。

(3) 复合作用机理

微生物浸矿复合作用是指在细菌浸出过程中,既有细菌直接作用,又有间接作用,这是迄今为止绝大多数研究者都赞同的细菌浸出机理。

4.5.2.4 影响细菌浸出的因素

影响金属矿物细菌浸出的因素主要有[14]:

① pH。溶浸液的 pH 既影响细菌的生长,也影响化学浸出反应,必须将 pH 控制在最适合的范围。在铜矿堆浸中,要保持较小的 pH,这样可防止铁盐沉淀,并有利于氧化铁硫杆菌、氧化硫杆菌这些嗜酸菌滋生,一般宜保持 pH 为 2～2.8。

② 温度。每一种菌类都有其最适宜的生长温度。一般细菌浸出的温度范围为 30～35 ℃,大于 45 ℃时,中温细菌即将死亡。氧化铁硫杆菌和氧化硫杆菌,在 pH 为 2.3 时,温度为 28 ℃,硫的氧化反应速度最快,温度超过 30 ℃,氧化速度反而下降。冰冻和解冻,由于温度低,会降低细菌活性,不利于浸出。

③ 营养成分。氮、磷、硫、镁都是氧化铁硫杆菌生长不可缺少的营养成分。镁为固定 CO_2 所必需的成分;磷是细菌新陈代谢获取能源所必需的成分;最重要的是氮,氧化铁硫杆菌自身可固定氮。溶液中硫酸铵与磷酸氢二钾的浓度变化对细菌活性有明显影响,硫酸铵的最佳浓度为 3 g/L,磷酸氢二钾的最佳浓度为 0.5 g/L。而硝酸盐及钙、钾与氯的离子对细菌活性的影响不大,因为细菌对这些营养成分的需求量很小,且可以从含硫化物基质的杂质中得到满足。

④ 二氧化碳和氧气。细菌需要氧气参与,才能利用氧化金属硫化物所产生的代谢能;还需要从二氧化碳中摄取合成器细胞的材料,当然也可以从碳酸盐岩围岩中获取碳源。金属硫化物浸出时,溶液中氧气浓度若低至 0.05 mg/L,则细菌会窒息。

⑤ 细菌数目。每毫升溶液中,细菌数目若少于 10^8 个,则溶浸作用减慢;在 10^8～10^9 个之间,其溶浸作用急剧增强;如果超过 10^{10} 个,则并无益处。有研究证明,细菌通常会自身平衡,自行调节。

⑥ 光。可见光和不可见光对细菌均有不利影响。在光直射下,紫外线会妨碍细菌繁

殖，甚至会促使其死亡。

⑦ 金属离子浓度。氧化铁硫杆菌对金属离子的耐受力较其他菌种高，但对汞的耐受力较差，铜、镍、铀等金属离子浓度也不宜过高。但是，耐受力是可以通过移植培养逐步提高的。

⑧ 压力。对堆浸而言，压力不会有什么影响；但对深部矿体进行原位浸出，则要考虑这一因素。

其他影响细菌浸出的因素有水势，矿物的粒径、表面积及电势效应，金属的容许剂量和毒性效应，浸出生态系统的相互作用等。

4.5.2.5 微生物浸矿的应用范围

微生物浸矿的应用范围较广，具体主要是处理以下几种金属矿产资源[47]：

① 用传统方法不易分离的混合精矿。

② 因为存在某些有害的物理化学因素，如含砷、有机碳、锑、包裹金、微细金粒等的金矿，用传统的化学提取法浸出率低，或生产成本高，而用微生物浸出法十分有利。

③ 通过降低精矿品位可以提高采收率的某些精矿。

④ 大量贫矿、表外矿、尾矿、废弃矿山堆积的矿石，露天剥离后尚含极低有用组分的矿石。

⑤ 小而分散的矿山所含的矿石，处于边远地区，集中处理运费高，就地进行微生物浸出则较为合理。

4.5.2.6 微生物浸出工艺

微生物浸出工艺基本上与溶浸采矿相同，只是增加了微生物溶浸液的配制环节，主要有地表与地下两类。地表浸出有池(槽)浸、堆浸；地下浸出有地下就地破碎浸出、原地钻孔浸出。

4.5.2.7 微生物溶浸液的制备

工业微生物溶浸液的制备方法主要有间断法和连续法两种。

(1) 间断法

间断法是将培养的微生物溶浸液只排出 70%～80%用于浸矿，留下的菌液作为菌种。将浸矿后回收的尾液返回制备池中，加入新的培养基通气培养，直到细菌达到最大繁殖量。再排出 70%～80%的溶浸液浸矿，并将余液加入尾液培养制备，以此循环[47]。

(2) 连续法

生产实践表明，浸矿微生物的浓度和活性对浸出效果影响很大。为满足连续生产需要，有必要进行微生物溶浸液的连续培养制备。在连续培养制备过程中，料液不断地进入培养池，培养好的菌液被连续不断地排出，微生物始终处于对数生长期，优势比较明显[47]。

4.5.3 石油的微生物开采技术

石油的微生物开采技术或称微生物强化采油技术(microbial enhanced oil recovery, MEOR)，是指将在地面分离培养的微生物菌液和营养液注入油层，或单纯注入营养液激活油层内微生物，使其在油层内生长繁殖，产生有利于采油的代谢产物或直接作用于原油改善原油物性，提高石油采收率的采油技术。

4.5.3.1 菌种类别

(1) 按细菌对氧气的需求可分为好氧菌、厌氧菌和兼性菌三大类常用菌种中，梭状芽孢杆菌属、脱硫菌属、肠杆菌属为厌氧菌；假单胞菌属、棒杆菌属为好氧菌；球菌属、节杆菌属、肠杆菌属为兼性菌(在有氧或无氧的环境中均能生长)[49]。

(2) 按来源可分为自然采油菌和工程采油菌

自然采油菌往往从油田环境(如油田水、油层岩芯、油井产出泥沙等)中取样，然后进行富集培养和纯化分离得到。主要有甲烷杆菌、节杆菌、微球菌、棒杆菌、梭菌等[49]。

工程采油菌是指为了某种需要，采用基因工程方法培养出来的微生物菌，是非天然存在的自然菌。它一般具有耐高温、富产酸、富产表面活性剂等特性，可以增强微生物对原油的作用效果[49]。

4.5.3.2　影响微生物活性的因素

由于各个油藏的实际环境不同，在应用微生物提高采收率时，就必须根据具体的油藏环境选出适合的菌种。限制微生物运移、生长繁殖及新陈代谢的油藏参数主要有以下几项[49]。

(1) 岩性

地层中的碳酸盐和硅酸盐对微生物活动几乎无影响，但多孔岩石中的黏土及某些其他矿物质的吸附作用会降低微生物的作用效果。黏土矿物对微生物有吸附作用，会阻碍微生物在介质中的运移。另外，黏土还能增加水相的黏度，从而影响微生物所需的某些气体和营养物质的渗透。

(2) 渗透率和孔隙率

一般来说，油层的孔隙率应大于15%，渗透率不低于100 mD，才能保证细菌在孔隙中具有良好的运移特性。

(3) 油层埋深

油层的埋深对细菌的生长无直接限制作用，但是埋深影响温度与压力，而温度与压力则直接影响细菌的繁殖和代谢。

(4) 温度

不同的细菌有不同的活性温度范围，一般来说，以30～50 ℃尤为合适，嗜热菌可以在80～90 ℃的油层条件下存活。

(5) 压力

一般来说，低于20 MPa的地层压力对微生物活动无明显影响；但当压力过高时，微生物的繁殖和代谢就会受到显著影响，如50～60 MPa的地层压力对大多数微生物的繁殖和代谢有限制作用。

(6) 矿化度

盐浓度过高，会影响细菌的生长繁殖。利用微生物采油时，油层总矿化度应低于10^6 mg/L。含高矿化度水的油田在进行微生物采油之前，必须注淡水淡化。

(7) 有毒化学物质

如果地层水中的某些化学物质和元素(主要是重金属元素)含量太高，则对微生物可能有毒害作用。另外，各种强化采油技术涉及的化学剂，如杀菌剂、乙二胺四乙酸和甲苯等，对微生物都有毒害作用。

(8) pH

在油层的影响微生物繁殖与代谢的各种生物化学参数中，pH是最重要的一个参数。

大多数微生物生长繁殖适宜的 pH 范围为 4.0～9.0。

（9）原油成分

地层中的油相对微生物的生存和繁殖也有限制作用，这种限制作用包括原油中的轻质挥发性组分造成的毒性作用，以及重的沥青质原油造成的高密度对微生物生存和繁殖的影响。

4.5.3.3 微生物在油层中的主要作用

在利用微生物提高原油采收率的过程中，注入的细菌及其分泌物不仅能改变油藏流体的性质，而且对地层的渗透性具有一定的改善作用。

（1）原油的生物降解

原油的生物降解，本质是原油中烃类物质的生物氧化，结果是原油化学组分发生变化，因此势必引起原油各种特性的一系列变化。

生物降解对原油物理化学性质的影响主要表现在以下方面[49]：

① 原油的密度、黏度及平均分子量增加，原油向重质油方向转化；

② 正构烷含量下降，原油类型发生改变；

③ 原油的旋光性增强；

④ 蜡质成分减少，原油凝固点降低；

⑤ 原油中氮、硫、氧化合物含量增加。

（2）原油的乳化

注入地层中的微生物的代谢产物含有生物表面活性剂，它不仅能降解油水系统的界面张力，而且能引起原油乳化作用[50]。

（3）原油及水流动性的改变

虽然生物降解能增加原油的黏度，但是有机营养物质的作用能产生很多气体，如甲烷、氢气、二氧化碳、硫化氢等。这些气体能溶于石油，降低石油的黏度，且能使石油膨胀，体积增加，从而改善石油的流动性。另外，不溶于石油和水的气体，则能提高油层压力，进而更有效地促使石油流动[50]。

微生物在生长过程中会产生具有极高黏性的聚合物，该聚合物通过孔隙介质时产生的剪切降解作用会引起水流速度永久性降低，并且这种聚合物抗老化性强。

（4）储层岩石物性的改变

微生物及其代谢产物对储层的孔隙性、渗透性也有很大的影响。微生物代谢过程产生的气体、有机酸、无机酸能降低底层水的 pH，而酸性水能溶解沉积岩，生成可溶性的盐类，进而提高岩石的孔隙性和渗透性[50]。

4.5.3.4 微生物营养液的配制

对注入地层的微生物需要提供营养液。营养液的配制主要根据菌种、地层条件和工程目的来确定。微生物培养试验有助于确定微生物的最优营养配方组分。微生物一般需要含磷化合物（有机和无机磷酸盐）、含氮化合物（如氯化铵等含铵化合物、硝酸钾等硝酸盐以及氨基酸和肽之类有机氮）、含碳化合物（如脂肪、蛋白质、简单的碳水化合物和复杂的碳水化合物）、硫、各种微量元素、氢、维生素、二氧化碳等。根据原子吸收光谱法、离子交换层析法等可以确定出地层中缺乏的营养物质，配制的营养液中应主要包含地层中缺少的营养物质[49]。

所选用的营养物质在地层条件下应具有热稳定性和化学稳定性，并且不会与地层流体中的无机盐发生反应而形成沉淀物，以免堵塞地层。另外，在含黏土的地层中，营养液应不至于引起地层中黏土的膨胀和微粒位移。

4.5.3.5　稠油微生物开采的基本方法

（1）微生物吞吐法

微生物吞吐法是指将由特殊方法筛选的细菌、营养液、生物催化剂等注入油井内，关井一段时间，再开井生产，周而复始，又称周期性微生物采油技术。该方法主要通过细菌自身及其代谢产物的作用，裂解重质烃类和石蜡，改善原油在地层内的流动性能，从而提高单井产量。关井时间视微生物生长繁殖情况而定，一般为几天至几周。相对现有的其他稠油、高含蜡油的开采技术，该技术具有适应范围广、操作简便、成本较低等优点。

（2）微生物驱油技术

微生物驱油技术是指将由菌种和营养剂混合而成的微生物处理液从注水井注入目的层，从而使微生物作用于油层的采油技术。当处理液被注入水推进通过油层时，微生物通过代谢作用而产生溶剂、表面活性剂、有机酸和二氧化碳，同时还繁殖出新的微生物细胞。这些代谢产物通过物理、化学作用将岩石表面和孔隙中的原油释放出来，使原来不能流动的原油以油水乳化液的形式被注入水驱替到生产井中并采出。

微生物驱油技术能快速而简便地应用于水驱油藏中，能够使注入井与生产井之间的整个区域都得到处理，提高水驱效率，具有原油增产效果持续时间长而施工成本低的优点。

4.5.3.6　微生物采油技术的优点及存在问题

微生物采油，是继热力驱、化学驱、聚合物驱等方法之后，利用微生物的有益活动及代谢产物以提高原油采收率的一项综合性技术。与其他三种采油方法相比，它具有如下优点[51-52]：

① 适用范围广，它适用于开采各种类型的原油(重质、轻质、中等密度的原油及含蜡的原油)。

② 施工工序简单，操作方便，可以针对油藏的具体条件灵活调整微生物配方；利用常规注入设备即可实施，不需要对管线进行改造和增添专用井场注入设备；通过油井现有注水管线或油套环空就可以将菌液直接注入油层；通过停止注入营养液就可以终止微生物的活动。

③ 施工成本低，该项技术所需设备少，可以方便地利用常规设备，一般不需要添加井场设备，尤其是有些微生物可以将石油作为其主要的营养源。

④ 对低产油藏、枯竭油藏而言，微生物采油在经济上具有吸引力，而且增产效果持续时间长。

⑤ 不污染环境，不损害地层，可在同一口井中反复使用，具有良好的生态特征，是一种真正意义上的绿色采油技术。

微生物采油技术引起了微生物学界、石油工程界、石油地质界和地球化学界等的广泛兴趣和关注，已成为目前最具发展前景的一项提高原油采收率的技术。

微生物采油技术虽然已趋成熟，已经进入商业应用阶段，但仍存在以下有待解决的问题：

① 不同地层条件下提高原油采收率的机理及微生物在油藏中的具体运移情况有待进

一步研究。

② 微生物的一些有害活性仍有待进一步解决：细菌在油层内生长繁殖会堵塞地层，会使注入的化学药品发生生物降解；油层内的硫酸盐还原菌产生的 H_2S 会腐蚀油井。

③ 应找到既能用油层中的石油作为主要营养来源，又具有增油作用的微生物，尤其是要培养出偏爱石油中重质馏分的微生物。

④ 岩石渗透率与细菌穿透能力的相互关系还有待进一步弄清楚。

⑤ 由于细菌的渗透能力比注入水的要低，这意味着细菌采油等待时间较长。

⑥ 应培养适应高温（＞89 ℃）或高含盐量（＞10％）或重金属离子环境条件下的微生物。

⑦ 进一步加强微生物作用下水-油-岩的相互作用及其规律的研究，彻底查清在不同地层条件下利用微生物提高原油采收率的机理。

⑧ 建立微生物作用的数学模型，开发数值模拟软件，基于实践，建立预测微生物采油的合适标准。

4.6 流体热交换开采法

流体热交换开采法(fluid heat exchange mining method)是指通过钻井向含有热能的储层注入低温流体，通过流体间的热交换，将高温流体抽采出来，对其热能加以利用。主要以干热岩体中的地热资源开采为例进行叙述。

4.6.1 干热岩体中的地热资源开发概述

4.6.1.1 我国干热岩资源分布规律

干热岩(hot dry rock，HDR)是指地下高温但由于低孔隙率和渗透性而缺少流体的岩石(体)，其热量来源由两部分组成：一部分为由地幔向地表传导的热量；另一部分为地壳表层(埋深 10 km 以浅部位)岩体中铀(U)、钍(Th)、钾(K)放射性衰变产生的热量。储存于干热岩中的热量需要通过人工压裂形成增强型地热系统(enhanced geothermal system)才能得以开采，赋存于干热岩中可以开采的地热能称为干热岩型地热资源[51]。

干热岩的分布几乎遍及全球，世界各大陆地下都有干热岩资源。不过，干热岩开发利用潜力最大的地方，还是那些新的火山活动区，或地壳较薄的地区，这些地区主要位于全球板块或构造地块的边缘。我国西部的滇西地区及东部台湾中央山脉两侧，分别处于印度洋板块与欧亚板块、欧亚板块与菲律宾板块的边界及其相邻地区，都是当今世界上构造活动较强烈的地区，具有产生强烈水热活动和孕育温水热系统必要的地质构造条件和热背景。我国西南部的地热活动呈南强北弱、西强东弱，东部的地热活动呈东强西弱之势，明显地反映了这一特点。根据我国区域地质背景，高热流区均处于板块构造带或构造活动带，在藏南、滇西、琼北、长白山等地区分布有范围较大的火山岩体，说明我国具备形成干热岩地热资源的区域构造条件[52]。

4.6.1.2 干热岩资源潜力及其评价方法

干热岩资源量采用体积法进行估算，根据干热岩开发利用的温度要求及目前的钻探技术，估算范围定为地下 3～10 km。进行干热岩资源量估算应掌握的参数包括大地热流值、岩石热导率、岩石生热率、放射性元素集中层的厚度、地表温度、深部地温等，若要分别计算深部温度形成的沉积贡献及基底贡献，则还需要大陆壳幔热流比例等数据[53-54]。

我国干热岩资源潜力巨大，开发前景广阔，高于美国干热岩资源的估算结果(5.7×10^{14}吨标准煤)。经初步测算，我国地下 3～10 km 范围内干热岩资源折合标准煤 8.6×10^{14} t(见表 4-2)，若利用其中的 2%，则相当于全国能源年消耗量的 4 040 倍。尤其是位于地下 3.5～7.5 km 深度的干热岩资源温度介于 150～250 ℃，资源量巨大，折合标准煤 2.15×10^{14} t。干热岩资源是最具有潜力的战略接替能源，但是其开发难度较大。

表 4-2　我国陆区 3～10 km 深处干热岩资源[52]

序号	计算层位深度/km	干热岩资源量		干热岩可采资源量(按资源量的 2%计算)	
		资源量/J	折合标准煤/($\times10^{12}$ t)	资源量/J	折合标准煤/($\times10^{12}$ t)
1	3.0～4.0	1.9×10^{24}	64.8	3.8×10^{22}	1.30
2	4.0～5.0	2.5×10^{24}	85.3	5.0×10^{22}	1.71
3	5.0～6.0	3.0×10^{24}	102.0	6.0×10^{22}	2.05
4	6.0～7.0	3.6×10^{24}	123.0	7.2×10^{22}	2.46
5	7.0～8.0	4.2×10^{24}	143.0	8.4×10^{22}	2.87
6	8.0～9.0	4.7×10^{24}	160.0	9.4×10^{22}	3.21
7	9.0～10.0	5.3×10^{24}	181.0	1.06×10^{23}	3.62
8	3.0～10.0	2.52×10^{25}	860.0	5.04×10^{23}	17.20

4.6.1.3　国内外地热能的开发历程及现状

地热能是指从地壳中抽取的天然热能，这种能量来自地球内部的熔岩，并以热力形式存在，是火山爆发及地震的能量来源。

地热资源可分为水热型和干热岩型两个大类。目前开采和利用较广泛的是水热型地热资源，占已探明地热资源量的 10%；干热岩型地热资源开发方兴未艾。通常所说的“干热岩”，指埋藏于地下 3 000～10 000 m 处、温度为 150～650 ℃、没有水或蒸汽的各种变质岩或结晶类热岩体。随着开发利用技术进步、压裂技术发展和成本下降，干热岩资源的限制温度在逐渐降低。现阶段，干热岩地热资源指温度较高、有开发经济价值的热岩体，是未来中高温地热资源开发利用的方向。

早在人类文明诞生之初，世界上许多国家的人们就利用温泉洗浴和清洗衣物。在 20 世纪，地热资源首次被大规模开发用于采暖、工业加工和发电。20 世纪后 30 年，地热能的利用急剧增长。到 2000 年，世界上 80 个拥有地热资源的国家中，58 个国家已有地热利用的记载。近期的发展特点是地源热泵增长极快，其年利用能量占直接利用能量的 32%。

中国是世界上较早开发利用地热资源的国家之一，早在春秋战国时期便有温泉洗浴的记载。但直到目前我国在地热资源的开发利用方面仍大多采用祖辈世代相传的洗浴、保健、养殖、采暖、制冷等直接利用方式，而利用地热发电的比例很小。地热直接利用虽然简便，但资源利用率低，平均不到 30%。而现代化的地热发电资源利用率可达 90%以上。

1904 年意大利人首次利用地热蒸汽发电机点燃了 4 盏电灯泡，并于 1913 年建成了世界上第一个商业性的地热能发电站，揭开了人类利用地热发电的篇章。随后，新西兰、墨西哥、美国、日本、苏联(俄罗斯)、冰岛、中国等国相继利用地热发电。

1960年美国在距离旧金山以北117 km的盖瑟斯火山区建成第一个地热发电站,这一地区现在已经建成350多口地热井、22个地热电站,总装机容量为1 517 MW。

中国第一个地热发电站于1970年在广东丰顺动工,当年年底建成投产,装机容量300 kW。随后又在江西宜春、河北怀来、山东招远、广西象州、湖南宁乡和辽宁盖州等地相继建成了6座装机容量为100~300 kW的中低温地热电站,并在西藏的羊八井、郎久和那曲建造了3座兆瓦级的中高温地热电站。然而,全国目前在运行的地热发电总装机容量基本上全部来自1975年投产随后几度扩容的西藏羊八井地热电站。

美国建造第一个地热电站仅比中国早10年,但截至2013年美国有80余座地热发电厂,总装机容量为3 386 MW,比中国高出140倍。不仅如此,据美国地热协会2013年发布的报告,美国已经确认的在建地热发电项目装机容量为2 511~2 606 MW。

除了美国和意大利以外,菲律宾、印度尼西亚、墨西哥、新西兰、冰岛和日本等国也是地热能源开发大国。目前全世界利用地热能发电的国家共有24个,在运行的地热发电总装机容量为11.45 GW。美国位居全球第一,中国位居第十八。

4.6.1.4 我国地热能的开发利用

我国地热资源丰富,已勘查50多处,主要分布在京、津、冀、东南沿海、内陆盆地和藏滇地区。其中温度大于150 ℃的高温地热资源,即直接可以用于发电的有255处,总发电潜力5 800 MW(30 a);中低温地热资源可用于非电直接利用的有2 900多处,开发潜力在2 000亿吨标准煤以上。

(1) 地热发电

我国适于发电的高温地热资源主要分布在西藏、云南和台湾等地区。西藏地热资源丰富,境内已发现温泉和沸水等各类型的地热资源约666处。依据初步调查的350余处地热显示点的热流量,其热能每年可折合约300万吨标准煤所释放的热量。通过与联合国开发计划署和意大利等国际组织、政府的合作,西藏对羊八井和那曲地热资源进行了颇有成效的勘探、开发和利用。现在西藏全区已建成3座地热电站,总装机容量近3 MW。其中,著名的羊八井地热电站装机容量达到2.4 MW,是中国最大的地热电站。

(2) 地热直接利用

经过30多年的发展,我国地热直接利用已具有相当规模,并且利用面广,在许多地方已形成良性开发的模式。包括地热采暖、地热在农副业方面的应用、地源热泵及应用于医疗保健、娱乐和旅游等。

中国地热采暖已有十几年的历史。目前,我国已成为地热利用中经济效益较好的国家之一。

地热水也广泛应用于农副业生产。北京、河北等地用热水灌溉农田,调节水温,用30~40 ℃的地热水种植水稻,以解决春寒时的早稻烂秧问题。温室种植所需热源温度不高,在有地热资源的地方,发展温室种植是促进该地区农业发展的方法之一。

地源热泵突出的优点是能效高,1 kW的电力可以产生3~4 kW的热能,又能兼用于冬季供暖和夏季制冷,且可大大减少环境污染。与电、燃料锅炉供热系统相比,地源热泵加热要比电锅炉节省2/3以上的电能,比燃料锅炉节省1/2以上的能量。中国绝大部分地区,地表以下5~10 m的温度稳定在5~25 ℃,地源热泵系统在全年的使用过程中能效比在313~415之间,也就是说,输出1 kW·h的热量只需要0.122~0.130 kW·h的电量,这比空气热泵高出40%，而运行成本仅是中央空调系统的50%～60%。

北京地区的地热水属于中低温热矿水，富含锂、氟、氡、偏硼酸和偏硅酸等多种矿物质，有一定的医疗和保健作用。经常用热矿水进行洗浴，对高血压、冠心病、心脑血管疾病、风湿病、皮肤病等有一定疗效。热矿水入室，可提高居民的生活质量。此外，依托温泉浴疗，可以开发游泳馆、嬉水乐园、疗养中心、温泉饭店和温泉度假村等一系列娱乐旅游项目。

4.6.2　流体热交换的原理及工艺流程

4.6.2.1　干热岩开采的原理及工艺流程

具体来说，干热岩是一种没有水或蒸汽的热岩体，主要是各种变质岩或结晶岩类岩体，埋藏于地下2 000～6 000 m深处，温度为150～650 ℃。

1970年，美国Los Alamos国家实验室的Moron Smith提出干热岩的开发概念与思路，原理是：在干热岩目标靶区钻直井或定向井作为注入井和开采井，通过人工压裂来连通这些井；生产时，从注入井泵入一定流量和温度的水，水沿着裂隙流动的同时吸收周围岩石的热量，最后从开采井抽出高温高压水或水汽混合物，用来发电和供暖等；利用之后的低温水又从注入井回灌到地下，循环往复利用（见图4-20）。这种开发利用模式便是增强型地热系统（enhanced geothermal system，EGS）。

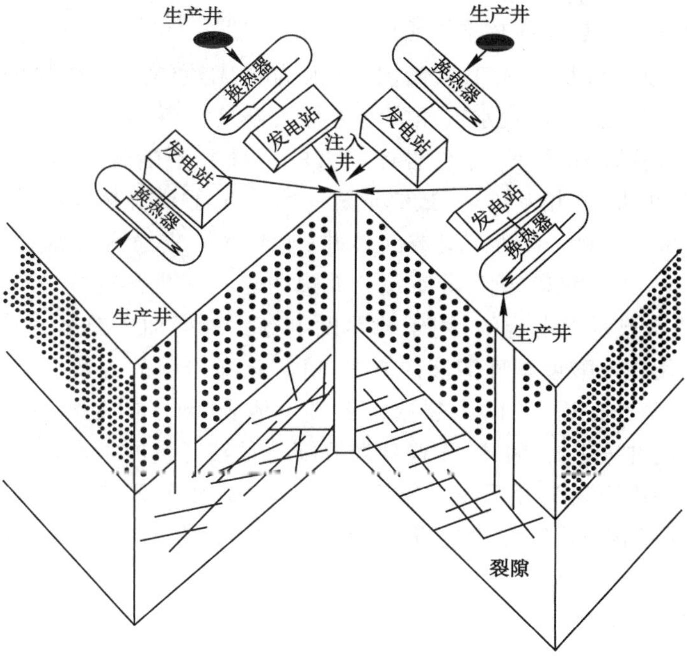

图4-20　干热岩开采原理

干热岩发电的整个过程都是在一个封闭的系统内进行的，既没有硫化物等有毒有害物质，也无任何污染环境物质，其采热的关键技术是在不渗透的干热岩体内形成热交换系统。

天然的干热岩没有热储水库，为了使注入的冷水能够被干热岩体加热，需要在岩体内部形成网状裂缝，从而形成具有一定容量的地下人工热储水库。干热岩开发利用流程如下[59]：

① 向注水井高压注入低温水，经过干热岩加热后产生非常高的压力。

② 在岩体致密无裂隙的情况下，高压水会使岩体在垂直最小地应力方向上产生许多裂缝。

③ 若岩体中本来就有少量天然节理，则高压水会先向天然节理中运移，形成更大的裂缝，裂缝方向受地应力的影响。

④ 随着低温水的不断注入，裂缝持续增多、扩大，并相互连通，最终形成面状的人工热储水库，而其外围仍然保持原来的状态。

4.6.2.2 干热岩开采钻井技术特点

① 干热岩地层为片麻岩或花岗岩，硬度大，研磨性高，可钻性差，单轴抗压强度可达200 MPa以上。

② 钻进岩层温度高，一般在150～250 ℃。

③ 钻进深度大，一般在3 000 m以上，中国内地多在5 000 m左右才能获得较高的地温，从而在井底形成高温高压。

④ 井壁围岩稳定性差。由于在高温高压且深度较大的岩体中钻进，钻进过程中，井壁围岩在高温高压的情况下遇到低温冲洗液时极易产生热破裂及坍塌扩径现象。

⑤ 有的钻井裂隙和断层较为发育，容易产生严重的井漏现象。

⑥ 上覆地层的不同特点也是影响钻井技术的重要因素。

4.6.2.3 干热岩开采压裂改造技术

大体积压裂可以有效形成人工热储层，并人为造成热储层内裂隙的发育和网络的贯通。通常，在注入井采用清水、盐水或压裂液进行大排量压裂，高温岩体与冷水接触后突然冷却会产生裂隙，在高压作用下，干热岩形成大的裂缝并不断延伸，随着低温水的不断注入，裂缝不断增多、扩大，并相互连通，最终形成一个人工干热岩热储构造。然后，在距注入井合理的位置处(600～900 m)钻一口或几口井(生产井)，贯通人工热储构造，用来采出高温水、汽。生产时，注入水沿着裂隙运动并与周边的岩石发生热交换，产生温度高达150～300 ℃的高温高压水或水汽混合物，用于地热发电等。为增加干热岩内裂隙和毛细管道的延伸长度，国外采用注入酸或碱性溶液的方法，溶解花岗岩中的方解石等成分，以扩大通道面积和范围。在压裂结束后，井内压裂液将返排出地表，或吸收足够的热量转化为水蒸气喷出，从而形成新的井喷[55]。因此，作业现场要配备足够容量的蓄水池。

近年来，随着国内页岩气开采技术的不断完善，钻井压裂改造技术也逐步发展。当前，压裂设备和技术都能够满足钻井改造需要，并且已经形成专门的研究机构和专业规范的施工作业团队。

4.6.2.4 干热岩发电技术

干热岩发电流程：

① 从注入井将低温水输入热储水库中，低温水经过高温岩体被加热。

② 加热后的水在临界状态下以高温水、汽的形式通过生产井被回收用于发电。

③ 发电后将冷却水排至注入井中，重新循环，反复利用。

④ 在此闭合回流系统中不排放废水、废物、废气，对环境没有影响。

干热岩发电原理见图4-21。

(a)

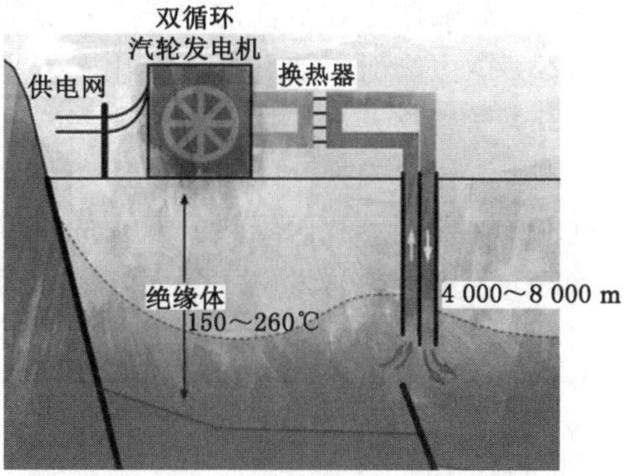

(b)

图 4-21　干热岩发电原理[56]

探索性思考题

(1) 如何提高低渗透性油气储层钻井抽采法的开采效率？
(2) 最新的抽采工艺有哪些？
(3) 最新的抽采设备有哪些？
(4) 油气抽采工艺今后的发展方向有哪些？
(5) 溶浸采矿的定义是什么？
(6) 简述溶浸采矿的分类原则及类别。
(7) 我国在历史上对溶浸采矿的贡献有哪些？
(8) 溶浸采矿的机理是什么？
(9) 溶浸采矿的适用条件及优缺点有哪些？
(10) 原地浸出的工艺流程是什么？
(11) 低渗透深部金属矿床应用溶浸采矿的难点及技术措施是什么？
(12) 就地浸出中如何应用爆破手段控制矿石的块度？
(13) 简述我国水溶开采的历史。
(14) 水溶开采的机理是什么？
(15) 简述水溶开采的分类、优缺点及适用条件。
(16) 简述侧溶底角的影响因素。
(17) 水溶开采涉及的基础理论有哪些？
(18) 热熔法对开采装备有哪些要求？
(19) 对于孔隙率和渗透率很低的自然硫储层，如何提高钻井热熔的辐射范围？
(20) 热熔法除了用于开采自然硫矿床外，还可用于开采哪些矿产资源？
(21) 微生物的营养物质有哪些？
(22) 微生物的浸矿理论有哪几种？你是怎么认为的？
(23) 影响微生物浸矿过程的因素有哪些？

(24) 影响微生物活性的油藏参数有哪些?
(25) 微生物对石油有哪些作用?
(26) 微生物开采的优缺点有哪些?
(27) 流体热交换开采法的使用条件是什么?
(28) 目前制约我国干热岩开发的主要因素有哪些?
(29) 我国干热岩发电发展缓慢的原因是什么?
(30) 干热岩开发涉及哪些理论?
(31) 未来我国的干热岩开发应重点解决哪些问题?

参考文献

[1] 王鸿勋,张琪.采油工艺原理[M].北京:石油工业出版社,1981.
[2] 万邦烈,李继志.石油工程流体机械[M].2版.北京:石油工业出版社,1999.
[3] 李申.有杆泵抽油系统的优化设计[D].大连:大连理工大学,2005.
[4] 岳营.超深井复合抽采工艺设计及其杆管柱力学分析[D].青岛:中国石油大学(华东),2013
[5] 李继志,陈荣振.石油钻采机械概论[M].东营:石油大学出版社,2000.
[6] 范鹏搏.机械采油新进展(二)[J].国外石油机械,1999,10(5):23-27.
[7] KPODO F K. Optimizations in the design and operation of an offshore hydraulic pumping system[J]. Journal of petroleum technology,1988,40(4):459-462.
[8] 郑定杰,宋德合.水力活塞泵采油的实践和认识[J].石油钻采工艺,1984(1):55-60.
[9] LIU X Z,REN G H,WANG X K. Oil production technology of jet gas lift methods [R].[S.l.],1993.
[10] 孙艾茵,刘蜀知,刘绘新.石油工程概论[M].北京:石油工业出版社,2008.
[11] 全爱国,欧阳建功.我国原地爆破浸出开采及其发展前景[J].铀矿冶,2001,20(1):1-5.
[12] 童光煦.高等硬岩采矿学[M].北京:冶金工业出版社,1995.
[13] 丁德馨,李广悦.溶浸采铀[M].哈尔滨:哈尔滨工程大学出版社,2015.
[14] 邹佩麟,王惠英.溶浸采矿[M].长沙:中南工业大学出版社,1990.
[15] 杨仕教.现代铀矿床开采科学技术[M].哈尔滨:哈尔滨工程大学出版社,2010.
[16] 北部湾在线·新媒体.凭什么它能成为国家名片?科技自己会说话![EB/OL].(2017-09-19)[2018-04-10]. https://www.yicai.com/news/5347178.html.
[17] 王昌汉.溶浸采铀(矿)[M].北京:原子能出版社,1998.
[18] 古德生,李夕兵.用原地溶浸采矿回收西部贫矿资源的关键技术研究[J].铜业工程,2002(2):4-6.
[19] 王清明.盐类矿床水溶开采[M].北京:化学工业出版社,2003.
[20] 王清明.钻井水溶开采与设计[M].北京:化学工业出版社,2016.
[21] 王守明.钻井热熔法开采自然硫[M].天津:天津大学出版社,2011.
[22] 中国选矿技术网.钻孔热熔法开采技术、适用范围及优缺点[EB/OL].[2017-04-12].

https://www.mining120.com/tech/show-htm-itemid-10878.html.

[23] 任付平，韩长胜，王玲欣，等.微生物提高煤层气井单井产量技术研究与实践[J].石油钻采工艺，2016，38(3)：395-399.

[24] 郭红光，王飞，李治刚.微生物增产煤层气技术研究进展[J].微生物学通报，2015，42(3)：584-590.

[25] FAKOUSSA R M. Coal a substrate for microorganism：investigation with microbial conversion of national coal[D]. Bonn：Friedrich Wilhelms University，1981.

[26] SCOTT A R. Improving coal gas recovery with microbially enhanced coalbed methane [C]//MASTALETCZ M，GLIKSON M，GOLDING S. Coalbed Methane：Scientific，Environmental and Economic Evaluation. Dordrecht：Springer Netherlands，1999：89-110.

[27] BAKER K H. Bioremediation of surface and subsurface soils[M]. New York：McGraw-Hill，1994：203-259.

[28] 白超峰，岳前升，吴洪特，等.BCTG生物煤层气技术与发展前景[J].中外能源，2014，19(8)：25-29.

[29] XIAO D，PENG S P，WANG B Y，et al. Anthracite bio-degradation by methanogenic consortia in Qinshui basin[J]. International journal of coal geology，2013，116-117：46-52.

[30] XIAO D，PENG S P，WANG E Y. Fermentation enhancement of methanogenic archaea consortia from an Illinois basin coalbed via DOL emulsion nutrition[J]. Plos one，2015，10(4)：1-11.

[31] 苏佳纯，肖钢.利用微生物促进煤层间 CO_2 甲烷化的新方法[J].煤炭转化，2013，36(4)：90-93.

[32] 陈润，秦勇，申建，等.二氧化碳注入煤层多用途研究[J].煤田地质与勘探，2008，36(6)：20-23.

[33] 刘静，王亚娟，吕海燕，等.利用固氮酶提高煤层气采收率技术[J].国外油田工程，2009，25(11)：13-15，32.

[34] 王爱宽，秦勇.生物成因煤层气实验研究现状与进展[J].煤田地质与勘探，2010，38(5)：23-27.

[35] 肖栋，王恩元，彭苏萍，等.煤体微生物厌氧发酵对裂隙发育的响应规律[J].煤炭学报，2017，42(5)：1207-1212.

[36] KOTELNIKOVA S. Microbial production and oxidation of methane in deep subsurface[J]. Earth-science reviews，2002，58(3/4)：367-395.

[37] 宋继臣，刘靖阳，臧立民.论对掘进工作面末端通风及瓦斯管理[J].煤炭技术，2001，20(7)：33-34.

[38] 柯为.治理煤矿瓦斯爆炸的微生物技术[J].生物工程学报，2005，21(3)：460.

[39] NIKIEMA J，BIBEAU L，LAVOIE J，et al. Biofiltration of methane：an experimental study[J]. Chemical engineering journal，2005，113(2/3)：111-117.

[40] 马强，陶秀祥，侯彤.微生物处理煤矿瓦斯研究现状及进展[J].能源技术与管理，2007(3)：76-78.

[41] 周生芳，陶秀祥，侯彤，等.矿井瓦斯微生物转化的研究进展[J].洁净煤技术，2009，

15(3):100-103.
[42] 王璐,金龙哲,陈东科,等. 利用微生物技术治理煤矿瓦斯的研究展望[J]. 中国安全科学学报,2005,15(10):97-99.
[43] 毛飞. 微生物技术治理煤层瓦斯理论及应用研究[D]. 重庆:重庆大学,2013.
[44] 余海霞. 利用微生物技术治理煤矿瓦斯的研究[D]. 杭州:浙江大学,2007.
[45] 耿志光,张瑞林. 利用微生物治理煤矿瓦斯措施研究[J]. 煤炭技术,2015,34(3):138-140.
[46] 于红,张瑞林,冯涛. 微生物治理煤矿瓦斯研究现状及展望[J]. 煤炭技术,2014,33(7):7-9.
[47] 古德生,李夕兵. 现代金属矿床开采科学技术[M]. 北京:冶金工业出版社,2006.
[48] 王昌汉. 矿业微生物与铀铜金等细菌浸出[M]. 长沙:中南大学出版社,2003.
[49] 岳湘安,王尤富,王克亮. 提高石油采收率基础[M]. 北京:石油工业出版社,2007.
[50] 彭裕生,季华生,梁春秀,等. 微生物提高石油采收率的矿场研究[M]. 北京:石油工业出版社,1997.
[51] 汪集旸,胡圣标,庞忠和,等. 中国大陆干热岩地热资源潜力评估[J]. 科技导报,2012,30(32):25-31.
[52] 王贵玲,张薇,梁继运,等. 中国地热资源潜力评价[J]. 地球学报,2017,38(4):449-459.
[53] 蔺文静,刘志明,马峰,等. 我国陆区干热岩资源潜力估算[J]. 地球学报,2012,33(5):807-811.
[54] 蔺文静,刘志明,王婉丽,等. 中国地热资源及其潜力评估[J]. 中国地质,2013,40(1):312-321.
[55] 张所邦,宋鸿,陈兵,等. 中国干热岩开发与钻井关键技术[J]. 资源环境与工程,2017,31(2):202-207.
[56] 中国地质大学地热资源开发研究所. 干热岩发电[EB/OL]. (2015-08-27)[2019-04-30]. http://drfd.hbddrn.com/lingyu/jishu/1715.html.

5　油气开采的钻完井

本章介绍油气开采钻完井工程，主要包括钻井、测井、固井和完井等内容，详细叙述了井身结构设计、钻井设备和钻井液、套管柱强度设计方法、常见测井技术及适用条件、注水泥工艺和技术、常见完井方法和适用条件等。其中，井身结构设计、套管柱强度设计方法、注水泥技术要求掌握，钻井设备、完井方法及适用条件要求理解，常见测井技术了解即可。

钻完井工程是油气资源勘探、开发中一个非常重要的环节和手段。在世界范围内，钻完井费用占油气资源勘探阶段总投资的55%～80%，而在油气开发阶段的总投资中，钻完井费用通常也要超过50%。由此可见，钻完井在油气开采中所占比例较高。早期的钻完井工程与技术主要靠人们积累下来的经验，20世纪50年代初钻完井由经验阶段步入科学化时期，20世纪50年代初至80年代初为科学化钻完井前期阶段，20世纪80年代至今为科学化钻完井后期阶段。如图5-1所示，钻完井工程已经发展为高度机械化、自动化、智能化的现代工业工程之一。通常所说的钻完井技术主要包括钻井、固井、完井技术，此外，测井技术作为钻完井的配套技术，广泛应用于油气田勘探与开发的全过程，可为评价和优化钻井、固井、完井工程提供重要的资料和数据，解决一系列的难题。本章将分别对钻井、固井、完井、测井进行介绍。

图5-1　钻完井工程

5.1 钻　井

5.1.1 井身结构设计

井身结构设计是钻井的基础，其主要任务是确定套管的下入层次和下入深度、水泥浆返深、水泥环厚度、生产套管尺寸及钻头尺寸[1]。井身结构优化设计是关系油气井安全、高效、经济钻达目的层及保护储层的重要措施。由于地区及钻探目的层的不同、钻井工艺技术水平的高低不一，国内外各油田井身结构设计变化较大，图 5-2 是某油井的井身结构示意。井身结构设计的主观条件是钻头、钻井工艺技术水平等；而客观依据主要是地层岩性特征、地层压力、地层破裂压力等。合理的井身结构设计应能有效地保护储层；避免产生井漏、井喷、井塌、卡钻等井下复杂情况和事故，为安全、优质、高速和经济钻井创造条件；当实际地层压力超过预测值发生溢流时，在一定范围内具有处理溢流的能力。

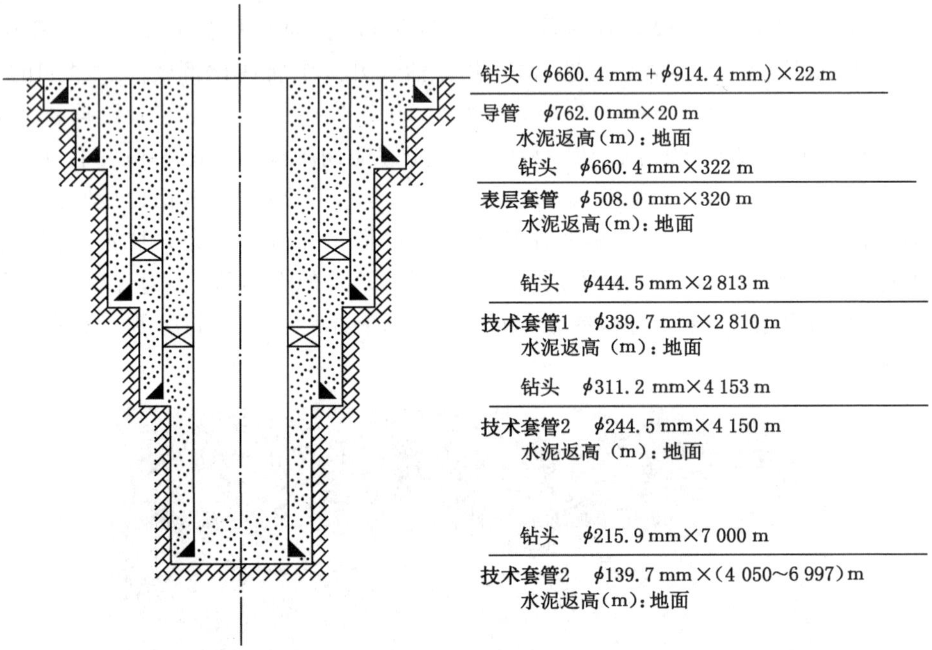

图 5-2　井身结构示意

5.1.1.1　井身结构设计原理[1]

在裸眼井段中存在着地层压力（formation pressure）、地层破裂压力（fractured pressure）和井内钻井液有效液柱压力（effective fluid cloumn pressure）这三个相关的压力，地层-井内压力系统必须满足以下条件：

$$p_{\mathrm{f}} \geqslant p_{\mathrm{mE}} \geqslant p_{\mathrm{R}} \tag{5-1}$$

式中，p_{f} 为地层破裂压力，MPa；p_{mE} 为钻井液有效液柱压力，MPa；p_{R} 为地层压力，MPa。

式(5-1)的工程意义在于裸眼井内钻井液有效液柱压力必须大于或等于地层压力，以防止井喷；但又必须小于地层破裂压力，以防止压裂地层发生井漏。另外，考虑井壁的稳定性，还应满足以下与时间有关的不等式：

$$G_{m}(t) \geqslant G_{t}(t) \tag{5-2}$$

式中，$G_m(t)$为该截面钻井液有效压力梯度，kPa/m；$G_t(t)$为该截面岩层的坍塌压力梯度，kPa/m。

能满足式(5-1)和式(5-2)的同一井段截面间不需要套管封隔；反之，则需要用套管封隔。因此，井身结构设计有严格的力学依据，即地层-井内压力系统的平衡和失稳。

井身结构设计需要的参数主要包括地质方面的数据和工程数据。地质方面的数据主要包括岩性剖面及构造、地层压力梯度和地层破裂压力梯度等。工程数据包含的内容比较多，如抽汲压力系数 S_w、激动压力系数 S_g、地层压裂安全增值 S_f、溢流条件 S_k、压差允值 $\Delta p_N(\Delta p_a)$等。其中，S_w、S_g、S_f 和 S_k 都以当量钻井液密度表示，单位为 g/cm³；$\Delta p_N(\Delta p_a)$的单位为 Pa 或 MPa。

根据设计井实际施工参数，计算出该井在施工中可能出现的最大抽汲压力 p_{sw}，则 S_w 可由式(5-3)计算得出：

$$S_{w} \leqslant \frac{p_{sw}}{0.009\,81H} \tag{5-3}$$

对于某一个区域，若钻机类型、井深、井身结构、管柱（钻柱、套管）组合、钻井液性能都已定型，可选用参数井（或前面已钻井）的 S_w 进行后续井参数的设计。将式(5-3)中的 p_{sw} 换成激动压力 p_{sg} 即可求得激动压力系数 S_g。美国墨西哥湾地区取 $S_g=0.06$ g/cm³，我国中原油田取 $S_g=0.015\sim0.049$ g/cm³。

地层压裂安全增值 S_f 是考虑地层破裂压力检测误差而附加的。此值与地层破裂压力检测精度有关，可由地区统计资料确定。美国墨西哥湾地区 S_f 取值为 0.024 g/cm³，我国中原油田 S_f 取值为 0.02～0.03 g/cm³。

由于地层压力检测存在误差，当溢流压井时，限定地层压力增加值即溢流条件 S_k。此值由地区压力检测精度和统计数据确定。美国油田一般取 $S_k=0.06$ g/cm³，我国中原油田取 $S_k=0.05\sim0.10$ g/cm³。

裸眼井段钻井液有效液柱压力与地层孔隙压力的差值过大，除了会使机械钻速降低外，也是造成压差卡钻的直接原因。这会使下套管过程中发生卡套管事故，使已钻成的井眼无法进行固井和完井工作。

压差允值和工艺技术有很大关系。如使用优质的具有良好润滑性能的钻井液体系，则压差允值可以提高。压差允值也与裸眼井段的孔隙压力有关。若在正常压力井段为钻开下部高压层需要使用加重钻井液，则压差卡钻易发生在正常压力井段的较深部位（即易发生在靠近压力过渡带的正常孔隙压力地层）；若在异常高压井段，则易卡钻部位发生在最小孔隙压力值处的地层中。故压差允值有正常压力井段的压差允值(Δp_N)与异常高压井段的压差允值(Δp_a)之分。一般 Δp_a 大于 Δp_N。

各油田可以从卡钻资料（卡点深度、当时钻井液密度、卡点地层孔隙压力等）中反算出当时的压差值，再对大量的压差值进行统计分析，得出适合该地区的压差允值。

5.1.1.2　*井身结构设计方法*

井身结构主要包括套管的层次、各层套管的下入深入、井眼尺寸、套管尺寸以及套管和井眼尺寸的配合等方面的内容。井身结构设计是整个钻井、固井、完井工程的基础，不但关系到钻井工程的整体效益，而且关系到生产层的保护和产能的维持，直接影响整个油井的质量和使用寿命[2]。

套管的类型很多，根据套管的功能一般可以分为导管、表层套管、技术套管、生产套管和尾管等基本类型。通常油气田套管下入顺序为：导管→表层套管→中间套管（或技术套管）→生产套管（或油层套管）→尾管。

导管（conductor）的作用是在钻表层井眼时将钻井液从地表引导到钻井装置平面上来。这一层管柱长度变化较大，在坚硬的岩层中仅为 10～20 m，而在沼泽地区则可能上百米。表层套管（surface casing）下入深度一般在 30～1 500 m，通常水泥浆返至地表。表层套管可防止浅水层受污染，封隔浅层流砂、砾石层及浅层气；同时，用来安装井口防喷装置以便继续钻进，是井口设备的唯一支撑件。技术套管（protective casing or intermediate casing）用来隔离坍塌地层及高压水层，防止井径扩大，减少阻卡及键槽的发生，以便继续钻进。技术套管还用来分隔不同的压力层系，以便建立正常的钻井液循环；同时，可为井控设备的安装、防喷、防漏及悬挂尾管提供条件，对生产套管还具有保护作用。生产套管（production casing）的主要作用是将储层中的油气从套管中采出来，并用来保护井壁，隔开各层的流体，达到油气井分层测试、分层采油、分层改造之目的。通常水泥返至产层顶部以上 200 m。尾管（liner）是一种不延伸到井口的套管柱，分为钻井尾管和采油尾管。其优点是下入长度短、费用低。另外，深井钻井，在继续钻井时可以使用异径钻具。在顶部的大直径钻具比同一直径的钻具有更高的抗拉伸强度，在尾管内的小直径钻具有更高的抗内压能力。尾管的缺点是固井施工困难。尾管的顶部通常要进行抗内压试验，以保证密封性。尾管与上层套管重叠段长度一般取 50～100 m。

井身结构设计前必须有目标区域的地层压力梯度和地层破裂压力梯度剖面图，如图 5-3 所示，图 5-3 中纵坐标表示井深，横坐标表示地层压力梯度和地层破裂压力梯度，以当量钻井液密度表示[1]。具体的井身结构设计按以下步骤进行。

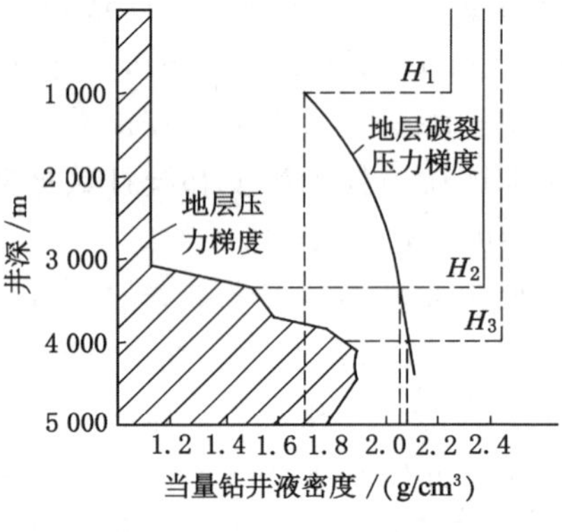

图 5-3 地层压力梯度和地层破裂压力梯度剖面图（H_1、H_2、H_3—假定深度）

(1) 根据开采区域地质情况，确定作业工况（正常作业工况或溢流工况）。

(2) 利用最大地层压力梯度求中间套管下入深度假定点。如在图 5-3 中，在横坐标上找到设计的地层破裂压力梯度当量密度 ρ_{fD}，向上引垂线与地层破裂压力梯度线相交，交点即中间套管下入深度的假定点，记为 H_3；并验证当中间套管下入深度为 H_3时是否有卡套管的危险。

(3) 在剖面图 5-3 上找到 $\rho_m - S_w$ 值（ρ_m 为钻至深度 H_3 时采用的钻井液密度），引垂线与地层破裂压力梯度线相交，交点即新计算的中间套管下入深度，记为 H_2。

(4) 根据中间套管鞋处地层破裂压力梯度当量密度 ρ_{pH_2}，由给定溢流条件 S_k，用试算法计算表层套管的下入深度，即

$$\rho_{fD} = \rho_{pH_2} + S_w + S_f + \frac{H_2}{H_1} S_k \tag{5-4}$$

式中，ρ_{fD}为设计的地层破裂压力梯度当量密度，其工程意义为溢流压井时表层套管鞋处承受的有效液柱压力梯度的当量密度。

试算过程中，当 $\rho_{fH_1}-\rho_{fD}\geqslant 0.024 \sim 0.048\ g/cm^3$ 时（其中，ρ_{fH_1} 为深度为 H_1 的地层破裂压力梯度当量密度），即符合设计要求。

(5) 将生产套管下入目的层中，对压差卡钻和溢流条件进行校核。

以上套管层次、下入深度的确定是以井内压力系统平衡为基础、以压力剖面为依据的；但有些影响钻进的复杂情况并不能反映到压力剖面图上，如吸水膨胀易塌的泥页岩，含蒙脱石易蠕变的泥页岩、盐岩，胶结不良的砂岩等。有些复杂情况的产生又与时间因素有关，如钻进速度快、浸泡时间短，复杂情况并不显示出来；反之，钻速慢，上部某些地层裸露时间长或在长时间浸泡下则发生坍塌、膨胀、缩径等情况。这就需要根据已钻井的经验来确定某些应及时封隔的地层，即必封点。某些地区没有复杂情况则不必确定必封点。另外，求得控制复杂情况所需的坍塌压力梯度值是非常必要的，这样就不必凭经验确定必封点了。

5.1.2 钻井设备与钻井液

5.1.2.1 钻井设备

(1) 钻机

用于钻井工程的设备叫作钻机(drillrig)，如图 5-4 所示，现代钻机是一套庞大的联合机组，包括的内容广，涉及的种类多，它随着钻井方法、钻井技术的发展而不断发生变化和完善。转盘旋转钻机可分为五大系统，主要由八大件组成，分别介绍如下[3]。

图 5-4 钻机实物图

旋转系统的主要部件是转盘。转盘中心有一方形钻孔，钻头和钻具通过此孔下入井内；在钻柱上面有方钻杆，方钻杆与转盘之间用方补心填紧。这样，旋转系统在自转过程中就可以带动方钻杆及井下钻具和钻头旋转，在一定的钻压下，钻头就可以破岩。

提升系统的主要部件是井架、天车、游车、大钩及绞车等。钻机的提升系统就是一台大型起重机。

循环系统的主要部件是钻井泵、水龙头和水龙带等。其主要功能是不断向钻具内打入钻井液，并使钻井液通过钻具与井之间的环空返到地面，在地面将岩屑清除后再泵入井内。

一台钻机要运转，提升系统、循环系统要工作，都要有动力机、离合器、传动链条、变速箱及减速箱之类的部件，该套设备称为传动系统。

控制系统相当于人的中枢神经系统，用来控制整个钻机的工作。常用的控制方式有机械控制、电控、气控、液控和混合电液控制等五种。

钻机八大件主要是指井架、天车、游车、大钩、水龙头、转盘、绞车和钻井泵。

随着钻井生产的不断发展、使用条件的变化以及钻井工艺发展的要求，相应地出现了各种类型的钻机。

按钻井作业方式，钻机可分为转盘钻机、挠性管钻机和顶部驱动钻机。按钻井深度不同，可将钻机分为轻便型钻机和大型钻机，如图 5-5 所示。轻便型钻机的额定起重量一般在 300 kN 以下，使用直径为 50～89 mm 钻杆，钻井深度从几米到两千米。大型钻机又可分为：① 超重型钻机，其钻井深度可超过 5 000 m，最大起重量超过 2 500 kN；② 重型钻机，其钻井深度为 3 000～5 000 m，最大起重量为 2 000～2 500 kN；③ 中型钻机，其钻井深度为 1 000～2 000 m，最大起重量为 800～1 600 kN。

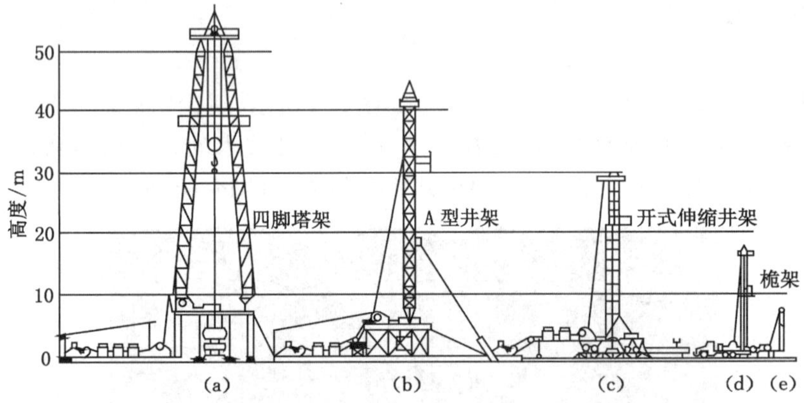

(a) 超重型钻机；(b) 重型钻机；(c) 中型钻机；(d) 车装轻型钻机；(e) 地震轻便钻机。

图 5-5　大型与轻便型钻机

按钻井动力设备，钻机可分为四种：柴油机驱动钻机，即以柴油机为动力并通过机械传动或液力传动的钻机；交流电驱动钻机，适用于有电力网的油田；直流电驱动钻机，其工作机用直流电动机驱动，用柴油机或燃气机带动发电机供电；燃气轮机驱动钻机。

(2) 钻头

岩石是钻井工作的主要对象，钻头(bit)是破碎岩石的主要工具。现代钻井方法是依靠钻柱将地面上的动力传递给钻头，再借助钻头来破碎岩石的。作用在井底岩石上的力，除钻压、扭转剪切力外，还有上覆岩层的压力、钻井液液柱压力及地层孔隙压力等。因此，要破碎岩石而得以钻进，除必须选择高质量的与岩性相适应的破岩工具之外，钻井时通过钻头施加于岩石上的外力还必须超过岩石的硬度、强度等极限值。所以研究岩石在各种应力状态下的力学及变形特点和机械性质、各种钻头的破岩原理，是钻井工程技术中必须予以解决的主要问题之一。

岩石具有研磨性与可钻性。在用机械方法破碎岩石的过程中，钻井工具(如钻头)和岩石产生连续的或间歇的接触和摩擦；而在破碎岩石的同时，这些工具本身受到岩石的摩擦而逐渐磨损。岩石磨损这些材料的能力称为岩石的研磨性。岩石的可钻性一般理解为岩石破碎的难易性，由此可以把岩石分成难钻的和易钻的。

常用的钻井钻头一般分为三类：刮刀钻头、牙轮钻头和金刚石钻头。

刮刀钻头是旋转钻井中最早使用的一种钻头。这种钻头结构简单、制造方便、成本较低，按刀翼数可分为两翼钻头、三翼钻头和四翼钻头等多种结构形式，如图 5-6 所示。矿场中使用最多的是三翼钻头。在泥岩和页岩等软地层中使用刮刀钻头可以获得高的机械钻速和钻头进尺。但是由于刮刀钻头承压面积大，在钻遇较硬地层时，钻头吃入困难，钻井效率低。刮刀钻头刀翼在钻压和扭转力的作用下，以正螺旋面吃入切削地层。

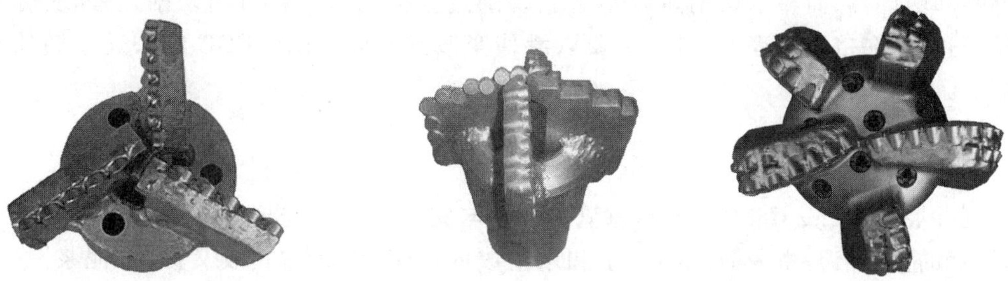

(a)　　(b)　　(c)

图 5-6　刮刀钻头

牙轮钻头能适应各种地层，在石油钻井中使用量多，按钻头上牙轮的个数可将牙轮钻头分为单牙轮钻头、两牙轮钻头、三牙轮钻头和四牙轮钻头。其中，使用最多的是三牙轮钻头，如图 5-7 所示。

(a)　　(b)

图 5-7　三牙轮钻头

钻井时，钻头上承受的钻压经牙轮作用在岩石上。除此静载以外还有冲击载荷，它是由钻头的纵向振动产生的。为了提高牙轮钻头对中硬和软岩层的破碎效率，除了要求牙齿对井底岩石有压碎、冲击作用外，还要求有一定的剪切作用。剪切作用主要是通过牙轮在井底滚动的同时还产生轮齿对井底的滑动来实现的。

金刚石钻头按金刚石来源可分为天然金刚石钻头和人造金刚石钻头。金刚石钻头由钢体、胎体和切削刃三部分组成。当钻进坚硬岩层时，钻头上的金刚石在钻压作用下压入岩石，使下面的岩石处于极高的应力状态，呈现塑性，同时在旋转扭矩的作用下产生切削作用，进而破碎岩石。

聚晶金刚石复合片钻头，亦称聚晶金刚石切削块钻头，或简称 PDC 钻头，是用聚晶金刚石做成小型切削块或烧结到钻头体上而形成的。它自 20 世纪 70 年代出现以来，逐渐取代了金刚石钻头而得到了广泛应用，成为石油钻井中普遍使用的高效钻头之一。PDC 钻头以锋利、耐磨和能够自锐的金刚石为切削齿，在低钻压下即可获得较高的钻速和进尺，可大大缩短钻进时间、节约钻井成本，具有广阔的应用前景。PDC 钻头是以切削齿对地层进行切削来破碎岩石的，由于钻头在井下高速旋转，以及井下的高温环境使得井下岩石具有一定的弹性和塑性，因而整个切削过程与金属切削过程很相似。岩石的切削过程，实际上是一种挤压过程，在挤压过程中，岩石主要以滑移变形方式被切削。PDC 钻头适于钻软到中硬岩层。

5.1.2.2 钻井液

(1) 钻井液的功能

钻井液(drilling fluid)是指具有满足钻井与完井工程所需要的多种功能的钻井循环流体，初期的钻井液是由最简单的泥土和水组成的混浆，因此钻井液又称为“泥浆”。一口油气井钻井能否成功在很大程度上取决于钻井液的性能，人们常常用“泥浆是钻井的血液”来形象说明钻井液在钻井过程中的重要地位[4]。钻井液始终是为钻井工程服务的，它的发展与钻井工程的发展需要紧密相关。在钻井实践中，钻井液不断发展，从最初的清水开始，经历了清水、天然泥浆、细分散泥浆、粗分散泥浆、不分散低固相泥浆、无固相泥浆等阶段。为了不断满足现场需求，人们发展出了油基泥浆以及空气、泡沫等新型钻井液，远远超出了黏土和水混合形成的“泥浆”范围，因此目前通常用“钻井液”代替“泥浆”这一名称。

钻井液的功能主要体现在油气井钻井、完井两个环节。在钻井方面，钻井液的主要功能有：清洗井底，携带岩屑；冷却、润滑钻头和钻柱；形成泥饼，保护井壁；控制和平衡地层压力；悬浮岩屑和加重材料；提供所钻地层的地质资料；传递水功率；防止钻具腐蚀。在保护油气储层方面，钻井液(此时称完井液)的主要功能是保护油气层的渗透性，尽量降低对原始油气层物化性质的损害，主要表现在以下两方面：控制固相粒子类型、含量及级配，防止固相粒子对油气层的损害；保持液相与地层的相容性。

(2) 钻井液的组成及类型

钻井液属于复杂的多相多级胶体和悬浮体分散体系。它既可以是固体分散在液体中，或者是液体分散在另一种液体中；也可以是气体分散在液体中，或者是液体分散在气体中形成的分散体系。钻井液的基本成分由分散相＋分散介质＋化学处理剂组成。具体成分如图 5-8 所示。

化学处理剂是指各种维护分散体系稳定性和调整分散体系性能的化学添加剂。

在以水为连续相的水基钻井液中，通常用质量分数表示钻井液配方中各组分，不考虑处理剂本身的体积。例如，某种水基钻井液组分为 1 000 mL 水＋50 g 膨润土＋20 g 处理剂，用组分表示的钻井液配方为 5%膨润土浆＋2%处理剂。

随着钻井工艺技术的不断发展，钻井液的种类越来越多。目前，国内外对钻井液已有多种分类方法，其中较简明的分类方法有以下几种：按照密度大小可将钻井液分为高密度钻井液和低密度钻井液，界限一般为 1.35 g/cm^3；按照与黏土水化作用强弱程度可将钻井

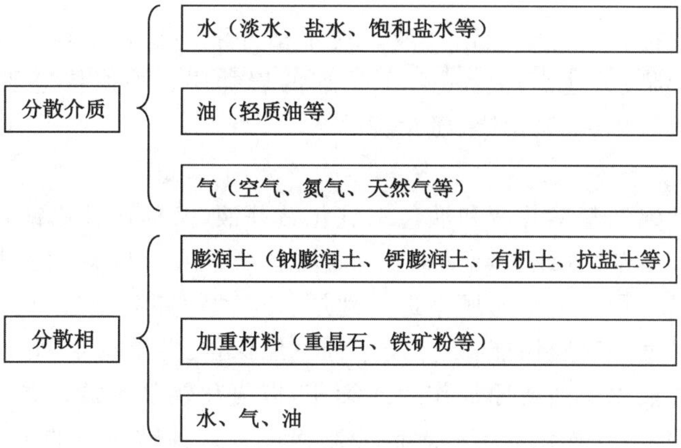

图 5-8　钻井液各相具体成分

液分为抑制性钻井液和非抑制性钻井液；按照连续相性质可将钻井液分为水基钻井液、油基钻井液和气基钻井液。

美国石油学会（API）和国际钻井承包商协会（IADC）通常将钻井液分为九大类，分别为：不分散钻井液；分散钻井液；钙处理钻井液；聚合物钻井液；低固相钻井液；盐水钻井液；油基钻井液；合成基钻井液；空气、雾、泡沫和充气钻井流体（俗称低压钻井液）。

① 不分散钻井液

该类型钻井液特指未经处理的天然泥浆或者仅仅作轻度处理的泥浆，用在浅井或者上部井段钻进中，一般不添加处理剂或添加极少量处理剂。由此可知，此处的“不分散”是指不作任何处理（或作少量处理）的意思，与我国定义钻井液中加入有机高分子絮凝剂和包被剂以增强钻井液抑制性的“不分散”含义不同。

② 分散钻井液

该类型钻井液是指以水、膨润土和各类分散剂（如木质素磺酸盐、褐煤或单宁）配制而成的水基钻井液，通常用于需要高密度钻井液的中深井、深井，或对井壁泥饼质量要求严格的地区钻井。

③ 钙处理钻井液

该类钻井液中钙离子含量大于 120 mg/L，其特点是抑制黏土水化和抗可溶盐侵污能力强。根据提供钙离子的无机盐类型，又可将这种钻井液分为石灰钻井液、石膏钻井液和氯化钙钻井液。

④ 聚合物钻井液

这种钻井液主要靠天然改性的或者人工合成的线性长链高分子聚合物调整钻井液的流变性、滤失性等工艺性能。长链高分子聚合物对钻屑有包被作用，从而对钻屑有比较强的稳定作用。该类型钻井液可用于浅井、深井，是目前国内外使用最普遍的钻井液类型。

⑤ 低固相钻井液

总固相体积分数为 6%～10%，黏土含量不大于 3%，且钻屑与膨润土含量之比小于 2 的钻井液称为低固相钻井液。这种钻井液的核心是通过控制固相的总量和固相类型，提高钻井速度。

⑥ 盐水钻井液

这种钻井液主要指无机盐酸盐钻井液。盐水钻井液的盐含量可由 10 000 mg/L 到饱和含量。盐可来自配浆水、地面加盐或井下钻遇的岩盐层。根据特定要求,可使用各种不同的盐类,如氯化钠、氯化钙、氧化镁、氯化钾等。

⑦ 油基钻井液

油基钻井液包括纯油基钻井液和油包水乳化钻井液(又称逆乳化钻井液)两种类型。

纯油基钻井液仅由柴油(或者原油或白油)加上沥青或有机膨润土及有关化学处理剂组成,配方中不含水,少量的水来自所钻进的地层。这种钻井液通过对其中酸、碱皂和柴油浓度的调节来维持黏度和凝胶性能,主要用于油气层保护、井壁稳定和抗可溶盐侵污。

油包水乳化钻井液以柴油或原油作为连续相,以氯化钙盐水或其他亲油粉末状物质作为非连续相(乳化相),加入乳化剂等处理剂配制而成。这种钻井液的主要特点是热稳定性高,有较好的防塌效果,对油气层损害小,常用于超深井的高温井段、易塌地层和低压油气层钻进。

⑧ 合成基钻井液

合成基钻井液具有油基钻井液的性能,却不对环境造成损害。这种钻井液的主要类型有酯基、醚基、聚 α-烯烃基和异构化 α-烯烃基钻井液。

这种钻井液近年来已经发展了两代。第一代合成基钻井液基液有酯类、醚类、聚 α-烯烃(PAO)、醛酸醇等;第二代合成基钻井液的连续相是线性烷基苯、线性 α-烯烃(LAO)、内烯烃(IO)、线性石蜡(LP)。第一代合成基钻井液比第二代合成基钻井液润滑性能好、毒性低,但是仅能配制较高油水比(75/25～70/30)的钻井液;第二代合成基钻井液原料来源较广,生物降解(有氧或厌氧条件)速度快,黏度低,可配制低油水比(60/40～65/35)的钻井液。因而,第二代合成基钻井液成本低、对环境造成的影响小、钻井效率高。

⑨ 空气、雾、泡沫和充气钻井流体

这四种钻井流体是服务于低压钻井技术的特殊流体。空气钻井流体指经脱水后的干空气钻井流体,这种干空气以能够清除环空钻屑的气量注入井筒,可保证钻进的正常进行,其他气体如氮气、柴油机废气等也具备这种作用。雾化钻井流体则是将起泡剂注入含水的空气流中混合形成的。泡沫钻井流体由表面活性剂和少量的黏土及部分聚合物与水组成,包括普通稳定泡沫、硬胶泡沫和微泡沫。前者泡沫质量高,含气量大,需要特殊空气压缩机设备配合使用;微泡沫则仅要求现场具有配制漏斗和搅拌器即可。由于泡沫钻井流体的循环黏度很高,因此其携带岩屑的能力很强。充气钻井流体依靠向钻井液中注入空气来实现消除井眼内钻屑的目的,与泡沫钻井流体相比,充气钻井流体的气液比相对较小。

(3) 钻井液的性能

按 API 推荐的试验程序,钻井液的常规性能包括密度、马氏漏斗黏度、塑性黏度、动切力、静切力、API 滤失量、高温高压滤失量、pH 及碱度、含砂量、固相含量、膨润土含量和滤液中各种无机离子浓度等。钻井液的上述性能直接影响钻井的速度和质量。以下重点介绍钻井液的密度、流变性、滤失量和含砂量等四项性能。

① 钻井液的密度

钻井液的密度主要用来调节钻井液的静液柱压力以平衡地层孔隙压力,确保钻井安全;有时也用来平衡地层构造应力,以避免发生井塌。钻井液的密度必须满足地质和工程的要求。密度过高，会引起钻井液过度增稠、易漏失、成本增加以及钻速下降、油气层受损害等一系列问题；而密度过低则容易产生井涌甚至井喷，有时还会造成井塌、井径缩小和携屑能力下降等问题。因此，必须准确、合理地确定不同井段钻井液的密度指标，并在钻进过程中随时进行检测和调整。

提高钻井液的密度最常用的方法是加入各种加重材料，如重晶石、石灰石等。在加重之前，应调整好钻井液的各种性能，特别是要严格控制低密度固相的含量。所需密度值越高，加重前钻井液的固相含量应越低，黏度、切力也应越低。此外，加入可溶性无机盐也是提高钻井液的密度较常用的方法，如 NaCl 可将钻井液的密度提高到 1 200 kg/m^3 左右。在降低钻井液的密度方面，常采用机械和化学絮凝的方法清除固相，从而降低钻井液的固相含量；加水稀释或者混油(会使钻井液成本增加)；钻低压油层时也可选用充气钻井液等。

② 钻井液的流变性[5]

钻井液流动和变形的特性称为钻井液的流变性，其中流动性是主要的。钻井液的流变性是钻井液的一项基本性能，它在解决下列钻井问题时起着十分重要的作用：携带岩屑，保证井底和井眼的清洁；悬浮岩屑和重晶石；合理确定水力参数，减少循环压力损失，充分发挥钻头水功率的作用，提高机械转速；减轻钻井液造成的压力激动和对井壁的冲刷，防止井漏和井塌等事故的发生；有效地发挥固控设备的性能；防止气侵。因此，钻井液的流变性与安全、快速钻井密切相关，对钻井液的流变参数进行有效的控制、优选和调整，已成为当今钻井液工艺技术的重要组成部分。通常钻井液各个流变参数的数值必须维持在某一适宜范围，否则就会引起一些不良的后果。一般来讲，当钻井液黏度、切力过高时，不仅流动阻力增加，钻速受到影响，而且还容易出现泥包钻头、激动压力大以及固控设备难以充分发挥其效能等问题。但若黏度、切力过低，则井眼净化不良和对井壁的冲刷加剧会更容易导致卡钻、井塌等情况。

③ 钻井液的滤失量

在钻井液液柱压力和地层压力间压差的作用下，钻井液中的水分渗入地层的孔隙和裂缝中，同时钻井液中的固体颗粒被阻挡沉积在井壁上，形成一层泥饼，这种作用称为钻井液的失水和造壁作用。钻井液静止时的滤失作用称为静失水，循环时的滤失作用称为动失水。钻井液循环时，一方面存在着滤失和造壁作用，另一方面形成的泥饼又受到钻井液的冲蚀，当造壁的速度和被冲刷的速度动态平衡时，失水速度保持不变。而在静失水情况下，泥饼厚度不断增加，失水速度不断降低。所以在相同时间内，静失水比动失水形成的泥饼厚，而动失水的速度和滤失水分的数量要比静失水大。因此，要想控制渗入地层中水的数量，必须重视动失水；而要想控制泥饼厚度，则必须注意静失水。

在地层刚刚钻开、泥饼尚未形成以前，钻井液中大量水分在短时间内迅速渗入地层，这种滤失作用称为瞬时失水。瞬时失水高有利于提高机械钻速。

通常，失水量越少、泥饼厚度越小，对钻井越有利。失水量高且泥饼厚而松散对钻井是很不利的，此时会损害油气层，降低产量；造成井壁垮塌，井径不规则，起下钻遇阻；在高渗透性地层中形成较厚泥饼，造成压差卡钻；造成滤液侵入半径过大，从而使测井解释不准。但是，在实际钻井作业过程中，钻井液的滤失量也并非越小越好。在一般地层中，如果对控制滤失量要求过高，则不仅会造成处理剂的大量消耗，而且不利于提高钻速。因此，应根据地层特点，适当地控制滤失量。

钻井液的滤失量主要受压差、时间、温度、泥饼渗透性等因素的影响。从钻井液性能方面考虑，为了有效地控制滤失量，可采取下述措施：a. 使用膨润土。膨润土颗粒细、呈片状、水化膜厚，故能形成致密的泥饼，而且可以在固相较少的情况下满足对钻井液滤失性质和流变性质的要求。b. 加入适量纯碱、烧碱或有机分散剂（如煤碱液等），提高黏土颗粒的电位、水化程度和分散度。c. 加入适当聚合物以保护黏土颗粒，阻止它们聚结，从而有利于提高分散度。同时，聚合物沉积在泥饼上可起堵孔作用，从而使失水量降低。d. 加入一些极细的胶体粒子（如腐殖酸钙胶状沉淀）以堵塞泥饼孔隙，从而使泥饼的渗透性减小、抗剪切能力提高。

④ 钻井液的含砂量

钻井液的含砂量是指钻井液中不能通过 200 目筛子（即直径大于 74 μm）的砂子所占钻井液体积的百分数。钻井液中砂子的来源，一方面是造浆用黏土中带来的，另一方面是由钻屑中混入的。钻井液的含砂量高会使钻井液密度升高、钻速降低、泥饼含砂量增高、失水量增加；使泥饼摩擦系数增大，从而造成卡钻现象；使钻头钻具等设备磨损严重。因此，在钻井过程中要求钻井液的含砂量小于 0.5%。

5.1.3 井眼轨迹测量与控制

5.1.3.1 井眼轨迹测量

无论是直井还是定向井，实际钻出的井眼轨迹（well trajectory）都是一条空间曲线。为了认识这条空间曲线的形状，评价实际钻进的井眼是否和设计井眼相一致，判断是否能钻达钻井目标，需要使用专门的仪器，通过测量不同井深的井斜角（hole inclination or hole angle）和方位角（azimuth angle）对地下井眼轨迹进行测量。井眼轨迹测量的目的和作用主要有：随钻监测实钻井眼轨迹以保证钻达既定目标；当需用造斜工具定向钻进时，将造斜工具按要求的方向定向；确保正钻进的井没有与附近已钻成的井相交的危险；确定钻遇各地层的真垂深，以绘制出准确的地质剖面图；监测油层特性及确定钻进救险井准确的井底位置；沿井身计算出井眼曲率以评价井身质量；为完井工程提供井眼轨迹数据[1]。

早在 20 世纪 20 年代，人们就已经发现许多直井的井眼偏斜达 30°，因此开始进行油井测斜工作。最早应用的测斜仪器是氢氟酸瓶，它的内容器是玻璃圆筒，内装有氢氟酸。如果仪器在倾斜位置停留一段时间，则氢氟酸将与玻璃起反应并在玻璃面上留下指示水平的刻痕，据此刻痕可计算出井斜角。随着定向钻井的日益普遍，对测斜提出了更高的要求，需要在不同井深测量井斜及方位，从而计算并绘制井口至井底的轨迹。20 世纪 60 年代以后，人们发明了很好的测斜仪器及测斜方法。海上油田的规模开发，对采用更加复杂的测斜仪器和方法，如有线测斜及更为先进的无线测斜，起到了刺激的作用。随着测斜技术的改进，人们可以更好地了解井眼轨迹。连续监测技术为定向钻井人员提供了可随时改变钻井参数以改变井眼方位角及井斜角的可能。

定向井通常需要测量井斜角、方位角和工具面角三个参数。工具面角是定向作业的关键参数，是指造斜工具下到井底以后工具面所在的角度，有高边工具面角和磁工具面角两种表示方法。高边工具面角是指以高边方向线为始边，顺时针转到工具面与井底圆平面的交线所转过的角度；磁工具面角是指在水平面上以正北方向线为始边，顺时针转到工具面与井底圆平面的交线在水平面上的投影线所转过的角度。

为了满足在不同情况下进行井眼轨道控制的要求，出现了多种井眼轨迹测量仪器。按照仪器的结构、性能和工作方式，可归纳如图 5-9 所示[6]。

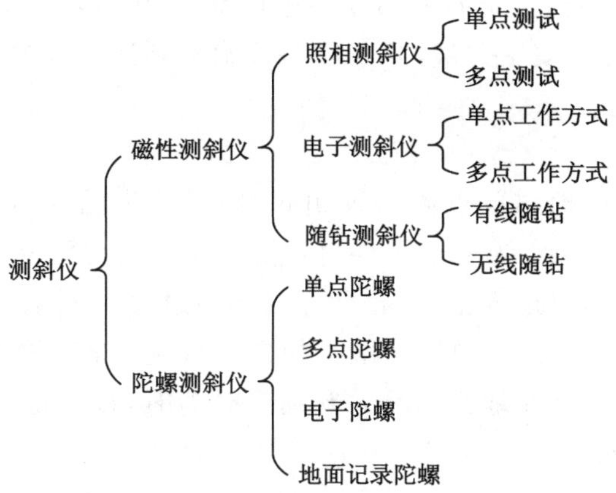

图 5-9 井眼轨迹测量仪器分类

下面介绍几种常用的井眼轨迹测量仪器。

(1) 单点测斜仪

单点测斜仪常用于监测一口定向井或井斜控制井的钻进过程，并帮助确定改变轨迹的工具的工具面方向。根据采用的测斜原理和方法，将单点测斜仪分为磁性单点测斜仪、电子单点测斜仪和陀螺单点测斜仪。单点测斜仪的正常测量过程是在钻头离开井底时进行的，通常的使用步骤是：首先组装好仪器（若为照相测斜仪，则需在仪器里装上胶片），触发定时器。然后用钢丝将测斜仪下入钻柱内，在井斜角较大（如 60°～70°）时需将仪器泵送下入。在下入仪器过程中，应上下活动钻杆以防遇卡。当仪器接近测斜座时，应减慢下放速度。在使用仪器测量时，不应活动钻杆。除用运动定时器外，在定时器被触发时，要使地面上的秒表开始走动，以得知仪器何时正在进行测量。将测斜工具由井下起出，收回仪表筒后，若为照相测斜仪，则需要取出圆形底片浸入显影液中显影，然后由测量员读出相片中的角度；若为电子测斜仪，则需要接入计算机读取测量数据。

用单点测斜仪定向需要用一个斜口管鞋心轴和井底定向接头。图 5-10 为斜口管鞋定向装置。装有键的斜口管鞋定向套放在斜口管鞋定向接头中，键的方向与造斜工具的工具面方向一致。单点测斜仪底部有一斜口管鞋心轴，其形状使它只有在工具面的方位上才能进入定向套。在仪器内部，对应工具底部斜口管鞋心轴键槽方向若为照相测斜装置则固定有一指针，照相后可在底片上读出其与工具高边或与磁北方向的夹角；若为电子测斜装置，则加速度传感器的一个分量在安装时与此重合，以保证测量后能够计算出工具面角。

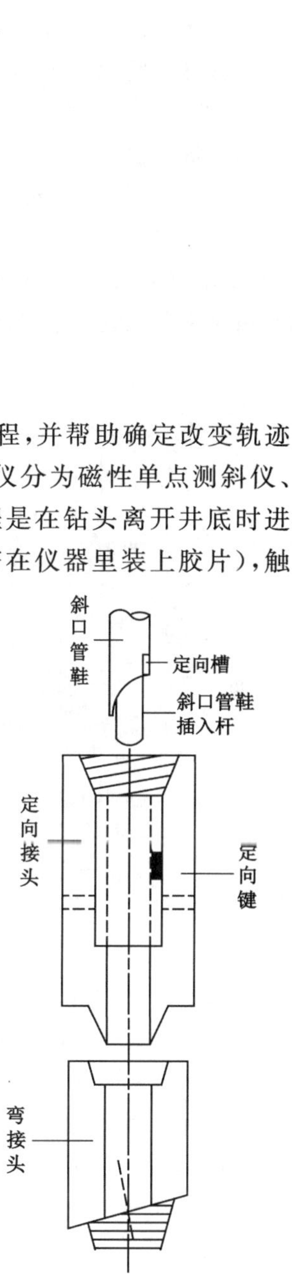

图 5-10 斜口管鞋定向装置

在下套管的井或靠近其他已下过套管的井中，除非使用单点陀螺测斜仪，否则不能得出准确的测量结果。单点测斜仪的主要缺点是费时，根据井深不同，下入和取出仪器可能需要 0.5～1.5 h。如果钻柱在定向井内保持静止状态，则存在压差卡钻的危险。为预防卡钻，下入仪器前应循环并调整钻井液，除了测斜仪确实到达井底并进行测量外，不能让钻柱保持静止状态。

(2) 多点测斜仪

多点测斜仪的工作原理与单点测斜仪相同（同样分为磁性多点测斜仪、电子多点测斜仪和陀螺多点测斜仪，图 5-11 为电子多点测斜仪），但它能在预定井段内测量并存储多组数据。在起钻前将多点测斜仪投入钻柱内，即可在起钻过程中测量全井井斜及方位。在起钻过程中，约 30 m（一个立根长度）测量一次。如果想得到比较密的测点，则可以在想测的点停止起钻等候测量。当仪器在地面组装并开动定时器时，秒表也要同时开动。秒表与定时器同步，以使操作人员准确地知道何时测量和测量的次数。当起出每个立根钻杆时，测量人员必须记录每次测量的深度。与单点测斜仪一样，除陀螺多点测斜仪外，多点测斜仪也必须在无磁钻铤内进行测量。每次卸立根时，钻杆应静止足够可以测量两次的时间，这两次测量结果应当是相同的。在两次卸立根间隔内，钻杆正在活动时所进行的测量将忽略不计。

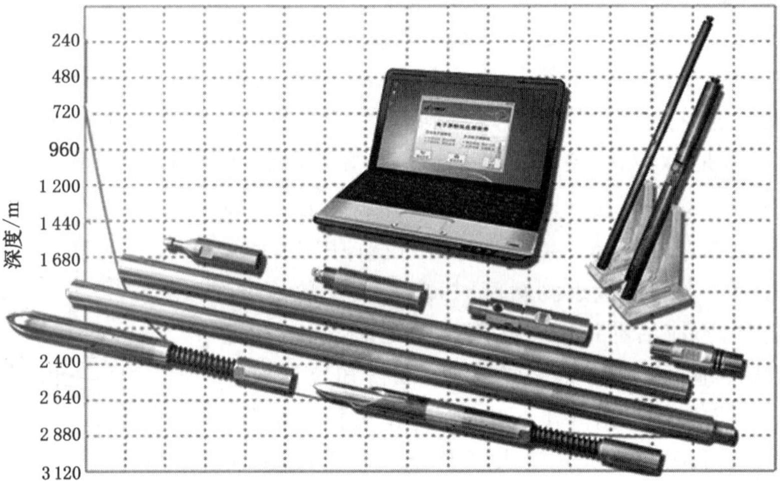

图 5-11　电子多点测斜仪

多点测斜一般在某一特定井段钻完后、下套管前进行。由于多点测斜仪的测点比单点测斜仪的更密集，且由同一仪器在同一趟钻内完成，因此，多点测斜结果比一系列的单点测斜结果更能代表井眼的轨迹。

(3) 有线随钻测斜仪

当使用带有弯接头或弯外壳的钻井液马达时，下入有线随钻测斜仪是明智而又经济的选择。有线随钻测斜仪的探头随电缆下入井内并坐入斜口管鞋定向套内。电缆能穿过装在钻杆上的循环头，如果每钻 30 m 井眼下入一次，则有线随钻测斜仪应收回放入最上面的立柱。该立柱打完以后再加上另一个。接上带有有线随钻测斜仪的立柱后，将有线随钻测斜仪下入到定向接头处并复位。

为了避免每 30 m 拉出一次有线随钻测斜仪，在入井后的最后一节钻杆上加上一个侧入接头。在侧入接头的侧面装有防止钻井液泄漏的密封套结构。有线随钻测斜仪按常规方式下入，坐放到定向套内。电缆在侧入接头内被卡紧，从侧边出来。随着连续钻进，按常规操作，新的钻杆立根不断地用方钻杆接上。随着越来越多的钻杆被加到钻柱上，电缆被钳紧在钻杆侧面。用这种方法可钻进上百米而无须把有线随钻测斜仪提到地面。

有线随钻测斜仪用加速度计和磁通门计测量井斜和方位。井下的井斜、方位测量数据经电缆传至地面计算机处理后进行记录和显示。多数有线随钻测斜仪可在钻井过程中不断地检测井斜、方位和工具面角。这些数据能由装在司钻旁的显示器实时显示。因此，有线随钻测斜仪能为定向钻井人员提供更多、更及时的信息，以帮助操作人员调整工具面角、控制钻井液马达。由于有连续稳定的工具面角读数，操作人员无须再对预定的反扭矩修正工具面角。

(4) 无线随钻测斜仪

有线随钻测斜仪的优越性明显，但其连接探头与地面仪器之间的电缆会影响正常的钻井施工，特别是不能采用有效的转盘旋转方式钻进。因此，研发了可替代电缆的各种数据传输方法，如电磁波法、声波法、压力脉冲法、压力脉冲调制法和钻杆法，然而目前商业化运作的传输方法只有压力脉冲法和压力脉冲调制法。压力脉冲系统可进一步再分为正压力脉冲系统和负压力脉冲系统。

图 5-12 是一种典型的无线随钻测量系统，井下部分包括加速度计和磁通门计传感部件、信号转换部件、脉冲发生器部件和动力部件。在地面由压力传感器接收信号并传输到计算机进行处理，把这些信息转换成井斜角、方位角和工具面角数据。这些信息被传输到终端打印，并传输到钻台显示，类似于有线随钻测斜仪那样显示井斜角、方位角和工具面角。

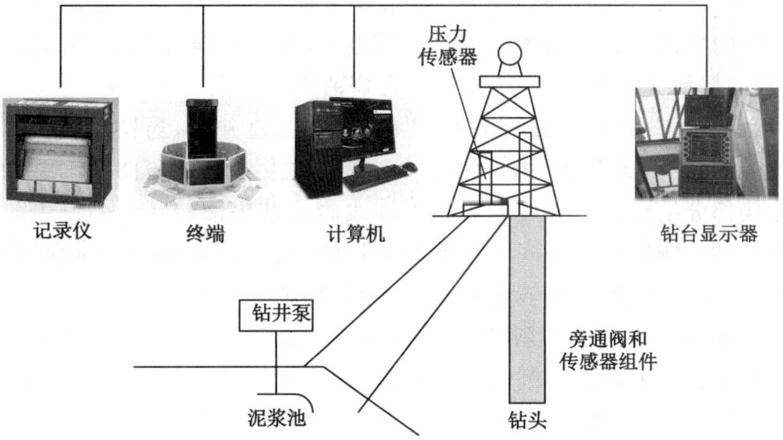

图 5-12　典型的无线随钻测量系统

无线随钻测斜仪主要用于定向井定向造斜、扭方位和随钻监控井眼轨道；直井段和斜井段转盘钻井的井眼轨道控制；导向钻井系统中的井眼轨道控制；大斜度井、水平井井眼轨道控制及提供部分常规地质测井和地层参数测井项目。

5.1.3.2 井眼轨迹控制

(1) 井眼轨迹控制机理

井眼轨迹控制是钻井工程中非常重要的一项工作。在油气田开发早期,对井眼轨迹的控制并不严格。到20世纪20年代末期,人们发现了钻井中的井眼弯曲问题并认识到钻进绝对垂直的钻井难度非常大,而且逐渐认识到了井斜的危害。到20世纪50年代,防止井斜成为钻井技术领域关注的重点问题,同时,人们利用井斜钻成了定向井(directional well)、水平井(horizontal well)和丛式井(cluster well),解决了很多油气田开发中的难题并取得了良好的经济效益[7]。截至目前,国内外在防斜打直、造斜、增斜、稳斜降斜等井眼轨迹控制方面取得了一系列重要成果。

钻井工程实践表明,造成井斜的原因是多方面的,如地质条件、钻具材料及结构、钻井技术以及设备安装质量等。归纳起来主要有两个方面:一个是钻头与岩层相互作用方面的原因;另一个是钻柱力学性质方面的原因,即下部钻具受压发生变形使钻头发生偏斜或在钻头上产生侧向力使井眼轨迹发生弯曲。

造成井眼弯曲的地质因素主要是岩石的各向异性和软硬交错。地质因素在井眼的自然弯曲中起主要作用并具有一定的规律性。岩石在不同方向上具有不同的强度和硬度等力学性质的现象称为岩石的各向异性。岩石的各向异性与岩石的层理、片理、微裂隙性和流纹性等构造特征有着密切的关系。在一定压力作用下,将平底圆柱压头压入岩石时,对于各向同性岩石,压头下方会形成圆锥形破碎孔穴。然而对于各向异性的岩石,若压头作用方向平行或垂直于岩石层面,则压头下方也会形成圆形的破碎孔穴,但前者比后者直径小。若压头作用方向与层面斜交,则压头下方会形成不对称的椭圆形的破碎孔穴,且在逆层面倾向一侧破碎带较宽,在顺层面倾向一侧破碎带较窄,椭圆长轴垂直于层面走向。这表明岩石在垂直于层面方向抗压入阻力最小,从而造成钻头以锐角穿过层理发育的岩层时孔底截面呈椭圆状。椭圆起着导向作用,使粗径钻具在力的作用下定向偏倒,从而使钻孔朝垂直于层面方向弯曲。岩石的各向异性系数越大,则钻孔弯曲的趋势越强。工程实践表明,当钻孔与岩层层面夹角为30°～60°时,钻孔弯曲强度最大。

钻进时,靠下放部分钻柱重量给钻头施加钻压。在直井中,当钻压较小时,下部钻柱保持直线稳定状态;当钻压增至某一临界值时,下部钻柱发生失稳弯曲并与井壁产生切点,钻头及其相邻连接部分钻柱的中心线偏离井眼轴线而使钻头偏转一个角度发生倾斜,从而引起钻头侧向力。钻头倾斜后对井底产生不对称切削,这是产生井斜的重要因素。随着钻压的进一步增大,切点下移,钻头偏转角度增大,对井斜影响更大。

钻头的各向异性也是造成井斜的主要原因。在油气钻井中,钻头沿本身轴线钻进,钻头设计者较少考虑钻头的侧向切削问题。不过,在实际钻井中所使用的钻头均有不同程度的侧切能力,并且它对钻进轨迹有一定的影响。例如,钻井中所使用的大多数牙轮钻头在结构上都存在一定的移轴或牙轮超大问题,这就使得钻头的最大直径不在井底而在高于井底的某处,从而造成钻出来的井底与圆柱形井筒之间有一段曲面状的过渡区,结果牙轮的外圈齿以近似铣削的方式切削该过渡区,这便是牙轮钻头对井壁的侧向切削,简称侧切。如果钻头仅仅承受轴向载荷,则井筒过渡区将同钻头旋转体的外廓形状一致,这个形状取决于钻头的几何结构。牙轮钻头在钻进时,还要承受一定的横向力,则三个牙轮的外圈齿将轮番铣削井筒过渡区的某一侧面,从而使钻头在向下钻进的同时朝着产生横向力的方向偏移。在实际钻井过程中，钻头的轴向钻进能力与其侧切能力之间存在差异，这称为钻头的各向异性，在井眼轨迹控制中应考虑它的影响。由于钻头各向异性的影响，钻头即使在均质各向同性地层里钻进，也不能按着它的机械合力方向运动。在这种情况下，钻头转角对钻进方向会产生影响。

(2) 井斜控制技术

钻井作业中不仅要求钻进速度快，而且要求钻进质量高。井身质量是完井质量的前提和基础，直接关系到油气田的勘探和开发。如果直井井斜过大，不仅会使井眼偏离设计井位，打乱油气田开发方案，而且还会使所取得的地质资料失真，使井深产生误差，错过油气层造成勘探工作失误。在钻井过程中，斜井内钻柱贴靠井壁旋转，会产生严重摩擦；在井斜突变井段，钻柱易弯曲，从而易使钻柱磨损和折断。在斜井内还可能发生井壁坍塌和键槽卡钻事故。井斜过大还会造成下套管困难，并且使下入的套管不居中，直接影响固井质量，造成固井窜槽、管外冒油气等问题。对采油工作，井斜过大还会导致下封隔器困难、封隔器密封不好，直接影响分层注、采的正常进行。对抽油井，过斜也常引起油管和抽油杆的磨损和折断，甚至造成严重的井下事故。总之，直井斜度过大对油气田的勘探和开发都有很大的危害，因此，控制井斜，对油气田勘探、开发和钻完井本身都具有重要意义。

井斜控制，就是要在提高井身质量、保证准确钻达目标的前提下，提高钻进速度，降低钻井成本。从根本上说，井斜控制就是要控制造斜率和方位变化率，从而得到合适的井斜角、方位角和井底位移。直井对井身质量的要求常包括如下三个方面：井斜角不能超过允许值、井眼曲率不能超过允许值、井底水平位移不能超过允许值[8]。一般来讲，井钻得越深，对井眼曲率的要求就越严格，否则，就会形成键槽或使钻杆遭受疲劳破坏。对 3 000～4 000 m 深的井来讲，如能保持井眼曲率小于 0.05 m^{-1}，就不至于发生问题。对超深井，在距井口较近的层位由于钻杆受拉力大，地层较松软，起下钻次数多，对井眼曲率的要求应更加严格。我国石油行业在钻井井身质量标准中，采用井斜角、井眼曲率和井底最大水平位移三项指标作为衡量直井井身质量的标准。

通过前面的分析，我们知道了造成井斜的主要原因。对于其中的地质环境因素，人们只能认识和加以利用而不能改变。能被操作者用来主动进行控制的是钻具组合的类型与结构、工艺操作参数（又称钻井措施）和钻头类型这三方面因素。而在这三类可控因素中，钻具组合的类型与结构是首先要考虑的主要方面，因为井斜控制的本质是控制钻头上的三维力。

在钻直井时，井斜控制的主要任务是防斜和纠斜。常用的控制井斜的钻具组合是钟摆钻具和满眼钻具，下面着重对这两种钻具进行介绍。另外，其他一些有效的井斜控制技术，如偏心钻具防斜、塔式钻具防斜、柔性钻具防斜等技术不在本书中介绍，感兴趣的读者可自行参考有关书籍和文献。

① 钟摆钻具

光钻铤钟摆钻具是最简单的钟摆钻具，这种钻具组合的钻头侧向力可通过式(5-5)计算：

$$P_a = \frac{P_{Be_1}}{L_1} - \frac{\omega_1 L_1}{2}\sin\alpha \tag{5-5}$$

式中，$P_a>0$ 时，为造斜力；$P_a<0$ 时，为降斜力。$-\frac{\omega_1 L_1}{2}\sin\alpha$ 项即起降斜作用的钟摆力。

进一步分析式(5-5)可知，钟摆力恒为降斜力。钟摆力与切点以下的钻具长度和单位长度浮重成正比，且随井斜角的增大而增大。因此，当井斜越严重时，钟摆力越大，纠斜作用越强。钻压一方面可产生增斜力，另一方面也可减小钟摆力。这是因为$\frac{P_{Be_1}}{L_1}$为正值，它使井斜角增大。光钻铤钟摆钻具不适于防斜，这是因为当 α 较小时钟摆力数值很小。当地层造斜力较大时，其可使井斜角继续增加，同时钟摆力也随之增加。当钻头侧向力的增斜分量与降斜分量(钟摆力)相等时，井斜角将不再增加而达到平衡状态。

综上所述，光钻铤钟摆钻具适于纠斜而不适于防斜。可采用大直径钻铤并减小钻压的方法或采用吊打方式进行纠斜。但是因吊打时机械钻速太小，耗费工时，钻井成本会增加，不符合“钻直、钻快”的要求。

为了克服光钻铤钟摆钻具的缺点，可在钻头上方的适当位置加装一个稳定器。这样在施加较大钻压时，就不会造成切点下移而导致钟摆力下降的问题。稳定器的最优安装位置可由井底钻具组合分析程序计算和对比不同方案选优确定(以具有最大钻头降斜力的方案为优)。稳定器到钻头间的距离不宜过大，否则，在钻压和钻铤自重的作用下，该段钻铤会和井壁产生新的接触点或接触段，从而使降斜力减小。除了单稳定器钟摆钻具组合外，还有双稳定器钟摆钻具组合。

② 满眼钻具

满眼钻具由于近钻头稳定器的作用，钻头转角较小，并且利用三个稳定器的三点直线性来保证井眼的直线性和限制钻头的横向移动，从而达到防斜的效果。满眼钻具的设计要求为保证下部钻铤有尽可能大的刚度，保证稳定器之间具有合适的长度，保证稳定器与井眼之间的间隙尽可能小。满眼钻具能承受较大钻压，因而能获得较高的机械钻速。但满眼钻具的主要作用是防斜，纠斜效果不如钟摆钻具。

满眼钻具组合一般要装三个稳定器(或在大钻铤外表面的适当位置加焊硬质合金扶正块)，下稳定器靠近钻头，多为螺旋稳定器，向上依次是短钻铤(长 3 m 左右)、中间稳定器、钻铤(1 根)和上稳定器。钻具组合有“满眼”“刚性”的结构特点，即稳定器外径接近井眼尺寸，钻铤外径较大，具有较强的抗弯能力，故能承受较高钻压而变形较小，使钻具组合在井眼内基本居中；下稳定器具有抵抗地层造斜力的能力。这种钻具组合的钻头侧向力 P_a 一般较小，且在钻压大幅度变化时基本保持为常量，因此能在钻压作用下实现快速钻进，基本维持井斜角不变，使井身具有较小的井斜变化率。

采用满眼钻进法时，井眼开始要直，因为满眼钻具组合的主要作用是防斜保直，控制井斜变化率，而基本上无降斜能力。只要初始井眼是直井眼，钻头就会以很小的井斜变化率向下钻进，维持井斜角大体不变。

5.2 测　井

1927 年 9 月在法国的皮切尔布朗(Pechlbron)油田，斯伦贝谢(Schlumberger)兄弟用手动绞车和电缆将一个电极下入 488 m 深的井中，测出了世界上第一条测井曲线，曲线清楚地显示出盖层下面的含油砂岩，测井技术由此诞生。1939 年，中国开始将测井技术应用于石油工业。从 1927 年到现在的 90 多年间，测井技术经历了模拟测井时代（1927—1964 年）、数字测井时代（1965—1972 年）、数控测井时代（1973—1990 年）和成像测井时代（1991 年至今），目前已经发展成为十大油气学科之一[9]。测井技术（well logging technology）被广泛应用于油气田的勘探和开发全过程，同时应用于钻井、固井和完井各个阶段，为科研和工程技术人员提供重要的资料和数据，解决了一系列科学和技术难题。

5.2.1　声波测井技术

从声学上讲，声波测井属于充液井孔中的波导问题。由声波测井测量的井孔中各种波动模式的声速、衰减是石油勘探开发中极其重要的参数[10]。第一只声波仪器是与地面地震资料一起应用的。最初的仪器很简单，包括一个发射器和一个接收器。应用者很快发现测井数据能够很好地反映孔隙率和岩性信息，这些信息对于地质学家、油藏工程师和测井分析家都很重要。从 20 世纪 60 年代以来，电缆声波测井就已经用于岩石力学性质的描述，最早的工作适用于煤含量分析。在地质勘探、油藏工程需求的不断推动下，电缆声波测井技术取得了长足的进展。到 20 世纪 70 年代，出现了第一只长源距声波仪；20 世纪 80 年代，硬岩层中横波和斯通利波的探测技术得到了显著改进，声波阵列仪器开始进入商业化运作阶段[9]。经过半个多世纪的发展，声波测井已经成为一个融现代声学理论、最新电子技术、计算机技术和信息处理技术等最新科技为一体的现代测量技术，并且该技术仍在迅速发展之中，在地层评价、石油工程、采油工程等领域发挥着越来越重要的作用[10-12]。

5.2.1.1　*声波测井理论及方法*

（1）声波测井（sonic log）理论基础

如图 5-13 所示，在一无限大地层中有一个垂直钻孔，半径为 R；井眼内充满钻井液，声波在钻井液中的传播速度为 v_f；半径为 r 的声波测井仪器位于井轴上，声波发射传感器向周围发射一个超声脉冲，在井内和地层中将激发出各种模式的波，沿不同方向和途径传播，最后由与发射源相距一定距离的声波接收传感器接收，形成全波列波形。

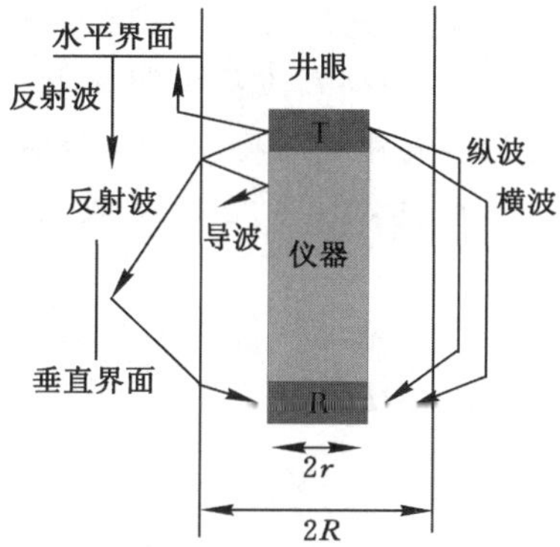

图 5-13　声波测井几何模型

图 5-14 是声波接收传感器接收的典型的全波列波形示意。从图中可以看出，全波列声波主要由体波（body wave）和导波（guided waves）两大类波组成。体波包括纵波（longitudinal wave）和横波（transverse wave），导波包括伪瑞利波（pseudo-Rayleigh wave）、斯通利波（stoneley wave）、各种多次反射波（如纵波的泄漏模式等）。对于快速地层（地层中的横波速度大于流体声速），在全波形上的初至波是地层纵波，其幅度较小、频率较高；在纵波之后是地层横波波至，由于所谓的伪瑞利波的影响，横波部分幅度较大；最后到达的大幅度低频率波是斯通利波，它是一种沿井壁与井内流体之间传播的导波，其速度比井内流体声速略低。低频斯通利波通常又称为管波。

体波沿地层传播，幅度存在几何扩散，速度的频散可忽略不计，有一系列共振频率。在

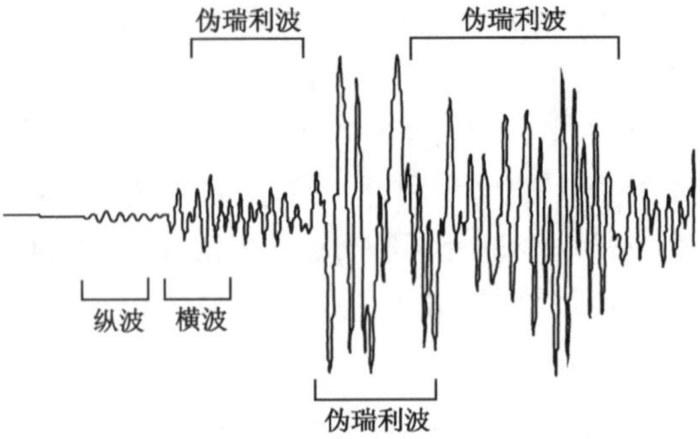

图 5-14　典型的全波列波形示意

均匀各向同性的弹性介质中，纵波和横波的速度分别为：

$$v_P = \sqrt{\frac{K + \frac{4}{3}\mu}{\rho}} \tag{5-6}$$

$$v_S = \sqrt{\frac{\mu}{\rho}} \tag{5-7}$$

式中，ρ 为地层的体积密度；K 为地层的体积弹性模量；μ 为切变模量，对于流体，$\mu=0$。

如图 5-15 所示，导波的主要特点为沿井壁传播，幅度最大，进入地层和井内流体后显著衰减，不存在几何扩散，相速度有频散。伪瑞利波有多阶模式，相速度的频散较大，在高频端趋近井内流体声速，在低频段有一截止频率，相速度等于地层横波速度，其群速度的频散相当大，在中高频段甚至明显低于斯通利波的群速度，称之为伪瑞利波的艾里相。斯通利波速度始终低于井内流体声速，相速度的频散较小，在低频段有明显增加。

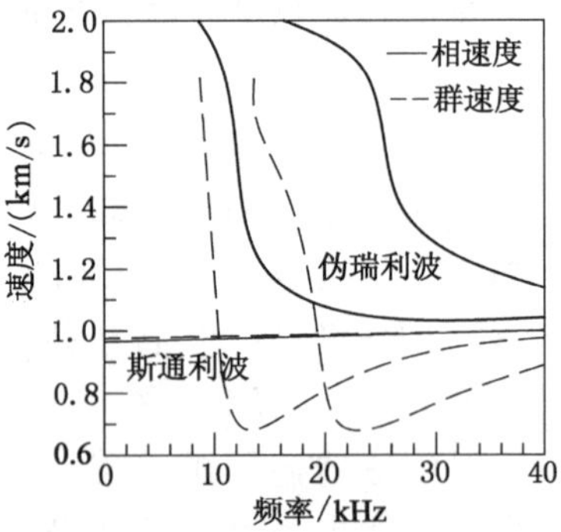

图 5-15　斯通利波和伪瑞利波的速度频散曲线

在均匀完全弹性地层中，低频斯通利波的速度与横波速度存在下述关系：

$$v_{st} = \frac{v_f \sqrt{1 - a^2/R^2}}{\sqrt{1 - a^2/R^2 + (\rho_f v_f^2)/(\rho v_S^2)}} \tag{5-8}$$

式中，ρ_f，v_f 分别为钻井液密度和声波在钻井液中的传播速度。在软地层中，通过式(5-8)可以用斯通利波速度估算地层中的横波速度。

导波的激励响应也与体波不同。伪瑞利波的激发频率较高，能量集中在高频段；斯通利波的激发频率较低，通常低于 5 kHz。斯通利波的激励响应在低频处最大，当频率大于 2 kHz 时显著减小，因此要想有效利用斯通利波必须激发低频脉冲波。斯通利波的能量主要取决于井孔有效半径(井孔半径减去仪器半径)和井壁的刚性，其幅度与井孔有效半径成反比，与井内流体与地层的声阻抗特性差异成正比。由于井径对斯通利波的幅度和速度都有影响，因此在实际声波资料处理中必须对井径影响进行校正。

声波全波列测井资料包含的信息非常丰富，各种分波的传播速度、幅度衰减、频谱以及波形包络等参数都与储层及性质有密切关系。这些参数可广泛用于非均质复杂储层的油气评价和钻采工程参数选择。在复杂非均质储层中，波形变化相当复杂，必须采用多种行之有效的信号处理方法，才能得到可靠的分析结果。

(2) 全波列声波数据处理方法

声波全波列测井资料的处理流程是：首先识别和提取各道波形中纵波、横波、斯通利波(流体波)等组分波的初至点；然后计算各组分波的声波时差和幅度衰减；最后对波形进行频谱分析，提取各分波的主频、峰值及能量等参数。

根据波形特点的不同，波形初至的计算方法有很多种，最早采用的是最简单的幅度门限值法。它利用有效信号与噪声之间的幅度差异来进行波形初至的识别。这种方法对信噪比的要求相对较高，只适用于检测幅度较明显的信号。1976 年，史蒂文森(Stevenson)用 Automatic Earthquake Processor(AEP)系统进行初至波到时拾取时，提出了 STA/LTA (short-term to long-term average)到时拾取检测算法。该算法原理简单，也能比较准确地检测到波形初至点，成为使用广泛的一种检测算法[13]。虽然 STA/LTA 算法的原理十分简单，但具体效果在很大程度上受实现方法和参数的影响。1978 年，R. V. Allen 提出了采用特征函数作为时间序列数据的方法，提高了对到时拾取的精度，并于 1982 年改进了特征函数，使其更容易计算[14-15]。该算法的原理如下：算法中 STA 为短窗口数据平均值，LTA 表示长窗口数据平均值。

$$R=\frac{\mathrm{STA}}{\mathrm{LTA}}=\frac{\sum x(i)/N}{\sum y(i)/M} \tag{5-9}$$

式中，$x(i)$为短窗口内时间序列数据；N 为短窗口数据长度；$y(i)$为长窗口内时间序列数据；M 为长窗口数据长度。

在波形信号到来之前，理论上 STA 与 LTA 值非常接近。当波形信号到来时，对于短窗口而言，由于数据量相对较小，时间序列数据的突变对其平均值影响较大；而对于长窗口，由于数据量较大，其平均值变化相对短窗口而言比较小；此时 R 值发生变化。为了改善拾取效果，许多学者采用信号的不同特征参数作为时间序列数据输入，如振幅的平方等。1978 年，R. V. Allen 提出了采用特征函数作为时间序列数据的方法。他将特征函数 $CF(t)$ 定义为：

$$CF(t)=f(t)^2+C_2+f'(t)^2 \tag{5-10}$$

式中，$f(t)$为信号的某一时间序列函数；$f'(t)$为 $f(t)$的一阶导数；C_2 为权数，可以根据不同台站的参数调整相对比例。

近年来，国内外学者对波形初至拾取，特别是在高精度自动拾取方面进行了大量的研究，采用傅立叶变换、小波分析、包络分析、神经网络、极化分析、模式识别等数学分析原理和方法，极大地提高了波形初至的自动拾取精度[16-23]。

声波时差的计算方法较多，如时域的相似相关法和交互相关法、频域的直接相位法、基于现代谱分析的最大似然法以及参数估计法等。直接相位法实际上是相似相关法在频率域的表现形式，它通过计算两道波形信号的互频谱相位谱曲线，并利用零相位时的剩余时差，来得到较高精度的时差。但这种方法计算速度相对较低，此外对波形的信噪比要求也较高。现代谱分析法的主要优点是信号分辨率好、计算精度高，但其缺陷是对弱信号计算效果较差，当信号幅度变化剧烈或信号主频发生漂移时，其分辨率也会显著下降。

在实际应用中使用最多的仍然是相似相关法。设 $f_1(i)$、$f_2(i)$ 为两道波形信号，采样长度均为 n，则它们之间的相似相关系数为：

$$R(j)=\frac{\sum_{i=0}^{n}[f_1(i)+f_2(i+j)]^2}{2\sum_{i=0}^{n}[f_1^2(i)+f_2^2(i+j)]}\quad(j=0,1,\cdots) \tag{5-11}$$

使 R 最大的 j 即两道波形信号之间的时间偏移量，除以接收器间距即声波时差。这种方法的特点是计算速度快、可靠性高，但精度相对较低。相关对比时窗的选取是关键，一般取为信号周期的 1.5～2.5 倍较合适。计算出的相似相关系数峰值还可以作为一个质量控制参数，用于评价声波时差计算结果的好坏。

声波幅度衰减系数的计算公式为：

$$\alpha=\frac{20}{z_2-z_1}\lg\left[\frac{A_1G(z_2)}{A_2G(z_1)}\right] \tag{5-12}$$

式中，A_1，A_2 分别为在与声源相距 z_1，z_2 处接收的声波幅度。$G(z)$ 为几何扩散因子，对于纵波，$G(z)$ 与 $1/z$ 成正比；对于横波，$G(z)$ 与 $1/z^2$ 成正比；对于斯通利波，$G(z)$ 为 1。

当地层的非均质性较强时，远接收器的声波幅度有可能比近接收器的声波幅度大，这时可直接分析波形包络变化情况，计算纵、横波幅度比，或进行频谱分析，计算高频成分与低频成分的相对幅度比，利用这些参数评价地层对声波的吸收特性。

5.2.1.2 声波测井在油气层评价中的应用

根据上述分析可知，从声波全波列测井资料中可以得到各分波的特征参数和多种弹性模量参数。这些声波参数包含能反映地层结构和孔隙流体性质的大量信息，用途非常广泛。其中，用纵、横波时差确定地层孔隙率是最常见的用途。下面主要介绍全波列纵、横波时差及斯通利波信息等资料在评价孔隙流体性质及渗透性、识别裂缝及其有效性、分析地层力学特性参数等方面的应用。

由于气远比油或水易于压缩，只要岩石孔隙流体中含有少量的气体，岩石的纵波速度就会显著减小。因此，纵波速度对孔隙中是否含气非常敏感。而横波速度主要沿岩石骨架传播，与孔隙流体性质关系不大。所以纵、横波速度比可以作为气层的一个指标。利用岩石的各种弹性模量参数，还有可能区分油、水层，判断地层水淹状况。

但是，纵、横波速度比除了与孔隙流体性质存在密切关系以外，还与岩性、孔隙率、胶结方式、压实程度、泥质含量以及地层压力等参数有关，直接用纵、横波速度比识别油气层效果并不一定理想。因此，在实际应用当中必须考虑地层性质的影响，可以引入一些判别参考值，如用岩石分别完全饱和水、油、气时的纵横波速度比理论计算曲线，与实际测量的地层纵、横波速度比曲线重叠对比，以改善用声波测井资料直观指示油气层的能力和效果。当地层的纵、横波速度比明显小于水层的纵、横波速度比参考值时，可认为是油气层；当地层的纵、横波速度比接近或者等于水层的纵、横波速度比参考值时，可认为是非油气层或水层。

斯通利波的时差、幅值衰减、频谱分布等特征可以作为地层是否具有渗透性以及渗透性高低的依据，上述特征参数对定性分析地层的渗透性非常有用。声波测井响应的异常是采用声波测井信息评价裂缝是否存在的依据。声波测井信息还能够对裂缝的大小、倾向、填充性等具体特征进行定性和定量的描述，如果可能，甚至能对裂缝的渗透性作出有效估算。以前人们常用声波时差的周波跳跃和声波全波列变密度图上的"V"形反射条纹来定性地识别裂缝。实际上，声波全波列中的信息非常多，不同声波参数对各种裂缝的响应特征和灵敏度是不尽相同的，充分利用这些细微差别有可能对裂缝作出更好的评价。斯通利波对与井眼相交的渗透性裂缝较为敏感。地层或裂缝带的渗透性越好，斯通利波的时差越大。裂缝宽度越大、倾角越大，则斯通利波的衰减越显著。利用斯通利波的时差增大和幅度衰减特征可以了解裂缝的连通性，这对识别裂缝性油气储层非常重要。

利用声波测井资料确定地层特性具有独特的应用前景。在油田勘探过程中，要确定地层岩石特性，可针对某一低孔隙率低渗透性储油层进行射孔和压裂，而不破坏其他储水层。在钻井工程中，确定地层岩石特性，可优化钻头和钻井液。在采油工程中，确定地层岩石特性，可预计油井开采时是否出砂，使油井在安全压差下开采。在油井的酸化压裂中，确定地层岩石特性，可较准确地施加酸化压裂所需的压力以及确定压裂后压裂缝的高度，从而对酸化压裂的压力及压裂层位进行设计。岩石特性的分析过程是首先根据测井曲线、实验室测量的砂岩强度破裂值、现场测量的孔隙压力和闭合应力等资料确定岩石的弹性模量参数，其次根据地应力模型确定三个方向的应力值，然后根据一定的破裂准则确定所需的临界压力，导出相应的应用结果。

5.2.1.3 多极子阵列声波测井方法

20 世纪 80 年代末至 90 年代初，推出了源距更大、接收探头个数更多的阵列声波测井仪器和成像测井仪器。阵列声波测井仪器发射和接收探头仍使用对称振动模式，即单极子振动模式，只是各种性能得到了进一步改善。但这类仪器在软地层中不能测得地层横波波速。而成像测井仪器中的声波测井仪器则在物理原理上有显著变化。它除了具有以往全波列测井的所有优点外，尚能在软地层中测得地层的横波波速。1992 年，阿特拉斯公司推出了多极阵列声波测井仪 MAC 及正交偶极子阵列声波测井仪 XMAC。哈里伯顿公司也推出了类似的低频偶极横波测井仪和正交偶极子阵列声波测井仪。

传统的声波测井使用的声源是对称声源，即单极子源。单极子源一般是圆管形的换能器以轴对称方式沿径向振动（膨胀或缩小）的。图 5-16 为单极子声源在硬地层井孔中激发的地层纵波、横波、伪瑞利波和斯通利波的全波列。但在软地层井孔中单极子声源只能激发起纵波和斯通利波而不能激发起横波（见图 5-17）。

多极子阵列声波测井仪最显著的特点就在于它所使用的声波探头的振动方式与以往的声波测井仪器的探头的振动方式不同，因而它在井孔中激发的声波模式与对称声源激发的声场不同。多极子阵列声波测井仪器主要包括偶极子横波测井仪和四极子声源测井仪。偶极子探头可以看成一个振动圆管在中间分为声电隔离的两部分，这两部分的振动相位相反，其振动效果相当于一个作弯曲振动的平板。偶极子源在软地层井孔中激发起以弯曲波（准横波、偶极子波）为主的波列，其横振动关于井轴不对称，首波为幅度较小的纵波。四极子声源的探头可以看成一个振动圆管均分成的四部分，各部分之间实施声电隔离，相邻部分的振动相位相反。

中国石油大学（北京）与中国石油天然气集团有限公司合作研发出了多极子阵列声波测井仪（MPAL），该测井仪具有充液井孔中单极子、正交偶极子和四极子声波测井功能，可

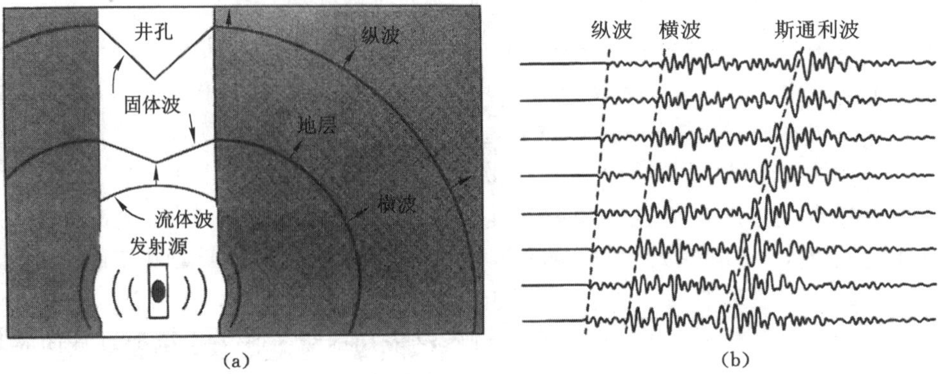

(a) 声波传播示意；(b) 全波列波形示意。

图 5-16　单极子声源在硬地层井孔中传播及全波列波形示意

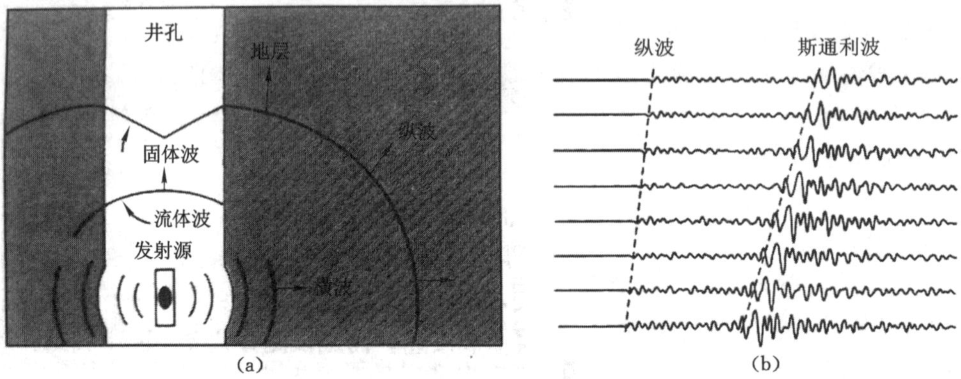

(a) 声波传播示意；(b) 全波列波形示意。

图 5-17　单极子声源在软地层井孔中传播及全波列波形示意

以在任意地层井孔中测量地层的纵横波时差、各向异性、渗透率等地层评价信息。图 5-18 是 MPAL 的测量结果图。从图 5-18 可以看出，深度为 900 m 附近和 925 m 附近的地层是软地层，在这 2 个井段的单极子声波测井波列中仅仅能观察到滑行纵波和斯通利波而看不到滑行横波波包，因此依据单极子声波测井波形在这 2 个井段中无法准确测量地层的横波波速。然而，在这 2 个井段中，偶极子声波测井波形良好，从而可以获得准确的偶极子波速，可以将其近似为地层的横波波速[12]。

偶极子和四极子声源统称为非对称声源，它们在井孔中激发的声波模式分别为偶极子波和四极子波，统称为多极子波。目前，偶极子波测井技术已经相当成熟，四极子测井技术还不具有商业用途。通常所说的多极子声波测井，实际上是指单极子和偶极子声波测井。多极子波具有以下特点：

① 偶极子波、四极子波都是频散很强的频散波，偶极子波和四极子波的相速度随频率的增加而减小，其最大值为 v_S，最小值约为 $0.85v_S$，在频率较低的情况下非常接近地层的横波波速。

② 偶极子波、四极子波均有截止频率，分别记为 f_{2c} 和 f_{4c}，$f_{4c}>f_{2c}$。要想激发偶极子

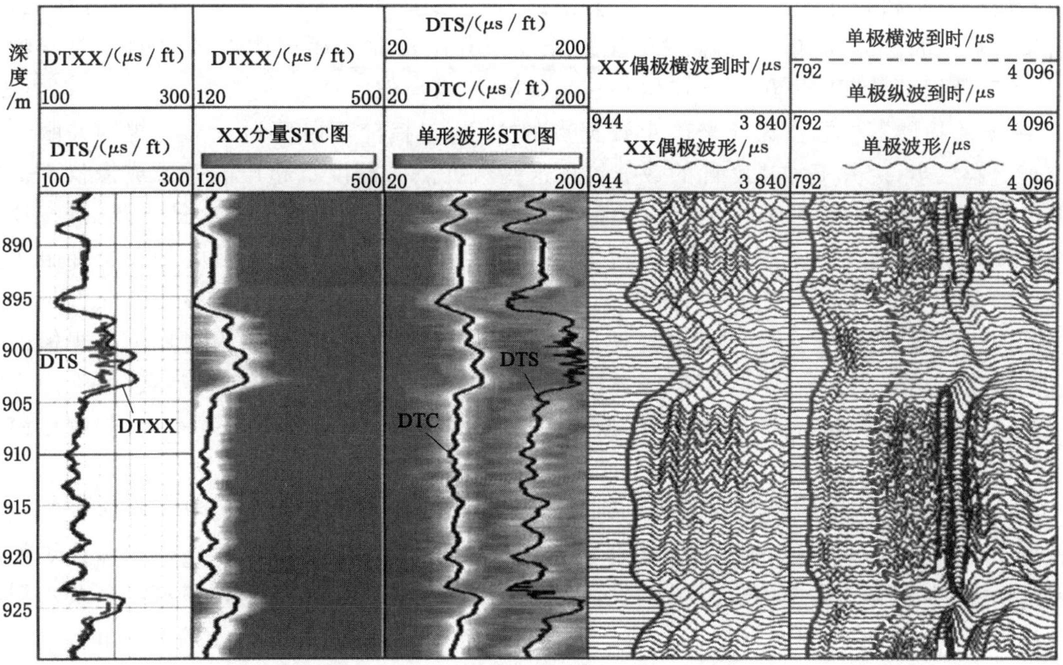

图 5-18 软地层井孔中多极子阵列声波测井仪 MPAL 的测量结果

波、四极子波，声源的频率要大于 f_{2c} 和 f_{4c}。井径越大，截止频率越低；反之亦然。一般地层井眼中多极子波截止频率为几千赫兹，特软地层（纵波波速接近钻井液中的声速）井眼中多极子波的截止频率只有几百赫兹。

③ 只有在截止频率附近，多极子波的速度才等于地层的横波波速。

④ 多极子源激发的声场可大大压制滑行纵波，使多极子波成为主波。

⑤ 多极子波具有明显的偏振特性，可用于评价地层的各向异性。

目前，在测得偶极子波的波速之后如何准确反演地层的横波波速仍然是一个需要研究和解决的问题。

5.2.1.4 井壁声波成像测井方法

20 世纪 60 年代末期由美孚公司开发的井下电视是第一种能在典型油井中运用的井下成像设备。井下电视就像给井壁做超声波扫描一样，可连续记录井壁图像。早期图像显示了一些井壁上有趣的现象，如裂缝、崩塌、主要岩性界面，以及套管射孔和连接。阿莫科公司、壳牌公司和阿科公司先后对这种井下电视技术作了改进，其术语“电视”也已被“超声成像”或“扫描成像”替代。

井壁声波成像仪用的是波的发射模式，它的中心部件是一个超声换能器，也用作接收器。超声换能器由一个马达驱动，沿着仪器轴转动，每秒几次。转动时发射较短的超声波脉冲，脉冲沿井孔钻井液传播，在井壁反射，且返回换能器，主要测量从换能器到井壁并返回换能器的那一段旅行时间以及换能器接收到的反射信号强度。

超声波井眼成像仪有一个井下处理器，可将接收到的反射信号立刻进行滤波和数字化处理，然后根据它们确定反射峰并计算传播时间以及幅度，在高峰信号处拟合一个包络振幅。波峰监测和幅度计算已在井下实时完成，地面处理通常都集中在幅度图像方面，因为它包含更多的岩性信息，且传播时间图像能反映井眼形状。超声图像处理的主要步骤如下：井下数据预处理→方位重新定位→速度矫正→均衡偏心矫正→增强滤波→图像再现。第一步，将换能器的零作为北来确定数据点的方位，包括前面段落讨论的不规则井眼形状较正。第二步，用井下加速度计的数据校正这些数据点的深度。超声波井眼成像仪不像微电成像仪器一样需要极板，它们的运动更平滑，不需要太大的速度校正。第三步，进行仪器偏心校正，这是超声波井眼图像处理很重要也很独特的一个方面，其目的是在由井眼扩大或仪器偏心引起斜入射或长的传播时间的情况下重建反射幅度。该步骤可使该方位的幅度响应正常化，就像电成像所做的补偿一样。作为最后的处理步骤，为消除由小规模的不规则图像而引起的假象，也为了增强各级别图像对比度，超声图像经常需要过滤噪声和标准化。不像微电成像，超声井眼成像覆盖全方位。超声图像与电成像基本相同，颜色模式也与电成像基本相同，较亮的颜色表示较高的反射幅度和较小的半径。

超声成像方法也用于固井工程中水泥胶结效果评价和套管腐蚀监测。水泥胶结效果评价常用 200～700 kHz 的板状换能器和相对较大的约 3 cm 的波束。这样可保证足够的发射能量，在反射波串中不仅能见到钻井液和套管反射，还能见到套管和水泥以及水泥和地层(第三界面)的反射波并进行分析。对套管腐蚀监测，应用几兆赫兹的高频和 3 mm 的小波束，这就能探测到套管内外的小蚀坑。

5.2.2 电法测井技术

5.2.2.1 电法测井研究概述

电法测井(electrical logging)从诞生至今，已在全频域的各个频段建立了相应的电测井方法，常用的直流电法测井(direct current electric logging)包括普通电位测井、梯度测井、侧向测井及其他电流聚焦测井等。常用的交流电法测井(alternating current logging)主要包括采用 250 Hz 交流电的双侧向测井、采用 20 kHz 交流电的双感应测井等。后来国外发展了双相量感应测井，俄罗斯使用双频电磁波测井(2 MHz 和 400 kHz)和浅侧向测井组合成三种探测深度的电阻率测井，取得了纵向分辨率高而探羽深度又深的好效果。阿特拉斯公司采用 47 MHz 和 200 MHz 双频介电羽测井，斯伦贝谢公司的 EPT 测井仪器的频率高达 1.1 GHz。现有的电法测井不仅占满了整个频段，而且能测量表征岩石特性的主要参数[9]。

目前，有关电法测井的研究向着“深度”和“宽度”两个方面发展。所谓“深度”是指在已有众多方法的基础上，寻求表征储层特性的新参数；而“宽度”是指从井壁到井周再到井间，从裸眼井到套管井，扩大电法测井的探测范围和应用效果。

5.2.2.2 电法测井理论基础

(1) 电法测井基本原理[24-28]

理论上，麦克斯韦方程是电法测井最根本的物理基础，根据源频率特性可将电法测井分为直流电法测井和交流电法测井两类。直流电法测井的基本方程为：

$$\nabla \cdot [\sigma(\boldsymbol{x})\ \nabla u(\boldsymbol{x})] = -\prod(\boldsymbol{x}) \tag{5-13}$$

式中，$\boldsymbol{x}$ 为空间任意一点的坐标；$u(\boldsymbol{x})$ 为 $\boldsymbol{x}$ 点的点位；$\sigma(\boldsymbol{x})$ 为 $\boldsymbol{x}$ 点的电导率；$\Pi(\boldsymbol{x})$ 为 $\boldsymbol{x}$ 点的显电源的体分布密度。

目前，常规电法测井中的普通电阻率测井、双侧向测井和微球型聚焦测井及成像测井中的微电阻率扫描测井和阵列侧向测井等均属于直流电法测井范畴。

交流电法测井的基本方程为：

$$\nabla^2 \cdot \boldsymbol{A}(\boldsymbol{x}) + k^2 \boldsymbol{A}(\boldsymbol{x}) = -\mu \boldsymbol{J}_s(\boldsymbol{x}) \tag{5-14}$$

式中，$\boldsymbol{A}$ 为磁矢势；$\boldsymbol{B}=\nabla\times\boldsymbol{A}$；$k$ 为传播常数，$k^2=-\mathrm{i}\omega\mu(\sigma+\mathrm{i}\omega\varepsilon)$；$\boldsymbol{J}_s$ 为发射电流密度。

目前，常规电法测井中的双感应测井，随钻测井 LWD(logging while drilling)中的 2 MHz 电阻率测井、高频电磁波传播测井及成像测井中的阵列感应测井等均属于交流电法测井范畴。

(2) 电法测井正演方法

在完全非均匀介质模型中，直流电法测井可以利用拉普拉斯方程(或泊松方程)的边值问题来描述；交流电法测井可以利用由麦克斯韦方程组导出的波动方程边值问题来描述。边值问题建立了地层参数与仪器响应之间的数学关系，如果地层的参数确定，则通过求解可以得到仪器的响应值，此过程称为正演；如果已知仪器的响应值，而求地层的有关参数，则此问题就构成反问题，反问题的求解过程称为反演。可以看出，正演、反演研究构成电法测井的主要内容。

电法测井的正演问题围绕电法测井的基本方程求解，目前主要的正演方法有：有限差分法(FDM)、有限元方法(FEM)、积分方程法(IEM)、边界元方法(BEM)、传输线方程法(TLEM)、快速傅立叶-汉克尔变换法(FFHT)、数值模式匹配法(NMM)和逐次逼近法(SAM)等[29-39]。

从各电法测井方法的测量公式看，对于直流电法测井，其测量量通常为视电阻率：

$$R_a = K\frac{U}{I} \tag{5-15}$$

式中，K 为仪器系数；U 为电位；I 为电流。

对于感应类测井，其测量量通常为视电导率：

$$\sigma_{aR} = \frac{V_R}{K}, \sigma_{aX} = \frac{V_X}{K} \tag{5-16}$$

式中，σ_{aR} 和 σ_{aX} 分别为实部视电导率和虚部视电导率；K 为仪器系数；V_R 和 V_X 分别为接收探头感应电动势的实部和虚部。

对于电磁波传播测井，其测量量通常为幅度比和相位差：

$$\begin{cases} \mathrm{EATT} = 20\lg\dfrac{|V_1|}{|V_2|} \\ \Delta\varphi = \varphi_1 - \varphi_2 \end{cases} \tag{5-17}$$

式中，V_1 和 V_2 分别为两接收探头的感应电动势；φ_1，φ_2 分别为两感应电动势的相位。根据幅度比和相位差可以得到视电阻率或视介电常数。

(3) 电法测井反演方法

在进行电法测井反演时，通常利用优化方法进行求解。通常的做法是首先利用观测值与计算值之差构造一目标函数，然后使目标函数达到极小值，最终求得地层模型的有关参数，这正是常用的反演处理思路。电法测井响应是地层电性参数的非线性函数，而非线性问题通常采用逐次线性化的方法进行求解，其特点是通过多次迭代求解线性方程组，逐步逼近最优解。具体过程是，首先给定一初始地层模型（参数初值），采用适当的正演算法计算出理论响应值；然后将之与实际观测值比较，反复检验它们之间的差别，不断修正地层模型参数使目标函数取得极小值，得到最终地层模型，相应参数值为求解结果。

目前常用的反演方法主要有最小二乘法、最小绝对值法、阻尼最小二乘法、共轭梯度方法以及各种直接搜索方法。下面仅对阻尼最小二乘法进行简单介绍。

假设有 N 个观测值 $C_i(i=1,\cdots,N)$，每个观测值都与 M 个未知的参数 $\boldsymbol{X}[\boldsymbol{X}=(x_1,\cdots,x_M)^{\mathrm{T}}]$ 相关，记为 $f_i(\boldsymbol{X})$。

$$C_i = f_i(x) \tag{5-18}$$

式(5-18)是关于 M 个未知参数的非线性方程组，基于 L_2 范数：

$$\boldsymbol{I} = \|\boldsymbol{C} - f\|_2^2 + \lambda \|\Delta\boldsymbol{X}\|_2^2 \tag{5-19}$$

式中，$\Delta\boldsymbol{X}=\boldsymbol{X}-\boldsymbol{X}^{(0)}$，$\boldsymbol{X}^{(0)}$ 为初始猜测值；λ 为阻尼因子。围绕 $\boldsymbol{X}^{(0)}$ 对 $f_i(\boldsymbol{X})$ 做泰勒展开，同时略去高阶项得：

$$f_i(\boldsymbol{X}) = f_i(\boldsymbol{X}^{(0)}) + \sum_{j=1}^{M}\boldsymbol{A}_{ij}\Delta x_j \tag{5-20}$$

$$\boldsymbol{A}_{ij} = \left.\frac{\partial f_i(\boldsymbol{X})}{\partial x_j}\right|_{\boldsymbol{X}=\boldsymbol{X}^{(0)}}$$

式中，$\boldsymbol{A}_{ij}$ 称为弗雷谢导数，由它构成雅可比矩阵。将此展开式代入式(5-19)得：

$$\boldsymbol{I} = \|\boldsymbol{B} - \boldsymbol{A}\Delta\boldsymbol{X}\|_2^2 + \lambda\|\Delta\boldsymbol{X}\|_2^2 \tag{5-21}$$

式中，$\boldsymbol{B}=\boldsymbol{C}-f(\boldsymbol{X}^{(0)})$。

将式(5-21)极小化得：

$$(\boldsymbol{A}^{\mathrm{T}}\boldsymbol{A} + \lambda\boldsymbol{I})\Delta\boldsymbol{X} = \boldsymbol{A}^{\mathrm{T}}\boldsymbol{B} \tag{5-22}$$

求解方程(5-22)可得 $\Delta\boldsymbol{X}$，然后将其代入 $\boldsymbol{X}=\boldsymbol{X}^{(0)}+\Delta\boldsymbol{X}$，即可得到 $\boldsymbol{X}$，再将此 $\boldsymbol{X}$ 作为新的初始值 $\boldsymbol{X}^{(0)}$，不断迭代，直到求得满意的解为止。上述就是阻尼最小二乘法的数学求解过程。

5.2.2.3 电法测井方法及常用仪器

(1) 电阻率成像测井

电阻率成像测井仪器是依靠高分辨率的微电阻率测量值对井眼周围地层进行高清晰度成像的。对于普通泥浆（水基泥浆）环境，康普乐（Computalog）公司于 2001 年研制成功的微电阻率成像测井仪以该公司的 6 电极地层倾角测量技术为基础，6 电极技术使用 6 个带有铰链的极板，每个极板安装在一个独立的臂上。该仪器按标准模式使用时，有 6 个极板可用，每个极板含 25 个经过刻度的微电阻率传感器，共 150 个传感器；还可按双模式工作，使用 12 个极板，每个极板含 25 个电扣。该仪器在直径为 200 mm 的井眼中对井周的覆盖率为 63%。其额定温度和压力分别为 177 ℃和 138 MPa[40]。

哈里伯顿公司于 2003 年推出了扩展型微成像仪（XRMI）[41]，这是该公司微电阻率成像测井仪（EMI）的一种改进型。该型仪器主要是为 R_t/R_m 值大的环境应用而开发的，这样的环境在碳酸盐岩地层中很普遍。XRMI 使用 32 位现代数字信号采集技术，同时增大电流激发需要的功率，同 EMI 相比，信噪比提高 5 倍，动态范围扩大 3 倍。即使在很高阻地层（$R_t \geqslant 2\,000\ \Omega\cdot\mathrm{m}$）或井眼流体矿化度相对大（$R_t \geqslant 0.1\ \Omega\cdot\mathrm{m}$）的环境中，该仪器产生的成像图也是非常可靠的。XRMI 是一种极板型仪器，数据采样率高达 120 样点/英尺（ft）（1 ft=30.48 cm），在 8.5 英寸（in）（1 in=2.54 cm）井眼中，图像覆盖率为 67%，可获得高分辨率的井壁图像。

在用油基泥浆和人工合成泥浆钻的井中，非导电的井眼环境致使常规微电阻率成像测井仪的应用受到限制，电缆式高分辨率测量只能使用超声测井仪和倾角测量仪。2000 年，斯伦贝谢公司开发了一种基于成熟的电阻率成像测井原理的新技术，研制成功了油基泥浆微电阻率成像测井仪(OBIM)[42-43]。该仪器使用一种设计独特的成像极板和相关电极，测量每对电扣的微小电压差 δV，从而在已知电流 I 和几何系数 k 的情况下，可由公式 $R_{xo}=k(\delta V/I)$ 描述冲洗带电阻率。OBMI 使用 4 个极板，每个极板上有 5 对电扣，其垂直分辨率为 3.0 cm。OBMI 对于厚度小于 3.0 cm 的薄层及其特征有响应，但不能准确确定其厚度。在 25 cm 厚的地层中，仪器测出的 R_{xo} 最大误差为 20%。

贝克-阿特拉斯公司于 2001 年推出了用于油基泥浆环境的电成像测井仪——EARTH 成像仪[42]。该仪器有 6 个极板，每个极板上有 8 个传感器。在直径为 20 cm 的井中，单程测井时井周覆盖率为 64.9%。在电阻率为 1～2 000 Ω·m 的地层内，还能获得高分辨率 R_{xo} 曲线，精度为 1.5%。该仪器额定温度和压力分别为 177 ℃和 138 MPa，可在直径为 6～21 in 的井眼内使用，最大测速为 600 ft/h。

(2) 井壁电成像测井

井壁电成像测井是目前裂缝性储集层油气勘探的重要方法，该方法常见的仪器有斯伦贝谢公司的 FMI、阿特拉斯公司的 STAR-Ⅱ和哈里伯顿公司的 EMI 等[39]。井壁成像方法利用多极板上的多排纽扣状的小电极向井壁地层发射电流，由于电极接触的岩石成分、结构及所含流体的不同，电流会产生变化，电流的变化反映井壁各处的岩石电阻率的变化，据此可以显示电阻率的井壁成像。井壁电成像测井仪器原理简单，重在对资料的地质解释。为了进行具体的地质应用，需要做大量的测后预处理工作，如速度校正、深度矫正、静动态标注及图像显示等。

(3) 套管井电阻率测井

电阻率是评价地层含油性的关键参数之一。如果能在套管井中测量地层电阻率，就能够将已建立的含水饱和度评价方法应用于正在开采的储层。过套管电阻率测井一直是国外大测井公司孜孜以求、竞相发展的测井高新技术。

斯伦贝谢公司通过对其过套管电阻率测井仪器 CHFR 进行改进，于 2001 年推出了一种测速较快的仪器 CHFR-Plus[44]，其测速为 65～80 m/h，可以在直径为 $4\frac{1}{2}$～$9\frac{5}{8}$ in 的套管内测井，额定温度和压力分别为 148 ℃和 103.4 MPa。相对 CHFR 而言，CHFR-Plus 立足于误差抵消而不是误差补偿，不必单独测量套管电阻率补偿量，测量时间减半，而测量精度或准确度相同或更好。斯伦贝谢公司的 CHFR-Plus 已在印尼等国家和地区测井上千口，2003—2004 年在中国石油天然气集团有限公司的多个油田测井 60 余口。

贝克-阿特拉斯公司的套管井电阻率测井仪 TCR 仍在试验和完善中。TCR 工作时被压向套管壁，仪器的 7 个电极经过精心排列，能与金属套管壁保持良好接触。该仪器的垂直分辨率由 19 in(短间距)和 38 in(长间距)两个电极距确定。虽然目前的测试结果令人满意，但由于不同的井下条件限制了该样机的推广使用，进一步的现场测试是必要的。

(4) 三分量感应测井

一般来说，地层电阻率是各向异性的，即在垂直方向和水平方向的测量结果不同。常规感应测井包括阵列感应测井的测量量只是水平分量，很容易低估和漏掉低阻泥质砂岩产层。据估计，世界上大约30%的油气存在于砂泥岩薄互层中。如何正确评价这类储层，促进了三分量感应测井仪器的研制。

贝克-阿特拉斯公司于2000年推出了新的多分量感应测井仪三维探路者（3DEX）[45]。该仪器使用三对相互正交的发射-接收线圈对，采集5个磁场分量 H_{xx}、H_{yy}、H_{zz}、H_{xy}、H_{xz}。这些信息可导出地层的水平电阻率（R_h）和垂直电阻率（R_v），从而可描述地层电阻率各向异性。根据阿尔奇公式和科茨公式提供的岩石电阻率各向异性与渗透率各向异性之间的物理关系，还可使用3DEX的电阻率测量数据来评价渗透率各向异性。该仪器在薄互层、低阻层的测井地层评价中有重要作用。

在2003年的SPWLA年会上，斯伦贝谢公司介绍了其生产的多分量感应测井仪器样机[46]。这只仪器尽可能多地采用了斯伦贝谢公司H型阵列感应仪的电子线路和线圈系机械结构。该仪器有一个三轴发射器和两个三轴接收器，每个线圈系都含有一个常规的 z 轴线圈和两个横向线圈，形成正交线圈系；还有一个常规的短线圈系阵列。长三轴线圈系的补偿线圈和短三轴线圈系的主线圈都离发射器72 in。这种组合结构和各传感器的排列与相互补偿是该样机的主要特点。

多分量感应测井仪三个彼此垂直的发射线圈发射一定频率的交流电；三个彼此垂直的接收线圈接收各个方向的地层信息，可得到九个磁场分量，经过一定的数据处理可得到九个电导率分量。相对水平方向各向同性的地层模型来说，很多电导率分量是彼此相等的。多分量感应测井满足麦克斯韦方程，考虑地层电导率张量模型，将求解区域进行离散化，通过数值计算方法可得到各磁场分量。通过对不同方向的磁场分量进行测量，可显示出地层是各向异性的还是各向同性的；通过测量 H_{xy} 和 H_{xz} 可得到地层倾角和地层走向。通过信号处理，还可得到地层垂直电阻率和水平电阻率，进而得到较为准确的各向异性地层的含水（油）饱和度。

（5）井间电磁成像测井

井间电磁（EM）成像测井系统直接测量井间地层岩石的导电特性，通过反演得到井间电阻率分布的二维乃至三维图像，用于监测水驱、蒸汽驱及聚合物驱[47]。从20世纪90年代开始，美国加利福尼亚大学伯克利分校和美国劳伦斯-伯克利（LBL）、劳伦斯-利弗莫尔（LLNL）、桑地亚（SNL）等国家实验室的研究者，先后完成了EM系统的基本理论、数值模拟和现场可行性研究的大部分工作，并设计和制造出相应的测量仪器，在井间距为25～100 m、频率为500～20 kHz的条件下，进行了一系列模拟性现场试验[1-2]；前期的研究工作已基本证明现有的理论研究、处理方法和仪器制造所达到的水平，已经有可能设计、制造出工作频率为10～10 kHz，在非金属套管（裸眼井、玻璃钢或塑料套管井）中井间距达500 m可靠实用的测量系统，可在典型的油藏岩石剖面中得到极为有用的井间电阻率成像。从1997年开始，胜利油田和美国EMI公司合作，开展井间EM成像系统的应用研究，研制的第一代井间电磁成像测井仪XBH-2000，曾成功地进行了三对井的大型现场工业性试验，共进行了10次测量，最大的井间距达到433.6 m；通过数据反演得到的电阻率成像，在分析井间油气分布和监测井间油气水的动态等方面取得了成功。

井间电磁成像测井系统是将发射器和接收器分别置于相邻的两口井中，接收器接收由发射器发射并经地层传播的电磁波，反演后获得有关井间地层电阻率的分布信息，从而实现对井间电阻率的直接测量。由于发射器采用的频率较低，为 10～10 000 Hz，地层电导率对信号的贡献远大于介电常数的贡献。井间电磁成像通过对测量数据的反演，提供地层二维乃至三维的电阻率图像。二维成像处理是在假定地层基本满足轴对称的条件下进行的，这时可把地层电阻率的空间分布简化为二维子午面上的分布。由于接收器的响应是二维子午面上电阻率的泛函，如果把子午面“离散化”，即把子午面分为许多像素，并假定每个像素的电阻率各为一固定值，响应则为各个像素数值的多元函数。在测量过程中，以一定的深度间隔固定接收器的位置，发射器以连续测量的方式进行采样，这样可以得到数量众多的响应方程。通过反演求解方程的未知数，可得到各像素电阻率值。当然，为了保证求解能取得可信的结果，方程个数必须等于或大于未知数，即符合“适定”或“超定”的原则。

和井间地震相比，井间电磁测量结果对井间地层特性和流体性质的变化更为敏感。由井间电磁成像系统所提供的井间电阻率成像，可用于研究井间的油藏构造、砂体展布和裂缝的发育方向；能够比较清楚地描述井间的油、气、水层的分布，指示水驱及热采的波及前缘和方向，分析井间剩余油分布。因而，井间电磁成像测井可大大提高油田滚动勘探和开发调整中打高效井的成功率。

5.2.3 脉冲中子测井技术

5.2.3.1 脉冲中子与地层的相互作用

脉冲中子发生器以一定的脉冲宽度和重复周期向地层发射中子束。与发射周期相比，中子发射的时间很短。在不同的时间间隔里，中子与地层的相互作用不同，用以解决的地质问题也不同[48-49]。

① 能量为 14.1 MeV 的中子进入地层，首先与地层某些核素的原子核发生非弹性散射。一部分能量转变为原子核的激光能，使原子核处于激发状态。激发状态的核是不稳定的，在很短的时间内发射出一个或几个光子，并释放出多余的能量。在中子发射后的 10^{-8}～10^{-6} s 时间间隔里，非弹性散射是中子损失能量的主要方式。非弹性散射和由此引发的光子发射是在发射中子的同时进行的。当中子停止发射时，该过程立即终止，其他作用过程是在中子停止发射以后的时间里发生的。利用这一特点，可以把弹性散射伽马射线与其他作用过程产生的伽马射线区别开来。

② 经过若干次非弹性碰撞，中子损失能量，当中子的能量不足以再发生非弹性散射后便发生弹性散射使中子进一步慢化。中子在发射后的 10^{-6}～10^{-3} s 时间里，主要发生弹性散射。在中子停止发射后，可立即测量超热中子的衰减时间谱，依此确定中子在地层中的慢化时间，进而求出孔隙率。同时，直到下个周期发射中子开始，大约在小于 1 000 μs 的时间内，可测量热中子衰减时间谱，用以确定地层的热中子寿命和计算地层的含水饱和度。

③ 热中子在地层中扩散，逐渐被俘获，产生俘获辐射。测量俘获辐射强度随时间的变化情况可间接反映热中子的衰减过程，以测定热中子寿命；对伽马射线作能谱分析，可获得与岩性和流体类型有关的信息。

④ 快中子和热中子都能使原子核活化，使稳定核素转变为放射性核素。这些核在 10^{-3}～10^{4} s 时间内发生衰变，并发射伽马射线。对这些光子作能谱和强度分析，可研究地层的化学成分。活化伽马射线的强度很低而且变化比较慢，可当本底处理。

5.2.3.2 脉冲中子测井(pulsed neutron logging)方法[9,48-49]

(1) 碳氧比能谱测井方法

在套管斗中直接监测储层含油饱和度变化规律一直是测井工作的主要任务之一，在众多方法中，碳氧比(C/O)能谱测井方法具有突出优点：仪器发射的能量为 14.1 MeV 的中子可以穿透钢套管和水泥环，在地层中激发出伽马射线。使用探测器记录这些伽马射线并对它们进行时间和能量分析，可以得到地层岩性、含油饱和度、孔隙率等信息。这种测井方法基本不受地层水矿化度的影响，因而在中国陆上大部分油田中很适用。当然，该方法也可以应用于裸眼井中。由于最初主要通过测定地层非弹性散射伽马能谱中碳区和氧区计数率的比值来计算含油饱和度，所以常称其为碳氧比能谱测井，或碳氧比测井(carbon-oxygen logging or C/O logging)。

碳氧比能谱测井利用地层中不同核素的快中子反应截面及诱发的伽马射线能量不同的原理，在仪器中使用可控氘氚加速器中子源，以一定脉冲宽度和时序发射能量为 14.1 MeV 的快中子，如图 5-19 所示。

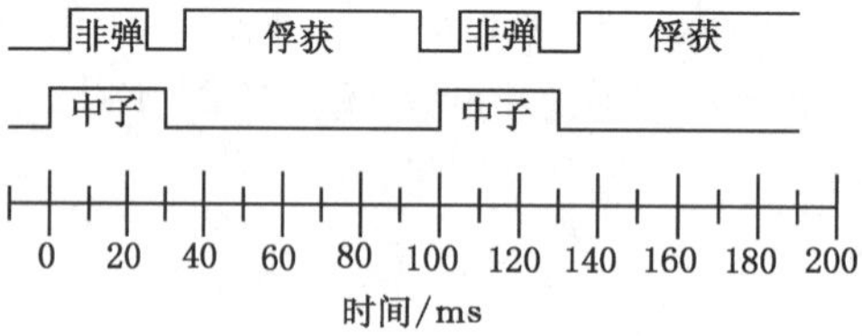

图 5-19　中子发射和光子探测时序

中子进入地层后，首先与某些核素发生非弹性散射(非弹)，和原子核碰撞后损失一部分动能，使原子核处于激发态，退激时原子核可以发射伽马射线(gamma ray)，中子在发射后 $10^{-8}\sim10^{-6}$ s 时间内主要以这种方式损失能量。经过几次散射后，中子能量降低到难以使其再与原子核发生非弹性散射的程度，中子进一步损失能量的主要过程是它与原子核的弹性散射，其发生在中子发射后 $10^{-6}\sim10^{-3}$ s 时间内，该作用过程动能守恒，不发射伽马射线。中子在损失绝大部分能量后变成热中子，它们在地层中扩散，逐渐被地层核素俘获，并产生俘获辐射伽马射线。中子还能使地层中的某些核素活化，生成寿命较长($10^{-3}\sim10^{4}$ s)的放射性核素，放射出活化伽马射线，它们的强度较低且变化缓慢，可以当作本底处理。

在发射中子脉冲时间内测量到的伽马射线主要是高能中子与地层中的 ^{12}C、^{16}O、^{28}Si、^{40}Ca 等核素相互作用的产物，在中子停歇期间测量到的伽马射线主要是 ^{1}H、^{28}Si、^{35}Cl、^{40}Ca、^{56}Fe 等核素的热中子俘获伽马射线。如表 5-1 所示，由于不同核素的非弹性散射和俘获伽马射线有各自的特征能量，所以可以通过分析这些能谱来计算不同地层核素的产额。

表 5-1　一些地层核素的主要非弹性散射和俘获伽马射线能量

核素	^{28}Si	^{40}Ca	^{12}C	^{16}O	
非弹性散射伽马射线能量/MeV	1.78	3.73	4.43	6.13	
核素	^{1}H	^{28}Si	^{35}Cl	^{40}Ca	^{56}Fe
俘获伽马射线能量/MeV	2.23	3.44	1.95,6.11 6.64,7.42	6.14	7.64

碳氧比能谱测井的径向探测深度较小，一般不超过 30 cm，主要受源距的影响，也受井

眼和地层条件的影响。根据探测深度受源距影响的原理，可以在仪器中使用双源距探测器进行测试，从而对套管和水泥环的影响加以校正。

(2) 中子寿命测井方法

中子寿命测井(neutron lifetime logging)也叫热中子衰减时间测井，是脉冲中子测井方法中最常用并且最重要的一种。中子寿命测井记录的是热中子在地层中的寿命，简称中子寿命。该测井方法在挤眼井和下套管井中都能分辨油、气、水层。

热中子寿命 τ 是指热中子从产生的瞬间起，到被吸收时刻止，所经历的平均时间。热中子寿命是表征地层的中子特性的重要参数之一。在一般储层中，τ 主要与氯含量有关，氯含量高，则 τ 小。

热中子寿命 $\tau(\mu s)$ 与宏观俘获截面 Σ 的关系可表示如下：

$$\tau = \frac{4\ 550}{\Sigma} \tag{5-23}$$

式中，宏观俘获截面 Σ 的单位为 10^{-3} cm。

测井解释中常见地层物质的宏观俘获截面 Σ 如表 5-2 所示。

表 5-2 常见地层物质的宏观俘获截面 Σ

地层物质	$\Sigma/(\times 10^{-3}$ cm)	地层物质	$\Sigma/(\times 10^{-3}$ cm)
石英	4.3	泥岩	35～55
方解石	7.3	石灰岩	8～10
白云石	4.8	砂岩	8～13
钠长石	7.6	白云岩	8～12
正长石	15	淡水	22.1
硬石膏	13	地层水	22～120
石膏	19	天然气	0～22
盐岩	770	原油	18～22

从表 5-2 可知：地层的岩石骨架与孔隙中的原油、天然气、地层水的 Σ 值有明显的差别，所以地层的 Σ 值与孔隙率有关。地层水俘获截面随氯含量增加而急剧增大，高矿化度地层水的地层俘获截面比油、气要高得多，因此根据 Σ 值可定性划分油水层并定量求解地层含油、气饱和度。天然气的 Σ 值很低，通过中子寿命测井可以识别气层。中子寿命测井受泥质和地层水矿化度的影响，因而对测量结果应进行校正。原油与淡水的 Σ 值基本相同，因此对于淡水地层，难以用中子寿命测井区分油水层。

中子寿命测井方法就是用井下中子发生器按一定周期和一定宽度发射能量为 14.1 MeV 的脉冲中子，快中子在地层中经过弹性和非弹性碰撞变为热中子，并由中子寿命井下记录仪器中的闪烁计数器记录热中子俘获伽马射线或由 He-3 计数管记录热中子有关情况。

目的多定标测量技术已在中子寿命测井仪中得到应用，这使 τ 和 Σ 的测量技术提高到一个新水平。美国德莱塞-阿特拉斯公司的 PDK-100 脉冲中子俘获伽马测井系统就属这种类型的仪器，井下仪器将热中子俘获伽马射线的衰减谱和本底谱送上地面。对这些时间谱，地面计算机系统可以任意方式处理，可充分利用取得的信息，所求得的 τ 或 Σ 比用双门法求出的结果精度更高。

此外，脉冲中子氧活化测井方法、伴随粒子碳氧比能谱测井方法、脉冲中子孔隙率测井方法等都是常用的脉冲中子测井技术，它们在探测钻孔、套管内外流体、表外储层水淹程度、储层孔隙率及识别薄差层和套管注水找漏等方面具有较好的效果。

5.2.4 核磁共振测井技术

核磁共振(nuclear magnetic resonance，NMR)现象于1946年被发现后，很快在物理学、化学、生物学以及医学领域得到应用，并成为一种十分有用的工具，在石油工业和地学研究中也得到重视。1952年，瓦里安公司发明了NMR磁力计，用于测量地磁场的强度，不久后，Varian提出，磁力计技术可以用于油井测量，由此开始了NMR测井的长期探索。1960年，雪佛龙石油公司研制了利用地磁场的NMR测井样机。1979年，由美国Los Alamos国家实验室的Jasper Jackson提出的使用永久磁铁和脉冲射频场的NMR测井仪器设计原理奠定了NMR测井商业化应用的基础。1985年，以色列威兹曼科学院的科学家Z. Taicher和S. Shtrikman等发明了使用梯度磁场的磁共振成像测井仪(MRIL)。斯伦贝谢公司于1991年发明并在1995年商业化的可组合核共振测井仪(CMR)，大大加快了NMR测井在全球的推广使用。1996年，Akkurt和Vinegar等提出了NMR识别油气的方法，使NMR测井的应用从确定孔隙率、束缚水和渗透率延伸到单独确定油气饱和度。NMR技术开创了储层油气评价和岩心分析工作的新纪元。

在进行NMR测井之前，地层流体中的质子是随机取向和任意排列的。当装有磁体的探头经过地层时，磁场使周围的质子磁化，产生可以观测的宏观磁化矢量，这个过程称为质子的极化。首先，仪器的永久磁场使质子的旋转轴向着静磁场方向排列。然后，天线发射交变电磁场，使那些被极化的质子产生磁共振，达到新的平衡，在交变电磁场撤销后，质子就会逐步回到静磁场使之极化的状态，这一过程也叫弛豫。使用特定的脉冲序列就能够产生和观察到一系列的自旋回波，NMR仪器可测量这些回波，并以自旋回波串的形式显示在测井记录上。回波衰减曲线是核磁共振测井的原始数据，它能反映自旋回波的幅度随时间衰减的过程[50-53]。回波串的形态与响应区域内孔隙流体的特性和预先设置的仪器采集参数均有关。影响回波串的孔隙流体特性有：横向弛豫时间(T_2)、含氢指数(HI)、纵向弛豫时间(T_1)以及扩散系数(D)等[54-56]。T_2表示回波串衰减的快慢，T_1表示流体极化速率的快慢，HI表示流体中氢原子的密度[57-58]，D表示流体中分子随机运动的程度。由于回波串测量只占用数十至数百毫秒的时间，因此在记录回波串时仪器在井中移动的距离很短。记录下来的回波串可以随深度变化显示在测井图上。

回波串初始信号的幅度与响应区域流体中氢原子的数量或孔隙率成正比，回波串的衰减过程与孔隙流体类型及孔径分布有关。因此，这一初始幅度可以用来定量表示孔隙率，将回波串的初始幅度与水罐(孔隙率100%)中的仪器响应幅度相比，就可得到原始的孔隙率。这一孔隙率与岩石骨架无关，大量实验室岩芯NMR测量结果和常规孔隙率测量结果表明，NMR孔隙率和用波义耳定律测定的氦气孔隙率之间有很好的吻合性，其误差在1%之内。

理论分析表明，自旋回波串可以用一组具有不同衰减常数的指数函数来拟合，在饱含水的岩石中，从单个孔隙中观测的回波串是一个单指数函数，而且，衰减常数与孔径成正比，即孔隙小T_2值小，孔隙大T_2值也大，每个T_2值都对应不同的孔径，衰减常数的集合即衰减谱或横向弛豫时间(T_2)的谱分布[59-63]。利用 T_2 分布可以获得多种地层信息,常用的解释模型如下:

① 孔径分布模型。地层中的孔隙系统大小不一,具有不同的比表面积和弛豫速率,是导致回波串具有多指数衰减规律的主要原因之一[64-66]。

② 孔隙率模型。观测信号的强度与孔隙流体中氢核含量的对应关系是确定地层孔隙率的主要依据。观测信号反映宏观磁化矢量,地层孔隙中的氢含量决定零时刻信号的强度。因此,可以将零时刻信号的强度标定为岩层孔隙率[67]。除此之外,由于不同孔隙中流体的弛豫速度存在差异,其在 T_2 分布上会出现在不同的位置。据此,可进一步将毛管束缚水、自由流体以及泥质束缚水区分开来[68-69]。

③ 束缚水模型。根据 T_2 分布确定毛管束缚水的方法主要有两种。一种是 T_2 截止值法,假设有一个 T_2 的截止值,小于该值的孔隙中的流体均处于束缚状态,而大于这个值的孔隙中的流体则是可动的[70]。另一种是 T_2 谱系数法,假设每一种孔隙系统都有一定的水束缚在孔壁表面,孔隙直径不同,束缚水比例也不一样。

④ 渗透率模型。渗透率反映流体通过孔隙介质岩石的能力。迄今,估算渗透率的方法都是间接的,核磁共振也一样,它基于核磁共振特性与渗透率之间的相关性,建立渗透率模型[71]。

核磁共振测井具有多重优越性。在勘测阶段,可为多种涉及油气资源评价的基本问题提供相对完备的解答,如产层性质、油气性质和油气储量等。在开采过程中,它又能进行直接可靠的数据监测,如剩余油气分布、采收率以及油层驱替效率等油藏问题。核磁共振测井具有对油气特征有关的参数分辨灵敏、受与油气资源评价无关的因素影响少以及油气评价地层模型更精细等多重优势。截至目前,斯伦贝谢、贝克-阿特拉斯、康普乐和哈里伯顿-纽马等公司已经分别开发出新的核磁共振测量仪器。例如,哈里伯顿-纽马公司推出了新一代的 MRIL-Prime 测井仪,该仪器将观测频率增加到 9 个,并设计了预极化磁体。斯伦贝谢公司推出了 CMR-Plus 测井仪,该仪器也使用了预极化磁铁,可在连续测井条件下使仪器穿过的地层氢核预极化,从而使测井速度大大增加,最高可达 3 600 ft/h。贝克-阿特拉斯公司新近开发了多频、多磁场梯度、侧向测量式 MR Explorer(MREX)电缆测井仪,该仪器采用贴井壁测量方式,可避免井径及井内流体对测量结果的影响,有 12 个工作频率可供选择。

电阻率测井不能区别束缚水和可动水,这样就很难利用常规测井提供的数据识别低阻产层和电阻率低差异产层。而 NMR 测井提供的独特的信息,如 BVI 和 MCBW,可以有效地改进基于电阻率的含水饱和度的计算,并且对识别无水产层有极大帮助。因此,可以将 NMR 测井和电阻率测井数据组合使用,以确定原始地层中的可动水,并判断高含水饱和度的地层是不是无水产层。

5.2.5 随钻测井技术

5.2.5.1 随钻测井技术概述[9]

随钻测井(logging while drilling,LWD)一般是指在钻井的过程中测量地层岩石物理参数,并将测量数据实时传送到地面进行处理。随钻测量(measurement while drilling,MWD)一般是指钻井工程参数测量,如井斜、方位和工具面等的测量。有时候,MWD 泛指钻井时所有的井下测量[72]。

随钻测井技术的发展是和钻井、电缆测井的发展伴生的。勘探钻井的基本目的是发现油气储层，而电缆测井技术是获取油气层评价信息、识别和评价油气储层的重要手段。然而，电缆测井是在钻井完成之后进行的，该方法不仅受钻井液影响较大，而且时间成本也很高。早在20世纪30年代，人们就开始探索在钻井的同时进行测井，用这种方式所获取的信息不仅受钻井液干扰最小，而且能实时了解刚被钻开的地层的性质，对选择钻井参数、降低成本起着至关重要的作用。在随后的40年中，随钻测井技术一直没有得到很好的发展，直到20世纪70年代末期，才出现第一个可靠的商用随钻测井仪器。在20世纪八九十年代众多公司相继投入随钻测井仪器的研究和开发工作。此时，钻井液信道的随钻测井系统主宰了整个随钻测井市场。1984年，随钻电磁波电阻率测井上市；1987年，补偿中子和密度测井被引入随钻测量；1993年，斯伦贝谢公司推出了第一代集地层评价和地质导向为一体的IDEAL地质导向系统；1994年，斯伦贝谢和哈里伯顿公司相继研发成功随钻声波测井；90年代后期，斯伦贝谢公司开发成功电阻率和密度测井的随钻成像测井。90年代，哈里伯顿公司先后收购了擅长核磁测井的纽马公司和擅长随钻测量的Sperry-Sun公司，于2001年开发成功随钻核磁共振成像测井仪。

随钻测井技术的发展可分为三代。20世纪80年代后期以前属于第一代，提供基本的方位测量和地层评价测量，在水平井和大斜度井用作"保险"测井数据，但其主要应用是在井壁附近进行地层和构造相关对比，以及地层评价。此时，随钻测井确保能采集到在确定产能和经济性、减少钻井风险时所需要的测井数据。90年代初至90年代中期属于第二代，方位测量、井眼成像、自动导向马达及正演模拟软件相继推出，通过地质导向精确地确定井眼轨迹。司钻能用实时方位测量，并结合井眼成像、地层倾角和密度数据，发现目标位置。这些进展极大地提高了多种类型的井，尤其是大斜度井、超长井和水平井的钻井成功率。90年代中期到目前属于第三代，称为钻井测井(logging for drilling)，可提供界定地质环境、钻井过程及采集实时信息所要求的数据。

如今，随钻测井已拥有裸眼井电缆测井所拥有的各种测井方法，其信息采集采用钻井液信道实时传输和井下贮存相结合的办法，在海上、水平井和大斜度井已有90%测井作业采用随钻测井。随钻测井技术已经成为完成大角度井、设计钻进水平井、采集实时井场数据、解释和现场决策以及指导并完成地质导向钻井的关键技术。

5.2.5.2 随钻测井技术

随钻测井数据传输是随钻测井的关键技术之一，常用的传输方式有钻井液脉冲遥测、电磁波遥测和声波遥测技术。

钻井液脉冲遥测是被普遍使用的一种数据传输方式，大多数随钻测量都采用钻井液脉冲遥测方式传输数据，钻井液脉冲遥测技术的数据传输速率较低，为4～10 bit/s。与此相比，电缆的传输速率为550～660 bit/s。通过不断研究，新一代的钻井液脉冲遥测系统的传输速率可望提高到50 bit/s。电磁波数据传输是将低频的电磁信号从地下传到地面。这种方法是双向传输的，可以在井上下传输，不需要钻井液循环，其数据传输能力与钻井液脉冲遥测相近。电磁波数据传输的最大优点是不需要机械接收装置，缺点是低的电磁波频率接近地频率，从而使信号的探测和接收变得较困难，目前只能在6 000 in深的井眼中传输数据。

通过钻杆来传输声波或地震信号是另一种传输方法。声波遥测能显著提高数据传输速率，使随钻数据传输速率提高一个数量级，达到100 bit/s。声波遥测和电磁波遥测一样，不需要泥浆循环，但是，井中产生的低强度信号和由钻井设备产生的声波噪声使探测信号非常困难。

随着光纤技术的不断发展，光纤遥测有望应用到随钻测井中。实际上，美国桑地亚国家实验室已经在随钻测量中成功实验了光纤遥测系统。光纤电缆很细小，成本低，可短时间使用，最后在钻井泥浆中磨损掉并被冲走。光纤遥测技术能以大约 1 Mbit/s 的速率传送数据，比其他商用的随钻遥测技术快 5 个数量级。

目前，随钻测井技术已进入比较成熟的阶段，能进行电、声、核随钻测量的探头系列十分丰富，所有能用电缆测井的项目都能随钻进行，包括随钻井径测量、随钻核磁共振测井、随钻地层压力测试等。

与电缆测井技术一样，随钻电阻率测井技术也分为两类：侧向类和感应类。侧向类适合在导电钻井液、高阻地层和高阻侵入的环境中使用；感应类在导电性地层中测量效果好，适合在导电或非导电钻井液中使用。

随钻核测井主要包括随钻自然伽马测井、随钻密度测井、随钻中子测井等。随钻自然伽马测井是较早应用于随钻测井中的一种技术。目前，几乎所有的随钻测井系列中都包括自然伽马测井。随钻密度测井仪器与电缆密度测井仪器有许多共同之处，两者的设计原理基本相同，大多采用双源距探测器，但也有不同的仪器设计，适用于不同的测井环境和储层条件。随钻中子测井也出现于 20 世纪 80 年代末。中子孔隙率测量包括中子俘获伽马射线、热中子和超热中子测量三种。近年来，随钻核测井在硬件和数据处理软件方面都得到了较大的改进。

随钻声波测井的实现比随钻电阻率测井、随钻密度测井、随钻中子测井要晚 4 年左右。1994 年，斯伦贝谢公司首次推出了随钻声波时差测井仪 ISONIC，哈里伯顿公司于 1995 年推出了补偿长源距随钻声波测井仪 CLSS。20 世纪 90 年代后期，哈里伯顿与 Sensor Wise 公司联合研制成功一种新的双阵列单极/偶极双模式随钻声波测井仪器 BAT。近年，贝克休斯公司又推出了新型随钻声波测井仪 APX，斯伦贝谢公司推出了新一代随钻声波测井仪 sonicVISION。

随着陆上常规储层的油气逐步被开发，石油钻井活动将更多地向海上钻井、水平钻井及复杂地层钻井方向转移。与传统的电缆测井相比，随钻测井具有能提高钻井效率、降低钻井成本、提供高质量数据等优势，在国际测井服务市场中，常规电缆测井工作量将逐步减少，随钻测井工作量将逐步增多。目前的随钻测井技术在探测器设计、可靠性、数据传输、资料应用等方面还有许多问题，将来会朝以下方面发展[72-73]。

① 集成化平台的开发。在多探头集成化平台的开发和应用方面会加大投入。这样的平台设计紧凑，更能靠近钻头，一次下钻能提供基本地层评价的全部数据。

② 继续提高随钻测井仪器的可靠性。随着存储芯片和抗高温高压电子元器件的开发，石油行业将制造出更能适应钻井环境强振动、极高温度和压力的随钻测井仪器。

③ 进一步提高数据传输速率。这是随钻测井集成化探头测量的数据传输的需要，包括泥浆脉冲传输、声波传输、电磁波传输技术的改进，还有许多技术上的难点要突破。

④ 地质导向。综合利用更多信息，实时预报钻头前方更深处地层信息，使预测精度更高。

⑤ 智能化。

5.3 固　井

当钻头钻到某一深度时，在钻成的井眼中按照设计标准下入称为套管的中空管柱，并在井眼和套管之间的环空中注入水泥浆，待水泥浆凝固后再换用直径小的钻头继续钻进，这项作业称为固井(well cementation)。通常，根据所钻穿的地层的复杂程度，油气井要经历一次到几次固井过程，才能钻达目的油气层。固井主要包括下套管和注水泥浆两个作业过程。下套管就是在已经钻成的井眼中将特定尺寸和一种或多种不同强度及壁厚的套管以及固井所需附件下入井内的作业。注水泥浆作业就是在地面上将水泥浆泵入井眼与套管之间的环空。

固井的目的是封隔地层、加固井眼、建立密封性能良好的井内流动通道，以保证后期作业的正常进行。固井是油气田勘探开发的一个重要环节，是长期维持井眼、构建油气通道的根本手段。固井质量不仅关系到钻井的速度和成本，还对油气井能否顺利生产、油气井的寿命和油气藏的采收率有重要影响。因此，从固井设计开始直至施工验收，都应该认真考虑如何提高固井质量，把好质量关[1-2,74]。

固井要消耗大量的水泥、钢管等材料。据统计，生产井的固井费用占全井成本的10%～25%，所以，还应在提高固井质量的前提下，尽可能节约材料、降低成本[75]。此外，固井还具有施工时间短、工作量大的特点；固井也是一次性工程，如果质量不好，则补救成本和难度都非常大。

5.3.1 套管柱强度设计

套管柱(casing string)下入井中是否会破坏，对于随后的钻进或以后的油气生产都是至关重要的。套管柱在井下是否会破坏取决于作用在套管上的外载和套管本身强度的相对大小。套管柱入井后所受的外载是不断变化的，甚至套管本身的强度也会发生变化。套管柱强度设计的任务是要事先设计出强度足够的套管柱以保证能经受入井后各种外载的作用，同时在保证套管不破坏的前提下，还应使所设计出的套管柱在成本上是最低的，这就是通常所说的套管柱设计“既安全又经济”的原则。

5.3.1.1 套管基本参数

套管(casing)是采用优质钢材制作而成的无缝管或焊接管，通常套管的两端均加工有锥形螺纹。套管的基本参数有套管尺寸、套管壁厚与套管单位长度名义质量、螺纹类型与套管钢级[1-2]。当给定这几个基本参数后，套管也就对应确定了，套管的强度也与这几个基本参数密切相关。

套管尺寸又称名义外径、公称直径或公称外径，是指套管本体的外径。套管壁厚是指套管本体处套管壁的厚度，有时又称为套管名义壁厚。套管单位长度名义质量又称为套管公称质量，是指包括接箍在内的套管单位长度的平均质量。目前，套管尺寸和套管壁厚均已经标准化和系列化。显然，套管尺寸、套管壁厚与套管单位长度名义质量直接相关。

套管螺纹及螺纹连接是套管质量的关键所在，与套管的强度和密封性能密切相关。API规定的螺纹有四种标准类型，分别是短圆螺纹(英文缩写为STC)、长圆螺纹(英文缩写为 LTC)、梯形螺纹(英文缩写为 BTC)、直连型螺纹(英文缩写为 XL,用于无接箍套管)。通常来说,上述四种标准螺纹基本能满足大部分常见的油气井固井要求。近年来,随着油气田勘探开发的不断发展,出现了超深井、高压气井、热采井、大位移井等,此时上述四种标准螺纹并不能完全满足要求。因此,很多国家都在积极开发特殊螺纹,有些已经应用于生产,并取得了较好的效果。

套管钢级即套管钢材的级别,体现套管材料在力学意义上的强度,而不是钻井工程中所指的套管强度。API 给出的套管钢级代号由字母及字母后的数字组成,字母是任意选择的,数字值乘以 1 000 即以 psi(1 psi=6 895 Pa)表示的套管最小屈服强度值。常见的 10 种钢级 API 套管分别为:H-40、J-55、K-55、C-75、L-80、N-80、C-90、C-95、P-110、Q-125。如 C-90 钢级的套管最小屈服强度为 90 000 psi(620.55 MPa)。

5.3.1.2　套管柱外载荷分析

套管柱在下入过程中受各种外载荷的作用,而且在以后的不同工况下所承受的外载荷形式和大小都是不一样的。因此,必须对各种工况下的外载荷作用形式及大小进行分析,找出最危险(即外载荷最大)的工况,按此计算套管柱所受外载荷,以此进行套管柱强度设计。大量的工程实践和理论研究表明,套管柱所承受的基本载荷有轴向拉力、外挤压力和内压力三种[6,76]。

(1) 轴向拉力

套管自重所产生的轴向拉力是套管柱轴向拉力的基本负荷,另外还应考虑附加拉力的作用。一般情况下,套管柱在入井过程中承受的拉力最大。套管柱上由自重产生的轴向拉力由下向上逐渐增大,井口处套管的最大轴向拉力为:

$$W_c = q_c L_{cs} \times 10^{-3} \tag{5-24}$$

式中,W_c 为井口处套管的轴向拉力,kN;q_c 为套管单位长度名义重量,N/m;L_{cs}为单根套管长度,m。

考虑浮力时,套管柱在钻井液中的重量为:

$$W_{cd} = q_c L_{cs}\left(1 - \frac{\rho_d}{\rho_s}\right) \times 10^{-3} \tag{5-25}$$

式中,W_{cd} 为井口处套管的轴向拉力,kN;ρ_d 为钻井液的密度,kg/m^3;ρ_s 为套管的密度,kg/m^3。

令浮力系数 $B_F = 1 - \dfrac{\rho_d}{\rho_s}$,以 $q_{cd} = q_c B_F$ 表示每米套管在钻井液中的平均重量,则:

$$W_{cd} = q_{cd} L_{cs} \times 10^{-3} \tag{5-26}$$

我国套管柱设计一般不考虑浮力,认为在下套管或活动套管时,浮力被套管柱与井壁摩擦产生的附加拉力所抵消;考虑浮力或不考虑浮力,设计中抗拉安全系数应有所不同,特别是在使用加重钻井液时应注意。

当井眼上部存在较大井斜或急弯时,套管还会受到井眼弯曲造成的附加拉力作用;在深井或超深井注水泥浆过程中,由于注入水泥浆量大,水泥浆密度比井内钻井液密度又大得多,在水泥浆还未返出套管鞋时,套管柱也会产生一较大的附加轴向拉力;此外,下套管时的冲击载荷、注水泥浆结束时的高速碰压、井壁摩擦、套管内外温差等都会产生附加拉力,在设计套管时应引起注意。

(2) 外挤压力

施加在套管柱上的外挤压力主要来自管外钻井液液柱压力、地层中流体压力、易流动岩层侧压力以及挤水泥浆和压裂时的挤压力。在水泥浆面以上套管柱承受的是钻井液液柱压力。在水泥封固段,水泥环具有一定承载能力,但计算困难,从安全的角度考虑,仍按钻井液液柱压力计算。在高塑性的岩层中,如盐岩层、泥岩层段,在一定条件下,垂直方向的岩层压力能全部施加给套管。此时,套管柱的外挤压力应按上覆岩层压力计算。

按最危险情况考虑,即认为套管内没有液柱压力,此时外挤压力计算式为:

$$p_{co} = \rho_d g H_w \times 10^{-6} \tag{5-27}$$

式中,p_{co}为套管柱所受外挤压力,MPa;ρ_d 为套管外环空中钻井液的密度,kg/m^3;H_w 为井深,m。

式(5-27)表明,套管柱在井底受到的外挤压力最大,越往上越小。

(3) 内压力

套管柱内压力的来源主要有钻井液液柱压力、地层流体(油、气、水)压力以及特殊作业时所施加的压力(如压裂、挤水泥浆等)。在井深较小时,地层压力相对较低,一般中厚、薄壁套管的抗内压强度都大于抗挤强度,因此内压力的确定及套管柱抗内压设计的问题不突出。随着井深和井底压力的增加,由内压力引起的套管柱强度问题和经济问题,已引起人们的重视。目前对内压力的考虑和计算方法主要有下述三种:第一,考虑套管内完全充满天然气,由于井口以下有外挤压力同时作用,所以认为井口是最危险的。第二,以井口压力及套管内、外压差之和来计算有效内压力。当套管内、外钻井液密度相等时,套管柱上、下内压力也相等,即井口压力;当套管柱内、外钻井液密度不相等时,则套管内压力为井口压力及套管内、外压差之和。第三,采用井口防喷装置承受的最高压力,显然,此时井口内压力和套管抗内压强度大于井口装置承压能力。

5.3.1.3 套管强度

套管抵抗外载荷的能力称为套管强度。套管所能承受的最大外挤压力称为套管的抗挤强度,套管所能承受的最大内压力称为套管的抗内压强度,套管所能承受的最大轴向拉力称为套管的抗拉强度。因为在轴向拉力的作用下,套管的破坏一般发生在套管本体与接箍的螺纹连接处,因此套管的抗拉强度又常称为连接强度或接头拉伸强度。

套管强度与套管的钢级、直径、壁厚、螺纹连接类型、加工精度等诸多因素有关。套管强度是通过大量试验数据,并结合理论分析得到的。API 将套管强度计算公式和套管强度试验数据予以公布,并制作了套管强度手册,以方便查询。需要说明的是,API 公布的套管强度数据是套管受相应的单一载荷作用时的强度,然而实际工程中套管在井下通常处于复合外载作用状态,此时套管所能承受某一外载的能力与受该外载单一作用时的情况是不同的。换言之,套管的强度会发生变化,有时增加,有时降低。当然,我们更应该关心强度降低的情况。在进行套管强度设计时,要充分考虑这一点。

通常,轴向拉力在下套管过程中达到最大值,这时在同一深度处套管内外的压力一般相等,因此可视套管只受轴向拉力的作用,即可以不考虑内、外压力对套管抗拉强度的影响。

在套管内始终作用有自重所产生的轴向载荷,下面重点论述有轴向载荷作用时套管的抗挤强度,分以下两种情况进行讨论[1,77]。

(1) 套管双向应力及双向应力椭圆

在外挤压力与轴向拉力或内压力与轴向拉力作用下，套管内的应力状态为三向应力状态，三个主应力分别为轴向应力、周向应力和径向应力。设套管自重产生的轴向应力为σ_z，外挤压力或内压力产生的周向应力为σ_t，径向应力为σ_r。由于套管为薄壁或中厚壁管，径向应力σ_r相比周向应力σ_t小得多，可将径向应力σ_r忽略不计，故套管近似为只受轴向应力与周向应力的双向应力作用。根据第四强度理论，套管破坏的条件为：

$$\sigma_z^2+\sigma_t^2-\sigma_z\sigma_t=\sigma_s^2 \tag{5-28}$$

式中，σ_s为套管钢材屈服强度，MPa。

套管钢材屈服强度σ_s的取值即套管钢级中所述套管的最小屈服强度值，则式(5-28)可表示为：

$$\left(\frac{\sigma_z}{\sigma_s}\right)^2-\frac{\sigma_z\sigma_t}{\sigma_s^2}+\left(\frac{\sigma_t}{\sigma_s}\right)^2=1 \tag{5-29}$$

式(5-29)是一个椭圆方程式。以σ_z/σ_s的百分数为横坐标，σ_t/σ_s的百分数为纵坐标，则该椭圆如图5-20所示，该椭圆称为双向应力椭圆。从图5-20可知，套管钢材屈服强度σ_s为一纯数值，无正负号；轴向应力σ_z大于零时表示套管所受轴向载荷为拉力，轴向应力σ_z小于零时表示套管所受轴向载荷为压缩力；周向应力σ_t大于零时表示套管所受径向载荷为内压力，周向应力σ_t小于零时表示套管所受径向载荷为外挤压力。因此，该应力椭圆图中第一象限表示套管受的是轴向拉力与内压力的联合作用，第二象限是轴向压缩力与内压力的联合作用，第三象限是轴向压缩力与外挤压力的联合作用，第四象限是轴向拉力与外挤压力的联合作用。

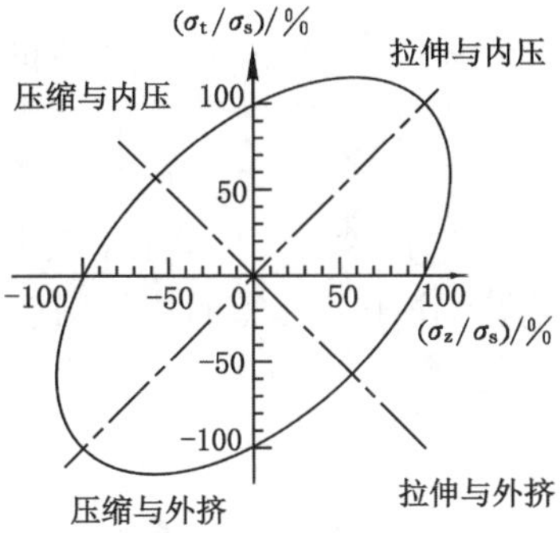

图5-20　双向应力椭圆

该应力椭圆表示了套管破坏时的临界周向应力与所受轴向应力间的相互关系，因为周向应力由外挤压力或内压力产生，轴向应力由轴向载荷产生，因此实际上该应力椭圆表示的也就是套管破坏时的临界外挤压力或临界内压力与所受轴向载荷间的相互关系。从图中可见，当套管所受的轴向载荷变化时，套管破坏时的临界外挤压力或临界内压力也随之发生变化，换言之，套管的抗挤强度或抗内压强度发生了变化。

综上所述，从图5-20可以看出：

在第一象限，套管受轴向拉力与内压力的联合作用。在轴向拉力作用下，套管的抗内压强度增加。这对套管是有利的，在套管柱设计中不考虑更为安全。

在第二象限，套管受轴向压缩力与内压力的联合作用。在轴向压缩力作用下，套管的抗内压强度降低。套管的这种受载情况只可能发生在套管柱的下部，因为套管柱的下部受轴向压缩力的作用。关于这种情况的分析可参阅有关文献。

在第三象限，套管受轴向压缩力与外挤压力的联合作用。在轴向压缩力作用下，套管的抗挤强度增加。这对套管是有利的，在套管柱设计中不考虑更为安全。

在第四象限，套管受轴向拉力与外挤压力的联合作用。在轴向拉力作用下，套管的抗挤强度降低。这对套管是不利的，目前在套管柱设计中一般都给予考虑。

(2) 轴向拉力作用下套管的抗挤强度

在轴向拉力 T 作用下，套管内产生的轴向应力为：

$$\sigma_z = \frac{10T}{A} \tag{5-30}$$

式中，A 为套管横截面积，cm^2。

当轴向拉力增加时，轴向应力增加。当轴向拉力增加到某一值而使轴向应力达到套管钢材屈服强度 σ_s 时，套管本体发生屈服破坏。屈服破坏时的轴向拉力值称为套管管体屈服抗拉强度，常简称为套管管体屈服强度。通常，套管管体屈服强度不用于套管的抗拉设计，在抗拉设计时使用的抗拉强度一般是前面介绍的接头拉伸强度。

令：

$$T_s = \frac{A\sigma_s}{10} \tag{5-31}$$

式中，T_s 为套管管体屈服力，kN。

联立式(5-30)和式(5-31)可得：

$$\frac{\sigma_z}{\sigma_s} = \frac{T}{T_s} \tag{5-32}$$

设在轴向拉力 T 作用下套管发生外挤破坏的临界外挤压力为 p_{cc}，该临界外挤压力即轴向拉力作用下套管的抗挤强度。由材料力学中薄壁筒的应力计算公式，可得此时的周向应力表达式：

$$\sigma_t = \frac{-p_{cc}D_c}{2t} \tag{5-33}$$

式中，p_{cc} 为轴向拉力作用下套管的抗挤强度，MPa；D_c 为套管外径，cm；t 为套管壁厚，cm。

当无轴向拉力时，套管发生破坏的临界外挤压力即套管的抗挤强度，用 p_c 表示。按薄壁筒模型，此时套管内的周向应力达到套管钢材屈服强度 σ_s，所以有：

$$p_c = \frac{2\sigma_s t}{D_c} \tag{5-34}$$

式中，p_c 为无轴向拉力时套管的抗挤强度，MPa。

联立式(5-29)、式(5-32)、式(5-33)和式(5-34)，即可解得在轴向拉力作用下套管的抗挤强度：

$$p_{cc} = p_c\left[\sqrt{1 - \frac{3}{4}\left(\frac{T}{T_s}\right)^2} - \frac{1}{2}\frac{T}{T_s}\right] \tag{5-35}$$

因为轴向拉力作用下的套管抗挤强度求解是双轴应力问题，故式(5-35)又经常称为套管的双轴应力抗挤强度计算式。

5.3.1.4 套管强度设计方法

在套管柱受力分析和套管自身强度的基础上，采用安全系数法、边界负荷法和最大载荷法进行套管柱设计。目前，国内外普遍采用安全系数法，其通式为：

$$\text{安全系数} \times \text{外载} \leqslant \text{套管强度} \tag{5-36}$$

首先根据油气井实际情况，计算出套管柱在不同井深处所受的外挤压力、轴向拉力和内压力等外载荷。安全系数则是根据套管强度的计算方法、套管强度试验、井下套管柱受力状态、套管柱设计方法以及实际经验来确定的。然后根据式(5-36)计算出不同井深处所需的套管强度，再由“套管强度数据表”查出各井段所需的不同钢级、壁厚和螺纹形的套管，这样便可设计出所需的套管柱。

在进行套管柱设计时，安全系数是事先选定或给定的。显然，安全系数直接影响套管柱的安全性和经济性。与套管所受外载荷相对应，安全系数分为抗拉安全系数 S_t、抗挤安全系数 S_c 和抗压安全系数 S_b。由于影响安全系数的因素很多，所以准确确定合适的 S_c、S_b 和 S_t 是一件非常难的事情，一般都是经过长期的生产实践逐渐确定的。表 5-3 是我国石油行业标准所推荐使用的安全系数。

表 5-3 我国套管柱安全系数范围

套管类型	抗拉安全系数 S_t	抗挤安全系数 S_c	抗压安全系数 S_b
表层套管	1.6～1.8	1.0～1.1	1.1～1.2
技术套管	1.6～2.0	1.0～1.125	1.1～1.33
生产套管	1.6～1.9	1.0～1.2	1.1～1.4

根据套管柱受力情况，可用图形表示套管柱受力变化规律，如图 5-21 所示[6]。从图 5-21 可看出，轴向拉力、外挤压力及内压力在套管柱各截面上不是均匀分布的。其中，轴向拉力自下而上增加；外挤压力自下而上减小；从有效内压力（内压力与外挤压力的差值）来看，其总的趋势是自下而上增加的。在设计中，为了达到既安全又经济的原则，整个套管柱应由不同钢级、壁厚和螺纹形的套管组成，从而使各段最小安全系数等于（或大于）所规定的安全系数。同时为了避免反复计算和设计，在一般地层压力井中，先自下而上进行抗挤设计，然后自下而上进行抗拉设计，最后核对抗内压强度。在高压井中，首先进行抗内压设计，选出满足抗内压强度的套管，然后再进行抗挤和抗拉设计。

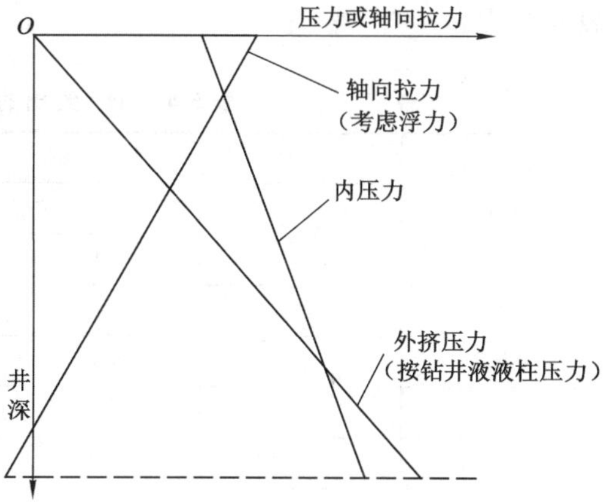

图 5-21 套管柱受力示意

5.3.2 油井水泥与注水泥浆

5.3.2.1 油井水泥

(1) 油井水泥的成分

油井水泥是油气井固井作业中的主要材料之一。与建筑水泥不同，由油井水泥配置的水泥浆会被泵送到百米甚至千米深的井下，井下的压力和温度随井深而变化，必然要求油井水泥浆在特定的压力和温度下具有良好和稳定的性能。因此，油井水泥特指适合油气井固（修）井等作业的硅酸盐水泥和非硅酸盐水泥，包含加入多种外掺材料或添加剂的改性水泥和特种水泥。

目前，国内外使用的油井水泥主要是硅酸盐水泥，其主要成分是水硬性硅酸钙，加入适量石膏和其他性能调节材料经过“两磨一烧”生产工艺加工而成。干水泥、水和外加剂混合而成的浆体称为水泥浆，水泥浆在井下环空中凝结硬化后的水泥石常称为水泥环。

油井水泥主要由以下四种矿物组成[1-2]：

① 硅酸三钙 $3CaO \cdot SiO_2$（简写为 C_3S），它在硅酸盐水泥中的含量最高，是水泥产生强度的主要化合物，其强度增长快，最终强度也高。

② 硅酸二钙 $2CaO \cdot SiO_2$（简写为 C_2S），它能在较长时间内强化水泥强度，其水化反应慢。

③ 铝酸三钙 $3CaO \cdot Al_2O_3$（简写为 C_3A），它是促进水泥快速水化的化合物，决定水泥初凝和稠化时间。铝酸盐类矿物对水泥的流变性有很大影响。

④ 铁铝酸四钙 $4CaO \cdot Al_2O_3 \cdot Fe_2O_3$（简写为 C_4AF），其水化速度仅次于 C_3A，早期强度增长快，强度在硬化 3 d 后基本稳定。

（2）油井水泥的分类

为了适应复杂的油气井环境，人们根据水泥的流动性、凝结和稠化时间、强度及热稳定性等性能，专门建立了油井水泥分类方法。早期 API 标准将油井水泥分为 A—H 和 J 共 9 个级别。近年来，API 标准做了较大变动：一是取消了 A—H 级水泥特定的使用深度范围，将其简化为 A、B、C、G、H 共 5 个级别；二是取消了 J 级水泥。各级水泥的使用范围见表 5-4[1-2]。

表 5-4　API 给出的油井水泥分类及使用范围

级别	类型			备注
	普通	抗硫酸类型		
		中	高	
A	√	/	/	普通水泥，温度低于 77 ℃
B	/	√	√	中热水泥，温度低于 77 ℃
C	√	√	√	早期具有高强度，温度低于 77 ℃
G	/	√	√	基本水泥
H	/	√	√	基本水泥

（3）油井水泥的水化反应

水泥在与水混合后，会迅速与水发生复杂的水化反应，生成多种水化产物；水泥浆也逐渐由液态转变为固态，并凝结和硬化形成水泥石。油井水泥的水化作用主要有以下三类。

① C_3A 的水化反应：

$$3CaO \cdot Al_2O_3 + 6H_2O \longrightarrow 3CaO \cdot Al_2O_3 \cdot 6H_2O \tag{5-37}$$

② C_3S、C_2S 及 C_4AF 的水化反应：

$$2(3CaO \cdot SiO_2) + 6H_2O \longrightarrow 3CaO \cdot 2SiO_2 \cdot 3H_2O + 3Ca(OH)_2 \tag{5-38}$$

$$2(2CaO \cdot SiO_2) + 4H_2O \longrightarrow 3CaO \cdot 2SiO_2 \cdot 3H_2O + Ca(OH)_2 \tag{5-39}$$

$$\begin{aligned} &4CaO \cdot Al_2O_3 \cdot Fe_2O_3 + 2Ca(OH)_2 + 10H_2O \longrightarrow \\ &3CaO \cdot Al_2O_3 \cdot 6H_2O + 3CaO \cdot Fe_2O_3 \cdot 6H_2O \end{aligned} \tag{5-40}$$

③ 水化的 C_3A 和二水石膏的水化反应：

$$\begin{aligned} &3CaO \cdot Al_2O_3 \cdot 6H_2O + 3(CaSO_4 \cdot 2H_2O) + 20H_2O \longrightarrow \\ &3CaO \cdot Al_2O_3 \cdot 3CaSO_4 \cdot 32H_2O \end{aligned} \tag{5-41}$$

水泥的水化反应是一个不断进行的过程，反应过程中会生成多种水化产物及氢氧化钙晶体。随着水化反应的不断进行，水泥浆中的硅酸盐水化物、铝酸盐水化物以及硫酸盐水化物等的浓度不断增加，逐渐使微小晶体形成凝聚结构，从而促成水泥的凝结和硬化。

水泥的水化反应是一个放热反应，在实际应用中可以用此特点来探测水泥浆在环空内的上返高度。另外，水泥在水化过程中要发生体积收缩，在一定条件下该体积收缩对固井质量有着重要的影响。

(4) 水泥浆的物理性能

为了保证施工安全并提高固井质量，必须对油井水泥浆的物理性能进行测定。目前，常用的物理性能指标主要有水泥浆密度、水泥浆流变性、水泥浆稠化时间、水泥浆失水量、水泥石抗压强度、水泥石渗透率等。

干水泥的密度为 3.14～3.15 g/cm^3，水泥浆主要由干水泥和水混合而成，因此水泥浆的密度主要取决于用水量。为了使水泥浆具有良好的流动性，通常加水量应达到水泥质量的 45%～50%，按此比例配置出的水泥浆密度在 1.85～1.90 g/cm^3，这一密度能满足固井时水泥浆密度大于完井时钻井液密度的要求。

水泥浆流变性指的是水泥浆在外加剪切应力作用下流动变形的特性。它直接影响水泥浆对钻井液的顶替效果。此外，水泥浆流变性还用来计算注水泥浆和顶替钻井液过程中的循环摩擦损失，以防止井眼憋漏，合理选择施工装置与设备。

水泥浆在配好后，随着水化反应的不断进行，逐渐变稠直至失去流动性。为了保证能将水泥浆泵至井内环空预定高度，必须预先确定在与井内温度和压力相同的条件下，水泥浆稠度达到某一定值所需的时间，即稠化时间。注水泥浆作业的全过程必须在水泥浆稠化之前完成。API 标准中规定了从开始搅拌到水泥浆稠度达到 100 Bc 所用的时间为水泥浆稠化时间。API 标准规定在初始的 15～30 min 时间内，稠度应小于 30 Bc。因此，当稠化时间确定后，整个注水泥浆作业必须控制在稠化时间以内，并考虑有较大的安全系数，否则就会出现固井事故。

水泥浆中的自由水通过井壁渗入地层的现象称为水泥浆失水。它是一种渗滤现象，影响它的主要因素有水泥浆的失水性能、水灰比和地层的渗透性。

水泥石在压力作用下破坏前单位面积所能承受的力称为水泥石抗压强度。水泥石抗压强度应满足支撑套管、抵抗钻井冲击载荷、承受压裂和酸化的固井要求。通常，水泥石抗压强度远大于井壁的胶结强度，因此人们更关心水泥环与套管尤其是水泥环与井壁的胶结情况。

水泥石渗透率是指在一定压差作用下流体通过水泥石的能力。为实现地层的有效封隔，水泥石渗透率越低越好。实际上，水泥石渗透率是很低的，大多数水泥石渗透率都低于 $1.0\times10^{-5}\ \mu m^2$，完全能达到层间封隔的要求。同样，由于水泥环和井壁胶结处常常为薄弱环节，如果水泥环与套管或水泥环与井壁间存在微环隙或胶结强度不够高，则对层间封隔有严重影响。因此，水泥环与套管尤其是水泥环与井壁的胶结强度应是今后进一步研究的重点。

(5) 油井水泥外加剂

对于地质构造复杂、井下环境恶劣情况下的注水泥浆作业，常规的油井水泥浆并不能满足固井的要求。为了满足不同情况下固井施工和固井质量的要求，常在水泥浆中加入各种外加剂来调节水泥浆的性能。

常规的水泥外加剂有速凝剂、缓凝剂、早强剂、减阻剂（又称分散型）、降失水剂、减轻剂、加重剂、防漏失剂等[78-82]。速凝剂和缓凝剂用来调节水泥浆的稠化时间，有的速凝剂还能提高水泥石的早期强度。加入减阻剂的目的是改善水泥浆的流动性能、降低流动摩阻。降失水剂的作用是降低水泥浆的失水量，防止水泥浆脱水。当井下有低压易漏失层时，为了防止注水泥浆时发生井漏，常加入本身密度低的减轻材料（如硅藻土、漂珠）以降低水泥浆的密度；反之，当地层压力高到一定值时，需要加入密度大的添加剂（如铁矿粉）来提高水泥浆的密度以平衡地层压力。防漏失剂用于防止水泥浆在易漏失层中的漏失，分为纤维状、颗粒状等固体堵漏材料，如沥青粒、纤维材料等。

另外，为了应对高温下水泥石强度衰退及热稳定剂问题，常在水泥浆中掺入适量的石英砂以防止高温下水泥石的强度衰退。甘油聚醚也常用作油井水泥的消泡剂。

5.3.2.2　注水泥浆

注水泥浆是固井作业的重要环节，其主要目的是封隔油、气、水层，保护生产层。注水泥浆质量不仅与固井工艺技术措施有直接关系，在一定程度上还与井眼质量（井斜、方位变化量和井径变化量）、钻井液性能和地喷条件有很大关系[1-2,83]。要实现注水泥浆的目的，应主要解决两个问题：一是如何使环空充满水泥浆；二是如何使水泥浆在凝结过程中压稳和封隔好油、气、水层。

注水泥浆质量的基本要求主要从以下四个方面考虑：首先，水泥浆返高和套管内水泥塞高度必须符合设计要求，过高和过低都是不允许的。其次，注水泥浆井段环空的钻井液应全部被水泥浆顶替走，即无窜槽现象存在。再次，水泥环与套管和井壁间有足够的胶结强度，能经受住压裂、酸化作用。最后，形成的水泥石要能够抵抗油、气、水长期的侵蚀和破坏。

实际上，影响固井质量的主要因素为水泥浆的窜槽。为了防止窜槽，需要提高水泥浆的顶替效率。一般主要通过以下措施提高水泥浆的顶替效率：

① 在注水泥浆时上下活动或旋转套管是提高顶替效率简单有效的措施。套管上装有刮泥器，活动套管还能破坏井壁泥饼，保证水泥环和地层紧密结合，这也是防止油、气、水窜及漏失的有效办法。

② 套管在井眼中不居中的现象称为套管偏心。实际所钻的直井总存在偏差，从而会造成井眼偏斜，套管偏离井眼中心；在定向井和水平井中，由于套管存在自重，管柱会偏向井眼下侧，偏心现象更为普遍。而注水泥浆的顶替效率与套管偏心程度密切相关。为此，通常在套管上加扶正器来改善其在井眼中的偏心程度，从而提高水泥浆的顶替效率，减少水泥浆窜槽现象。另外，套管扶正器还能防止套管因黏附而被卡，特别是在定向井中，不加扶正器套管是难以下入井内的。

③ 通过调整钻井液和水泥浆性能来提高顶替效率。例如，通过降低钻井液的切力、黏度和密度来提高顶替效率。

④ 采用紊流或塞流注水泥浆。理论分析和工程实践表明，按紊流或塞流注水泥浆，水泥浆推进均匀，不易形成窜槽。此外，在采用紊流注水泥浆条件下，适当增加水泥浆量，保证封隔层位在注水泥浆过程中与水泥浆有足够的接触时间，对顶替走窄间隙内的钻井液，提高顶替效率是有利的。

⑤ 在注水泥浆前打入隔离液。水泥浆和钻井液的化学成分不同，当用水泥浆直接顶替钻井液时，在交界面处钻井液和水泥浆容易混合。因此，在注水泥浆前通过打入一段特殊配制的液体，即隔离液，把钻井液与水泥浆分隔开，避免钻井液与水泥浆直接接触而使水泥浆稠化，同时又能改善对钻井液顶替的效果。

在水泥浆的凝结过程中，当浆柱的压力失重到低于油、气、水层的压力时，地层里的油、气、水会窜入环空，发生水泥浆凝结过程中的油、气、水窜问题。防止油、气、水窜的关键是始终保持水泥浆的静液柱压力大于地层压力，或在水泥凝固时使套管、岩石两个胶结面上水泥石的胶结强度大于地层压力。目前，防止油、气、水窜的措施主要有：降低水泥柱高度；使用双凝水泥或膨胀性水泥；使用防窜水泥浆或充气水泥浆；采用多级注水泥浆技术；在水泥浆候凝过程中，在环空中加压等。

5.3.3 固井质量评价

固井质量包括套管柱和水泥环两方面的质量。在现场，通常将注水泥浆的质量称为固井质量。下面简要介绍水泥环质量的检测和评价方法。

水泥环的质量可以说就是注水泥浆的质量。在固井作业中，对水泥浆返高、水泥塞长度和人工井底都有明确的规定。油气层固井，设计水泥浆返高应超过油气层顶界 150 m，实际封固油气层顶部不少于 50 m。其中，要求合格的水泥环段，对浅于 2 000 m 的井不少于 10 m，深于 2 000 m 的井不少于 20 m。为了保证套管鞋封固质量，油层套管采用双塞固井时，阻流环距套管鞋长度不少于 10 m，技术套管一般为 20 m，套管鞋位置应尽量靠近井底。油气层底界距人工井底不少于 15 m。

固井质量评价由早期的仅确定水泥浆返高，发展到水泥环声波幅度测井。声波幅度测井又称声波水泥胶结测井或声幅测井，是根据声学原理所进行的测井[1-2,84]。在井下，从测井仪声波发射器发出的声波，通过不同的介质和路线后传播到接收器。最先到达接收器的是沿着套管传播的滑行波（或叫套管波）所产生的折射波；其次是传到地层后又折射回来的地层波；最后是在钻井液内传播的钻井液波。声波幅度测井记录的是最先到达的套管波的首波幅度。

套管波在传播过程中能量不断损失，即声幅要衰减。套管波的衰减程度与套管内外介质性质及分布有关。因为套管内钻井液的分布及性质是不变的，所以套管内散失的能量为恒定值。此时，套管波的衰减程度主要取决于套管外水泥与套管的胶结情况。如果管套和水泥胶结得好，则套管波大部分能量会衰减到水泥环中。因此，接收到的声波幅值较低，表明水泥固结质量好；反之，接收到的声波幅值较高，则表明水泥固结质量差。因此，可以根据声波的相对幅值对水泥胶结质量进行检测和评价。上述即声波幅值测井的基本原理，而实际中的声波幅值测井解释要复杂得多。

通过测量线路把所接收的声幅转变成与之成比例的电压，并加以记录。沿井深由下而上进行测试，就可得到一条沿井深反映水泥与套管胶结情况的声幅测井曲线。根据声幅测井曲线，对固井质量进行评价，分为 3 个等级，即胶结良好、胶结一般、胶结较差。通常采用相对声幅进行具体评价：

$$\text{相对声幅}=\frac{\text{目的段声幅曲线幅度}}{\text{自由套管段声幅曲线幅度}}\times 100\% \tag{5-42}$$

式中，自由套管段是指管外为纯钻井液的套管段。

当相对声幅小于15%时，胶结良好，为优质井段；当相对声幅介于15%～30%时，胶结一般，为合格井段；当相对声幅大于30%时，胶结较差，固井质量不合格。

图5-22为某一井段的声波幅度测井曲线示意。图中井段A的相对声幅在10%～30%之间，表明该井段为合格井段；井段B的相对声幅大于30%，为不合格井段；其余井段的相对声幅均小于10%，为优质井段。

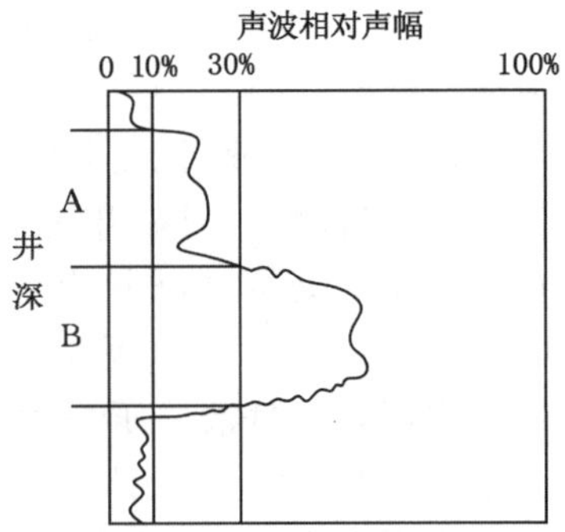

图5-22　声波幅度测井曲线

5.4　完　　井

当油气井钻进完成后，主要的工作就是在井底建立油气层与井筒之间的连通渠道，即完井。完井建井的最后一个环节。目前，完井方法有多种类型，但都有各自的适用条件和局限性，只有根据油气藏类型和油气层的特性选择合适的完井方式，才能延长油气井寿命，提高油气田的开发效率。

5.4.1　完井基本概念

完井顾名思义指的是油气井的完成，它是衔接钻井工程和采油气工程而又相对独立的一门技术工程[85]。完井，即根据油气层的地质特性和开发开采技术要求，在井底建立油气层与油气井井筒之间的合理连通渠道或连通方式。而在井底建立的油气层与油气井井筒之间的不同连通渠道，构成不同的完井方法。完井方法不一样，具体的完井工艺和完井作业也不一样。从油气工程的本质来讲，钻井工程即建立地面到产层的通道，而完井工程则是建立产层到井筒的通道。完井工程应可能减少对油气层的损害，使油气层自然产能能更好地发挥；同时提供调节生产压差的条件，从而提高单井产量；另外，也要综合考虑近期和远期目标，尽可能做到投资和操作费用最合理，提高油气田开发的综合经济效益。

目前，国内外各种油气田所采用的完井方法主要有裸眼完井方法、射孔完井方法、割缝衬管完井方法、砾石充填完井方法等。每种完井方法都有各自的适用条件和局限性，只有根据油气藏类型和油气层的特性选择合适的完井方式，才能更加合理地开发油气田，延长油气井寿命，提高抽采率，实现油气田开发的利益最大化。为此，合理的完井方式应满足以下要求[1,85]：

① 油气层和井筒间保持最佳的连通通道，使油气层所受的损害最小。

② 尽可能增大油气层和井筒间的渗流面积，使油气入井的阻力最小。

③ 能有效地封隔油、气、水层，防止水、气窜；并且防止层间的相互干扰。

④ 能有效控制油层出砂，防止井壁垮塌，保证油井寿命。

⑤ 应具备进行分层注水、注气、压裂、酸化等的条件。

⑥ 稠油油田能达到注蒸汽热采的要求。

⑦ 油田开发后期具备侧钻条件。

⑧ 施工工艺简便，成本低。

5.4.2 完井方法[1-2,6,85-89]

5.4.2.1 裸眼完井方法

裸眼完井方法就是在油气层井段不下任何管柱，使井眼完全裸露的完井方法。裸眼完井有两种完井工序。一种工序为当钻头钻至油层顶界附近后，下技术套管注水泥浆固井。当水泥浆上返至设计高度后，再用能穿过技术套管的较小钻头钻穿水泥塞，钻开油气层直至设计井深后完井，这种完井工序称为先期裸眼完井，如图 5-23 所示。

另一种工序为直接钻穿油气层至设计井深，然后下技术套管至油气层顶界附近，注水泥浆固井，这种工序称为后期裸眼完井，如图 5-24 所示。裸眼完井在直井、定向井、水平井中都可采用。

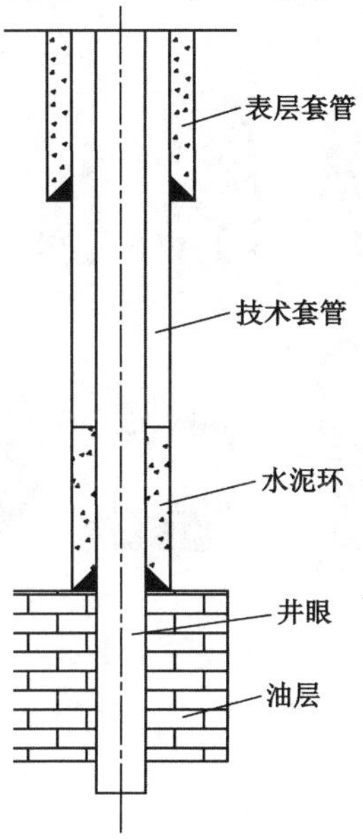

图 5-23 先期裸眼完井示意

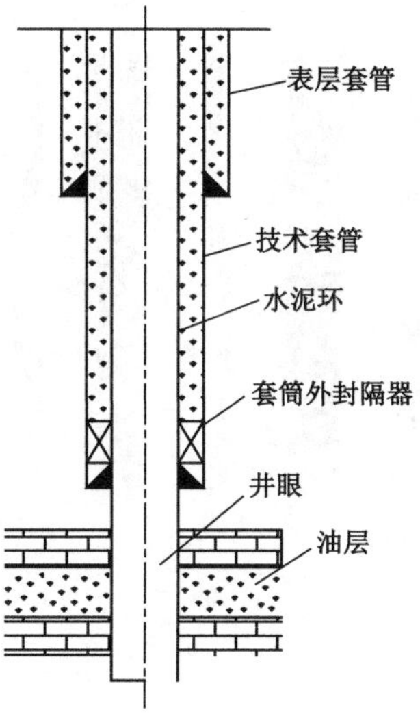

图 5-24 后期裸眼完井示意

5.4.2.2 射孔完井方法

射孔完井方法是指把一种专门的仪器下入井中的目的层段，在套管水泥环和地层上通过射孔打开油气流通通道，使油气能够从地层中流入井中的完井方法。射孔完井方法是国内外使用最为广泛的一种完井方法，在直井、定向井、水平井中都可采用。射孔完井包括套管射孔完井和尾管射孔完井[90-91]。如图 5-25 所示，射孔所用的主要包括射孔弹、射孔枪、导爆索以及相关配件。

射孔弹是油气井射孔的主要器械之一，主要有子弹和聚能射孔弹两种，目前普遍使用聚能射孔弹。聚能射孔弹由导爆索、主体炸药、聚能罩和弹壳四部分组成。在射孔过程中，雷管点燃导爆索，导爆索中产生的振动波迅速到达并引爆主体炸药。炸药中的爆轰波以高达 8.0×10^3 m/s 的速度和近 350 kPa 的压力作用于聚能罩，使聚能罩上的金属流动且内外层分离。随着作用压力的增加，会逐渐产生一个高速细粒针状的金属粒子流，即聚能喷流。聚能喷流能以 10^5 MPa 的压力冲击套管、水泥环和地层，在径向上连续流动形成孔道。聚

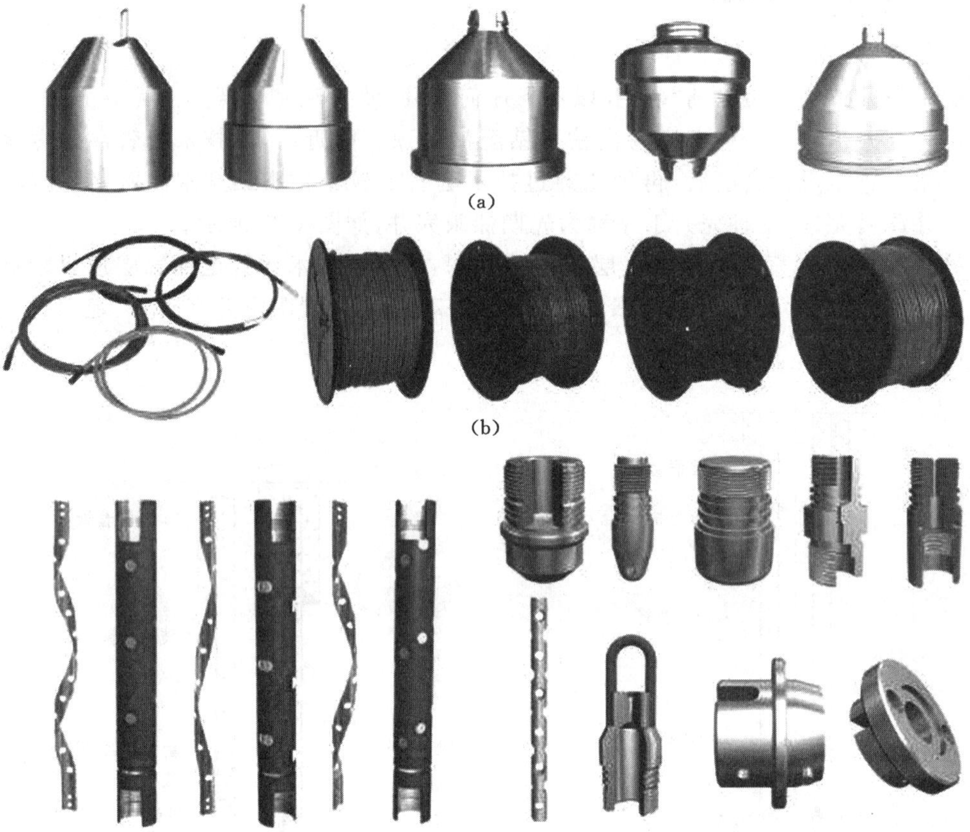

(a)

(b)

(c) (d)

(a) 射孔弹；(b) 导爆索；(c) 射孔枪；(d) 相关工具及配件。

图 5-25　射孔相关设备

能射孔弹的实际射孔过程十分迅速，从射孔弹引爆到穿透地层的整个过程一般只需几微秒。

射孔枪可以分为有枪身射孔枪和无枪身射孔枪。有枪身射孔枪由弹箱、射孔弹、引爆线和雷管组成，射孔弹安放在弹箱内并用引爆线连接，雷管系于引爆线一端。有枪身射孔枪是使用最早、适合多种用途的射孔枪，尤其是在不允许用套管和管外水泥受到破坏以及打开油水或油气界面附近的较薄地层时应用较多。其基本特点是爆炸材料与井内液体无接触，爆炸的飞出物和弹壳的碎片残留在壳体内。无枪身射孔枪的射孔弹固定在一钢带托架上，分为全销毁型和半销毁型两种，主要用于过油管射孔作业。其特点是对套管弯曲和缩径井况具有较好的通过性，射孔后电缆易于提出地面。

套管射孔完井是用同一尺寸的钻头钻完油气层之后，下油层套管至油气层底部并注水泥浆固井，最后射孔的。射孔弹射穿油层套管、水泥环并穿透油层一定深度，从而建立起油气流通通道。图 5-26 为直井套管射孔完井示意。

尾管射孔完井是在钻头钻至油气层顶界并下技术套管注水泥浆固井后，用小钻头钻穿油气层至设计井深，用钻具将尾管送下并悬挂在技术套管上，再对尾管注水泥浆，水泥浆上返至尾管悬挂器处固井,然后对尾管射孔完井的。图 5-27 为直井尾管射孔完井示意。

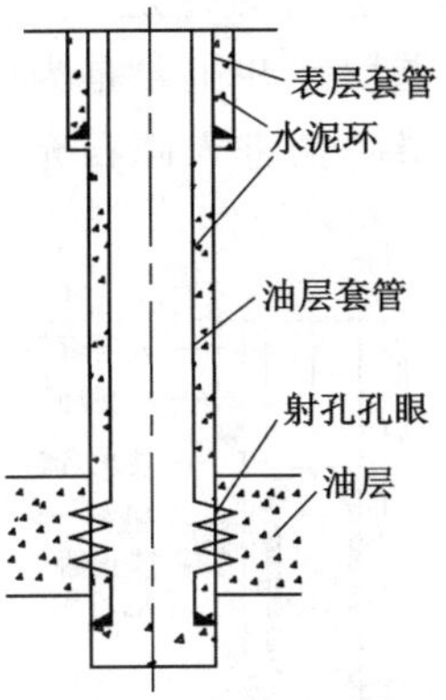

图 5-26　直井套管射孔完井示意

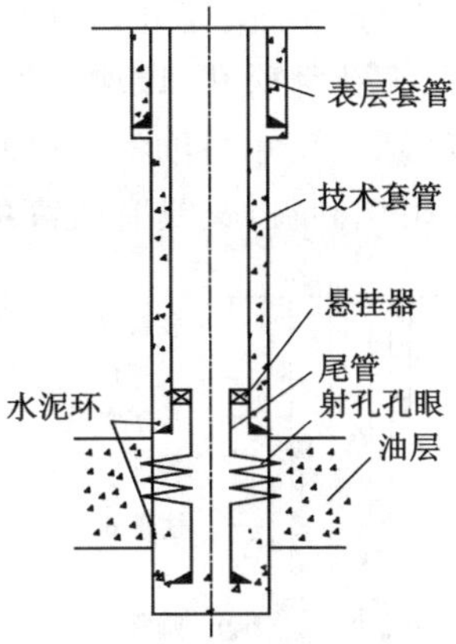

图 5-27　直井尾管射孔完井示意

5.4.2.3　*割缝衬管完井方法*

割缝衬管完井方法是指在裸眼完井的基础上,在裸眼井内下入割缝衬管的完井方法,在直井、定向井、水平井中都可采用。常用的割缝衬管完井工序为钻头钻至油气层顶界后,先下技术套管注水泥浆固井,再从技术套管中下入较小直径的钻头钻穿油气层至设计井深,最后在油气层部位下入预先割缝的衬管,依靠衬管顶部的衬管悬挂器(卡瓦封隔器)将衬管悬挂在技术套管上,并密封衬管和套管之间的环空,使油气通过衬管的割缝流入井筒,如图 5-28 所示。

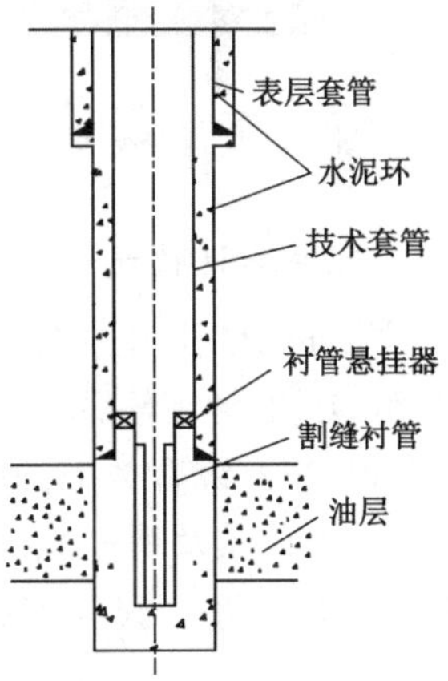

图 5-28　割缝衬管完井示意

割缝衬管完井方法是当前主要的完井方法之一。它既能起到裸眼完井的作用,避免遭受固井水泥浆的损害,又能较好地解决裸眼井壁坍塌的问题,而且还能起到一定的防砂作用,在一些出砂不严重的中粗砂粒油层中得到广泛应用。

5.4.2.4　*砾石充填完井方法*

砾石充填完井方法常用于胶结疏松、出砂严重的地层。砾石充填完井方法先将绕丝筛管下入井内油层部位,采用充填液将选好的砾石(砾石可以是石英砂、玻璃珠、树脂涂层砂或陶粒)携带到绕丝筛管与井眼或绕丝筛管与套管之间的环空,形成一个砾石充填层,可阻挡泥沙流入井筒,起到保护井壁、防砂入井的作用。

为了适应不同油层特性的需要,裸眼完井和射孔完井都可以充填砾石,分别称为裸眼砾石充填完井和套管砾石充填完井。

在地质条件允许使用裸眼而又需要防砂时,可以采用裸眼砾石充填完井方法。如图 5-29 所示,首先用钻头钻至油气层顶界,下技术套管注水泥浆固井,再用小一级的钻头钻穿水泥塞至设计井深,然后更换扩张式钻头将油层部位的井径扩大到技术套管外径的 1.5～2 倍,以确保充填砾石时有较大的环空,接着下入筛管管柱充填砾石,一般砾石层的厚度不小于 50 mm,从而起到较好的防砂效果。

当射孔完井后有出砂情况时，可以在出砂井段下入筛管，在筛管和油层套管之间的环空中充填砾石进行二次完井，如图 5-30 所示。需要说明的是，套管砾石充填完井时，要求采用高孔密度、大孔径射孔，以增大充填流通面积。套管砾石充填完井主要是为了防砂，因此要做好筛管、砾石尺寸与油气层砂粒的匹配工作，防止油气层砂粒进入砾石充填层，使砾石充填层既能阻挡砂粒，又具有较高的渗透性。

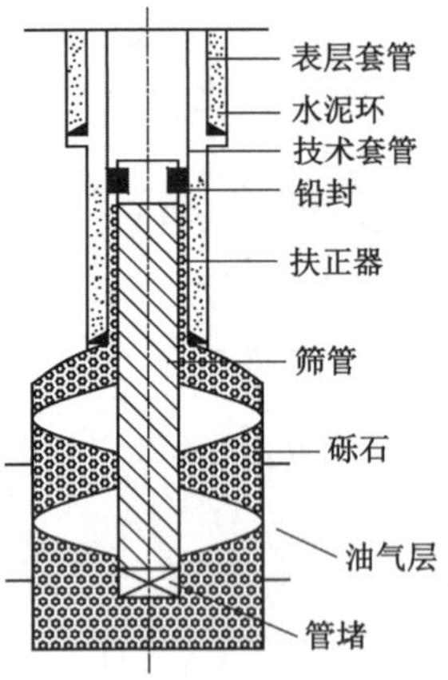

图 5-29　裸眼砾石充填完井示意

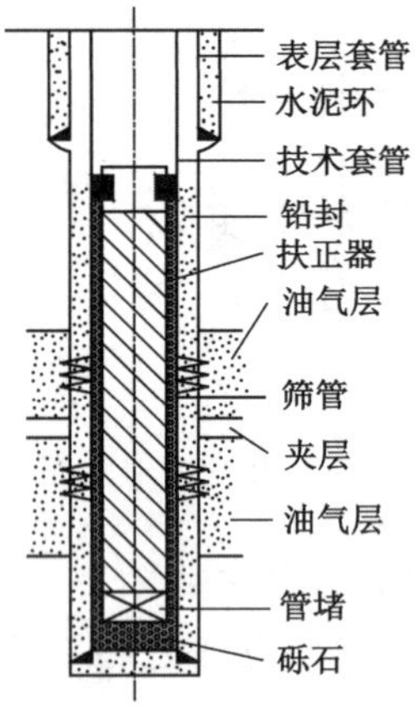

图 5-30　套管砾石充填完井示意

5.4.3　完井方法优选

完井方式的选择主要是针对单井而言的，即使单井属于同一油气藏，由于所处地理位置、井深、钻井类型等都不同，所选定的完井方式也不尽相同。完井方法优选是一项复杂的系统工程，需要综合考虑的因素很多。这些因素主要包括油气层岩性、地层压力、层间渗透率等油气田地质及油气藏工程条件，也包括垂直井、定向井、防砂、注水等油气开采工程技术要求。图 5-31 为完井方法优选需要考虑的主要因素[2]。

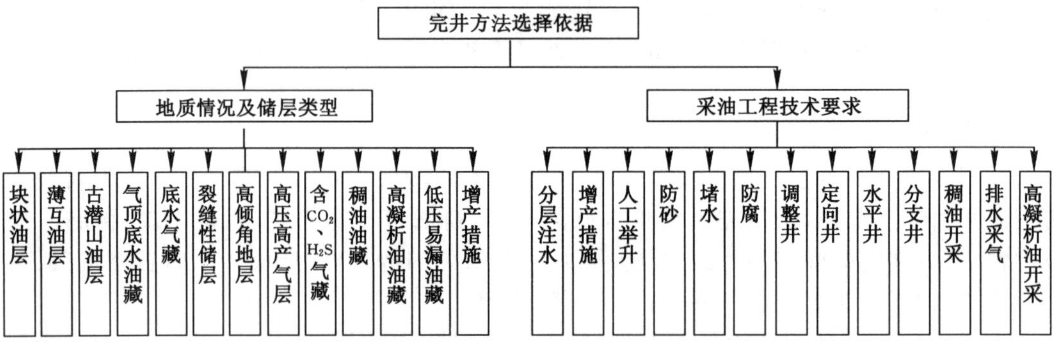

图 5-31　完井方法优选影响因素

完井方法选择的原则和思路为：

① 根据井眼稳定性判据，从大的方面选择是否采用能支撑井壁的完井方法。

② 根据地层出砂判据，从大的方面选择是否采用防砂型完井方法。

③ 根据油气藏类型、油气层特性和工程技术及措施要求等几方面的因素，初步选出可

能用到的完井方法。

④ 针对初选的几种完井方法，对每一种完井方法进行完井产能预测。

⑤ 根据完井产能预测结果，再进行单井动态分析。

⑥ 根据单井动态分析，结合钻井、完井投入与生产收益进行经济效益评价，最终优选出经济效益最佳的完井方法。

探索性思考题

(1) 简述井身结构设计的基本原则。

(2) 简述井身结构设计在整个钻井工程中的意义。

(3) 简述井身结构设计的流程。

(4) 某井测深为 5 000 m，垂深为 3 500 m，井筒内钻井液密度为 1.30 g/cm^3，试求井底静液柱压力、井筒静液柱压力梯度，画出静液柱压力、压力梯度沿井深的变化曲线。

(5) 简述套管的类型及功能。

(6) 如何使钻头尺寸与套管尺寸相配合。

(7) 简述转盘旋转钻机的五大系统和八大件组成。

(8) 衡量钻头的经济技术指标有哪些？

(9) 简述金刚石钻头的工作原理。

(10) 简述钻井液的基本功能。

(11) 钻井液处理剂有哪些功能？常用的钻井液降失水剂和稀释剂有哪些？

(12) 油基钻井液和水基钻井液有何不同？

(13) 简述油基钻井液的特点及使用条件。

(14) 设计井眼轨道的原则是什么？

(15) 全波列声波包含哪几类波形，在声波测井中各起到什么作用？

(16) 简述多极子阵列声波测井的特点。

(17) 简述直流电法测井和交流电法测井的基本方程及其各个参数的物理意义。

(18) 简述脉冲中子与地层的相互作用。

(19) 简述随钻测井中常用的钻井液脉冲遥测和电磁波遥测数据传输方式。

(20) 作用在套管柱上的载荷主要有哪些？这些载荷主要是由什么原因引起的？

(21) 套管的强度有哪几种？各有何特点？

(22) 简述套管柱强度设计的基本原则。

(23) 油井水泥的组成矿物主要有哪几种？它们对油井水泥的性能有何影响？

(24) 简述注水泥浆常见的几种工艺。

(25) 某段尺寸为 177.8 mm、钢级为 K55、壁厚为 9.19 mm、长为 800 m 的套管，下入深度为 1 700 m，其底端所受轴向拉力为 300 kN。固井时井内钻井液密度为 1.45/cm^3。试分别计算考虑和不考虑双向应力时套管的低、中和顶部三点处的抗挤安全系数。(外挤压力按掏空考虑，计算拉力时不考虑钻井液浮力)

(26) 某井采用尺寸为 177.8 mm 的圆螺纹套管，下入深度为 3 000 m，固井时井内钻井液密度为 1.45/cm^3。设计安全系数为抗挤 1.1 (外挤压力按掏空考虑)，抗拉 1.85(考虑浮力)。试设计该套管柱(不考虑抗内压问题)。

(27) 试推导水泥浆密度 ρ 与干水泥密度 ρ_c、配浆水密度 ρ_w 及水灰比 m 的关系式:$\rho=\dfrac{\rho_c\rho_w(1+m)}{\rho_w+\rho_c m}$。

(28) 固井质量如何进行检测和评价?

(29) 完井的定义是什么?

(30) 简述常见的完井方法。

(31) 简述裸眼完井的施工特点。

(32) 射孔完井有哪些优缺点?

(33) 完井方法的选择需要考虑哪些因素?

参考文献

[1] 陈平. 钻井与完井工程[M]. 2 版. 北京:石油工业出版社,2011.

[2] 楼一珊,李琪. 钻井工程[M]. 北京:石油工业出版社,2013.

[3] 陈涛平,吴晓东. 石油工程概论[M]. 北京:石油工业出版社,2006.

[4] 黄汉仁,杨坤鹏,罗亚平. 泥浆工艺原理[M]. 北京:石油工业出版社,1981.

[5] 陈家琅,刘永建,岳湘安. 钻井液流动原理[M]. 北京:石油工业出版社,1997.

[6] 陈涛平. 石油工程[M]. 2 版. 北京:石油工业出版社,2011.

[7] 高德利,刘希圣,徐秉业. 井眼轨迹控制[M]. 东营:石油大学出版社,1994.

[8] 白家祉,苏义脑. 井斜控制理论与实践[M]. 北京:石油工业出版社,1990.

[9] 中国石油天然气集团公司测井重点实验室. 测井新技术培训教材[M]. 北京:石油工业出版社,2004.

[10] PAILLET F L, CHENG C H, PENNINGTON W D. Acoustic waveform logging-advances in theory and application[J]. The log analyst, 1991, 32(3): 185-278.

[11] 乔文孝,鞠晓东,车小花. 方位声波测井研究进展[J]. 声学技术,2005,24(增刊 1):11-12.

[12] 乔文孝,鞠晓东,车小花,等. 声波测井技术研究进展[J]. 测井技术,2011,35(1):14-19.

[13] STEVENSON P R. Microearthquakes at Flathead Lake, Montana: a study using automatic earthquake processing[J]. Bulletin of the Seismological Society of America, 1976, 66(1): 61-80.

[14] ALLEN R V. Automatic earthquake recognition and timing from single traces[J]. Bulletin of the Seismological Society of America, 1978, 68(5): 1521-1532.

[15] ALLEN R V. Automatic phase pickers: their present use and future prospects[J]. Bulletin of the Seismological Society of America, 1982, 72(6): 225-242.

[16] GLEDHILL K R. An earthquake detector employing frequency domain techniques [J]. Bulletin of the Seismological Society of America, 1985, 75(6): 1827-1835.

[17] 刘启元,沈立人,李志明. 地震事件实时检测的模式识别算法[R]. 国家地震局地质研

究所,1992:22-29.
[18] WANG J,TENG T L. Identification and picking of S phase using an artificial neural network[J]. Bulletin of the Seismological Society of America,1997,87(5):1140-1149.
[19] 刘希强,周蕙兰,李红. 基于小波包变换的地震数据时频分析方法[J]. 西北地震学报,2000,22(2):143-146.
[20] BAI C Y. Automatic phase-detection and identification by full use of a single three-component broadband seismogram[J]. Bulletin of the Seismological Society of America,2000,90(1):187-198.
[21] 张军华,赵勇,赵爱国,等. 用小波变换与能量比方法联合拾取初至波[J]. 物探化探计算技术,2002,24(4):309-312.
[22] 刘希强,周蕙兰,郑治真,等. 基于小波包变换的弱震相识别方法[J]. 地震学报,1998,20(4):373-380.
[23] JURKEVIES A. Polarization and analysis of three-component array data[J]. Bulletin of the Seismological Society of America,1998,78(5):1725-1743.
[24] 李大潜. 有限元素法在电法测井中的应用[M]. 北京:石油工业出版社,1980.
[25] 张庚骥. 电法测井[M]. 北京:石油工业出版社,1986.
[26] 楚泽涵,高杰,黄隆基,等. 地球物理测井方法与原理:上册[M]. 北京:石油工业出版社,2007.
[27] 张建华,刘振华,仵杰. 电法测井原理与应用[M]. 西安:西北大学出版社,2002.
[28] 田子立,孙以睿,刘桂兰. 感应测井理论及其应用[M]. 北京:石油工业出版社,1984.
[29] 高杰,柯式镇,魏宝君,等. 电法测井数值模拟现状及发展趋势分析[J]. 测井技术,2010,34(1):1-5.
[30] 张庚骥. 非均匀介质电场的逐次逼近解法和直流电测井的几何因子[J]. 地球物理学报,1980,23(2):183-196.
[31] 肖加奇,张庚骥. 水平井和大斜度井中的感应测井响应计算[J]. 地球物理学报,1995,38(3):396-404.
[32] 肖加奇,张庚骥. 用快速富里叶-汉克耳变换算法计算层状介质中偶极天线电磁场[J]. 石油大学学报(自然科学版),1995,19(5):25-29.
[33] 谭茂金,张庚骥,谢关宝. 电阻率测井三维模式匹配法中的平面数值分析[J]. 中国石油大学学报(自然科学版),2007,31(2):59-63.
[34] 沈金松. 用垂直数值模式匹配方法计算多频电磁测井响应[J]. 测井技术,2002,26(5):353-359.
[35] 王昌学,周灿灿,储昭坦,等. 电性各向异性地层频率域电磁响应模拟[J]. 地球物理学报,2006,49(6):1873-1883.
[36] 汪功礼,张庚骥,崔锋修,等. 三维感应测井响应计算的交错网格有限差分法[J]. 地球物理学报,2003,46(4):561-567.
[37] 邓少贵,仝兆岐,范宜仁. 各向异性倾斜地层双侧向测井响应数值模拟[J]. 石油学报,2006,27(3):61-64.
[38] 谭茂金,张庚骥,运华云,等. 非轴对称条件下用三维模式匹配法计算电阻率测井响应

[J]. 地球物理学报,2007,50(3):939-945.

[39] 柯式镇. 井壁电成像测井全三维数值模拟与裂缝评价模型[J]. 中国科学(D辑:地球科学),2008,38(增刊 I):150-153.

[40] 原宏壮,陆大卫,张辛耘,等. 测井技术新进展综述[J]. 地球物理学进展,2005,20(3):786-795.

[41] HALLIBURTON. XRMI X-tended range micro-imager tool [C]//SPE Annual Technical Conference and Exhibition,2003.

[42] LOFTS J,EVANS M,PAVLOVIC M,et al. A New microresistivity imaging device for use in non-conductive and oil-based muds[J]. Petrophysics,2003,44(5):317-327.

[43] PHILIP C. Microresistivity tool operation in OBM[J]. The American oil and gas reporter,2001, 9:135-141.

[44] BENIMELI D. A new technique for faster resistivity measurement in cased holes [C]//Transactions SPWLA 44th Annual Logging Symposium,2003.

[45] ALUMBAUGH D L,WILT M. A numerical sensitivity study of three dimensional imaging from a single borehole[J]. Petrophysics,2001,42(1):19-31.

[46] ROSTHAL R,BARBER T,BONNER S,et al. Field test results of an experimental fully-triaxial induction tool [C]//Transactions SPWLA 44th Annual Logging Symposium,2003.

[47] 曾文冲,赵文杰,臧德福. 井间电磁成像系统应用研究[J]. 地球物理学报,2001,44(3):411-420.

[48] 黄隆基. 核测井原理[M]. 东营:石油大学出版社,2000.

[49] 楚泽涵,高杰,黄隆基,等. 地球物理测井方法与原理:下册[M]. 北京:石油工业出版社,2008.

[50] HÜRLIMANN M D, FLAUM M, VENKATARAMANAN L, et al. Diffusion-relaxation distribution functions of sedimentary rocks in different saturation states [J]. Magnetic resonance imaging,2003,21(3-4):305-310.

[51] WOESSNER D E. NMR spin-echo self-diffusion measurements on fluids undergoing restricted diffusion[J]. The journal of physical chemistry,1963,67(6):1365-1367.

[52] CARR H Y,PURCELL E M. Effects of diffusion on free precession in nuclear magnetic resonance experiments[J]. Physical review,1954,94(3):630.

[53] HÜRLIMANN M D,VENKATARAMANAN L. Quantitative measurement of two-dimensional distribution functions of diffusion and relaxation in grossly inhomogeneous fields[J]. Journal of magnetic resonance,2002,157(1):31-42.

[54] HÜRLIMANN M D, VENKATARAMANAN L, FLAUM C. The diffusion-spin relaxation time distribution function as an experimental probe to characterize fluid mixtures in porous media [J]. The journal of chemical physics, 2002, 117 (22): 10223-10232.

[55] HÜRLIMANN M D. Diffusion and relaxation effects in general stray field NMR experiments[J]. Journal of magnetic resonance,2001,148(2):367-378.

[56] SUKSTANSKII A L, YABLONSKIY D A. Effects of restricted diffusion on MR signal formation[J]. Journal of magnetic resonance,2002,157(1):92-105.

[57] KLEINBERG R L,STRALEY C,KENYON W E,et al. Nuclear magnetic resonance of rocks:T1 vs T2[C]//SPE Annual Technical Conference and Exhibition. Houston, Texas,1993:553-563.

[58] MENGER S,PRAMMER M. A new algorithm for analysis of NMR logging data[C]//SPE Annual Technical Conference and Exhibition. New Orleans,Louisiana,1998.

[59] 邵维志,梁巧峰. 核磁共振测井测量模式的测前设计及确定[J]. 国外测井技术,2002, 17(6):16-21.

[60] 田鑫,毛志强. 二维核磁共振测井识别稠油储层方法研究[J]. 核电子学与探测技术, 2008,28(1):127-130.

[61] 谢然红,肖立志. (T_2,D)二维核磁共振测井识别储层流体的方法[J]. 地球物理学报, 2009,52(9):2410-2418.

[62] SUN B Q,DUNN K J,肖亮. 二维核磁共振岩石物理[J]. 国外测井技术,2006,21(4): 17-19.

[63] PRAMMER M G,BOUTON J,DRACK E D,et al. A new multiband generation of NMR logging tools[J]. SPE reservoir evaluation & engineering,2001,4(1):59-63.

[64] XIAO L Z,WANG Z D,LIU T Y. Application of multi-exponential inversion method to NMR measurements[J]. Petroleum science,2004,1(1):19-22.

[65] 翁爱华,李舟波,莫修文,等. 低信噪比核磁共振测井资料的处理技术[J]. 吉林大学学报(地球科学版),2003,33(2):232-235.

[66] GALLEGOS D P,SMITH D M. A NMR technique for the analysis of pore structure: determination of continuous pore size distributions[J]. Journal of colloid and interface science,1988,122(1):143-153.

[67] HOWARD J J,KENYON W E,STRALEY C. Proton magnetic resonance and pore size variations in reservoir sandstones[J]. SPE formation evaluation,1993,8(3): 194-200.

[68] 许与非. 泥质砂岩非线性孔隙度模型[J]. 测井技术,1998,22(增刊):28-32.

[69] 谢然红,肖立志,邓克俊. 核磁共振测井孔隙度观测模式与处理方法研究[J]. 地球物理学报,2006,49(5):1567-1572.

[70] HIRASAKI G,APPEL M,FREEMAN J. NMR properties of reservoir fluids[R]. [S. l.],1996.

[71] 周灿灿,程相志,司兆伟,等. 核磁共振自旋回波串确定渗透率方法探讨[J]. 测井技术, 2002,26(2):123-126.

[72] 张辛耘,王敬农,郭彦军. 随钻测井技术进展和发展趋势[J]. 测井技术,2006,30(1): 10-15.

[73] PRENSKY S. Recent advances in LWD/MWD and formation evaluation[J]. World oil,2006(3):69-75.

[74] 丁保刚,王忠福. 固井技术基础[M]. 北京:石油工业出版社,2006.

[75] 伊向艺，卢渊. 石油钻采工程[M]. 成都：西南交通大学出版社，2006.
[76] 陈庭根. 钻井工程理论与技术[M]. 东营：石油大学出版社，2005.
[77] 郝俊芳，龚伟安. 套管强度计算与设计[M]. 北京：石油工业出版社，1987.
[78] 郑建翔. 塔河油田深井超深井低密度固井技术[D]. 青岛：中国石油大学，2009.
[79] 杨小华，王中华. 国内近 15 年来油井水泥外加剂研究与应用进展[J]. 油田化学，2004，21(3)：290-296.
[80] 齐志刚，徐依吉，王槐平，等. 油井水泥缓凝剂 SDH-2 的性能研究及应用[J]. 钻井液与完井液，2005，22(5)：24-27.
[81] 邹建龙，屈建省，许涌深，等. 油井水泥降滤失剂研究进展[J]. 油田化学，2007，24(3)：277-282.
[82] 黄柏宗，徐同台. 国内外油井水泥和外加剂现状及发展趋势[J]. 钻井液与完井液，1995，12(6)：53-72.
[83] 道维尔斯伦贝谢公司. 注水泥技术[M]. 北京：石油工业出版社，1987.
[84] 斯仑贝谢测井公司. 测井解释原理与应用[M]. 北京：石油工业出版社，1991.
[85] 万仁溥. 现代完井工程[M]. 3 版. 北京：石油工业出版社，2008.
[86] 科伯利. 防砂[M]. 周惟英，译北京：石油工业出版社，1985.
[87] 王建学，万建仓，沈慧. 钻井工程[M]. 北京：石油工业出版社，2008.
[88] 李克向. 实用完井工程[M]. 北京：石油工业出版社，2002.
[89] 袁进平，齐奉忠. 国内完井技术现状及研究方向建议[J]. 钻采工艺，2007，30(3)：3-6.
[90] 牛超群，张玉金. 油气井完井射孔技术[M]. 北京：石油工业出版社，1994.
[91] 袁吉诚. 中国射孔技术的现状与发展[J]. 测井技术，2002，26(5)：421-425.

6 流态矿产储层的压裂改造

本章主要介绍流态矿产储层压裂改造的理论与技术，包括压裂的机理与裂缝扩展规律、压裂介质与支撑剂、压裂工艺方法、地面压裂、矿井下压裂等。详细叙述了压裂的基础知识、压裂驱替的基本规律、压裂设计、压裂流程及工艺、压裂的监测及效果评价等，其中，压裂的设计、流程及工艺要求掌握，压裂的基础知识要求理解，压裂驱替的基本规律、压裂监测及效果评价了解即可。

储层改造(reservoir stimulation)是指为了提高油气井产量或注水井的注水量而对储层采取的一系列工程技术措施的总称，主要针对储层特性与生产状况，研究与其相适应的经济有效的技术措施，以改善井筒与储层的连通性，提高储层中油气流体向井筒流动的能力，达到增产增注的目的。石油工业中对于开发低渗、特低渗油气田，以及近井地带受污染的中、高渗油气田，为了达到工业开发标准的油气产量，储层改造技术是必不可少的。目前，常用的储层改造技术主要有压裂与酸化两种，其中，压裂是应用最广泛的储层改造技术。因此，本章主要针对储层的压裂改造技术进行介绍。

6.1 压裂技术概述

压裂(hydrofracturing)是指通过钻井(钻孔)向地层中注入高压流体(水、气体等)，在流固耦合作用下，使井筒(钻孔孔壁)产生破裂并扩展，在地层中形成人工裂缝。按照压裂介质不同分为水力压裂(hydraulic fracturing)和无水压裂(waterless fracturing)两大类，无水压裂包括 CO_2、N_2 等气体压裂及液氮压裂、液化石油气压裂等。水力压裂是目前应用最为广泛和成熟的压裂技术。

水力压裂技术始于 1947 年斯塔诺林德(Stanolind)石油天然气公司在美国堪萨斯州西南部的胡果顿(Hugoton)油田中进行的首次水力压裂试验，并于 1950 年首次成功应用于商业开发，之后美国大约 90% 的油气井都采用了水力压裂技术，至今已有 70 多年的发展历程。截至 2012 年，全球已有 250 万个"压裂作业井"在油气井中实施，其中美国境内超过 100 万个[1]。中国从 20 世纪 50 年代开始研究水力压裂技术，于 1952 年在延长油田开始试验。1973 年，大庆油田开始采用水力压裂作为油田增产增注的一项重要技术措施，至今已有 40 多年的历史。为了在页岩气、致密气、致密油和煤层气井中实现足够大的气体流速，通常需要对储层进行水力压裂增透处理。

水力压裂技术最早应用于油气井开采，用于提高油气层中流体的流动能力，是一项有广泛应用前景的油气井增产措施，也是目前开采石油和天然气的主要技术。当注入压裂液的速度超过油层的吸收能力时，在井底油层上可形成很高的压力，当这种压力超过井底附近油气层岩石的破裂压力时,油层将被压开并产生裂缝[2]。此时,继续不停地向油层挤注压裂液,裂缝就会继续向油气层内部扩展。为了使压开的裂缝处于张开状态,接着向油气层挤入带有支撑剂(通常为石英砂)的携砂液,携砂液进入裂缝之后,一方面可以使裂缝继续向前延伸,另一方面可以支撑已经压开的裂缝,使其不至于闭合。再接着注入顶替液,将井筒的携砂液全部顶替进入裂缝,用石英砂将裂缝支撑起来。最后,注入的压裂液会自动降解排出井筒之外,在油气层中留下一条或多条长、宽、高不等的裂缝,使油层与井筒之间建立起一条新的流体通道,从而有效提高油气储层的渗透性[3](见图 6-1)。

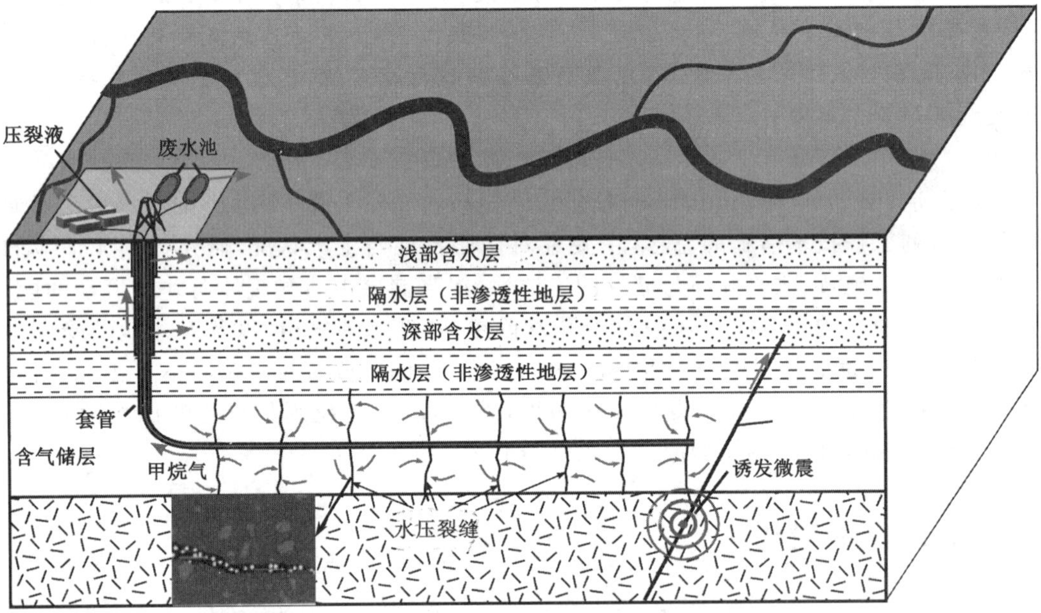

图 6-1　水力压裂示意[4]

20 世纪 60 年代,苏联将水力压裂技术作为一种煤层卸压增透措施引入煤矿,开启了煤矿井下水力压裂的试验研究与应用的序幕[5]。1965 年,煤炭科学研究总院沈阳研究院(原煤炭科学研究总院抚顺分院)在我国首次将水力压裂技术应用在煤层强化抽采瓦斯领域,通过地面钻孔对煤层实施压裂,取得了显著效果。随后,我国先后在阳泉一矿、白沙红卫矿、抚顺北龙凤矿及焦作中马矿等进行了水力压裂试验,取得了一些现场施工经验[6]。但由于理论与实践研究不够,对技术本身有争议,同时受技术装备的限制,后续很长时间该技术发展处于停滞状态。近几年,水压致裂治理区域瓦斯技术逐渐开始在全国的井工煤矿试验,现场试验也显示出其技术效果。但对于煤层水压致裂的机制及其与增透、消突等方面的关系等认识不清楚,导致现场应用存在很大的盲目性。现场大多数只知道将高压水注入煤层对后续抽采瓦斯和消突有效果,对其带来的水锁效应等负面效应也存在顾虑。应该说,水力压裂技术在煤矿井下的应用整体上还处于起步阶段[7]。

6.2 压裂的机理与裂缝扩展规律

6.2.1 压裂的机理

煤岩层压裂的机理是指在流体压力与固体应力场耦合作用下井壁(孔壁)发生破裂的本质,包括破裂模式分析(Ⅰ型张拉破裂、Ⅱ型剪切破裂或Ⅰ-Ⅱ型混合破裂)及破裂压力的计算。破裂压力是压裂设计和施工工艺的一项关键技术参数,直接影响压裂施工作业的效果。工程施工过程中经常出现破裂压力预测不准而导致压裂施工作业失败的现象。因此,压裂机理的研究对煤岩层压裂施工有着至关重要的意义。

破裂压力(breakdown pressure)是指在水力压裂过程中,注入井筒(钻孔)内的高压水使井筒(孔壁)产生破裂的压力,又称起裂压力(见图 6-2)。破裂压力的大小主要由地应力、地层的抗拉强度及初始孔隙压力等决定。在天然裂缝不发育的地层中,裂缝的起裂方向主要由三向地应力的大小决定。根据最小耗能原理,裂缝总是产生于强度最弱、阻力最小的方向,因此,水压裂缝总是沿垂直于最小主应力的方向起裂。当竖直应力 σ_v 最小时,形成水平缝;当水平应力 σ_h 最小时,形成垂直缝(见图 6-3)。

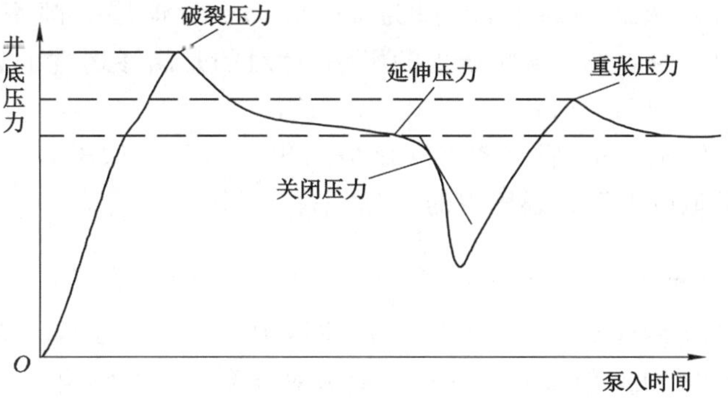

图 6-2 常规水力压裂典型压力曲线

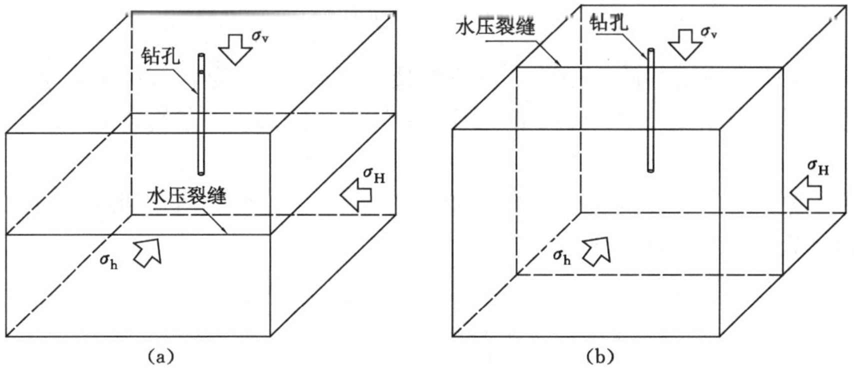

(a) 水平缝;(b) 垂直缝。

图 6-3 水压裂缝形态

自 20 世纪 50 年代开始，众多学者就对岩石水力压裂的起裂问题进行了深入的研究[8-11]。特别是在石油行业，人们对岩石水力压裂的破裂压力进行了大量的理论和实验研究，提出了很多岩石水力压裂破裂压力的计算公式。其中，应用最广泛的是 M. K. Hubbert 和 D. G. Willis[8] 于 1957 年提出的 H-W 公式：

$$p_b = 3\sigma_h - \sigma_H + \sigma_t - p_0 \tag{6-1}$$

式中，σ_h 为最小水平主应力，MPa；σ_H 为最大水平主应力，MPa；σ_t 为岩石抗拉强度，MPa；p_0 为岩石孔隙压力，MPa。式(6-1)是基于岩石的张拉破坏原理推导出的，没有考虑岩石孔隙水的渗流作用，因此计算出的破裂压力与实际情况必然存在差异。其计算结果较实际值偏大。

1967 年，B. Haimson 和 C. Fairhurst[9-10] 在 H-W 公式的基础上，在各向同性、均质及小变形的假设条件下，引入了达西定律和 Biot 有效应力原理，提出了计算渗透性岩石破裂压力的 H-F 公式：

$$p_b = \frac{3\sigma_h - \sigma_H + \sigma_t - 2\eta p_i}{2(1-\eta)} \tag{6-2}$$

当岩石只有本体变形时有：

$$\eta = \frac{n(1-2\nu)}{2(1-\nu)} \tag{6-3}$$

式中，η 为反映岩石渗透性的参数，取值为 0～0.5；n 为地层孔隙率；ν 为岩石泊松比。式(6-2)考虑了压裂液的滤失对破裂压力的影响，针对的是高渗透性的岩石，计算出的破裂压力较实际值偏高。

1973 年，R. A. Anderson 等[12] 考虑井壁应力集中以及孔隙压力对岩石应力应变的影响，提出了均匀水平地应力下破裂压力的计算公式：

$$p_b = \frac{2\nu}{1-\nu}(p_v - \beta p_p) + \alpha p_p \tag{6-4}$$

式中，p_v 为上覆岩层压力，MPa；p_p 为地层孔隙压力，MPa；β 为 Biot 系数。式(6-4)是在 H-W 公式的基础上修正的，但没有考虑构造应力对破裂压力的影响。

1984 年，黄荣樽[13] 综合考虑了井壁集中应力、孔隙压力、构造应力及抗拉强度对岩石水力压裂破裂压力的影响，对 H-W 公式进行了修正，提出了如下计算破裂压力的公式：

$$p_b = \left(\frac{2\nu}{1-\nu} + 3c_1 - c_2\right)(p_v - p_p) + p_p + \sigma_t \tag{6-5}$$

式中，c_1，c_2 为水平主应力方向上的两个地质构造应力系数；σ_t 为岩石抗拉强度。式(6-5)在计算有效应力时仍然沿用 H-W 公式中所用的太沙基(Terzaghi)有效应力原理，只是考虑的因素更加全面。

2000 年，李传亮等[14] 重新推导了多孔介质的有效应力原理，并在此基础上推导出了可以适用任何渗透性岩石的破裂压力公式：

$$p_b = \frac{3\sigma_h - \sigma_H + \sigma_t - n\dfrac{1-2\nu}{1-\nu}p_p}{1 + \varphi_c - n\dfrac{1-2\nu}{1-\nu}} \tag{6-6}$$

式中，n 为岩石孔隙率；φ_c 为岩石触点孔隙率；ν 为泊松比。式(6-6)将 H-W 公式和 H-F 公式有效地统一了起来。其基本原理与 H-W 公式相同，也是基于岩石发生张拉破裂，同时引入修正的有效应力原理推出的。

这些理论均是基于岩石在固体应力场和水压力作用的条件下发生张拉破坏提出的，没有考虑岩石中孔隙水的渗流，即忽略了孔隙水渗流对岩石破坏过程的影响。而岩石是典型的多孔介质，岩石在水力压裂过程中必然存在孔隙水的渗流，且孔隙水的渗流作用对岩石的破坏过程的影响是不容忽视的。

另外，传统的破裂压力计算公式应用了饱和土力学的太沙基有效应力原理，认为随着孔隙压力的增大，岩石水力压裂的破裂压力会降低。这与高瓦斯煤层水力压裂比低瓦斯煤层难以致裂的实践相矛盾。岩石颗粒的黏结状况以及孔隙的大小和分布情况均与土介质有着很大的差异，这导致岩石介质与土介质的细观结构有着本质的区别。编者通过实验发现并验证了岩石的破裂压力随着孔隙压力的增大而增大，这是传统理论无法解释的[15]。因此，运用饱和土力学的太沙基有效应力原理计算岩石水力压裂的破裂压力是不合理的。

所以不论是从渗流的角度还是从有效应力的角度，传统的岩石水力压裂破裂压力的计算均存在问题。研究岩石水力压裂的破裂机理必须基于岩石的细观结构，通过建立岩石的细观结构模型，分析岩石水力压裂过程中的细观破裂过程，才能真正搞清楚岩石的破裂机理，从而更好地指导现场施工。

6.2.2 压裂的裂缝扩展规律

裂缝起裂后，压力水进入裂缝内，驱动裂缝在空间上持续延伸。水压裂缝扩展规律的研究主要包括理论计算模型和实验研究。传统的理论认为压裂产生的是单一的裂缝，基于断裂力学建立二维定缝高的裂缝扩展模型，得到广泛使用的主要是 PKN 模型及 KGD 模型[16-19]。两者的本质区别在于：PKN 模型假设在垂直裂缝长轴的平面内，裂缝剖面为椭圆形；KGD 模型假设裂缝形状在平面上为椭圆形，在垂直面上为矩形(见图 6-4)。同时，两种模型在力学机理上也有着显著的区别。

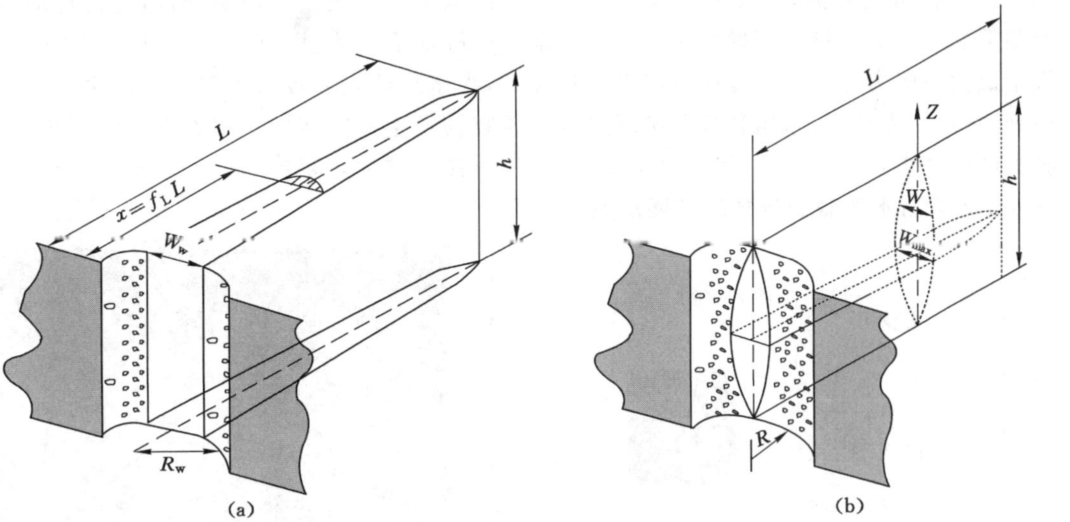

(a) KGD 模型；(b) PKN 模型。

图 6-4 经典的裂缝扩展模型示意

KGD 模型适用于裂缝长宽比较小的情况，其假设条件是：① 地层均质、各向同性；② 具有线弹性应力-应变关系；③ 裂缝内流体流动为层流；④ 缝宽截面为矩形，侧向为椭圆形；⑤ 裂缝高度为固定的常数；⑥ 裂缝宽度与高度无关，但每单位裂缝高度的流量影响裂缝的宽度，即在水平方向上裂缝宽度逐渐变小，裂缝顶端是尖的；而在垂直方向上裂缝宽度不变。存在的问题是在裂缝长度较长时，会低估地层弹性刚度，不能真实地计算出随着裂缝增加注入压力下降的情况。

PKN 模型适用于长宽比较大的情况，其假设条件为：① 岩石为弹性、脆性材料；② 裂缝高度恒定；③ 裂缝断面为椭圆形，最大裂缝宽度在裂缝中部；④ 裂缝内流体流动为层流；⑤ 裂缝端部压力等于垂直于裂缝壁面的总应力；⑥ 不考虑压裂液的滤失。存在的问题有：① 会过高估计距离裂缝端面一定距离内的裂缝宽度；② 没有考虑压裂液向地层的滤失；③ 假设裂缝高度一定。

后来发展到考虑岩石的可渗透性和固液耦合，建立了裂缝扩展的拟三维模型及全三维模型。原则上拟三维模型可以被视为 KGD 和 PKN 模型的扩展，它考虑了裂缝高度的延伸。van Eekelen 提出的拟三维模型认为垂直方向上流体压力不变，并由 KGD 模型控制裂缝垂向延伸；S. H. Advani 提出的拟三维模型研究了层状地层中垂直剖面的延伸问题，认为产层与上下层的最小主应力不等、两边界面的地应力已知；M. P. Cleary 等经过不断改进，建立了考虑底层流动、热交换及支撑剂的输送情况的拟三维模型；I. D. Palmer 等提出的拟三维模型考虑了地层垂直方向上的最小主应力的差异，并认为压裂液只沿缝长方向流动。

拟三维模型考虑了压裂过程中裂缝高度的变化情况，比二维模型更接近实际，其计算速度快，但该模型未能真实反映压裂过程中裂缝的三维变化情况，在裂缝垂向延伸较大的情况下是不适用的。Cleary 模型[20] 与 Clifton 模型[21] 是被普遍认可的全三维模型，两模型的主要区别在于对裂缝边缘区的处理方法不同，裂缝表面上积分方程的离散化或内插方法也不同。全三维模型求解过程复杂，不适合应用于现场，一般用于建立数值模型进行计算分析。

在实验研究方面，主要采用大尺寸真三轴模拟实验系统模拟地层条件，进行地应力场控制下水压裂缝扩展机理模拟实验。岩石水压裂缝前沿整体呈椭圆形态扩展，扩展方向平行于最大主应力方向。当围压主应力差较大时，水压裂缝表面较为平整。围压主应力差越小，破裂水压力越大，水压裂缝在扩展过程中越容易发生空间转向。增大水压致裂排量，裂缝扩展的动力效应变明显，裂缝扩展越易出现分叉与转向，裂缝表面的粗糙度也增大[22]。图 6-5 为岩石水压致裂的裂缝扩展形态。

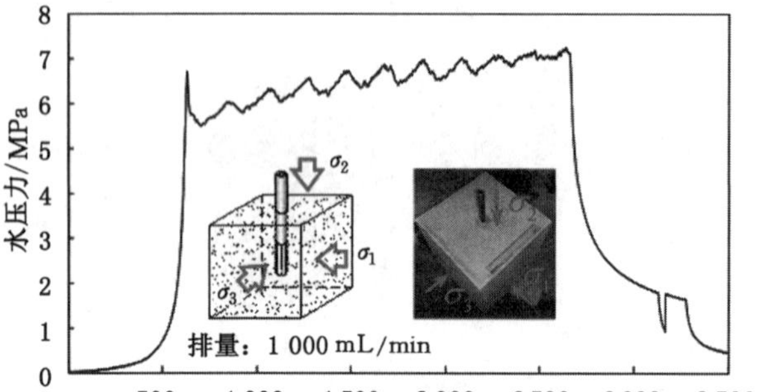

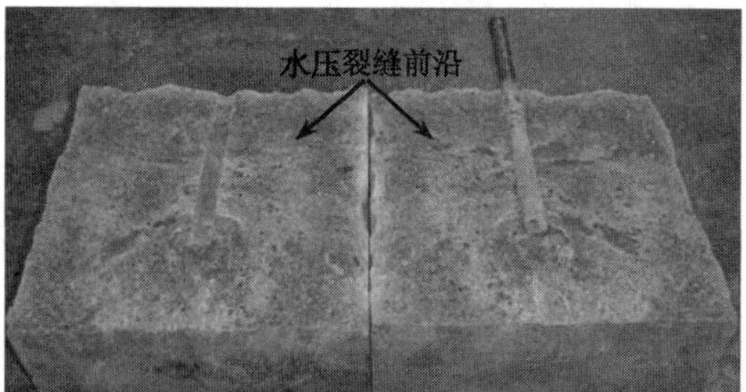

(a)

图 6-5 岩石水压致裂的裂缝扩展形态[22]

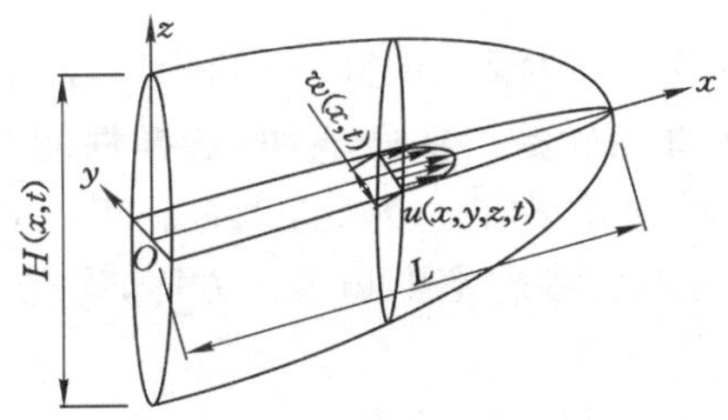

$$\frac{\partial u}{\partial x}+\frac{\partial v}{\partial y}=0$$

$$u\frac{\partial u}{\partial x}+v\frac{\partial u}{\partial y}=-\frac{1}{\rho}\frac{\partial p}{\partial x}+\frac{\mu}{\rho}\left(\frac{\partial^2 u}{\partial y^2}\right)$$

$$\boldsymbol{u}=\boldsymbol{u}_0\left(1-\frac{y^2}{w_0^{\ 2}(1-x^2/L^2)}\right)$$

$$v\Big|_{\frac{x^2}{L^2}+\frac{y^2}{w_0^2}=1}=0 \qquad \boldsymbol{p}\big|_{x=0}=\boldsymbol{p}_1$$

(b)

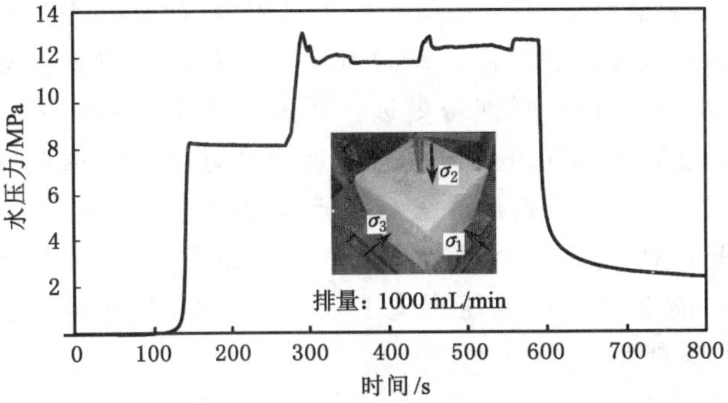

(c)

(a) 典型水压裂缝形态；(b) 扁椭球体水压裂缝模型；(c) 水压裂缝空间转向形态。

图 6-5(续)

6.3　压裂液与支撑剂

压裂液(fracturing fluid)是压裂施工的工作液，是一种具有一定黏度的流体，由多种添加剂按一定配比制成。它的主要作用是将地面设备形成的高压传递到地层中，使地层破裂形成裂缝并沿裂缝输送支撑剂，即造缝和携砂。

支撑剂(proppant)是指具有一定粒度和级配的天然砂或人造高强度陶瓷颗粒等固体材料，它能够进入被压开的裂缝并使其不再重新闭合。

压裂液与支撑剂是地面压裂最重要的两种材料，是影响压裂效果的重要因素。因此，熟悉压裂液与支撑剂的基本性能、分类及选型要求，从而选择适合储层地质条件的压裂液与支撑剂，对改善压裂施工效果起着至关重要的作用[23]。

6.3.1　压裂液

压裂液是一个总称，在整个压裂施工过程的不同阶段起着不同的作用，根据其作用的不同分别称为前置液、携砂液、顶替液。前置液主要用于造缝，在温度较高的地层里还起到降温作用；携砂液携带支撑剂进入裂缝，将支撑剂填在裂缝内预定位置；顶替液用于顶替井筒内的携砂液，将携砂液送到预定位置，预防卡砂。

一般说来，在压裂施工中压开的裂缝越长、越宽，填入裂缝的支撑剂的数量越多、直径越大，压裂后的增产效果就越显著。而这几个指标的实现，除与压裂设备等因素有关外，均与所使用的压裂液的性质有直接关系。

6.3.1.1 压裂液的性能

通常压裂液的滤失量低，有助于延伸裂缝；压裂液黏度高，有利于压开宽裂缝；压裂液悬浮性能好，有利于提高混砂比，且能携带大直径砂粒。实践表明，选择性能好的压裂液可以大大提高压裂施工效率，并且能获得显著的增产效果。因此，压裂施工对压裂液的性能如滤失性能、悬浮性能、摩阻损失、稳定性及对地层渗透率影响等几方面，均有一定的要求。

(1) 滤失性能

滤失性能是指压裂液渗透到地层内的能力。在压裂过程中，由于裂缝内外存在较大压差，压裂液会沿壁面向裂缝两侧渗流，即压裂液滤失[24]。在压裂施工过程中，如果采用不容易滤失的液体作为压裂液，则注入地层的压裂液在裂缝内流动过程中向地层滤失量就会减小，更多的压裂液会随裂缝的延伸而移动，驱使裂缝延伸得更远。而如果采用容易滤失的液体作为压裂液，在延伸裂缝的过程中大量的液体在进入离井壁不远的地方就会渗透至地层中，滤失现象严重，从而导致裂缝延伸距离短。压裂液滤失现象严重还会造成携砂距离减小，支撑剂被携入裂缝中不远就会沉积下来，易在近井地带造成砂堵。滤失量太高，甚至可能压不开裂缝。因此，压裂液的滤失性能会严重影响压裂施工效果。此外，若地层天然裂缝发育，则会导致在压裂施工时滤失现象严重。

压裂液的滤失性能主要受压裂液黏度的影响，通常情况下，压裂液黏度越大，滤失量越低。对于有些液体，如在其中加入降滤失添加剂，使液体在进入裂缝时能够在地层表面形成很薄的滤饼，即使压裂液黏度小，滤失量也不大。现场施工时，应尽量选用滤失量较低的压裂液。

(2) 悬浮性能

压裂液的悬浮性能是指压裂液对于支撑剂的悬浮能力，也可称为压裂液的携砂性能。压裂液的悬浮性能可以用支撑剂在压裂液中的自由沉降速度来表示。若压裂液的悬浮性能好，就能将支撑剂全部均匀地带入裂缝中，并能提高混砂比和携带较大直径的支撑剂。若压裂液的悬浮性能差，则支撑剂在压裂液中会很快沉降，在近井地带聚集，甚至沉聚于井筒或井底造成砂堵、砂卡等事故，从而影响施工过程[25]。

压裂液的悬浮性能主要决定于压裂液的黏度、相对密度及在管线和裂缝中的流速。一般说来，压裂液黏度高，悬浮性能好；压裂液相对密度大，悬浮能力强；压裂液在管线和裂缝中流速大，携带支撑剂能力强。在压裂施工中，应尽量选择悬浮性能好的压裂液。

(3) 摩阻损失

液体沿管路流动时，由于液体质点之间的内摩擦力和液体与管壁之间的摩擦力而消耗一定的能量，称为摩阻损失[26]。压裂施工时，当地层破裂压力一定时，压裂液的管路摩阻损失越大，压开地层所需的地面设备泵压越高。摩阻损失过大，甚至会使压裂设备作用于井底的压力小于地层破裂压力，从而使压裂失败。压裂液的摩阻损失小，可以使地面压裂设备在泵压较低的情况下进行压裂施工，有利于延长压裂设备的使用寿命。因此，压裂液要有尽可能低的摩阻损失。

在压裂施工中，摩阻损失与压裂液的种类、黏度、添加剂等有关。在一般情况下，油基压裂液的黏度较水基压裂液的大，因此摩阻损失较大，而水基压裂液的摩阻损失较小。水基凝胶压裂液虽然一般有较高的视黏度，但在高泵速的情况下，因其不易形成紊流，摩阻损失并不高。在现场施工中，通常在压裂液中加入某些降阻剂来降低管路摩阻损失。

(4) 对地层渗透率的影响

压裂液中含有的机械杂质及不溶物会堵塞地层孔隙,或压裂液与地层中物质反应引起黏土膨胀或发生乳化作用等,都会影响地层的渗透率[27]。因此,要求压裂液中的机械杂质和不溶物含量越低越好,同时应避免压裂液和地层中的物质发生有害的物理及化学反应,压裂后压裂液要易于从地层中排出,尽量减少压裂液对地层渗透率的损害。

(5) 稳定性

由于在现场使用时,配制方法和施工条件不同,压裂液可能受到温度、空气、细菌等多方面因素的影响,性能发生一些变化,尤其当配制与施工时间间隔较长时,压裂液的稳定性问题更加突出。例如,有的水基凝胶压裂液受细菌作用黏度会降低,甚至腐败变质不能交联,从而使压裂施工不能顺利进行[28]。因此,压裂液在施工前和施工过程中要保持相对的稳定性。为防止水基凝胶压裂液变质,可根据情况加入适量防腐剂。有些压裂液的黏度受温度影响变化很大,因此,在一些高温井施工时,应选择耐高温性能好的压裂液[29]。

一种理想的压裂液应具备滤失量低、悬浮性能好、摩阻损失小、对地层渗透率损害小及性能稳定等特点。随着非常规油气资源的大规模开发,压裂施工的规模越来越大,压裂液的用量也越来越大,因此,压裂液还应具备货源充足、成本低廉、配制方便等特点,以满足大规模压裂施工的需要。

6.3.1.2 压裂液的类型

压裂液按其物理、化学性能可分为水基、油基、乳化、泡沫、酸基等类型。其中,应用最广泛的为水基压裂液。

(1) 水基压裂液

水基压裂液是以水作为溶剂或分散介质,向其中加入稠化剂、添加剂配制而成的。主要采用三种水溶性聚合物作为稠化剂,即植物(瓜胶、田菁、魔芋等)胶、纤维素衍生物及合成聚合物。这几种高分子聚合物在水中溶胀成溶胶,交联后形成黏度极高的冻胶。水基压裂液具有黏度高、悬浮性能好、滤失量低、摩阻损失小等优点[30-32]。

水基压裂液以其安全、清洁和容易以添加剂控制其性质而得到广泛的应用。除了极少数对水特别敏感的地层外,水基压裂液几乎可以应用到所有的油气储层,是压裂液技术发展最快也最全面的一个体系。

(2) 泡沫压裂液

泡沫压裂液实际上就是一种液包气乳化液,或者说泡沫是气体分散于液体中的分散体系。气体使用 N_2或者 CO_2,这使得泡沫具有高黏度和优良的支撑剂携带能力。在施工过程中,保持稳定的泡沫干度范围极为重要。干度低于 52%的体系仅能称为增能体系;典型的压裂施工设计应达到 70%、75%、80%泡沫干度,这意味着压裂液的 70%、75%、80%是气。一般而言,随着泡沫干度从 60%增到 90%,泡沫的稳定性和黏度也增大。当泡沫干度超过 90%时,泡沫恢复成雾状[33-34]。

泡沫压裂液具有返排容易、滤失量低、黏度高、携砂能力强、对储层损害小等优点,不足之处在于压裂施工中需要较高的注入压力、特殊的设备装置且施工难度大、投入经费高。该方法适用于低压、强水敏性储层。

(3) 油基压裂液

油基压裂液是以油为溶剂或分散介质,加入各种添加剂形成的压裂液。当前较通用的是铝磷酸酯与碱的反应产物，将油基脂肪酸与无机非金属氧化物五氧化二磷的磷酸酯均匀混入油基中用铝酸钠进行交联，可形成磷酸酯铝盐的网状结构，使油成为油冻胶、铝磷酸酯盐冻胶，从而改善原油的稠化性能，并提高其温度稳定性。20 世纪 90 年代初，进一步完善了的油基压裂液体系，以原油为介质、磷酸酯为稠化剂、铝酸盐为交联剂、醋酸盐为破胶剂，并通过两次交联过程，实现了现场施工的连续混配，缩短了交联时间，优化了用量，改进了流变性能，耐温能力达 120～130 ℃，实现了高砂比施工。

在某些情况下，使用油基压裂液有利于避免对水敏性产油层使用水基压裂液而引起的地层损害。油基压裂液适用于低压、偏油润湿、强水敏性储层，其缺点是具有易燃性。并且大多数情况下，油基压裂液的泵送摩阻损失明显高于水基压裂液体系。由于以油为介质，添加剂用量大，油基压裂液的成本高，施工安全性差，现场配置及质量控制也较水基压裂液难[35-36]。

(4) 清洁压裂液

清洁压裂液也称为黏弹性表面活性剂压裂液，是一种基于黏弹性表面活性剂的溶液。它是为了解决常规水基压裂液在返排过程中破胶不彻底对油气藏渗透率造成很大伤害的问题而开发研制的一种新型压裂液体系。研究表明，常规压裂液返排至地面的量仅为注入量的 35%～45%，大部分仍残留于地层中，直接影响压裂效果。清洁压裂液配置简单，不需要交联剂（只需要加入表面活性剂和稳定剂），黏度低（但能有效地输送支撑剂），返排迅速而彻底，对储层损害小，携砂及滤失控制性能好；但其耐温性能不好，价格昂贵[37-38]。

6.3.1.3 压裂液对储层的影响

压裂液对储层的影响主要是指在压裂过程中大量的压裂液与储层接触，发生相互作用，造成储层渗透率变化的现象，包括渗透率的下降（即储层损害）和渗透率提高。压裂液造成的储层损害主要包括三个方面：一是由于储层敏感性，压裂液与储层接触后储层渗透率降低；二是滤液进入喉道后，毛细管力的作用造成水锁等现象，从而导致储层渗透率下降；三是压裂液破胶水化后，残留的固相颗粒以及由于压裂液滤失而形成的浓缩胶对地层喉道和支撑剂填充裂缝造成堵塞等。也可以通过在压裂液中添加表面活性剂，改变储层岩石的润湿性（润湿性反转），来提高储层的渗透率，实现提高采收率的目的。

(1) 储层敏感性引起的储层损害

广义的储层敏感性是指油气储层与外来流体发生各种物理或化学作用而使储层孔隙结构和渗透性发生变化的性质。狭义的储层敏感性是指储层与不匹配的外来流体作用后，储层渗透性往往会变差，会不同程度地损害油层，从而导致产能损失或产量下降。在压裂过程中，大量压裂液进入地层，与地层发生接触，引起储层渗透率下降，主要体现在以下五个方面。

① 速度敏感性：压裂液流动速度变化引起储层中微粒运移、堵塞喉道，造成渗透率下降的现象。

② 水敏感性：与储层不配伍的压裂液进入储层后黏土矿物膨胀、分散运移而导致渗透率下降的现象[39]。

③ 盐度敏感性：储层在一系列盐水的作用下，黏土矿物水化膨胀而导致渗透率下降的现象。

④ 酸敏感性：酸液进入储层后，与酸敏性矿物发生反应，产生沉淀或颗粒，从而导致渗

透率下降的现象。

⑤ 碱敏感性：当与储层接触的压裂液具有较高的pH时，高pH的压裂液进入地层导致地层中黏土矿物和硅质胶结的结构破坏，从而导致渗透率下降的现象。

(2) 水锁效应

另外一种不相混溶相渗入储层，或储层中原有不相混溶相饱和度增大，都会使储层渗透率及油气相对渗透率明显降低。当不相混溶相为水相时，这种现象被称作水锁效应[40-41]。水锁效应会产生水锁损害，也就是指在油气井压裂过程中水浸入油气层造成的损害。水浸入后会引起近井地带含水饱和度增加，岩石孔隙中油（气）水界面的毛管阻力增加，以及贾敏效应，从而使原油在地层中比正常生产状态下产生一个附加的流动阻力，宏观上表现为油气井产量的下降。简单说来，就是在压裂施工过程中，压裂液的滤液进入地层之后会改变地层中的原始含油气饱和度，而毛细管力也会增大，毛细管力的作用会导致流体流动的阻力增加，甚至会导致压裂液破胶后返排困难。

在压裂施工过程中，采取以下措施可减小水锁效应对地层造成的损害：

① 选取与压裂液体系配伍性较好的表面活性剂，经过一段时间反应，表面活性剂吸附在岩石表面，形成分子膜，从而大大降低表面张力，使其毛细管力下降。

② 适当地使用小油嘴来迫使地层中的流体排出，从而加速压裂液的破胶返排过程，减小对地层的损害。

此外，可在压裂液中添加水锁损害处理剂，这是一种特殊结构的醚类化学剂，进入油气层后能消除或减轻水浸入地层后造成的流动阻力，使油气比较容易地流向井底。

(3) 压裂液滤饼和浓缩胶损害

由于滤失作用，在压裂产生的裂缝表面会形成致密的滤饼；同时，滤液进入地层裂缝内形成浓缩压裂液，导致破胶困难，裂缝导流能力大大降低[42]。

(4) 润湿性反转

润湿性是指岩石表面被油（气）或水选择性覆盖的能力。润湿性是影响油气藏在孔隙中的位置、分布及流动的一个重要因素。它对储层的相对渗透率有着直接的影响。在压裂施工过程中，岩石表面一般为亲水性的。润湿反转是表面活性剂的吸附造成的岩石润湿性改变的现象。对于亲水性地层，表面活性剂可以通过降低油（气）水界面张力增加毛管数，从而达到提高采收率的目的。

6.3.1.4 压裂液对压裂的影响

压裂液黏度对水压裂缝的延伸距离及形态影响显著，压裂液黏度越大，滤失量越低，水压裂缝延伸距离越远。在相同的试验条件下，随着压裂液黏度增加，水压裂缝复杂程度降低。在低黏度条件下，与水压裂缝相交的割理易开启，且裂缝尖端渗透区增大，集中应力减小，裂缝扩展方向的随机性增大，易形成复杂的裂缝系统；随着压裂液黏度增大，分支裂缝减少，裂缝形态趋于简单，易形成常规单条平直裂缝[43]。

6.3.2 支撑剂

6.3.2.1 支撑剂的性能

支撑剂性能主要指支撑剂的物理力学性能，包括支撑剂粒度组成及分布、圆球度和表面光滑度、浊度、密度（颗粒密度和体积密度）、酸溶解度、抗压强度等。

压裂施工中通常要求压裂支撑剂具备强度大、颗粒均匀、圆度好、杂质少、来源广、成本低等特点[44]，具体表现为：① 支撑剂要有足够的抗压强度和抗磨损能力，能耐受注入时的强大压力和摩擦力，并有效地支撑人工裂缝；② 在保证高强度的同时，支撑剂颗粒的密度应尽量低，以便降低泵送的难度和减少支撑剂对设备的磨损及压裂费用；③ 支撑剂颗粒在温度为 200 ℃的条件下，与压裂液及储层流体不发生化学作用，酸溶解度最大允许值应小于7%，这样才能抵消裂缝的闭合压力，使裂缝具有足够大的导流能力；④ 随着油气资源压裂施工的规模越来越大，支撑剂的用量也日益增多，因此，支撑剂还应具备货源充足、成本低廉等特点，以满足大规模压裂施工的需要。

6.3.2.2　支撑剂的导流能力

油气井在经过压裂后其增产效果及生产动态取决于裂缝的导流能力，裂缝的导流能力是指裂缝传导储层内流体的能力，以压裂支撑裂缝的渗透率与裂缝支撑缝宽的乘积来表示。影响裂缝导流能力的因素主要包括两个方面，一方面是支撑剂本身的物性，包括支撑剂的类型、物理力学性质及支撑剂在裂缝中的分布等[45]；另一方面是地层环境因素，包括压裂后地层的闭合压力、温度、时间、支撑剂嵌入程度、压裂液滤饼、酸碱性、缝内两相流流态等因素。

通常支撑剂的强度越高、球度越好、铺砂浓度越均匀，其导流能力越好。随闭合压力的增加，支撑剂导流能力迅速下降。温度和时间是影响支撑剂长期导流能力的主要因素。温度对支撑剂导流能力的影响主要是通过高温导致流体黏度和密度的改变，及支撑剂在液体中的溶解度改变来体现的。时间对支撑剂导流能力的影响非常显著，根据时间长短，支撑剂的导流能力分为短期导流能力和长期导流能力[46]，短期内测得的支撑剂导流能力并不能代表支撑剂的长期导流能力。要准确评价支撑剂的长期导流能力，必须有足够的时间使裂缝内支撑剂达到稳定状态，各种影响因素充分显现出来，测得的导流能力才更接近实际的导流能力。支撑剂嵌入裂缝壁面，裂缝有效张开度下降，会引起导流能力下降；同时，嵌入还会使地层破碎产生碎屑，这些碎屑会堵塞孔隙通道，引起渗透率和导流能力降低。随着闭合压力的增大，支撑剂嵌入程度将成为影响其导流能力的主要因素[47]。

另外，在压裂过程中，存在支撑剂的回流现象，这不仅使人工裂缝被支撑的状况变差，导流能力下降，也会对地面上的油嘴、阀门和其他设备造成侵蚀。如何避免支撑剂的回流，或者确定返排支撑剂的来源以便有目的地采取相关补救措施，也是目前研究的重点之一。

6.3.2.3　支撑剂的类型

目前常用的支撑剂有石英砂、人造陶粒、核桃壳、树脂砂、人造塑料球、人造玻璃球等（见图 6-6）[48]，其中，石英砂和人造陶粒应用最广泛。石英砂的价格最便宜，相对密度较低，便于施工泵送，因此被大量使用；但是石英砂的强度低、球度差，会降低裂缝的导流能力，特别不适合用于闭合压力高的深井。用树脂包覆石英砂的复合颗粒，球度有所改善，耐腐蚀性可达到较高指标，即使内部的石英砂被压碎，外面包覆的树脂层也可以包裹住碎块，保持裂缝的导流能力，是压裂支撑剂的一个发展方向，但是目前的产品保质期较短，造价较高。人造陶粒相对密度稍高于石英砂，对泵送条件及压裂液的性能都提出了更高的要求，加大了压裂施工时的难度；但是人造陶粒的球度和圆度远比石英砂好，可达到 0.9 以上，特别是耐腐蚀性、耐高温性以及抗压强度都高于石英砂，因此裂缝的导流能力下降值要小得多，同时成本可以得到较好的控制，因此越来越广泛地被油气田所采用。

(a) 人造陶粒;(b) 硅砂;(c) 石英砂;(d) 树脂砂;(e) 铝土矿。

图 6-6 常用支撑剂[49]

(1) 石英砂支撑剂

石英砂支撑剂主要是指由天然石英砂加工处理而成的压裂支撑剂。天然石英砂产于沙漠、河滩和沿海地带,如中国的兰州砂、承德砂等。

天然石英砂的矿物组分以石英为主。石英含量是衡量石英砂质量的重要指标,我国压裂施工用石英砂支撑剂中的石英含量一般在 90%以上,且伴有少量长石、燧石及其他喷出岩、变质岩等岩屑。石英砂的微观结构可分为单晶石英和复晶石英两种晶体结构。天然石英砂的石英含量中,单晶石英颗粒所占的质量百分比越大,则该种石英砂的抗压强度越高。一般石英砂的体积密度约为 1.65 g/cm^3,而视密度约为 2.65 g/cm^3。

石英砂支撑剂相对密度较低,便于施工泵送而且取材方便、价格便宜,在压裂施工中被广泛使用;但石英砂支撑剂的抗压强度较低,水力压裂闭合压力达到 20 MPa 时就开始破碎,不适合在中、高闭合压力的压裂层中使用[44]。在石英砂表面涂上一层树脂形成树脂涂层支撑剂,可增加石英砂支撑剂的强度,减少油气井开采期间支撑剂的回流。图 6-7 为石英砂支撑剂实物。

(2) 人造陶粒支撑剂

人造陶粒支撑剂一般是以铝矾土为原料,加以各种辅料,造粒后由回转窑烧结而成的。按密度将陶粒分为三种:低密度、中密度和高密度陶粒。烧结后陶粒的密度是由 Al_2O_3的含量决定的,主要是所形成的晶相不同所致,低密度陶粒晶相为方石英和少量莫来石,中密度陶粒晶相为莫来石和少量刚玉,高密度陶粒晶相为刚玉和少量莫来石。不同强度、不同密

(a)

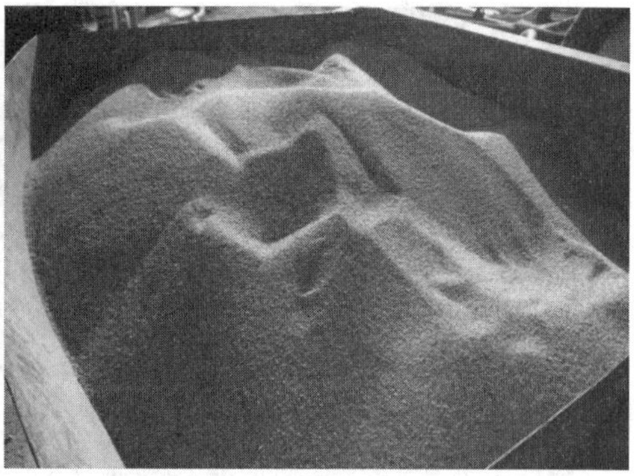

(b)

(a) 40/70 目粉砂;(b) 60/120 目粗砂。

图 6-7　石英砂支撑剂

度的陶粒适用于不同深度的油气井压裂作业,密度越高适用的地层深度越大[50]。

理想的人造陶粒支撑剂颗粒均匀,球度、圆度接近 1,具有足够大的抗压强度。低密度陶粒由于密度适中、不易沉淀、便于泵送,可降低对压裂液黏度的要求,减小对泵的损害,有效地降低施工难度和成本,所以研制低密度、高强度人造陶粒支撑剂是十分必要的。由于过快的工业化进程,人类产生的固体废弃物越来越多,如何综合利用铝含量高的工业废渣生产高性能陶粒支撑剂,既创造经济效益又保护环境,也是今后的研究热点。

(3) 树脂涂层支撑剂

树脂涂层支撑剂,是指采用特殊工艺将改性苯甲醛树脂包裹到石英砂的表面并经固化处理制成的压裂支撑剂。树脂涂层砂的视密度略低于石英砂,约为 2.55 g/cm^3。它的性能在低应力下与石英砂相近,但在高应力下则远远优于石英砂[44]。

树脂涂层的方法可分为预固化和可固化两种。前者在砂子表面形成一层不可熔化的惰性薄膜,使闭合压力分布在较大面积的树脂层上,可减小点负荷、增加强度,即使当颗粒被压碎时,树脂涂层也有助于包裹颗粒被压碎部分,防止它们运移或堵塞支撑带的孔隙,从而保持裂缝有较高的渗透率;后者在砂子表面包裹一层与压裂目的层温度相匹配的树脂,并主要作为尾追支撑剂置于水力裂缝的近井缝段,当裂缝闭合且地层温度恢复后,这种可固化的树脂涂层砂先在地层温度下软化,然后由软至硬地将周围相同的可固化树脂砂胶结在一起,形成一层固化的但具渗透性的滤层,从而可防止裂缝内支撑剂回流。

支撑剂强度增高,密度也会随之加大,沉降速度加快。在地层中过早沉降则难以形成较长的支撑裂缝,会影响压裂效果。针对这一问题,目前逐渐兴起一类超低密度支撑剂,兼顾了低密度与高强度的特点。

6.3.2.4　支撑剂的压嵌规律

支撑剂与储层刚度的差异,导致在闭合压力作用下,支撑剂嵌入裂缝壁面的现象,称为支撑剂的压嵌。支撑剂的嵌入与闭合压力、支撑剂铺砂浓度、支撑剂粒径、压裂液的滤失及岩石的力学性质有关,支撑剂嵌入深度会随闭合压力、流体黏度及滤失速度的增加而增大,随支撑剂弹性模量及铺砂浓度的增大而减小[51-55]。在弱胶结软地层中,单层铺砂情况下,支撑剂的嵌入程度对导流能力的影响较大,嵌入程度从 0 增加到 33%,导流能力会降低

85%；多层铺砂情况下，支撑剂的嵌入程度更高，但对裂缝导流能力的影响相对较小，当嵌入程度达到300%时，支撑裂缝的宽度减小将近60%[56-57]。储层强度越低，支撑剂的嵌入程度越高。对砂岩纯度越高的储层，支撑剂嵌入程度越低，对支撑裂缝张开度及导流能力的影响也越小；而对泥岩含量越高的储层，支撑剂的嵌入程度越高，支撑裂缝的导流能力损失也就越大。支撑剂在砾岩中嵌入的程度最高，泥岩次之，粉砂岩最低[47]。在相同储层中，支撑剂嵌入程度从低到高依次为树脂涂层砂、人造陶粒、石英砂[58]。

6.4　压裂的驱替效应

为提高低饱和压力油(气)田的采收率，在开采井周边布置注水井，通过注水井将水注入油(气)藏，水驱动油(气)向开采井方向流动，从而保持或恢复油(气)层压力，使油(气)藏有较强的驱动力，以提高油(气)藏的开采速度和采收率(见图6-8)。注水井的最大流动压力一般不能超过油(气)储层岩石的破裂压力。水驱油(气)属于多孔介质中的非混相流体渗流问题，随着低饱和压力下油(气)田的开发和油(气)田注水开发的发展，两相渗流的研究也逐渐发展起来。在水驱油技术的基础上，根据不同的油藏特点，逐渐形成了蒸汽驱油、CO_2驱油、聚合物驱油等技术。

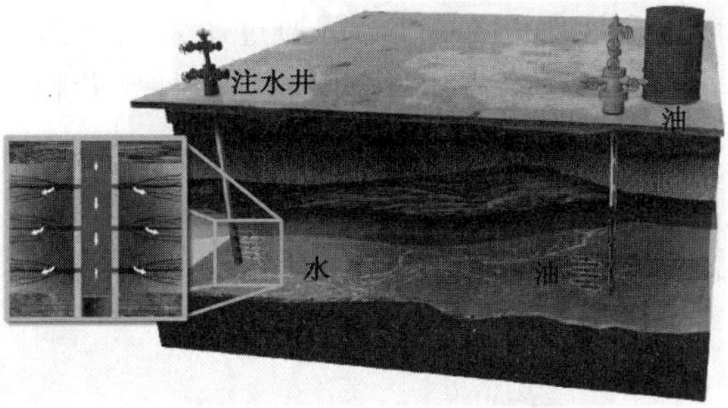

图6-8　水驱油原理示意[59]

S. E. Buckley和M. C. Leverett在不考虑流体和固体介质的可压缩性，且忽略流体重力和毛细管作用影响的条件下，将流体的黏度当作常数，建立了一维直线流动情况下的两相流动方程，然后采用特征线方法求解得到Buckley-Leverett方程[60]，也就是著名的驱替方程。利用该驱替方程可以求得不同时间及不同位置上的饱和度变化规律。

气藏中的水驱气过程大体上被分为两个阶段[61-63]。在第一阶段，地层压力下降破坏了毛细管压力的平衡状态，在毛细管渗吸作用下，水驱替岩块孔隙中的天然气。在第二阶段，依靠水动力作用，水驱替裂缝中的天然气，其饱和度由临界饱和度变为残余气饱和度。上述过程连续进行，使得水气界面不断向前推进。随地层压力下降，水气界面不断收缩，孔隙介质中的气不会被水全部驱出，在水驱前沿的后面残留一定数量的封闭气，封闭气饱和度取决于压力下降的速度。压降速度越大，封闭气饱和度越高；压降速度越小，水气界面移动速度越慢，从而可以获得较高的采收率。压降速度并非越低越好，压降速度过低会使水气过渡带拉得很长，从而发挥不了水驱气作用，反而会使封闭气饱和度变大。因此，水驱气过程中存在着“临界速度”，在此速度下水气界面均匀推进，低于此速度，高渗透性地层的水气过渡带会拉长，而低渗透性地层会出现滞后现象；大于此速度时，水会超前推进，沿高渗透性地层或裂缝发育带窜进，从而形成饱和度很高的封闭气区。

煤岩体是可以渗透的多孔介质，在压裂过程中压力水向裂缝两侧孔隙及微裂隙中渗透，由于水与岩石孔隙及微裂隙中的油（气）不混溶，且两相流体间存在压差，因此，水会驱动裂缝两侧孔隙及微裂隙中的油（气）向前移动，称为压裂的水驱油（气）效应。与常规的水驱油（气）相比，由于压裂过程中的水压力高，压裂水驱油（气）效应更明显。

在煤矿井下高瓦斯煤层中进行本煤层水力压裂时发现，巷道风流中的瓦斯浓度明显升高，煤层中的瓦斯被水力压裂驱赶出来了，称这种现象为水力压裂的驱替瓦斯现象（效应）[64]。在突出煤层掘进工作面进行超前深孔水力压裂后，后续掘进过程中煤体瓦斯含量沿掘进方向呈现"低-高-低"的现象，验证了含瓦斯煤层水力压裂驱替瓦斯现象的存在。含瓦斯煤层水力压裂在产生水压裂缝的同时，压力水向裂缝两侧渗透，孔隙水压力与孔隙裂隙内的游离瓦斯接触，引起裂缝围岩内孔隙水和瓦斯压力的变化，孔隙压力分布的不均匀性会产生孔隙压力梯度。游离态瓦斯由孔隙（瓦斯）压力高的位置向孔隙（瓦斯）压力低的位置运移。瓦斯压力梯度是煤层水力压裂驱赶瓦斯的根本动力。水压裂缝扩展的不均匀性和驱替瓦斯的时间效应会引起驱替瓦斯的不均匀现象。因此，一方面应根据驱替瓦斯的基本原理，优化水力压裂方案（注水参数），采用均匀水力压裂技术，避免水力压裂驱替瓦斯造成的不良影响；另一方面应利用驱替瓦斯现象，通过本煤层水力压裂增透驱替与间隔钻孔抽采瓦斯技术、沿空掘巷水力压裂驱替区域消突与穿煤柱钻孔抽采驱替至采空区的瓦斯技术等提高瓦斯的抽采效率。

6.5 压裂的工艺技术

6.5.1 压裂工艺技术

压裂工艺技术是影响压裂增产效果的重要因素。人们需要根据不同油气储层的地质条件、井深状况等因素选择与之相适应的压裂工艺技术，以便能够顺利进行压裂并取得较好的增产效果。目前，常用的压裂工艺技术主要有限流法分层（分段）压裂技术、封隔器分层（分段）压裂技术、水力喷砂射孔压裂技术、选择性压裂技术、重复压裂技术、酸化压裂技术、体积压裂技术等。

（1）限流法分层（分段）压裂技术

限流法分层压裂技术是指当一口井中具有多个压裂目的层，且各层间破裂压力又有一定差别时，通过严格限制各油层的炮眼直径和数量，尽可能地提高施工中的注入排量，利用先压开层吸收压裂液时产生的孔压摩阻，大幅度提高井底压力，进而迫使压裂液分流，使各目的层按破裂压力的低高顺序依次被压开，最后一次加砂同时支撑所有裂缝的工艺，从而达到一次压开多层的目的（见图 6-9）[65]。

该压裂技术适用条件为：① 未射孔的新井新层；② 应准确掌握各层的地应力大小；③ 各层应力差异不能太大。应力差异界限应以各层所能设定的最大孔眼数差异来决定。

（2）封隔器分层（分段）压裂技术

封隔器分层（分段）压裂技术是指在完井套管上串上封隔器和压裂滑套，将油气储层分成

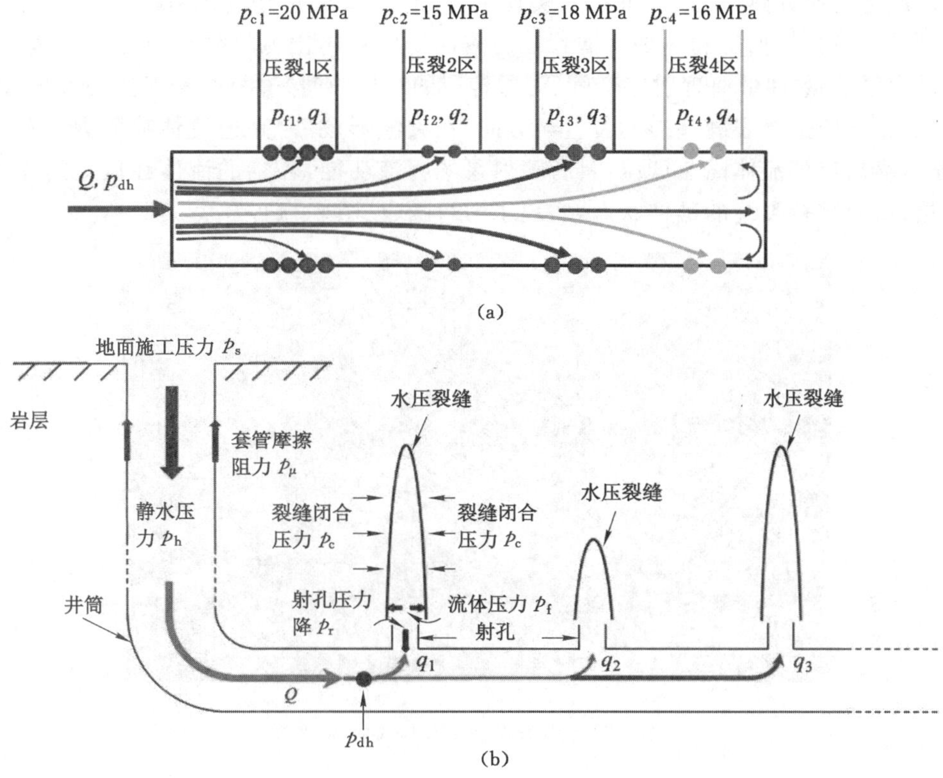

图 6-9 限流法分层(分段)压裂技术原理[66]

若干段,用同一套泵车依次单段压裂[67]。该压裂技术可最大化地利用储层渗流能力,从而提高导流性和生产力,是一种有效性和针对性强、可控性好的精细储层改造技术体系(见图 6-10)。

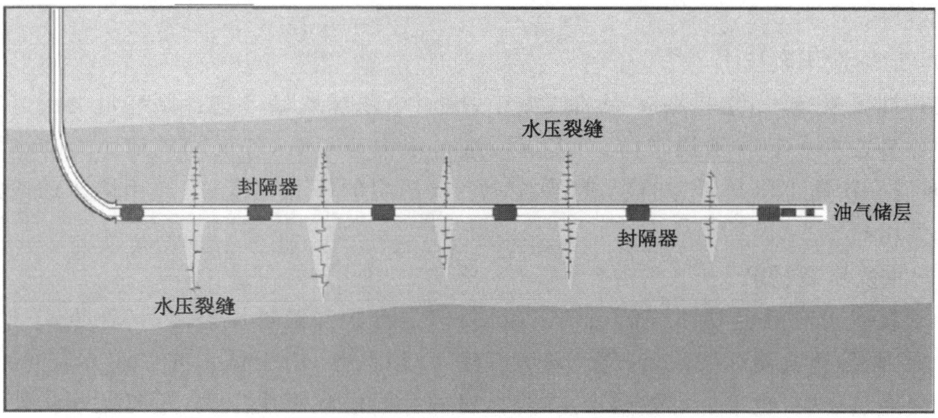

图 6-10 封隔器分层(分段)压裂技术原理[68]

(3) 水力喷砂射孔压裂技术

水力喷砂射孔压裂技术是集射孔、压裂、水力封隔于一体的新型增产技术,适用于多种完井方式的油气井增产,施工周期短、安全可靠性高、作业成本低,是目前国际上低渗透性油气储层改造的研究热点之一，可有效实现直井分层、水平井分段压裂改造[69]。水力喷砂射孔压裂技术是根据伯努利原理将油管柱内液体的压能转化为喷嘴出口处的高速动能，并根据水动力学动量-冲量原理射穿套管、沟通地层的。压裂时采用油、套混注的方式，通过控制喷射工具，准确选择裂缝起裂的位置与方向；在裂缝形成后，高速流体喷射进入孔道和裂缝，由于喷嘴出口处流体高速低压，具有喷射泵的吸液功能，环空的流体在压差的作用下被吸入地层，从而维持裂缝的延伸状态，实现水力封隔（见图 6-11）。

图 6-11　水力喷砂射孔压裂技术[70]

实际施工中采用携砂高压前置液，将套管、水泥环、地层射穿，然后实施压裂或酸化。与传统压裂技术相比，水力喷砂射孔压裂技术无须单独射孔，直接喷砂压裂完成射孔压裂作业，射孔、压裂一次完成。施工时只需下一次管柱，可进行多层射孔压裂作业，由一套工具完成多层施工。不动管柱一次喷砂射孔两层，可极大地缩短施工时间，简化施工工序，提高施工效率。

（4）选择性压裂技术

选择性压裂技术，是指在多层油气藏中，应用堵塞球或蜡球选择某些目的层进行压裂的水力压裂技术[71]。一般说来，在对多层段进行水力压裂时，各层间的地应力与物性存在差异，难以一次施工压开所有的层段，为提高多层压裂的压开程度，需应用堵塞球或蜡球进行选择性压裂。

（5）重复压裂技术

压裂技术可有效提高油气储层的采收率，但是有些井经过压裂之后，在生产过程中由于种种原因，裂缝会逐渐失效，油气产量大幅度下降；另外，由于认识或作业方面的原因，有些井即使经过压裂，也未能有效增产。这时，对同井同层的再次压裂（重复压裂），就成为提高和增加油气井经济效益的一种主要技术措施[72]。

重复压裂技术主要包括两个方面，一是在初次压裂的基础上增大施工规模，进一步延伸原有水压裂缝或使已经闭合的水压裂缝重新张开，称为旧缝新生重复压裂工艺；二是将初次产生的人工裂缝完全封堵，在同层中再产生一条新的人工裂缝，即产生新的水压裂缝，称为堵旧缝、压新缝重复压裂工艺，简称为转向压裂技术[73]。

① 延伸原有裂缝

油气井投产后，随着油气不断地被采出，储层的压力、温度等环境会发生改变，从而引起原有压裂裂缝失效，油气井产量下降。这类井需要进行二次压裂，重新加砂撑开原有裂缝，穿透堵塞带，同时加大压裂规模，延伸原有裂缝，提高加砂量以增加裂缝的导流能力。这是早期对重复压裂的认识，也是目前最常用的重复压裂概念。

② 转向压裂技术

随着研究的深入，人们对重复压裂有了新的认识，认为重复压裂的水压裂缝方位可能与第一次形成的裂缝方位有所不同。因为随着储层中液体的产出，储层的孔隙压力降低，储层的应力状态会发生改变，重复压裂时裂缝的方位亦会发生变化。

经过一段时间的开采，油气田的低渗透性地层已处于高含水区，原有裂缝控制的油气产量已接近全部采出，裂缝成了水的主要通道。但有些井在现有开采条件下尚控制有一定的剩余可采储量。重复压裂产生的新裂缝会接触到储层的剩余油区或未衰竭区，从而极大地提高油气井的产量。因此提出了一种迫使裂缝转向的新技术，即转向压裂技术。其原理是封堵旧裂缝、压开新裂缝，这样既可以堵水，又可以增加油气产量(见图 6-12)。

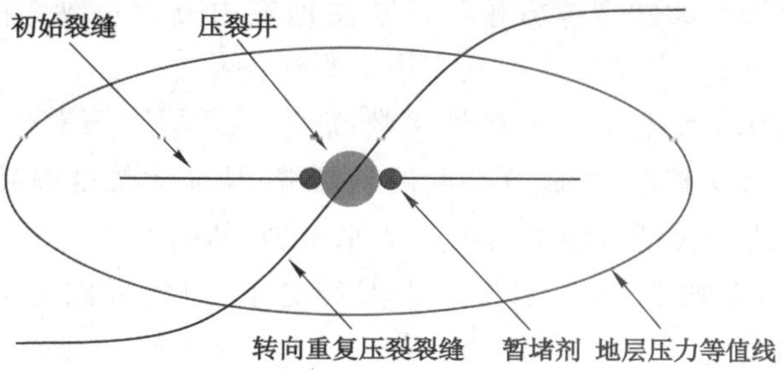

图 6-12 转向压裂技术

转向压裂技术的思路是利用一种高强度的裂缝暂堵剂封堵原有裂缝，暂堵剂在泵入井内后有选择性地进入并封堵原有裂缝，但不能渗入地层孔隙而堵塞岩石孔隙，同时在井筒周围能够有效地封堵射孔孔眼。然后采用定向射孔技术重新射孔以保证在不同于原有裂缝的方位(最佳方位是垂直于原有裂缝的方位)重新定向射孔，以保证重复压裂时裂缝改向，也即形成新的裂缝，从而采出最小主应力方向或接近最小主应力方向泄油气区的油气，实现控水增油气的目的[73]。

(6) 酸化压裂技术

酸化压裂简称酸压，是指在高于地层破裂压力的条件下用酸液作为压裂液，进行不加支撑剂的压裂。酸压过程中靠酸液的溶蚀作用将裂缝的壁面溶蚀成凹凸不平的表面，以使停泵卸压后裂缝壁面不会完全闭合。因此，酸化压裂技术对恢复和提高油井生产能力效果明显。此法适用于碳酸盐岩油藏[74]。缝内酸液流动状态如图 6-13 所示。

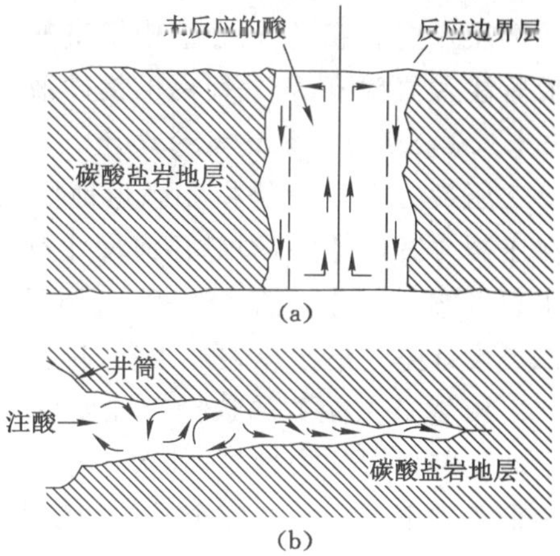

图 6-13 缝内酸液流动状态[75]

由于酸液黏度较高、滤失量少，因此，酸压裂缝宽度较大。废酸产物的边界层会降低活酸与裂缝壁处的接触速率。然而，随着裂缝内流体的流态更多地由层流变为紊流，活酸将更容易接触到裂缝壁面，并且在变为废水前酸液不会在裂缝中渗透较远的距离。

(7) 体积压裂技术

体积压裂技术是指在水力压裂过程中，使天然裂缝不断扩张和脆性岩石产生剪切滑移，形成天然裂缝与人工裂缝相互交错的裂缝网络，从而增加改造体积，提高初始产量和最终采收率的压裂技术。

体积压裂通过水力压裂对储层实施改造，在形成一条或者多条主裂缝的同时，使天然裂缝不断扩张和脆性岩石产生剪切滑移，实现对天然裂缝、岩石层理的沟通，以及在主裂缝的侧向强制形成次生裂缝，并在次生裂缝上继续分支形成二级次生裂缝，以此类推，形成天然裂缝与人工裂缝相互交错的裂缝网络。通过体积压裂将可以进行渗流的有效储层打碎，从而实现长、宽、高三维方向的全面改造，增大渗流面积及导流能力，提高初始产量和最终采收率。

体积压裂形成的地层条件[76]：

① 天然裂缝发育，且天然裂缝方位与最小主地应力方位一致。在此情况下，压裂裂缝方位与天然裂缝方位垂直，容易形成相互交错的裂缝网络。

② 岩石硅质含量高(大于35%)，脆性系数高。岩石硅质(石英和长石)含量高，能使岩石在压裂过程中产生剪切破坏，形成复杂的网状裂缝，从而大幅度提高裂缝体积。

③ 敏感性不强，适合大型滑溜水压裂。弱水敏地层，有利于提高压裂液用液规模，同时使用滑溜水压裂，滑溜水黏度低，可以进入天然裂缝中，迫使天然裂缝扩展到更大范围，从而大大扩大改造体积。

6.5.2 地面压裂技术

地面压裂技术主要应用于油气开采及干热岩开发等领域。由于地面压裂不受施工空间的限制，且其发展经历了半个多世纪，从最早的直井压裂到现在的水平井分段压裂，从常规的压裂技术到现在的体积改造技术，压裂技术不断进步，其工艺及装备已较为成熟。

地面水力压裂施工时，要先泵注一段前置液，压开地层，形成一定范围的人工裂缝；然后再注入携砂液，使携砂液中携带的支撑剂进入裂缝中，支撑裂缝使其保持一定的张开度；最后注入顶替液，将井筒内的携砂液送到预定位置。

6.5.2.1 地面压裂方案的设计

压裂方案设计是指在满足地质、工程和设备条件下设计出经济有效的最优压裂方案。在压裂方案设计中，裂缝几何尺寸及导流能力是主要的内容，是压裂方案设计的核心内容。压裂方案设计分为两大类：第一类设计是已知地层条件，预定增产倍数，寻求最佳方案；第二类设计是先给定压裂液用量、排量等参数，预测裂缝尺寸、增产倍数。

压裂施工参数的选择首先要确定油气储层能否被压开，涉及油气储层地应力、岩石力学性质与地层滤失性等；其次通过设计合理的泵注程序来实现裂缝优化；最后考虑在设备约束条件下的有效与安全操作问题[77-78]。

优化的压裂方案设计必须完成下列任务[79]：

① 在给定的储层与井网条件下，根据不同裂缝长度和导流能力预测压裂后生产动态；

② 根据储层条件选择压裂液、支撑剂和加砂浓度，并确定合理用量；

③ 根据井下管柱与井口装置的压力极限选择合理的泵注排量与泵注方式、地面泵压和压裂车数；

④ 确定压裂泵注程序；

⑤ 进行压裂经济评价，使压裂作业最优化。

常用的压裂方案设计一般包括以下内容：

(1) 压裂施工井的基本情况

包括压裂井的基本数据、套管数据、测井解释、射孔数据及邻井生产情况等。

(2) 压裂施工设计依据

压裂井的地质条件及测井数据等。

(3) 施工工序

即压裂作业流程。

(4) 压裂施工方案

包括压裂层位与井段的确定；压裂液、支撑剂的选择、配置方案及用量等；压裂液的注入方式；施工排量和砂比(砂液比)的确定；施工压力的设计；压裂设备的选型及数量；压裂井口的选型等。

选井选层需要遵循以下原则[77]。

① 井筒技术要求：满足套管强度要求，固井质量合格，井底无落物。

② 储层条件：任何成功的压裂作业必须具备两个基本的地质条件，即储量和能量，前者是压裂改造的物质基础，后者是较长增产有效期的保证。

压裂液要根据油层流体特性、岩层的物理和化学性质来选择。支撑剂的类型选择取决于岩层性质及井深。对于岩石嵌入压力小的浅井可选用砂子；对于嵌入压力大的深井，一般选用不易变形或压碎的铝合金球或铜球等；对于嵌入压力中等的中、深井可选用核桃壳或硬塑料球。

砂比的选择取决于压裂液的性能及施工时泵的排量。一般说来，在一定条件下砂比高，压裂效果好。但是压裂效果还受到其他因素的制约，如果不顾排量、压裂液悬砂能力的影响而单纯提高砂比，则在施工中往往会造成砂堵[79]。

压裂液注入方式有油管注液、环空注液、套管注液和油套混注。在满足泵注参数和施工管柱安全条件下，应尽量选择简单的注入方式。压裂液注入方式与施工参数选择必须依据储层条件、水压裂缝与压裂设备条件来进行。

压裂设备型号及数量根据压裂的规模等进行确定。

(5) 压裂泵注程序

压裂泵注程序包括前置液、携砂液、顶替液的注入排量、砂比、泵注时间和砂液量，以及支撑剂的类型和用量等。表 6-1 为某煤层气井地面压裂泵注程序。

(6) 压裂后施工步骤

压裂后施工步骤包括：① 压裂后测压降阶段；② 测完压降后进行放喷，需要设计合适的放喷压力范围与喷嘴型号；③ 放喷完毕后，冲砂至人工井底；④ 下泵排采。

(7) 施工注意事项

施工注意事项包括：① 安全注意事项；② 环保及质量要求；③ 井控要求。

表 6-1　某煤层气井地面压裂泵注程序

阶段	净液量/m³	砂比/%	砂量/m³	累计砂量/m³	砂液量/m³	排量/(m³/min)	泵注时间/min	支撑剂
前置液	20.0	—	—	—	20.0	2.0	10.0	—
前置液	30.0	—	—	—	30.0	4.0	7.5	—
前置液	50.0	—	—	—	50.0	6.0	8.3	—
前置液	150.0	—	—	—	150.0	7.5	20.0	—
携砂液	30.0	3.0	0.9	0.9	30.6	7.5	4.1	20/40 目石英砂
携砂液	40.0	5.0	2.0	2.9	41.3	7.5	5.5	20/40 目石英砂
携砂液	50.0	7.0	3.5	6.4	52.2	7.5	7.0	20/40 目石英砂
携砂液	70.0	9.0	6.3	12.7	73.9	7.5	9.9	20/40 目石英砂
携砂液	120.0	11.0	13.2	25.9	128.3	7.5	17.1	20/40 目石英砂
携砂液	120.0	13.0	15.6	41.5	129.8	7.5	17.3	20/40 目石英砂
携砂液	60.0	15.0	9.0	50.5	65.6	7.5	8.7	20/40 目石英砂、12/20 目石英砂
携砂液	25.0	18.0	4.5	55.0	27.8	7.5	3.7	12/20 目石英砂
顶替液	9.3	—	—	—	9.3	7.5	1.2	—
累计	774.3	—	55.0	—	808.7	—	120.2	—

6.5.2.2　地面压裂作业流程

地面压裂作业现场如图 6-14 所示，包括仪表车、压裂车、混砂车、砂罐车、储液罐等压裂设备及井口装置等。地面压裂作业流程如图 6-15 所示，包括压裂前准备、压裂施工和压裂后作业三个阶段。

图 6-14　地面压裂作业现场

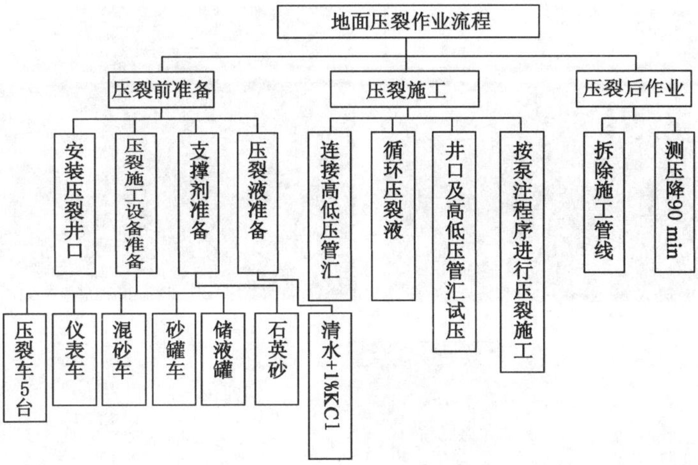

图 6-15　地面压裂作业流程

(1) 压裂前准备

压裂前准备是指根据压裂施工设计要求准备压裂所需的设备、材料等，以及压裂施工前的准备作业，包括压裂设备、材料准备及压裂前作业两部分。

① 压裂设备、材料准备

a. 配置压裂设备及辅助设施。

压裂设备包括仪表车、压裂车、混砂车、砂罐车、储液罐等(见图 6-16)。整个压裂施工监控系统均集成在仪表车内，它是压裂施工的控制、监测中心以及指挥部，可实现施工的自动化控制，有效地保障施工安全和施工质量。

压裂车是压裂施工中最重要的压裂设备，用于向井内注入高压、大排量压裂液，将地层压开并把支撑剂挤入裂缝。设计通常采用“柴油发动机-变速箱-压裂泵”的动力方案。自 1947 年进行首次水力压裂施工以来，至今已进行了数百万井次的压裂作业。这促使了压裂设备的不断更新和进步，先后研制出功率为 520～2 237 kW、压力为 50～160 MPa、流量为 0.9～3.0 m^3/min 的系列化压裂车，为提高油气田采收率做出了重要贡献。

混砂车是将支撑剂(砂子)和压裂液按一定比例混合起来并将混合好的水砂混合液供给压裂车的专用车辆。正常作业时，混砂车将配制好的携砂液吸入供液泵，然后送至混合罐内；并将之与胶联泵系统所提供的其他压裂所需的辅助剂混合后，经排出泵输送至压裂车。

砂罐车又叫运砂车，是油气田压裂时用来运送支撑剂(砂子)的特种专用车辆。砂罐车可实现在施工过程中以机械代替人工作业。在压裂施工时，将砂罐车的砂罐立起，随后打开出砂口闸板，并及时将压裂砂卸出，以确保加砂过程中的砂量充足。图 6-16(e)所示的砂罐车装砂量为 10 m^3。

储液罐用于储备压裂施工所需的压裂液。在压裂前应根据压裂方案设计要求准备好压裂液并储存至储液罐内以备使用。

b. 准备压裂所用材料。

配备性能符合要求的压裂液、支撑剂及各种添加剂。压裂液储存至放置于压裂现场的

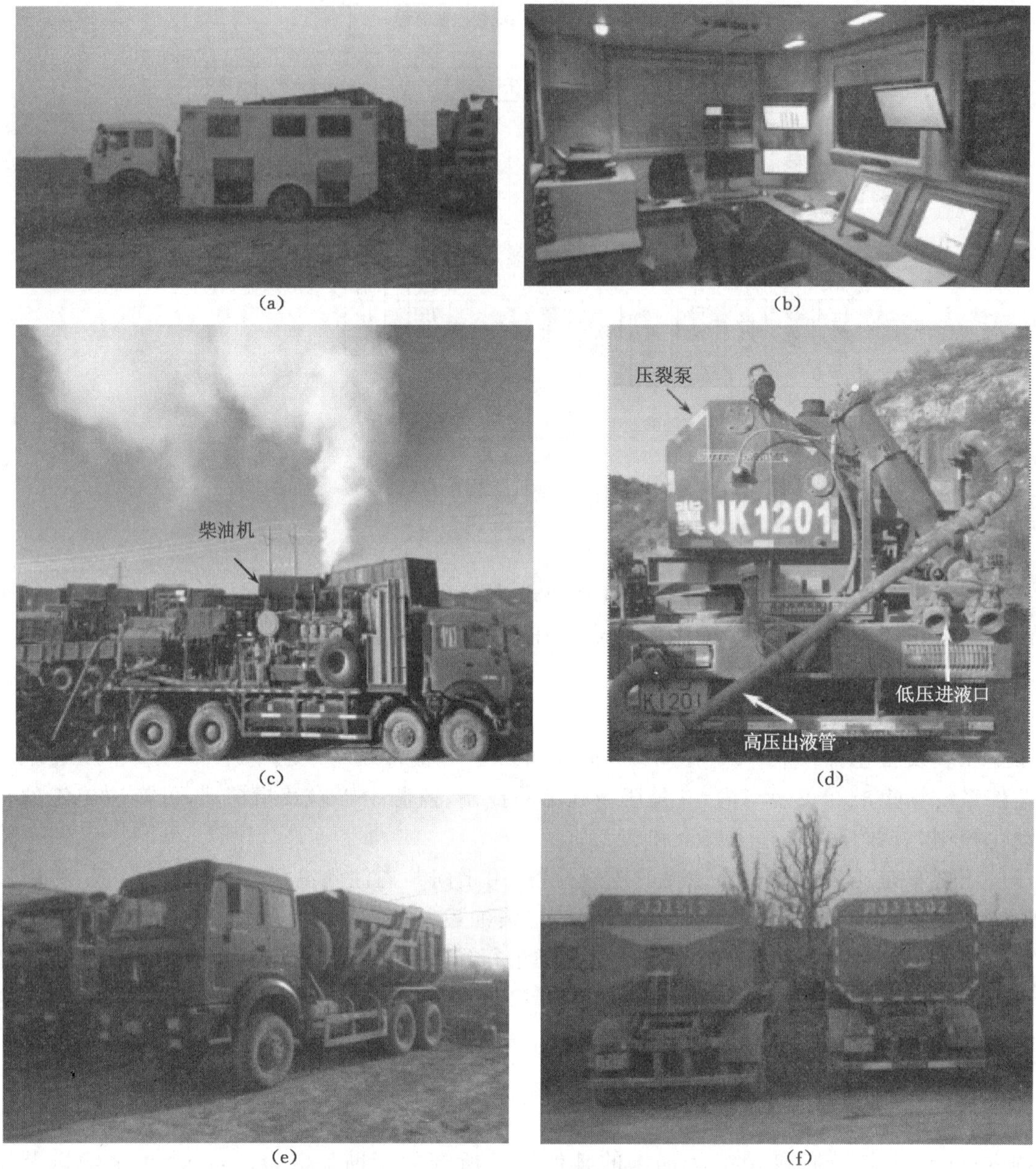

(a) 仪表车；(b) 仪表车内部；(c) 压裂车侧面；(d) 压裂车背面；(e) 砂罐车；(f) 砂罐车出砂口。

图 6-16　压裂设备

储液罐内，支撑剂用砂罐车提前运至压裂现场(见图 6-17)。同时准备压裂所用的各种添加剂等，如降阻剂。

c. 按照压裂设计方案组配管柱等。

d. 准备地面压裂流程、连接管路、配置压裂液等(见图 6-18)。

② 压前作业

a. 对已投产生产井进行压裂作业时，首先要冲砂和起原管柱。

(a)

(b)

(a) 储液罐;(b) 粉砂包。

图 6-17 压裂材料准备

(a)

(b)

(a) 管路连接;(b) 压裂液配置。

图 6-18 管路连接和压裂液配置

b. 压井替喷(井内有污染物的井在压裂前要进行替喷)(见图 6-19)。

图 6-19 替喷作业

c. 压裂层段预处理(清孔或排液,注意回收、不污染环境)。

d. 将压裂管柱和井下工具等下放至井筒预定位置(见图 6-20)。

(a)

(b)

(a) 井下工具;(b) 压裂井口。

图 6-20　井下工具和压裂井口

(2) 压裂施工

压裂前工作准备完毕后,即可开始正式的压裂施工,压裂施工曲线如图 6-21 所示,具体流程如下。

① 循环:逐台启动压裂车,用清水循环清洗地面管线,同时测试压裂车是否正常工作且无抽空情况,具体做法是将井口放空阀门打开,将单车排量升高到 1 m^3,观察压裂车情况,若压裂车不上液或有抽空的情况发生,则加挡或者停车重启继续循环,直到压裂车正常工作,最后关闭井口阀门,进行试压。

② 试压:对地面压裂流程、井口阀门以上设备进行承高压性能试验。试验压力为预测泵压的 1.2～1.5 倍,稳压 5 min。各承压部件不刺不漏,压力不下降为合格。若有刺漏发生,则打开井口放空阀门泄压,处理有刺漏的地方,然后关闭放空阀门继续试压,直至试压正常。

③ 坐封封隔器:将封隔器下方至待压裂层段,根据封隔器类型及操作原理进行坐封。封隔器的作用是使待压裂层段形成密闭空间。

④ 验封(试挤):打开井口阀门,关闭循环放喷闸门,逐台启动压裂车,按压裂施工设计规定的试挤排量将压裂液试挤入油层,由低到高调节压力至稳定为止。其目的是检验井下管柱及井下工具情况,检查预压裂层的吸水能力。

⑤ 压裂:试挤正常后,启动压裂车,按照压裂施工设计以高压大排量向井内持续挤入前置液,造缝并延伸。

⑥ 加砂:地层裂缝形成、泵压及排量稳定后便可加砂,开始注携砂液。注意加砂要均匀,中途不能停泵,操作要平稳。

⑦ 顶替:完成加砂后,打开混砂车的替挤旁通流程,向井内注入顶替液,将井筒内的携

砂液顶替至裂缝内。

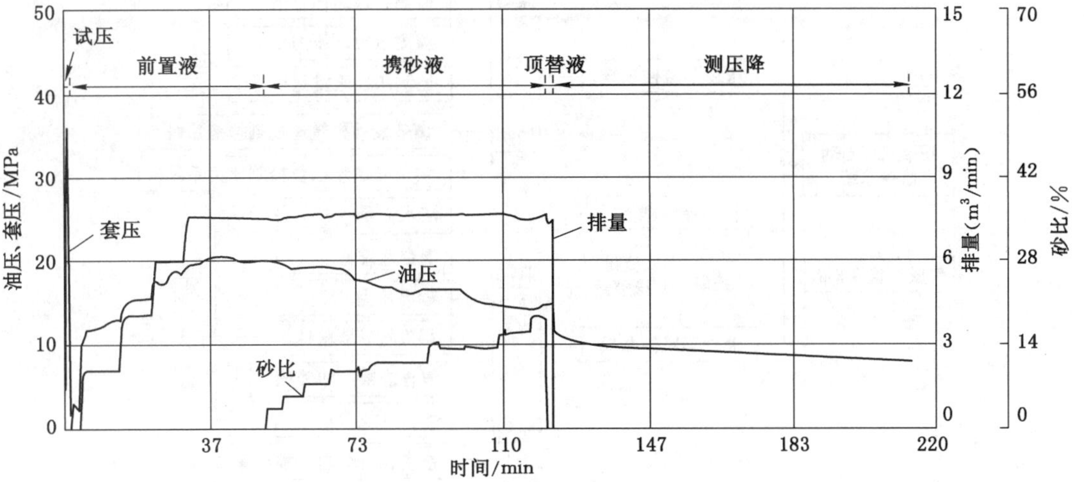

图 6-21 地面水力压裂施工曲线

(3) 压裂后作业

① 关井扩散压力:压裂施工结束后,关闭井口所有出口闸门,等待压裂液破胶、滤失及裂缝闭合,防止支撑剂随高黏度压裂液返出裂缝。关井时间不小于压裂液破胶时间,压裂液破胶后用小喷嘴放喷,以促进裂缝闭合。若储层的渗透率较高,则所需的关井时间较短;相反,若储层的渗透率较低,则所需的关井时间相对较长。关井扩散压力期间继续测试井底压力变化曲线,即压降曲线(压裂后压降曲线是指压裂施工结束,停止泵注后井底或井口压力随时间的变化曲线)。压降曲线能够反映储层物性和改造的效果,因此,在缺少裂缝监测或其他测试数据时,利用压降试井理论分析压裂施工数据,可计算储层参数和裂缝特征。

② 活动管柱:活动管柱时,负荷不超过井内管柱悬重(200 kN),上提速度控制在0.5 m/min 以内,活动行程不能小于 5 m,应能提放自如,拉力计显示管柱重力完全正常。

③ 按压裂方案设计要求起压裂管柱、完井、投产。

6.5.2.3 *地面压裂施工的监测与压裂效果评价*

(1) 地面压裂施工的监测与控制

地面水力压裂施工的监测和控制系统如图 6-22 所示。压裂机组自动监控系统集成于仪表车内,可通过对压裂车和混砂车的监测实现试压、供液、供砂、压裂、混砂、压裂液混配、液氮伴注等压裂成套装备作业全过程的远程、集中自动控制,以及现场监视和通信指挥等功能,从而有效地保障施工安全和施工质量。

压裂时由压裂工程师在仪表车内对压裂全过程进行指挥、控制,在仪表车内的控制面板上,可实时显示压裂车的发动机转速和变速箱档位、注液排量和压力,同时可以直接控制压裂车的发动机转速和变速箱档位,实现对排量和压力的控制;在监控屏幕上,可以显示套压、油压、排量、砂比的实时数据,通过观察相应数据的变化情况,指挥人员利用对讲机对混砂车发出语音指令,由混砂车上的控制台通过改变绞笼中叶轮的转速来改变砂比,从而实现对砂比的控制。

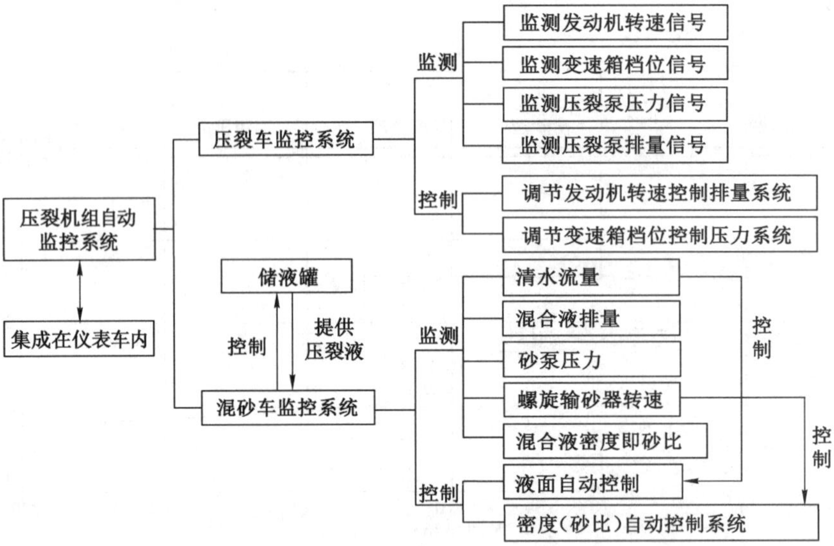

图 6-22　地面水力压裂施工的监测与控制系统

(2) 水压裂缝的监测与压裂效果评价

监测和评估水压裂缝的方法一般分为直接诊断技术和间接诊断技术(见表 6-2)。井下电视测量、微地震测量、放射性示踪剂测试、井温测试、地面和井底测斜仪测量等已经被广泛应用于推断地下裂缝的几何尺寸,然而这些诊断技术提供的资料往往有限,而且费用昂贵,从而制约了其应用。同时,另一些水压裂缝间接诊断技术,如试井分析、生产历史压力拟合等已被应用于分析裂缝几何尺寸和裂缝导流能力等参数,相对而言,施工压力分析被公认为是评估致裂过程和水力裂缝的最强有力的、经济可行的技术。

表 6-2　水压裂缝诊断技术及其提供的资料

技术	裂缝高度	裂缝长度	裂缝方位	对称性
井下电视测量	√			
井温测试	√			
放射性示踪剂测试	√		√	
井下微地震测量	√	√	√	√
地面和井底测斜仪测量			√	
地面电位测试			√	√
地面微地震测量	?	?	?	?

注:√为成功的技术,? 为不成熟的技术。

岩石在破裂过程中会发出地震波,储存在岩石中的弹性能会释放出来,通过弹性波向外传播。水力压裂通过向岩层注入高压流体,使岩石持续发生破裂,不断向外辐射弹性波。微震监测技术(microseismic monitoring)就是通过收集这些弹性波信号,对监测数据进行反演,形成图像,显示压裂裂缝的延伸方向、高度及分布等信息,从而有助于监测压裂施工效果,优化压裂设计及开发方案。近年来,微震监测技术不断发展,已逐渐应用到大型压裂施工中，成为地面压裂的主要监测手段。

目前，微震监测技术主要包括地面微震监测技术和井下微震监测技术。最早进行的微震监测，采用的是地面监测方式，但由于当时检波器制造水平、排列方式以及处理软件算法落后，无法在地表监测到地下传来的微震信号或者无法从噪声中将有效信号成功剥离，地面监测失败。这也促进了地面微震监测技术的发展和成功应用。20 世纪 90 年代，V. L. Kiselevitch 等研究出地面微震监测方法，称其为“发射层析成像”。2004 年，美国巴尼特页岩气井增产改造储层时首次用地表检波器排列发射层析成像技术监测水平井水力压裂并获得巨大成功。至此，地面微震监测技术走向实用阶段，并开始被石油行业专家所认可[80]。

井下微震监测技术是美国尖峰(Pinnacle)公司开发的监测压裂过程中人工裂缝的技术，是目前判断压裂裂缝极准确的方法之一。井下微震监测通过在压裂井的周边布置监测井，在监测井中布置检波器接收压裂诱发的微震信号(见图 6-23)。与地面微震监测技术相比，井下微震监测技术获取的数据信噪比更大，信号的准确性和可靠性更高，因此目前的应用也更广泛(见图 6-24)[81]。

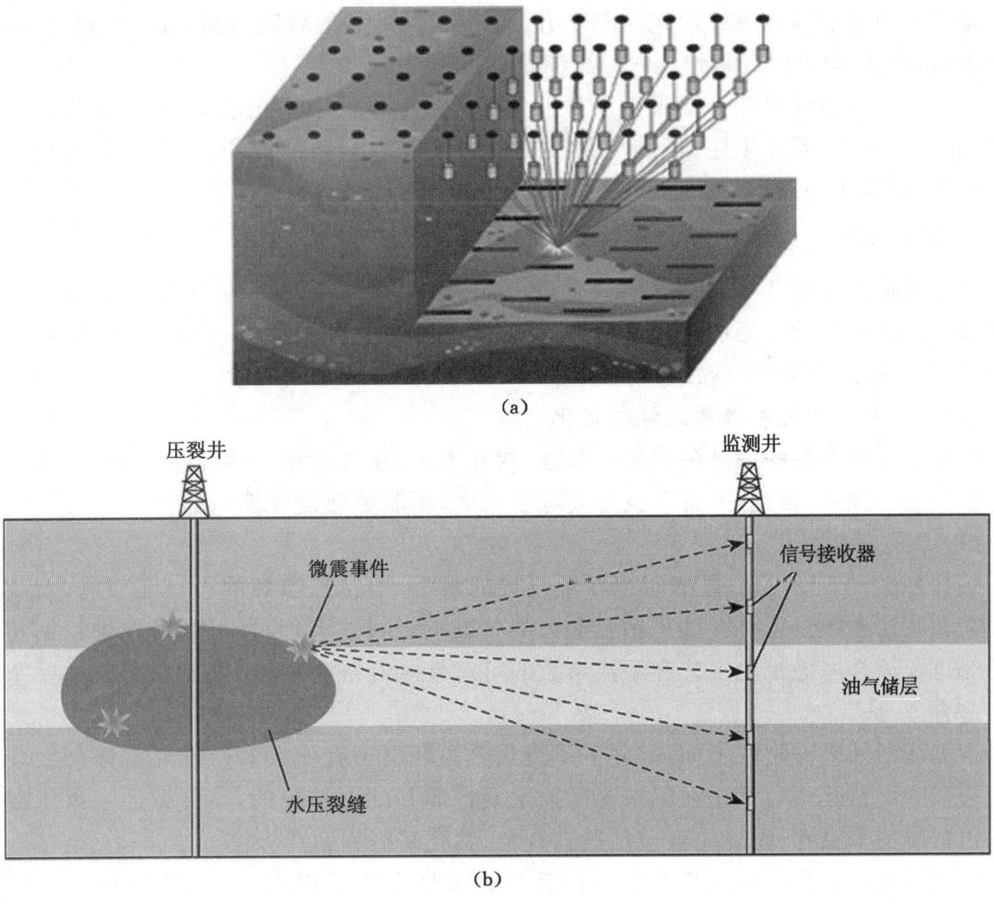

(a) 地面微震监测；(b) 井下微震监测。

图 6-23　微震监测原理示意[82-83]

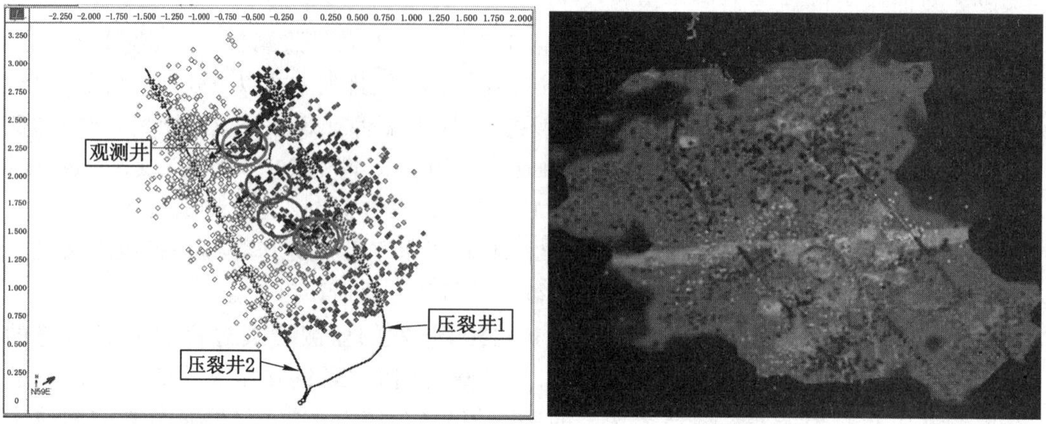

图 6-24　井下微震监测结果[84]

地面水力压裂的效果评价包括三个方面：① 实际的裂缝状况，包括其几何尺寸、导流能力等参数；② 压裂后的产量情况；③ 经济效益。

利用水力压裂效果评价结果可以对水力压裂施工设计中采用的模型、选取的压裂液及支撑剂、施工方案、泵注工序、压裂工艺及开发方案等进行验证或修正，进而改善优化压裂施工设计，降低压裂成本，提高油气采收率。

6.5.3　矿井下压裂技术

由于受矿井下施工空间及安全等因素的限制，且矿井下压裂应用发展历程较短，矿井下压裂工艺技术及装备等明显滞后于地面压裂，机械化程度较低。目前，在煤矿井下还很少有压裂加支撑剂(砂)的应用，因此，矿井下压裂还处于起步发展阶段。

6.5.3.1　*矿井下压裂参数的设计与优化*

矿井下压裂参数的设计包括钻孔参数、封孔工艺、泵注参数三大部分设计，三者之间相互联系、相互影响。因此，三部分设计要综合考虑，不能单独设计某一部分。

(1) 钻孔参数的设计

钻孔参数的设计是矿井下压裂参数设计的基础，当钻孔参数的设计完成后，对应的封孔工艺和泵注参数只需要在满足钻孔参数的基础上进行选型即可。因此，在进行钻孔参数设计时也要综合考虑封孔工艺和泵注参数的可行性和经济合理性，做到压裂工艺安全有效又经济合理。

根据瓦斯抽采方法的不同，矿井下压裂又分为顺层钻孔压裂和穿层钻孔压裂。顺层钻孔压裂和穿层钻孔压裂都是在原来瓦斯抽采设计的基础上进行的，需要设计一组压裂钻孔和一组瓦斯抽采钻孔，设计内容包括钻孔直径、钻孔间距和钻孔深度。

压裂钻孔的直径一般选择与原来的瓦斯抽采钻孔直径相同。如果原来的瓦斯抽采钻孔直径过大导致现有的封孔成本过高，则可以考虑将压裂钻孔的直径适当调小，压裂钻孔的直径越大对应的封孔成本越高。目前，煤矿正在广泛推广的履带式钻机，配备的最小钻杆直径是 73 mm，因此井下压裂钻孔的直径为 75 mm、94 mm 居多，超过 100 mm 后封孔难度和封孔成本将会显著提高。

压裂钻孔的间距是压裂钻孔设计的重要参数，与煤层的节理裂隙发育程度、钻孔的深度、压裂的时间、泵注排量等参数均有关系。煤层的节理裂隙越发育，压裂钻孔的间距应该越大；钻孔的深度越深说明纵向的压裂范围越大，需要压裂的时间越长，对应的横向的压裂范围也应更大，因此钻孔间距亦越大；压裂时间越长、泵注排量越大，对应的压裂范围越大，钻孔间距也越大。压裂钻孔的间距一般为瓦斯抽采钻孔间距的 3～8 倍，顺层钻孔的压裂钻孔间距一般为 15～30 m，穿层钻孔的间距一般为 10～20 m。煤层压裂后其透气性大大增强，因此瓦斯抽采半径增大，而且在压裂钻孔的中间可以再施工其他瓦斯抽采钻孔，以确保瓦斯抽采有高的效率。

压裂钻孔的深度，基本上跟瓦斯抽采钻孔的深度一致，不同的场景下孔深不同。当工作面采用顺层钻孔预抽回采区域瓦斯时，压裂钻孔的深度是根据工作面的面长确定的，约为工作面面长的一半；当采用顺层钻孔预抽煤巷条带瓦斯时，压裂钻孔的深度一般不小于 60 m，跟每个区域大循环的瓦斯抽采钻孔的深度相当；穿层压裂钻孔的深度，比瓦斯抽采钻孔的深度稍浅，一般压裂钻孔不打穿煤层，以避免裂缝沿煤层和顶板之间的层面扩展。

(2) 封孔工艺的设计

矿井下压裂常用的封孔方式有两种：一种是封孔器封孔；另一种是封孔材料封孔。两种封孔方式各有优劣。封孔器外部是一种特殊的可膨胀橡胶，封孔器封孔的原理是：将封孔器内部充满高压水，使封孔器外部的橡胶膨胀，压紧钻孔孔壁，封闭钻孔。封孔材料封孔的原理是：化学材料通过化学反应后体积膨胀，充满钻孔段封闭钻孔。封孔器与封孔材料的特点对比见表 6-3。

表 6-3 封孔器与封孔材料的特点对比

参数	封孔器	封孔材料
形成有效封孔所需要的时间	可以即封即用，形成有效封孔所需要的时间短	一般封孔完成后需要等待一段时间后才可以进行压裂作业，形成有效封孔所需要的时间长
是否适用于长期瓦斯抽采使用	不适用于长期瓦斯抽采使用	可以用于后期瓦斯抽采使用
钻孔直径对封孔难度和封孔成本的影响	封孔难度和封孔成本受钻孔直径的影响较大，钻孔直径越大则封孔难度越大，封孔器的质量越大，操作难度和使用成本都会随之增大	钻孔直径对封孔难度的影响较小，但是对封孔成本的影响较大
能否重复使用	一般可以重复使用多次，平均到单个钻孔的封孔成本较低	不可重复使用，相应的单个钻孔的封孔成本较高
封孔深度	可以实现较大的封孔深度，能达 30 m 以上	封孔深度较小，一般不超过 20 m
封孔段的长度	封孔段的长度较短，一般为 1～3 m	封孔段的长度一般与封孔深度相同

封孔工艺的设计需要根据钻孔的直径、形成有效封孔所需要的时间、封孔深度、封孔段的长度、封孔成本等多个因素综合考虑。

因此根据两种封孔方式的特点，对于需要即封即用的钻孔一般使用封孔器封孔，对于考虑用于后期瓦斯抽采的钻孔一般采用封孔材料封孔。

(3) 泵注参数的设计

泵注参数的设计主要是对压裂泵的排量和最大工作压力进行选择。压裂泵的最大工作压力应该高于煤层的破裂压力与管路等沿程衰减压力之和,与排量有直接关系。从压裂的安全性角度考虑,压裂泵的最大工作压力不宜过高。因此,要根据钻孔需要压裂的范围选择合适的泵注排量,一般煤矿井下煤层压裂常用的泵注排量为 200～400 L/min,最大工作压力一般控制在 40 MPa 以下。

压裂泵的选型原则为“就大不就小、就高不就低”,尽量选择有一定富余能力的高压泵。

6.5.3.2 *矿井下压裂工艺*

(1) 压裂前的准备工作

压裂前的准备工作主要有钻孔的准备、压裂系统的准备、压裂作业环境的准备等。

钻孔的准备是指根据钻孔的设计方案施工压裂钻孔,然后根据封孔的设计方案完成封孔工作,并在钻孔孔口挂钻孔信息牌,信息牌上写明钻孔编号、钻孔的实际孔深以及封孔深度等参数。

压裂系统包括高压泵、水箱、高压管路、安全阀、监测设备等。压裂系统的准备主要是指将这些设备连接起来,然后调试高压泵和整个系统使其正常运转,调试完成后,将高压管路与钻孔的封孔管路连接好。

压裂作业环境的准备是指在压裂区域和高压管路经过的高压区域都要做好警戒,在压裂区域与高压泵站之间建立通信联络,确保压裂区域能够与高压泵站随时取得联系。

(2) 压裂过程中的监测工作

在煤层压裂过程中,要实时监测高压泵的压力和流量,以及压裂区域的瓦斯涌出情况。当压力正常升高到设计的压力上限时,可以适当调低泵站的泵注排量,使泵站的压力处在一个合理的范围内。如果发现压力异常升高和降低,则要与压裂区域人员取得联系,然后停泵泄压后检测压裂系统是否存在故障。如果监测到压裂区域的瓦斯涌出异常、瓦斯浓度超限等情况,则也应当停泵泄压检测问题原因。

(3) 压裂后的整理工作

压裂完成后,应停泵泄压,打开安全阀,确保管路中没有压力后,再拆除高压管路上的监测设备,最后才能解除警戒。保存并处理分析监测到的数据,为后续的压裂施工提供指导意见。

6.5.3.3 *矿井下压裂效果的监测与评价*

(1) 矿井下压裂裂缝的监测

矿井下压裂裂缝扩展半径可以通过在压裂钻孔周围施工一定数目的观测钻孔,在压裂的过程中及压裂后,监测观测钻孔中是否有水流出,以判断压裂裂缝是否贯通至该观测钻孔而进行确定(见图 6-25),同时还可以采用钻孔窥视仪观测孔内的裂缝形体及分布(见图 6-26)。

(2) 压裂后的钻孔瓦斯抽采量监测

通过监测压裂区域和非压裂区域的单个钻孔的瓦斯抽采纯量,比较单个钻孔的瓦斯抽采量的变化情况,进而确定压裂后煤层透气性的变化特征。

(3) 压裂区域和非压裂区域抽采相同时间后残余瓦斯量的测试

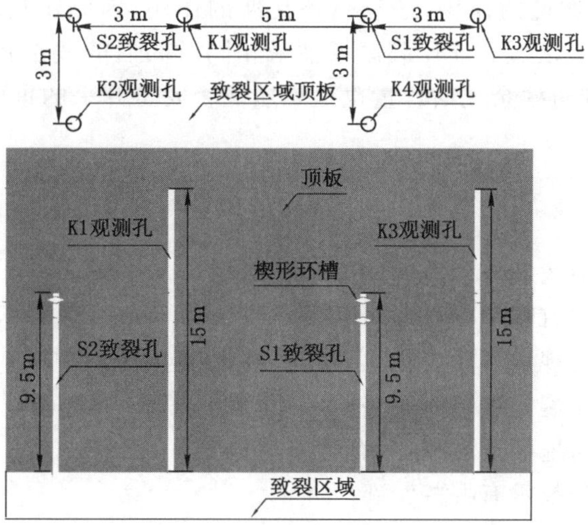

图 6-25　矿井下压裂裂缝观测钻孔布置[85]

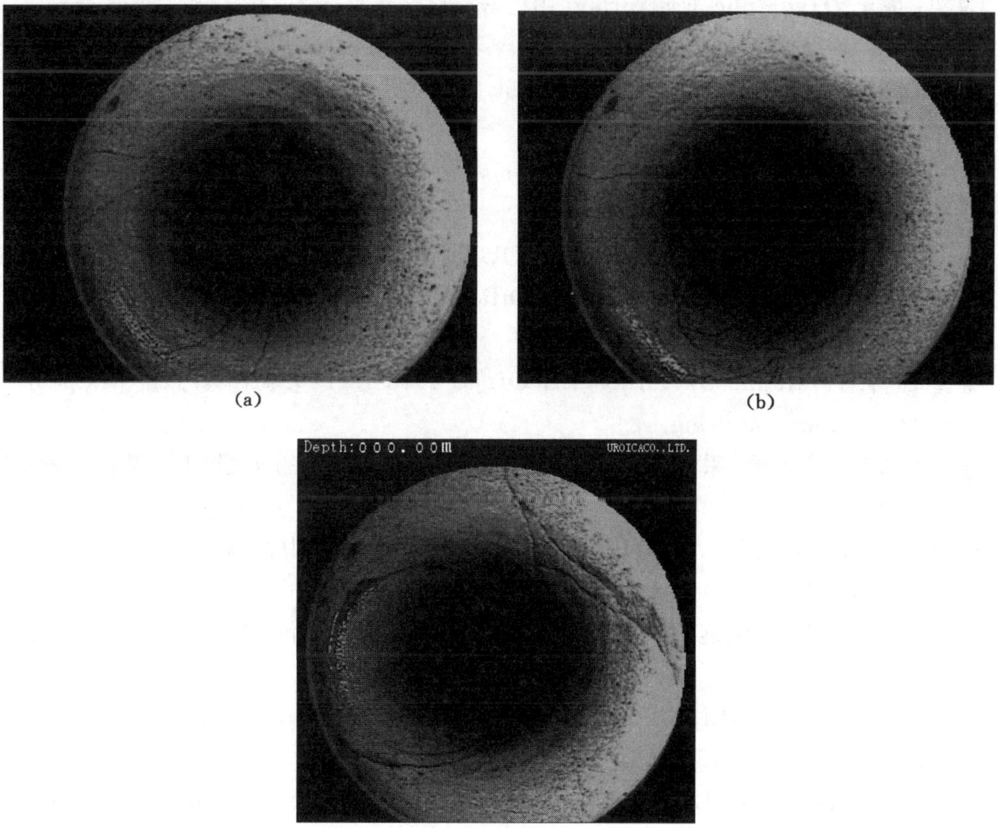

(a)　(b)

(c)

图 6-26　钻孔窥视仪观测结果[22]

因为压裂不仅有增透的作用，还有驱替瓦斯的作用，因此比较压裂前后的瓦斯抽采纯量并不全面。测试压裂区域和非压裂区域抽采相同时间后的残余瓦斯含量，更能有效地反映实际的抽采效果，同时残余瓦斯含量也是煤层能否安全开采的重要指标。

探索性思考题

（1）目前制约水力压裂技术发展的因素有哪些？
（2）封隔器的种类有哪些，原理是什么？
（3）煤层压裂与常规油气压裂相比有哪些技术难点？
（4）页岩气储层压裂的难点有哪些？
（5）矿井下压裂与地面压裂相比，有哪些优势？
（6）地面定向压裂技术有哪些？

参考文献

[1] KING G E. Hydraulic Fracturing 101：what every representative，environmentalist，regulator，reporter，investor，university researcher，neighbor，and engineer should know about hydraulic fracturing risk [J]. Journal of petroleum technology，2012，64(4)：34-42.

[2] PRICE N J，COSGROVE J W. Analysis of geological structures[M]. Cambridge：Cambridge University Press，1990：30-33.

[3] GROUND WATER PROTECTION COUNCIL. Modern shale gas development in the United States：a primer[R]. DOE Office of Fossil Energy and National Energy Technology Laboratory，2009：56-66.

[4] 维基百科. Hydraulic fracturing[EB/OL]. [2018-12-10]. https://en. wikipedia. org/wiki/Hydraulic_fracturing.

[5] 维里奇斯基，安志雄. 采用水力压裂强化煤层瓦斯抽放的远景[J]. 煤矿安全，1989，20(9)：51-53.

[6] 孙炳兴，王兆丰，伍厚荣. 水力压裂增透技术在瓦斯抽采中的应用[J]. 煤炭科学技术，2010，38(11)：78-80.

[7] 黄炳香，陈树亮，程庆迎. 煤层压裂开采与治理区域瓦斯的基本问题[J]. 煤炭学报，2016，41(1)：128-137.

[8] HUBBERT M K，WILLIS D G. Mechanics of hydraulic fracturing[J]. Transactions of the AIME，1957，210：153-168.

[9] HAIMSON B，FAIRHURST C. Initiation and extension of hydraulic fractures in rocks [J]. Society of petroleum engineers journal，1967，7(3)：310-318.

[10] HAIMSON B，FAIRHURST C. Hydraulic fracturing in porous-permeable materials [J]. Journal of petroleum technology，1969，21(7)：811-817.

[11] HOSSAIN M M，RAHMAN M K，RAHMAN S S. Hydraulic fracture initiation and

propagation:roles of wellbore trajectory,perforation and stress regimes[J]. Journal of petroleum science and engineering,2000,27(3-4):129-149.
[12] ANDERSON R A,INGRAM D S,ZANIER A M. Determining fracture pressure gradients from well logs [J]. Journal of petroleum technology, 1973, 25 (11): 1259-1268.
[13] 黄荣樽.水力压裂裂缝的起裂和扩展[J].石油勘探与开发,1981(5):62-74.
[14] 李传亮,孔祥言.油井压裂过程中岩石破裂压力计算公式的理论研究[J].石油钻采工艺,2000,22(2):54-56.
[15] HUANG B X,ZHAO X L,XUE W C,et al. Experimental investigation on the impact of initial pore pressure on breakdown pressure of borehole radial fracture for unsaturated mortar hydraulic fracturing under true triaxial stress [J]. Journal of porous media,2018,21(11):1041-1057.
[16] PERKINS T K,KERN L R. Widths of hydraulic fractures[J]. Journal of petroleum technology,1961,13(9):937-949.
[17] NORDGREN R P. Propagation of a vertical hydraulic fracture [J]. Society of petroleum engineers journal,1972,12(4):306-314.
[18] KHRISTIANOVIC S A,ZHELTOV Y P. Formation of vertical fractures by means of highly viscous liquid [C]//Proceedings of the 4th World Petroleum Congress, Rome,1955.
[19] GEERTSMA J,DE KLERK F. A rapid method of predicting width and extent of hydraulically induced fractures[J]. Journal of petroleum technology,1969,21(12): 1571-1581.
[20] CLEARY M P, KAVVADAS M, LAM K Y. Development of a fully three-dimensional simulator for analysis and design of hydraulic fracturing[C]//SPE/DOE Low Permeability Gas Reservoirs Symposium,Denver,Colorado,1983.
[21] CLIFTON R J,ABOU-SAYED A S. A variational approach to the prediction of the three-dimensional geometry of hydraulic fractures[C]//SPE/DOE Low Permeability Gas Reservoirs Symposium,Denver,Colorado,1981.
[22] 黄炳香,赵兴龙,陈树亮,等.坚硬顶板水压致裂控制理论与成套技术[J].岩石力学与工程学报,2017,36(12):1-17.
[23] 梁文利,赵林,辛素云.压裂液技术研究新进展[J].断块油气田,2009,16(1):95-98.
[24] 王鸿勋,张士诚.水力压裂设计数值计算方法[M].北京:石油工业出版社,1998.
[25] 张艳,张士诚,张劲.新型强酸性清洁压裂液的研究与应用分析[J].科学通报,2014,59(16):1573-1580.
[26] 李颖川.采油工程[M].2版.北京:石油工业出版社,2009.
[27] 卢拥军.压裂液对储层的损害及其保护技术[J].钻井液与完井液,1995,12(5):36-43.
[28] 马政生,陈静,田义,等.一种新型水溶性压裂液杀菌黏度稳定剂在延长油田的应用[J].钻采工艺,2012,35(2):101-102,108.
[29] 娄燕敏.低伤害耐高温压裂液的研制与应用[D].大庆:东北石油大学,2013.

[30] 王满学,刘建伟,何静,等.水基压裂液重复使用技术的现状及发展趋势[J].断块油气田,2018,25(3):394-397.

[31] 罗平亚,郭拥军,刘通义.一种新型压裂液[J].石油与天然气地质,2007,28(4):511-515.

[32] 李秀花,陈进富,佟曼丽.近期国内外水基压裂液添加剂的发展概况[J].石油与天然气化工,1995,24(1):12-17.

[33] 丁云宏,丛连铸,卢拥军,等. CO_2 泡沫压裂液的研究与应用[J].石油勘探与开发,2002,29(4):103-105.

[34] 周继东,朱伟民,卢拥军,等.二氧化碳泡沫压裂液研究与应用[J].油田化学,2004,21(4):316-319.

[35] 杨旭,吴小玲,彭克宗.一种新型油基压裂液[J].天然气工业,1997,17(4):56-59

[36] 潘一.油气开采工程[M].北京:中国石化出版社,2014.

[37] 陈馥,王安培,李凤霞,等.国外清洁压裂液的研究进展[J].西南石油学院学报,2002,24(5):65-67.

[38] 严志虎,戴彩丽,赵明伟,等.清洁压裂液的研究与应用进展[J].油田化学,2015,32(1):141-145,150.

[39] 韩德金,董平川,石娜.储层水敏实验及其形成机理研究[J].大庆石油地质与开发,2008,27(5):14-17.

[40] 杨胜来,杨思松,高旺来.应力敏感及液锁对煤层气储层伤害程度实验研究[J].天然气工业,2006,26(3):90-92.

[41] 贺承祖,胡文才.浅谈水锁效应与储层伤害[J].天然气工业,1994,14(6):36-38.

[42] 蒋海,杨兆中,胡月华,等.低压致密气藏压裂液损害关键因素分析[J].石油天然气学报,2008,30(5):324-327.

[43] 范铁刚,张广清.注液速率及压裂液黏度对煤层水力裂缝形态的影响[J].中国石油大学学报(自然科学版),2014,38(4):117-123.

[44] 刘让杰,张建涛,银本才,等.水力压裂支撑剂现状及展望[J].钻采工艺,2003,26(4):31-34.

[45] 肖勇军,郭建春,王文耀,等.不同粒径组合支撑剂导流能力实验研究[J].断块油气田,2009,16(3):102-104.

[46] 金智荣,郭建春,赵金洲,等.支撑裂缝导流能力影响因素实验研究与分析[J].钻采工艺,2007,30(5):36-38.

[47] 温庆志,张士诚,王雷,等.支撑剂嵌入对裂缝长期导流能力的影响研究[J].天然气工业,2005,25(5):65-68.

[48] KULLMAN J. The complicated world of proppant selection[D]. Rapid City:South Dakota School of Mines and Technology,2011.

[49] OPF ENTERPRISES, LLC. Proppants[EB/OL].[2018-12-09]. http://ontheplantfloor.com/proppants/.

[50] 王晋槐,赵友谊,龚红宇,等.石油压裂陶粒支撑剂研究进展[J].硅酸盐通报,2010,29(3):633-636.

[51] MALIK M A, HILL A D. A new technique for laboratory measurement of acid fracture conductivity[C]//SPE Annual Technical Conference and Exhibition, San Antonio, Texas, 1989.

[52] NAVARRETE R C, MILLER M J, GORDON J E. Laboratory and theoretical studies for acid fracture stimulation optimization[C]//SPE Permian Basin Oil and Gas Recovery Conference, Midland, Texas, 1998.

[53] NIERODE D E, KRUK K F. An evaluation of acid fluid loss additives retarded acids, and acidized fracture conductivity[C]//Fall Meeting of the Society of Petroleum Engineers of AIME, Las Vegas, Nevada, 1973.

[54] LACY L L, RICKARDS A R, BILDEN D M. Fracture width and embedment testing in soft reservoir sandstone[J]. SPE drilling & completion, 1998, 13(1): 25-29.

[55] WEAVER J D, NGUYEN P D, PARKER M A, et al. Sustaining fracture conductivity [C]//SPE European Formation Damage Conference, Sheveningen, The Netherlands, 2005.

[56] 吴国涛,胥云,杨振周,等. 考虑支撑剂及其嵌入程度对支撑裂缝导流能力影响的数值模拟[J]. 天然气工业,2013,33(5):65-68.

[57] STODDARD T, MCLENNAN J, MOORE J. Fracture conductivity of a bauxite-propped geothermal system at in-situ conditions[C]//Thirty-Sixth Workshop on Geothermal Reservoir Engineering, Stanford, California, 2011.

[58] 郭天魁,张士诚. 影响支撑剂嵌入的因素研究[J]. 断块油气田,2011,18(4):527-529.

[59] OIL INDUSTRY TRAINING. Water flooding in carbonate reservoirs[EB/OL]. (2018-04-11) [2018-10-15]. https://oilindustrytraining. com/waterflooding-in-carbonate-reservoirs/.

[60] BUCKLEY S E, LEVERETT M C. Mechanism of fluid displacement in sands[J]. Transactions of the AIME, 1942, 146(1): 107-116.

[61] 生如岩. 水驱砂岩气藏残余气饱和度试验研究[J]. 石油天然气学报,2010,32(4):105-107.

[62] 李晓平,刘启国,赵必荣. 边水驱气藏气井压力的动态特征[J]. 重庆大学学报(自然科学版),2000,23(增刊):83-85.

[63] 余进,李允. 水驱气藏气水两相渗流及其应用研究的进展[J]. 西南石油学院学报,2003,25(3):36-39.

[64] HUANG B X, CHENG Q Y, CHEN S L. Phenomenon of methane driven caused by hydraulic fracturing in methane-bearing coal seams[J]. International journal of mining science and technology, 2016, 26(5): 919-927.

[65] 邢庆河,张士诚. 水平井限流法压裂技术的发展与应用[J]. 天然气工业,2010,30(3):52-54.

[66] LAGRONE K W, RASMUSSEN J W. A new development in completion methods: the limited entry technique[J]. Journal of petroleum technology, 1963, 15(7): 695-702.

[67] 柴国兴,刘松,王慧莉,等. 新型水平井不动管柱封隔器分段压裂技术[J]. 中国石油大

学学报(自然科学版),2010,34(4):141-145.
[68] ABDULAZIZ A M. Microseismic imaging of hydraulically induced-fractures in gas reservoirs:a case study in barnett shale gas reservoir,Texas,USA[J]. Open journal of geology,2013,3(5):361-369.
[69] 田守嶒,李根生,黄中伟,等.水力喷射压裂机理与技术研究进展[J].石油钻采工艺,2008,30(1):58-62.
[70] JOSEPH T. Well completion 101 part 3: well stimulation[EB/OL]. (2014-10-30)[2018-10-15]. https://info. drillinginfo. com/well-completion-well-stimulation/.
[71] 王兴文,杨建英,任山,等.堵塞球选择性分层压裂排量控制技术研究[J].钻采工艺,2007,30(1):75-76.
[72] 胡永全,林辉,赵金洲,等.重复压裂技术研究[J].天然气工业,2004,24(3):72-75.
[73] 李阳,姚飞,翁定为,等.重复压裂技术的发展及展望[J].石油天然气学报(江汉石油学院学报),2005,27(5):789-791.
[74] 李月丽,宋毅,伊向艺,等.酸化压裂:历史、现状和对未来的展望[J].国外油田工程,2008,24(8):14-19.
[75] WILLIAMS B B,GIDLEY J L,SCHECHTER R S. Acidizing fundamentals[M]. New York:[s. n.],1979.
[76] 陈作,薛承瑾,蒋廷学,等.页岩气井体积压裂技术在我国的应用建议[J].天然气工业,2010,30(10):30-32.
[77] 郑俊德,张洪亮.油气田开发与开采[M].2版.北京:石油工业出版社,1997.
[78] 埃克诺米德斯,诺尔特.油藏增产措施[M].3版.张保平,蒋阓,刘立云,等,译,北京:石油工业出版社,2002.
[79] 俞绍诚.水力压裂技术手册[M].北京:石油工业出版社,2010.
[80] 赵争光,马彦龙,刘颖,等.油气田水力压裂地面微地震监测技术研究[J].能源技术与管理,2014,39(1):1-3.
[81] 刘旭礼.井下微地震监测技术在页岩气“井工厂”压裂中的应用[J].石油钻探技术,2016,44(4):102-107.
[82] HITZMAN M. Induced seismicity potential in energy technologies[M]. Washington D C:National Academies Press,2013.
[83] BARKLEY A. The environmental, social, and economic impacts of hydraulic fracturing[D]. Birmingham:University of Birmingham,2017.
[84] WIKIMARCELLUS. Microseismic evaluation[EB/OL]. http://waytogoto. com/wiki/index. php/Microseismic_evaluation.
[85] HUANG B X, YU B, FENG F, et al. Field investigation into directional hydraulic fracturing for hard roof in Tashan coal mine[J]. Journal of coal science and engineering(China),2013,19(2):153-159.

7 流态矿产资源的抽采

本章主要介绍常规油气开采、地面煤层气排采及井下瓦斯抽采的原理、方法、工艺及设备等。需要掌握的重点内容是油藏的驱动能量及油藏在井筒中的流动形式、排水降压开采煤层气的原理、本煤层及邻近层的瓦斯抽采方法等,油井增产的措施、煤层气开采特点、注热注气开采煤层气技术、井下瓦斯抽采方法、煤矿井下强化抽采等内容理解即可。

流态矿产资源抽采(drainage)主要包括常规油气开采(conventional oil and gas resource development)、地面煤层气排采(coalbed methane extraction)以及煤矿井下瓦斯抽采(methane extraction in underground coal mines)。

常规油气开采是流态矿产资源抽采的重要组成部分,主要包括"油气藏的驱动能量及驱动方式""油气在井筒中的流动形式""油井增产的措施"三部分内容。

原始储层煤层气资源的地面排采是指利用竖直井或多分支水平井技术、储层改造技术(如压裂、洞穴完井等)、排水降压采气技术来开采原始储层条件下的煤层气资源的开发方式。地面的煤层气开发是在整个区块尚未进行煤炭资源开采的原始地层中抽采煤层中的甲烷气体,与井下的瓦斯(煤炭开采的伴生产物)抽采不同[1],煤层气是作为一种资源来开采的,因此,如何提高煤层气井的产量是目前煤层气开发研究的重点。

煤矿区的煤层气抽采是借助煤炭开采系统开发煤层气的一种方式,煤矿井下的瓦斯抽采是最成熟的煤层气开发方式。煤炭企业抽采瓦斯的主要动力是保障煤矿安全,煤层中的瓦斯在煤炭开采之前被提前抽采出来,既确保了煤炭资源的安全高效开采,也带来了一定的经济效益[2]。瓦斯被抽采出来后,部分矿井就近建立了煤矿低浓度瓦斯发电站,发出的电能又用于煤炭企业的生产,有些矿井的瓦斯发电可以与矿井的生产用电大致相抵,大大节约了矿井的用电成本。

7.1 常规油气开采

当发现并证实一个储层具有技术上可采的油气资源后,针对该油气藏,就可进行开发评价与开发方案设计[3]。而针对某一具体油气藏,制定出与其地质条件相适应的开发技术与方案是高效开发油气资源、提高油气藏开发效果的基础。油气藏合理的开发技术方案包括:油气藏驱动类型和方式的确定、开发层系的划分与调整、开发井网部署及井网密度的确定等。

7.1.1 驱动能量及驱动方式

地层内的油气流入井底并沿井筒流至地面需要消耗能量,驱使石油流出油气藏的能量称为驱动能量，主要用什么能量来开采油气称为油气藏的驱动方式。不同的驱动方式决定油气藏不同的开发动态特征，合理的油气藏开发方式是确保油气藏高效开发的基础，而合理的油气藏驱动方式与油气藏各种能量作用程度密切相关。对于油藏而言，典型的驱动方式有水压驱动、气压驱动、溶解气驱和重力驱动等；对于气藏而言，一般只有弹性气驱和弹性水驱两种类型。油气藏实际开发过程中，往往以一种驱动方式为主或多种驱动方式共存。

7.1.1.1 油藏

(1) 水压驱动

油层中有广大的含水区，如含水区和地面沟通、连通性较好并有地面水补充，则随石油的开采，油层内空出的体积会被地下水占据，这就形成天然水压驱动。此外，也可通过专门的注水井向油层补充水量以维持油层压力，这称为人工水压驱动。

水压驱动过程实际上是水驱替油的过程，是油水接触界面向井底移动的过程。在开采的最初阶段，流向油井的是纯石油，只有当油水接触界面推进到油井附近时，才开始出水。由于岩石性质的空间展布呈非均匀性，油水界面向井底的推进很不均匀，在油水生产的绝大部分时间内将生产含水原油。

水压驱动又分两种情况：当水源十分充足时，采出原油所亏空的体积能及时而充分地由水源补充，油藏压力基本不变，没有弹性能量出现，称为刚性水压驱动；当进入油藏的水量不足以补充产油量时，油藏压力和产量下降，岩石、油、水的体积膨胀，弹性能量参与驱油，称为弹性水压驱动。

采用水压驱动方式开采油藏，由于油层能量不断得到补偿，油藏的采收率较高。刚性水压驱动的采收率可达30%～75%。若油藏多而薄、分布分散、呈透镜状分布，则应用人工水压驱动很难使每个油藏都获得良好的注水效果，所以人工水压驱动方式的应用受到油藏地质条件的限制。

(2) 气压驱动

带气顶的饱和油藏，依靠气顶膨胀能量开采石油称为气压驱动。在气压驱动过程中，油气界面不断向下推移，含油部分不断缩小，油藏内部为单相石油流向井底，井底附近岩石内的含油饱和度近似不变，因此其生产特点和水驱油藏相似。气压驱动的初始阶段，随着石油的开采，油藏压力下降，油藏中原油所分离出的气体向上流入气顶，使油藏能量消耗减缓。当气顶接近油井时，黏度小的气体将超越油流进入井中，油藏压力和产量急速下降。为避免油藏能量的无益消耗，应及时关闭这类油井。

气压驱动亦有刚性和弹性之分，当在气顶注天然气或二氧化碳、氮气等惰性气体时，若注入气量和产油量相当且油藏压力基本不变，则称为刚性气压驱动；当注入气量不足以补充产油量时，油藏压力下降，岩石、油、水体积膨胀而产生的弹力亦参与驱油，则称为弹性气压驱动。气压驱动的采收率低于水压驱动，一般为15%～35%。

(3) 溶解气驱

没有气顶的封闭油藏，若边水和底水不够活跃，不能有力地驱动石油流向井底，即没有任何外界能量来源而仅靠溶解于原油内的气体能量来开采石油，则称为溶解气驱。这种油藏在开采初期，随着石油的开采，压力下降，岩石、油、水的弹性能量驱使石油流向井底。当油藏压力下降至石油饱和压力以下时，原油中便有溶解气分离出来，在油藏中出现许多分散的气泡，体积增大，把油推向油井。随着开采的延续，油藏压力进一步下降，从原油中析出的气体逐渐增多，从而使油气混合物不断流向井底。

溶解气驱油藏的开采过程和水压、气压驱油显著不同，它没有明显的驱油界面。在开采过程中，由于油藏压力降低，原油中析出溶解气，岩石中含油饱和度降低、含气饱和度增高。含油饱和度降低和脱气后原油黏度增大，会加大油藏内的驱动阻力；含气饱和度增高可使气相渗透率增大，大量气体流入井内时不携带或仅携带少量原油，使油藏采油效率很低。由于没有外界能量补充，以溶解气驱方式开采的油藏，压力下降很快，有效开采期很短，采收率仅5%～25%。

(4) 重力驱动

原油本身所受的重力同上述三种能量相比是微不足道的，只有在以消耗内能方式(无外界气体补充的气压驱动和溶解气驱)开采的油藏生产末期，其他驱动能量消耗殆尽，油藏压力接近大气压，原油中几乎不含溶解气，并在有利条件下才出现重力驱动。其中，有利条件为：① 油藏渗透率好；② 原油黏度小；③ 油层较陡或厚度较大。

重力驱动开采的特点：① 油井产量与油井在油藏的位置有关，靠近油藏底部的油井产量大；② 井底压力和油井产量比较稳定，但水平都很低；③ 靠重力驱动开采的油藏，原油只能流至井筒内的某一高度处，需要借助外部能量使油流至地面。

在油田现场的开采中，极少利用一种驱动能量开采石油，常综合利用各种驱油能量。在同一油田的各油藏，甚至同一油藏的不同区域，所使用的驱动能量也可能不同。例如：靠近注水井的采油井，可能靠水压驱动；离注水井较远，得不到有效注水的区域，油层压力可能降低到油藏饱和压力以下，可能靠溶解气驱开采石油。在油藏开采过程中，油藏驱动方式可以转变，例如：开始采用溶解气驱，后来注水变成水压驱动。在油田开采过程中，应力求把油藏驱动方式变为最有利的压力驱动方式，从而使产量稳定、采收率和经济效益提高。

7.1.1.2 气藏

在气藏开发过程中，若驱气过程呈现为没有边底水或边底水能量弱，或水的运动速度远低于气体运动速度，驱气的主要动力是气体本身的压能，在开发过程中气藏的储气孔隙体积基本不变，则该气藏驱动方式称为弹性气驱。当气藏具有一定的连通水体能量时，随着地层压力下降，边底水会侵入气藏，从而降低气藏储气孔隙体积，延缓地层压力下降速度，这种驱动方式称为弹性水驱，其驱气的主要能量除了气体本身的压能外，还有边底水弹性能量。

气藏大都采用衰竭式开采方式，即利用气藏自身压力驱使天然气流向地面。在气藏的实际生产过程中，水总会或多或少地进入原先由气体占据的空间，且由于岩石具有压缩性，气体在气藏内的占有空间逐步减小，随着气体开采，在气藏平均压力下降至衰竭压力时停止生产。

开采气藏时，应合理控制开采速度。若气藏采气速度太快，则一方面水不能及时填充岩石内的亏空空间，气藏压力下降过快；另一方面采出气体中带液量增多，从而不得不提高衰竭压力，这会导致气藏最终采收率下降。

7.1.2 油气田开发层系的划分

多数油气田是由多个油气藏构成的，而同一个油气藏又可能由不同的含油(气)层组成。所谓划分开发层系,就是把地质和开发特征相近的油(气)层组合在一起,并用单独一套开发系统进行开发,尽量避免或减少在开发过程中出现层间矛盾,以此为基础,部署井网、合理配产、制定开发方案和生产计划,进行动态分析和开发调整。

7.1.2.1　划分开发层系的意义

(1) 合理划分开发层系有利于充分发挥各类油(气)层的作用

合理划分与组合开发层系,是有效开发油气田的一项根本性措施。在同一油气田内,由于储层在深度方向上的沉积环境不同,油(气)层特征自然会有差别,所以在开发过程中就不可避免地会出现层间矛盾。若高渗透性储层与低渗透性储层合采,高渗透性储层会过早水淹,而低渗透性储层中的油(气)则采不出来,从而致使整体的采收率降低。若高压储层与低压储层合采,低压储层中的流体不仅不能采出,而且高压储层中的流体还会向低压储层倒灌(见图 7-1)。若油层和气层合采,则只能采出气层中的气体,而且油气同采后的地面油气分离也会影响油气田的经济效益。若不同类型的油气层合采,衰竭式开采则不能有效采出封闭地层中的流体,注水保压开采则不能充分利用底边水的能量。

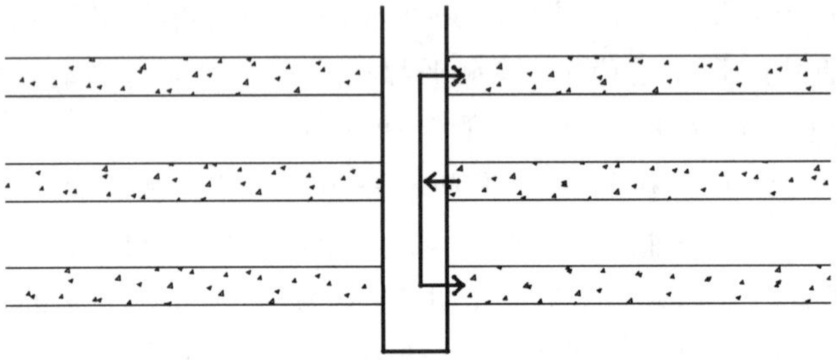

图 7-1　油层倒灌现象

因此,对开发层系进行合理划分和组合,可克服不同性质油(气)层的层间矛盾,从而提高油气田的开发效益。

(2) 划分开发层系是部署开发井网和规划生产设施的基础

开发层系的确定是合理部署生产井网的基础。一套开发层系一般用一套开发井网进行开发。开发井网的部署以特定开发层系的地质特征为依据,不同开发层系的井网部署完全不同。开发层系的划分和组合,主要是为了克服层间矛盾,也是规划集输系统的基础;开发井网的部署主要是为了克服油气生产的平面矛盾[4]。

(3) 采油工程技术的发展依赖于开发层系的合理划分

一个油气田的油(气)层数目可能很多,含油(气)层段可能很长。采油工程的根本任务就是充分发挥各类油(气)层的作用,使各类油(气)层都能均衡生产,所以往往必须采用分层注水、分层采油(气)和分层控制措施。目前的分层注采技术还很难达到很精细的水平,因此必须合理划分开发层系,从而使每个开发层系的储层数目不至于过多,井段不至于过长。油气田的高速开发有赖于充分发挥各储层的作用,以缩短开发时间与基本建设投资回收期。

7.1.2.2　划分开发层系的原则与界限

划分开发层系是指将特性相近的油(气)层组合在一起,用一套井网单独进行开采,以免因层间差别而导致驱替效率降低。开发层系的划分一般遵循以下原则。

(1) 储层特性及层位相近

储层特性相近是指储层的岩性相近、物性相近、构造形态相近、沉积条件相近、油水或气水边界相近、驱动类型相近、平面渗透率的分布相近、非均质性相近和含油(气)饱和度相近。特性相近的储层具有相似的开采规律,可采用同一套井网进行开采;特性差异较大的储层,需要用不同的井网进行开采。

在开发层系的实际划分中,大量的地质设计资料表明,层位相近的储层往往是在相同的地质环境下形成的,其特性也往往相近,因而一般把层位相近的储层组合在一起。

(2) 压力系统和驱动类型一致

同一层系的压力系统应基本保持一致。应把压力系统相差较大的油(气)层划分为不同的开发层系进行开发。同一层系内各储层之间的油水或气水接触方式和驱动类型应保持基本一致,以充分利用天然能量并提高开发效益。

(3) 开发层系间有稳定的隔层

不同层系之间必须具有良好的隔层,以分隔不同的层系,确保开发过程中层系之间不发生或少发生窜层和严重的层间干扰现象。若无良好隔层,开发层系的划分就会失去意义。

同一层系,开发层组的跨度不宜过长,上下层的地层压差要维持在合理范围内,各产层均能正常生产。

(4) 储层流体性质相近

流体性质相近的储层,其渗流规律也大致相同,可以划分为一个开发层系。流体性质相差较大的储层,应划分成不同的开发层系,用单独的井网进行开发,以便于地面油气的分离和油气品质的保证。

(5) 开发层系具有一定的储量规模及有效厚度

一个独立的开发层系,应具有一定的储量规模和产量规模,以弥补单独开发而增加的额外投入。若储量太小,不具有划分开发层系的物质基础,则不应单独划分开发层系,如图 7-2 中的独立小砂体。

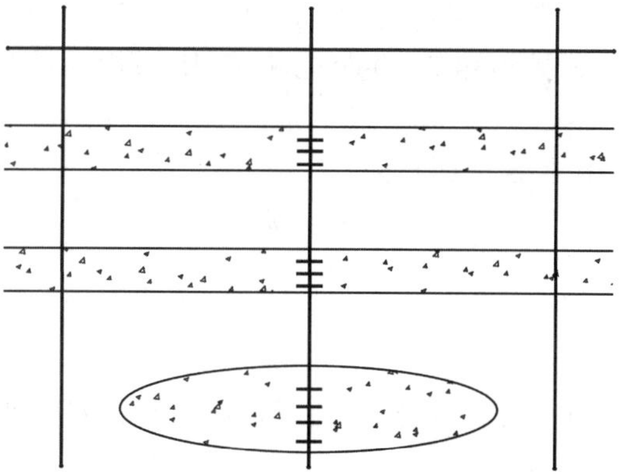

图 7-2 一套井网开发两类储层示意

7.1.3 油气藏开发井网部署

开发井网设计是油气田开发的重要内容之一[5]。开发井网是指若干口开采井和注入井在构造上的排列方式或分布方式。开发井网设计包括井网形式和井网密度两个方面的内容。井网形式是指井的排列方式,井网密度是指单位面积上的开采井与注入井数量。

井网部署应以提高单井产量、储量的控制程度和采收率为原则,对井型、井网和井距进行论证;根据油气藏地质特征与开发要求以及地面条件,确定适用于油气藏的井型;根据油气藏储层物性特征、构造形态与特征、断层和裂缝发育及分布特征、储量丰度、流体性质等因素确定井网。

一个油藏的开发,需要一定数量的油井才能带来经济效益。有效的注采井网系统应能满足下述条件:

① 井网对储层有较好的适应性,水压驱动控制储量一般应达到70%以上,对其中的主力油层应该达到80%以上,以保证这些储量能够在水压驱动之下开采。

② 所建立的注采系统有较简便的分注、分采工艺,能够获得较大的波及体积和较好的驱替状态。

③ 在主要开发阶段中,能够充分地补给油层能量,注水、采油相互适应,油水井都能较好地发挥作用,以保证达到稳产期的产油速度。

④ 在能满足一定采油速度要求下,注水井的注入量能补偿高含水期采出的液量,并有较高的注入水利用率。

⑤ 能够建立最佳的压力系统,该压力系统既能够实现注水井的正常注水,又能够保证采油井有较好的供给条件,以满足一定采油速度所要求的产液量。

由于开发方式等原因,气藏一般用衰竭方式开发,相对较简单,一般采用非均匀布井方式,而油藏和凝析气藏注气的开发井网较为复杂。下面将分别论述油藏/凝析气藏开发井网的部署,且先论述油藏注水开发井网的部署,其基本规律对凝析气藏注气开发井网的部署也是适用的。

7.1.3.1 井网基本形式

(1) 排状井网

排状井网的形式如图7-3所示,所有的油井都以直线井排的形式部署到油藏含油区域上,描述井网的参数有排距(排间)和井距(排内),排距用符号 a 表示,井距用符号 b 表示,一般情况下排距大于井距。若排距相等,井距也相等,则为均匀排状井网;否则,为非均匀排状井网。

均匀排状井网的单井控制含油面积为:

$$S = ab \tag{7-1}$$

井网密度为:

$$f = \frac{1}{ab} \tag{7-2}$$

排状井网适用于含油面积大、渗透性和油层连通性都较好的油田。

(2) 环状井网

环状井网如图7-4所示,所有油井都以环状井排的形式部署到油藏含油区域上。描述井网的参数也有排距和井距,排距用符号 a 表示,井距用符号 b 表示,一般情况下排距大于井距。

环状井网适用于含油面积较大、渗透性和油层连通性都较好的油田。

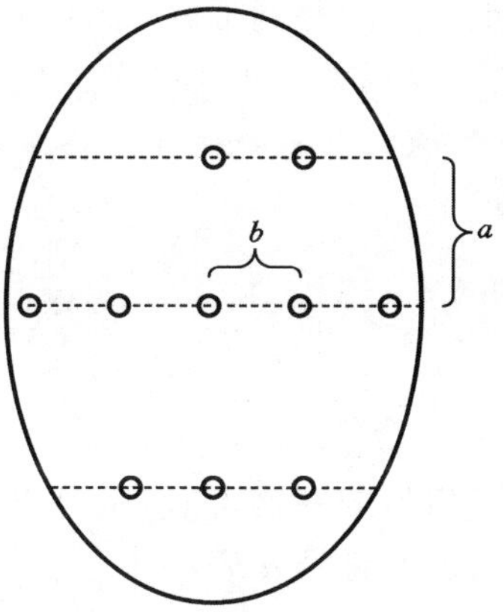

图 7-3 排状井网

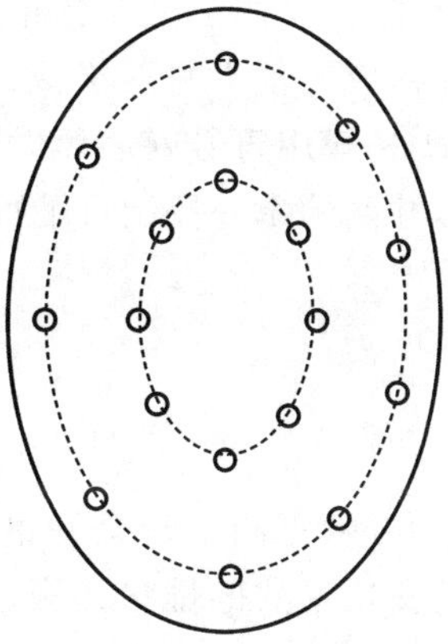

图 7-4 环状井网

（3）面积井网

面积井网是指将一定比例的注采井按照一定的几何排列方式部署到整个油藏含油区域之上所形成的井网形式。按照油水井不同的排列方式，可将面积井网分为若干种类型，如图 7-5 所示。除油藏局部采用二点、三点井网外，其余各种面积井网可分为正方形井网和三角形井网，且各种面积井网的最小渗流单元流场具有可复制性特点。

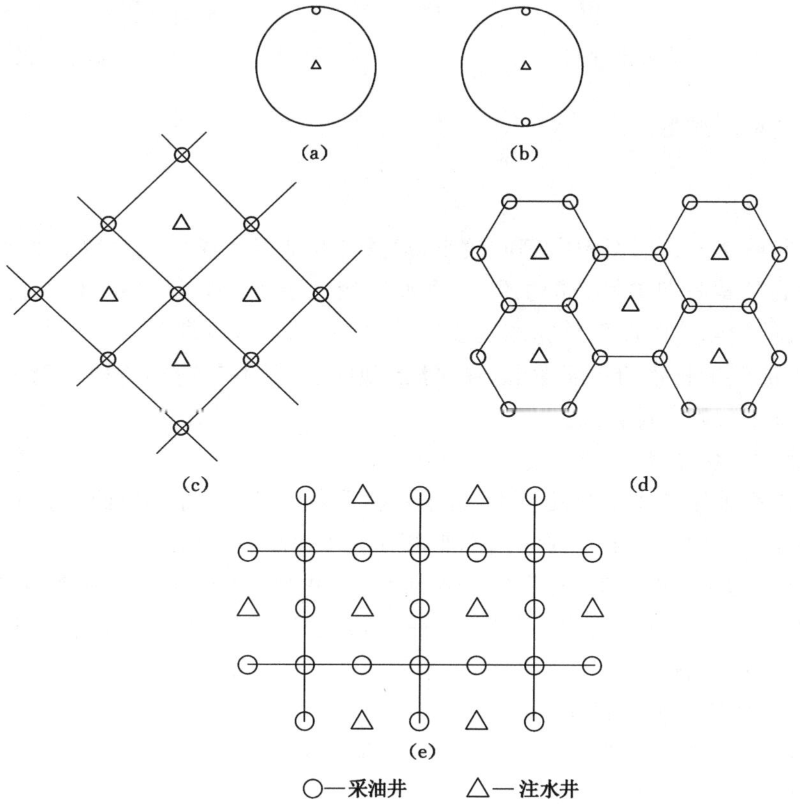

(a) 二点；(b) 三点；(c) 五点；(d) 七点；(e) 九点。

图 7-5 面积井网类型

正方形井网(见图 7-6)是指最小井网单元形状为正方形的井网形式，最小井网单元是由相邻油井构成的基本井网组成部分。正方形井网也可以视为一种排距和井距相等的排状井网，井距一般用符号 d 表示。

正方形井网的单井控制含油面积为：

$$S = d^2 \tag{7-3}$$

井网密度为：

$$f = \frac{1}{d^2} \tag{7-4}$$

三角形井网(见图 7-7)是指最小井网单元形状为三角形的井网形式，也可以视为排距小于井距的交错形式的排状井网。三角形井网的井距一般用符号 d 表示。

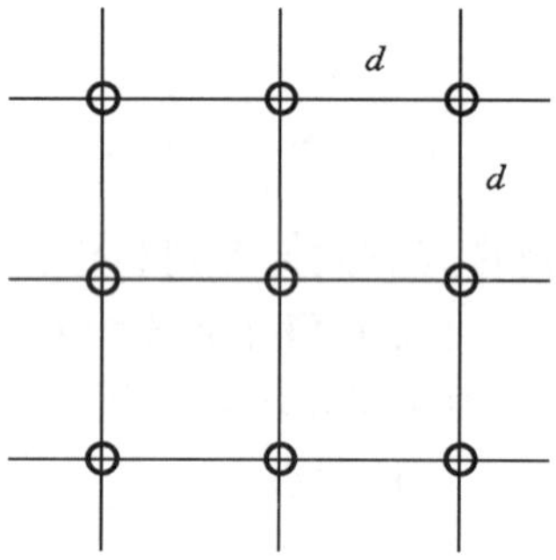

图 7-6　正方形井网

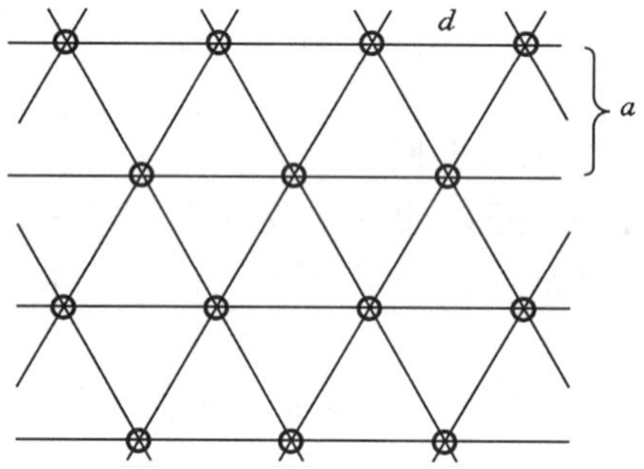

图 7-7　三角形井网

排距的计算公式为：

$$a = \frac{\sqrt{3}}{2}d^2 \tag{7-5}$$

面积井网适用于含油面积中等或较小、渗透性和油层连通性相对较差的油气藏。

由于受到油藏各向异性、非均质性、含油区域大小和形状以及探井和评价井位置的影响，油藏开发的实际井网都不是标准的或均匀的井网形式，许多开发井网都是不规则井网。但是，从提高油气采收率的角度考虑，在对油藏地质特征不是特别清楚的情况下，对井网的部署应尽量采用规则井网。

7.1.3.2　注水开发井网

许多油田都采用了注水开发技术，若干口注采井在油藏上的排列或分布方式称为注水开发井网或注采井网。注采井网的选择要以有利于提高驱油效率为目的。

目前，常见的布井方式有反五点井网、反七点井网、反九点井网以及改进的反七点井网、反九点井网。确定合理的注采井网系统一直是油田开发中一个重要的问题。合理的注采井网要满足以下条件：

① 要有较高的水驱控制程度；

② 要适应差油层的渗流特点，达到一定的采油速度；

③ 要保证有一定的单井控制储量；

④ 要有较高的经济效益。

常见的注采井网有以下几种形式。

(1) 排状内部切割注水开发井网

对于大型油田，可以通过直线注水井排把整个含油面积切割成若干个小的区域，每一个区域称为一个切割区。每一个切割区可作为一个开发单元，进行单独设计和单独开发。视开发准备的情况，每一个切割区投入开发的时间可以不同。图 7-8 是一种排状内部切割注水开发井网，它通过 2 个注水井排把油藏切割成 3 个开发单元。

对于含油面积较大、构造完整、渗透性和油层连通性都较好的油田，采用排状注水容易形成均匀驱替的水线，能提高驱替效率，但排状注水的缺点是对内部采油井排的作用有限。

(2) 环状内部切割注水开发井网

对于大型油田，可以通过环状注水井排把整个含油面积切割成若干个小的环形区域，每个切割区可以进行单独设计和单独开发。图 7-9 就是一种环状内部切割注水开发井网，它通过 1 个环状注水井排把油藏切割成 2 个开发单元。

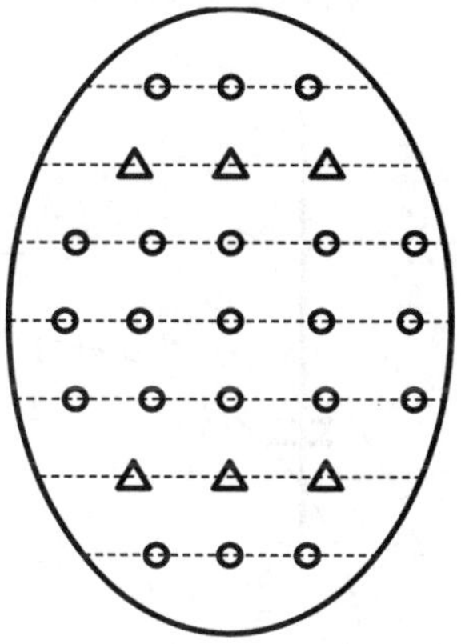

图 7-8　排状内部切割注水开发井网

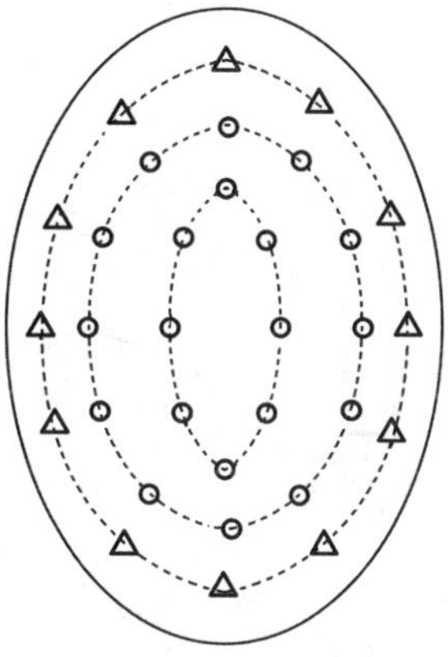

图 7-9　环状内部切割注水开发井网

对于一些复杂油气藏(尤其是穹隆背斜油藏)，可以通过环状注水井排把油气藏的复杂部分暂时封闭起来，先开发油气藏的简单部分，待条件成熟后再开发油气藏的复杂部分。如气顶油藏，为了防止气窜，就可以先布置一个环状注水井排，通过注水保持地层压力，而暂时把气顶与油藏含油部分隔开，这样就可以方便地开采油藏含油部分的原油。

(3) 边缘注水开发井网

如果一个油藏的注水井排打在油藏的含油边界上，则这样的井网称作边缘注水开发井网(见图 7-10)。边缘注水开发井网一般适用于含油面积中等或较小的油藏。

根据注水井排位置的不同，可将边缘注水开发井网分成缘外注水、缘上注水和缘内注水 3 种井网形式。常见的是将注水井排打在含油边界之外，即缘外注水，如图 7-11 所示。

如果边水与油藏的连通性较差，注到地下的水很难被驱替到油藏中去，而是散失到油藏之外的水域中，则注水效果很难发挥。此时，应把注水井位置向内移动，打到油水过渡带，即内、外含油边界之间的区域(见图 7-12)，这种注水方式称为缘上注水。

有些油藏的油水过渡带因与边水长时间接触形成了氧化稠油带，注水效果会变差；而另外一些油藏的油水过渡带很长，注到油水过渡带上的水很难让内部的采油井收到效果。在这些情况下，注水井的位置需要再进一步向内移动，至含油边界以内的区域(见图 7-13)，

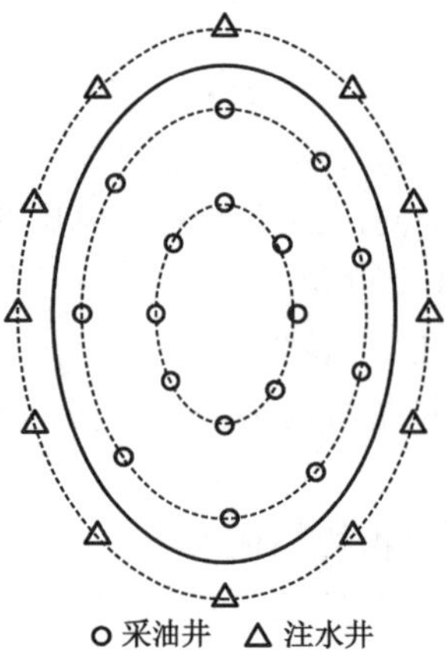

图 7-10　边缘注水开发井网

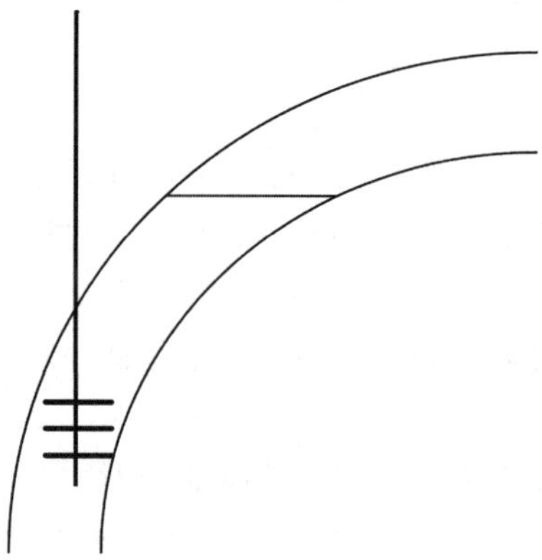

图 7-11　缘外注水

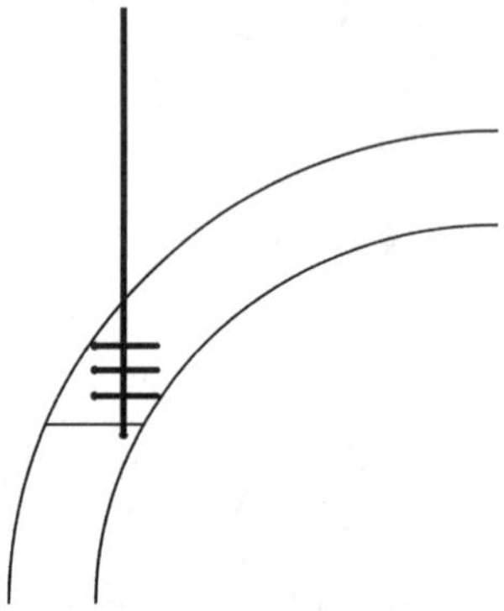

图 7-12　缘上注水

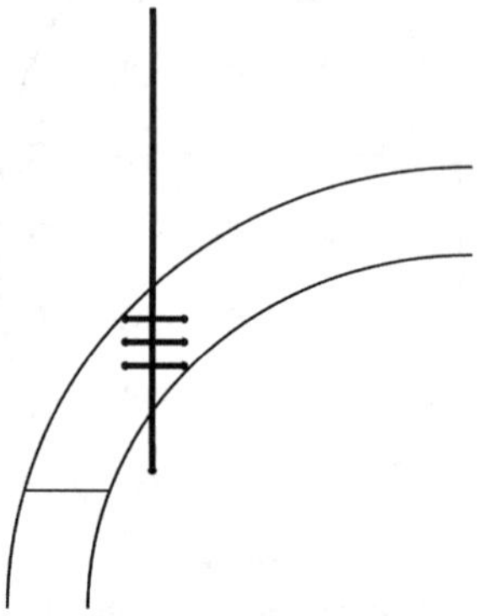

图 7-13　缘内注水

这种注水方式称作缘内注水。缘内注水井网往往会损失一部分地质储量。

(4) 面积注水开发井网

面积注水开发井网适用于含油面积不规则或渗透性差或油层连通性差的中小型油田。面积注水开发井网可有效提高这类油田的油井产能和注水驱替效果。面积注水开发井网的实质是把油藏划分成更小的开发单元。面积注水开发井网，一般都以注水井为中心。通常把一口注水井与周围井组成的井网单元称为注水开发井网的注采单元；把按照注采井数比划分的井网单元，称作注采比单元或渗流单元。显然，注采比单元是注水开发油田最小的开发单元。

① 排状正对式注水开发井网

在图 7-6 的正方形井网中，若注水井排和采油井排间隔排列，则形成排状正对式注水开发井网，如图 7-14 所示。该井网的排距可以大于、等于或小于井距，但一般情况下都大于井距。

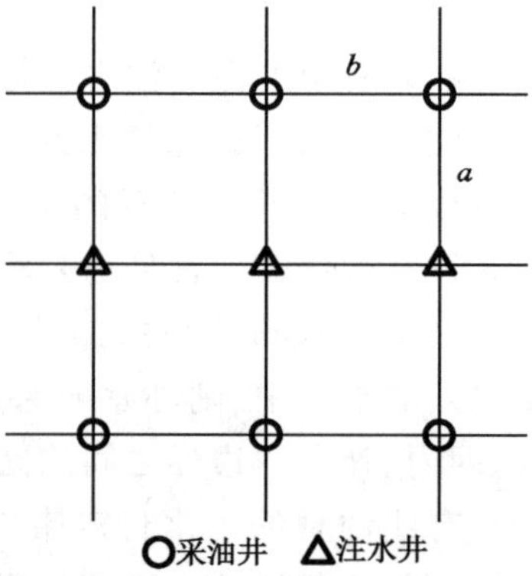

图 7-14　排状正对式注水开发井网

该井网的注采井数比 m 定义为：

$$m = \frac{n_w}{n_0} \tag{7-6}$$

式中，n_w为注水井井数，口；n_0为采油井井数，口。

② 排状交错式注水开发井网

把注水井和采油井交错排列，则形成排状交错式注水开发井网，如图 7-15 所示。该井网的排距可以大于、等于或小于井距。排状交错式注水开发井网的注采井数比 $m=1$。

③ 五点注水开发井网

若在正方形井网的每一个井网单元中再钻一口注水井，则形成所谓的五点井网，如图 7-16 所示。实际上，五点注水开发井网就是排距为井距一半的排状交错式注水井网。五点注水开发井网的注采井数比 $m=1$，注采单元如图 7-17 所示，注采比单元如图 7-18 所示。从注采比单元可以看出，五点注水开发井网一口注水井的注入量与一口采油井的采液量相当，即五点注水开发井网适合于强注强采的开发模式。

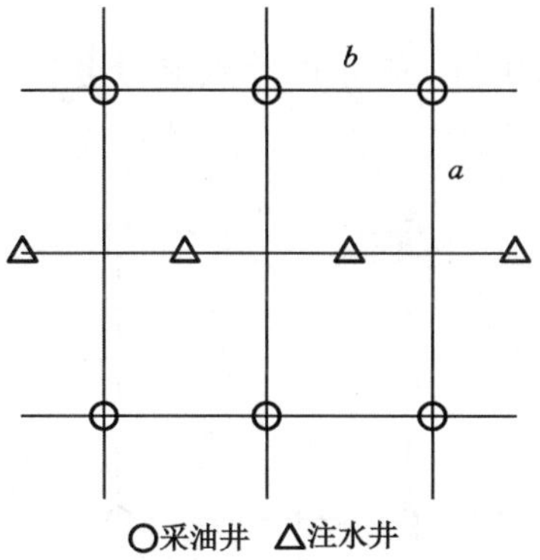

图 7-15　排状交错式注水开发井网

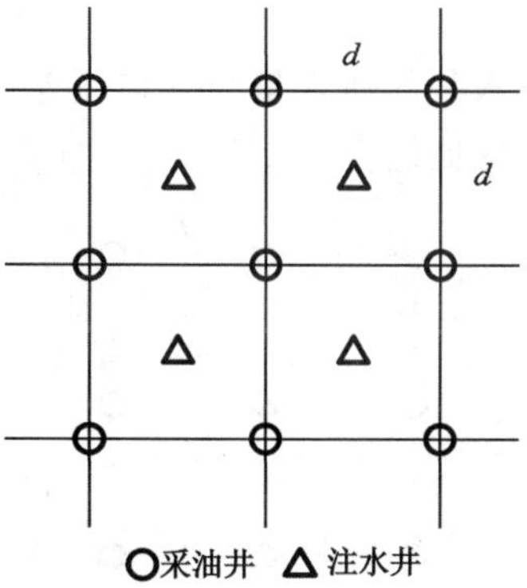

图 7-16　五点注水开发井网

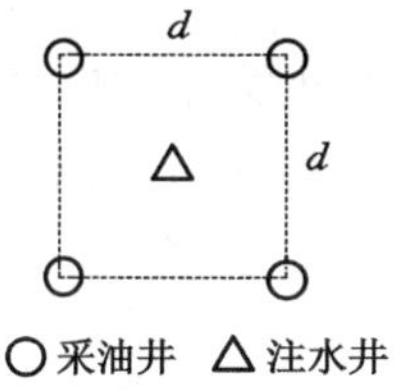

图 7-17　五点注水开发井网的注采单元

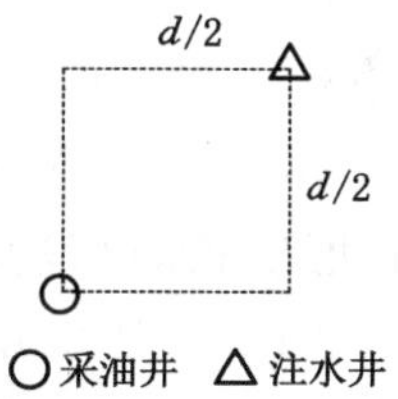

图 7-18　五点注水开发井网的注采比单元

④ 反九点注水开发井网

反九点注水开发井网的形式如图 7-19 所示，该井网一口注水井的周围有八口采油井。反九点注水开发井网仍属于正方形井网。反九点注水开发井网的注采井数比 $m=3$，井数(i)与注采井数比(m)之间的关系满足式(7-7)：

$$m = \frac{1}{2}(i-3) \tag{7-7}$$

反九点注水开发井网的注采单元如图 7-20 所示，注采比单元如图 7-21 所示。反九点注水开发井网的油井存在边井和角井之分，角井离注水井的距离稍大于边井。为了提高注水井的波及系数，可以适当提高角井的产量。从注采比单元可以看出，反九点注水开发井

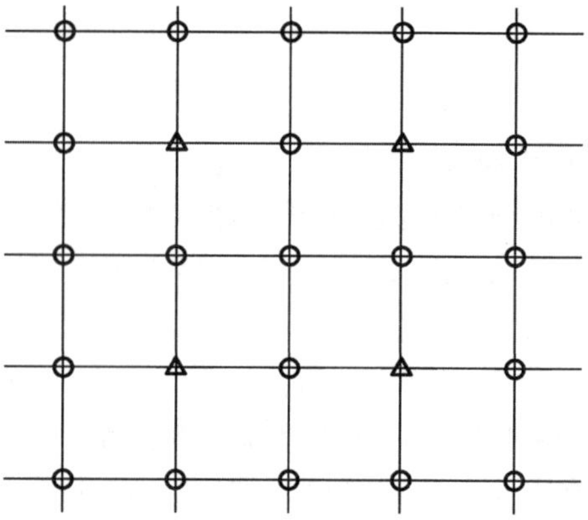

图 7-19 反九点注水开发井网

网一口注水井的注入量与三口采油井的采液量相当，因此，反九点注水开发井网适用于吸水能力强的地层。

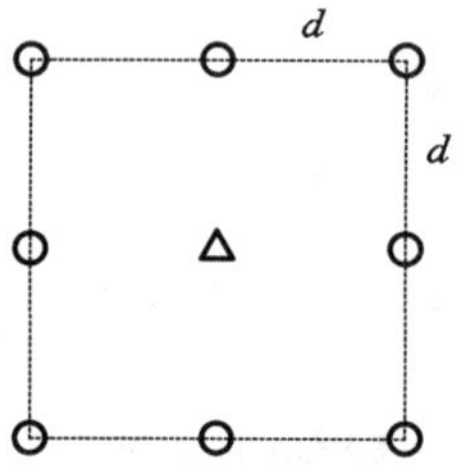

图 7-20 反九点注水开发井网的注采单元

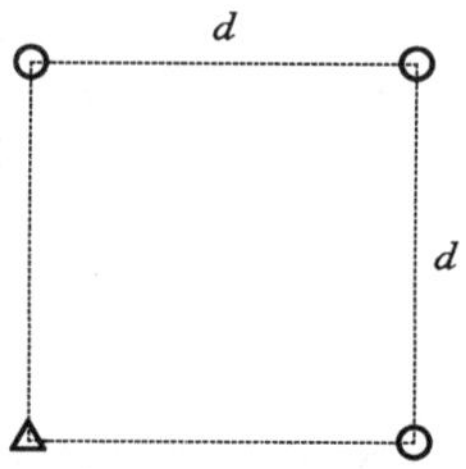

图 7-21 反九点注水开发井网的注采比单元

若把反九点注水开发井网的角井改成注水井，反九点注水开发井网即变成了五点注水开发井网。因此，一些油田在开发初期往往采用反九点注水开发井网，而到了后期，为提高产量，往往把反九点注水开发井网调整为五点注水开发井网。

⑤ 反七点(正四点)注水开发井网

反七点注水开发井网属于三角形井网，如图 7-22 所示，该井网一口注水井的周围有六口采油井。

反七点注水开发井网的注采井数比 $m=2$，注采单元如图 7-23 所示，注采比单元如图 7-24 所示。从注采比单元可以看出，反七点注水开发井网一口注水井的注入量与两口采油井的采液量相当，因此反七点注水开发井网适合于吸水能力相对较强的地层。

⑥ 反四点(正七点)注水开发井网

反四点注水开发井网属于三角形井网，形式如图 7-25 所示，该井网一口注水井的周围有三口采油井。

反四点注水开发井网的注采井数比为 $m=0.5$，注采单元如图 7-26 所示，注采比单元如图 7-27 所示。从注采比单元可以看出，反四点注水开发井网两口注水井的注入量与一口采油井的采液量相当，因此，反四点注水开发井网适用于吸水能力相对较弱或强注强采的地层。

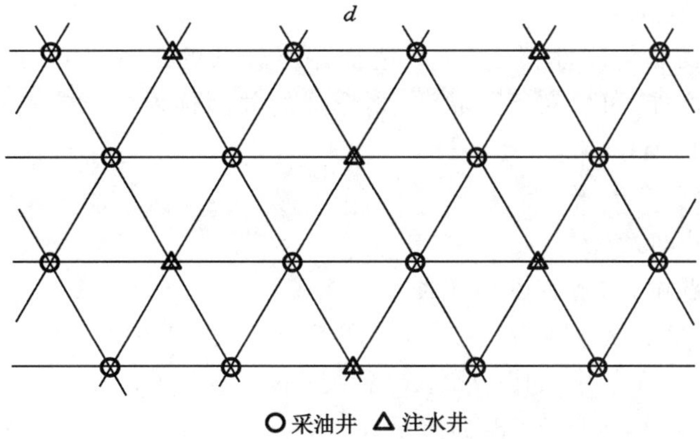

图 7-22　反七点注水开发井网

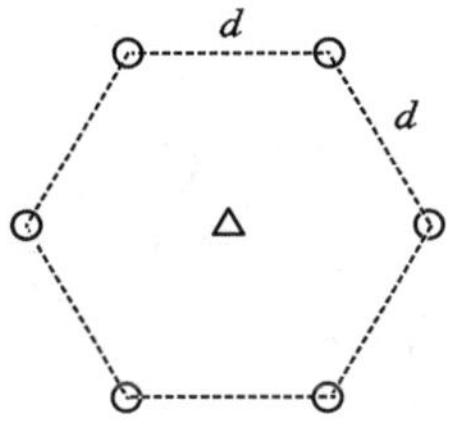

图 7-23　反七点注水开发井网的注采单元

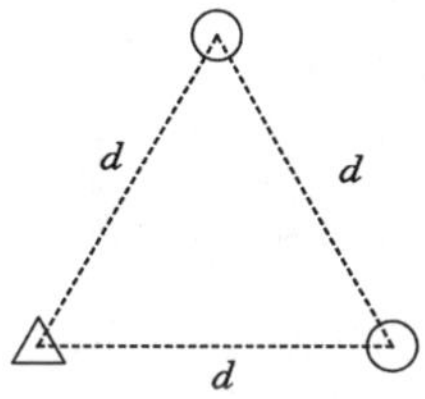

图 7-24　反七点注水开发井网的注采比单元

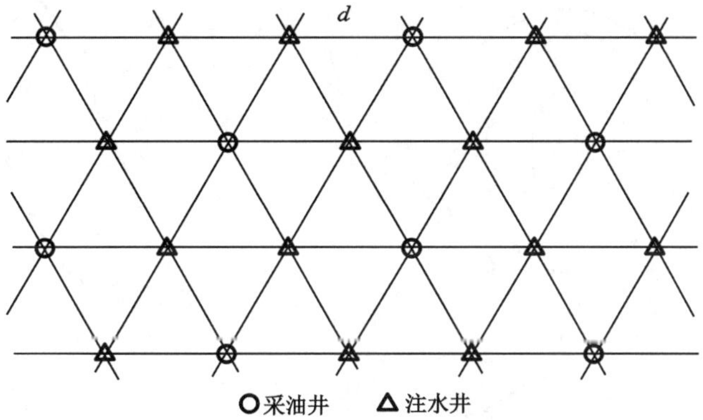

图 7-25　反四点注水开发井网

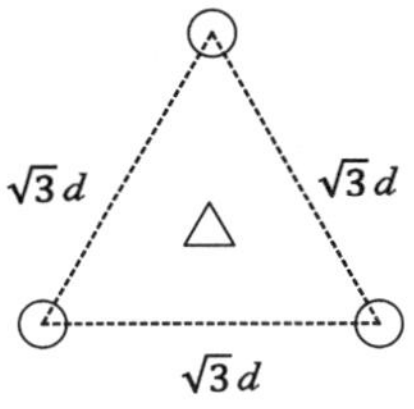

图 7-26　反四点注水开发井网的注采单元

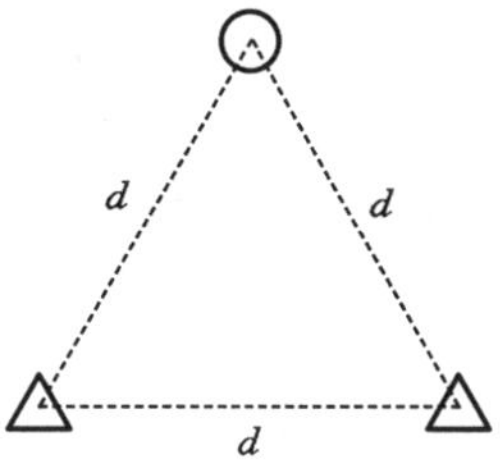

图 7-27　反四点注水开发井网的注采比单元

⑦ 点状注水开发井网

一些油田的平面非均质性很强，在渗透性相对较低的区域，油井产能也较低。为了提高低产能区的油井产能，可以实行点状注水，形成的井网称为二点或三点注水开发井网，如图 7-5(a)和图 7-5(b)所示。

7.1.3.3　气藏开发井网部署

(1) 气藏开发井网系统

在气田开发实践中，主要有以下四种井网系统：

a. 按正方形或三角形井网均匀布井，如图 7-28(a)和图 7-28(b)所示；

b. 环状布井或线状布井，如图 7-28(c)和图 7-28(d)所示；

c. 在气藏顶部布井，如图 7-28(e)所示；

d. 在含气面积内不均匀布井，如图 7-28(f)所示。

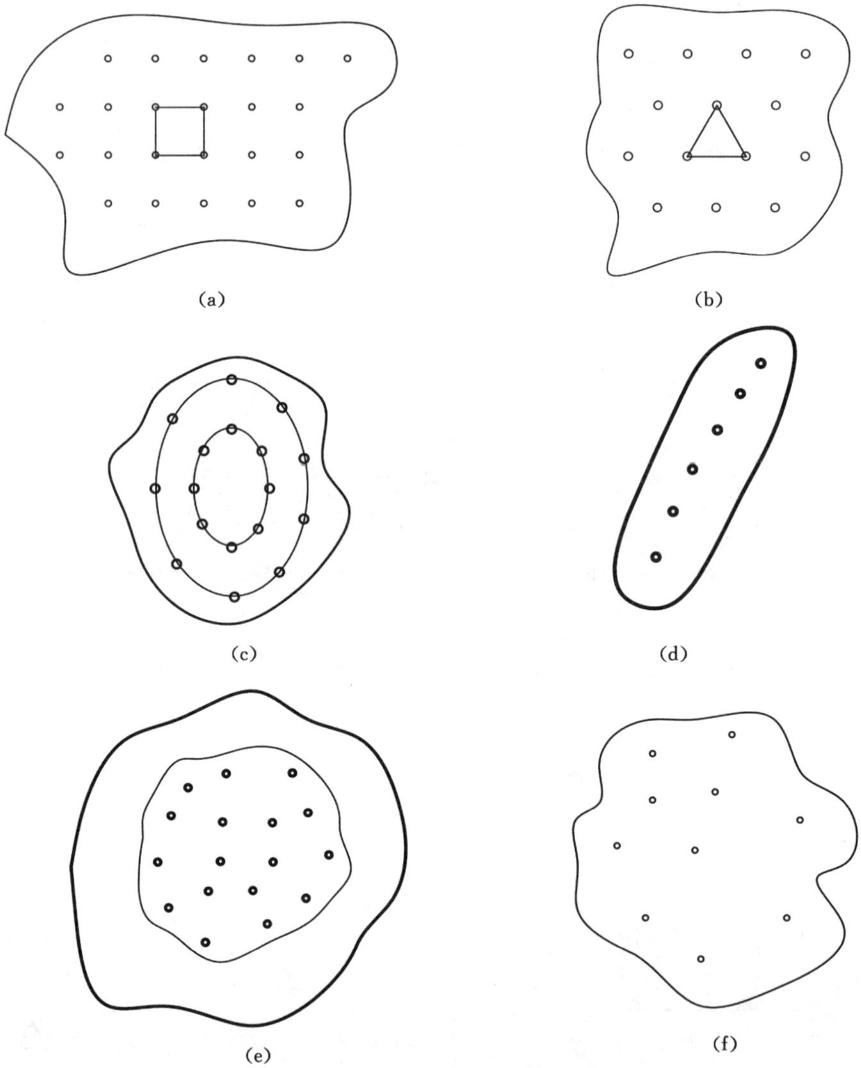

图 7-28　气田常见井网系统

根据井网系统、井网密度影响因素以及气藏类型，可将采用不同开发方式的气藏分为以下几种布井方式。

① 衰竭式开发时的井网系统

a. 正方形或三角形均匀布井。这种井网系统适用于储层性质相对较均质的气驱干气气藏或凝析气藏。该布井方式在开发过程中不形成共同的压降漏斗，即在开发过程中，每口井的地层压力基本上是接近的，并且等于当时的平均地层压力。另外，均匀布井还具有如下优点：气井产量大于其他布井系统的产量；气田开发所需要的井数最少；各井井口压力基本上是相近的；在更长的时间里不需要增压开采。这种布井方式对确定开发指标是最简单也是最完善的。

b. 环状布井或线状布井、丛式布井。采用何种井网系统主要取决于含气构造的形态。如为圆形或者椭圆形含气构造，即可采用环状井网；而在长轴背斜上，则可采用线状或排状布井方式；此外，当气藏埋藏较深时，可以采用在地面集中的丛式布井方式，每口井的偏斜角度和方向则不同。

c. 气藏顶部布井。不论是砂岩储层还是碳酸盐岩储层，储层性质一般在构造顶部较好，而向构造边缘逐渐变差。因此，气藏顶部往往是高产分布区。把气井分布在气藏顶部还可以延长无水开采期，但在开发后期会出现一个明显的压降漏斗。

d. 不均匀井网。对非均质储层，往往采用非均匀的井网系统。实际上对均质的储层来说，由于探井的分布情况以及其他因素影响，也会不得不采用非均匀井网开采。尤其是当产层为碳酸盐岩裂隙型地层时，其非均质性十分明显，不可能采用均匀井网系统开采。

② 水驱气藏或凝析气藏井网系统

水驱气藏布井相对定容封闭气藏来说要复杂得多，主要原因是在开发早期阶段难以取得较详细的气藏边部和水层地质资料，中后期又存在气水分布不均的问题，如有裂隙存在，则更会使水驱气藏的布井问题复杂化。针对水驱气藏的布井方式，目前国内外存在以下两种看法：

a. 均匀布井。在这种布井方式下，气藏顶部的气井可以射开全部储层厚度，而翼部的气井则留出一段厚度。这种井网系统的优点是井的产量高，所需要的生产井数少，而且在储层岩性变化急剧的情况下，也可用于开发透镜状地层和小夹层，以增加可采储量。

b. 在气藏顶部相对集中布井。利用气顶高产区气井产量可快速上升；但在开发过程中气顶区会形成较大的压降漏斗，可能会使靠近两翼的气井过早水淹，进而使气田开发变得更加复杂。

目前，凝析气藏注干气开发是比较通用的方式，在注气开发过程中注气量、注气压力通常是人们关注的问题，而对于如何布置注气井使气驱的驱替效率达到最大则研究得比较少。凝析气藏注气开发的注采井网采用五点法井网系统较多。

(2) 开发井数的确定

气藏开发井的类别应包括生产井、接替井、观察井、注入井(注气井或注水井)。气藏开发井总数 n_t 取决于气藏的生产规模 Q_t、单井产能 q_{sc} 及后备系数 k'，其关系为：

$$n_{\mathrm{t}} = k' \frac{Q_{\mathrm{t}}}{q_{\mathrm{sc}}} \tag{7-8}$$

式中，n_{t}为开发井总数，口；Q_{t}为生产规模，$10^4\ \mathrm{m^3/d}$；q_{sc}为单井产能，$10^4\ \mathrm{m^3/d}$。

后备系数 k'主要是考虑开发过程中井下及井口设备的腐蚀情况、生产井水淹的可能情况以及某些井部分或全部停产等因素而设的附加系数，不同气藏的 k 值不尽相同，但是均大于 1。

7.1.4 油气在井筒中的流动

油气开采的第一个流动过程为油气从储层通过多孔介质流向井底，这一过程遵循渗流规律，常用油气井流入动态来表述这一过程的宏观规律。

7.1.4.1 油气井流入动态

油气井流入动态是指在一定的地层压力下油气井产量和井底流动压力的关系。它可反映油气藏向该油气井供油气的能力，油气井产量和井底流动压力的关系在坐标图中呈一条曲线，称该曲线为流入动态曲线（inflow performance relationship curve），简称 IPR 曲线，也称指示曲线。IPR 曲线表征油气层的工作特征，可以为确定油气井合理工作方式提供依据，也可为分析油气井动态提供基础。图 7-29 是典型的 IPR 曲线，IPR 曲线的基本形状与油气藏驱动方式有关。

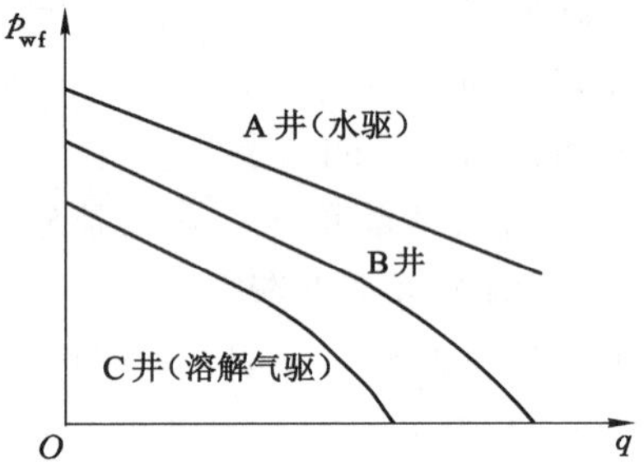

图 7-29 典型的油气井 IPR 曲线

在 20 世纪 80 年代以前，油气井多以直井为主，因此对直井的油气流入动态研究较多，也较为成熟；80 年代后，由于陆续发现了很多较薄的油层和垂直渗透率较大的油层，尤其是裂缝性油藏，直井的采收率不是很理想，于是开始采用水平井，之后水平井的井数和产量直迅速增加，而且取得了很好的经济效益。直井和水平井各自在油气田开发中发挥着巨大作用，其流入动态分析结果如表 7-1 与表 7-2 所示。

表 7-1 直井的流入动态

<table>
<tr><th>流动相态</th><th>流入动态特点</th><th colspan="2">产能或采油指数表达式</th></tr>
<tr><td rowspan="2">单相原油</td><td rowspan="2">当原油产量较小时，流动状态符合达西渗流；当原油产量较大时，井底附近出现扰动，出现非达西渗流</td><td>达西渗流</td><td>$q_0 = J(p_{\mathrm{r}} - p_{\mathrm{wf}}),\ J = \dfrac{2\pi k_0 ha}{\mu_0 B_0 \ln x - \dfrac{1}{2} + S}$
（根据泄油面积和油井的位置可以确定相应的 x 值）</td></tr>
<tr><td>非达西渗流</td><td>$p_{\mathrm{r}} - p_{\mathrm{wf}} = C + D^2$
$C = \dfrac{\mu_0 B_0 (\ln x - \dfrac{3}{4} + S)}{2\pi k_0 ha}$
$D = 1.339\ 6 \times 10^{-16}\ \dfrac{\beta B_0^2 p}{4\pi^2 h^2 r_{\mathrm{w}}}$</td></tr>
</table>

表 7-1(续)

流动相态	流入动态特点	产能或采油指数表达式	
单相气体	天然气从地层的孔隙或裂隙流入井内，其流动状态相当复杂，流体流线互相交错，且渗流速度有加大的趋势，因而破坏了线性渗流规律，即产量与压力平方差为非线性关系	指数式产能方程式	$q_{sc}=c(p_r^2-p_{wf}^2)^n$
		二项式产能方程式	$p_r^2-p_{wf}^2=aq_{sc}+bq_{sc}^2$
油气两相流	油气两相渗流发生在溶解气驱中，油藏流体的物理性质和相渗透率明显随压力而改变。溶解气驱的产量与流压的关系是非线性的	Vogel 方程	$\frac{q_0}{q_{0\max}}=1-\frac{p_{wf}}{5\bar{p}_r}-\frac{4p_{wf}^2}{5\bar{p}_r}$
		非完善井 Vogel 方程的修正式	$\frac{q_0}{q_{0\max}}=1-\frac{p'_{wf}}{5\bar{p}_r}-\frac{4p'^2_{wf}}{5\bar{p}_r}$ $p'_{wf}=\bar{p}_r-(\bar{p}_r-p_{wf})E_f$
油气水三相流	产液中同时存在油气水三相，渗流过程复杂。Petrobras 按纯水率取纯油 IPR 曲线和水 IPR 曲线的加权平均值	采油指数	当 $p_{wf(test)}\geqslant p_b$ 时，$J=\frac{q_{t(test)}}{\bar{p}_r-p_{wf(test)}}$； 当 $p_{wf(test)}<p_b$ 时， $J=\frac{q_{t(test)}}{(1-f_w)(\bar{p}_r-p_b+\frac{p_b}{1.8})A+f_w[\bar{p}_r-p_{wf(test)}]}$ $A=1-\frac{p_{wf(test)}}{5p_b}-\frac{4}{5}\left[\frac{p_{wf(test)}}{p_b}\right]^2$
		某一产量 q_t 下的流压 p_{wf}	当 $0<q_t<q_b$ 时，$p_{wf}=\bar{p}_r-\frac{q_t}{J_1}$； 当 $q_b<q_t<q_{0\max}$ 时， $p_{wf}=f_w(\bar{p}_r-\frac{q_t}{J_1})+\frac{1-f_w}{8}(\sqrt{81-80\frac{q_t-q_b}{q_{0\max}-q_b}}-1)$； 当 $q_{0\max}<q_t<q_{t\max}$ 时， $p_{wf}=f_w(\bar{p}_r-\frac{q_{0\max}}{J_1})+\frac{(q_t-q_{0\max})(8f_w-9)}{J_1}$

注：q_0 为油井地面产量，m^3/d；k_0 为油层有效渗透率，D；p_r 为供油区内平均油藏压力，MPa；p_{wf} 为井底流压，MPa；J 为采油指数，m^3/MPa；B_0 为原油体积系数；μ_0 为地层油的黏度，mPa・s；a 为常数，取 86.4；b 为紊流系数；h 为油层有效厚度；x 为形状因子；β 为胶结地层非达西系数，$\beta=\frac{1.906\times10^{-7}}{k^{1.201}}$；$\beta_g$ 为非胶结地层在砾石充填后的非达西系数，$\beta_g=\frac{1.08\times10^6}{k^{0.55}}$；$q_{sc}$ 为标准状况下产气量，$10^4\ m^3/d$；$\bar{p}_r$ 为平均地层压力，MPa；$q_{0\max}$ 为 $E_f=1$ 时的最大产量，m^3/d；p'_{wf} 为代替 Vogel 方程中的 p_{wf}，MPa；c 为产气指数，$m^3/(d\cdot MPa^{2n})$；n 为渗流指数，取决于气体渗流方式，当流体为线性渗流时，$n=1$，当流体渗流速度很大或为多相流渗流时，$n<1$；E_f 为流动效率，即实际油井的完善程度；$p_{wf(test)}$ 为测试点的井底流压，MPa；$q_{t(test)}$ 为测试点的流量，m^3/d；p_b 为饱和压力，MPa；f_w 为含水率。

表 7-2　水平井的流入动态

<table>
<tr><th>流动相态</th><th>流入动态特点</th><th colspan="2">产能或指数表达式</th></tr>
<tr><td>单相原油</td><td rowspan="6">水平井的流入动态和直井的流入动态不同，因此不能把直井的产能公式直接应用于水平井。
水平井的泄流区域形状为椭球形，从而能大大增加与油藏的接触面积，能控制更大的泄油面积。
水平井能在长度方向使流体较为均匀地流入井筒。因为水平井在其长度方向形成的是一个低压区（直井是一个低压点），所以可以减缓底水和气顶的锥进。
水平井的流体能与直井的相应流体形成正交流动状态，这样可以提高扫油效率和采收率</td><td colspan="2">$J_h = \dfrac{C k_h h \mu B}{\ln\dfrac{a+\sqrt{a^2-(\frac{L}{2})^2}}{\frac{L}{2}} + \dfrac{\beta' h}{L}(\ln\dfrac{\beta' h}{2\pi r_w}+S)}$</td></tr>
<tr><td rowspan="3">溶解气驱</td><td>以压力平方形式表示的水平气井产量公式</td><td>$q_h = \dfrac{774.6 k_h (p_r^2 - p_{wf}^2)}{\mu Z T \ln\dfrac{r_{eh}}{r_w}}$</td></tr>
<tr><td>考虑水平气井的损害及非达西渗流效应影响的产量公式</td><td>$q_h = \dfrac{774.6 k_h (p_r^2 - p_{wf}^2)}{\mu Z T (\ln\dfrac{r_{eh}}{r_w}+S+D)}$
$D = \dfrac{1.675\times 10^{-7} d_g}{\mu h r_w^4 \sqrt{k_h k_v}}$</td></tr>
<tr><td>水平气井的最大产能即水平气井的绝对无阻流量表达式</td><td>$q_{AOF} = \dfrac{-a \pm \sqrt{a^2 + 4b(p_r^2 - 0.101\,325^2)}}{2B}$
$a = \dfrac{\mu Z T(\ln\dfrac{r_{eh}}{r_w}+S_h)}{774.6 k_h}, b = \dfrac{\mu Z T D}{774.6 k_h}$</td></tr>
<tr><td rowspan="2">油气水三相流</td><td>类似于 Vogel 方程的回归方程</td><td>$q' = 0.985 + 0.205\,5\dfrac{p_{wf}}{p_r} - 1.181\,8(\dfrac{q_0}{q_{0max}})^2$</td></tr>
<tr><td colspan="2">水平井油气水三相流的产能公式目前仍处于探索阶段</td></tr>
</table>

注：J_h为水平井采油指数，m^3/MPa；q_h为水平井产能，m^3/d；μ 为原油黏度，MPa·s；B 为原油体积系数；β'为油层渗透率各向异性系数；r_w为井半径，m；k_h，k_v分别为油层水平、垂向渗透率；q_{AOF}为绝对无阻流量，m^3/d；a 为长度为 L 的水平井所形成的椭球形泄流区域的长半轴长度；L 为水平井水平段长度（简称井长）；S 为水平井表皮系数；r_{eh}为水平井的泄流半径，m；S_h 为水平井的表皮系数；A 为水平井控制泄油面积，m^2；C 为系数；Z 为气体偏差系数；T 为气体温度，℃；q_{0max}为 $E_f=1$ 时的最大产量，m^3/d；p_{wf}为井底流压，MPa；p_r为供油区内平均油藏压力，MPa；q_0为油井地面产量，m^3/d。

7.1.4.2　自喷采油

采油方法，通常是指将从油层流到井筒中的原油（包括水等液体）举升到地面所采用的方法，包括自喷采油法和机械采油法两大类。

油田开采初期，油藏往往具有较大能量，石油依靠油藏能量可由地下通过井筒流至地面，这类油井称为自喷井。在开采过程中，随着油藏能量的不断消耗，当油藏能量不足以使石油沿井筒流至地面时，必须人为地补充能量才能使石油通过井筒流至地面，这类油井称为人工举升井。

自喷采油井中，越靠近井口压力越低，在压力等于石油饱和压力的井筒处，开始有气体析出，成为油气混合物，油气混合物沿井筒进一步上升，压力继续降低，已析出的气体随压力降低而膨胀，同时不断有新的气体从原油中析出，因此在整个井筒内越靠近井口气油比越大。根据气油比不同，可将油气混合物在井筒内的流动形态（即流型）分为气泡流、段塞流、乳沫状流、环状流四种类型[6]，如图 7-30 所示。

（1）气泡流

气体以气泡形式分布于原油中。

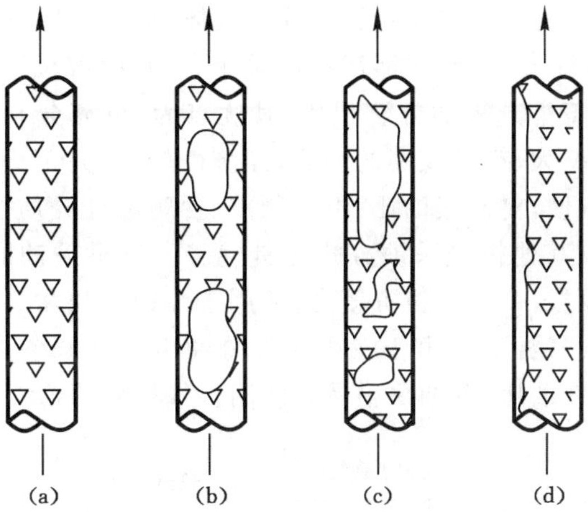

(a) 气泡流;(b) 段塞流;(c) 乳沫状流;(d) 环状流。

图 7-30　井筒内流型

(2) 段塞流

原油中析出大量气体,气饱和并扩大成气团,气团占据油管的大部分通道面积,油气混合物呈气团和液柱状态在油管中交替流动。此时,油井的生产很不均衡,有压力脉动现象。

(3) 乳沫状流

随气量增多,气体对液体产生激烈搅拌,使液体形状极不规则。

(4) 环状流

当气量继续增多时,在管子中心形成连续气流,液体被挤向管壁,气体与液体的摩擦力使液体沿管壁向上运动,此时液相中有小气泡,气相中有雾状液滴。

在井筒内可能同时出现一种或者多种流型。若同时存在多种流型时,则井筒下方压力大,析出气体少,为气泡流;井筒中部压力逐渐减小,析出气量增多,呈段塞流;而井筒上部压力最小,析出气量最多,可能呈环状流。自喷井井口处的流型多数为段塞流。

自喷井正常生产时,在油层套管与油管的环空内原油升到某一高度,液面上方是气体,液面处的压力等于原油饱和压力。自喷井生产示意如图 7-31 所示。

井口套管的压力 p_2＝井底压力 p_w—(环空液柱压力＋气柱压力)

套管压力可较直接地反映油层能量的大小,油管压力 p_1 是石油流至地面时的剩余压力。在正常情况下,套管压力总大于油管压力。

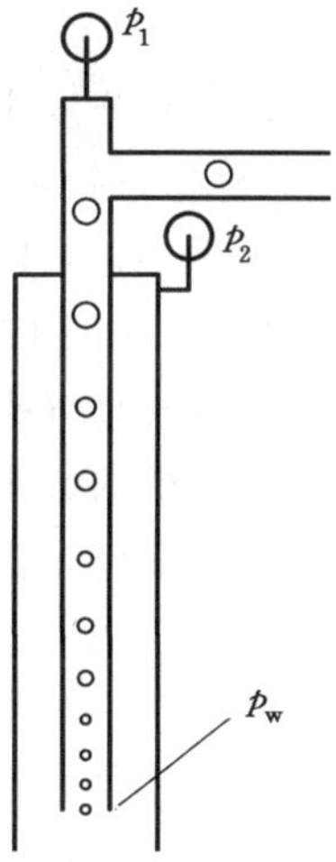

图 7-31　自喷井生产示意

7.1.4.3　气举采油

气举井和自喷井极其相似,其差别在于自喷井采油依靠油藏本身能量,而气举井依靠外部高压气体能量将石油举升至地面。气举采油与以下将要阐述的深井泵采油同属人工举升采油。

随着开采时间延续,当井底压力不足以使油井自喷或自喷能量达不到要求时,可采用气举采油。气举采油时,由油套环空注入高压天然气,并在一定井深处将油套环空的气体注入油管,减小油管内液体密度,在井底流动压力和注入气膨胀功共同作用下将气液混合物排出井口。也可由油管注入气体，从油套环空采油。

气举采油时，油管应下至油层中部，以在油层压力、井内液位下降时仍能保持较高的气体举油效率。与其他人工举升采油方法相比，其优点为：可充分利用油层气体举升液体的能力；对气油比高、渗透率大、产量较高的油藏，经济性较好；井下设备简单、无机械磨损件、维护费用低、操作管理方便；对高气油比、出砂严重、含腐蚀性介质、深井和定向井等复杂条件的油井和产液气井，较其他机械采油方式更具优势。气举采油的缺点是：地面需要建压气站、高压供气管网等设施，一次性投资较高；适用于油田区块集中生产，不适合孤立井、边缘井；需要丰富的天然气气源等。由于我国大部分油田受气源条件的限制，气举采油仅在中原、吐哈、塔里木等高气油比、深油藏中得到使用。气举采油系统示意如图 7-32 所示。

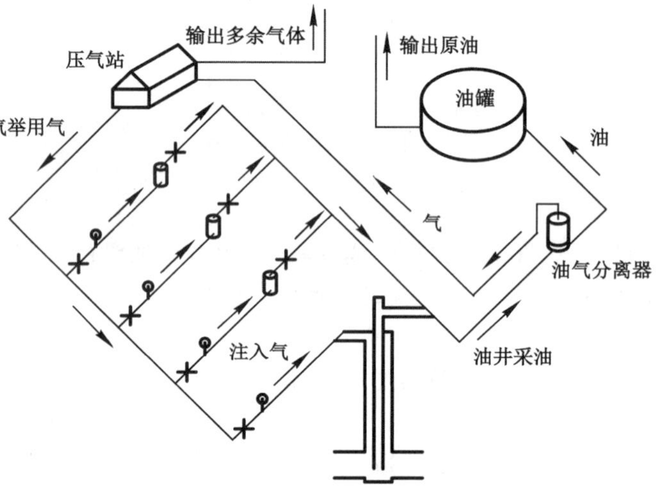

图 7-32　气举采油系统示意

气举井装置主要由井下管柱、气举阀和气举工作筒三部分组成。气举井常用单管柱结构，主要有开式管柱、半闭式管柱、闭式管柱三种，如图 7-33 所示。开式管柱通常用在因套管损坏、变形、腐蚀或其他原因等不能下封隔器的连续气举井中；半闭式管柱既适用于连续气举井，也适用于间歇气举井，是气举井最常用的管柱结构；闭式管柱一般应用于间歇气举井。气举阀是气举采油的心脏，其实质是一个无级可调的注气调节阀，通过球的开启度来控制注气量的大小。气举阀是一种止回阀，只允许环空流体进入油管，依靠阀安装位置处环空与油管压差控制阀的启闭。气举阀必须按气举管柱设计要求，通过气举工作筒安装在油管上。气举工作筒有固定式和投捞式两种，分别配套使用固定式气举阀和投捞式气举阀。

气举法分为连续气举和间歇气举两类[7]。连续气举适用于油井供液能力强、地层渗透率高的油井；间歇气举周期性地注入气体，气体通过大孔经气举阀进入油管，在油管内形成气塞将液体推向井口，适用于井底压力低、供液能力小的油井。间歇气举比连续气举的注气量小，举升效率高。气液比是衡量气举采油经济性的一项指标，即采出单位质量液体所需的注气量。随生产时间的延续，井底流动压力下降，所需注气量增大，气液比随之增高。

图 7-33(a)所示的开式管柱在每次关井后重新启动时，把油套环空的液体全部压入油管，从而增加启动时间，甚至因井底压力过高，部分液体会逆向流入地层。对于低产井，液

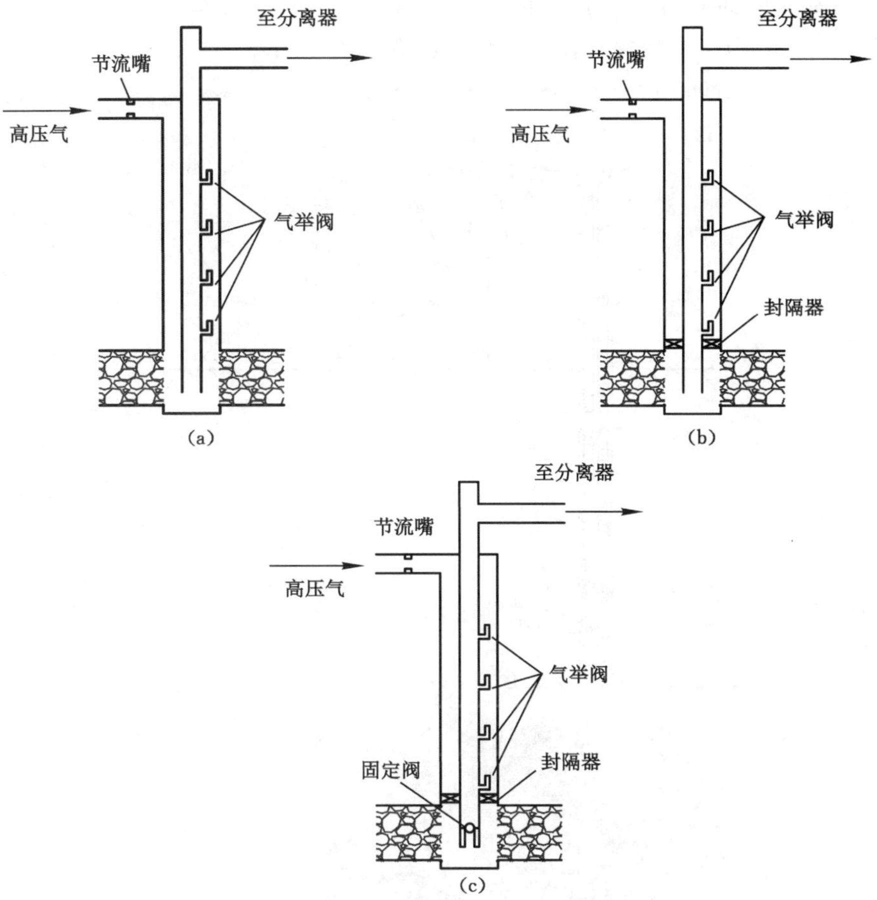

(a) 开式管柱;(b) 半闭式管柱;(c) 闭式管柱。

图 7-33 气举井管柱结构

面下降至油管管鞋时,气体窜入油管常使注气量失控。图 7-33(b)所示的半闭式管柱,在油套环空下部加封隔器,可使油井在停止气举时环空内不产生液柱,从而克服开式管柱的缺点,适用于连续气举和间歇气举。在半闭式管柱基础上,于油管底部加止回阀构成闭式管柱,它适用于间歇气举,能防止油管压力作用于油层。

7.1.4.4 深井泵采油

当油层能量不足以使油井自喷或油井产量低于经济界限(表现为油井产水量上升、气液比下降、液体密度增大)时,必须使用人工举升进行开采,除气举采油外,还普遍采用深井泵采油,用深井泵生产的井称为抽油井。按动力传递方式不同,可将深井泵分为有杆泵和无杆泵。

(1) 有杆泵

有杆泵采油是世界石油工业传统的采油方式之一,也是迄今为止在采油工程中一直占主导地位的人工举升方式。采用有杆泵采油时,地面动力设备通过抽油杆将动力传递给井下深井泵,带动其工作。目前使用最广泛的是游梁式抽油机-深井泵装置。这种装置结构简单、工作可靠、管理方便、适应性较强,在机械采油中占有重要地位。全球油井统计数据表明，用抽油机举升的油井占全部油井的 60%以上，远高于电潜泵（约 13%）、气举采油（约 8%）、螺杆泵（约 7%）。典型的有杆抽油系统如图 7-34 所示。

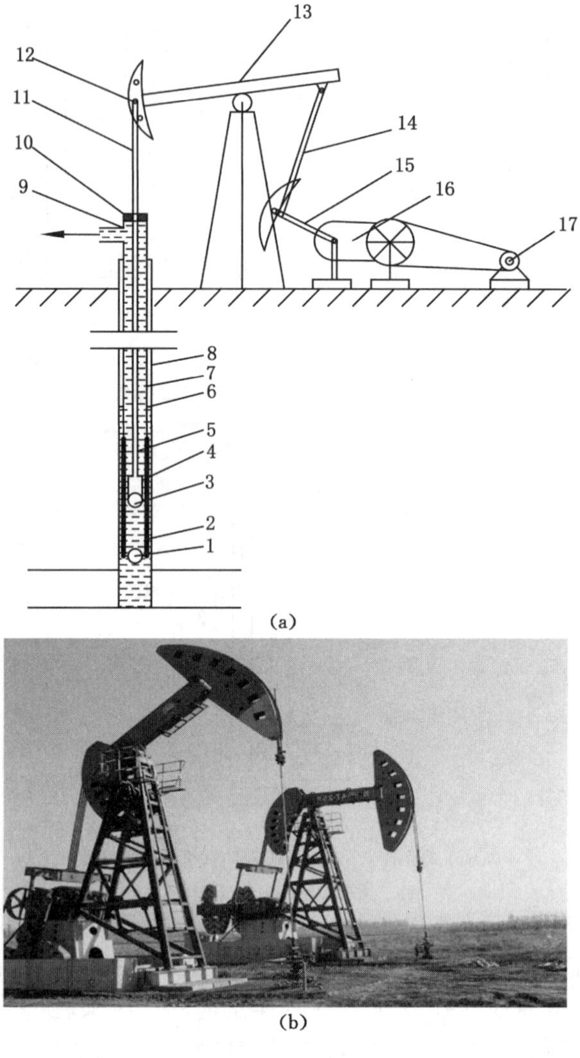

1—吸入阀；2—泵筒；3—排出阀；4—柱塞；5—抽油杆；6—动液面；7—油管；8—套管；9—三通；10—密封盒；11—光杆；12—驴头；13—游梁；14—连杆；15—曲柄；16—减速机；17—电动机。

图 7-34　典型的有杆抽油系统

抽油泵是有杆抽油系统的井下关键设备。工作时，动力设备将高速旋转运动通过皮带和减速箱传给曲柄轴，带动曲柄低速旋转，曲柄通过连杆经横梁带动游梁上下摆动，挂在驴头上的悬绳器便带动抽油杆做往复运动。

抽油杆将往复运动传给井下抽油泵的柱塞，抽油泵泵筒的下部装有固定阀，柱塞上装有游动阀，当抽油杆上行时，柱塞向上冲程运动，固定阀打开，泵从井中吸入水，游动阀此时处于关闭状态，柱塞将游动阀上面油管中的液体上举到井口，完成泵的排出过程；当抽油杆下行时，柱塞向下冲程运动，固定阀关闭而游动阀打开，柱塞下面的液体通过游动阀向上排出，完成泵的吸入过程。其工作原理如图 7-35 所示。

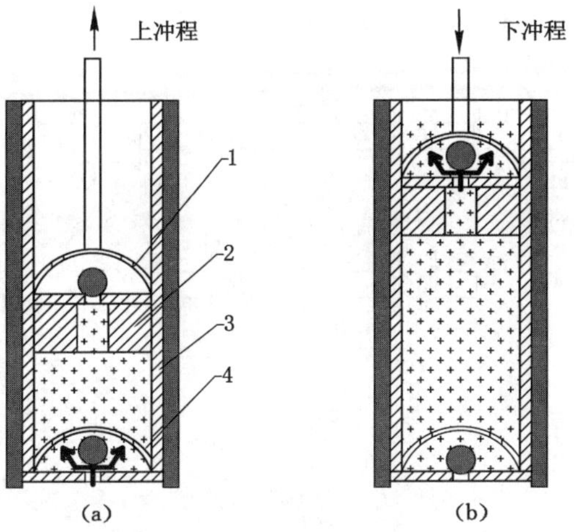

1—游动阀；2—柱塞；3—衬套；4—固定阀。

图 7-35 管式泵的工作原理

井下的管式泵只有泵筒和柱塞两大部分，可根据各井产水量选择泵径。在排采的不同阶段，根据产水量的变化调整泵型，并通过调速电动机调频，根据各井的情况选择适当的排采强度。目前，各油田在用抽油机中，以冲程在 3 m 以下，悬点载荷小于 50 kN 的小型机为主力机型，有杆泵的正常排量范围为 7～337 m^3/d。

(2) 无杆泵

有杆泵地面设备笨重、排量小、需要经常维修，不适应砂、蜡、水、稠油等复杂情况及海上采油。为克服上述缺点，相继研制了用各种不同抽油杆向井下传递能量的抽油泵，统称为无杆泵。主要有水力活塞泵、电动潜油离心泵、电动潜油单螺杆泵、射流泵等。

无杆泵中的电动潜油离心泵具有排量大、流量均衡、扬程高、油管寿命长、地面设备简单、受气候变化影响小、易于实现自动控制以及携砂和携蜡能力较好等优点，在我国油田得到广泛应用。但受电机耐热程度的限制，该泵适用的井深一般不超过 3 000 m。

7.1.4.5 井口装置

自喷井的井口装置有以下作用：

① 悬挂出油管，密封各层套管之间、套管与油管之间的环空，把井中喷出的油气经出油管或采气管引至地面油气分离器。关井时井口装置承受很高压力，因此它由高强度钢材制成。

② 测量必要的工作参数，如套压、油压等，并能从油管与套管之间的环空压入或放出液体和气体。

③ 便于油气井的操作和更换部件。

图 7-36 为一种双翼井口装置，它主要由以下三部分组成。

(1) 套管头

套管头位于井口装置最下部，连接各层套管，密封各层套管间的空间并承托整个井口装置。在油层套管上安装一只法兰，在法兰上接四通，其一端作为油管与油层套管环空的通路，另一端装套管压力表。

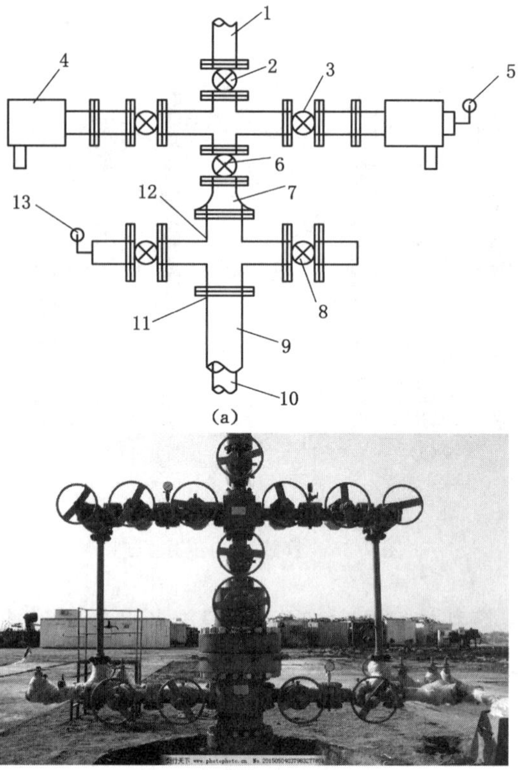

1—防喷管；2—清蜡闸门；3—生产闸门；4—油嘴套；5—油管压力表；6—总闸门；
7—油管头；8—套管阀；9—生产套管；10—油管；11—套管头；12—四通；13—套管压力表。

图 7-36　双翼井口装置

（2）油管头

油管头安装于套管四通上，用于悬挂油管、密封油管和套管之间的环空。

（3）采油树

油管头以上部分称为采油树，其作用是控制和调节油气流量，使石油沿某一侧进入出油管和油气分离器，必要时可关闭油气井。

在油管头上接总闸门，总闸门上安装四通，四通两侧接生产闸门，生产闸门外的油嘴套内可以安装油嘴（在正常生产时，一侧安装油嘴，另一侧接油管压力表；在检查和更换油嘴时，可使用另一侧继续生产）。

在四通上安装清蜡闸门和存放刮蜡片的防喷管，刮蜡片用细钢丝经防喷管顶端的滑轮与清蜡绞车相连，定时清蜡。若用清蜡车定期对油井清蜡，则清蜡车提供的热油通过油管注入，由油管与套管间的环空流出；若熔化油管内的石蜡，则不需要刮蜡片和防喷管。

油嘴为孔径 3～8 mm 的节流件，其作用是根据油藏能量大小限制与调节油井的采油量。油藏开采初期，油层能量往往很大，如不采用油嘴节流，油井产量会超过设计和配产的产液量。这会使油层能量消耗过快，油井最优的工作制度遭到破坏，严重时还会导致油层结构破坏（如坍塌和大量出砂等）、油层能量过早衰竭、油井间歇自喷或停喷等不良现象。因此，对自喷井应采用油嘴节流，以保持井底有一定的压力。

7.1.5 油井增产的措施

油井附近油层渗透率是影响该井产量的重要因素。对于渗透率低的油层或在钻井过程中受泥浆污染井底附近岩石渗透率降低了的油井，常采用水力压裂和酸化处理等措施提高油井产量。

7.1.5.1 酸化处理

酸化处理是指将按要求配置的酸液从地面经井筒注入油层中。注入油层的酸液可溶解岩石孔隙中的堵塞物(如泥浆)，亦可溶解岩石中的某些组分，能增加孔隙数量，使原有孔隙通道扩大并向油层纵深处延伸，从而提高井底附近岩石渗透率，获得油井增产的效果。根据油层岩石性质的不同，可将酸化处理大致分为以下两类。

(1) 碳酸盐岩地层的盐酸处理

世界上碳酸盐岩油气田的储量超过总储量的一半，产量则达总产量的60%以上。碳酸盐岩是油气藏的主要岩型，中东和非洲的很多大油田、我国西南地区的气田以及华北任丘等油气层的岩石均为碳酸盐岩。

碳酸盐岩地层的主要矿物成分为方解石 $CaCO_3$ 和白云石 $CaMg(CO_3)_2$，其中，方解石含量高于50%的称为石灰岩，白云石含量高于50%的称为白云岩。碳酸盐岩地层主要用浓度为10%～15%的盐酸溶解液进行酸处理，每米厚度油层所用盐酸溶液的体积为0.4～1.6 m^3。盐酸溶液进入油层孔隙或裂缝后，与岩石基质发生化学反应，生成 $CaCl_2$、$MgCl_2$、CO_2 等易溶于水的溶质，因而反应后的残酸液中溶有上述物质，同时会携带脱落下来的岩石微粒返回地面。经盐酸处理后的碳酸盐岩地层，其渗透率可提高数十倍，甚至上百倍。

(2) 砂岩地层的土酸处理

砂岩由砂粒和粒间胶结物组成。砂粒的主要成分为石英和长石，胶结物主要为黏土和碳酸盐类，其中，碳酸盐类只占胶结物总量的百分之几到百分之十几。通常采用水力压裂措施使砂岩地层油井增产，但对于胶结物较多或堵塞严重的砂岩油气层，也常采用以解堵为目的的酸化处理方法。通过酸液溶解胶结物、孔隙中泥浆堵塞物和部分砂粒，可恢复并提高井底附近油层的渗透率。盐酸对硅酸盐类基本不起作用，故常用土酸处理砂岩地层。

土酸是浓度为8%～15%的盐酸和3%～8%的氢氟酸与某些添加剂组成的混合酸液。氢氟酸是强酸，对砂岩中的所有主要成分(石英、黏土、碳酸盐等)都具有溶蚀能力。氢氟酸与砂岩中各种成分的反应速度各不相同，与碳酸盐的反应速度最快，其次是硅酸盐，最慢的是石英，而盐酸与碳酸盐的反应速度较氢氟酸更快，因此用土酸处理砂岩地层时，其中的盐酸先与碳酸盐反应，从而能充分发挥氢氟酸溶蚀黏土和石英的作用。土酸的配方和用酸量应根据砂岩成分和性质通过室内试验确定。

7.1.5.2 水力压裂

水力压裂是油气井增产、注水井增注的重要措施，不仅广泛用于低渗透率油气藏改造，还在中、高渗透率油气藏的增产、增注中取得良好效果。

采用高压大排量泵经井筒向油气储层注入具有一定黏度的压裂液体，当井底压裂液注入速率高于压裂液向油气储层的滤失速率时，在井底形成高压，当井底压力超过井周岩石的破裂强度时，油气储层岩石产生裂缝或原有裂缝张开。继续向油气储层注入压裂液，一方面使水压裂缝在储层岩石中延伸，另一方面部分液体经裂缝向周围岩石滤失。裂缝的延伸,会增加压裂液向油层的滤失面积和滤失量。当压裂液提供的驱动力不足以克服裂缝扩展阻力时,水压裂缝停止延伸。为保持压开的裂缝在停泵后还处于张开状态,必须在压裂液中加入支撑剂,使支撑剂嵌入已形成的裂缝中。当油层中存在这种被支撑剂所充填的多条裂缝时,油层的渗透性遂得以提高,油气井增产。

7.2 地面煤层气排采

7.2.1 煤层气开采的特点

煤层气自生自储、以吸附态为主要赋存状态、需要排水降压才能开采的独特资源属性决定其开采与常规天然气开采显著不同,煤层气开采具有六个突出特点[8]。

(1) 煤层气是一种典型的自生自储式非常规天然气资源

煤本身是一种有机碳含量极为丰富的有机源岩,在其成岩、煤化过程中生成大量的烃类物质,其中以甲烷为主。由于煤本身具有极强的吸附性能,加之甲烷与煤的有机质又具有较强的亲和力,因此在煤演化过程中生成的甲烷被吸附在煤不同级别孔隙的内表面,以吸附态赋存于煤层之中。这一演化、生气、吸附过程使得煤层气在一定的温度和压力条件下得以富集,从而使煤层具有较高的含气量。

(2) 煤层气以吸附态为主要赋存状态

天然气资源的赋存状态取决于储层特性和赋存条件。对常规天然气来讲,其储层以砂岩、灰岩为主,天然气赋存于孔隙之中,在常规的压力和温度条件下主要呈游离态;而煤层气则赋存于煤层之中,煤层是一种特殊的储层,对甲烷具有极强的吸附能力,故煤层气以吸附态为主。煤对甲烷的最大吸附容量在 10～50 m^3/t 之间。

(3) 煤层气具有独特的产出机理[9]

煤层气必须先解吸,再通过扩散和渗流到达井筒而产出。因此,煤层气的产出机理可描述为以下三个过程(见图 7-37)。

① 解吸过程。通过排水降压,在井筒附近形成一定的压降漏斗。在地层压力低于临界解吸压力的区域,被吸附的甲烷分子开始从煤的基质孔隙内表面解吸,由吸附态变为游离态。甲烷在煤层中的解吸是吸附的逆过程,当煤储层中压力降低时,被吸附的甲烷分子与煤的内表面脱离,解吸出来,进入游离相。

② 扩散过程。煤层甲烷的扩散是煤基质孔隙内的甲烷分子在浓度差作用下,从高浓度区向低浓度区的运动过程。排采作用导致裂隙内煤层气浓度低于基质,甲烷分子不断由基质向裂隙扩散。

③ 渗流过程。煤层割理中的甲烷在孔隙压力梯度作用下,通过裂隙系统流向压裂裂缝并向生产井筒渗流。甲烷在裂隙系统中的流动符合达西定律,在裂隙系统中甲烷和水以各自独立的相态混相流动。达西定律的应用需要考虑每种流体的相对渗透率和有效渗透率。在实际研究过程中常采用相对渗透率,通常认为它是饱和度的函数。煤层气生产过程中井筒内气泡流动如图 7-38 所示。

(4) 煤层气具有独特的开采生产工艺技术

针对煤层气独特的产出机理,形成了独特的煤层气开采生产工艺技术:

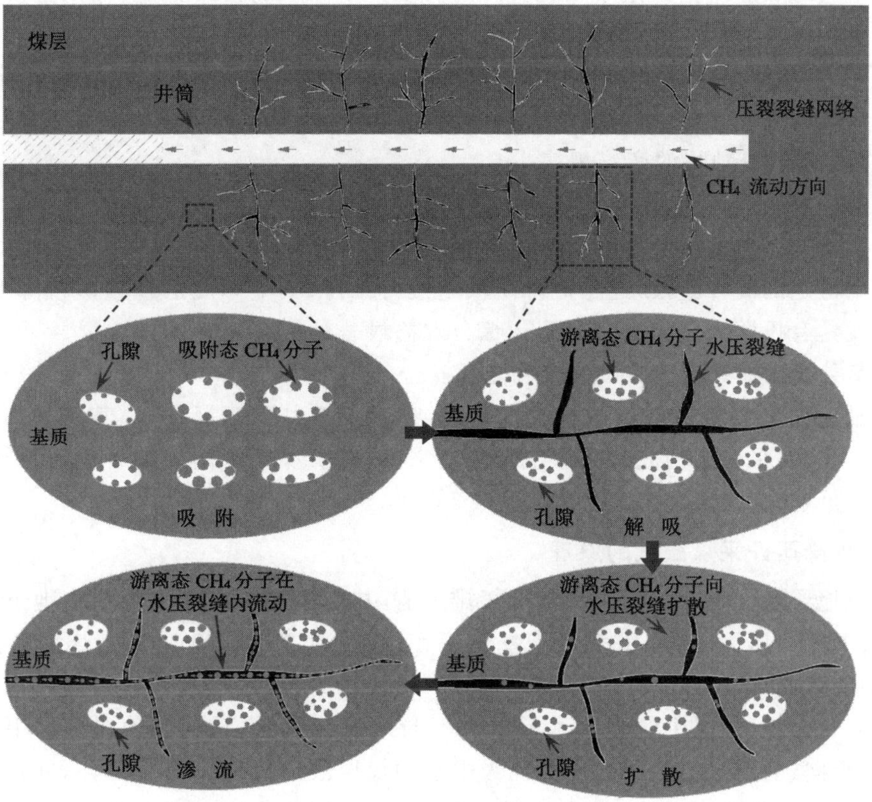

图 7-37 煤层气产出机理示意

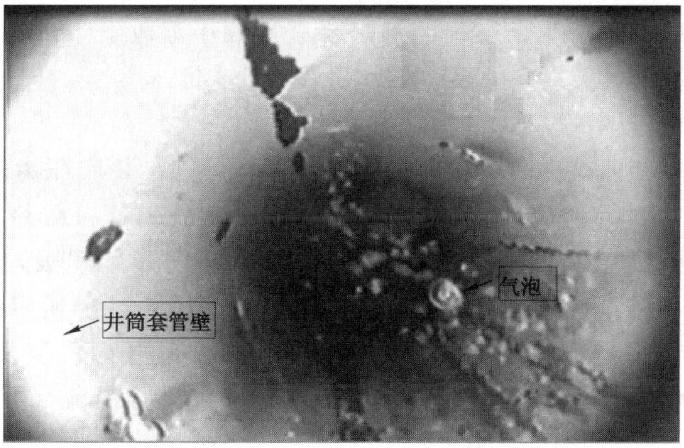

图 7-38 煤层气生产过程中井筒内气泡流动状态

一是煤层气储层改造技术，如压裂洞穴完井等。应使人工裂缝尽可能地连通煤层中的天然裂隙，加速煤层裂隙内水和气的渗流速度，以加快排水降压过程，从而提高煤层气产量。

二是排水采气技术。煤层气生产前，先排水，将煤层的压力降到煤层气临界解吸压力后再采气。

井间干扰对煤层气生产是一项最有效的实现稳定高产的技术措施;而对常规天然气生产恰恰相反,井间干扰会导致常规天然气产量大幅度锐减。井间干扰促进煤层气井稳定高产的原理在于:在储层条件下,煤层气是呈吸附态存在的,煤层气产出需要排水降压,从而使煤层气从煤的基质孔隙内表面解吸下来,因此井间干扰是有效降压的技术手段。

(5) 煤层气具有独特的产气规律

复杂的产出机理和独特的生产工艺技术决定煤层气井具有生产期长、单井日产量低的特点。根据美国多年的生产经验,通常需要一段时间的排采,煤层气井的气产量才开始逐步进入一个稳定的高峰阶段,这一高峰阶段一般可维持 3～5 a,之后产量缓慢降低。因此,煤层气开发具有投资大、投资回收期长、综合效益显著等特点。

(6) 煤层气开采有利于煤矿安全和能源安全

无论是地面开采原始储层的煤层气资源,还是煤矿井下瓦斯抽采,其实质都是采用切实有效的方法,在采煤之前先将煤层气开采出来,以减少煤层中的甲烷含量,降低煤矿井下的瓦斯涌出量,防止瓦斯灾害,提高煤炭生产效率。

7.2.2 排水降压开采煤层气的原理

煤层段地层所含水为承压水。煤层气排采前,井中液面的高度即煤层中地下水的水头高度,此时不存在压力差,地下水系统基本平衡,没有地下水的流动。当煤层气开始排采后,井筒中的液面下降,在煤层气井筒和煤层中形成压力差,地下水从压力高的地方流向压力低的地方。因此,煤层中的地下水就源源不断地流向井筒中,从而使得煤层中压力不断下降,并逐渐向远方扩展,最终在以井筒为中心的煤层段形成一个压降漏斗,并且随着抽水的延续,该压降漏斗不再继续延伸和扩大,煤层各点储层压力也就不会进一步降低,解吸停止,煤层气的产出也将终止[10]。

煤层气排采的目的,是通过抽排煤层及其围岩中的地下水来降低煤储层的压力,诱导甲烷从煤层中解吸出来。一般煤层气的排采要进行数年至数十年,周期较长。因此,排采工作的好坏直接关系到煤层气井的短期产量和累计总产量。

7.2.2.1 单井排采

单井排采的产气机理为[11]:单井排水形成压降漏斗,在井底压力大于临界解吸压力而小于原始地层压力时,只有水的单相流动,如图 7-39(a)所示。在井底压力小于临界解吸压力后,形成解吸压降漏斗,解吸压降漏斗内的煤层气开始解吸,从煤的表面解吸出来,一方面扩散,另一方面溶于水,出现非饱和流动,如图 7-39(b)所示。泄流半径继续增大,解吸漏斗也增大,原解吸漏斗范围内早已解吸的煤层气开始渗流,形成气和水两相渗流流动;后形成的解吸漏斗开始解吸,出现水的非饱和流动,泄流半径以外的水不流动,如图 7-39(c)所示。

当临界解吸压力趋近原始地层压力时,解吸半径趋近泄流半径。当临界解吸压力小于原始地层压力时,解吸半径小于泄流半径。过饱和煤层气藏、饱和煤层气藏的解吸半径等于泄流半径,欠饱和煤层气藏的解吸半径小于泄流半径。当临界解吸压力与原始地层压力的比值较小时,解吸半径呈对数关系变小[12]。

根据地下水的流态和压降漏斗随时间延续的发展趋势,可将煤层气单井的排采状况分为以下 5 种情况。

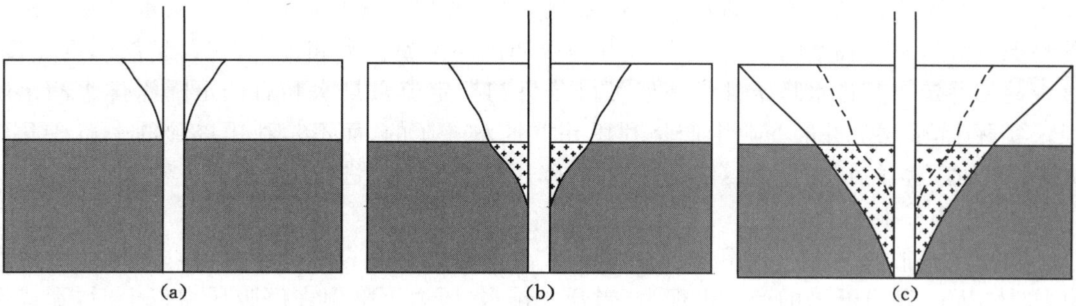

图 7-39　单井的压降漏斗

① 补给边界。随着排采的进行，压降漏斗在上覆地层中不断扩展，当其遇到张性断层时，若该断层与地表水或者其他地下水层相通，则这些水系的水就会通过断层补给煤储层。当补给量与抽出量相当时，压降漏斗达到稳定状态，不再扩展，煤储层甲烷解吸停止，煤层气井不再产气，如图 7-40 所示。

② 越流补给边界。若煤储层的顶板或底板为弱透水层，且其相邻的地层为含水层，则此时煤储层存在越流补给。在煤储层中的压力降低后，邻近含水层中的地下水通过顶板或底板补给煤层。压降漏斗的扩大使得补给量不断增大，当补给量与抽出量相当时，压降漏斗达到稳定状态，不再扩展，煤储层甲烷解吸停止，煤层气井产气终止，如图 7-41 所示。

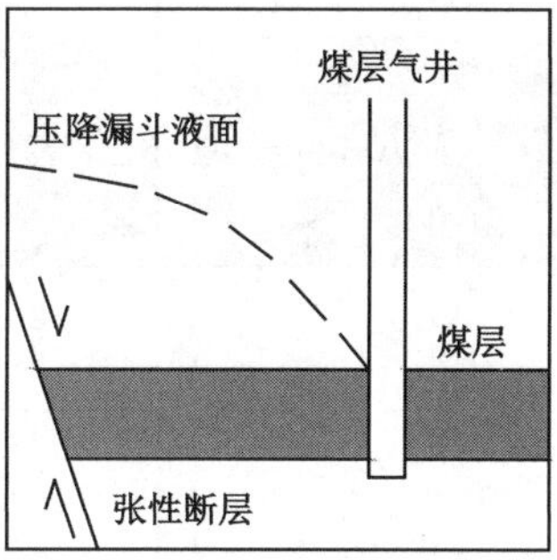

图 7-40　煤层气的补给边界

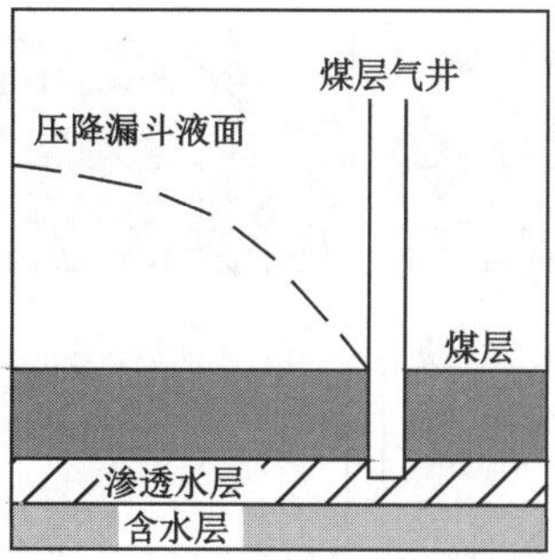

图 7-41　煤层气的越流补给边界

③ 煤储层存在阻隔边界。当煤储层中存在隔水边界时，随着抽水时间的延续，压降漏斗不断扩展。当压降漏斗扩展至隔水边界时，由于隔水边界无法补给或补给量小于抽出量，压降漏斗不再向远处发展，而迅速加深，煤储层压力快速下降，甲烷大量释放，井口产气量大增。若煤层周围都为隔水边界且无越流补给，则煤层压力最终接近井底压力，整个系统压力达到平衡状态。

④ 煤储层无边界。当煤层气附近不存在断层、含水层时，随着抽水时间的延续，压降漏斗不断扩展。压降漏斗扩展到一定程度后，不再向远处发展，也不明显加深，煤储层压力缓慢下降，甲烷少量缓慢释放，井口产气量稳定且处于较低水平。

⑤ 煤层气井井间干扰边界。当煤层气井附近存在其他煤层气井时，随着抽水时间的延续，压降漏斗不断扩展。当压降漏斗扩展到一定程度时，邻近井的压降漏斗之间开始相互干扰，从而使压降漏斗联系到一起，不断共同扩大，煤储层压力迅速下降，甲烷大量释放，井

口产气量长期稳定且处于较高水平。通常，煤层气井属于无越流补给、储层水平无限延伸的情况，此时，随着抽水的延续，煤层气井的压降漏斗不断扩大和加深，但其扩展速度变慢，逐渐趋于稳定。其排水降压过程一般可以分为初期定流量排水和后期定降深排水两个阶段。实际上，煤层气井的商业生产是利用井群抽水降压的，而不是利用单独的一口或几口井来降压的，这样的井间干扰对煤层气井的降压排采具有促进作用。

7.2.2.2　井群排采

煤层气井的商业生产利用井群抽水降压。一定范围内的两口或两口以上的抽水生产井称为井群。井群开采的产气机理为：当开井排水，压力下降但在解吸压力以上时，形成压降漏斗，但只有单相水流动，与单井开采相同，如图 7-42(a)所示；继续排水，压力下降到解

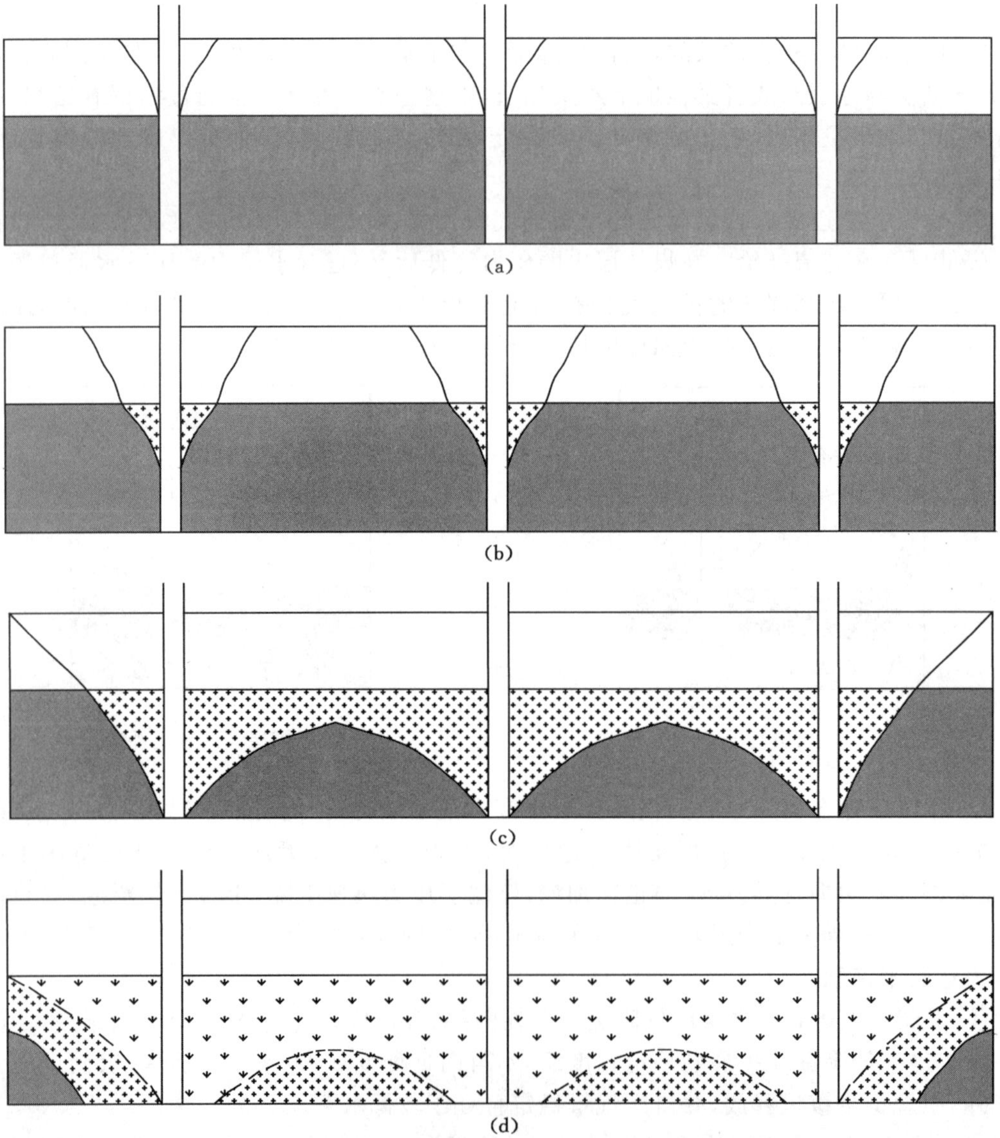

(a) 单相水流动；(b) 井间未干扰的非饱和流动；(c) 井间干扰的两相流动；(d) 井间压力下降到井底压力后的两相流动。

图 7-42　多井开采的解吸产气机理

吸压力以下，未达井间干扰，解吸漏斗内的气解吸，形成水的非饱和流动，如图 7-42(b)所示，这时也与单井开采相同；当相邻井的泄流半径之和大于井距时，由于井间干扰，井间压力下降到临界解吸压力以下，井间开始解吸气，同时先前解吸的气扩散、溶解、渗流，形成两相流动，如图 7-42(c)所示；当井间压力下降到井底压力后，井间的气全部解吸、扩散、溶解、渗流，形成大面积的解吸和两相流动，如图 7-42(d)所示。

当井群中井与井的距离小于各井的影响半径时，彼此之间的流量和降深都要发生干扰。在承压含水层中，地下水的渗流方程是线性的，可以直接运用叠加原理，即当两口井的压降漏斗随抽水的延续不断扩展至两个压降漏斗相互交接、重叠时，重叠处的压力降等于两个压降漏斗所形成的压力降之和[12]。

7.2.3　直井与多分支水平井的特点

用于煤层气开发的生产井种类主要有直井和多分支水平井。这两种类型的生产井各自适应的煤阶类型见表 7-3。

表 7-3　不同井型对煤阶的适用性

井型	使用的煤阶参数				
	煤阶	煤硬度	渗透率/μm^2	含气量	构造
直井	中-低煤阶	软-较硬	$>5.0\times10^{-3}$	中-低	复杂
多分支水平井	高煤阶	硬	$<5.0\times10^{-3}$	高	简单
直井					复杂

多分支水平井可以突破我国高煤阶煤的部分地质条件的限制，改善井底渗流条件，有效地降低井底流压，扩大压力波及范围，达到增产效果。

多分支水平井的优点如下：

① 可增加煤层气的有效供给范围。水平井钻进 400～1 000 m 是比较容易的，然而要压裂这么长的裂缝几乎是不可能的，而且造就一条较长的支撑裂缝要求使用大型的泵注设备。多分支水平井在煤层中呈网状分布，将煤层分割成很多连续的狭长条带，从而可大大增加煤层气的供给范围[13]。

② 可提高导流能力。压裂的裂缝无论多长，流动的阻力都是相当大的，而水平井内流体的阻力相对割理系统要小得多。分支井眼与煤层割理的相互交错使煤层割理与裂隙更通畅，这样就可提高裂隙的导流能力。多分支水平井的增产机理，使其与采用射孔完井和压裂增产的常规直井相比具有明显的优势。

③ 可减少对煤层的损害。常规直井钻井完井后要固井，完井后还要进行压裂改造，每个环节都会对煤层造成不同程度的损害，而且煤层受损害后很难恢复。采用多分支水平井钻井完井方法，可避免固井和水力压裂作业，只要在钻井时设法降低钻井液对煤层的损害，就能满足工程需求[14]。

④ 单井产量高，经济效益好。采用多分支水平井开发煤层气，单井成本比直井高，但在一个相对较大的区块开发可大大减少钻井数量，降低钻井工程、采气工程及地面集输与处理费用，从而降低综合成本，而且产量是常规直井的 2～10 倍，采出程度比常规直井平均高出 10%以上，既能提高经济效益，又能充分地开发煤层气资源。

⑤ 有利于环境保护。同样的开采面积，由于钻井数量少，地面建设占地面积小，因此对地面环境的损害也最小。

我国多分支水平井与常规直井的开采效果对比见表 7-4。

表 7-4 我国多分支水平井与常规直井的开采效果对比

对比项目	常规直井	多分支水平井
排水时间/月	6～12	3～5
单井日产量/m^3	1 500～4 000	10 000～25 000
到达产量高峰时间/a	2～3	1～2
钻井数量	多	少
占地面积	大	小
采出程度(10 a)/%	40～60	50～70
综合成本	高	低

7.2.4 注热、注气法开采煤层气

随着温度升高，甲烷分子的活性增大，甲烷越不易被煤体吸附。实验研究表明，温度每升高 1 ℃，煤吸附甲烷的能力降低 8%[15]。同时，有研究表明，煤的渗透率随温度的升高而增大[16]。因此，可以通过向煤层注热来增加煤层气的产量。

煤层气注热开采技术基本上是在天然气注热开采技术的基础上发展而来的，根据注入方式的不同可分为蒸汽驱替法和蒸汽吞吐法。

① 蒸汽驱替法，是指按一定井网，在注气井中连续注气，周围井以一定产量生产的方法。注入的蒸汽既是加热煤层的能源，又是驱替煤层气的介质。

② 蒸汽吞吐法，又叫循环注蒸汽法，简言之，就是对煤层气井注入高温高压蒸汽，将一定范围内的煤层加热后，增加煤层气的解吸量，再将煤层气回采出来。即吞进蒸汽，吐出煤层气[11]。蒸汽吞吐开采煤层气是一种单井作业，在一口井中注入一定量的蒸汽，随后关井，也可以间歇注入蒸汽，让蒸汽与煤层进行热交换，然后再开采出煤层气。此过程可循环往复进行，又称为循环注蒸汽工艺。蒸汽吞吐法一般包括三个步骤：注蒸汽、焖井、开井生产。

煤层气注热开采与稠油注热法开采机理的最大不同之处在于，前者通过加热煤层增加煤层气的解吸量，后者通过加热油层降低原油的黏度，所以煤层气的注热开采技术不能照搬石油的技术。如将蒸汽驱替方法应用于煤层，则在注入井中注入蒸汽后，在周围采出井用泵抽出水和气，从而使煤层中形成压力差，同时由于注气井周围煤层受热，煤层气解吸量增加，孔隙压力梯度升高，煤层气向采出井方向流动。但驱替效果并不太明显，并且存在成本高的缺陷，相比之下，利用蒸汽吞吐法更有优势。

注气法开采煤层气就是向煤层中注入 N_2、CO_2 等气体，其实质是向煤层中注入能量，改变压力传导特性，增大扩散速率或保持扩散速率不变，从而达到提高单井产量和气藏采收率的目的。按照注气方式的不同，分为先注气后采气的间断注气模式和边注边采的连续注气模式。间断注气在吸附平衡后煤层部分采气区的原始压力增加，开采时压力梯度增加，渗流速度增加，衰减时间延长；连续注气可保持维持煤层气流动的压力梯度不变，相对提高

渗流速度。通过注气驱替来提高煤层气采收率的机理为：一方面注入气体后，能增加并维持储层的能量，对煤层气流动产生驱动并维持流动的效果；另一方面也可以发生替代作用，从而使甲烷解吸量加大而提高采收率。注气驱替法是技术上先进、经济上合理的抽取煤层气及提高煤层气采收率的新措施。

7.2.5 煤层气排采的主要设备

煤层气排采设备可分为有杆类排采设备和无杆类排采设备两类，有杆泵又可分为抽油杆往复运动类（如游梁式和无游梁式抽水机）和旋转运动类（如电动潜油螺旋泵）两类。主要煤层气排采设备分类如图 7-43 所示，射流泵实物如图 7-44 所示，水力管式泵实物如图 7-45 所示。抽水机的选择原则为：

① 摩擦负荷较小。由于采出液主要是水，同时采出液中含有煤屑等颗粒，可以起到润滑作用，因此摩擦载荷较小。

② 上下冲程的载荷差变化较大。开抽时产液量较大，动液面较高，载荷差较大；随着开采的进行，载荷差逐渐减小，正常生产时，动液面接近泵的位置，其负荷近似等于杆柱和液柱的总重力，此时载荷差较小。

③ 振动负荷的影响较小。由于抽水机的冲程较小、冲次较低，因此其加速度较小，动负荷的影响也较小。

④ 气体载荷的影响小。由于煤层埋深相对较浅（一般在 1 000 m 以浅）、载荷较轻，现场常选用 3 型机或 5 型机与电磁调速电动机配合使用，实现抽水机的无级调速，保证液面平稳下降，排采工作顺利进行。

⑤ 处于偏远山区的煤层气井难于供电或者供电不足，不便使用电动机驱动排采。此时，可以采用煤层气发动机驱动抽水机，它不需要外部能源，利用套管煤层气作为动力源，再用煤层气发动机提供动力，辅以配套的储气和稳压装置，就可平稳地进行排水采气，这种方案可用于气源丰富的煤层气井。

根据煤层气井的产液能力，选择适当的抽油泵。由于泵在气水两相流体中工作，通常影响泵工作的主要因素有煤卡、气锁、腐蚀、液击、结垢等。在下泵前应认真设计泵的下深，优化泵的结构，并采取必要的预防措施，防止煤卡、气锁等问题的出现。

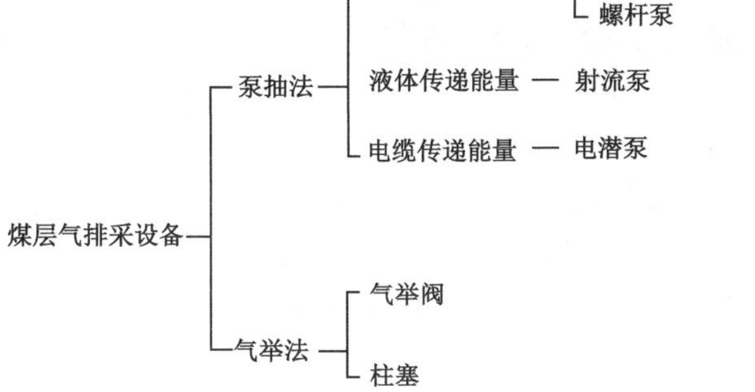

图 7-43 主要煤层气排采设备分类

图 7-44　射流泵

图 7-45　水力管式泵

7.3　煤矿井下瓦斯抽采

7.3.1　煤矿瓦斯抽采系统的设计

煤矿瓦斯抽采是指利用瓦斯泵或其他抽采设备，抽取煤层中的高浓度瓦斯或回采过程中涌出的低浓度瓦斯，并通过管网将瓦斯抽采到地面。矿井瓦斯抽采系统的能力要与矿井瓦斯治理的需要相匹配[17]。矿井瓦斯抽采设计分为以下五个部分。

(1) 必要性论证。根据现有的煤层瓦斯赋存参数、瓦斯涌出、煤层地质、采掘工程部署等资料，对照相关规定的要求，对瓦斯抽采进行必要性论证；同时要从矿井生产的实际出发，对通风解决瓦斯涌出存在的问题进行分析，当通风解决瓦斯积聚问题不可能或不合理时，也要对瓦斯抽采进行必要性论证。

根据《煤矿瓦斯抽放规范》(AQ 1027—2006)[18]，凡符合下列情况之一的矿井，必须建立地面永久瓦斯抽放系统或井下移动泵站瓦斯抽放系统。

① 一个采煤工作面绝对瓦斯涌出量大于 5 m^3/min 或一个掘进工作面绝对瓦斯涌出量大于 3 m^3/min，用通风方法解决瓦斯问题不合理的。

② 矿井绝对瓦斯涌出量达到以下条件的：

——大于或等于 40 m^3/min；

——年产量 1.0～1.5 Mt 的矿井，大于 30 m^3/min；

——年产量 0.6～1.0 Mt 的矿井，大于 25 m^3/min；

——年产量 0.4～0.6 Mt 的矿井，大于 20 m^3/min；

——年产量等于或小于 0.4 Mt 的矿井，大于 15 m^3/min。

③ 开采具有煤与瓦斯突出危险煤层。

(2) 抽采方法选择。不同的煤层赋存条件、不同的瓦斯来源，需要采用不同的瓦斯抽采方法，如保护层开采卸压抽采、预抽煤层瓦斯等。在选择抽采方法的同时，根据煤层瓦斯赋存、瓦斯涌出及矿井自身的技术条件等因素，确定瓦斯抽采系统的基本参数。根据确定的瓦斯抽采参数选择相应的抽采设备。

《煤矿瓦斯治理经验五十条》第三十二条建议,优选瓦斯抽采设备,实现抽采系统能力最大化,做到"大流量、多泵抽,大管径、多回路"。《关于进一步加强煤矿瓦斯治理工作的指导意见》第10条规定,要优先选择高负压大流量水环式真空泵,瓦斯抽采泵和管网的能力要留有足够的富余系数,泵的装机能力应为需要抽采能力的2～3倍;具备条件的矿井,应分别建立高、低浓度两套抽采系统,满足煤层预抽、卸压抽采和采空区抽采的需要。

瓦斯抽采方法具多样性,不同的瓦斯抽采方法,其抽采瓦斯浓度、流量和负压相差很大[19]。采用预抽煤层瓦斯等抽采方法,要求抽采负压高、抽采流量满足工程需要;而采空区埋管抽采瓦斯,其特点是抽采浓度低、抽采负压小、抽采流量大。

(3) 抽采参数确定。根据抽采方法、抽采工艺、瓦斯赋存状况和矿井实际的瓦斯抽采情况等因素,综合考虑确定所采用的抽采工程的流量、负压等参数,为抽采管路及抽采泵的选型作准备[20]。突出煤层采前抽采方法及对应的参数建议值见表7-5。

表 7-5 突出煤层采前抽采方法及对应的参数建议值

抽采分类	抽采方法	封孔长度/m	流量/(m^3/min)	负压/kPa	浓度/%
卸压抽采	底板穿层钻孔抽采	>8	10～30	≥20	40～65
原始煤层抽采	底板岩巷大面积穿层钻孔抽采	>8	10～15	≥20	40～60
	底板岩巷预抽煤巷条带瓦斯	>8	5～10	≥20	40～60
	顺层钻孔预抽	>8(封孔深度)+2(封孔段长度)	10～15	≥13	10～30
		>8(封孔深度)+2(封孔段长度)	10～20	≥15	30～40

(4) 管网系统设计。根据矿井采掘工程实际部署,确定管网的敷设路径;根据抽采技术参数,计算管网的各段管路参数。

首先根据矿井的采掘系统图、矿井地质图、矿井的实际储量等情况,判断是建立地面永久瓦斯抽采泵站还是建立井下移动瓦斯抽采泵站。地面永久瓦斯抽采泵站一般设置在风井工业广场内,井下瓦斯抽采主管路通过风井到达地面的永久瓦斯抽采泵站。井下移动瓦斯抽采泵站一般设置在采区车场内。然后根据瓦斯抽采泵站的位置和需要抽采的采区位置情况,选择最优的瓦斯抽采管路布置路线。

瓦斯管的内径一般采用式(7-9)计算:

$$D = 0.1457\sqrt{\frac{Q}{v}} \tag{7-9}$$

式中,D 为瓦斯管内径,m;Q 为瓦斯管中的瓦斯流量,m^3/min;v 为瓦斯管中的瓦斯平均流速,一般取 v=5～15 m/s。

(5) 抽采系统选型。根据瓦斯抽采参数及管路系统,计算管路系统阻力及抽采泵的流量、压力、真空度等抽采泵选型参数,选择抽采泵;并选择抽采的配套系统,如安全系统、检测系统等。

抽采管路的摩擦阻力与管路的流量、长度、内径等参数相关,其中,管路长度应充分考虑最不利的情况。抽采管路摩擦阻力计算公式如下：

$$H_{摩} = \frac{9.81Q^2\rho L}{KD^5} \tag{7-10}$$

式中，$H_{摩}$为管路的摩擦阻力，Pa；L为管路长度，m；K为与管径有关的系数，取值见表7-6；D为瓦斯管内径，cm；Q为抽采混合瓦斯量，m^3/h；ρ为混合瓦斯的相对密度。

表7-6　不同管径的系数K值

管径/mm	15	25	32	40	50	70	80	100	125	150	>150
K	0.46	0.48	0.49	0.50	0.52	0.55	0.57	0.62	0.67	0.70	0.71

局部阻力可用估算法计算，一般取摩擦阻力的10%～20%。

瓦斯抽采管网总阻力为：

$$H_{总} = H_{摩} + H_{局} \tag{7-11}$$

式中，$H_{局}$为局部阻力，Pa。

瓦斯抽采泵的额定流量计算公式如下：

$$Q_{泵} = \frac{100KQ_z}{X\eta} \tag{7-12}$$

式中，$Q_{泵}$为瓦斯抽采泵的额定流量，m^3/min；Q_z为矿井抽采总瓦斯量（纯量），m^3/min；X为矿井抽采的瓦斯浓度，%；K为富余系数，K取1.5～3；η为瓦斯抽采泵的效率，一般取80%。

瓦斯抽采泵的最大压力为：

$$H_{泵} = K(H_{总} + H_{孔} + H_{正}) \tag{7-13}$$

式中，$H_{泵}$为瓦斯抽采泵的最大压力，Pa；$H_{总}$为管网总阻力，包括摩擦阻力和局部阻力，Pa；$H_{孔}$为抽采钻孔的孔口负压，Pa；$H_{正}$为抽采泵出口处的正压，Pa，依据瓦斯利用对出口压力的要求而定；K为富余系数。

瓦斯抽采泵的真空度计算公式为：

$$i = H_{泵} \div 101\ 325 \times 100\% \tag{7-14}$$

式中，i为真空度；$H_{泵}$为瓦斯抽采泵的最大压力，Pa。

根据抽采泵的选型原则和前面计算的瓦斯抽采泵的额定流量、最大压力和真空度三个参数，对瓦斯抽采泵进行选型。

瓦斯管路上的附属装置，大致分为两大类：一类是用来调节、控制瓦斯压力和流量的装置，主要包括阀门、测压嘴、计量装置等；另一类是有关安全方面的装置，主要包括各种类型的放水器、防回火防爆装置、放空箱和防雷装置等。

7.3.2　井下抽采的分类

目前，国内外还没有一个统一的煤矿瓦斯抽采方法分类标准，瓦斯抽采方法的分类原则一般有[21-23]：

① 按与煤层开采的时间关系分类。可分为采前抽采、采中抽采和采后抽采。

② 按瓦斯源分类。可分为开采煤层的瓦斯抽采、邻近煤层的瓦斯抽采和围岩瓦斯抽采。采空区中的瓦斯来源是开采煤层的遗煤及邻近层和围岩涌出的瓦斯，属于二次瓦斯集

聚源。

③ 按瓦斯抽采的原理分类。可分为卸压煤层瓦斯抽采、未卸压煤层瓦斯抽采以及人工增透抽采瓦斯等。

此外，还有按煤层赋存条件、开采技术条件及装备条件来命名的各种瓦斯抽采方法。

详细的瓦斯抽采方法分类如图 7-46 所示[12]。

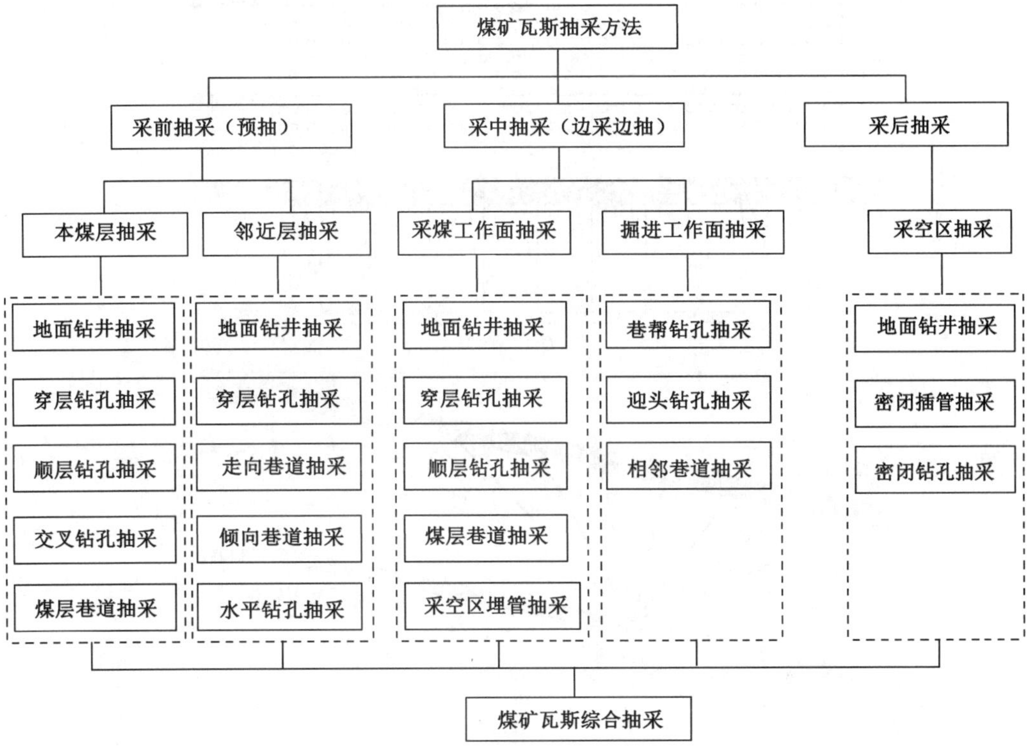

图 7-46 煤矿瓦斯抽采方法分类

7.3.3 本煤层(原始煤层)瓦斯抽采

本煤层瓦斯抽采是指向正在开采的煤层中施工钻孔，然后封孔抽采该煤层中的瓦斯，使回采(或掘进)的煤层中的瓦斯压力和瓦斯含量达到《防治煤与瓦斯突出细则》[24]的要求，即抽采瓦斯的煤层和正在回采(或掘进)的煤层是同一煤层。

本煤层瓦斯抽采的钻孔从空间位置上分为两类：一类是穿层钻孔；另一类是顺层钻孔。其他钻孔布置方法都是在这两种方法的基础上衍生出来的。穿层钻孔顾名思义就是穿过岩层进入煤层的钻孔，一般是指从煤层下部的巷道(底抽巷)向煤层中施工的，用于抽采煤层中的瓦斯的钻孔。顺层钻孔顾名思义就是顺着煤层的方向施工的钻孔，一般是指在开采煤层的巷道中顺煤层方向施工的、用于抽采煤层中瓦斯的钻孔。

穿层钻孔的瓦斯抽采方法主要有“底板岩巷大面积穿层钻孔预抽工作面瓦斯”(见图 7-47)、“底板岩巷预抽煤巷条带瓦斯”(见图 7-48)，而往往将底板岩巷预抽煤巷条带瓦斯与顺层钻孔预抽工作面瓦斯方法相结合。

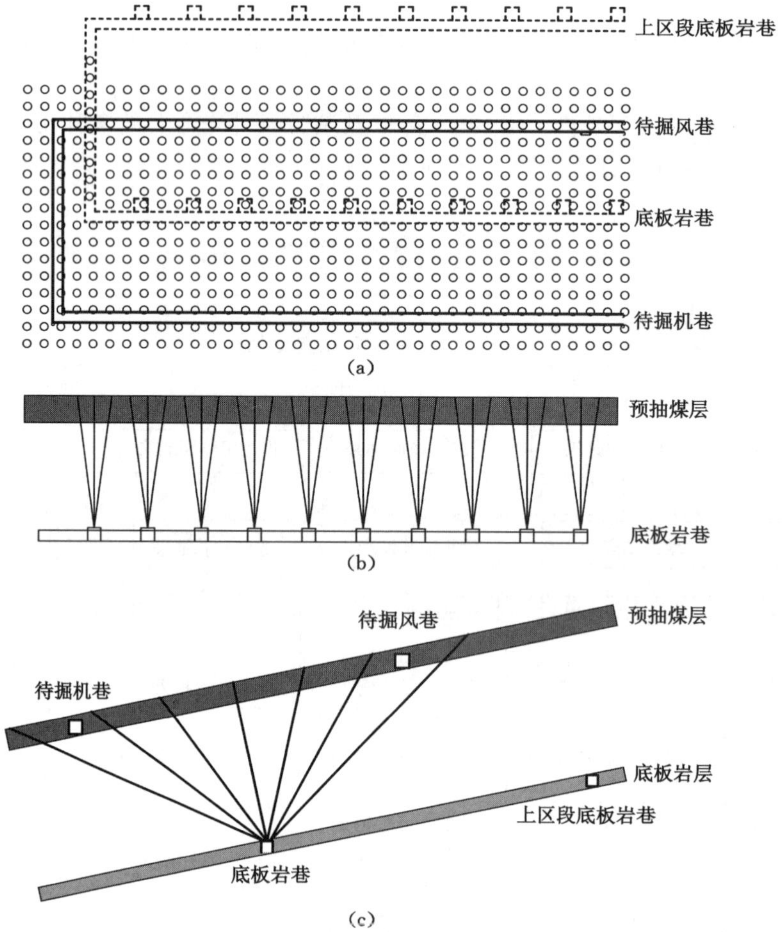

(a) 平面图;(b) 走向剖面图;(c) 倾向剖面图。

图 7-47　底板岩巷大面积穿层钻孔预抽工作面瓦斯钻孔布置示意

顺层钻孔的瓦斯抽采方法有“工作面倾向顺层钻孔预抽”(见图 7-49)、“工作面扇形顺层钻孔预抽”(见图 7-50)、“顺层长钻孔递进掩护预抽”(见图 7-51)、“顺层钻孔预抽煤巷条带瓦斯”(见图 7-52)、“枝状顺层长钻孔预抽”。

枝状顺层长钻孔预抽是近年来发展起来的一种煤层瓦斯抽采新技术,枝状长钻孔是利用孔底马达或定向千米钻机来施工的。定向千米钻机的关键部分为孔内马达驱动装置和配套的测量技术。高压水通过钻杆输送至孔内马达,孔内马达的转子在高压水的作用下转动,带动钻头旋转,达到破煤的目的。在钻进的过程中,钻杆本身不转,只有钻头旋转运动,从而可减小钻杆与钻孔的摩擦阻力、降低钻机的负载。孔内马达的弯接头是关键部位,它和钻杆间有一定的夹角,由于弯接头的作用,钻孔的轨迹将不再是传统钻机所完成的略带抛物线形的直线轨迹,而成为一条偏向弯接头方向的空间曲线。配套的测量系统主要测量方位角、倾角和弯接头的方向等参数,根据测量的参数可计算出每个测点的坐标,并与设计轨迹进行对比,根据偏差情况调节弯接头的方向,以使钻进轨迹最大限度地接近设计轨迹。

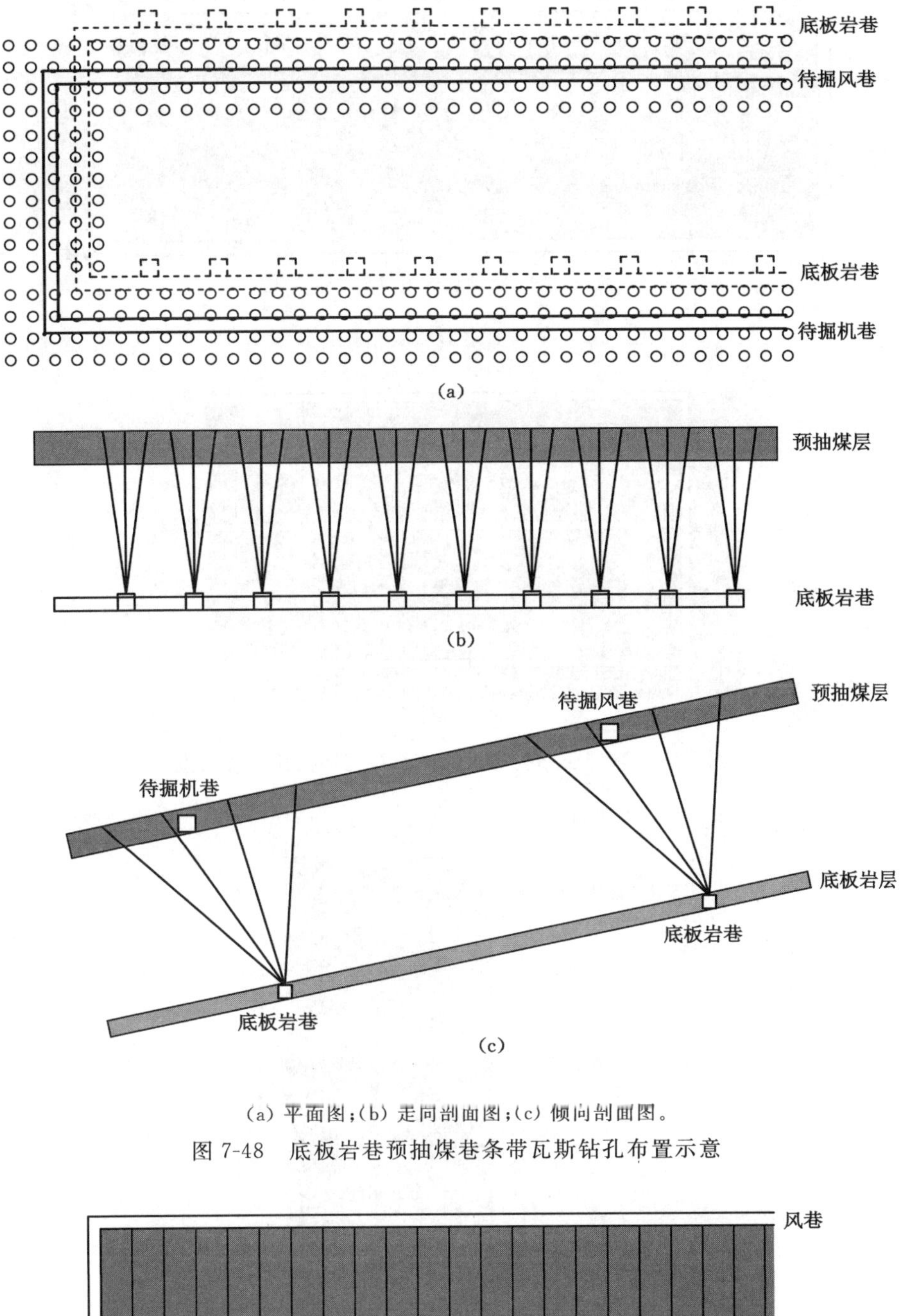

(a) 平面图;(b) 走向剖面图;(c) 倾向剖面图。

图 7-48　底板岩巷预抽煤巷条带瓦斯钻孔布置示意

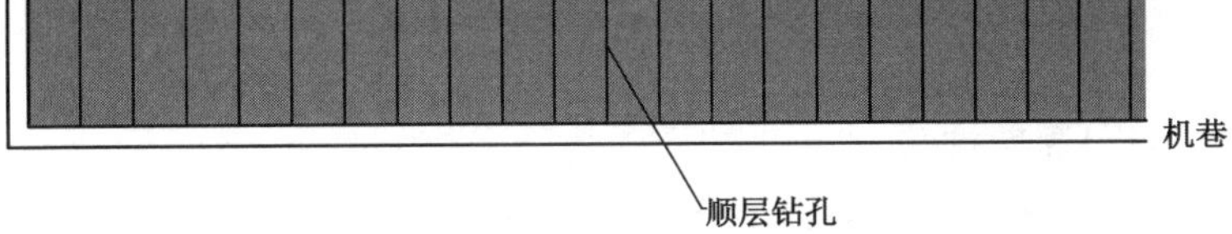

图 7-49　工作面倾向顺层钻孔布置示意

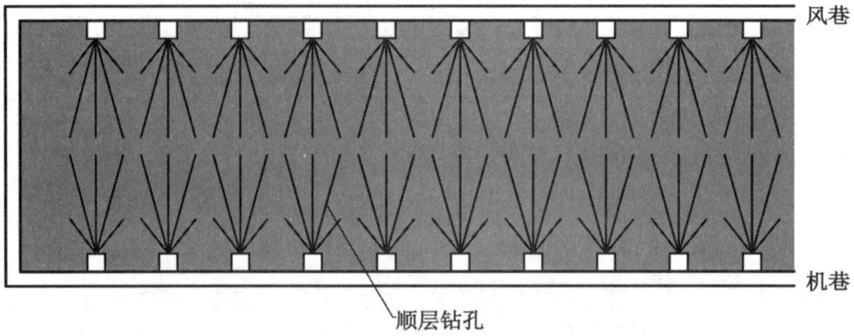

图 7-50　工作面扇形顺层钻孔布置示意

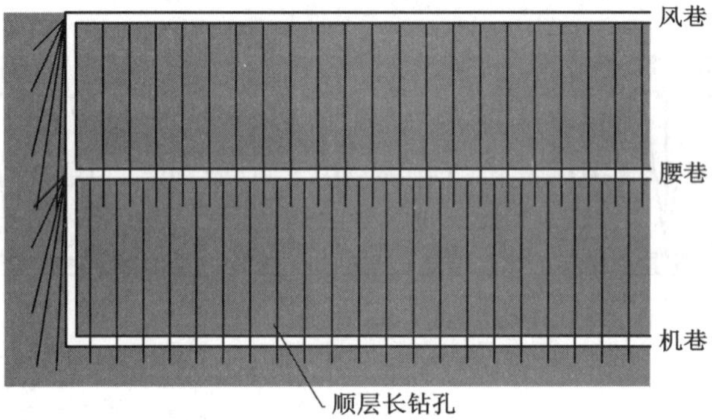

图 7-51　顺层长钻孔递进掩护预抽瓦斯钻孔布置示意

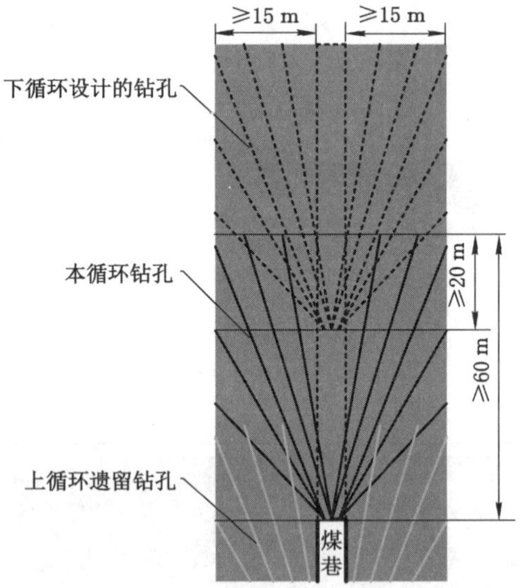

图 7-52　顺层钻孔预抽煤巷条带瓦斯钻孔布置示意

7.3.4　邻近层(卸压)瓦斯抽采

我国多数矿区都具备煤层群的开采条件,首采煤层的采动作用会造成邻近煤层的地应力下降、移动变形、裂隙发育和透气性系数增加,邻近煤层表现出明显的卸压特征。在开采本煤层的同时，为了防止邻近煤层的瓦斯渗透到开采煤层，同时为了降低邻近煤层的瓦斯含量和瓦斯压力，通过穿层钻孔或地面井等方式抽采邻近煤层的卸压瓦斯，即邻近层瓦斯抽采方法。

这样，一方面可以提高首采煤层工作面的安全开采程度；另一方面，若邻近煤层为突出煤层，则可彻底消除邻近主采煤层的突出危险性，为主采煤层的安全开采创造条件。上述瓦斯抽采技术在矿井瓦斯防治领域被称为保护层开采技术。

邻近煤层的卸压原理为：首采煤层的采动过程对邻近煤层来说是卸围压的过程，煤体在卸围压过程中渗透系数的变化规律与其体积应变变化规律一致，煤样的损伤和渗透系数的变化存在卸围压阈值和卸围压拐点（见图 7-53）。煤样的力学性质和初始应力状态决定卸围压阈值，高于此阈值，渗透系数快速增加。卸围压超过拐点值，煤样宏观破裂，渗透系数急剧增大。

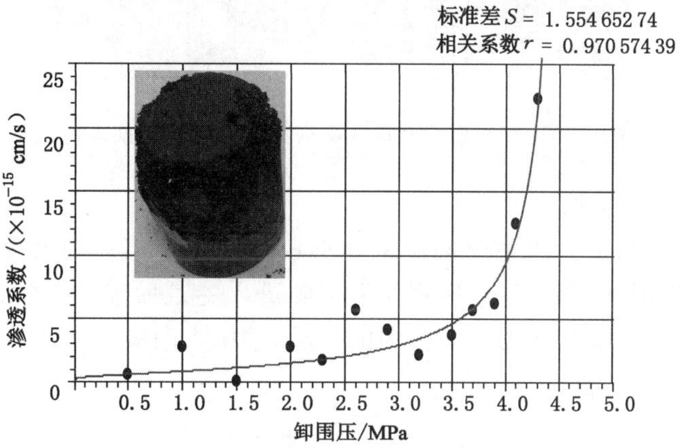

图 7-53 煤的渗透系数与卸围压的关系

沿工作面走向顶底板岩层的应力分区如图 7-54 所示。

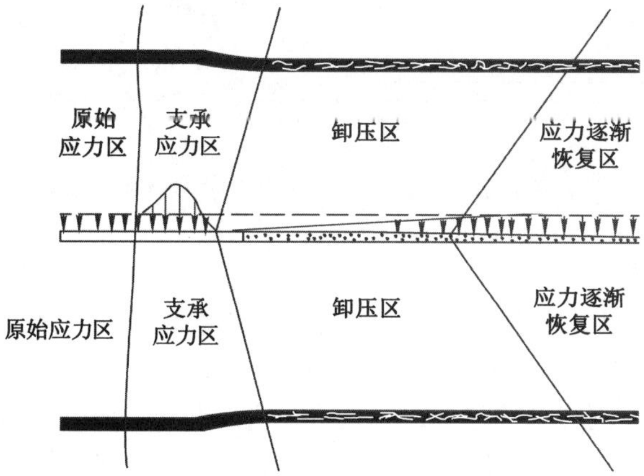

图 7-54 沿工作面走向顶底板岩层的应力分区

(1) 底板岩巷网格式上向穿层钻孔瓦斯抽采方法

底板岩巷网格式上向穿层钻孔瓦斯抽采方法是最常见的邻近层卸压瓦斯抽采方法。

该方法需要在被抽采工作面底板岩层内施工一条或多条岩石巷道(底抽巷),在岩石巷道中每隔一定距离施工钻场,在钻场中施工上向穿层钻孔抽采邻近层的瓦斯,如图7-55所示。

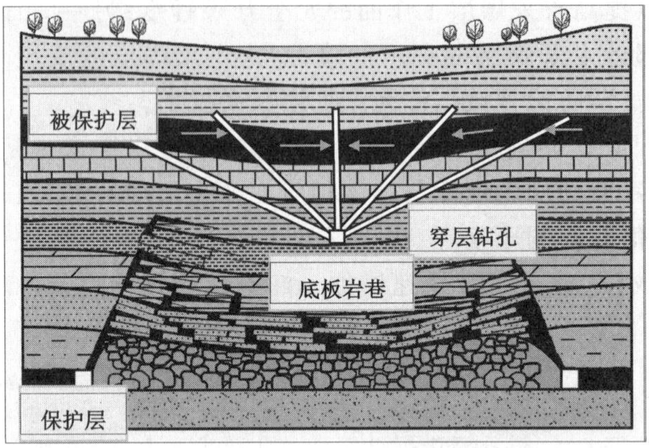

图7-55 底板岩巷网格式上向穿层钻孔瓦斯抽采示意

(2) 高抽巷卸压瓦斯抽采方法

高抽巷卸压瓦斯抽采方法主要利用采动形成的顶板岩层裂隙及高抽巷作为瓦斯运移通道,在抽采负压作用下,邻近层卸压瓦斯沿裂隙进入巷道后经管路抽出,主要适用于被抽采的邻近层在保护层顶板岩层的裂缝带内的情况,常用走向高抽巷法。如图7-56所示。

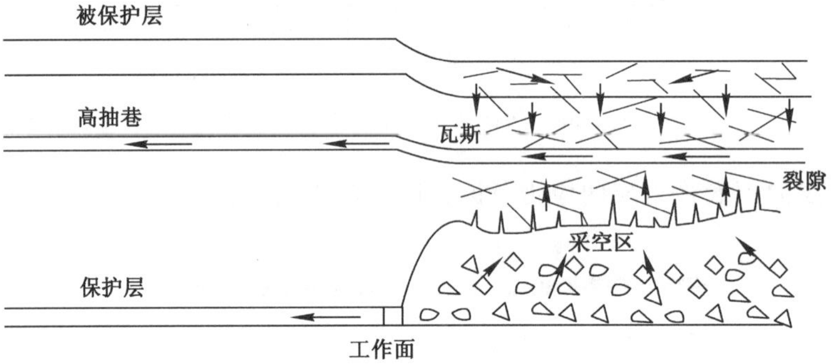

图7-56 被保护层处于保护层裂缝带中时的高抽巷示意

7.3.5 煤矿井下强化抽采

对于不具备卸压瓦斯抽采条件的低透气性煤层,其抽采效果一般较差,需要人工增加煤层的透气性,从而提高瓦斯抽采效率,即强化抽采煤层瓦斯。常用的增加煤层透气性的方法有水力致裂增透、水力割缝卸压增透等水力化措施,也有二氧化碳相变致裂增透、气体压裂等气体增透方法。以下重点介绍水力致裂增透和水力割缝卸压增透的方法。

7.3.5.1 水力致裂增透措施

水力致裂增透技术是指在煤层中施工钻孔,将高压水注入煤层中,使煤体发生张性破裂,在贯通原生裂隙的同时产生新的水压裂缝,最终在煤层中形成裂隙网络系统,从而增加煤层的透气性。在煤层气开发中,常用水力致裂技术提高煤层气的产量,但是受到井下空间和施工安全性的限制，相比煤层气开发过程中的地面压裂设备，煤矿井下的压裂设备体量相对较小，压裂的规模和范围也相对较小。但是井下水力致裂，其钻孔施工更容易，压裂效果更好、可控性更强，是一种简便有效的增透技术。

水力致裂增透措施适用于硬度中硬以上、变质程度高、泥质成分少、裂隙不发育的煤层，在此条件下的煤层中压裂后产生的裂缝不容易闭合，增透效果明显，增透有效时间长。为增加煤层压裂的裂缝数目，更好地改善煤层的透气性，采用脉冲压裂技术与常规高压压裂技术相结合的方法，可以综合脉冲压裂的裂缝多的特点和高压压裂的裂缝长度长的特点，有效提高煤层的压裂效果。

我国西北地区有大量的高瓦斯坚硬厚煤层。采用水力致裂技术在煤层中产生大量的人工裂缝，在工作面回采前可以有效地抽采煤层中的瓦斯，在工作面回采时大量的人工裂缝可以提高顶煤的冒放性，从而提高顶煤的采出率。水力致裂技术在煤层增透、弱化顶煤、防尘等方面具有很强的实用性。

7.3.5.2 水力割缝增透措施

水力割缝是指在瓦斯抽采钻孔(上向钻孔、水平孔)内，用高压水射流对钻孔周围的煤体进行切割而形成一个扁平的缝槽，相当于开采一个极薄的保护层，从而促使钻孔周围的煤体卸压，提高钻孔的瓦斯抽采效率。

水力割缝提高瓦斯抽采量的基本原理是:在钻孔内运用高压水射流对钻孔四周的煤体进行切割，在钻孔四周形成一条具有一定深度的扁平缝槽，利用水射流将切割下来的煤屑带出孔外，一方面可增加煤体暴露的面积，另一方面扁平的缝槽相当于在局部范围内开采一层极薄的保护层，从而使钻孔附近的煤体得到局部卸压，瓦斯流动条件得以改善。

水力割缝增透适用于在中硬或软(打钻不自喷)的煤层中施工的上向孔或水平孔，同时适用于在底抽巷中施工的穿层钻孔，可扩大单个钻孔的抽采范围。

7.4 典型案例

7.4.1 石油开采

以中国石油天然气股份有限公司长庆油田胡尖山油田安 201 区块为例，介绍石油开采的工艺及效果。

(1) 地质概况

长庆油田胡尖山油田安 201 区块位于陕西省榆林市定边县境内，属于特低渗透性岩性油藏，为湖泊相三角洲沉积体系，砂体发育，油层稳定性好，无边底水，主力生产层为长 6_1 层，探明含油面积 20.2 km^2，地质储量 1.324×10^7 t。油层平均厚度 16.9 m，孔隙率 13.3%，渗透率 1.69 mD，电阻率 9.69 Ω·m。安 201 区块钻井显示，该区油藏平均埋深为 2 030 m。该区块油藏属于较典型的低渗透性油藏，储层致密，非均质性强。人工裂缝与天然裂缝发育，采用水驱油藏在开发过程中存在油井水淹的问题，开发难度大。

(2) 开采工艺

2009 年，安 201 区块采用井、排距为 480 m×150 m 的菱形反九点井网进行滚动开发(见图 7-57)。该井网中间为注水井，四周为采油井，采用水驱油藏开发方法，补充油藏能量，提高油井产量。后期根据实际生产效果，在原有井网内实施油井加密及精细化注水，强化注水补充地层能量，扩大水驱波及面积，提高驱油效率。同时，采取堵水调剖等措施，缓解油井见水矛盾，改善区块开发效果。

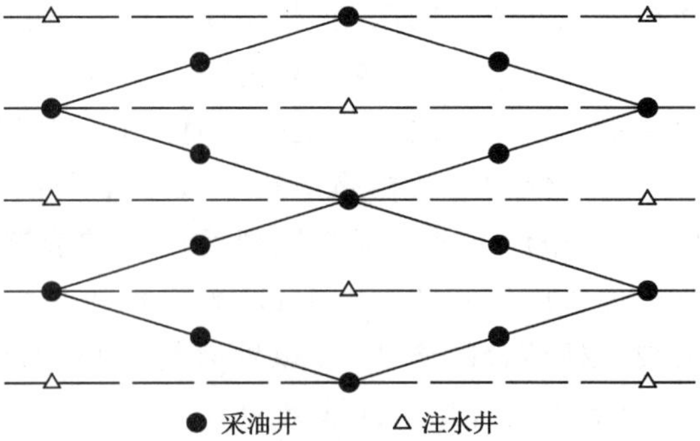

图 7-57　菱形反九点井网

(3) 开采效果

以安 14-52 井为例，介绍油井的生产情况。该井于 2010 年 6 月 23 日投产，至 2017 年 7 月，其生产曲线如图 7-58 所示。投产后的第一年(2010 年)日产油量维持在 0.8 t 左右；

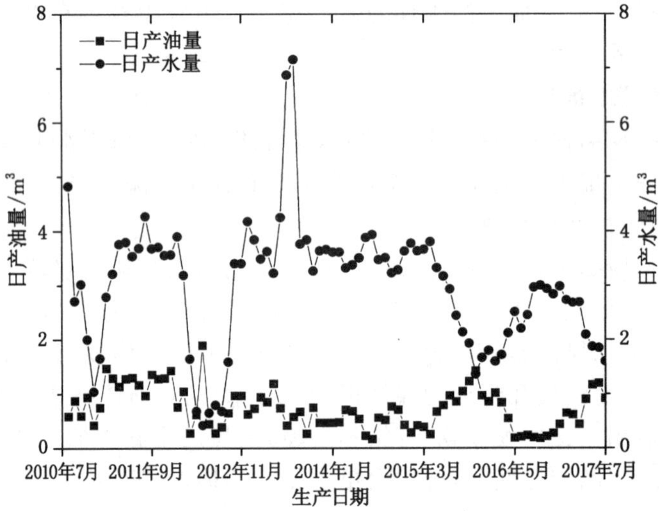

(a)

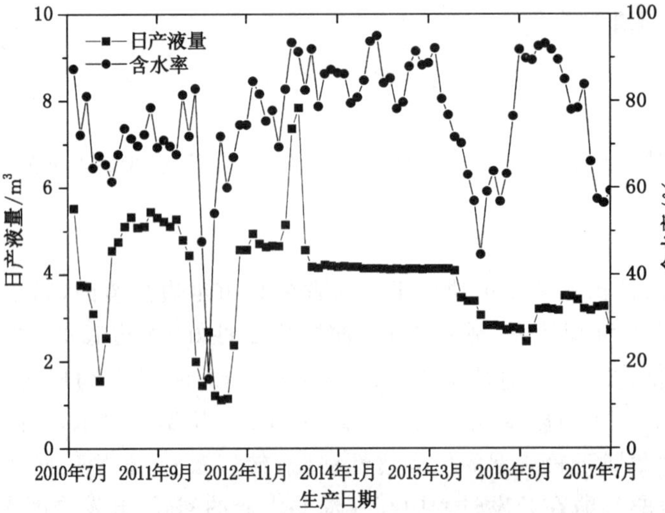

(b)

(a) 日产油量与日产水量曲线；(b) 日产液量与含水率曲线。

图 7-58　安 14-52 井生产曲线

投产后的第二年(2011 年)日产油量上升至1.23 t左右;投产后的第三至第七年日产油量维持在 0.42～0.82 t,整体呈现下降趋势。截至 2017 年 6 月,安 14-52 井累计产油 1 853 t。2011—2016 年,安 14-52 井生产数据如表 7-7 所示。

表 7-7 2011—2016 年安 14-52 井生产数据

年份	生产天数/d	平均日产量			平均含水率/%	历年累计产量	
		液/m^3	油/t	水/m^3		油/t	水/m^3
2011	357.8	5.09	1.23	3.62	71.11	440	1 295
2012	358.1	2.93	0.74	2.04	69.62	265	731
2013	351.6	4.98	0.65	4.20	84.34	229	1 477
2014	363.3	4.14	0.51	3.54	85.51	185	1 286
2015	359.0	3.64	0.82	2.66	73.08	294	955
2016	364.1	3.00	0.42	2.50	83.33	153	910

注:平均含水率$=\dfrac{\text{平均日产水量}}{\text{平均日产液量}}\times 100\%$。

7.4.2 煤层气地面多分支水平井排采

以我国煤层气开发的典型区域——沁水盆地为例,介绍煤层气开采的排采工艺及效果。

(1) 地质概况

沁水盆地樊庄区块位于沁水盆地南部晋城马蹄形斜坡带,区块内煤层厚度较大。山西组 3# 煤为当前煤层气开发的主体煤层,埋深介于 400～700 m 之间,总体上东深西浅,厚度介于 5～7 m 之间,总体上东厚西薄,分布稳定,煤层结构简单。

樊庄区块煤类为无烟煤三号,为高煤阶煤。储层孔隙率变化范围介于 2%～7%之间,孔隙结构中微孔、小孔比例过大,储层渗透率变化范围为 0.01～0.54 mD,是特低孔隙率、特低渗透性储层。

(2) 排采工艺

根据煤层气的产出机理及煤层气井的生产特征,在现场生产过程中形成"五段三压法"煤层气排采工艺。将单井生产过程划分为五个阶段:排水降压、憋压、控压、稳产、衰减,排采的核心是在五个生产阶段中三个压力(井底流压、解吸压力、地层压力)的匹配控制问题。

① 排采曲线及产气规律

多分支水平井气体解吸通道多、控制范围大、产水量大、应力释放快、煤粉从煤层中排出容易,可促进煤层渗透率增大、解吸速度加快,产气规律表现为单峰曲线。通常 4～6 个月开始产气,排采 1 a 左右达到峰值(1.0×10^4～6.0×10^4 m^3)(见图 7-59)。高煤阶煤水平井具有较长的稳产期,一般为 4～5 a。

② 排采阶段划分

根据多分支水平井产气机理及樊庄区块水平井生产特征,将水平井生产过程划分为排水降压、憋压、控压、稳产和衰减 5 个阶段。

排水降压阶段:此阶段主要通过排出煤层中的水来降低井底流压,随着井底流压降到

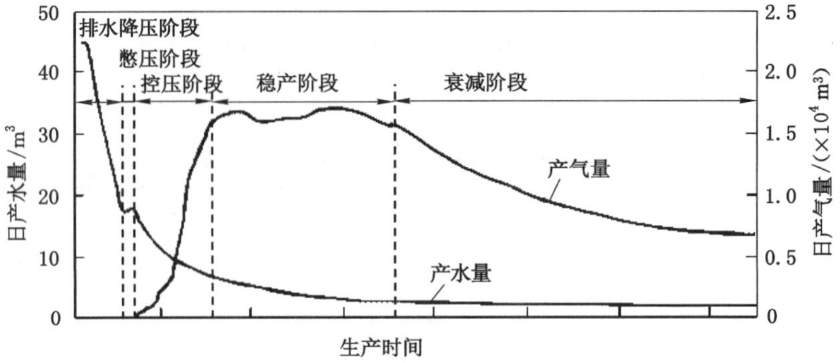

图 7-59　多分支水平井排采曲线

气体解吸压力以下,吸附在煤体表面的气体开始解吸。该阶段煤储层裂隙负压效应占据主导地位,渗透率降低。如何减小煤储层裂隙负压效应是该阶段的关键,如井底流压下降过快,则易产生应力差效应及吐砂现象等,引起裂缝闭合过快、无法形成有效的支撑裂缝及支撑剂压嵌等现象,导致裂缝导流能力下降。

排水降压阶段的管理重点:稳定、连续降低井底流压。

憋压阶段:此阶段气体开始解吸,进入气、水两相流。裂隙压缩负效应和基质收缩正效应并存,如何减小裂隙压缩负效应、扩大基质收缩正效应是排采的关键。

憋压阶段的管理重点:稳定井底流压,扩大降压解吸面积;同时严格控制套压,不能随便开井生产。

控压阶段:此阶段降压面积不断增大,煤层气大量解吸,地层供气能力不断增强。开始开井放压产气,放压产气过程中易发生煤粉卡泵现象。

控压阶段的管理重点:控制产气、产水速率,使井底流压缓慢下降,逐步提高产气量。

稳产阶段:煤层的供气面积逐渐形成,煤层的排水、供气关系基本趋于稳定。

稳产阶段的管理重点:保持排采连续性,稳定井底流压。

衰减阶段:衰减阶段基本不产水,降压面积不再扩展,大量气体已经解吸产出,煤层供气能力逐渐减弱,产气量逐渐下降。

③ 控制方法

排采过程中控制的参数有:转速、动液面下降速率、套压、井底流压及产气量。排采控制的关键是对排采过程中井底流压和煤粉的控制。

井底流压稳定下降有利于压差在煤层中传递,形成大面积降压。同时,井底压力波动引起近井煤层应力波动,造成割理裂隙闭合、水气流动通道减小,不利于形成大面积降压。因此,排采控制的关键就是在生产的各个阶段控制井底压力和气水流动速率相匹配,保证压差传递,以增加降压面积。

生产过程中煤粉的产出对疏通储层裂隙通道、改善渗透率、扩大降压面积起着重要作用。但煤粉如果堆积在近井地带,则会堵塞裂隙通道,降低渗透率,造成储层产能减少。同时,排采过程中还要控制煤粉含量,防止出现煤粉卡泵现象,确保排采的稳定性和连续性。因此,煤粉含量是排采控制的关键。

煤层气的排采过程包括三个要点:① 煤层水连续产出;② 尽量带出煤粉;③ 避免井底

流压波动。遵循的方针为连续、渐变、长期。排水降压、憋压、控压及稳产阶段对井底流压的控制原则分别为快、稳、慢、稳。

(3) 排采效果

以沁水盆地樊庄区块 FZP02-3V 井为例，分析排采过程中各阶段的日产气量、日产水量、井底流压、套压变化情况(见图 7-60)。在排水降压阶段，井底流压快速稳定降低，降压面积不断扩大。在憋压阶段，井底流压基本保持稳定。然后开井放压产气，进入控压阶段，该阶段井底流压缓慢平稳降低，日产气量开始快速上升至 3.5×10^4 m^3左右。稳产期日产气量基本维持在 5.0×10^4 m^3左右，产气量高，产气效果好。

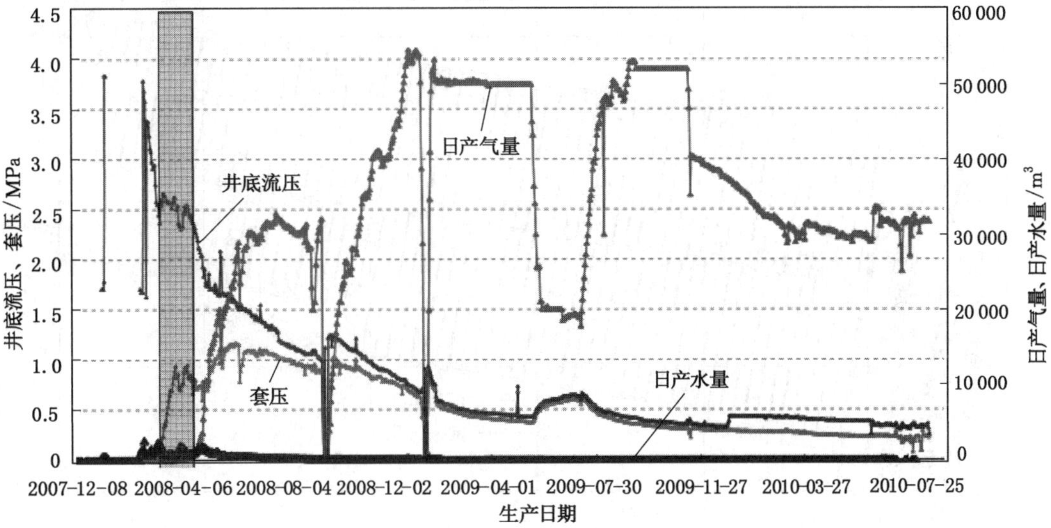

图 7-60 FZP02-3V 井排采曲线

7.4.3 井下瓦斯抽采

以四川嘉阳煤矿为例，介绍煤矿井下含瓦斯煤层压裂后的瓦斯抽采工艺及效果。

(1) 地质概况

嘉阳煤矿位于四川省乐山市，采用斜井开拓方式，分别在+260 m 水平 31 采区和+160 m 水平 12 采区各布置 1 个对拉综采工作面，采用倾斜长壁采煤法。采煤工作面采用“W”形通风方式。该矿井为高瓦斯矿井，矿井绝对瓦斯涌出量为 16.62 m^3/min，矿井相对瓦斯涌出量为 6.86 m^3/t。+160 m 水平开采的 K_7煤层下部 3～4 m、上部 3～4 m 为不可采的 K_6和 K_8煤层，K_6煤层平均厚度为 0.68 m，K_8煤层平均厚度为 0.65 m，均不可采。煤层瓦斯压力 p 为 0.71 MPa，瓦斯放散初速度 Δp 为 10.5 mmHg，吸附常数 a 为 27.425 m^3/t，吸附常数 b 为 0.203 MPa^{-1}，透气性系数为 8.945 $m^2/(MPa^2\cdot d)$，钻孔瓦斯流量衰减系数 β 为 0.077 d^{-1}，百米钻孔自然瓦斯涌出量 q_0 为 0.024 m^3/min，水分为 1.62%，灰分为 45.36%。

(2) 抽采工艺

采用“脉冲压裂+常规压裂”相结合的方式进行压裂，脉冲压裂的裂缝特点是“多而不长”，常规压裂的裂缝特点是“长而不多”，结合两者的优势，在煤层中形成裂缝网络，可显著改善煤层的透气性。在工作面机巷和两回风巷中施工一组顺煤层水力压裂钻孔，孔径

94 mm，孔深 70 m，孔间距 30 m，钻孔施工结束后，逐一进行水力压裂。

采用“驱抽综合抽采工艺”抽采煤层瓦斯。含瓦斯煤层水力压裂后产生水压裂缝，高压水向裂缝两侧渗透，孔隙水与孔隙裂隙内的游离瓦斯接触，引起裂缝围岩内孔隙水和瓦斯压力的变化，孔隙压力的不均匀分布会产生孔隙压力梯度。游离态瓦斯由孔隙（瓦斯）压力高的位置向孔隙（瓦斯）压力低的位置运移，称之为驱替瓦斯现象。因此，待一组压裂孔全部压裂完成后，在两个压裂孔之间补打一个瓦斯抽采孔，孔径 94 mm，孔深 90 m，孔间距 30 m，抽采压裂驱替至钻孔周围的煤层瓦斯。同时，将压裂孔封孔后与瓦斯抽采钻孔一起连入瓦斯抽采主管路中，抽采煤层中的瓦斯（见图 7-61 至图 7-63）。

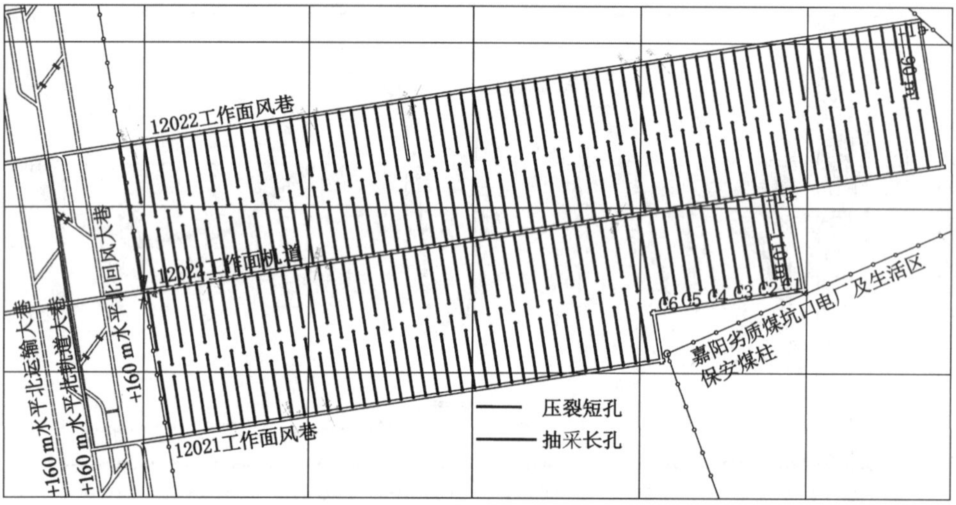

图 7-61　井下煤层压裂与瓦斯抽采钻孔布置

图 7-62　井下压裂钻孔

图 7-63　井下瓦斯抽采管路

（3）抽采效果

嘉阳煤矿有初始有效抽采孔 21 个，抽采区域煤的总量约为 57 t，封孔位置距钻孔孔口 11.5 m。由图 7-64 可知，水力压裂后瓦斯抽采纯量和浓度变化特征可分为两个阶段，初期由于煤体内水量较多，瓦斯尚未解吸或解吸量很少，瓦斯抽采纯量及浓度均较低，分别为 0.85 m^3/min 和 65%左右；随着抽采时间延长，钻孔内水量减少，瓦斯吸附/解吸稳定，瓦斯抽采纯量和浓度增大，分别达到 0.95 m^3/min 和 75%左右。以此稳定的量进行抽采，日抽采量可达 1 368 m^3，单孔日平均抽采量约为 65.14 m^3。由图 7-65 可知，压裂孔有效抽采孔段长度所占比例越大，平均百米抽采量越大。当压裂孔有效抽采孔段长度所占比例为 31%时，百米抽采量约为 0.047 m^3/min，为百米钻孔自然瓦斯涌出量的 1.96 倍；当压裂孔有效抽采孔段长度所占比例为 36%时，百米抽采量约为 0.063 m^3/min，为百米钻孔自然瓦斯涌出量的 2.63 倍。因此，水力压裂在煤层中形成的裂缝网络体系，能有效提高煤层渗透率和瓦斯抽采效率，缩短瓦斯抽采周期，从而为矿井安全高效生产提供良好条件。

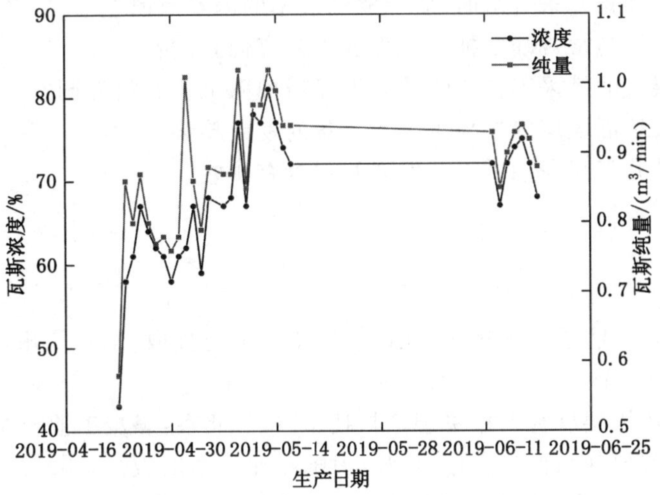

图 7-64 瓦斯浓度、纯量随时间变化关系

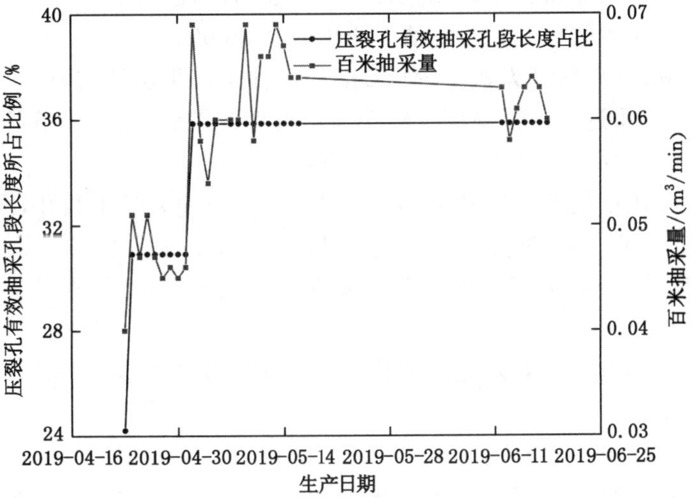

图 7-65 压裂孔有效抽采孔段长度所占比例、百米抽采量随时间变化关系

探索性思考题

(1) 煤矿井下的强化抽采措施还有哪些？其强化抽采的原理是什么？
(2) 影响煤层气井产量的因素有哪些？它们是如何影响煤层气井的产量的？
(3) 简述在油井开采的不同时期，油藏在井筒中的流动形式。
(4) 简述水驱油藏开采方法的优缺点。
(5) 采用水驱油藏开采方法时，影响驱油效率的因素有哪些？
(6) 煤层气排采与常规油气抽采原理及工艺有何异同？
(7) 地面煤层气的排采工艺与煤矿井下瓦斯抽采工艺有何异同？
(8) 思考未来地面煤层气排采工艺和设备的发展趋势。
(9) 制约煤矿井下瓦斯抽采工艺发展的因素有哪些？

参考文献

[1] 王魁军. 矿井瓦斯防治技术优选：瓦斯涌出量预测与抽放[M]. 徐州：中国矿业大学出版社，2008.
[2] 袁亮. 松软低透煤层群瓦斯抽采理论与技术[M]. 北京：煤炭工业出版社，2004.
[3] 张琪. 采油工程原理与设计[M]. 东营：中国石油大学出版社，2003.
[4] 郭建春，唐海，李海涛. 油气藏开发与开采技术[M]. 北京：石油工业出版社，2013.
[5] 李颖川. 采油工程[M]. 北京：石油工业出版社，2002.
[6] 陈家琅. 石油气液两相管流[M]. 北京：石油工业出版社，1989.
[7] 李士伦. 天然气工程[M]. 北京：石油工业出版社，2000.
[8] 张卫东，王瑞和. 煤层气开发概论[M]. 北京：石油工业出版社，2013.
[9] 李相方，石军太，张遂安，等. 煤层气赋存与产出理论进展[M]. 北京：科学出版社，2019.
[10] 崔凯华，郑洪涛. 煤层气开采[M]. 北京：石油工业出版社，2009.
[11] 张洪，张遂安. 煤层气开发与开采[M]. 青岛：中国石油大学出版社，2015.
[12] 冯文光. 煤层气藏工程[M]. 北京：科学出版社，2009.
[13] 白建梅. 樊庄煤层气多分支水平井开采技术跟踪研究[D]. 青岛：中国石油大学(华东)，2009.
[14] 黄洪春，卢明，申瑞臣. 煤层气定向羽状水平井钻井技术研究[J]. 天然气工业，2004，24(5)：76-78.
[15] 周世宁，林柏泉. 煤层瓦斯赋存与流动理论[M]. 北京：煤炭工业出版社，1999.
[16] 程瑞端，陈海焱，鲜学福，等. 温度对煤样渗透系数影响的实验研究[J]. 煤炭工程师，1998(1)：13-16.
[17] 孟召平，刘世民. 煤矿区煤层气开发地质与工程[M]. 北京：科学出版社，2018.
[18] 国家安全生产监督管理总局. 煤矿瓦斯抽放规范：AQ 1027—2006[S]. 北京：煤炭工业出版社，2006.
[19] 于不凡. 煤矿瓦斯灾害防治及利用技术手册[M]. 修订版. 北京：煤炭工业出版

社，2005.
[20] 程远平.煤矿瓦斯防治理论与工程应用[M].徐州：中国矿业大学出版社，2010.
[21] 林柏泉.矿井瓦斯防治理论与技术[M].2版.徐州：中国矿业大学出版社，2010.
[22] 俞启香.矿井瓦斯防治[M].徐州：中国矿业大学出版社，1992.
[23] 国家安全生产监督管理总局，国家煤矿安全监察局.煤矿安全规程[M].北京：煤炭工业出版社，2016.
[24] 应急管理部，国家煤矿安全监察局.防治煤与瓦斯突出细则[M].北京：煤炭工业出版社，2019.

8 流态矿产资源的分离与储运

本章主要介绍流态矿产资源的组分与性质、采后处理与分离、储运技术和典型案例。其中，需要掌握的内容有油气分离、油水分离的主要方法，原油和天然气储运的主要方法及其不同特点；对油气分离、油水分离的其他方法以及油气储运的其他方法理解即可；对原油、天然气的组分和性质以及案例的内容了解即可。

流态矿产资源是指其自然的赋存状态是流体或赋存于流体中，或者通过某种措施（溶解、加热、催化等）可以将其状态转化为流态，可通过地面或井下钻井将其从目标层中抽采出来的矿产资源[1-4]。本章主要结合自然赋存状态为流体的石油和天然气来介绍流态矿产资源的分离与储运。石油和天然气是流态矿产资源中产量和运输量最大的两种资源。油气储运系统（storage and transportation system）是连接油气生产、加工、分配、销售等环节的纽带，包括矿场油气集输及处理、油气长距离运输、炼油厂和成品油的储运等，在保障国家能源供应、维护能源安全中具有重要作用。

矿场油气集输就是在各油气田上收集各井产出的原油（或天然气）及其伴生产物，经分离、计量后汇集输送至处理站。对于油井，要分离其伴生的天然气和水；对于气井，则要分离其伴生的凝析油和水。或者采用多相流量计计量各井的油、气产量，将各井的产出液直接输往处理站，进行三相分离。处理站需要进行的工作是油水气的进一步分离（separate）和净化（purify），主要包括气水分离、油水分离、含油污水处理、气体脱水脱硫等；各分离环节的作用不同，通常根据流态矿产资源的组分等因素进行组合加工。经处理站处理完的原油和天然气，形成原油和天然气商品并进行长距离运输，包括原油的管道运输、油罐运输（油轮运输为主）和天然气的管道运输、液化运输（远洋货轮运输）等。与天然气可以通过管道直接运输到用气终端不同，原油必须经过炼油厂的加工后，再通过成品油管道或者油罐运输到用户终端，因此还包括成品油的储运。

8.1 流态矿产资源（原油、天然气）的组分与性质

从井口采油树出来的原油和天然气都是碳氢化合物的混合物。天然气由相对分子质量较小的烃组分组成，在常温常压下呈气态；原油由相对分子质量较大的烃组分组成，在常温常压下呈液态。在油藏的高温高压条件下，天然气溶解在原油中。当油气混合物从井下沿井筒向上流动到达井口，并继续沿集油管线流动时，随着压力的降低，溶解在液相中的轻组分不断析出，并随其组成、压力和温度条件变化，形成一定比例的油气共存混合物，并且还含有其他杂质。

8.1.1　原油的组分与性质

原油(crude)(见图 8-1)是一种多为深褐色的、有气味的、黏稠的、具有可燃性的液体。其主要成分为:油质(主要成分)、胶质(一种黏性的半固体物质)、沥青质(暗褐色或黑色脆性固体物质)、炭质(一种非碳氢化合物)。其中的油质成分主要指原油中的芳香烃、烷烃和环烷烃。这些烃类组分的构成元素主要是碳和氢。由此可见,石油主要是由不同的碳和氢元素化合物所组成的混合物[5]。石油中的胶质与沥青质是指由相对分子质量大的多环状化合物所构成的一类无规则的有机大分子。其中,沥青质不溶于轻质的饱和烷烃,但可溶于如苯、甲苯等芳香烃;胶质不稳定,可溶于苯、正构烷烃。沥青质、胶质均具有较强的极性。多数学者认为,沥青质和胶质这类天然的乳化剂具有一定程度的表面活性,且可吸附在油水界面上形成强度较大的界面膜。这使得原油乳状液中液滴的膜在相互碰撞时不易发生破裂,因此原油乳状液稳定性较强[6]。

图 8-1　原油

此外,实际采出的原油中还包含水分、固体杂质、有机物等。这些杂质主要是原油生产过程中的强化采油产生的,如储层水力压裂、油层注水驱替采油、注气驱替采油、化学驱替采油等,这些手段对储层造成损害,会增加原油中的杂质成分。

原油黏度对原油采后的分离储运有着重要的影响。在一定条件下,原油内部某一部分相对另一部分流动时摩擦阻力的度量叫原油黏度,黏度的大小反映流体流动的难易程度。影响流体黏度的因素主要有流体组分的性质和温度,原油黏度主要与其化学组分、压力和温度有关。在原油的化学组分中,环烷烃的含量越高,则原油的黏度越大;而相对分子质量较小的烷烃含量越高,其黏度越小。在相同的烃类中,分子的相对分子质量越大,则分子之间的引力作用越大,从而导致流体的黏度越大。温度因素对原油黏度的影响较大,当温度升高时,流体的黏度会减小;当温度降低时,其黏度增大。这是因为当温度升高时,分子的布朗运动会加强,从而克服分子间的摩擦力,加快流体的流动速率,流体的黏度变小;相反,则流体黏度变大。相应的,压力增加,黏度增大;溶解气量增加,黏度减小。原油黏度用 μ 表示,单位为 mPa·s。通常,在地层条件下测定的原油黏度叫地层原油黏度,在地面条件下测定的原油黏度叫地面原油黏度。原油黏度是石油生产运输时的重要决策因素之一。

密度是原油的另一个重要的物理量，在油品计量中，密度起到杠杆的作用。原油相对密度是指在地面标准条件下原油密度与 4 ℃纯水密度的比值，为无因次量。一般把相对密度小于 0.9 的石油称为轻质油，大于 0.9 的石油称为重质油。原油相对密度在石油相关的生产、科研、计量和储量预测等方面使用广泛。原油密度跟其组分的构成有关。大多数原油的相对密度的范围为 0.8～0.89，而原油组分中胶质的相对密度大于 1，一般原油中胶质含量越高，则原油的相对密度越大[7]。

8.1.2 天然气的组分与性质

天然气是一种烃类和非烃类混合的可燃性气体，多赋存于地下的孔隙岩层中。按照生成形式，天然气可分为伴生气和非伴生气。其中，伴生气是指与原油共生的，可与原油一起被采出的油气；非伴生气是指纯天然气田和凝析气田中的天然气。根据甲烷和其他烷烃含量的差异，可将天然气分为湿天然气和干天然气。其中，湿天然气是指除甲烷外的乙烷、丙烷等烃类的含量在 10%以上的天然气；干天然气是指甲烷含量在 90%以上的天然气。天然气的主要组分及各自的性质见表 8-1。

表 8-1 天然气的主要组分及其性质

组分	性　　质
CH_4（主要成分）	CH_4无色无味、密度比空气小且极难溶于水，可燃烧，火焰呈蓝色，完全燃烧生成的产物为 CO_2 和 H_2O
H_2S	H_2S 为一种易燃、带有臭鸡蛋气味、可溶于水且具有剧毒的酸性气体，其水溶液属于弱酸溶液，具有腐蚀性
CO_2	CO_2为一无色无味气体，可溶于水并与之反应生成碳酸
有机酸	天然气中的有机酸主要为羟基酸，它可溶于水、易溶于有机溶剂，无色，有臭味，有毒性；在一定条件下可以水解为 H_2S 和 H_2O，其化学性质与 CO_2 相似

煤层气作为一种非常规天然气，其主要以游离或吸附的状态存在于煤层中。煤层气主要来源于地下煤炭的开采。井下采出的煤层气除了含有甲烷外，还含有非烃类成分，如 O_2、N_2、CO_2 和 H_2S 等，其中，H_2S 在煤层气中的含量一般较低。

8.2 流态矿产资源的采后处理与分离

流态矿产资源从抽采井中被抽采出来后，与其伴生物经分离、计量后汇集输送至处理站，在处理站进行进一步的分离和净化，从而成为符合质量标准要求的原油和天然气，并集中向外运输。

石油采出液是由油、水、气等多种物质组成的混合物。为了对产品进行计量，减少输送过程中的能量损失并生产出符合质量标准要求的产品，必须对油气混合物进行分离和净化处理。因此，在油气集中运输时，首要的工作就是进行油气分离。油气分离后，还要对原油进行油水分离，原油脱水达到标准后才可以向外运输。

油气混合采出物的分离提纯流程如图 8-2 所示。

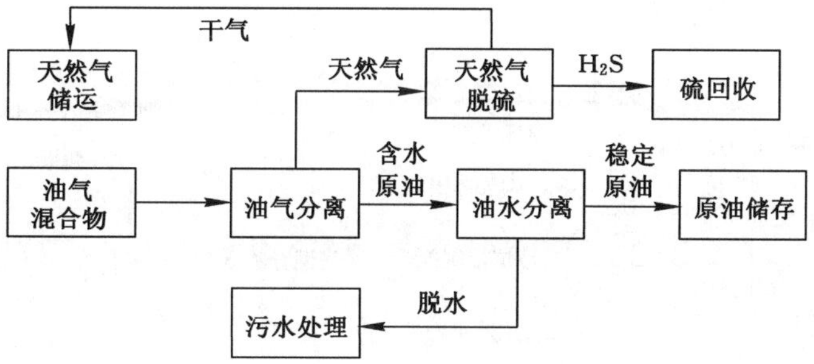

图 8-2　油气混合采出物的分离提纯流程

8.2.1　油气分离技术

原油、天然气的主要组分均为烃类化合物，因此在一定的温度和压力下，两者可混合在一起；同时在适当的温度、压力下，又可相互分离开来。由于原油和天然气的物理化学性质存在着较大的差异，因此有必要先对采出的油气混合物进行分离，以便于后续的原油加工、天然气加工以及原油和天然气各自的存储与运输。

在油气集中输送时，油气的分离是在气液分离器（或油气分离器）中进行的。常用的分离方法有重力分离法、离心分离法和碰撞分离法等[8]（见表 8-2）。分离器主要有卧式分离器和立式分离器，此外还有离心式分离器、过滤式分离器、聚结式分离器等；在油田上使用的分离器主要以立式和卧式分离器为主。

表 8-2　油气混合物的主要分离方法

	技术原理	技术特点
重力分离法	其原理是，使原油和天然气混合物所在的空间体积增大，从而压力降低，在重力差作用下天然气从油液中分离出去	是根据在相同条件下油气因密度不同而受到不同的重力作用来进行油气分离的，是目前最基本的油气分离方法
碰撞分离法	其原理是，油气混合物中的油分子相互碰撞接触而形成较大油滴从天然气中分离出去	是除去天然气中雾状原油的一种分离方法，是天然气分离的一种辅助手段，主要用于天然气除油
离心分离法	其原理是，原油和天然气混合物做回旋运动时，因所提供的向心力不足，从而产生离心运动，使油气分离	是油气分离的一种辅助手段，操作简便，但是分离效率不高

进入卧式分离器（见图 8-3）的流体经过入口分流器时，流向和流速突然改变，油、气初步分离。经入口分流器初步分离后的原油在重力作用下流入分离器的集液区，集液区的作用是均衡进出原油的流量，使原油流出分离器之前有足够的停留时间，进而使原油中夹携的气泡有足够的时间上升至液面并进入气相。同时，来自入口分流器的气体水平地通过液面上方的重力沉降区，被气流携带的油滴在该区内靠重力沉降至集液区。未沉降至液面的、粒径更小的油滴随气体流经捕雾器，在捕雾器内聚集合并形成大油滴，并在重力作用下流入集液区。分离后的原油和气体分别通过液位控制阀和压力控制阀流出分离器并进入

对应的运输管线。

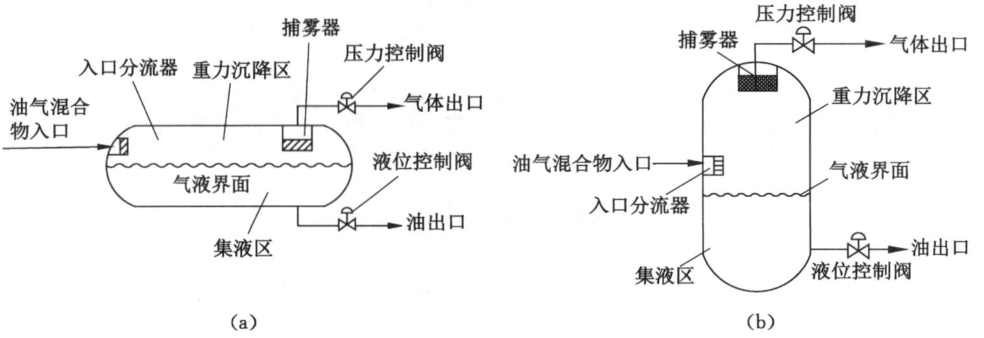

(a) 卧式分离器;(b) 立式分离器。

图 8-3　卧式分离器和立式分离器的工作原理[9]

立式分离器(见图 8-3)的工作原理和卧式分离器的相同,但是立式分离器内气体携带油滴的沉降方向与气流方向相反,被液体夹带的气泡上浮方向和流体的流动方向相反。

立式分离器和卧式分离器具有不同特点和使用场所。卧式分离器内的分散相运动方向与连续相运动方向互相垂直,而在立式分离器中两者方向相反,可见卧式分离器的气液机械分离性能优于立式分离器;在卧式分离器中,气液界面面积较大,有利于分离器内气液达到相平衡。在相同的气液处理量下,卧式分离器尺寸小,制造成本低,有较大的集液区体积,对液位变化的缓冲能力强,能向下游设备供给稳定的流量。卧式分离器常用于发泡原油和伴生气的分离以及油气水三相分离。但是立式分离器占地面积小,这在海洋采油、采气中至关重要,适用于处理含固体杂质较多的油气混合物、气油比很高或者气体流量较小的混杂油气。

除此之外,其他类型的分离器还有离心式分离器、过滤式分离器和聚结式分离器等。离心式分离器(见图 8-4)主要依靠油气混合物做回转运动时产生的离心力使气体和携带的油滴分离,具有相同气液处理量下设备尺寸小、分离效率高的特点,在海洋石油生产中使用较多。过滤式分离器分为两部分(见图 8-5),上游部分装过滤管,下游部分装捕雾器,这种分离器可脱除 100%粒径大于 2 μm 的油滴和 99%粒径大于 0.5 μm 的油滴。聚结式分离器在立式筒内装有聚结过滤元件,用于气体深度净化。较典型的应用为从气流中完全分离出粒径大于 0.3 μm 的液体颗粒,用于对气体污染物特别敏感的工艺,比如分子筛脱水和醇胺脱酸气接触塔上游的流体分离。

8.2.2　油水分离技术

越来越多的油田为提高原油的采收率,采用二次采油技术和三次采油技术,采出的原油含水量会随着油田开采的深化而不断增大。然而原油中所含水会带来储存和运输设备老化速度加快、能耗大、堵塞锈蚀等严重后果。因此,原油采后的脱水处理环节成为油田生产开发的重要内容之一。为了便于后续运输与加工和达到相关的标准要求,在原油向外输送时,须经过脱水处理,且含水量不得超过 0.5%。油水分离是对油和水的初步分离,难点是油水乳化液的初步分离,常见的破乳脱水方法有化学破乳法、电脱水法、加热沉降法等,其中以电脱水法为主[10]。油水分离的主要技术及其特点见表 8-3。

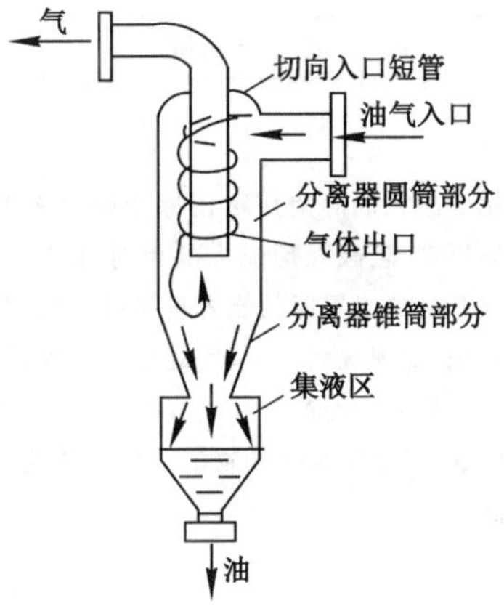

(a)

(b)

(a) 原理图;(b) 实物图。

图 8-4　离心式分离器

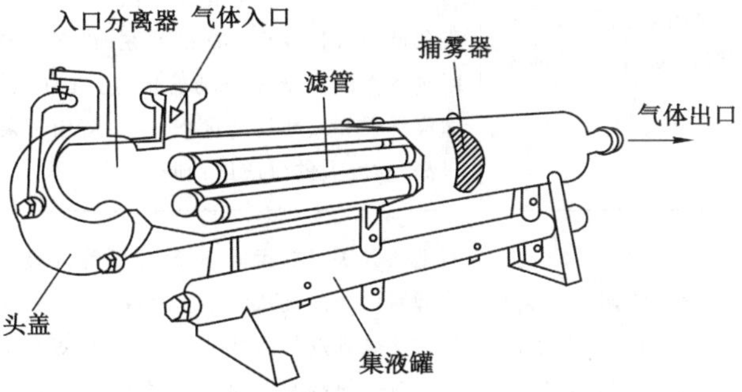

(a)

(b)

(a) 原理图;(b) 实物图。

图 8-5　过滤式分离器

表 8-3　油水分离的主要技术及其特点

	技术原理	技术特点
加热沉降法	其原理是,通过对原油乳化液进行加热,从而提升重力沉降的效率和效果。温度升高,乳化液黏度和界面张力降低。乳化液黏度降低有利于分子的热运动,进而可增加水滴的碰撞和聚合概率,提高分离效率;界面张力降低可弱化界面膜的强度,有利于水滴的相互碰撞合并,对油水的分离可起到积极作用	加热沉降法是利用油和水的密度差异来实现油水分离的,只能有效地去除乳化液中的绝大部分水。因此,这种分离方法不适用于油水密度差异小、含水量较低的原油乳状液的脱水。加热沉降法常与化学试剂一起联合使用来进行原油脱水,称为热化学分离法

表 8-3(续)

	技术原理	技术特点
化学破乳法	其基本原理是，将化学破乳剂加入原油乳状液中，从而破坏乳状液的稳定性。破乳剂分子会扩散到油水界面上，置换出部分的沥青质和胶质等天然乳化剂，从而形成新的、强度更低的界面膜。鉴于新的界面膜的强度低、稳定性差，在重力和分子运动的作用下，小水滴或油滴会快速聚结成大液滴，从而破坏已形成的乳状液滴和阻止原油的进一步乳化。随着液滴聚结后的直径增大到一定程度，则形成的油水密度差就可以使油和水得到分离，实现破乳	化学破乳剂的使用可使原油脱水效率得到明显提高，且破乳剂成分的相对分子质量越大，其弱化油水界面的能力越强；但同时存在一些问题，如现场用量大、适应性较差等；针对采用聚合物驱油的油田采出液稠度大、脱水困难的问题，可采用高效的复配型化学破乳剂来进行破乳[11-12]
电脱水法	其原理是，水作为一种极性电解质，能够在电场的作用下发生极化，且发生极化后的水滴能够在电场力的牵引下移动，进而致使水滴间相互碰撞聚结，形成较大的水滴，当水滴达到一定的尺寸后就可以依靠重力作用来克服运动阻力，从而发生沉降，实现油水分离	所用电场有直流、交流和直交流三种类型。直流电场可以较大程度地聚结原油乳状液中的水滴，但对含水量波动较大的乳化液适应性不强，容易发生电解；交流电场可以很好地适应含水量波动较大的乳化液，但也存在难以去除乳化液中直径较小水滴的问题；直交流电场同时具备直流和交流电场的优点，具有耗能低、适应性强和效率高的优势，但不适用于杂质含量高、黏度大的重质原油脱水
新型破乳法	新型破乳技术有脉冲脱水法、微生物脱水法、磁脱水法和新型管道式分离法等。其中，磁脱水法是利用电磁场来增加蜡晶分子间的色散力（即一种吸引力），使蜡晶分子聚结，从而降低原油乳状液黏度的；微生物脱水法依靠微生物消耗原油乳状液中天然的表面活性物质或者自身分泌出某种类似破乳剂的表面活性物质来达到弱化或破坏界面膜的目的；新型管道式分离法主要是通过旋流管和T形管两构件来实现油水两相的快速分离的	新型破乳法具有污染小、耗能低等优势。磁法处理后的原油乳状液黏度会降低，且后续添加的化学破乳剂的活性会增强，从而使原油脱水效率有明显提高。微生物脱水法凭借其自身特点，可以较好地解决采用聚合物驱油技术而导致的原油采出液中的活性剂和高分子聚合物含量高、原油黏度较大的问题。新型管道式分离法在分离过程中仅使用物理分离手段，因此具有污染小、耗能低、安全、高效和设备体积较小等优势。新型管道式分离法凭借其自身优点，可以较好地解决海洋油气采出液的油水分离作业所面临的作业平台空间受限问题[13]

原油电脱水是使原油达到商品原油规定的含水量指标的主要技术手段。它是指利用静电场力和化学破乳的共同作用，实现原油乳状液的破乳脱水过程。其技术关键点是借助高压电场的作用，使小水滴结成大水滴，再利用油水密度差将水进行分离。水滴聚结可以削弱乳化膜的机械强度，静电力可以使水滴的运动速度提高、动能增加，促使水滴相互碰撞，而碰撞时其动能与静电能便能克服乳化膜的障碍而彼此聚结成直径较大的水滴，从原油中沉降分离出来。

原油乳状液的液滴在电场影响下分别受到三种不同形式的作用力：偶极力、电泳力和介电泳力；并在力的作用下发生三种聚结：电泳聚结、偶极聚结和振荡聚结（见表 8-4）。乳化液的液滴在任一类电场中均可发生上述三种形式的聚结，只是在同一电场中，液滴的聚结会以某一种或两种方式为主（见图 8-6）。如在直流电场中，主要为电泳聚结和偶极聚结；在交流电场中，以偶极聚结和振荡聚结的方式为主[6]。

表 8-4　液滴在电场中的聚结方式

	电泳聚结	偶极聚结	振荡聚结
结合过程	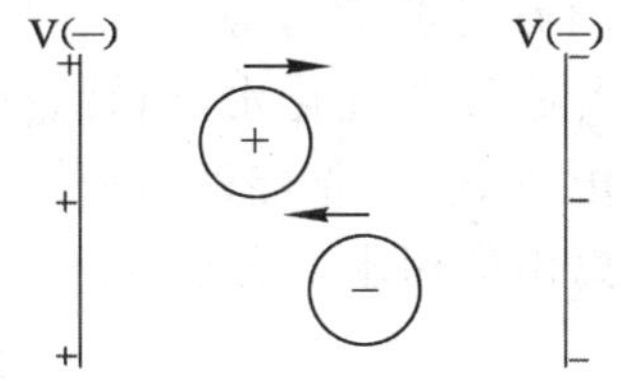	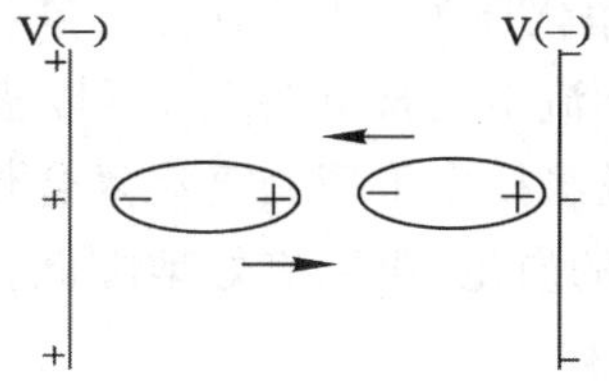	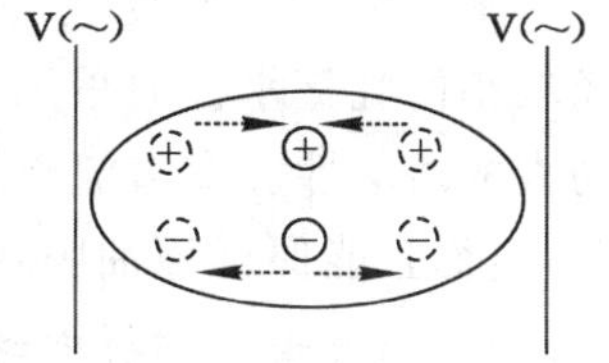
	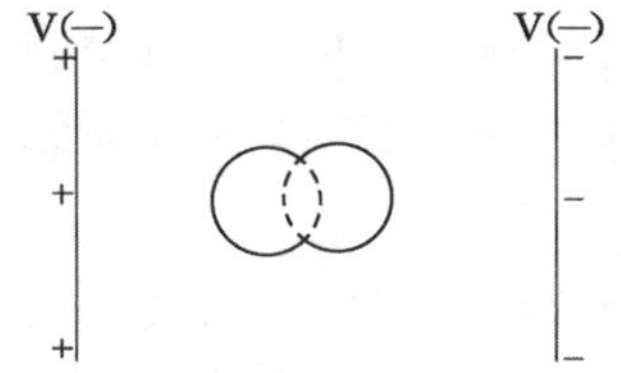	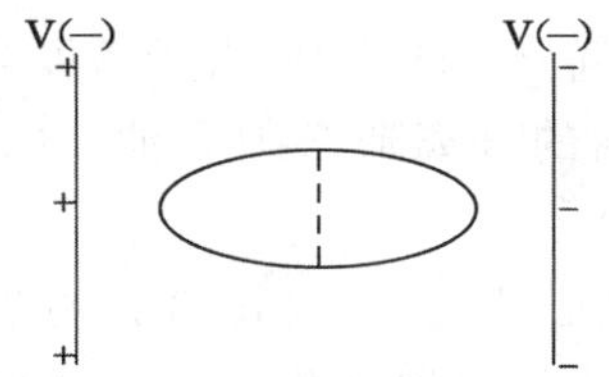	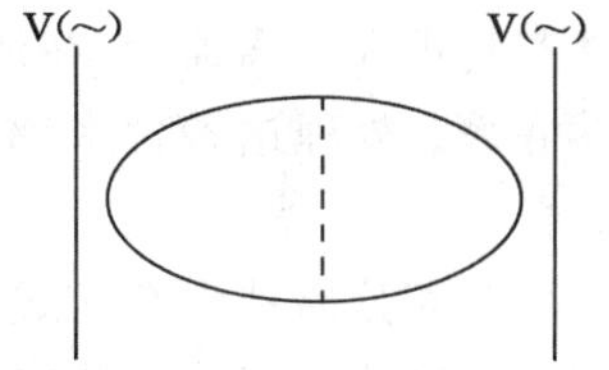
特点	带电液滴朝着相反电极处移动而发生碰撞、合并	极化后的液滴沿电场方向一致排列，相互吸引而发生碰撞、合并	液滴内的正负离子周期性往复运动、撞击并减弱界面膜强度[14]

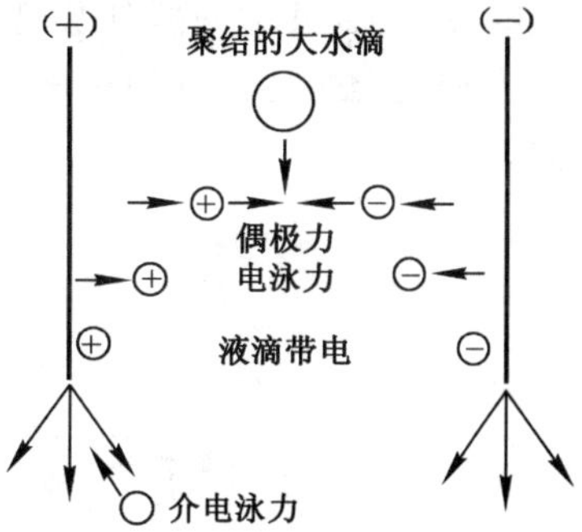

图 8-6　液滴在电场影响下受到的作用力[6]

根据异性电荷相互吸引的原理，在直流电场中，水滴会移向与其本身电荷电性相反的电极，此现象称为电泳。在电泳过程中，水滴受原油的阻力作用产生拉长变形，并使界面膜机械强度削弱。同时，因水滴大小不同、所带电量不同和运动时所受阻力不同，故各水滴在电场中运动速度不同，水滴发生碰撞，使削弱的界面膜破裂，水滴合并增大，从原油中沉降分离，这种聚结方式称为电泳聚结。

在高压直流或交流电场中，原油乳状液中的水滴受电场力的极化和静电感应作用，两端会带上不同极性的电荷即形成诱导偶极。原油乳状液中许多两端带电的水滴像电偶极子一样，在外加电场中以电力线方向呈直线排列形成“水链”，相邻水滴的正负偶极相互吸引，电的吸引力使水滴相互碰撞、合并成大水滴，从而从原油中沉降分离出来，这种聚结方式称为偶极聚结。

在高频交流电场中，电场方向每秒改变 50 次，水滴内各种正负离子不断地做周期性的往复运动，从而使水滴两端的电荷极性发生相应的变化。离子的往复运动使水滴界面膜不断地受到冲击,使其机械强度降低甚至破裂,水滴相撞而聚结成大水滴,从原油中分离出来,这种聚结方式称为振荡聚结。

交直流电脱水技术是在交流电脱水技术基础上结合交流、直流电场优点设计出来的,可以有效地改变交流电脱水技术设备运行能耗高且脱水效果不理想的缺点。交直流电脱水技术将垂直电极板相间分布,拥有3种不同的电场:交流弱电场、直流弱电场和直流强电场。其原理为,原油由电脱水器的底部进入下部的交流电场,利用振荡聚结和偶极聚结脱去大部分的水,然后再进入上部的直流电场脱去乳化水。

采用单一的交变电场净化原油,可以对含水量波动有足够的适应性,但是很难脱除直径较小的乳化水。而采用直流电场净化原油,可以极大地聚合乳化水,但缺乏对含水量波动大的适应性。交直流电脱水技术采用交直流复合供电方式,不仅能够适应高含水原油的变化,而且能保证原油脱水的质量,可以更好地降低分离出的污水的含油量。

8.2.3 油气水三相分离技术

油井产物内常含有水,特别是在水驱油藏生产的中后期油井水含量急剧增加。含水油井产物进入分离器后,在油气分离的同时,由于密度差,一部分水将与原油分离沉降至分离器底部。处理这种含水原油的分离器必须有油、气、水三个出口,这种分离器称为三相分离器。

三相分离器也有立式和卧式之分(见图 8-7 和图 8-8),适用场合与气液两相分离器相同。在卧式三相分离器中,油气水混合物进入分离器后,入口分流器将混合物初步分成气液两相,液相引至油水界面以下进入集液区。在集液区内,油水混合物因为密度差出现分层:底部为水层,上部为原油和含有分散水珠的原油乳状液层。油和乳状液从堰板上方流至油室并排至相应管线。水从堰板上游的出水阀排出。分流器分出的气体水平地通过重力沉降区,经除雾后流出分离器。在立式三相分离器中,自配液管流出的油水混合物在水层内经过水洗,其中的部分游离水与水层合并;在原油向上流动的过程中,原油夹携的水珠沉降方向与之相反,原油中释放的气泡上浮至气体空间与原油分离,并经除雾后流出分流器。

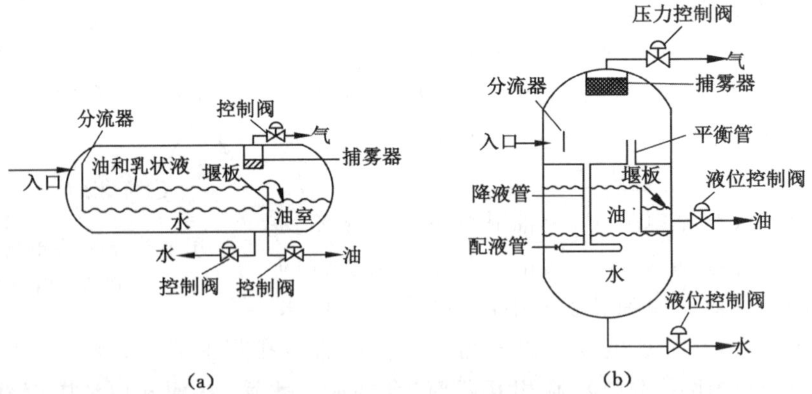

(a) 卧式三相分离器;(b) 立式三相分离器。

图 8-7 卧式三相分离器和立式三相分离器结构原理

(a) 卧式三相分离器;(b) 立式三相分离器。

图 8-8 卧式三相分离器和立式三相分离器实物

8.2.4 原油处理与原油稳定

经过沉降初步分离，或者初步油水分离和油气分离后的原油内仍然含有一部分水和气，主要以乳化水和溶解气为主，需要进一步分离和处理这些成分，才能达到商品原油标准。对原油进行脱水、脱盐、脱除泥沙等机械杂质，使之成为合格商品原油的工艺过程称为原油处理。经脱水处理后的净化原油内含有溶解气，溶解气使得原油蒸气压增高，在储运过程中排入大气会污染环境，并且商品原油对蒸气压有严格的标准。使净化原油内的溶解天然气组分汽化，与原油分离，较彻底地脱除原油内蒸气压高的溶解天然气组分，降低常温常压下原油蒸气压的过程称为原油稳定。原油稳定通常是原油矿场加工的最后工序。

原油处理主要是处理原油乳状液。两种或者两种以上互不相溶(或微量互溶)的液体，其中一种以极小的液滴分散于另一种液体中，这种分散系称为乳状液。乳状液具有稳定性。

原油和水构成的乳状液主要有两种类型(见图 8-9)：水以极微小的颗粒分散于原油中，称为油包水型(W/O 型)乳状液；油以极微小的颗粒分散于水中，称为水包油型(O/W 型)乳状液，又称为反相乳状液。此外，还有复合乳状液，即油包水包油型(O/W/O 型)复合乳状液、水包油包水型(W/O/W 型)复合乳状液等，聚合物驱采油常产生 O/W/O 型复合乳状液。乳状液形成要具备一定的条件：① 系统中存在两种以上互不相溶的液体；② 有强烈的搅动，从而使液体破碎成微小的液滴分散于另一种液体中；③ 有乳化剂存在。原油中的沥青质、胶质等都是天然的乳化剂，强化采油使用的试剂和方法等都有促进乳化剂生成的作用。在油气生产过程中，较容易产生乳状液的设备和装置有：自喷井、气举井、地面集输管网等。

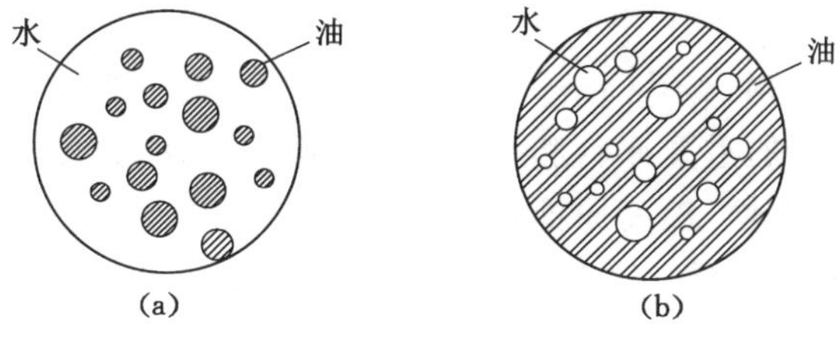

(a) O/W 型;(b) W/O 型。

图 8-9 原油中的乳状液主要类型

原油处理有一些常用的术语：

① 破乳。乳状液的破坏称为破乳。破乳过程由分散水滴相互接近结合在一起、界面膜破裂、水滴合并粒径增大、在油相中沉降分离等一系列环节组成，常称为水滴的絮凝、聚结和沉降。分散相外围的界面膜有较高的机械强度，可阻止水滴的合并沉降，所以原油乳状液破乳的关键是破坏油水界面膜，使水滴聚结和沉降。

② 絮凝。液体中悬浮微粒及液滴集聚变大，或形成絮团，这一现象称作絮凝。某些高分子聚合物（絮凝剂）的长链分子具有多个活性基团，分别吸附在各个水滴上，从而使大量乳化水滴聚集在一起，但水滴的界面膜是连续的、没有破裂，水滴液没有合并成大水滴。在原油破乳的过程中，能从显微镜下观察到大量水滴絮凝在一起呈鱼子状。

③ 聚结。乳状液处理器内小粒径水滴合并，变成能在规定停留时间内沉降至容器底部水层的大粒径水滴的过程称为聚结。

④ 水洗。常使油水混合物进入乳状液处理器的底部水层，使乳状液向上通过水层，由于水的表面张力较大，原油中的游离水、粒径较大的水滴、盐类和亲水性固体杂质等进入水层，这一工艺称为水洗。

原油处理的主要工作是深层次脱水。常用的脱水方法有化学破乳脱水法、重力沉降法、加热沉降法、热水冲洗法、粗粒化脱水法、电场破乳脱水法、电化学联合破乳脱水法等，各种方法各有其优缺点和适用条件（见表 8-5）。在生产实践中，常综合运用各方法以获得最好脱水效果和最低脱水成本。

表 8-5　原油脱水方法原理及适用条件

脱水方法	基本原理	适用条件	优点	缺点
重力沉降法	油水密度差异	处理松散的不稳定乳化液	费用省	耗时，效果差
加热沉降法	降低黏度，破坏界面膜	乳化液	工艺简单	需加热设施
热水冲洗法	水洗	脱水脱盐	脱水及机械杂质	需淡水及泵设备
化学破乳脱水法	破坏界面膜	乳化液	适用性强	费用高
粗粒化脱水法	润湿	乳化液	货源充足，价格低廉	处理量小
电场破乳脱水法	电荷异性相吸	低含水原油	效率高	需电力设施
电化学联合破乳脱水法	化学与电场	低含水原油		

原油稳定脱除主要针对含有 C_1—C_4 的正构烷烃，这些轻组分在常温常压下为气体，被脱除后可以用作石油化工的重要原料和工业民用燃料。原油稳定可以降低原油蒸发损耗、合理利用油气资源、保护环境、提高原油在储运过程中的安全性。

原油稳定的常用方法主要可以分为两类：分馏稳定法和闪蒸分离法。闪蒸分离法主要包括多级分离、负压闪蒸、正压闪蒸、油罐烃蒸气回收等方法。如果降低系统压力或者提高系统温度，就会破坏原来的汽液平衡状态，产生一次汽化过程，使原油中轻组分挥发出来，这一过程称为闪蒸。多级分离利用若干次减压闪蒸使原油达到一定程度的稳定

(见图 8-10)。多级分离是世界上使用最广、建设费用最低的原油稳定方法。利用闪蒸原理使原油蒸气压降低,称为闪蒸稳定。按闪蒸容器的压力,可将闪蒸分为正压闪蒸和负压闪蒸两类(见图 8-11 和图 8-12)。

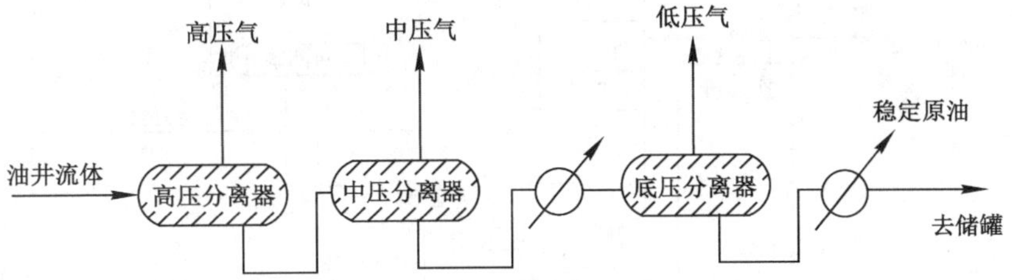

图 8-10　多级分离原理流程

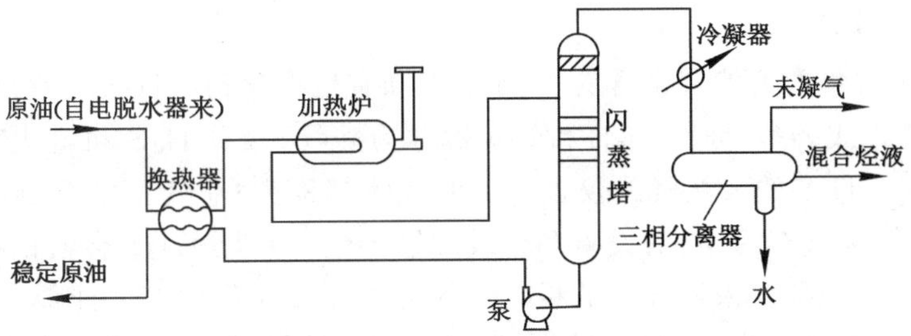

图 8-11　正压闪蒸原理流程

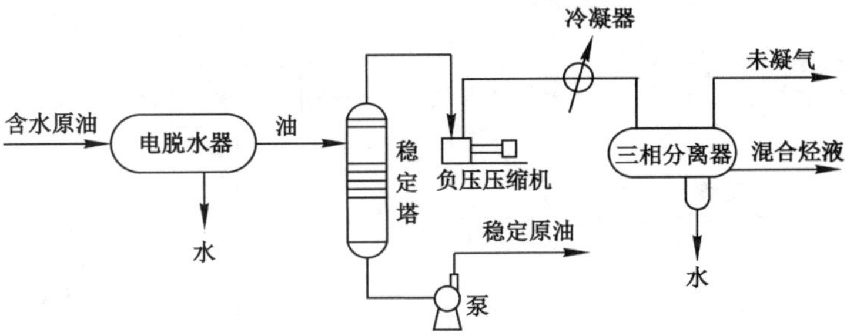

图 8-12　负压闪蒸原理流程

精馏是指利用回流使液体混合物得到高纯度分离的蒸馏方法,其过程实质是多次平衡汽化和冷凝。利用精馏原理对净化原油进行稳定处理的过程称为分馏稳定。分馏稳定原理流程如图 8-13 所示,脱水原油经换热升温后进入稳定塔,在塔内部分汽化,汽化部分在塔上部进行精馏。塔顶气相产品内较重组分经水冷后从气体中冷凝分离出来,部分作为塔顶液相回流送回塔内,其余轻油和以组分 C_1—C_4 为主的不凝气分别送往气体处理厂。塔底部分稳定原油经重沸器加热后作为塔底回流,为塔提供分馏所需的热能并提供气相回流。其余的稳定原油和净化原油在换热冷却后输往矿场油库。分馏稳定对物料的分离较为精细,但耗能较多,适用于 C_1—C_4 含量较多的原油稳定。

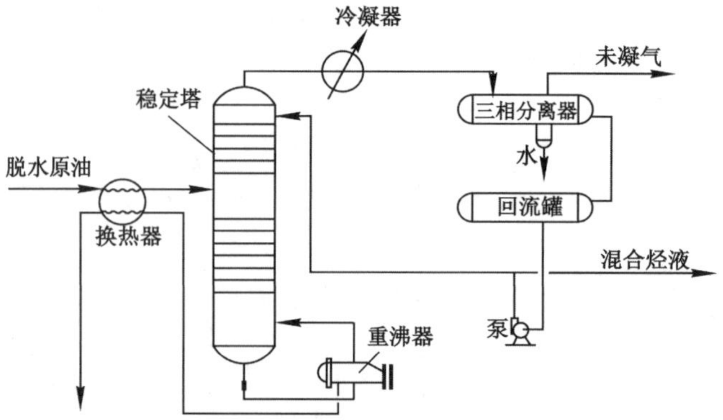

图 8-13　分馏稳定原理流程

8.2.5　气体脱酸性气

从油气井中收集的天然气常含有 H_2S、CO_2和有机硫化物。H_2S与水反应可生成硫酸，CO_2与水反应可生成碳酸，因而 H_2S 和 CO_2被称为酸气，含有 H_2S 和硫化物的天然气称为酸性天然气，不含 H_2S 的天然气或仅含 CO_2的气体都称为“甜气”(在我国称为脱硫气或者净化气)。酸气对大气有污染，对设备和管线腐蚀严重，特别是 H_2S 会使钢材发生“氢脆”和“硫化物应力开裂”现象。未经加工的粗天然气需要经过净化加工才能成为商品天然气(见图 8-14)。脱酸气和脱水也被称为气体净化，并且根据原料气的组成不同而又取舍，从酸性天然气中脱除酸性气体的工作，常在油气井产物集中、气液分离后进行。

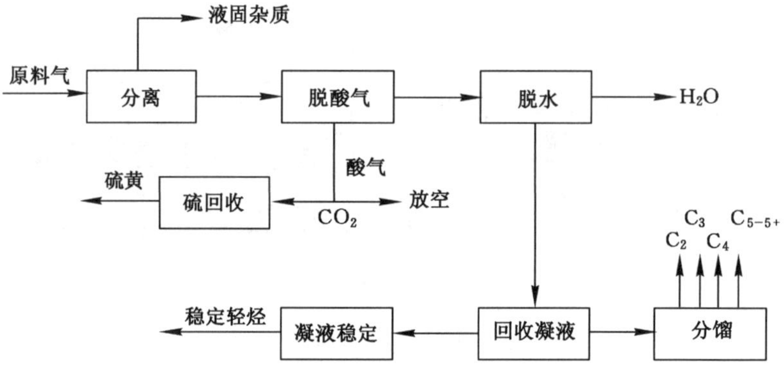

图 8-14　气体净化、加工框图

(1) 天然气脱酸性气的主要方法

天然气中酸性气体的脱除方法较多，可分为湿法和干法两大类。其中，湿法主要包括化学吸收法、物理吸收法、混合溶剂吸收法、直接氧化法等；干法是应用固体材料吸附、化学反应、气体分离等技术脱除天然气中 H_2S 和 CO_2组分的，主要包括氧化铁法、氧化锌法、活性炭法、分子筛法、膜分离法等[15-16]。新型气体脱硫技术还有微生物脱硫法、超重力脱硫法等。

① 化学吸收法：在塔器内以弱碱性溶液为吸收剂与酸气反应，生成某种化合物。在另一塔器内，改变工艺条件(加热、降压、汽提等)使化学反应逆向进行，碱性溶液得到再生，恢

复对酸气的吸收能力，从而使天然气脱酸气过程循环连续进行。各种醇胺溶液是化学吸收法使用的最广泛的吸收剂，如一乙醇胺（MEA）、二乙醇胺（DEA）、二甘醇胺（DGA）、甲基二乙醇胺（MDEA）和二异丙醇胺（DIPA）等，此外还有热钾碱。醇胺法是目前使用最广泛的天然气脱酸工艺。

② 物理吸收法：以有机化合物为溶剂，在高压、低温下使酸气组分和水溶解于溶剂内，使天然气“甜化”和干燥。吸收酸气的溶剂又在低压、高温下释放酸气，使溶剂恢复吸收能力，使脱酸过程循环持续进行。物理溶剂再生时所需加热量较少，适用于天然气内酸气负荷高、要求同时进行天然气脱水的场合，常用于海洋脱除大量 CO_2。目前，典型的物理吸收法有 Selexol 法（吸收剂为聚乙二醇二甲醚）、Rectisol 法（吸收剂为甲醇）、Fluor 法（吸收剂为碳酸丙烯酯）。

③ 混合溶剂吸收法：由物理溶剂和化学溶剂配制的混合溶剂，兼有物理吸收和化学吸收性质，如 Sulfinol 法（吸收剂为属物理溶剂的环丁砜和属化学溶剂的 DIPA、MDEA 的混合溶剂，称为砜胺法）。

④ 直接氧化法：对 H_2S 直接氧化使其转换成硫单质，如 Claus（克劳斯）法、LOCAT 法、Stretford（蒽醌）法等。该法原料气的特点为气体流量小、酸气浓度很高。

⑤ 氧化铁法：氧化铁法又称为海绵铁法，利用氧化铁和 H_2S 发生反应，生成硫化铁和水，硫化铁再与空气中的 O_2 反应生成氧化铁和硫单质。在实际操作中，用氧化铁水溶液浸泡木屑或刨花，用碳酸控制 pH，形成具有氧化铁表面且面积很大的固体颗粒。这种颗粒因为使用木屑作为基料，故称为海绵铁。海绵铁价格低廉，在使用后经常被从反应塔内取出丢弃，这会对环境造成严重污染。

⑥ 氧化锌法：由美国 NATCO 公司开发，将配制的氧化锌粉末与 H_2S 反应生成硫化锌和水。反应最终生成含有重金属的浆液并被排出，污染环境。类似的方法还有由 Exxon 公司开发的 Sulfa-Check 法，该法使用亚硝酸钠氧化 H_2S 生成硫单质，反应产物同样会污染环境。

⑦ 膜分离法：利用气体各组分通过薄膜渗透性能的差异性，将某种气体组分从气流中分离和提浓，达到天然气脱酸性气的目的，适用于要从天然气内脱除大量 CO_2 的场合[17]。

⑧ 分子筛法：分子筛是以 Al_2O_3 和 SiO_2 为基料的人工合成无机吸附剂，为具有骨架结构的碱金属或碱土金属的硅酸盐晶体。分子筛结构中有许多排列整齐的孔腔，并以直径均匀的孔道相连，只能吸附比孔腔孔径小的分子，故称分子筛。分子筛依据原料配比和晶体结构的不同分为多种，但是一种分子筛的孔道直径均匀，对分子的吸附具有很强的选择性；分子筛表面具有大量较强的局部电荷，对极性分子和不饱和分子有很强的亲和力。水和硫化氢都是强极性分子，因而非常适合使用分子筛吸附。但分子筛价格昂贵，仅用于气体处理量小、其他脱酸系统达不到脱酸要求时的精脱。

⑨ 微生物脱硫法：是指依靠微生物的代谢活动将 H_2S 转化为硫单质，从而达到脱硫效果的一种天然气净化方法。常用的微生物法有氧化亚铁硫杆菌脱硫法。其原理是先利用硫酸铁中的 Fe^{3+} 与 H_2S 发生氧化还原反应，将 S^{2-} 氧化为硫单质、Fe^{3+} 降价为 Fe^{2+}，接着通过该杆菌的代谢活动，将溶液中的 Fe^{2+} 氧化为 Fe^{3+}，从而可达到重复利用硫酸铁氧化脱硫的效果[18]。微生物代谢脱硫过程在常温常压下就可以完成，而不需要升温、加压等特定的条件，因此具有操作简便、能耗低的特点；另外，微生物脱硫是通过微生物的代谢活动来

进行的，因此对环境友好，废弃物排放量低。但同时，微生物脱硫法也存在着一些问题，如微生物不可直接作用于天然气进行脱硫，需要将 H_2S 溶解在微生物培养液中，因此 H_2S 在微生物培养液中的溶解性也会影响微生物脱硫的效果[19-20]。

氧化铁法、氧化锌法以及分子筛法，又被称为间歇法，其共同特点是只能批量生产，不能连续生产，与酸气反应的反应物不能再生，会污染环境。间歇法只适用于气量小、含酸气浓度低的场合。据统计，陆上油田 90%以上的酸性天然气采用醇胺法和间歇法处理，在气量大、酸气负荷高的场合常使用建设费用高、操作费用低廉的醇胺法；在气体处理量很小时，才考虑采用建设费用低、操作费用较高的间歇法。从当前的天然气脱硫技术的发展现状可以看出，能耗小、效率高、成本低和环保是今后天然气脱硫技术的发展方向[21]。

(2) 醇胺法

烷基醇胺类化合物的母分子是 NH_3，如果其中的氢原子被有机基团替换，则依据替换氢原子个数的不同依次称为伯醇胺(RNH_2)、仲醇胺(R_2NH)、叔醇胺(R_3N)。在醇胺分子结构内部有一个氨基和至少一个羟基，羟基可降低醇胺蒸气压，增加其在水中的溶解度；氨基使水溶液呈碱性，可促进对酸性组分的吸收。醇胺在低温下与酸气反应生成铵盐，在较高温度下，铵盐能分解放出酸气。

醇胺法脱酸气基本流程如图 8-15 所示。该流程可分为胺液高压吸收和低压再生两部分。原料气经涤气除去固液杂质后进入吸收塔(或称接触塔)。在塔内气体由下而上、胺液由上而下逆流接触，醇胺溶液吸收并和酸气发生化学反应生成铵盐，脱除酸气的产品气或甜气由塔顶流出。吸收酸气后的醇胺富液由吸收塔底流出，经降压后进入闪蒸罐，放出吸收的烃类气体和微量酸气。经贫/富胺液换热器，富胺液温度升高后进入再生塔上部，液体沿再生塔向下流动与重沸器来的高温水蒸气逆流接触，绝大部分酸性气体被解吸，恢复吸收能力的贫胺液由再生塔底流出，在换热器中与冷富液换热，在增压、过滤、进一步冷却后，由循环泵注入吸收塔顶部。再生塔顶流出的酸性气体经过冷凝，在回流罐中分出液态水后，酸气送至回收装置生产硫黄或送至火炬灼烧，液态水从再生塔顶回流。

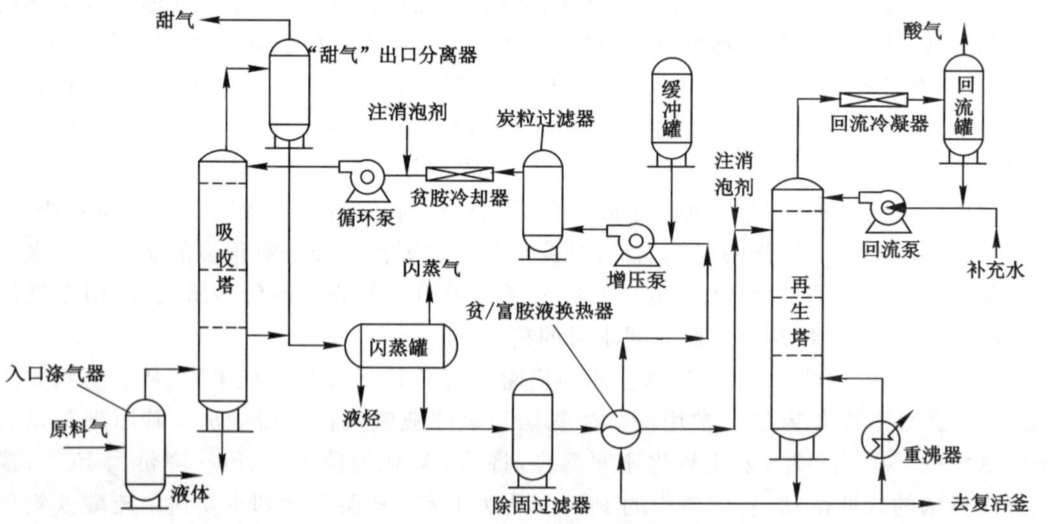

图 8-15 醇胺法脱酸气基本流程

8.2.6　气体脱水与气体加工

从油气井流出的天然气中含有饱和量的水蒸气，水蒸气的存在不仅会降低商品天然气的品质，还会在油气田集气和气体加工过程中因气体工艺条件的变化引起水蒸气凝析，形成液态水、冰或固态水合物，从而堵塞管路设备，影响集输生产的正常进行。天然气的脱水过程通常在脱酸之后进行。在将气体脱除酸性组分和水之后，还可以根据需要对气体进行加工，以满足商品天然气对燃烧值和烃露点的要求。气体加工包括：从天然气内回收较重的、高热值组分，把气体燃烧热值控制在商品天然气燃烧热值范围内；把从气体中回收的重组分，即天然气凝液（natural gas liquids，NGL）或称“轻烃”或“轻油”，分馏成各种附加值高的产品，以增加油气田利润。

常用的天然气脱水方法有低温冷凝法、甘醇吸收脱水法、固体干燥剂吸附脱水法等，此外，还有国内正在研发的膜分离脱水法等。在一定压力下，同天然气水含量相对应的温度称为天然气水露点。处于露点状态时，天然气内的水蒸气开始凝析结露，出现微量液态水。进入脱水装置前气体露点与脱水后气体露点之差称为露点降，用来表示气体水含量的降低程度或者脱水深度。甘醇吸收脱水法和固体干燥剂吸附脱水法是油气田最为常用的脱水方法，通常先使用甘醇吸收脱水法来使天然气达到一定的露点降，然后用固体干燥剂吸附脱水法来达到深度脱水的目的。

甘醇是直链的二元醇，其通用化学式为 $C_nH_{2n}(OH)_2$。每个甘醇分子都有两个羟基，羟基可以形成氢键，能与水完全互溶，表现出很强的吸水性，工艺上使用的甘醇一般为三甘醇。甘醇吸收脱水工艺主要由甘醇高压吸收和常压再生两部分组成（见图 8-16）。其中，吸收部分可降低气体内的水含量和露点；再生部分释放甘醇洗后的水分，从而实现甘醇的循环使用。含水天然气（湿气）先流经入口分离器或涤气器，除去携带的液体和固体杂质后，进入吸收塔（也称为接触塔）。在吸收塔内原料气自下而上流经各层塔板，与自塔顶向下流动的甘醇贫液（水含量少的甘醇溶液）逆流接触。甘醇溶液吸收天然气中的水汽，脱水后的天然气（干气）自塔顶流出。甘醇富液（吸水后含水量较多的甘醇溶液）自塔底流出，经过滤

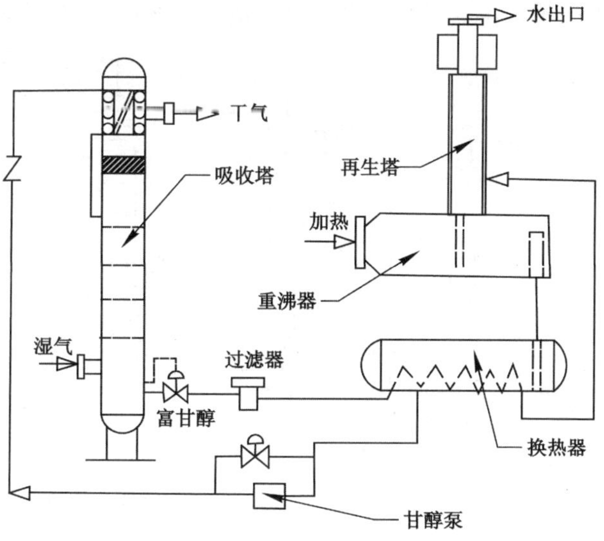

图 8-16　甘醇吸收脱水工艺

并与甘醇贫液换热升温后进入再生塔(也称汽提塔或精馏柱)。甘醇富液在再生塔和重沸器中实现脱水,再次成为甘醇贫液,并经换热降温、增压后返回吸收塔,水蒸气、少量解吸的天然气和甘醇蒸气从再生塔顶部排入大气。

固体表面对邻近气体(或液体)分子存在吸附力,将固体表面可捕捉邻近的气体分子的现象称为吸附。吸附有化学吸附和物理吸附两种。化学吸附多数是不可逆的;而物理吸附是可逆的,气体和固体间依靠范德瓦耳斯力相互吸附在一起,这种吸附力可以通过加热或者减压而发生改变,从而使得吸附质与固体表面分离,实现吸附剂的再生(也称为活化或脱吸)。用固体干燥剂脱除天然气内的水汽属物理吸附。天然气吸附脱水装置为固定床吸附塔(见图 8-17),即在立式圆柱筒内充填多孔性固体吸附剂,气体流经吸附塔的同时水含量减少。

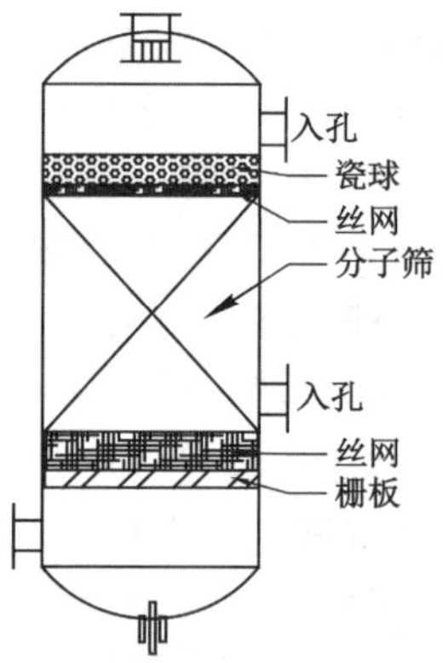

图 8-17 固定床吸附塔结构示意

从天然气中回收天然气凝液,称为凝液回收或轻烃分离,首先要把需要凝析的组分液化并与以 C_1 为主体的气体分离,主要的方法有油吸收法和冷凝法等。

油吸收法利用烃类的互溶特性,在高压、低温下用吸收油(直链烷烃的混合物)吸收天然气内的各种组分。吸收了各种组分的富吸收油在低压、高温下与吸收质蒸馏分离,吸收油得以再生、循环使用。其简要流程如图 8-18 所示,原料气经气/气换热器和冷却蒸发换热器(用制冷剂为介质提供气体冷量的换热器)冷却后进入吸收塔。在吸收塔内贫油由上而下流经各层塔板,气体由下而上在各层塔板上与贫油接触,气体内各种烃类溶入吸收油。脱除较重烃类的贫气由塔顶流出,吸收气体内烃类的富油由塔底流出。富油进入脱乙烷塔,塔底贫/富油换热器起重沸器的作用,在塔底热量和烃蒸气的汽提下,吸收油释放吸收质 C_1、C_2 的同时带出部分 C_{3+}。脱乙烷塔的上半部分为再吸收部分,从塔顶部注入的贫油再次吸收解吸组分 C_{3+},仅有气态 C_1 和 C_2 自塔顶流出。脱乙烷塔的塔顶气可做燃料,或增压后进入气体外输管线。离开脱乙烷塔的富油进入分馏塔,分馏塔

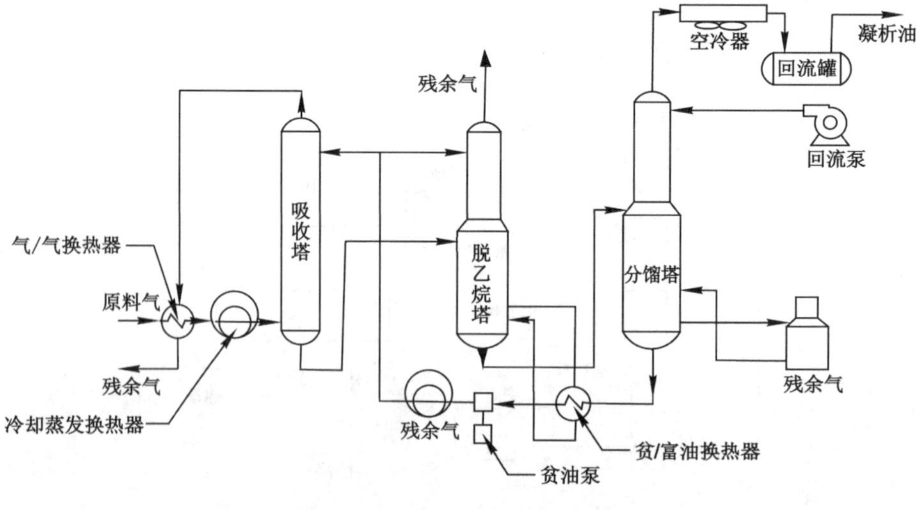

图 8-18 油吸收法回收轻烃流程

底温度略低于吸收油沸点，蒸馏出从气体内吸收的 C_3、C_4、C_5、C_{5+} 等组分，并从分馏塔顶流出，冷凝为天然气凝液。从分馏塔底流出的产品为再生后的贫吸收油，可循环使用。油吸收法气体压降小、对设备材质要求低，但是回收工艺复杂、设备多、能耗大、乙烷回收率很低，已经很少被使用。

冷凝法通过降低温度将天然气中的天然气凝液析出。在压力恒定的条件下，温度越低，析出的凝液越多。常使用的三种制冷方式为制冷剂制冷、节流膨胀制冷和膨胀机制冷。

制冷剂制冷利用的是制冷剂汽化时吸热的性质，常用的制冷剂有氨、氟利昂、丙烷等。节流膨胀制冷的原理为，原料气与从低温分离器来的商品气换热降温后，由节流阀节流降压，从而使气体获得低温，属于“自制冷过程”。该制冷方式具有设备简单、投资少的优点，但是能耗高、效率低、天然气凝液的收率低。膨胀机制冷通过用膨胀机代替节流阀制冷，在同样的初、终态压降下，可比节流阀膨胀获得的气体温降大。

8.2.7　含油污水的处理

水是石油的伴生物，原油经过油水分离工序处理后，其脱去的水分中会含有少量的油类物质，从而形成含油污水；除此之外，储存原油的油罐底、水驱采油等其他油井系统也会产生含油污水。这类含油污水不能直接排放，而须进行相关处理，在达到排放标准后方可排放。含油污水的成分以水为主，混有固体杂质、油类、悬浮气体、溶解气、盐类和一些有机物。常规的污水处理程序有除油、除悬浮物、除氧、缓蚀、杀菌、阻垢等，使用的方法主要有重力沉降法、混凝法、气浮法、过滤法、生物处理法、旋流器法等（见表 8-6）。

表 8-6　含油污水处理方法及其特点

处理方法	特　　点
重力沉降法	靠原油颗粒和悬浮杂质与污水的密度差实现油、水、渣的自然分离，主要用于除去浮油及部分颗粒直径较大的分散油与杂质
混凝法	在污水中加入混凝剂，把小油粒聚结成大油粒，加快油水分离速度，可除去颗粒较小的部分散油
气浮法	向污水中加入气体，使污水中的乳化油和细小的固体颗粒附在气泡上，随气泡上浮到水面，实现油水分离
过滤法	用石英砂、无烟煤、滤芯和其他滤料过滤污水，除去水中小油粒及悬浮物
生物处理法	靠微生物来氧化分解有机物，达到降解有机物及油类的目的
旋流器法	利用离心力和重力复合力场脱除水中的油类物质和其他杂质

与其他含油污水处理方法相比，气浮法具有停留时间短、处理速度快、除油效率高和占地面积小的特点，在含油污水处理中被广泛使用[22]。

气浮法（见图 8-19）通过在水中生成直径很小的气泡，并附着在油滴分子上，从而形成气泡-油滴聚集体。由于气泡的附着会降低油液的密度，因此气泡会带着油滴上升到液面，形成泡沫。然后可通过撇渣器将漂浮的泡沫除去，从而达到油水分离的效果。

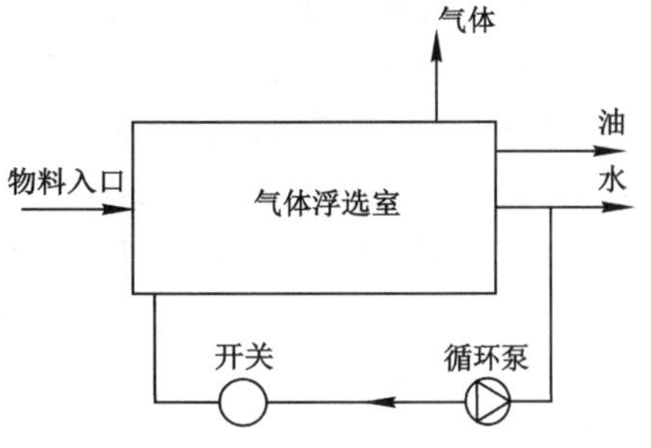

图 8-19　气浮法系统

气体浮选油滴的过程即气泡与油滴间相互作用

的过程，可概括为五个阶段(见图 8-20)。在气浮过程中，当油滴扩散至完全包住气泡，形成油滴-气泡聚集体并一起共同上升时，由于重力、阻力的作用，油滴在气泡表面形成的油膜的形状会发生改变，具体表现为：气泡上部表面处的油膜厚度变小，而气泡下部表面处的油膜厚度增加。当油滴的直径较小时，其在气泡上部表面处形成的油膜厚度较薄，则气泡可能依靠浮力冲破薄膜，与油滴分离。若气泡与油滴在共同上升过程中发生分离，则浮选失败。由此可见，油滴直径会影响气泡和油滴吸附的稳定性。

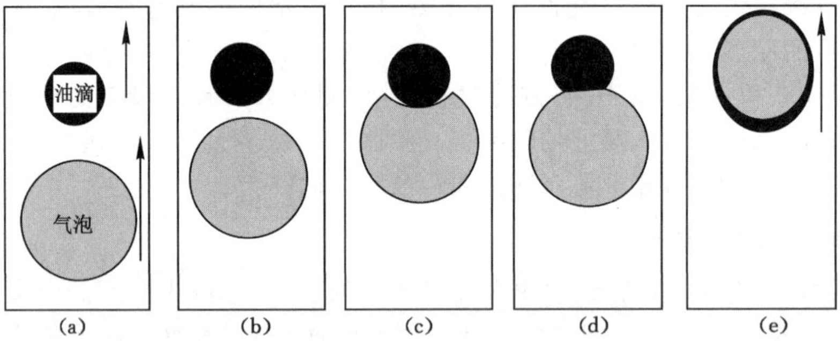

(a) 气泡上升，与油滴相互靠近；(b) 气泡与油滴间的水膜逐渐变薄；(c) 出现排水酒窝；

(d) 中间薄膜发生破裂，气泡与油滴直接接触；(e) 油滴在气泡表面扩散至完全包住气泡。

图 8-20　气体浮选油滴的过程[23]

相关理论表明，气浮法适用于回收直径在 10～200 μm 的油滴；对于直径在 10 μm 以下的油滴，其气浮效果较差；对于直径在 200 μm 以上的油滴，气泡无法发挥浮选作用。原油采出液中油滴的直径一般在 10 μm 以上，因此可将气浮法应用到含水较多的原油采出液的油水分离中。

气体浮选的过程较复杂，涉及流体力学、化学、物理学等各方面的知识。在分离油滴时，需要先测量油滴直径，从而选择合适的气泡来对其进行浮选。另外，在浮选过程中，需要增大气泡与油滴的碰撞概率和气泡-油滴聚集体的附着稳定性等。由此可见，气浮法分离的效果会受到多个复杂变量的影响[24-25]。

过滤法是凭借薄膜上油、水分子渗透率的差异来进行油水分离的，在分离过程中仅使用重力作为驱动力，因此具有成本低、污染小、操作简便等优点。对于过滤法来说，其主要的问题是油水分离效率不高、过滤薄膜难以保持清洁和持续利用。

目前，一种具有超亲水和水中超疏油特性的涂层——$BiVO_4$涂层，这种涂层最大的特点是可以在紫外线的辐射下，分解水中的有机污染物和其表面上吸附的物质，从而使水和涂层都能得到清洁。相关实验研究表明，含 $BiVO_4$涂层的网膜具有超亲水、高疏油和自清洁的特性，同时可表现出优异的耐磨性和耐超低温性。其中，$BiVO_4$涂层网膜的自清洁性能归因于 $BiVO_4$的光催化性能。$BiVO_4$涂层在紫外线辐射下，可产生光电子和空穴，当它们与 O_2和水反应时，可产生具有高反应活性的超氧阴离子和 OH^-，而这些物质可以分解有机污染物。由于 $BiVO_4$涂层具有阳光驱动的自清洁功能，因此含 $BiVO_4$涂层的网膜可自动清除附着在其上的污染物，从而恢复其特殊的润湿性和油水分离能力。基于这一自清洁特性，含 $BiVO_4$涂层的网膜可连续地从油水混合物中除去水，从而表现出很高的油水分离效率。

含 $BiVO_4$涂层的网膜所具有的特殊性能使其可适用于连续的油水分离系统。因此，在原油脱水过程中，可考虑使用 $BiVO_4$ 涂层或具有与 $BiVO_4$ 相似性能的涂层来对过滤网膜进行改性，从而大幅度提高油水分离效率和网膜利用率[26]。

从原油脱去的水中除了含有油类、有机物等物质外，还会含有一些金属离子。由于含有金属离子的污水不可直接排放，因此在处理污水时，应考虑回收其中的金属离子。可考虑使用浮选法来回收原油脱去水分中的金属离子。与浮选油滴不同，金属离子的浮选需要先借助浮选剂来与金属离子反应生成络合物，再使气泡与金属离子络合物相互附着，形成气泡-金属离子聚集体[23]。

8.2.8 天然气脱硫新技术的设想

由于从天然气中脱去的硫主要是指 H_2S，因此天然气的脱硫过程即混合气体分离的过程。因此，除了物理吸收法、化学吸收法和微生物脱硫法等脱硫技术外，还可以考虑使用具有低污染、节能、高效特点的混合气体分离技术，可以考虑将水合物分离技术应用到天然气的脱硫净化中。

水合物分离技术[27]利用不同气体形成水合物的压力等条件的差异性和水合物结晶仅包含气体和水分的特性来进行混合气体的分离。其中，气体水合物结晶是指客体分子与水分子所合成的具有笼状结构的晶体[28]。在气体水合物结晶中，水分子形成网状晶格，而气体分子占据着笼状晶格的空间，起到稳定水合物的作用。相关理论研究表明，客体分子的直径应介于氖和丁烷分子之间。只有客体分子的大小与晶格空间大小相匹配，才能形成稳定的气体水合物[27-29]。

天然气采后的分离工作主要涉及 CH_4 和 H_2S 的分离。通过查阅 CH_4 和 H_2S 生成水合物的压力值，可发现 CH_4 水合物的生成压力大于 H_2S 水合物的生成压力（见表 8-7）。因此，在一定的温度和压力条件下，可通过形成 H_2S 水合物来实现 CH_4 和 H_2S 的分离。CH_4 和 H_2S 混合气的水合物法分离流程如图 8-21 所示。

表 8-7 气体水合物的生成压力

气体名称	直径/nm	在 0 ℃时生成水合物的压力/MPa
CH_4	0.436	2.56
H_2S	0.458	0.093
CO_2	0.512	1.26

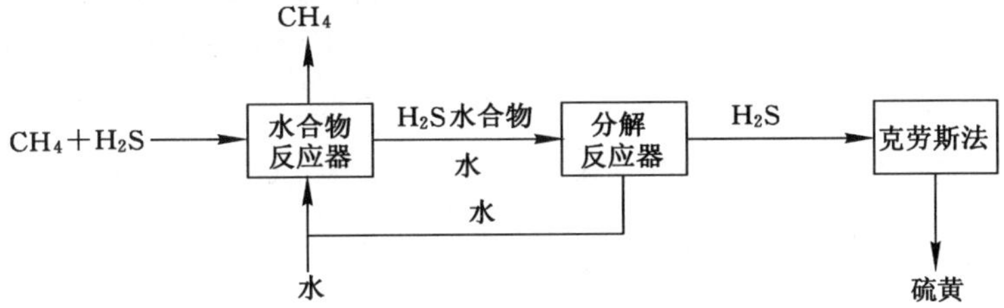

图 8-21 CH_4 和 H_2S 的水合物法分离流程示意

与结晶分离、萃取分离相比，水合物法分离混合气体存在污染低、降温耗能低、操作简便和适用范围广等优势，但在实际的应用中，水合物分离法也存在着一些问题如：① 前面生成的气体水合物会阻碍后续气体和水的接触，从而导致水合物生成反应速率低、分离效率不高；② 水合物堵塞管道，会导致混合气体无法连续分离；③ 水合物晶体分子间夹带有水溶液，需要进行后续的处理。

对于上述问题，目前的解决途径有：① 添加水合物生成促进剂来降低气体形成水合物的压力，从而增大水合物生成反应的速率。② 采用吸收-水合叠加分离法。根据不同气体在油相中的溶解度不同，可使用油水乳状液对混合气体进行吸收分离，接着气体分子与乳状液中微小的水滴分子发生水合反应。在添加的水合物阻聚剂的作用下，生成的水合物可均匀分散于油相中，水合物不会聚集，因此可避免管道堵塞，实现混合气体的连续分离。③ 采用吸附-水合叠加分离法。利用多孔介质对不同气体的吸附能力的差异性和气体水合物生成条件的不同，同时实现混合气体的吸收与水合分离。④ 可使用膜分离技术去除水合物晶体分子间的夹带液[30]。

由于单一的水合物分离法存在分离效率不高和存在夹带液等问题，因此可考虑将水合物分离技术与其他气体分离技术进行耦合，实现分离效果的叠加，从而提升混合气体的分离效率和效果，使水合物分离技术得到更好的工业化应用[27,31]。

8.3 流态矿产资源的储运技术

原油、天然气进行分离、加工后，需要通过储存和运输才能得到分配、使用和创造经济价值。目前，石油、天然气的储运技术正朝着控制自动化、损耗小、成本低、效率高和环保的方向进行不断的改进和创新。

8.3.1 原油的储运技术

对于原油，其主要的储运方式为管道储运和油罐储运。各原油储运技术的优缺点见表 8-8。

表 8-8 原油储运技术的优缺点

	优点	缺点
管道储运技术	可实现资源的连续运输，运输效率高、运行成本低、安全性较好；随着数字化、自动化、新材料等技术的应用，管道储运过程可以做到精确可控，可进一步减少储运系统故障和运输过程的资源损耗	在冻土等恶劣的地质环境中，管道易发生变形甚至破裂，从而给油气储运带来较大的危险性；金属管道易发生腐蚀，可能造成管道变形甚至漏油；需要较高水平的管道在线监测、调控、优化等控制技术；运输多蜡原油时，需加热来改变其流动性，因此会产生较大能耗[32-33]
油罐储运技术	大型油罐储运方式较经济，操作方便	存在油气挥发、静电起火等安全问题
地下洞库储存技术	目前，地下储存洞库有水封洞库和盐穴洞库两种。地下洞库储存原油的方式与地面油库相比，具有安全、经济和环保等优势。另外，我国大部分地区的水文地质条件适合建造地下洞库，因此地下洞库可为我国石油战略储备问题提供解决途径	地下洞库的施工技术较复杂，它的设计与施工会受到水文地质条件的限制[34]

原油的运输应视运量、运距及地理条件的不同而选择经济的运输方式，一般来说，铁路运输大都用于运量和运距较小的情况。长距离管道连绵数百至几千千米，要穿越河流、高山，地形复杂、工程艰巨，为给管道中流动的原油提供能量，以克服流动的阻力、提供举升的能量，在输油管道沿线需要设置多个加压泵站，在管路沿线每隔一段距离还要设中间截止阀，以便发生事故或检修时关闭。

油井在生产原油的过程中往往有伴生气，考虑经济性或者气体特殊环境（如生态保护区、近海），使用一条管路从油气井同时运输石油和天然气至处理站比使用两条管路单独运输更具有优势。这种输送油气混合物的管路称为油气混输管路。油气混输管路储运是管道储运技术的一种新工艺，具有流动状态比单相管路复杂的特点，目前其相关的技术参数计算办法等还处于研究阶段。

由于我国生产的原油大都含蜡多、凝点高，在管道运输中需要采用在各中间泵站上加热，以保持全线的油温高于凝点的加热输送方法，或采用加入降凝剂以降低原油凝点的方法输送，称为加剂改性输送。使用加热输送方法时，被加热到一定温度的油在管道中流动，热量会不断散失到周围的管路介质中，油温不断降低。为了对热油管的运行工况进行有效控制，需要考虑管线的最小运输量。最小运输量是保证管线不发生冻堵、凝管的最小安全运输量。

长距离原油管道的终点一般是炼油厂的原油库或其他转运枢纽的储备库。原油的转运枢纽相对比较单一，大都属于港口油库。在港口油库，将长输管道输送来的原油经计量后灌装入油轮外运，如秦皇岛油库，既是从大庆来的长输管道的末站，又是原油外运的港口油库。也有的是储存从油轮上卸下的进口原油，经管道运往内陆的炼油厂，如湛江港油库，是湛江至茂名的长输管道的起点输油站。由于油轮在海上运输难免受到台风、冰凌等自然因素的影响而延误航期，因此无论是装油还是卸油的港口油库，都必须要有足够的储罐容量（一般不少于 3 d 的运输量）。

对于一定直径的原油管道而言，有一个运输成本最低的经济运输量。随运输量的增大，采用的管径越大，原油的运输成本单价越低；管径越小，经济运输量越小，其运输成本单价越高。

对于大宗原油的运输，除管道运输外还有一种重要的运输方式，即海洋运输。众所周知，海洋运输的运输成本是随油轮吨位的增大而降低的，这就要求发油地点和收油地点要有装卸能力足够大的港口。例如，中东到我国东部沿海的航程大约 6 200 km，25 万吨级油轮的运输成本要比 10 万吨级少 3.5 美元/吨，可见运输成本的差额还是很大的。因此，必须有足够大的运量和运距，才能发挥海洋运输的优势。海洋运输的缺点是受难以控制的外界事件的影响大，优点是运量大时运输成本低，且随运距的变化不大。

8.3.2 炼油厂及成品油的储运技术

炼油厂的油品储运系统包括：接收从管道或港口油库输来的原油的原油库；接收各装置输来的成品油，并将其输送至向厂外发送的成品油库；在各装置间输送半成品的半成品油库。各装置与油库间均有管线及相应的泵站连接，港口油库至炼油厂原油库之间常有几十至几百千米的输送管道相连，这些都是保证炼油厂正常生产的重要设施。

成品油库除了承担输转的业务外，还要承担油品调和的业务。通常，各炼油装置中生产出来的都是油品的基础组分，出厂的石油产品大都是将各种基础油按比例调和而成的，或者是将添加剂加入基础油中调制而成的。调和可以扩大炼油厂的产品品种，使产品具有符合使用要求的各种性能，提高产品等级。

我国炼油厂的成品油的外运主要以铁路运输为主，近些年成品油的管道运输发展迅速。作为炼油厂商品外销通道的成品油管道，其工艺技术要比轻原油管道复杂。首先，鉴于每种成品油的运量都不会很大，为提高管道运输的经济效益，大都采用一条管道顺序输送多种成品油工艺，如我国第一条成品油管道——格尔木至拉萨的成品油管道曾顺序输送汽油、煤油、柴油三种油品。国外有的成品油管道曾顺序输送几十种牌号的石油产品。为了使同一管道中前后流动着的各批油品按计划准时到达某一分输站，并尽可能地减少混油损失，顺序输送管道的调度控制要严格按预定的计划进行并及时检测。在管道的末站和分输站上要有混油处理设施，以便对混油进行处理。其次，成品油管道大都有多个分支、多个出口，以便向管道沿线及附近的各个城市供应油品。在分输站上可由支线管道输往某一城市，也可采用与铁路或公路联运的转运枢纽。有的成品油管道上还有多个入口分支，以便接收多个炼油厂的成品油。

8.3.3 天然气的储运技术

对于天然气，目前管道储运和液化储运是其主要的储运方式；而天然气水合物作为一种安全、低成本的新型储运技术，有希望成为未来天然气储运的主要方式[35]。各天然气储运技术的优缺点见表 8-9。

表 8-9 天然气储运技术的优缺点

	优　点	缺　点
管道储运技术（PNG）	适用于连接稳定的气源和气量需求大的天然气用户；可实现资源的连续运输，运输效率高、运行成本低、安全性较好；随着数字化、自动化、新材料等技术的应用，管道储运过程可以做到精确可控，可进一步减少储运系统故障和运输过程的资源损耗	管道建设投资大；需要添加大量抑制剂来阻碍管道内水合物的生成，因此附加成本较高；金属管道易发生腐蚀，可能造成管道变形甚至泄漏；需要较高水平的管道在线监测、调控、优化等控制技术[36-37]
水合物储运技术（NGH）	天然气水合物是天然气与水形成的具有笼状结构的晶体。与液化天然气储运技术相比，水合物储运技术具有以下特点：水合物中天然气所占的体积大，储气密度大；设备简单，只需一级冷却，操作流程比较简单；水合物的存储压力低，可使用普通钢材制造设备；水合物具有较好的隔热性能，常温下释放天然气的速度很慢，从而可降低天然气大量泄漏而导致爆炸的可能性。总之，水合物储运技术具有体积小、操作简便、存储压力低、安全性高和投资运行成本低等优点[38-39]	单位体积水合物的储气能力不及液化储运技术的 1/3，因此需要研发相关的促进剂来提高单位体积水合物的储气量；水合物生成反应速率较慢，需要更快速高效的天然气水合物生产工艺；水合物气化分解工艺需要进一步改进，以满足工业生产的需要[40-41]
液化储运技术（LNG）	储运气量大、储气密度大、压力低、安全性较高，适用于长距离、远洋货轮运输	需要将气态天然气降温到 −162 ℃，因此液化的临界压力高、温度低；液化热交换器的价格高且液化过程复杂，因此液化的成本较高；天然气液化技术对人员、设备水平的要求均很高[42]

表 8-9(续)

	优 点	缺 点
吸附储运技术(ANG)	吸附储运技术是利用活性吸附剂的比表面积大、吸附气体能力强的特点来进行天然气的吸附和储存的。与液化储运技术、压缩储运技术相比,吸附储运技术具有储气压力低、耗能低的优点	吸附剂性能会随使用次数的增加而降低且其使用周期较短,因此存在吸附剂投资比例大的问题;由于吸附剂性能的限制,实际吸附储气量不足;使用的吸附剂会增加储气系统的质量,从而会增大运输设备的负载[43]
压缩储运技术(CNG)	压缩储运是指通过加压的方式将天然气存储于钢瓶中来进行运输。适用于离天然气管网较远地区的天然气配送;具有成本低、安全、无污染、操作简便等优点	需要将天然气从低压状态增压到高压状态,因此要求设备具有较高的强度;运行费用高,不适合长距离输送;由于储气压力高,因此安全性较低
地下气库储存技术	地下储气库是一种人工建造的,用来储存天然气的地下空间建筑。与管道储运和气罐储存相比,地下储气库可减少输气管道的铺设和压缩站的建设费用;地下储气库的储气量很大,可以很好地适应城市用气量的高低峰,从而可增加天然气供应系统的稳定性和可靠性,提高输气效率;地下储气库可满足国家能源战略的要求[44]	地下储气库的施工技术较复杂,对设备、技术的要求很高;其设计与施工会受到水文地质条件的限制[45]
能量转换储运法	一般是指将天然气燃烧转换成电能,再通过电缆进行输送的方式。这种方式具有成本低、储运过程快捷、简便的优点	电缆输送存在电能损失问题,且其大小与输送距离成正相关,因此能量转换储运不适宜长距离输送[46]
物质转换储运法	一般是指将天然气通过化学手段合成为甲醇等有机物来进行储运的方式。合成得到的有机物作为重要的化工原料而有着广泛的用途,如甲醇,可作为电池燃料	合成得到的有机物的热值较天然气有所降低[46]

天然气的管道运输与石油的管道运输不同,天然气的管道运输是上中下游一体化的,天然气的开采、收集、处理、运输和分配是在统一的连续密闭的系统中进行的。一般气井的井口压力都比较高,集气站收集各井的来气经调压、计量后输送至处理厂,经脱水、脱硫后将合格的天然气输入干线。在输气管路沿线要设中间压缩机站给天然气加压。输气管道沿线必然有多个分输的管线,与各用气的城市管网相连。每个城市根据其用气量的大小设有多套管网,从高压到低压有多达四套管网,来气干线与高压管网之间以及各级管网之间都设有调压计量站。

由于天然气的消费量有很大比例是用于居民和城市服务业的,这两类用户都有明显的用气不均衡的特点。不仅冬季和夏季用气量差别大,而且白天 11 时和 17 时前后的用气量也是凌晨 2—3 时的用气量的数倍。因此,输气干线及配气管网都必须有足够容量的储气设施,以调节用气的不均衡,使干线的运输量尽可能均匀平稳。为调节月份之间的用气不均衡,通常在管线末端接近消费中心处建地下储气库,在用气量较小的夏季,把管线输来的多余气体注入地下储气库;到冬季用气高峰期,则从地下储气库中采气,以补充来气不足。日和小时的调峰可利用储气库或管道本身的储气能力,在用气量小时,管道的输入气量大于输出气量，管道内压力升高，将部分气体储存于管道内；待用气量大时，随着管道内压力降低，可以输出更多的气量。故输气管道的运输量和末端的用量是经常随时间而波动的，天然气的生产、输送、储存和分配必须作为统一的整体进行调度控制，而原油管道则相对波动较小。

天然气的地下储气库除了上述平衡天然气的供应量和消耗量之间的差额，通常称为"调峰"的协调供求关系的作用外，还有很多其他用途。首先是战略储备，以应对供气中断的危险，以西欧国家为例，其储气能力达到半年的进口气源的供应量；其次是控制气价和价格套利；第三是优化天然气的产供销系统等。

长距离输气管道的经济规律与输油管道类似，其运输成本也随管径、运输量和运距不同而不同。运距越远，要求的经济运输量和管径就越大。如果按照输送等热值的燃料计算，则输气管道的运输费用要比输油管道的运输费用高得多(1 m^3 天然气的热值相当于 0.8～0.85 kg 原油的热值)。根据美国的统计资料，管输不同介质，每输送 1 000 km 所消耗的能量与所输送燃料能量的比例为原油 0.4%、成品油 0.5%、天然气 2.5%。

液化天然气(LNG)是天然气经净化处理后，通过低温冷凝而成的液态混合物。为在常压下保持液态，必须将天然气温度冷却至－162 ℃以下，其体积为原气态体积的 1/600。液化天然气可以用特殊保温的远洋油管运输，到达港口后，可卸入接收站的低温储罐中储存，然后经加热汽化后，以气态形式用管道输送至用户。

天然气液化输送不仅能为天然气资源丰富的国家提供途径，将天然气输送到管道建设受地域限制的市场，而且更重要的是能起到调节世界天然气供应的巨大作用，使能源短缺的国家找到天然气来源多元化的途径，以保障其能源供应。虽然液化装置、低温油轮等装置价格昂贵，但将天然气液化后出口的国家大都有丰富的天然气资源，其井口气价低廉，液化装置处理量大，经远洋运输到达消费地区港口的天然气售价仍有竞争力。

8.3.4 非常规天然气(煤层气)的储运技术设想

煤层气作为一种非常规天然气资源，其利用前景十分广阔。在我国，煤层气的储量十分丰富，因此煤层气有希望成为常规天然气的替代资源。我国煤层气的来源主要为煤炭开采，然而由于难以实现煤层气的有效开采，煤炭开采所排放的煤层气大都直接排放到大气中而没有得到回收利用；根据相关统计数据，每年煤炭开采所排放的煤层气量相当于全国一年的天然气产量。另外，由于我国大多数煤层的透气性较差，因此我国煤层气的开采一般采用边采煤边抽采的方式，这就使得采出煤层气的浓度较低。对于低浓度煤层气，目前主要是通过矿区工业广场中的低浓度瓦斯发电站来加以利用的，因此煤层气未能得到高效、广泛的利用[47]。

要实现煤层气的高效利用，除了要提高其采出气的浓度外，还需实现其高效的储运。煤层气的主要成分为甲烷，与常规天然气的组分基本相同，因此对于煤层气的高效储运问题，可考虑采用常规天然气的相关储运技术来解决。其中，具有设备简单、安全性高、成本低和储气密度大等优点的水合物储运技术可用于实现煤层气的高效储运，技术、经济可行性高。将煤层气和水合成为固体晶体储运，能够保证煤层气长距离运输的安全性和经济性，从而为广泛、便捷地使用煤层气提供技术支持。煤层气水合物的合成过程如图 8-22 所示。

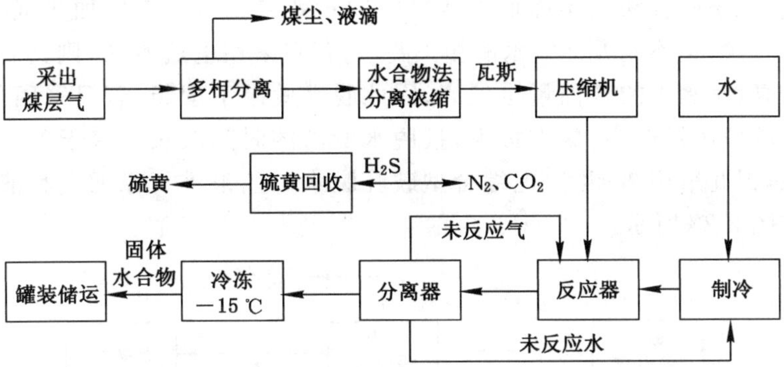

图 8-22　煤层气水合物的合成过程示意

随着水合物促进剂的不断发展，气体水合速率会加快且水合物储气能力会进一步增强，从而使水合物储运技术具有更佳的工业应用效果。由此可见，水合物储运技术在煤层气开发利用中具有广阔的应用前景。

另外，也可利用气密性较好的废弃矿井、盐穴库、枯竭气藏等地下空间资源来建造与常规天然气地下储气库相似的煤层气地下储气库，从而实现煤层气的大量储存，保证煤层气供应系统的可靠性。

8.4　典型案例

通过案例分析，可以较直观地了解原油和天然气的分离、储运技术在现场应用的具体情况与效果。本节的原油分离案例为大庆油田早期油水分离工序，原油储运案例为大庆油田管道、油罐储运方式的现场应用；煤层气分离案例为肥城煤矿的煤层气净化工序；天然气储运案例为西气东输工程中长距离管道储运技术的现场应用。

8.4.1　原油分离与储运案例分析

以大庆油田早期的原油开采为例，对于原油脱水，大庆油田采用的是热-化学-电综合型破乳脱水工艺。大庆油田早期采用注水驱油开采方式，因此随着油田开采的不断深化，采出原油的含水率会不断增高，从而对原油脱水工作的效果与效率提出更高的要求；对于原油的储运，大庆油田采用的是管道加油罐的储运方式。

8.4.1.1　大庆原油乳状液特点

大庆原油的含蜡量较高，具有凝固点高和黏度大的特点，另外原油中的胶质、沥青质等天然活性剂的含量也较高，从而使得油水界面膜的强度较大，原油乳状液的稳定性较好。大庆原油所含水主要来自注水，且注水来自原油脱去水和地面水源，因此原油所含水中也会含有一些金属离子，从而使水溶液的导电性增强。

8.4.1.2　热-化学-电综合型破乳脱水工艺的应用

根据对大庆原油乳状液特性的研究和现场实践，可以确定大庆原油乳状液脱水的最有效的方法是热-化学-电综合型破乳脱水技术。

当原油含水量小于30%时，由于原油乳状液的稳定性很好，因此采用单一的加热沉降法或电脱水法、化学破乳法均不能取得较好的脱水效果。若只采用加热沉降法，则其沉降所脱去的水量很少，达不到原油脱水的相关要求；若只采用电脱水法，则其脱水后的净化油中的含水量较高，污水中的含油量也偏高，因此脱水效果不理想；若只采用化学破乳法，则会导致破乳剂的使用量偏高，成本加大，且脱水所需的时间较长。鉴于单一破乳法的脱水效果均不理想，因此采用热-化学-电综合型破乳脱水工艺来进行原油乳状液的脱水。其脱水工艺流程如图 8-23 所示。

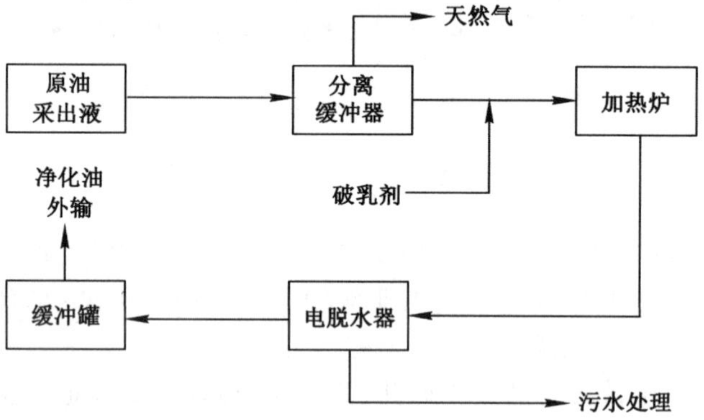

图 8-23　原油乳状液热-化学-电综合型破乳脱水工艺流程[48]

当原油含水量大于 30％且小于 60％时，W/O 型原油乳状液中的游离水依然很少，因此可继续采用热-化学-电综合型破乳脱水工艺来进行原油脱水。但随着原油乳状液处理量的增大，加热炉、电脱水等设备的负荷会很大，从而造成耗能高、成本加大等问题。针对这一问题，大庆油田中度含水原油脱水采用了分段脱水工艺。其工艺流程为：在进入脱水站之前就将化学破乳剂加入原油乳状液中，通过管道运输，破乳剂与乳状液充分混合，从而使原油乳状液在流动过程中就开始进行油水分离；接着原油乳状液在加热后进入沉降脱水器进行沉降脱水，经过 25～30 min，原油乳状液可脱去 20％ 的水分，原油含水率与热化学沉降时间的关系曲线如图 8-24 所示；最后，原油乳状液进入电脱水器中进行脱水。分段脱水工艺流程如图 8-25 所示。通过相关计算，分段脱水工艺比单段脱水工艺最高可节省 50％的电量和 74％的热量。

当原油含水量大于 60％时，原油乳状液中会含有大量的游离水，因此可先在较低温度下向原油乳状液中加入化学破乳剂，使其含水量降为中等水平，接着则可用中度含水原油的热-化学-电综合型破乳脱水工艺进行脱水。

8.4.1.3　原油破乳剂与脱水电场的选择

在热-化学-电综合型破乳脱水工艺中，根据原油乳状液的性质，大庆油田选择了具有破乳效率高、效果好、用量少等优点的 DQ 型化学破乳剂。另外，在电脱水法的电场类型选择上，根据直流电场所具有的可较大程度聚结水滴、脱水效率高、可实现深度脱水效果的特点和交流电场所具有的可适应较大的水分波动而难以去除细小水滴的特点，并结合现场实践的结果，大庆油田最终选择了直流电场来进行电脱水。直、交流电场脱水效果对比见表 8-10。

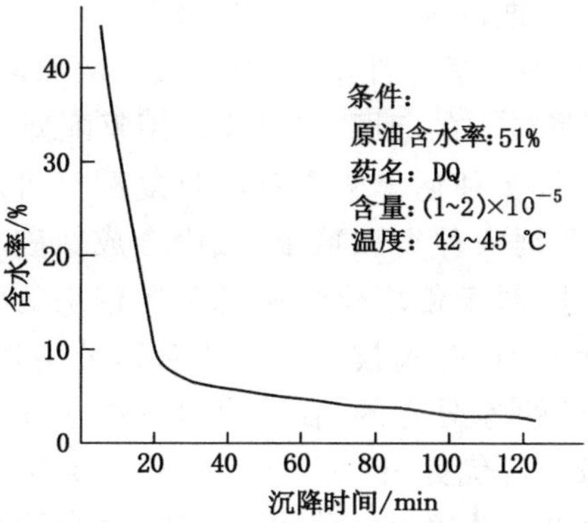

图 8-24 原油含水率与热化学沉降时间的关系曲线[48]

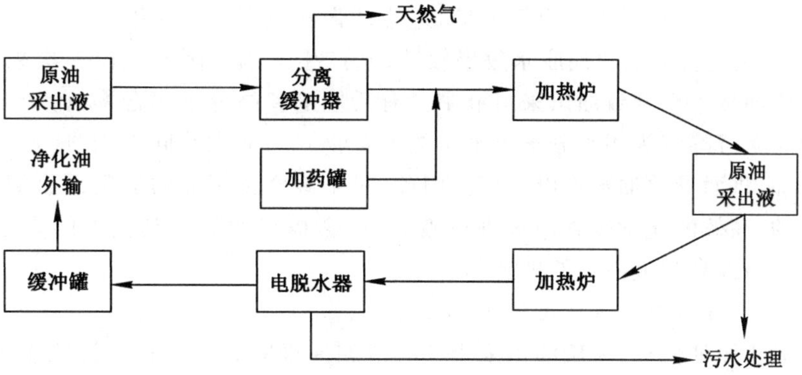

图 8-25 原油分段脱水工艺流程[48]

表 8-10 直、交流电场脱水效果对比[48]

供电方式	处理量/(m^3/h)	温度/℃	初级电压/V	初级电流/A	破乳剂		原油含水量/%	净化油含水量/%	脱水率/%
					型号	含量/($\times10^{-6}$)			
交流	82	61	250	16.0	DQ	27	38	0.20	99.47
	100	61	240	18.0	DQ	34	37	0.21	99.43
	110	63	235	18.5	DQ	29	38	0.62	98.37
直流	120	63	185	14.5	DQ	15	38	0.14	99.63
	110～127	63～65	185	14～19	DQ	12～19	38	0.03～0.27	99.29～99.92
	124	64	180	17	DQ	20	38	0.15	99.61

8.4.1.4 大庆油田早期原油脱水技术总结

总的来说，大庆油田早期原油脱水技术包括热沉降法、化学破乳法和电脱水法。根据不同时期的原油含水量水平，在低含水量水平时期，采用了热-化学-电综合型破乳脱水工艺；在中度及以上含水量时期，采用了热化学沉降与化学-电脱水相结合的分段脱水工艺。现场实践表明，大庆油田早期原油脱水技术取得了脱水效率高、净化油含水量低和耗能低的效果。但在同时，大庆油田早期的原油脱水工艺也存在着化学破乳剂使用量较大、电脱水装置对含水波动较大的乳状液的适应性不强、黏度较大的原油脱水效果较差等问题。

① 对于化学破乳剂使用量较大的问题，可考虑采用复配型化学破乳剂来代替单一的化学破乳剂。有关实验研究表明，多种化学破乳剂经过复配后可产生很好的复配效应，不但可以成倍增加原油乳状液破乳剂的种类和数量，减少合成新破乳剂所需的成本和工作量，还能显著提高破乳效率。另外，对于使用化学破乳剂所带来的污染问题，可考虑采用中国科学院力学研究所提出的新型管道分离技术。由于管道分离技术主要是通过旋流管和 T 形管两构件来实现油水两相的快速分离的，在分离过程中仅使用物理分离的手段，因此具有污染小、安全和占地面积较小等优势。

② 对于电脱水装置对含水波动较大的乳状液的适应性不强的问题，可考虑采用直交流电场脱水技术。直交流电场是由直流强电场、直流弱电场和交流强电场所组成的，同时具备直流和交流电场的优点，因此对含水波动较大的乳状液的适应性较强，且相比交流电场脱水，直交流电场脱水具有耗能低、适应性强和效率高的优势。

③ 黏度较大的原油脱水效果较差，其产生原因为随着油田三次采油，开采所应用的聚合物驱油技术会导致油田采出液中含有活性剂和高分子聚合物，而聚合物分子经过一段较长的时间可降解为相对分子质量小的聚合物并与油水共同作用，这就使得原油乳状液的黏度增加，进而导致油水难以分离。因此，对于聚合物驱油的油田采出液的油水分离，需采用特殊的、高效的化学破乳剂来进行破乳，可考虑采用破乳剂复配的方法来开发适用于黏度较大的原油乳状液破乳的破乳剂[49]。

8.4.1.5 管道与油罐储运技术的应用

对于原油储运，大庆油田采用了管道加油罐的储运方式。管道输送方式可实现原油的连续运输，因此具有运输效率高、成本低的优点。在大庆油田的原油储运工程中，管道储运方式存在金属管道易发生腐蚀的问题。若管道腐蚀速度过快，则会引起管道维修成本增高、运输安全性降低等问题。油罐储运方式存在油罐负荷过大、清洁困难等问题，且随着聚合物驱油技术的运用，采出原油中的聚合物含量较高，导致油罐底部的积层厚度很大，从而增大了油罐清洁的难度。油罐清洁效率不高，则会降低油罐的储运能力且严重威胁油罐储运系统的安全运行[50]。

针对埋在地下的金属输油管道易发生腐蚀问题，大庆油田采用了电化学阴极保护技术。相关数据表明，大庆原油外输管道大多采用了电化学阴极保护技术，且取得了大幅度降低管道腐蚀穿透次数的效果。电化学阴极保护技术能减缓金属管道的腐蚀过程，因此在防止天然气泄漏、保证天然气纯度和运输安全等方面可发挥积极作用。

对于油罐负荷较大的问题，大庆油田采取了增设油罐的方案来加大油罐的储运能力。对于油罐的清洁问题，大庆油田采用了机械化油罐清洁技术(COW)来代替人工清洁的方式。机械化油罐清洁技术原理为，通过自动旋转喷头形成高压油水混合物射流，将油罐内侧的油垢击碎、溶解。机械化油罐清洁技术能有效提高油罐清洁效率，且在降低油罐清洁成本、保证油罐空间得到充分利用和提高原油纯度等方面可发挥十分重要的作用[51]。

8.4.1.6 大庆油田原油储运技术总结

① 大庆油田采用了电化学阴极保护技术来减缓金属管道的腐蚀，但随着管道腐蚀破损点的增多，会带来阴极保护电流增大、耗电量增加、阴极保护管道距离缩短等问题。因此，可考虑

采用耦合式金属防腐蚀技术，如可采用复合防腐材料-涂层-电化学保护技术。另外，应注重发展管道腐蚀点监测技术，从而能够及时发现腐蚀点，采取防护措施以避免腐蚀程度的进一步加大。金属管道防腐技术的采用应根据管道埋藏地的环境特点和其所运输的物质特性而定。适当的金属管道防腐技术可有效延长管道运行寿命，降低管道维修成本[52]。

② 大庆油田采用了增设油罐的方式来增大油罐系统储运能力，但大型地面油罐储运方式也存在油气挥发、静电起火等问题。地下储油库的储存能力大、安全性高且我国大部分地区的地质条件适宜于地下储油库的建造，因此可考虑利用枯竭油气田等密闭性较好的地下空间资源来建造地下储油库，以提高原油储运系统的运行能力和可靠性。

③ 对于油罐清洁问题，可考虑研发油罐清洁机器人来进行油罐的清洁及监测工作。油罐清洁机器人能够在油罐内侧行走，实现定点清除污垢，因此其清洁效率较高、效果较好[53]。

8.4.2　矿井煤层气分离案例分析

对于煤层气的分离，以肥城煤矿的煤层气净化工艺为例，其煤层气的主要杂质为 CO_2（含量约 0.23%），含硫成分因含量较低而不计。由于煤层气在利用前需要将其中含有的杂质气体脱除，以保证 CH_4 的纯度，因此肥城煤矿采用了化学溶剂吸收 CO_2 和分子筛吸附水分的煤层气净化工艺。

8.4.2.1　化学溶剂脱碳、物理吸附脱水技术的应用

肥城煤矿采用了伯醇胺（MEA）溶液来吸收酸性气体 CO_2，分子筛吸收煤层气中的水分，其煤层气净化流程如图 8-26 所示。

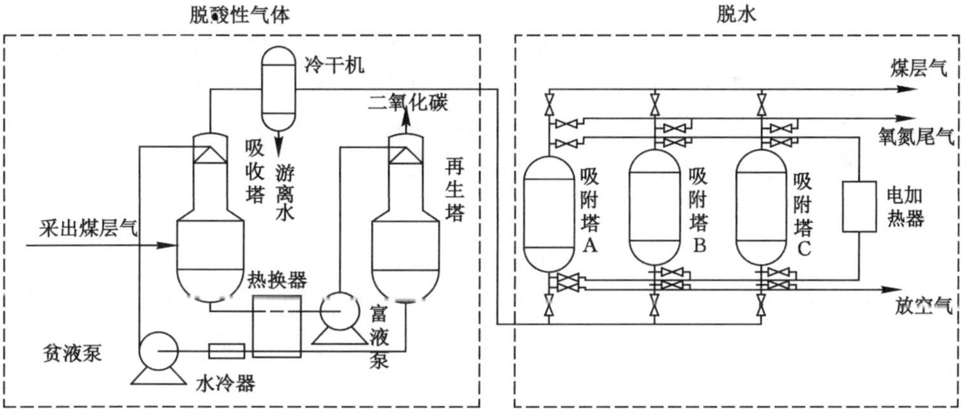

图 8-26　煤层气净化流程[50]

肥城煤矿所采用的煤层气净化装置按工序先后可分为脱酸性气体装置和脱水净化装置，其净化的具体流程如下。

① 脱酸性气体：采出的煤层气通过加压进入吸收塔底部，而伯醇胺（MEA）溶液从吸收塔顶部向下均匀流动（两者相向运动而发生接触、混合，从而使 CO_2 溶入伯醇胺溶液中）→富含 CO_2 的伯醇胺溶液从吸收塔底部流入热换器→加热后的溶液通过富液泵进入溶剂再生塔顶部→富含 CO_2 的伯醇胺溶液从再生塔顶部向下流动（由于溶液在向下流动的过程中

会被上升的酸性气流加热，CO_2的溶解度降低，从溶液中逸出，上升到再生塔顶部)→温度较高的伯醇胺溶液进入水冷器中进行冷却→冷却后的伯醇胺溶液通过贫液泵进入吸收塔顶部，完成溶剂再生过程。

② 脱水：脱去CO_2的煤层气进入冷干机中进行冷却(降低煤层气温度，分离出一部分游离水，减轻后续的脱水装置负荷)→通过开关阀门，煤层气进入吸附塔中，利用其中的分子筛来去除水分(一般一个塔进行吸附除水工作，另两个塔进行分子筛的再生工作。其中，分子筛的再生是利用收集的氧氮热气流对分子筛进行加热，带走其吸附的水分来完成的)。

实践结果表明，该煤层气净化系统可有效除去采出煤层气中的CO_2杂质和水分且运行稳定、性能可靠。在系统连续运行了100多个小时后，对净化后的煤层气进行测定，测量结果显示CO_2含量为8.3×10^{-6}、水分含量为2.7×10^{-6}，其值均在气体液化工序所允许的气体杂质含量范围内，因此净化后的煤层气可作为煤层气液化工序的原料气[54]。

8.4.2.2　肥城煤矿煤层气分离净化技术总结

肥城煤矿的煤层气净化系统实现了酸性气体CO_2和水分的有效去除，提高了天然气的热值，且减轻了后续储运设备的防腐蚀工作的压力。但同时，该净化系统存在着如伯醇胺(MEA)溶液易发生变质、脱水后的天然气中往往含有分子筛粉尘等问题。

对于伯醇胺(MEA)溶液易发生变质的问题，可考虑采用MEA-MDEA型的复合溶剂，该混合胺溶剂结合了MEA、MDEA溶剂两者的长处，因此其吸收性能优于单一的有机胺溶剂，且溶液的发泡倾向性、腐蚀性较低；对于脱水后的天然气中往往含有分子筛粉尘的问题，可采用孔隙率较高的活性炭来进行煤层气脱水。

8.4.3　天然气储运案例分析

对于天然气的储运，以我国的西气东输工程为例，该工程采用长距离管道输送和地下储气库技术来进行气态天然气的储运。西气东输工程中的天然气管道是目前我国规模最大、施工最复杂的管道工程。西气东输工程的管道网西起塔里木盆地，东至上海市，横贯了我国东西部地区，其管路网的干线长度达3 900 km，支线长度达2 000 km，创下了我国气态天然气管道输送距离最长的纪录[55]。

8.4.3.1　管道与地下储气库储运技术的应用

西气东输工程中所采用的气态天然气长距离管道输送技术除了管道制造、加压输送等关键技术外，还包括管道路线测定、弯道感应加热、内涂层减阻、管道信息存储管理分析等重要的相关配套技术(见图8-27)。

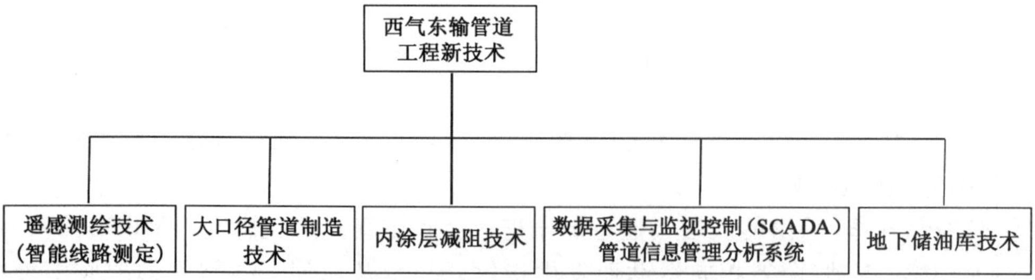

图8-27　西气东输管道工程新技术的应用情况

西气东输管道工程新技术及其应用效果如下。

① 在管道路线测定方面，西气东输工程采用了技术先进、结果可靠的遥感测绘技术来进行管道路线的选择和优化。测量结果表明，预可行性研究阶段所确定的管道路线长度与遥感技术所确定的长度相比，后者缩短了 300 多千米。

② 在管道制造方面，西气东输工程首次制造并使用了达到国际大口径标准的天然气管道，其直径为 1 016 mm，壁厚为 14.6～26 mm。西气东输工程中的天然气管道制造为我国高压大流量管道的制造提供了丰富经验。

③ 在内涂层减阻技术方面，西气东输工程中的所有输送管道均应用了内涂层减阻技术，即在管道内侧涂上一层特殊的覆盖层来达到降低摩阻的效果。由于西气东输工程的管道长度较长，需要高压动力来进行天然气的输送，而内涂层减阻技术可减少因气体与管壁摩擦而产生的耗能，因此可减少高压气站的个数，降低管道系统的运行成本。以 10 MPa 设计压力和 1 016 mm 管道直径的工艺方案为例：在相等的输送流量下，内涂层减阻技术可使压缩机的功耗降低 23%，从而可使高压气站每年的运行费用减少 1.61 亿元；另外，在相等的输送流量下，内涂层减阻技术可减少 3 座高压气站的建设工程量，从而可减少高压气站建设投资 7.1 亿元。此外，管壁内涂层可降低管道清洁次数、减缓管道腐蚀和确保天然气纯度[56-57]。

④ 在管道信息存储、管理和分析方面，西气东输工程采用了 SCADA 管道信息管理分析系统对管道支、干线进行监控。通过对该系统所收集到的管道现场实时的动态监测数据进行统计分析，技术人员可以准确、全面地掌握管道信息和科学地进行决策[58-60]。

⑤ 由于西气东输工程所输送的天然气的主要用户为城市居民与燃烧发电站，因此需要保证管道输送系统的稳定性和可靠性。针对季节性供气不均衡的特点，西气东输工程采用了增设地下储气库的方案来适应用气量的高低峰。在天然气用量处于低峰时，可将多出部分的天然气储存在地下储气库中；在天然气用量处于高峰时，则可从储气库中释放出一部分天然气来缓解供气压力。另外，设立地下储气库可减少管道支线，从而降低了管道投资成本。西气东输工程中的地下储气库大多来源于废弃盐矿井和枯竭油气田，这体现了西气东输工程对地下废弃空间资源合理再利用的原则。

8.4.3.2 西气东输工程中的天然气储运技术总结

对于气态天然气的储运，西气东输工程采用了高压力、大流量、长距离的管道运输技术。在西气东输的管道工程中，首次采用了大孔径管道制造、10 MPa 的高管道输送压力和管道内壁涂层减阻等技术，这些技术的应用提高了管道系统的供气能力和可靠性，降低了管道运输的成本。另外，在应对季节性供气不均衡的问题上，西气东输工程首次采用了增设规模较大的地下储气库的方式来进行气态天然气的储运。利用地下储气库安全、储气量大等特点，管道供气系统可以很好地适应供气量的高低峰，从而更好地完成季节性调峰任务。但同时，西气东输工程存在因形成天然气水合物而造成的管道堵塞、流量减少等问题。

对于天然气水合物的防治，可考虑采用向运输天然气中加入水合物合成抑制剂来阻碍天然气水合物的合成。另外，根据气体水合物表面受热易液化的特点，可采取对管道进行加热的方式来使水合物从管道内壁剥离下来；根据减少反应物的量可减少生成物的量的化学规律，可采用加入干燥剂的方式来除去天然气中的水分，从而阻碍水合物合成反应的进行并使水合物分解[61]。

另外，通过查阅相关文献，可了解到当天然气管道输送的距离超过4 000 km时，普通的气态天然气管道储运技术不再能满足工程的需要，而与之相比，采用液化天然气管道储运技术则可取得输送气量大、成本低的效果，此时液化天然气储运技术的液化成本高的缺点可以被放小，而其储气量大、安全性高的优势则可被放大。目前，虽然尚未有采用长距离液化天然气管道储运技术的工程实例，但随着天然气液化工艺水平和低温管道材料工艺水平的不断提高，液化天然气管道储运将成为未来天然气储运的主要方式[62-67]。

探索性思考题

(1) 结合本章所学油水分离技术，简述海洋原油泄漏的处理方法。

(2) 简述地下储气库、地下储油库的建设要求及其不同点。结合我国存在大量废弃矿井的实际情况，简述如何将现有的废弃矿井改造成地下储油库和地下储气库。

(3) 根据天然气输送距离的不同，列举在相应的距离段内最经济的运输方式。

参 考 文 献

[1] 黄炳香，赵兴龙，张权. 煤与煤系伴生资源共采的理论与技术框架[J]. 中国矿业大学学报，2016，45(4)：653-662.

[2] 李长俊，黄泽俊. 天然气管道输送[M]. 3版. 北京：石油工业出版社，2017.

[3] 王树立，赵会军. 输气管道设计与管理[M]. 北京：化学工业出版社，2006.

[4] 刘扬. 油气集输[M]. 北京：石油工业出版社，2015.

[5] TISSOT B P，WELTE D H. Petroleum formation and occurrence[M]. [S. l. ：s. n.]，1984.

[6] 谭丽，沈明欢，王振宇，等. 原油脱盐脱水技术综述[J]. 炼油技术与工程，2009，39(5)：1-7.

[7] 董翔. 延长油田原油性质分析研究[D]. 西安：西安石油大学，2016.

[8] 曹云，李军武. 油气分离设备在油气集输中的应用研究[J]. 中国石油和化工标准与质量，2013，33(24)：98.

[9] 谢晓勤，徐文超，廖雍. 油气分离设备在油气集输中的应用[J]. 石油和化工设备，2012，15(1)：34-35.

[10] 孙培京，尹先清，肖清燕，等. 原油采出液脱水技术研究进展[J]. 应用化工，2013，42(1)：128-131.

[11] ALSABAGH A M，HASSAN M E，DESOUKY S E M，et al. Demulsification of W/O emulsion at petroleum field and reservoir conditions using some demulsifiers based on polyethylene and propylene oxides[J]. Egyptian journal of petroleum，2016，25(4)：585-595.

[12] YAU Y H，RUDOLPH V，HO K C，et al. Evaluation of different demulsifiers for Marpol oil waste recovery[J]. Journal of water process engineering，2017，17：40-49.

[13] 吴应湘，许晶禹. 油水分离技术[J]. 力学进展，2015，45(6)：179-216.

[14] 张大秋，陈玉婷，彭鹏，等. 原油和天然气脱硫技术对比及展望[J]. 石化技术，2016(2)：

238-239.
[15] 孙少南,胡佳其,马倩.天然气脱硫技术研究进展[J].山东化工,2015,44(3):46-47.
[16] 陈昌介,何金龙,温崇荣.高含硫天然气净化技术现状及研究方向[J].天然气工业,2013,33(1):112-115.
[17] 刘建勋.膜法天然气脱硫技术研究进展[J].当代化工,2016,45(6):1301-1303.
[18] 曹玲.天然气脱硫净化技术的挑战及研究方向[J].石化技术,2016,23(3):40.
[19] 陈胜永,岑兆海,何金龙,等.新形势下天然气净化技术面临的挑战及下步的研究方向[J].石油与天然气化工,2012,41(3):264-267.
[20] LI W L,TANG H,LIU Q F,et al. Deep desulfurization of diesel by integrating adsorption and microbial method[J]. Biochemical engineering journal,2009,44(2-3):297-301.
[21] 余娅妮,何铁群,余春娟.高含硫天然气净化技术现状及研究方向[J].化工管理,2014(36):85.
[22] ROE L A.从液体中浮选液体和细粒[J].国外金属矿选矿,1982,19(4):12-18.
[23] 王赟,韩娟,解雪乔,等.气浮浮选法机理及其研究进展[J].冶金分析,2010,30(11):30-38.
[24] SATHTHASIVAM J, LOGANATHAN K, SARP S. An overview of oil-water separation using gas flotation systems[J]. Chemosphere,2016,144:671-680.
[25] NORORI-MCCORMAC A,BRITO-PARADA P R,HADLER K,et al. The effect of particle size distribution on froth stability in flotation[J]. Separation and purification technology,2017,184:240-247.
[26] SONG S,YANG H,ZHOU C L,et al. Underwater superoleophobic mesh based on $BiVO_4$ nanoparticles with sunlight-driven self-cleaning property for oil/water separation[J]. Chemical engineering journal,2017,320:342-351.
[27] 杨西萍,刘煌,李赟.水合物法分离混合物技术研究进展[J].化工学报,2017,68(3):831-840.
[28] LIU J X,HOU J,XU J F,et al. Formation of clathrate cages of sI methane hydrate revealed by ab initio study[J]. Energy,2017,120:698-704.
[29] 宫敬,王玮.海洋油气混输管道流动安全保障[M].北京:科学出版社,2016.
[30] WANG F,FU S F,GUO G,et al. Experimental study on hydrate-based CO_2 removal from CH_4/CO_2 mixture[J]. Energy,2016,104:76-84.
[31] 樊拴狮,程宏远,陈光进,等.水合物法分离技术研究[J].现代化工,1999,19(2):11-14,10.
[32] 于树青.国内外管道储运技术发展趋势[N].现代物流报,2006-12-28(B03).
[33] 费鸣震.油气管道集输储运技术分析[J].中国石油和化工标准与质量,2016,36(20):82-83.
[34] 宋承毅.油气储运技术面临的挑战与发展方向[J].石油规划设计,2010,21(3):4-7.
[35] 姚莉,于磊,杨春,等.国内外天然气储运技术的发展动态[J].油气储运,2005,22(4):7-11.

[36] 李岳姝. 化工油气储运技术及其创新研究[J]. 赤峰学院学报(自然科学版), 2013,29(5):56-57.
[37] 姚育林. 探索我国油气储运相关技术研究新进展[J]. 中国石油和化工标准与质量, 2012,32(10):79.
[38] 梁月玖,黄晓丽,颜毅. 基于天然气水合物的新型储运技术[J]. 石油规划设计,2011, 22(5):26-29.
[39] 胡高伟,业渝光,张剑,等. 水合物储运技术新进展:记第 6 届国际水合物大会[J]. 海洋地质动态,2008,24(11):17-23.
[40] 张琦. 天然气水合物的生产储运技术及现状[J]. 石油与天然气化工,2013,42(3): 261-264.
[41] TAHERI Z, SHABANI M R, NAZARI K, et al. Natural gas transportation and storage by hydrate technology:Iran case study[J]. Journal of natural gas science and engineering,2014,21:846-849.
[42] 钱成文,姚四容,孙伟,等. 液化天然气的储运技术[J]. 油气储运,2005,24(5):9-11.
[43] 王朝晖. 天然气吸附储运技术工艺研究[D]. 广州:华南理工大学,2013.
[44] 舒萍. 大庆油田建设地下储气库设计研究[D]. 成都:西南石油学院,2005.
[45] 张旭. 论当前时期我国地下储气库现状研究[J]. 中国石油和化工标准与质量,2013, 33(18):168.
[46] 范龙飞,张勇. 天然气、煤层气储运方法简介[J]. 土木建筑学术文库,2007(8): 855-856.
[47] 崔长春. 煤层气开发利用前景诱人[J]. 天然气化工,2008,33(3):71-74,78.
[48] 冯家潮,周希清,何庆奎,等. 大庆原油脱水[J]. 油田地面工程,1982,1(3):52-62.
[49] MARTÍNEZ-PALOU R, CERÓN-CAMACHO R, CHÁVEZ B, et al. Demulsification of heavy crude oil-in-water emulsions: a comparative study between microwave and thermal heating[J]. Fuel,2013,113:407-414.
[50] 马铁轮,张显武,董宝山,等. 大庆油田原油储运系统问题及对策[J]. 石油规划设计, 2003,14(4):43-45.
[51] 马铁伦,王宇,朱秀峰,等. 原油储运系统生产技术改进措施[J]. 石油规划设计,2000, 11(3):39-40.
[52] 付小琴. 金属管道的腐蚀和防腐蚀技术现状[J]. 中国金属通报,2016(10):68-69.
[53] 任健,杜坚,张超,等. 一种储油罐内壁清洁机器人的设计[J]. 信息通信,2014(6): 49-50.
[54] 王祺. 肥田煤矿低浓度煤层气液化装置净化工艺优选[J]. 煤炭工程,2016,48(7): 31-34.
[55] 黄维和. 我国油气储运技术的发展[J]. 油气储运,2012,31(6):411-415.
[56] CHIONG S J, GOH P S, ISMAIL A F. Novel hydrophobic PVDF/APTES-GO nanocomposite for natural gas pipelines coating[J]. Journal of natural gas science and engineering,2017,42:190-202.
[57] 何利民,高祁. 油气储运工程施工[M]. 北京:石油工业出版社,2007.

[58] 吴宏. 西气东输管道工程介绍(上)[J]. 天然气工业,2003,23(6):117-122.
[59] 陈向新,陈韶华,李波. 西气东输工程新技术应用[J]. 石油工程建设,2004,30(1):15-19.
[60] 李玉星,姚光镇. 输气管道设计与管理[M]. 2 版. 青岛:中国石油大学出版社,2015.
[61] 吴锡合,张德庆,张争伟. 天然气长输管道冰堵的防治与应急处理[J]. 油气储运,2012,31(4):292-293.
[62] 孙俊杰,孙英杰. 液化天然气长输管道输送技术探析[J]. 科技创业家,2013(19):137,141.
[63] 严大凡,张劲军. 油气储运工程[M]. 北京:中国石化出版社,2003.
[64] KENNEDY J L. Oil and gas pipeline fundamentals[M]. [S. l. :s. n.],1983.
[65] KEN A, MAURICE S. Surface production operations, volume 2: design of gas-handling systems and facilities[M]. 2th ed. [S. l. :s. n.],1999.
[66] 冯叔初,郭揆常. 油气集输与矿场加工[M]. 青岛:中国石油大学出版社,2014.
[67] 戴静君,董正远,田野. 油气集输[M]. 北京:石油工业出版社,2012.

9 固体矿产的流态化开采

本章主要介绍煤炭地下气化及可燃冰、油页岩、岩盐的流态化开采原理、适用条件、主要工艺技术。需掌握煤炭地下气化及可燃冰、油页岩、岩盐的流态化开采原理、适用条件、主要工艺技术，了解流态化开采的历史和优缺点。

采矿活动持续向生态脆弱的西部及深部延伸带来了一系列的难题，包括冲击地压、煤与瓦斯突出、突水、巷道持续大变形等，造成了安全、技术、经济、环境、资源浪费等方面的种种问题。而传统的采矿方法不足以解决这些问题。固体矿产的流态化开采（fluidized mining）将是解决这些问题的新方法。

固体矿产的流态化开采能实现无人化工作面，实现井下无人，从而做到真正的安全。固体矿产的流态化开采可省去建井、巷道掘进与支护、采矿、矿产和材料的井上下运输与提升、地面堆积、洗选和地面运输等环节，从而更经济、更环保，能耗更低。流态化的矿产还更有利于运输与后续产业链的加工处理。因此，固体矿产的流态化开采是未来采矿的发展趋势。

9.1 煤炭地下气化

1912 年，英国首位获得诺贝尔化学奖的化学家 William Ramsay 在伦敦国际消烟展览开幕式上发表演讲。当时，很多工业城市的雾霾污染非常严重，展览会试图唤起全世界对雾霾污染的重视。演讲中，William Ramsay 认为：有一个方法可以消除雾霾污染，那就是煤炭地下气化（underground coal gasification，UCG）技术；通过打钻孔，点燃煤层，鼓入空气并抽出氢气和一氧化碳，产生的煤气可以用于发电；煤炭地下气化可以解决很多问题，诸如空气污染和正在进行中的矿工罢工运动。在之后的几个月内，William Ramsay 在伦敦大学学院采矿工程学院举行的晚宴中重复他的观点，认为煤气而不是煤，将成为未来的燃料，并且，英国和美国将进行煤炭地下气化试验。他的陈述，使国际上出现了煤炭地下气化的兴趣浪潮。报纸和流行科学期刊上发表了一系列的关于煤炭地下气化的文章，人们试图向 William Ramsay 获得更多的技术细节；甚至列宁（V. I. Lenin）也发表了一篇文章赞赏 William Ramsay 关于煤炭地下气化的发明[1]。

煤炭地下气化在原位把煤转换成一种气体产品（煤气），这种气体产品与通过大众广为所知的发生在地面气化炉内的化学反应生产的合成气是一样的。气化反应是在高温高压下将煤转化为合成气的，可以用来生产许多产品（化工原料、液态燃料、氢、人工合成气以及发电）。气化为污染物的控制提供了途径，特别是关于硫、氮氧化合物和汞的排放问题。对于煤炭利用来说，煤炭地下气化能够提高煤炭资源的利用率，因为可以气化许多传统方法不能开采的深部或薄煤层[2]。对于正经历快速的经济发展的发展中国家，包括中国和印度，煤炭地下气化是一种特别有竞争力的技术[3]。

许多国家已经做了很多不同的有关煤炭地下气化的工业性试验。1975—1996 年，美国在试验了烟煤、次无烟煤和褐煤后，完成了 30 多个试验项目。在这之前，苏联已进行了 50 多年煤炭地下气化方面的研究、现场试验和商业化的项目运行。自 1991 年以来，中国完成了至少 16 个试点，而且有几个用于生产化工和化肥原料的煤炭地下气化项目。2000 年，澳大利亚开始了一个大的中试[钦奇拉(Chinchilla)]项目，在控制关闭和控制重新启动之前，生产了 3 年合成气。目前，多个煤炭地下气化商业项目在美国、加拿大、南非、印度、澳大利亚、新西兰和中国处于不同的发展阶段，用于发电、液化燃料或合成天然气的生产。

煤炭地下气化点火过程产生的合成气在成分上类似于在地面生产的合成气。因为地下气化是煤炭的原位转化，煤炭地下气化合成气在硫、煤焦油、灰尘和汞等方面的含量都是低于常规合成气的，同时只有非常低的灰尘。其他成分与地面气化类似，并能够用常规的气体处理方法和净化设备进行处理。煤炭地下气化具有明显的经济和环境效益。相比传统的煤炭利用方式，煤炭地下气化具有煤地面气化同样的优点。同时，相比地面气化，煤炭地下气化对地面影响小，投资少，生产的煤气更加便宜。煤炭地下气化还可以与 CCS(CO_2 收集和储存)技术相结合，实现 CO_2 的减排。另外，煤炭地下气化也可以和其他相关技术结合，如煤层气的回收以及合成燃料。

煤炭地下气化在经济上是非常有前景的，其资金费用大大低于地面气化的费用，因为不需要购买气化炉了。类似的，运行费用会低许多，因为不需要煤的开采、运输，而且可大大地减少灰尘的处理设备。

9.1.1 煤炭地下气化的基本原理

煤炭地下气化就是通入气化剂(空气＋蒸汽、富氧空气＋蒸汽、纯氧气＋蒸汽的混合气体，或者将空气、富氧空气或者纯氧气在第一阶段注入，而将蒸汽在第二阶段注入)将处于地下的煤炭进行原位有控制的燃烧，通过对煤的热作用及化学作用而产生煤气的过程。图 9-1 为典型的无井式煤炭地下气化的示意。工作面一般沿倾斜方向推进，随着燃烧面的移动，注气点和集气点的位置随之后退。该过程主要是在地下气化炉的气化通道中实现的。按照温度与发生化学反应的不同，可将气化通道分为氧化区(带)、还原区(带)和干馏干燥区(带)，如图 9-2 所示[4](图中及本章中的化学反应方程式中的 $+Q$ 表示放热，$-Q$ 表示吸热)。煤层中任何一小块煤或者煤粒发生气化的过程如下：远离燃烧面方向的待反应煤层逐渐进入干馏干燥带，煤在热的作用下发生干燥和热解，热解是吸热反应。干馏干燥带的产物半焦(焦)因为燃烧面的移动，温度升高而逐渐进入还原带，在还原带主要发生吸热的还原反应。还原带中的煤焦因为燃烧面的移动，温度逐渐升高，当氧化带中的氧气通过孔裂隙进入其中时，会发生氧化反应，这部分煤焦进入氧化带被烧成灰渣遗留在井下。

(1) 氧化区

由进气孔鼓入气化剂[空气、O_2 和 $H_2O(g)$]，并在进气侧点燃煤层，气化剂中的 O_2 遇煤燃烧产生 CO_2，并释放出大量的反应热，燃烧区称为氧化区，当气流中 O_2 浓度接近零时，燃烧反应结束、氧化区结束。主要反应式如下。

碳的氧化反应(燃烧反应)：

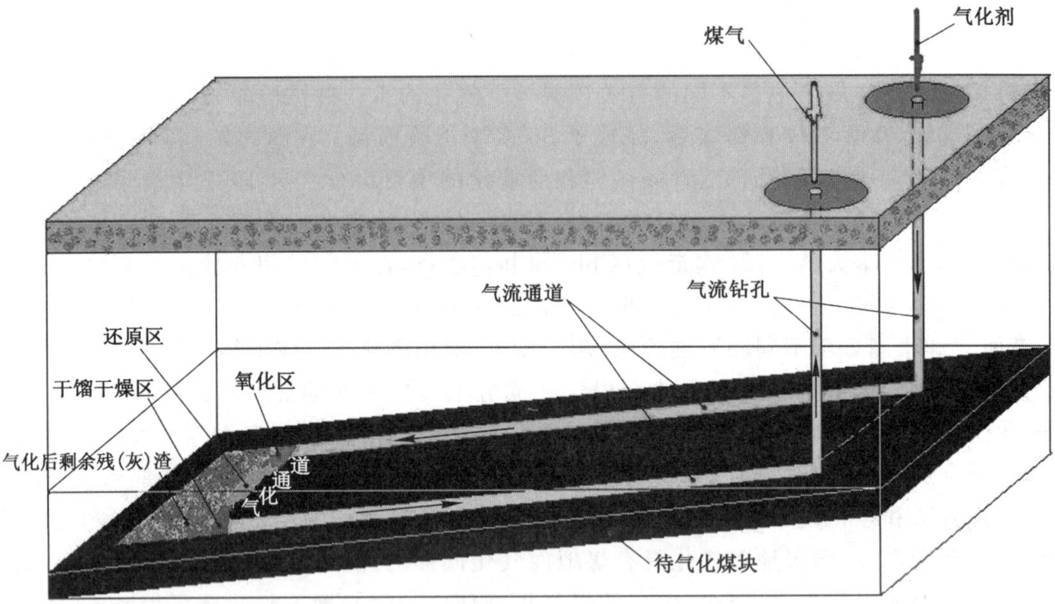

图 9-1　典型的无井式煤炭地下气化示意

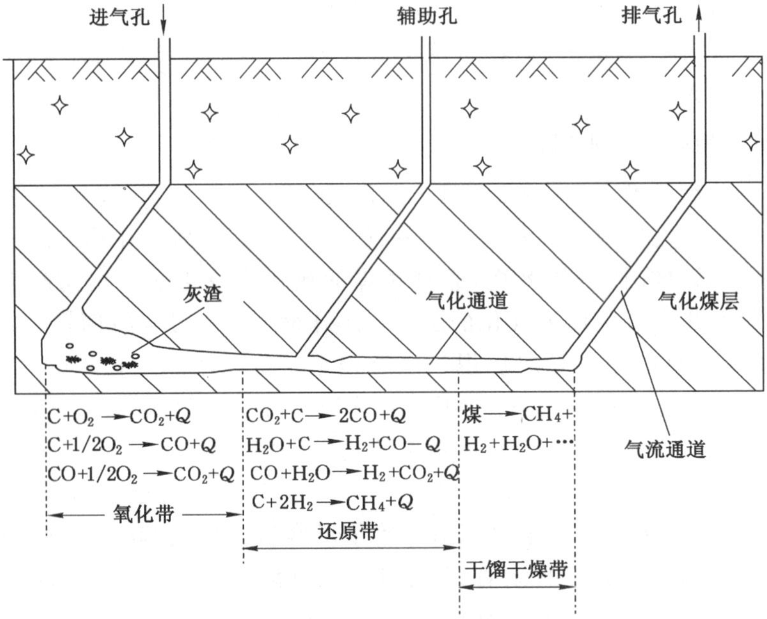

图 9-2　煤炭地下气化原理示意

$$C+O_2 \rightleftharpoons CO_2+393.8\ \text{MJ/kmol} \tag{9-1}$$

碳的部分氧化反应(不完全燃烧反应)：

$$2C+O_2 \rightleftharpoons 2CO+221.1\ \text{MJ/kmol} \tag{9-2}$$

CO 的氧化反应(CO 燃烧反应)：

$$2CO+O_2 \rightleftharpoons 2CO_2+570.1\ \text{MJ/kmol} \tag{9-3}$$

(2) 还原区

氧化区结束后，遂进入还原区，氧化区使还原区煤层处于炽热状态，在还原区 CO_2 与炽热的 C 反应生成 CO，$H_2O(g)$ 与炽热的 C 反应生成 CO、H_2 等，由于还原反应为吸热反应，煤层和气流温度逐渐降低，当温度降低到使还原反应程度较弱时，还原区结束。主要反应式如下。

CO_2 的还原反应(发生炉煤气反应)：

$$CO_2+C \rightleftharpoons 2CO-162.4\ \text{MJ/kmol} \tag{9-4}$$

水蒸气的分解反应 1：

$$H_2O+C \rightleftharpoons H_2+CO-131.5\ \text{MJ/kmol} \tag{9-5}$$

水蒸气的分解反应 2：

$$2H_2O+C \rightleftharpoons 2H_2+CO_2-90.0\ \text{MJ/kmol} \tag{9-6}$$

CO 的变换反应：

$$CO+H_2O \rightleftharpoons H_2+CO_2+41.0\ \text{MJ/kmol} \tag{9-7}$$

碳的加氢反应：

$$C+2H_2 \rightleftharpoons CH_4+74.9\ \text{MJ/kmol} \tag{9-8}$$

(3) 干馏干燥区

还原区结束后，气流温度仍然很高，对干馏干燥区煤层进行加热，释放出热解煤气，同时产生甲烷化反应。主要反应式如下。

煤的热解反应：

$$煤 \rightleftharpoons CH_4+H_2+H_2O+CO+CO_2+半焦(焦)+烃类+焦油 \tag{9-9}$$

甲烷化反应：

$$\begin{cases} CO+3H_2 \rightleftharpoons CH_4+H_2O+206.4\ \text{MJ/kmol} \\ 2CO+2H_2 \rightleftharpoons CH_4+CO_2+247.4\ \text{MJ/kmol} \\ CO_2+4H_2 \rightleftharpoons CH_4+2H_2O+165.4\ \text{MJ/kmol} \end{cases} \tag{9-10}$$

从化学反应角度来讲，三个区域没有严格的界限，氧化区、还原区也有煤的热解反应，三个区域的划分只是依据在气化通道中氧化、还原、热解反应的相对强弱程度。经过这三个反应区以后，生成含可燃组分主要为 H_2、CO、CO_2、CH_4 和烃类气体的煤气[5]，气化反应区逐渐向出气口移动，从而保持气化反应过程的不断进行。由此可见，可燃气体主要来源于三个方面，即煤的燃烧热解、CO_2 的还原和水蒸气的分解，这三个方面作用的程度，正比于反应区温度和反应比表面积，同时决定出口煤气的组分和热值。

9.1.2 煤炭地下气化和煤层气开采的区别

煤层气开采通过“井下抽采”与“地面钻采”的方式把煤中吸附的瓦斯抽出，受煤层中瓦斯存量的影响，风险很大，往往是钻孔到达煤层后气量很少，抽采时间不长就没气了，从而造成钻孔等费用的巨大损失；而煤炭地下气化通过热作用把煤炭转化成煤气采出，只要地下有煤炭资源，就能产出煤气，煤炭资源越多，煤气采出量越多，生产周期越长。

另外，通过煤炭地下气化技术，不仅可把煤炭转变成煤气，而且煤层中原有的瓦斯也被采出，成为煤气的重要组分。

9.1.3 煤炭地下气化的类型

(1) 有井式

典型的有井式煤炭地下气化示意如图 9-3 所示。

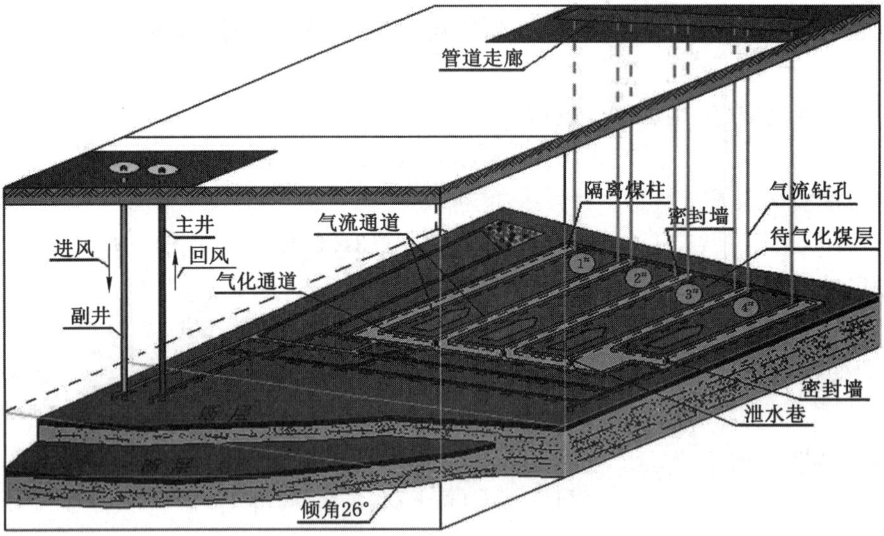

图 9-3 有井式煤炭地下气化示意

气化工作面布置示意如图 9-4 所示。有井式地下气化建炉先从地面开凿井筒,然后在地下开拓平巷,用井筒和平巷把地下煤气发生炉与地面连接起来,在工作面较低的那一端的平巷中将煤层点燃,产生的煤气通过工作面两侧的气流通道进入对应的两个气流钻孔排出至地面。气化剂从工作面较高的那一端的平巷里通过管道穿过密闭墙进入工作面中间钻孔的套管中,再注入气化工作面的煤层燃烧点附近。该法采用后退式注气法注入气化剂,即注入点的位置随着工作面的后退而后退。

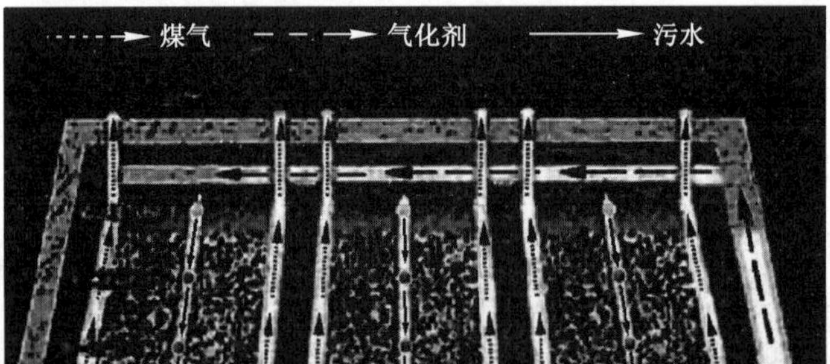

图 9-4 有井式煤炭地下气化工作面布置示意

有井式煤炭地下气化系统全部采用井工作业来进行构筑。这种方式充分利用矿井现有井巷工程和通风系统，来对地下气化炉进行可靠、易行和精细的构筑；同时便于对地下燃烧与气化过程的就近监测和控制，还可缩短供风与排气净化的路径；在系统简化、节能降耗、可靠监控方面均有显著优点。但是，该方式没有从根本上摆脱井工作业的繁重劳动和地下气化生产运行的不安全因素。

在吸取苏联、美国技术的基础上，中国矿业大学开发了具有我国自主知识产权的“长通道、大断面、两阶段”地下气化工艺。

该工艺以钻孔或原有井作为气化炉的进、排气孔，以矿井已有的井巷条件施工气化通道。由于气化通道是人工掘进的煤巷，因此通道可根据煤层条件而延长，其断面相对定向钻进等方法形成的气化通道断面要大得多。气化通道长度在百米以上，断面积在 4 m^2 左右。两阶段工艺则是向气化炉循环供给空气（或富氧空气、纯氧气）和水蒸气。每个循环由两个阶段组成，第一阶段鼓空气，燃烧蓄热，并产生鼓风煤气；第二阶段鼓水蒸气，发生还原反应，产生干馏煤气和水煤气。在第二阶段，原第一阶段的高温氧化区成为水蒸气分解的还原区，水蒸气分解率提高，生产煤气中氢组分含量明显提高，煤气热值也相应提高，同时该工艺为煤在地下直接制氢开辟了一条新的技术途径。

这种炉型的优势为：① 长通道煤体燃烧后，形成大而稳定的高温场，氧化带和还原带的范围扩大，可燃组分增多，从而使煤气热值提高；② 由于通道长、断面大，干馏煤气产量大、甲烷含量高；③ 因有较长的干馏干燥带，煤气显热大多用于加热煤层，故热效率高；④ 大型炉可为两阶段地下气化创造良好的条件。地下气化的工业性试验表明，百米以上的气化通道煤气产量和热值都比较高。表 9-1 为两阶段法在河北唐山刘庄煤矿现场试验所得水煤气组分、热值和产量一览。

表 9-1　河北唐山刘庄煤矿现场试验所得水煤气组分、热值和产量

循环序号	水煤气组分含量（体积分数）/%					热值 /（MJ/m^3）	煤气流量 /（m^3/h）
	H_2	CO	CH_4	CO_2	N_2		
1	40.66	28.02	7.84	5.51	17.97	11.88	1 963
2	43.57	15.68	11.02	6.92	22.81	11.89	2 287
3	47.14	13.30	12.38	20.48	6.64	12.59	2 263
4	46.69	14.45	10.27	23.55	5.04	11.83	2 345
5	47.94	16.63	12.04	18.17	5.22	12.97	2 462
6	52.00	11.24	8.65	21.83	6.28	11.45	2 430

（2）无井式

利用钻孔揭露煤层，并利用特种技术在煤层中建立气化通道而构成的地下煤气发生炉叫无井式地下气化炉。无井式煤炭地下气化示意如图 9-5 所示。

无井式就是地下气化炉的准备工程量全部采用在地面钻孔作业，生产运行也全部在地面操作，就像石油、天然气等流体矿床开采那样全部由地面作业。因此，无井式可从根本上摆脱井工作业的繁重劳动和不安全因素，真正实现固体矿产的流态化开采，亦即真正实现“采煤变采气”的安全高效、洁净的目标。

图 9-5　无井式煤炭地下气化示意

无井式存在的主要问题有：地面定向钻孔施工技术要求高、煤层段长距离钻进难度大、孔间贯通费用高及工期长、地下水及构造不易掌握。然而，这是国外煤炭地下气化，尤其是解决千米以下深部煤炭气化开采问题的主要发展方向。在地下钻孔贯通方面，先后研制了火力渗透法、电力贯通法、水压贯通法、气力贯通法、定向贯通法、原子能爆破法、化学液爆破法等先进技术。而目前世界上的气化通道贯通技术，以定向钻孔(井)贯通法最为成熟可靠。图 9-6 即用定向钻孔贯通法构筑的无井式气化 3 个井的三维设计图。

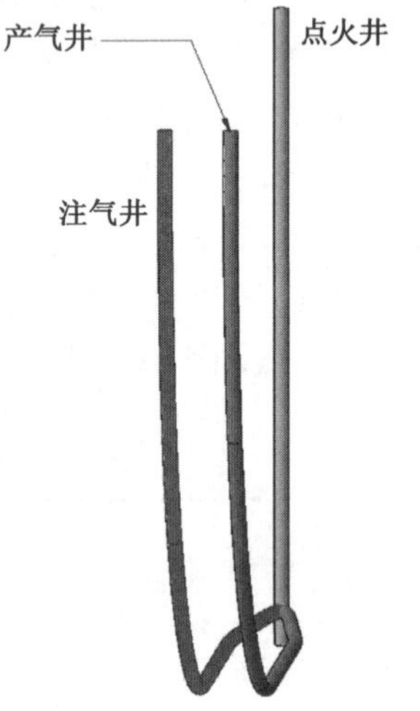

图 9-6　无井式气化 3 个井的三维设计图

(3) 混合式

由地面打钻孔揭露煤层或利用井筒铺设管道揭露煤层，以人工掘进的煤巷作为气化通道，利用气流通道(人工掘进的煤巷)连接气化通道和钻孔或管道，所构成的气化炉为混合式气化炉，如图 9-7 所示。目前，这种方法运用得比较少。

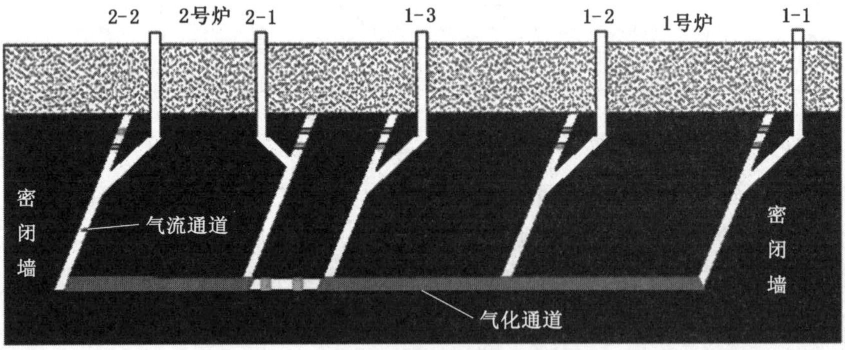

图 9-7　混合式煤炭地下气化示意

9.1.4 煤炭地下气化的主要影响因素

煤的地下气化系非常复杂的物理和化学过程，影响煤气质量的因素很多，既有地下气化所采用的工艺措施，又有煤层自身的特性及煤层顶底板的移动状态。一般来讲，影响煤炭地下气化过程的主要因素包括以下几个方面[6]。

(1) 气化炉温度场

煤炭地下气化过程实际上是一个自热平衡过程，依靠煤燃烧产生的热量使地下气化炉内建立起理想的温度场，进而发生还原反应和分解反应，产生煤气。因此，在煤炭地下气化过程中起关键作用的是炉内的温度场[7]，尤其是对于生产高热值水煤气的两阶段地下气化更是如此。两阶段地下气化是一种循环供给空气和水蒸气的地下气化方法，每个循环由两个阶段组成，第一阶段为鼓空气燃烧蓄热生产空气煤气，第二阶段为鼓水蒸气生产地下水煤气，只有第一阶段积蓄足够量的热能后才能使第二阶段水蒸气的分解反应得以顺利进行，从而产生高热值地下水煤气，同时，煤热分解的程度以及热解煤气的产量完全取决于煤层内的温度分布[8]。

(2) 鼓风速率

气化过程的稳定性主要决定于单位时间内起反应的碳量，即决定于固体碳和二氧化碳的化学反应速率，以及二氧化碳向固体碳表面的扩散速率。前者与气化带的温度有关，后者则与送风流的速率(鼓风量)有关。气流运动速率越大，扩散速率也越大，煤的气化强度增加；另外，鼓入风速增大，初级产物一氧化碳的燃烧可以部分避免，而从氧化区被带走。从图 9-8 可以看出，提高鼓风速率可以相应地提高煤气热值。

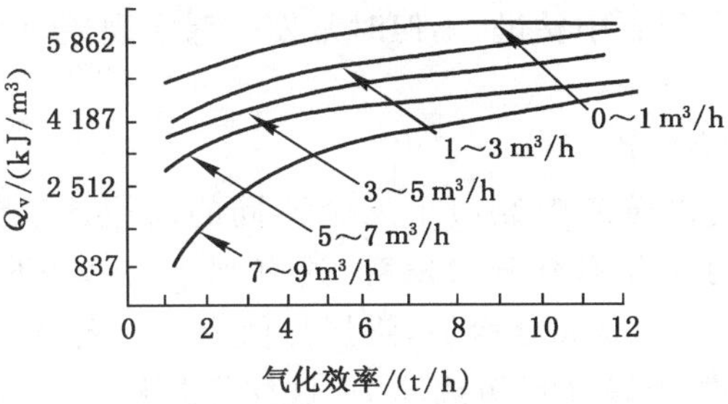

图 9-8 鼓风速率与气化效率和热值的关系

煤层中水的涌入速率很难控制，但可通过改变鼓风速率来抑制水涌入所造成的影响。在相同水涌入速率的情况下，鼓风速率越高，气化区温度越高，煤气中水含量越少。

无论在什么条件下，鼓风速率的增加都是有限的，过高时系统压力增大，煤气热值随着鼓风速率的增大而提高，但超过一定数值，煤气热值反而降低，二氧化碳含量却增加，这说明部分气化产物被燃烧了，所以应选择适宜的鼓风速率和压力，以避免煤气的泄漏和一氧化碳被氧化。

(3) 水涌入速率

在煤炭地下气化过程中，气体中水的来源有：① 煤本身所含的水；② 在热分解中产生的水分；③ 围岩所含的水；④ 地下水的渗入；⑤ 人为注入的水。

煤气含水量反映地下水从煤层周围涌入气化区域的速率，水涌入速率是由围岩的渗透率和整段地带的静水压力所决定的。通常条件下,静水压力随时间变化缓慢,基本上是稳定的。判明水涌入的实际轴向分布范围一般比较困难,而其分布情况对煤气组成有很大影响。

气化炉中存在少量的水,对气化过程的进行是有利的,在高温下水被分解,这使煤气中富含 CO 和 H_2,同时又能适当降低煤的燃烧温度,从而降低煤灰的熔融温度,保证良好的析气条件。如果水涌入量比较大,即超过一定的限度,高温气流的冷却作用及 CO/CO_2平衡转换占优势,可燃组分相对减少,则会使煤气热值降低;此外,水涌入量增加,容易使孔道内形成水层,堵塞狭窄的气流通道。在煤炭地下气化现场试验过程中,我们一般从两个方面来抑制水涌入的影响:一是适当提高鼓风压力;二是在操作系统中让气化通道始终保持足够高的温度,以蒸发所涌入的水,使所有涌入的水均以煤气中的水蒸气或水与煤之间反应产物等形式出现。

地下水的存在,直接影响煤层的含水(充水)程度。地下水对地下煤层贯通和气化的影响在于:在贯通时贯通通道的空间小,内部表面积不大,只有比较少的地下水进入贯通通道,影响不大;但在气化通道贯通以后,煤炭开始气化,气化的空间迅速增大,因而进入地下煤气炉系统的水量也增大,这将严重影响气化过程的进行。当煤层中的水分含量超过一定限度时,还原带的温度降低、气化过程遭到强烈的破坏,同时在反应区中燃料的燃烧热分配不当,化学热降低而物理热升高,从而造成很大的热损。

在进行煤炭地下气化的准备工作时,地下水,特别是流沙层常会给打钻工作带来困难,并且地下水会改变钻孔内煤层的物理化学性质而妨碍贯通工作的进行。据地质钻探方面资料,含水量一般时,对钻孔工作不会造成大的困难;而影响钻孔工作的主要是流沙层,特别是含水的砾岩层,在这种岩石中钻进,不但时常发生漏水现象,而且往往因钻孔壁陷落而妨碍钻进。

(4) 气体通道的长度和断面

可燃气体的产生在气化通道中经历了三个不同的反应区,当气化通道较长时,氧化区、还原区、干馏干燥区均能得到充分的发育,这有利于一些可燃气体生成反应的进行,从而使煤气中的 H_2、CO、CH_4等成分增加,煤层热值提高。若气化通道过短,只有氧化区和还原区得到发育,而干馏干燥区很短或消失,这样煤热解反应减弱,则煤气中 CH_4 含量减少,煤气热值降低。因此,建立足够长的气化通道是提高煤气质量必不可少的措施之一。

国内外有关气化通道长度短、断面小的煤炭地下气化试验,其产量小,煤气中可燃组分含量少,煤气热值低。比利时由于加大了气化通道的长度和断面,其煤气质量明显得到改善。我国一改 20 世纪 50 年代的建炉模式,采用有井推进式大型炉结构,通道长、断面大,所得煤气中可燃组分大幅度增高,煤气热值提高。分析其原因,主要包括以下几方面:① 大型炉煤体燃烧后,形成大而稳定的高温场,氧化带和还原带的范围扩大,可燃组分增多,从而使煤气热值提高;② 由于通道长、断面大,干馏煤气产量大,CH_4 含量高;③ 因有较长的干馏干燥带,煤气显热大多用于加热煤层,故热效率高;④ 大型炉可为两阶段地下气化创造良好的条件。表 9-2 为世界各国煤炭地下气化对比情况。

表 9-2 世界各国煤炭地下气化对比情况

国别	试验地点	时间	通道长度/m	通道断面积/m^2	煤气组分含量(体积分数)/%						热值/(MJ/m^3)	产气量/(m^3/h)
					O_2	CO_2	CO	H_2	CH_4	N_2		
美国	高尔加斯	1948 年	12～90	0.7	12.7	6.0	0.5	0.9	0.4	79.5	0.1～1.9	1 870
	高尔加斯	1952 年	45	0.5	0.6	11.7	7.1	7.6	2.1	70.9	2.7	2 110
	汉纳	1978 年	62	1.1	0	44.0	1.9	25.1	10.1	16.1	8.4	2 040
	汉纳	1979 年	47	0.6	0	15.0	8.0	12.4	2.9	49.0	4.3	1 500
比利时	布阿略达姆	1979 年	87	1.4	0.07	36.1	18.5	36.1	5.4	0.0	8.5	2 500
	布阿略达姆	1979 年	101	2.1	0.08	31.8	36.2	31.8	3.0	2.0	9.7	1 950
	布阿略达姆	1979 年	93	1.6	0.08	17.6	53.3	17.6	0.7	0	9.2	2 000
苏联	顿巴斯	1952 年	85	1.4	0.2	12.1	15.9	14.8	1.8	54.8	4.2	3 080
	莫斯科近郊	1956 年	66	1.5	0.3	19.5	7.1	14.1	1.5	55.9	3.5	2 900
英国	纽门斯平尼	1950 年	27.5	0.4	0	15.5	4.9	79.0	1.0	70.7	2.1	300
中国	徐州新河矿	1994 年	168	2.6	0	15.3	15.7	54.3	10.7	4.1	13.1	3 240
	唐山刘庄矿	1996 年	120	3.4	0	13.0	12.1	60.4	12.5	1.9	14.2	3 100
	大同胡家湾矿	1958 年	32	0.6	0.7	15.8	7.3	15.9	1.2	58.1	3.8	1 270

但是气化通道亦不可过长，苏联的实践表明，过长的气化通道会因煤气冷却，CO 与 CO_2的体积分数比降低，而甲烷在过低温度下生成速率很小，易发生如下反应：

$$\begin{cases} CO + H_2O \rightleftharpoons CO_2 + H_2 + 41.0\ \text{MJ/kmol} \\ 2CO \rightleftharpoons CO_2 + C + 162.4\ \text{MJ/kmol} \end{cases} \tag{9-11}$$

所以，对于某一特定的气化煤层来说，气化通道应满足各反应区长度的要求。

(5) 操作压力

在倾斜、缓倾斜或近水平煤层中进行地下气化时，气化剂仅限于在贯通通道内流动，因而不能提供有效燃烧气化所需要的大反应表面面积。实践证明，通过改变操作系统的运作方式，可以得到较大程度的补偿，即通过周期性改变操作压力可以提高煤气的质量。

模型试验和现场试验均表明，在压力周期性变化条件下，流体主要以对流方式给煤层传递热量。这样，一方面可对气化反应带前的某一距离内的煤层起到预热作用，有利于煤层的燃烧与气化；另一方面可增加热解的产物，且可避免热解气体的燃烧。

M. Mohtadi 于 1981 年使用无烟煤分别在恒压和周期性变化的压力下进行了试验，结果如表 9-3 所示。从表 9-3 可以看出，在压力周期性变化的条件下，热损失减少约 64%，热效率和气化效率分别约为恒压时的 1.4 倍和 2 倍，产品煤气的热值约提高 1 倍。由此证明，在压力周期性变化的条件下，气化过程得到了较大程度的改善。

表 9-3 恒压和周期性变化压力条件对气化过程的影响

压力类型	热损失/%	热效率/%	气化效率/%	煤气热值/(kJ/m^3)
恒压	35.78	58.64	38.19	2 208
周期性变化压力	12.88	81.80	75.90	4 318

(6) 煤层厚度和倾角

在煤炭地下气化过程中,燃烧区和煤气不仅会因水的涌入而被冷却,而且其中一部分热量会散失到煤层和围岩(底板、顶板等)中。当煤层厚度小于 2 m 时,围岩的冷却作用剧烈变化,对煤气热值影响甚大。对于较薄煤层,增大鼓风速率或富氧鼓风可以提高煤气热值,苏联 Lischansk 地下气化站在小于 2 m 厚的煤层中进行试验时,即采用富氧鼓风。煤炭气化时,一般以 5～15 m 厚的煤层比较经济合理。煤层倾角对煤的气化难易也有影响,一般说来,急倾斜煤层易于气化,但开拓条件、钻孔工作较困难。试验证明,煤层倾角为 35°时,便于煤的地下气化。

(7) 空气动力学条件和气化炉结构

现行的地下煤气发生炉的运转经验表明,在地下气化炉的不同工作阶段,均匀地向煤层反应表面鼓风,是气化炉内稳定析气的主要条件。在气化过程中,气化通道的大小、形状、位置都随着煤层和顶板的垮落而不断发生变化。因此,气化工作面的大小、形状、位置和空气动力学条件也在不断地发生变化,从而影响气化过程的稳定性。顺利送风于反应的煤表面,从而保证一定的空气动力学条件是气化过程稳定的基础。因此,必须设计结构合理的气化炉,以实现这一目的。

(8) 煤质

气化反应过程与煤的性质和组成有着密切的关系,同时与煤层情况和地质条件有关。如无烟煤由于透气性差、气化活性差、脆性很高、在外力作用下分解最容易,因此一般不适于地下气化。褐煤由于机械强度差、易风化、难于保存、水分大、热值低,不适于矿井开采;而它透气性高、热稳定性差、没有黏结性、较易开拓气化通道,故有利于地下气化[9-12]。

影响气化过程稳定性的因素还有许多,如围岩受热变形、塌裂、扩展的影响[13],煤层赋存条件的影响等。这些因素对气化盘区的选择和气化炉的建立影响较大,而对气化过程控制煤气成分和热值的影响不大。

综上所述,气化炉温度场、鼓风速率、气化通道长度、水涌入速率是影响气化过程稳定性的主要因素。

9.1.5 煤炭地下气化的适用条件

煤炭地下气化项目的场地选择必须满足安全并且可有效的运行等具体要求,其中一些条件是必要的,其他一些条件也许在项目运营中对资源的回收率和合成气的质量有限制或影响。

一般有几个基本要求:

① 煤层连续而且比较厚,并能经受住气化界面的操作温度。对硬煤(比如长焰煤),通常要求煤层厚度为 5 m 或者更厚;对低煤阶煤(比如褐煤),厚度要厚 10%甚至 20%以上。煤层的最佳厚度为 5～15 m,可以在更薄的煤层中进行,但热量损失是个很大的问题。

② 煤层顶底板岩石的性质和结构对地下气化有重要影响,要求邻近岩层完全覆盖气化煤层。当气化过程进行到一定程度时,顶板往往在热力、重力和压力的作用下破碎而垮落,从而造成煤气泄漏,进而影响到气化过程的有效性和经济性。因此,气化炉周围需要不透水岩层的有效密封,以阻止煤气扩散到燃空区空腔的顶板裂隙中,而且尽量要减少燃空区

的垮塌。构成顶底板的密封层厚度至少为30～60 m，这样就可以允许燃空区内的顶底板岩层有一些开裂。页岩、泥岩、粉砂岩和黏土质砂岩是良好的密封岩层。

③ 煤层有足够的埋藏深度，以保证气化炉周边有足够的水压（高于气化炉压力），这样地下水就能源源不断地流进气化炉中，从而避免煤气的逸散。同时，水被纳入气化反应，可为最终生成的煤气提供氢。

④ 煤层与周围的含水层有足够的间距，以防止气体逸散到含水层中。

⑤ 面积足够大的没有断层的煤层。

⑥ 任何倾角的煤层都可以用地下气化方法开采，但缓倾斜和近水平煤层在顶板容易错动及不稳定的条件下，气化开采难度比较大。倾角超过35°的煤层，气化开采更有利。

⑦ 从低变质程度的褐煤、中变质程度的烟煤，到高变质程度的无烟煤都可以进行地下气化，但气化反应过程与煤的性质和组成有着密切的关系，从褐煤、烟煤到无烟煤，气化的反应性逐渐降低。随着煤的灰分增加，煤燃烧气化时会被灰覆盖成壳，即使在鼓风速率较大时，也不能完全消除灰壳的影响，煤中灰分含量应小于25%。

9.1.6 煤炭地下气化的优势

当今，全世界包括中国正在进行着一场如火如荼的能源革命，这背后有两个极大的压力在推动。首先，全世界都面临着巨大的环境和生态恶化压力。其次，持续的能源消费增长对能源的安全供给造成了巨大的压力。而这两个压力在当前的中国表现得更为明显，对经济发展、社会稳定、国家安全、生态稳定等重大问题都造成了巨大的威胁。在这种背景下，2014年6月，习近平总书记在中央财经领导小组第六次会议上提出了能源革命的概念并提出了具体的方案，而煤炭地下气化的特点相应地对应着中央的具体方案，如图9-9所示。煤炭地下气化开采和利用过程的优势如图9-10所示，具体详述如下。

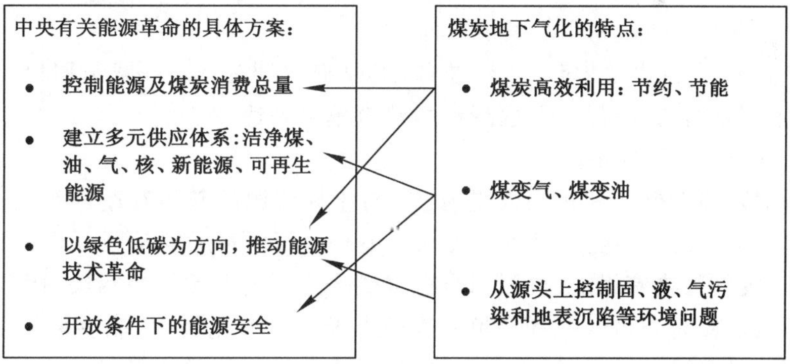

图9-9 煤炭地下气化的特点与中央有关能源革命的具体方案之间的对应关系

(1) 是解决矿山开采安全问题的最佳途径之一

煤炭开采活动持续向生态脆弱的西部及深部延伸，不可避免地会导致冲击地压、煤与瓦斯突出、突水、巷道持续大变形等棘手的安全及技术问题，还有一系列经济、环境、资源浪费问题。煤炭地下气化能实现真正的无人化工作面，从而避免矿工与恶劣的地下自然环境接触，极大地保障矿工的安全和健康。

(2) 对于提高我国能源的安全度具有战略意义

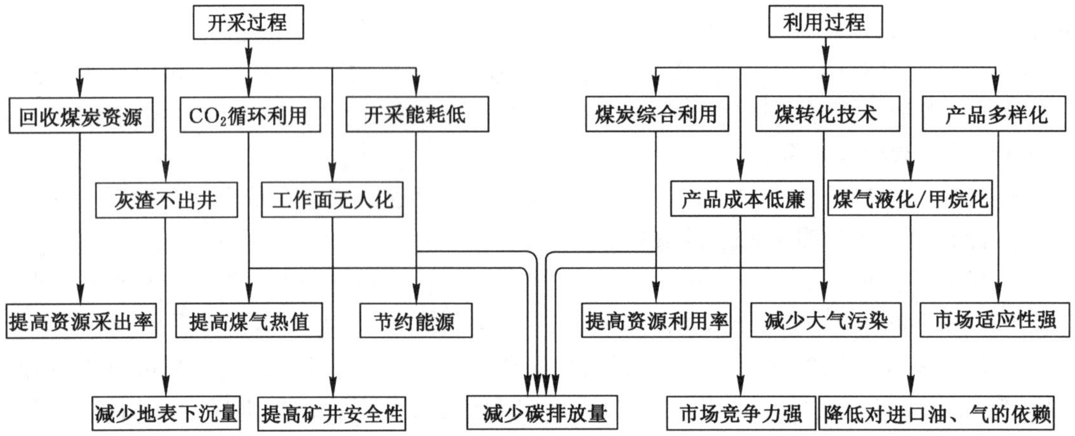

图 9-10　煤炭地下气化开采和利用过程的优势

2018 年，我国石油对外依存度高达 70.9%，天然气对外依存度为 45%，70%以上的石油和接近一半的天然气靠进口，一旦发生对我国的制裁、禁运，后果不堪设想。

煤炭地下气化技术及其后续的甲烷化液化技术，能够以低成本实现“煤制油”，对长久保障我国能源供应具有战略意义。

(3) 能带动相关能源及化工产业链的发展，拯救衰老矿区，形成新的经济增长点

煤炭地下气化集建井、采煤、地面气化三大工艺为一体，省去了庞大的建井，开拓与准备，采煤以及煤、矸石、水、各种材料(钢材、水泥、沙子等)的运输与提升，瓦斯抽采，洗选，地面运输等工程量，安全性好、投资少、效益高、污染少。

(4) 符合化石能源高效利用的发展方向

全国工业锅炉平均热效率仅 60%左右，工业窑炉约为 40%，城镇居民生活燃煤仅为22%左右；而采用合适的煤炭地下气化技术，热效率可高达 87%。

(5) 是绿色开采的重要手段

煤炭开采对环境的破坏和污染表现为：① 对土地资源的破坏和废固污染；② 对水资源的破坏和污染；③ 对大气环境的污染。废固污染有矸石山和煤堆及矸石与煤的运输导致的严重粉尘污染，废气污染有煤炭、矸石山自燃或燃烧导致的严重气体污染、PM2.5 污染和矿井瓦斯排放污染。结合条带气化和充填开采的煤炭地下气化技术，能够最大限度地减少开采带来的岩层移动和矸石排放，燃煤改燃气之后，主要污染物排放量可减少 10%，是绿色开采的重要手段。

煤炭地下气化的工作面回采率大于 95%，远大于传统采煤方法的平均工作面回采率。采用二氧化碳回炉的煤炭地下气化技术可进一步节煤 18%左右。

(6) 符合国家低碳经济的产业政策

单位热量燃煤引起的二氧化碳排放量比使用石油、天然气分别高出约 36%和 61%。2015 年 12 月 12 日晚，法国外长在巴黎气候变化大会最后一次全会上落槌，宣告里程碑式的《巴黎协定》达成。中国加入《巴黎协定》，势必对国民经济发展造成较大影响[14]。

煤炭地下气化的开采过程和产物——煤气的利用过程都是节能环保的，属于低碳经济

的范畴，符合国家低碳经济的产业政策。

煤炭地下气化技术配套甲烷化和天然气液化及二氧化碳回填技术能把黑色的高碳能源变成低碳天然气能源，同时能使采煤单位生产总值能耗降低20%左右，主要污染物排放量减少10%，从而可提升矿井节能减排水平，实现绿色、协调、可持续发展。

煤炭气化后的产品——煤气主要有两种用途：一种是当作能源来使用，比如用于烧锅炉、IGCC（整体煤气化联合循环）发电或者用作燃料电池的气源等，在用作能源的过程中，煤气中的碳元素就会不可避免地变成二氧化碳。另一种是当作化工原料来合成各种物质，比如甲醇、二甲醚和乙二醇等。如果这些物质被当作能源来使用，其中的碳元素同样会不可避免地变成二氧化碳。实际上，从减少碳排放的角度来考虑，所谓的二氧化碳减排只与这些过程中的能量转化效率有关，而与其他因素无直接关系，气化过程是这些过程中的关键一步，其能量转化效率直接影响二氧化碳减排的效果。如果气化过程的产物并没有被用作燃料，在这一前提下来考虑碳排放，则碳排放仍然只与这些化工生产过程的能量转化效率有关，也就是说气化过程中的能量转化效率是影响气化过程中碳排放的唯一因素。因此，从实质上来说，减少气化过程中的碳排放的主要途径是提高气化过程中的能量转化效率和进行二氧化碳的捕集、回炉和封存。

传统的煤炭气化主要通过冷煤气效率、热煤气效率或者热效率等指标来衡量气化过程中的能量转化效率，但是这些方法都局限于从热量转化的角度来衡量能量的转化率，能量的输入和输出都仅仅考虑热能，能量的衡算也仅仅针对系统的热能输入和输出，因此这些方法都只能对气化炉的热工特性进行评价。实际上，气化过程中输入的能量不只是热能，气化过程中气化剂的制备，比如氧气、蒸汽、空气和二氧化碳等的制备都需要耗费一定的能量，这些气体自身携带的热能相对这些能量来说是非常少量的。此外，气化过程中还会耗费一定量的电和水，但是这些能量在传统的气化效率的评价中都没有被考虑进去。因此，采用传统的气化指标无法评价气化炉的能量转化效率。如果将气化过程当作一个系统来看，则需要考虑这个系统的所有输入和输出能量，进而才能衡量系统的能量转换效率。段天宏等提出煤炭气化过程能量转化效率评价指标中应该包含综合气化效率和热煤气综合气化效率这两个指标，并给出了相关计算方法，同时给出了同等规模下煤炭地下气化与地面德士古气化能量转化效率的比较数据，以及采用各种不同组分的气化剂的有井式煤炭地下气化的能量转化效率的计算结果。同等规模同等气化产物下的纯氧蒸汽二氧化碳连续法煤炭地下气化的冷煤气效率要比德士古气化高出6.48%，综合气化效率要比德士古气化高出10.56%，热煤气综合气化效率要比德士古气化高出11.28%[15]。

从后续的发电效率来讲，煤炭地下气化发电属于IGCC发电，其发电效率大于传统的将煤燃烧生产蒸汽然后通过蒸汽推动汽轮机发电的火电厂的效率。

9.2　可燃冰流态化开采

可燃冰，也就是天然气水合物，是天然气分子与水分子结合形成的非化学计量笼形水合物；因外形似冰，点火可燃烧而得名（见图9-11）。它具有能量密度大、资源量丰富、燃烧产物清洁的特点，近年来一直被视为传统化石能源的替代能源并成为研究的热点。目前，人类试采可燃冰已经成功，但是由于可燃冰独特的赋存条件和赋存环境，商业化开采可燃冰一直存在技术难题。本节就可燃冰的特点进行概述，对可燃冰的开采技术及案例作介绍。

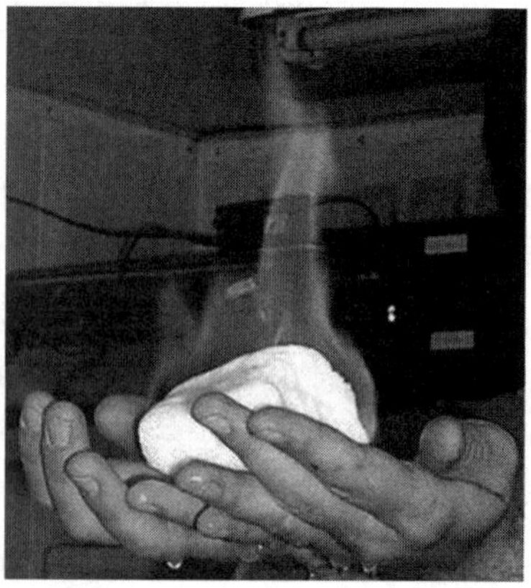

图 9-11　可燃冰样品燃烧[16]

9.2.1　可燃冰及其赋存特性

受气体成分、笼形结构类型的影响，可燃冰化学结构复杂（见图 9-12），可以用 $M \cdot nH_2O$（M 代表天然气分子，以 CH_4 为主，含 C_2H_6、C_3H_8、C_4H_{10} 等同系物；n 为水合指数）来表示其化学式，即非化学计量；对于最为常见的由甲烷形成的"Ⅰ"型笼的可燃冰，化学式可以确定为 $8CH_4 \cdot 46H_2O$，即 46 个水分子包围 8 个甲烷分子[17]。可燃冰的主要组成元素是 C、H 和 O，其中水分子以氢键相互连接形成笼，将天然气分子包裹在笼形结构中，天然气分子则以范德瓦耳斯力与水分子结合（见图 9-12）。可燃冰的形成条件与温度和压力有关（相态曲线见图 9-13），一般在 0～10 ℃的低温（最高可达 21 ℃）、3～5 MPa 的压力（最高可达 20 MPa）条件下，天然气与水可以形成可燃冰；条件改变后可燃冰极易分解为水和天然气，理论上，1 m^3 可燃冰可以分解出 164 m^3 天然气和 0.8 m^3 的水，分解的天然气燃烧后的产物只有 CO_2 和 H_2O，因此可燃冰被认为是一种清洁能源。可燃冰的生长与分解会影响周围环境的离子浓度，这是因为其生长时，笼形晶格结构会排斥周围各种离子，也称为可燃冰的"排盐效应"[18]；可燃冰分解时，生成的水对周围离子可起到稀释作用。纯可燃冰外观多呈白色或者灰色（见图 9-14），密度（0.8～0.95 g/cm^3）比水小，热传导性及渗透率极低（低到可忽略不计）；在实验室对比发现：可燃冰中声波传播速度明显高于含气沉积物和饱和水合物，中子孔隙率低于饱和水沉积物。

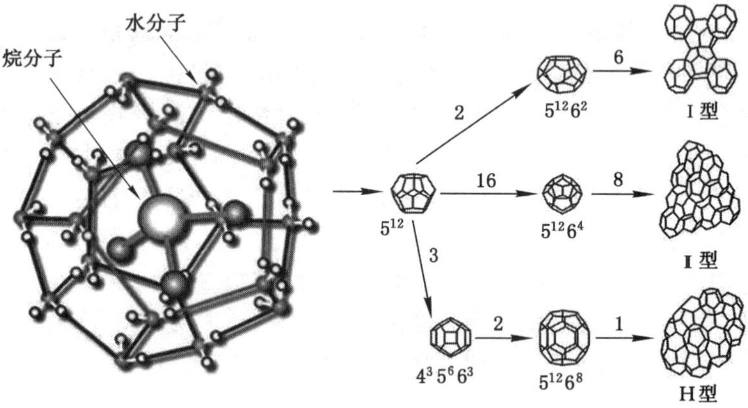

图 9-12　可燃冰笼形分子结构[19-20]

可燃冰赋存于海底陆坡沉积物和大陆永久冻土带中，常与其他化石能源伴生或者共生。烃源岩热作用或者生物作用形成的烃源气，在不运移或者运移很少的情况下形成页岩气，在长距离运移聚集的情况下形成常规的油气藏；如果气体运移到低温高压的环境中形成天然气水合物，同时环境可以提供圈闭作用，则可以富集天然气水合物，形成可燃冰（见

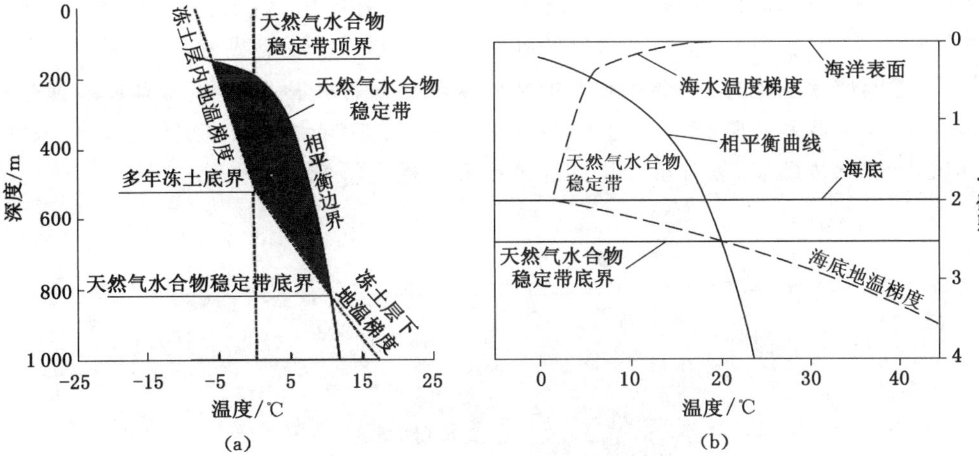

(a) 陆域[21]；(b) 海域[22]。

图 9-13 天然水合物相态曲线

(a) 产状示意；(b) 实物样品。

图 9-14 水合物自然产状类型(图片来自《中国地质调查》，有修改)

图 9-15)。具备这种条件的地区多位于浅海海洋陆坡水深 300～3 000 m 的海底以下 0～1 500 m 的地层沉积物、高原冻土带地区及极地水深 100～250 m 的陆架海下地层中。可燃冰具有“自我保护效应”，即在温度低于冰点的条件下，分解产生的水会在表面形成冰膜，阻

止可燃冰进一步分解，所以有时在非平衡条件下，也会有可燃冰稳定存在。可燃冰储层多为沉积层或者沉积物，气体运移到储层的孔隙或者裂隙中，聚集成藏；在海底表面的淤泥中，因气体渗漏成藏的地方，也会存在大面积的块状可燃冰。因而可燃冰有着多种产状，多以块状、裂隙充填状和孔隙充填状为主(见图 9-14)。孔隙与水是沉积层能赋存成藏的基本条件，但是可燃冰成藏后，复合沉积层的孔隙率和渗透率特低。

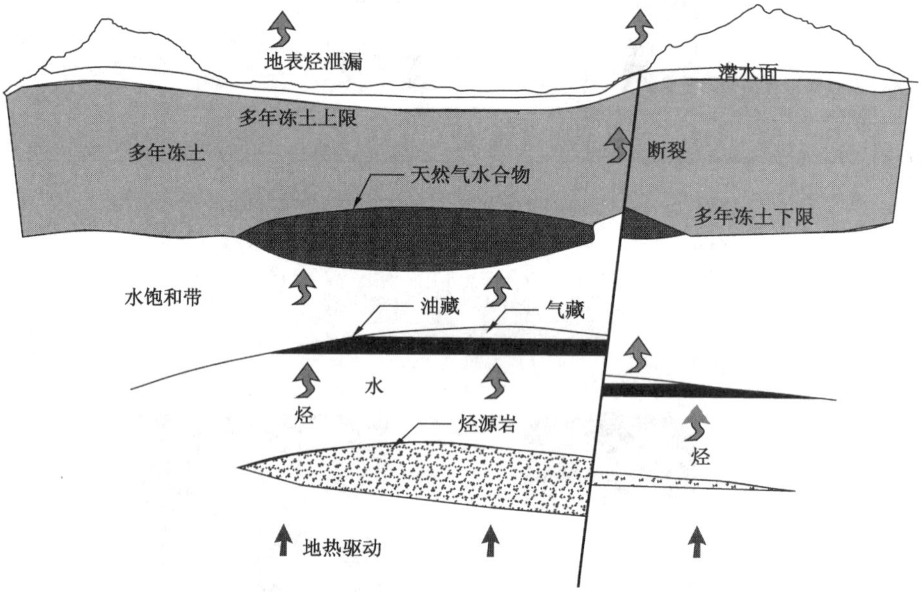

图 9-15　天然气水合物成藏模式[23]

在埋藏储量方面，全球一致认同的可燃冰储量据估算约 2.0×10^{16} m^3，相当于全球已探明的其他化石能源的 2 倍。我国可燃冰预测远景储量在 2 200 亿吨油当量以上，其中南海估计约 800 亿吨油当量，青藏高原和黑龙江冻土带约 1 400 亿吨油当量。

9.2.2　可燃冰的开采方法

受可燃冰埋藏特点及作业环境的限制，如果用开采煤炭等具备高富集特点矿产的原矿开采法来开采可燃冰，则会面临巨大的困难。目前，针对可燃冰提出和研究的开采方法，可以归结为“流态化开采法”。可燃冰在不同的温度-压力组合条件下会呈现出不同的相态(见图 9-16)。流态化开采法的原理为通过改变可燃冰的赋存条件，水合物分解出天然气，然后再抽出天然气。本节依据可燃冰分解方法的不同进行介绍。

9.2.2.1　热解法

热解法的主要思路是将天然气水合物赋存环境的温度升高(见图 9-16)，破坏天然气水合物的相态平衡，从而分解出气体，再进行收集。目前，主要有两种办法：① 利用钻探技术将管道安装在天然气水合物储层中，注入热水或者蒸汽对岩石进行加热，然后用管道收集分解出的气体。② 利用微波、太阳能、地热等加热储层。但是实际使用过程中这种方法成本高、效果差，加拿大马更些三角洲 Mailik 地区曾使用过此种试采办法，发现在低孔隙率的储层中水合物分解缓慢而且热损失巨大。

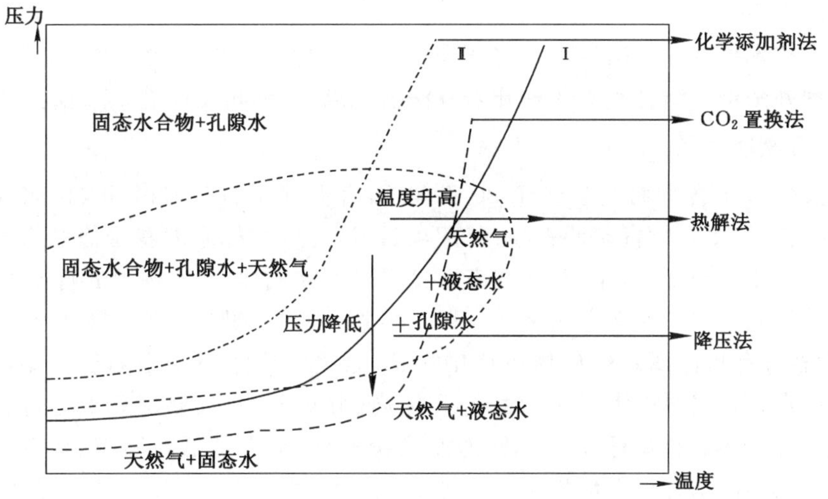

图 9-16 可燃冰流态化开采原理

9.2.2.2 降压法

降压法的主要思路是通过降低水合物赋存环境的压力(见图 9-16),破坏其相平衡条件,从而实现水合物的分解。降压法的开采成本低,而且降压后形成的"空腔"为相对低压区域,有利于气体收集。但是降压法需要岩石有一定的孔隙率和渗透率,以保证较高的开采速度和较大的单井作业有效辐射范围;对水合物藏的性质也有要求,需要环境压力处于相态平衡位置附近,才能保证水合物有较高的分解速率。

9.2.2.3 化学添加剂法

化学添加剂法的主要思路是利用化学添加剂(诸如盐水、甲醇、乙醇、乙二醇、丙三醇等)来使可燃冰的相态平衡曲线发生移动(见图 9-16),降低水合物稳定温度,引起水合物的分解。这种开采思路曾经被用于天然气的开采并获得了明显的效果,在美国阿拉斯加的永冻层中,科学家也用化学添加剂使可燃冰的相态边界明显移动。但是如果使用化学添加剂,则首先需要解决其对环境影响问题,这一点不能重走美国的页岩气开发污染地下水的老路;其次需要考虑添加剂在岩石中的渗透率、渗透范围、相态平衡条件等因素。

9.2.2.4 CO_2 置换法

相关研究表明,二氧化碳水合物的相态曲线低于甲烷水合物对应曲线(见图 9-16),并且在两条曲线之间存在甲烷气相与二氧化碳水合物的共存区域,这说明二氧化碳水合物比甲烷水合物更稳定,即相同条件下二氧化碳更易形成水合物。因此,CO_2 置换法的主要思路就是利用 CO_2 置换出天然气水合物中的烃类气体。在实际的实验中,发现采用 CO_2 乳化液或者 CO_2 和 N_2 混合物取代纯 CO_2,可以增大置换液在水合物中的接触面积,提高置换效率。CO_2 置换法开采可以维持地层结构的稳定性,在一定程度上,还可以起到封存 CO_2 的作用;但是这种办法的反应速率很慢,另外,还需要考虑 CO_2 的制备成本。

9.2.2.5 水压致裂法

水压致裂法的主要思路是向水合物储层注入高压流体,在一定范围内诱发人工裂缝,为水合物的分解和运输提供条件。水压致裂技术最早在石油和天然气的开采中应用,用于低渗透性难采储层的激化,并取得了较好的经济效果,这种方法的主要作用就是为开采提供空间和通道。

水压致裂技术可较好地满足水合物开采中相态转化和运移的空间要求，为开采提供工作空间。这种办法可以结合其他几种开采方法的优点，达到相互促进，节约成本的目的。

9.2.3　南海可燃冰试采

我国的天然气水合物研究起步于 20 世纪 90 年代中后期。1998 年，由张光学主持的“南海北部陆坡甲烷水合物资源调查与评价”项目成功立项，标志着我国海域水合物实质性调查进入关键一步。到 2017 年，我国在南海试采可燃冰成功，并实现世界首次稳定开采。

本次试采作业区位于珠海市东南 320 km 的神狐海域。此次试采的目标矿体，从“保证出气”的角度在该区域已圈定的矿体里优中选优，最终确定了一个由断层控制矿体发育的相较而言具有水合物层厚度大及水合物饱和度高、分布面积广、储层质量好等特点的面积为 8 km^2 的目标矿体。该矿体储层类型为泥质粉砂型，具有特低孔隙率、特低渗透率的特点。这种储层类型的水合物占世界天然气水合物资源量的 90%，开发难度最大，此前无任何国家尝试开采过此种水合物。同时，目标钻井位置位于 1 266 m 水深处，这种深水区浅部地层松软易垮塌。

2017 年 3 月 28 日，“蓝鲸 1 号”超深水半潜式钻井平台正式对第一口井开钻，5 月 10 日，在完成钻井、储层改造及井下设备安装作业后，9 时 20 分，平台开泵降压，气路管线压力下降，14 时 52 分，气路火炬臂一次点火成功（见图 9-17），我国从南海神狐海域水深 1 266 m 的海底以下 203～277 m 的天然气水合物矿藏中首次开采出天然气。

图 9-17　“蓝鲸 1 号”平台气路火炬臂点火（图片来自广州海洋地质局，有修改）

至 5 月 18 日，试采井连续产气近 8 d，最高单日产量 3.5 万 m^3，平均日产超 1.6 万 m^3，累计产气超 12 万 m^3，甲烷纯度高达 99.5%。至 7 月 9 日 14 时 52 分，试采井连续产气 60 d，累计产气超过 30 万 m^3，平均日产 5 000 m^3 以上，获取科研试验数据 647 万组；我国南海天然气水合物试采工程也全面完成预期目标，主动实施试采井关井作业。

此次试采采用的是“地层流体抽采”方法（见图 9-18），即以天然气水合物的物性和在自然界的产出特征为基础，针对天然气水合物开发面临的储层沉积物易出砂、低渗等问题，提出在储层和井壁稳定允许的降压幅度下，通过各种方法（定向井、储层改造等）加大储层流体（水合物分解气、水、孔隙水、游离气等）抽采量，然后通过特定的水、砂、气分离装置提取天然气，从而长期、高效、安全生产天然气的方法。该方法有效解决了储层流体控制与天然气水合物稳定持续分解难题。试采过程中，采用大气、海水、海底和井下四位一体监测体系，对甲烷、二氧化碳及海底沉降等参数进行实时监测。监测结果显示：甲烷等参数无异常变化，海底地形无变化，没有环境污染，未发生地质灾害。

图 9-18 地层流体抽取(图片来自央视新闻，有修改)

此次试采初步建立了"两期三型"成矿理论，用于指导南海的找矿靶区圈定；初步创立了"三相控制"开采理论，用以指导精准确定试采降压区间和路径。自主创立防砂技术 3 项，包括"地层流体抽取"、未成岩超细储层防砂和天然气水合物二次生成预防技术；储层改造技术 3 项，包括储层快速精细评价、产能动态评价等技术；钻完井技术 3 项，包括窄密度窗口平衡钻井、井口稳定性增强和井中测试系统集成技术；勘查技术 4 项，包括 4 500 m 级无人遥控潜水器探测、保压取样、海洋高分辨率地震探测和海洋可控源电磁探测技术；测试与模拟实验技术 4 项，包括微观测试、开采现场测试、地球物理与地球化学参数模拟实验和开采模拟实验技术；环境监测技术 3 项，包括多学科多手段环境评价、立体环境监测和井下原位实时测量技术。

9.2.4 可燃冰开采面临的主要问题

我国可燃冰的研究已经历 20 多年，从最初的"西太平洋找矿前景方法调研"发展至如今的"南海可燃冰成功试采"，可谓已经居于世界领先水平。但是真正实现可燃冰商业化开采仍然还有很长的路要走，这主要是由于可燃冰自身特点带来巨大的环境效应以及实现商业化开采所需要的探测和开采相关配套技术不成熟。

首先，需要弄清楚天然气水合物的分布和规模，这个问题包括资源量和矿体精确定位两个方面。可燃冰资源丰富，但是对具体的资源进行准确评价目前依然存在技术难题。目前，海域可燃冰主要通过地震法(bottom simulating reflector，BSR)识别，地震法利用水合物含气层和岩层对地震波的传播速率差异得到反射波异常振幅，从而确定水合物底界，但是此方法存在识别矿藏类型不全和位置不够精确的问题。陆域可燃冰则主要通过钻探法进行探测。另外，在可燃冰开采过程中有一个很关键的步骤叫"测井"，以获得井筒周围的准确资源分布，以便进行精确的靶向开采，但是受限于可燃冰自身独特的物理力学特性，目前测井技术采集的诸如地层伽马射线、电阻率、密度、中子数据、电阻率图像、核磁、纵波和横波速度等钻井储层数据均不能较立体广泛地描绘出矿体的资源分布特点，达不到精确定位矿体的要求。

其次，在开采技术方面，主要受限于控制可燃冰开采带来的环境效应方面的技术问题。环境效应是指自然过程或者人类的生活和生产会对环境造成污染和破坏，从而导致环境系统的结构和功能发生变化的过程。以海域可燃冰不可控分解的例子说明其带来的一系列环境方面的灾害：天然气水合物以亚稳态的形式赋存，在环境条件改变后极易分解，并以164倍的速率发生体积膨胀，分解的大量气体和水填充岩层孔隙造成孔隙压力急剧升高，导致岩层间的相对摩擦阻力降低而诱发滑坡等地质灾害；分解后形成的空腔区域强度降低，从而诱发地层垮塌，致使水合物大规模分解扩散；由于天然气相对分子质量远小于水和空气，扩散的气体从海底溢出后急剧上浮，引起海面爆沸等动力学灾害（见图9-19），同时会降低周围海水、空气的密度，导致沉船、坠机事故，扩散的气体浓度过大使得海水和空气充满毒性，危害周围生物群落；甲烷的温室效应是二氧化碳的20倍，碳元素含量占全球一半的可燃冰资源量巨大，其分解过程若失去控制，则后果是可想而知的。目前在开采中关键是要控制可燃冰的分解，涉及的关键技术有“密封保压技术”“固井技术”“储层结构改造技术”等，这些技术都仍处于研究阶段。另外，在实际开采中出于技术经济等因素考虑，还要涉及“防砂技术”“防水合物二次生成技术”以及设备成本的降低等一系列难题。

(a)

(b)

(a) 挪威冰原由于水合物分解发生的甲烷喷发；(b) 俄罗斯冻土带因甲烷喷发形成的巨洞。

图 9-19　可燃冰不可控分解的动力学现象（图片来自网络）

9.3　油页岩流态化开采

油页岩作为一种重要的替代能源，以其巨大的储量、丰富的综合利用层次引起了全世界的关注。油页岩至今还未有一个统一的定义，有的学者侧重油页岩成因定义，有的学者侧重工业标准定义，有的学者侧重成因-工业标准综合定义，还有的定义很模糊，认为任何热解生油量达到一定商业标准的浅层岩石均可看作油页岩。综合各家观点，我们把油页岩定义为：油页岩（又称油田页岩）是一种高灰分（＞40％）的固体可燃有机矿产，低温干馏可获得类似天然石油的页岩油。油页岩的有机质含量较高，主要为腐泥质、腐殖质或它们的混合型，油页岩的发热量一般大于4 186.8 kJ/kg。油页岩的主要成分为黏土矿物，尚包含少量石英、长石碎屑物，液态及气态的碳氢化合物及其他化学物质。油页岩中的油母质又称干酪根，是由氢、氧、硫、氮等元素组成的不均匀质的大分子物质[24]，结构上是一个由多个结构单元(核)通过化学键和不同基团结合而成的三维分子。图 9-20 为开采出来的油页岩。

图 9-20　油页岩

9.3.1　油页岩的分布

油页岩资源评价方面，由于涉及油页岩开发的经济效益及各个国家油页岩综合开发的程度，目前还没有形成比较统一的评价体系。

油页岩资源在世界许多地区都有分布，但分布并不均匀，主要分布于美国、俄罗斯、加拿大、中国、扎伊尔、巴西、爱沙尼亚、澳大利亚等国家。根据目前全球油页岩资源现状，若将它折算成页岩油，可以达到 4 000 多亿吨，相当于目前世界天然原油探明可采储量的 5.4 倍。但从世界石油资源的评价现状来看，很多国家的油页岩资源并未做过详细的普查，探明的油页岩储量还只占整个资源量的一小部分。

油页岩沉积环境从海相到陆相都有分布，但国外以海相为主。油页岩形成的时代也很广泛，从寒武纪、奥陶纪、泥盆纪、石炭纪、二叠纪、三叠纪、侏罗纪、白垩纪到古近纪、新近纪都有分布。

我国油页岩主要分布于 15 个省份(区)，总探明资源量 329.89 亿 t，居世界第四位。其中，吉林省、广东省、辽宁省的油页岩探明资源量分别为 174.27 亿 t、55.15 亿 t 和 45.05 亿 t，分别占全国油页岩探明资源量的 52.83%、16.72%和 13.66%。我国油页岩具有沉积时代以新生代为主，沉积环境以陆相为主的特征。我国高含油率的油页岩主要分布于新生代小型聚煤断陷盆地；而低含油率油页岩主要分布于晚白垩纪大型含油气坳陷盆地，且资源量巨大[25]。

9.3.2　油页岩的利用

目前，世界上 69%的油页岩用来发热、发电，25%的油页岩用来提炼页岩油，6%的油页岩用来作建筑材料和其他方面的用途。油页岩除主要用于作燃料和提炼页岩油外，有的油页岩干馏脱水后，适当控制温度能转变成具有火山灰活性的偏高岭石，可用作生产高强度混凝土的添加料；若经过磁选脱铁、非磁性矿物酸浸，再经增白焙烧后则可成为优质高岭土。油页岩经过一系列深加工后可生产白炭黑；还可制作化肥和有机酸，用于农业以改良酸性土壤。油页岩的灰渣有很强的吸附性，可用于废气处理和污水处理。油页岩还有许多其他用途。

采用传统的方法从油页岩中提炼页岩油费用高、污染严重，而且炼出的油含极性化合物高达40%～60%，含氮化物在1%以上，必须先加氢处理除去极性化合物，然后才能用一般方法精炼。油页岩在燃烧室里燃烧产生热能可省去许多中间转换环节，使其能源利用率大幅度提高。特别是循环流化床燃烧技术，使油页岩作为燃料来产生能量应用得更加广泛。所以，油页岩作为燃料是它的主要利用途径。

油页岩工业主要分布在爱沙尼亚、巴西、德国、俄罗斯和以色列等国家。

爱沙尼亚是世界上油页岩开发利用程度最高的国家，开采的油页岩主要用于发电。爱沙尼亚拥有世界上装机容量最大的油页岩发电厂。巴西、德国、俄罗斯和以色列等国家除将油页岩用于发电外，还用来提炼页岩油及开展一些其他综合利用[26]。

(1) 作为流化床锅炉的燃料

1967年，广东茂名石油公司建成了我国第一台油页岩流化床锅炉，其蒸发量为14.5 t/h，工作压力为1.27 MPa，过热蒸汽温度为250 ℃，燃用炼油过程中废弃的油页岩粒屑粒径为0～10 mm。1985年，又安装了两台蒸发量为35 t/h的中压悬浮燃烧锅炉，燃用粒径10 mm以下热值为3 990 kJ/kg的油页岩，所排灰渣用于制作水泥，锅炉的效率为73.68%，锅炉负荷为30～33 t/h。

1986年，辽宁抚顺石油二厂建成了一台蒸发量为35 t/h的鼓泡流化床锅炉，利用干馏废弃的小颗粒油页岩燃烧发电，自1987年投产使用至今仍在工作。抚顺发电厂和抚顺石油一厂、二厂曾在粉煤炉中掺入10%～30%的油页岩混烧发电，效果很好。

吉林省桦甸油页岩示范电厂安装了3台由我国研制的蒸发量为65 t/h的低倍率循环流化床油页岩电站锅炉。其中，Ⅰ号锅炉自1996年运行至今。该锅炉蒸汽压力为5.29 MPa，蒸汽温度为450 ℃，燃烧效率为98.45%～98.74%，热效率为87.4%～87.9%。

国外用油页岩燃烧发电的国家主要有爱沙尼亚，那里有4座装机容量为2 967 MW的油页岩发电厂，成为世界之最，每座发电厂年处理油页岩均为500万t。以色列在Mishor Retem油页岩露天矿区建成容量为525 MW的发电厂，锅炉蒸发量为50 t/h，蒸汽温度为480 ℃，蒸汽压力为4.4 MPa。德国的油页岩发电厂容量为9.9 MW。美国还利用油页岩与固体废弃物在循环流化床内混烧以达到环保的目的。

(2) 利用干馏技术生产页岩油

油页岩是剥离煤层的伴生物，可通过低温干馏的方法从油页岩中提取出类似天然石油的页岩油。油页岩的干馏技术是指将开采的油页岩破碎分选后放入干馏炉内，在隔绝空气的情况下，在干馏段干燥、预热，然后加热到450～600 ℃干馏，从而使页岩油被裂解释放出来。所剩的页岩半焦进入气化阶段，并进行氧化-还原反应，生成的页岩废渣被排出炉外。

美国、日本、德国、巴西、苏联等国家研究了各种油页岩干馏炼制页岩油的方法，有的已形成工业化生产规模。应用干馏技术生产页岩油的国家主要有美国、巴西、中国、澳大利亚、俄罗斯、爱沙尼亚等。各国具体情况见表9-4。由表9-4可以看出，美国和德国的干馏炉采油率和油页岩利用率均近100%。但其设备复杂，造价高，维修费用也高。美国自20世纪70年代初期能源危机以来，很多石油公司纷纷开展油页岩热加工研究和工业试验，进行油页岩地下干馏、地下气化和干馏炉试验，试验炉规模达1 000 t/(台·d)，正计划建立每天处理1万t油页岩的工业炉。而中国抚顺式虽然采油率和油页岩利用率低，但结构简单、操作方便、维修费用低。

表 9-4 部分国家油页岩干馏工艺状况

国家	炉型	日处理油页岩/t	粒径/mm	采油率/%	油页岩利用率/%	干馏温度/℃
美国	Tosco-Ⅱ	900	0～12.7	近 100	近 100	480
巴西	Petrosit	2 200	6.4～7.6	90	90	500
德国	LR	24	0～6	近 100	近 100	480～540
澳大利亚	Alberta Taciuk	6 000	0～16	85～90		
中国	抚顺式	100～200	10～75	70	80	500
俄罗斯	俄罗斯式	30～100	10～100	68		
爱沙尼亚	Galoter	3 000	0～25	85～90		
	Kiviter	200～1 000	10～125	75～80		

9.3.3 油页岩常规开采及利用方法存在的问题

目前,油页岩传统开采方法为露天开采或地下巷道开采。传统的露天开采,是指露天剥土,直接采油页岩矿石的开采方法,这种方法占用大量土地,同时会对周围环境造成极大污染,破坏环境[27];地下巷道开采,是指在地下打巷道,用凿岩机采油页岩矿石的开采方法,采出的油页岩矿石堆积在地面,同样会占用大量土地。无论是地下巷道开采还是露天开采,都需要把地下水位降低到含油页岩层的层位下,这样做会危害矿山附近的耕地和森林。图 9-21 和图 9-22 显示了油页岩常规开采及利用方法对环境造成破坏的实际场景[28]。

(a) (b)

图 9-21 有机污染物对大气的污染

9.3.4 油页岩的流态化开采方法

油页岩的开采、加工成本和环境污染是阻碍其开发的两大困难因素。随着开发利用技术的进步和环保意识的增强,油页岩的流态化开采将取代现有的传统开采方式而成为主流。关于地下干馏和气化,尚处于工业试验阶段。国外采用了一种开采油页岩的新方法——地下转化工艺[in-situ(in-ground) conversion process,ICP]。该方法在油页岩矿层打钻井,使其分裂出页岩油等物质,通过生产井将页岩油等物质抽出,在地表进行分离处理。这种方法不仅占地少,而且对环境的破坏也非常小,几乎没有空气污染,生产的页岩油

(a) (b)

图 9-22 实际场地油页岩对土壤和水体的污染

成本低，非常适合油页岩的开发。

油页岩地下转化工艺在油页岩矿区的地表分别钻监测井、疏干井、加热井和生产井。监测井用于监测地下油页岩被加热的温度、地下水质、各种元素质量分数、水的 pH、微生物的变化等，以确定其他井的工作。疏干井主要用于抽干加热井周围的地下水。加热井用于将地下的油页岩加热，使其分裂出页岩油等物质。生产井用于将页岩油等物质抽出，在地表进行分离处理。

油页岩原位地下开采的核心思想是：在不把油页岩矿石开采至地表的前提下，通过各种不同的加热方法对油页岩储层进行加热，干酪根等有机质在温度作用下发生热分解反应，产生油气。根据加热方式，可将其分为传导加热技术和对流加热技术[29]。

(1) 传导加热技术

图 9-23 为荷兰皇家壳牌公司的 ICP 技术原理。这种技术采用原位电加热的方法，在预采的油页岩层中布置小间距的垂直井，将加热电极深入到地下油页岩的矿层处理层段，将油页岩层均匀加热到 340 ℃，使油页岩干酪根受热裂解，进而生成油气，然后通过生产井将

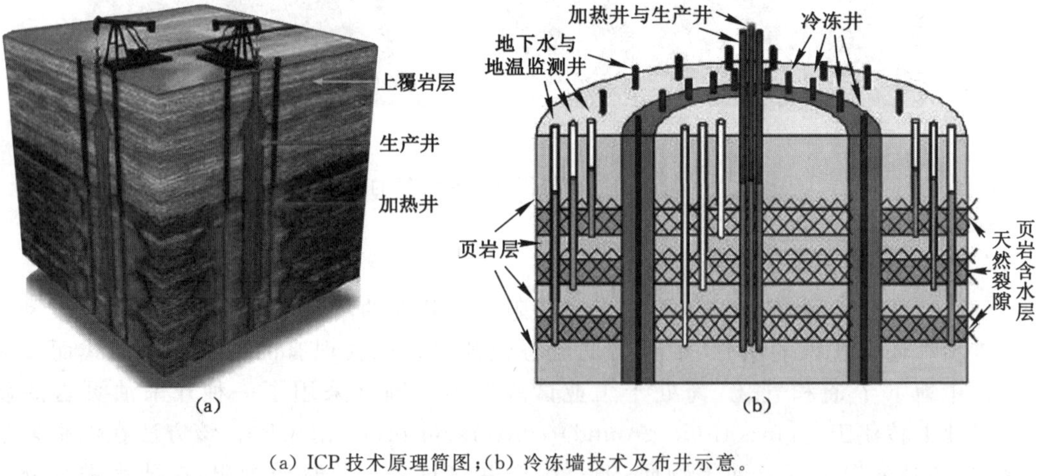

(a) (b)

(a) ICP 技术原理简图；(b) 冷冻墙技术及布井示意。

图 9-23 荷兰壳牌公司的 ICP 技术原理

油气采至地面;同时,采用冷冻墙技术对产出的油气进行封闭,以防止在采集过程中对地下水资源造成污染与破坏。该技术优点是对环境影响弱,尤其是对空气污染危害小,碳排放量低,而且无须开采岩层,耗水量少,更适合小采区使用,对深部油页岩的开发试验效果非常显著,且能源利用率非常可观,同时油页岩的生产成本大大降低。壳牌公司进行了 20 多年的 ICP 技术现场试验,这些试验集中在美国科罗拉多州的 MDP-MTE 地区。

Electrofrac 技术(见图 9-24)是埃克森美孚公司于 1990 年提出的。该技术首先对油页岩特定层位进行水力压裂造缝,其次向裂缝中填充大量导电材料,通电后产热,利用热传导方式对油页岩地层加热,使其干酪根热解,最终将热解产生的油气采出。埃克森美孚公司在科罗拉多州西北部进行了这项试验。该技术与 ICP 技术相比,加快了热传导过程,众多裂缝通道大大提高了油气的回收率;同时,井眼密度相应变低,减少了钻井经费。

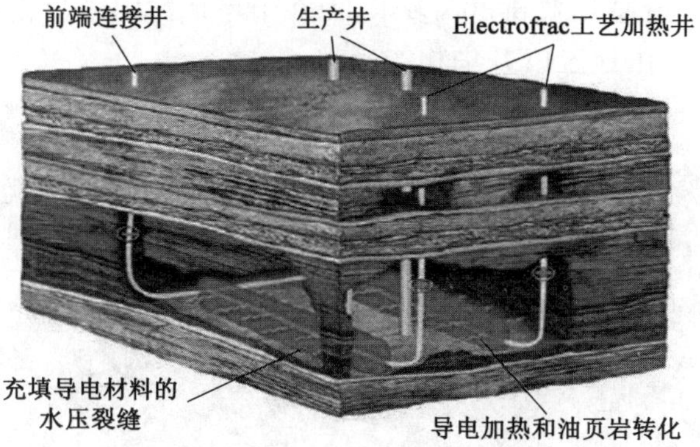

图 9-24 Electrofrac 技术原理

(2) 对流加热技术

传导、对流与回流(conduction, convection and reflux, CCR)技术(见图 9-25)是由美国页岩油公司提出的,它是一种综合利用热传导、热对流和流体回流的地下原位转化技术。该工艺在油页岩矿层中钻打水平加热井,并利用加热井加热其上方的油页岩矿层,通过在地下设计层位布置的燃烧器提供热量来热解水平井周围的油页岩干酪根,生成密度小的烃类油气并沿油页岩层裂隙向上运移,同时将热量送达上部页岩层,油气冷却后在重力的作用下向下方流动,回流的油可被再次加热,油气所携带的热量得到循环利用,从而实现对流热量传递。这一工艺体系加热效率高,油页岩在升温热解生成油气时,其机械强度大大降低,既可节约能源又能降低成本,经济效益显著。但是,这种工艺只限于纵向间的对流,而横向间的对流效应没有被充分利用。

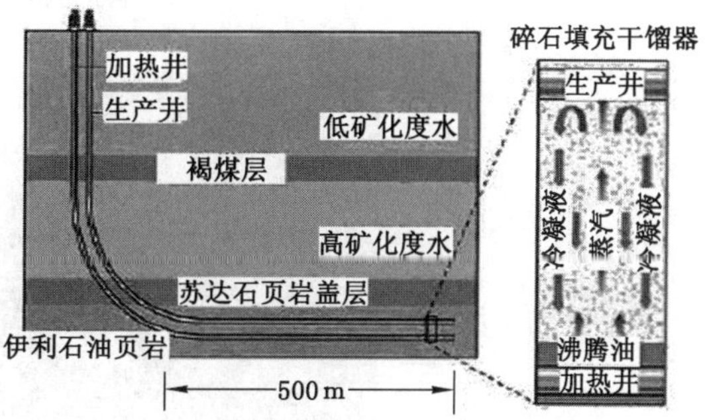

图 9-25 美国页岩油公司的 CCR 技术原理

但是以上各种技术尚不成熟和完善,以及受到国际油价等因素的影响,目前仍没有一项油页岩原位转化技术得以进行大规模商业化生产,只有少部分技术进行了现场试验。

9.4 岩盐开采

岩盐,化学成分为氯化钠,晶体都属等轴晶系六八面体晶类的卤化物。单晶体呈立方体,在立方体晶面上常有阶梯状凹陷;集合体常呈粒状或块状。纯净的石盐无色透明,含杂质时呈浅灰、黄、红、黑等色,玻璃光泽,莫氏硬度 2～2.5,相对密度 2.1～2.2,易溶于水,味咸,熔点 804 ℃,焰色反应呈黄色。图 9-26 和图 9-27 分别为喜马拉雅山岩盐地下开采场景以及开采出来的岩盐。石盐是氯化钠的矿物,是化学成分为 NaCl、晶体属等轴晶系的卤化物矿物。石盐包括人们日常食用的食盐和由石盐组成的岩石,后者称为岩盐。一般石盐常用来指岩盐。因为它们都是由盐水在封闭的盆地中蒸发而形成盐矿床的,因此也被称为卤化物矿物。岩盐矿层一般厚几米到 300 多米,而在干旱地区则以盐霜的形式出现,在盐泉附近以蒸发产物出现,在火山地区以升华物产出[30]。

图 9-26　喜马拉雅山岩盐地下开采场景

图 9-27　喜马拉雅山岩盐

9.4.1 主要开采方法

岩盐矿床主要采矿方法有旱采法、钻井水溶开采法和硐室水溶开采法,其中后两种属于流态化开采方法,三种方法的特点与适用条件如下[31]:

(1) 旱采法

旱采法适用于埋藏较浅或出露地表、分布面积广,并且利用干式作业的岩盐矿床。其中，地下开采的主要采矿方法有房柱法和长壁法，即通过开拓、准备、回采工作，把开采的矿石从地下运至地面并加工制成成品盐。

(2) 钻井水溶开采法

钻井水溶开采法亦称钻孔水溶开采法，属水溶开采方法之一。此法类似采油作业，人们只需在地面作业，将淡水通过钻孔注入矿层，把矿石溶化成液体(即人工卤水)，然后用泵或其他设备抽取到地面，再经过加工，制成成品盐。

(3) 硐室水溶开采法

硐室水溶开采法属水溶开采方法之一。其工艺过程类似地下开采(旱采)的房柱采矿法，主要区别于回采阶段，本方法在此阶段将淡水引入初始硐室(相当于房柱法的回采矿房开切巷道)，溶解矿体(以向上静溶为主，侧溶为辅)，然后从硐室抽汲可供直接利用的高浓度卤水，至地面加工制盐。此法特别适用于 NaCl 含量较低、含水不溶物较多、难以用房柱采矿法和钻井水溶开采法开采的古代岩盐矿床。

9.4.2 钻井水溶开采工艺

井矿盐水溶开采在我国有着悠久的历史，有多种开采工艺方式、方法，比如岩盐表面水溶开采法、井式水溶开采法、沟渠式水溶开采法、井-渠组合式水溶开采法、硐室水溶开采法等，但现代井矿盐矿山发展最快、应用最广的是钻井水溶开采工艺。

9.4.2.1 钻井水溶开采的概念与分类

钻井水溶开采工艺是指盐矿开拓以钻井为主要工程，在钻成卤井后向井内注入淡水溶解岩盐，利用盐易溶于水的性质，形成达到工业开采指标的卤水，并通过卤井产出卤水的工艺过程。钻井水溶开采岩盐矿的主要资源为水、易溶于水的岩盐矿、电能。

根据开采单元和注水-采卤系统的差异，可将钻井水溶开采法划分为单井对流法、井组连通法、提捞采卤法和抽汲采卤法，见表 9-5[32]。

表 9-5 钻井水溶开采法分类

大 类	亚 类	小 类	方 法
钻井水溶开采法	提捞采卤法		提捞水溶采卤法
	抽汲采卤法		抽油机水溶采卤法
			潜卤泵水溶采卤法
	单井对流法		简单对流法水溶采卤法
			油垫对流法水溶采卤法
			气垫对流法水溶采卤法
	井组连通法	对流井溶蚀连通法	自然溶蚀连通水溶开采法
			油垫建槽连通水溶开采法
			气垫建槽连通水溶开采法
		水力压裂连通法	水力压裂连通水溶开采法
		定向井连通法	定向斜井连通水溶开采法
			中小半径水平井连通水溶开采法
			径向水平井连通水溶开采法
		连通采区补救井连通法	连通采区补救井连通水溶开采法

9.4.2.2 钻井水溶开采的溶解作用与溶洞形状

(1) 单井对流法开采的溶解作用和溶解形状

单井对流法开采形成溶洞分为三个阶段,如图 9-28 所示。

第Ⅰ阶段:水从中心管注入后,沿管状井壁向上冲刷、溶蚀,形成梨形溶洞,溶解速度大于 15 cm/d。

第Ⅱ阶段:注入水与充满管状井空间的卤水混合,向上回流、溶蚀,溶洞发展成圆柱状。

第Ⅲ阶段:溶洞进一步溶蚀、扩大,溶洞内的卤水浓度在垂直方向上出现差异,即上低下高,进而导致溶洞侧向溶解速度的差异,即上部溶解速度快、下部溶解速度慢,致使溶洞周壁出现斜坡。因此,溶洞形状发展成为顶部面积大,侧壁向内凹入,并具有指数曲线形式的空心倒圆锥体。

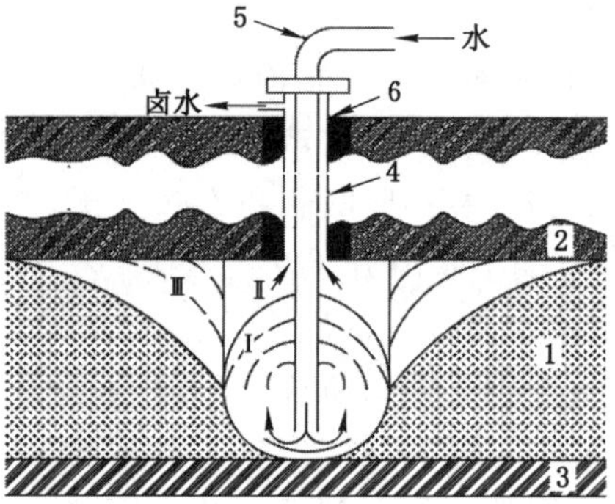

1—盐层;2—矿层顶板;3—矿层底板;4—套管;
5—中心管;6—套管水泥环;Ⅰ,Ⅱ,Ⅲ—溶洞发展阶段。

图 9-28 单井对流法开采溶洞发展示意

保加利亚的米罗夫斯克盐矿埋深 1 000 m,不溶物(泥岩、灰岩)平均含量 30%。波布科等在该盐矿进行了油垫对流建槽-梯段法上溶开采,所形成的溶洞形状为:溶洞底部呈倒圆锥形;中部近似圆柱形;在开采后期,为了增强溶洞的稳固性,有意识地缩小溶采半径,在溶洞顶部形成拱状洞顶。如图 9-29 所示。

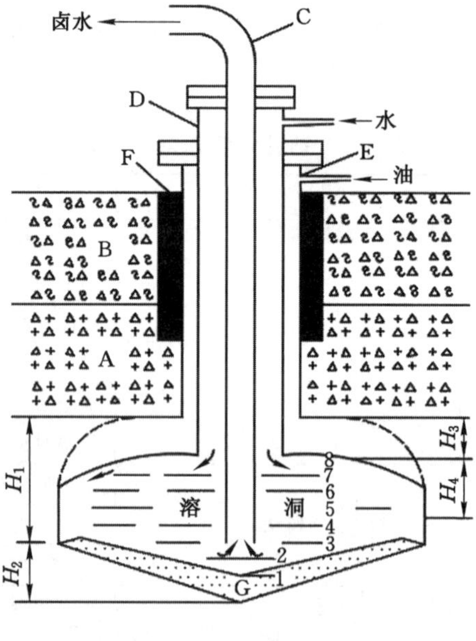

A—盐层;B—上覆地层;C—中心管;D—内套管;E—技术套管;F—水泥环;G—不溶物;
H_1—卤水活动区;H_2—卤水保存区;H_3—溶蚀梯段高;H_4—卤水形成层高;1—8—上溶梯段编号。

图 9-29 油垫对流建槽-梯段法上溶开采示意

(2) 井组连通法开采的溶解作用和溶洞形状

井组连通法开采的溶解作用和溶洞形状的发展有两种情况：两井溶蚀连通开采（包括自然溶蚀连通开采、油垫建槽连通开采和气垫建槽连通开采）和强制快速连通开采（包括压裂连通开采、定向井连通开采）。

① 正常情况下两井溶蚀连通开采的溶解作用和溶洞形状

两井溶蚀连通开采的溶洞发展可分为两个阶段，如图 9-30 所示。

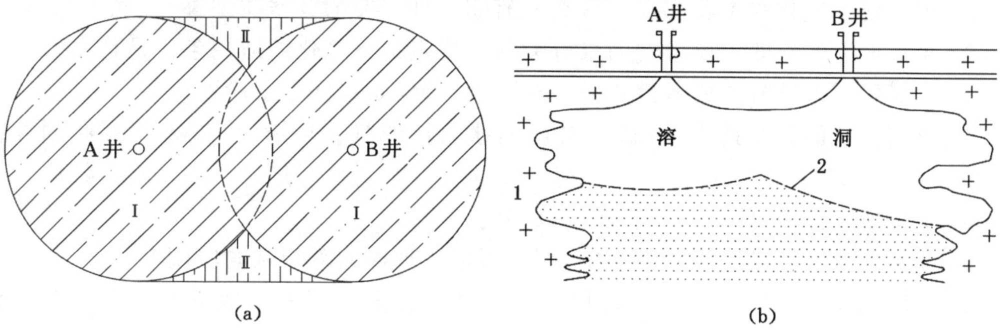

Ⅰ，Ⅱ—溶洞发展阶段；1—泥砾石岩；2—不溶物堆积推断线。

图 9-30 气垫建槽连通-梯段法上溶开采溶洞形状发展示意

第Ⅰ阶段，两井各自注水溶解，不论是静溶，还是动溶，其溶解作用均以钻井为中心呈似同心圆状往外扩展，所形成的溶洞形状主要因开采方法而异，自然对流法开采形成的溶洞形状呈似圆锥体，油垫对流法和气垫对流法开采形成的溶洞形状呈似圆柱体。

第Ⅱ阶段，两井分别形成的圆锥体（或圆柱体）溶洞相互连通后，注水井和出卤井分别交替进行溶解作用，此时的溶解作用自连通通道向两侧扩展，溶洞发展成两端呈半圆锥、中部呈楔形的楔状溶洞，或两端呈半圆柱、中部呈长方柱的长槽状溶洞。

② 强制快速连通开采的溶解作用和溶洞形状

压裂连通、定向井连通和组合连通均属强制快速连通，其连通的原始通道很小。连通后进行水溶开采时，其溶解作用和溶洞形状的发展大体分为三个阶段。

第Ⅰ阶段，A 井注水，B 井出卤时，溶解作用自 A 井外侧呈似同心圆状向外扩展，A 井至 B 井随着溶液浓度的逐步增高，溶解速度逐渐变慢，溶洞直径逐渐变小，溶洞呈 A 井大、B 井小的喇叭状。

第Ⅱ阶段，调整注采井别，改为 B 井注水，A 井出卤时，溶解作用自 B 井外侧呈似同心圆状向外进行，溶洞呈 B 井大、A 井小的反向倒置且重叠的喇叭状。

第Ⅲ阶段，适时调整注、采井别，溶解作用自两个倒向叠置的喇叭状通道向外扩展，当控制一定的溶采直径时，溶洞逐渐发展成为两端呈半圆柱、中部呈长方柱的长槽状溶洞，如图 9-31 所示。

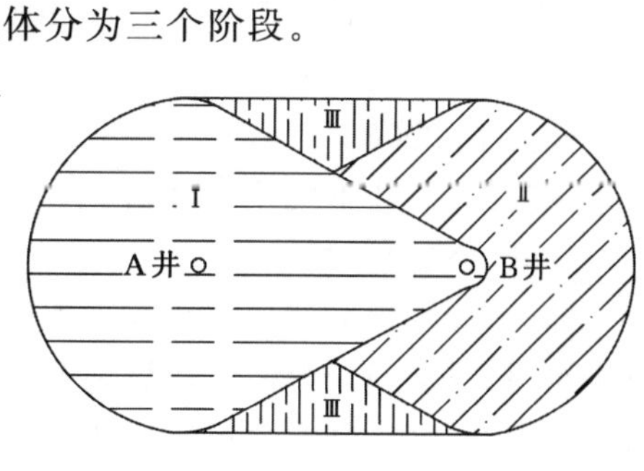

Ⅰ，Ⅱ，Ⅲ—溶洞发展阶段。

图 9-31 强制快速连通井组水溶开采溶洞形状发展示意

探索性思考题

(1) 煤炭地下气化中按照化学反应划分的三带是哪三带?其中发生的主要化学反应有哪些?

(2) 煤炭地下气化的主要优点是什么?有哪两种主要的技术类型?

(3) 煤炭地下气化的主要影响因素有哪些?煤炭地下气化的适用条件是什么?

(4) 针对可燃冰独特的成藏模式,可以采用哪些实验室模拟手段?

(5) 查阅已有的固井技术手段,针对可燃冰独特的赋存环境,可以采用哪些固井密封技术?

(6) 根据所学知识,你认为可燃冰应该如何开采?

(7) 有关可燃冰开发利用的技术中,哪些可以实现横向跨领域的应用?

(8) 我国油页岩主要分布在哪些地方?油页岩流态化开采的地下和地面工艺流程是什么?

(9) 油页岩流态化开采的优点有哪些?

(10) 我国可燃冰资源主要分布在哪些地方?

(11) 可燃冰流态化开采的原理是什么?地(水)下和地(水)面工艺流程是什么?

(12) 盐岩流态化开采的主要方法有哪些?

(13) 盐岩流态化开采的工艺有哪些?

(14) 结合所学知识,谈谈人类未来的能源利用趋势。

参 考 文 献

[1] BURTON E A,UPADHYE R,FRIEDMANN S J. Best practices in underground coal gasification[R]. Office of Scientific and Technical Information(OSTI),2017.

[2] 万志军. 非均质岩体热力耦合作用及煤炭地下气化通道稳定性研究[D]. 徐州:中国矿业大学,2006.

[3] 章梦涛. 煤地下气化流体流动状况的研究[J]. 辽宁工程技术大学学报(自然科学版),1999,18(5):449-451.

[4] 冯子军. 褐煤原位注蒸汽开采油气的理论及试验研究[D]. 太原:太原理工大学,2012.

[5] 崔勇. 煤层逆向燃烧气化机理及工艺过程模拟研究[D]. 中国矿业大学(北京),2014.

[6] 赵阳升. 多孔介质多场耦合作用及其工程响应[M]. 北京:科学出版社,2010.

[7] DUAN T H, LU C P, XIONG S, et al. Pyrolysis and gasification modelling of underground coal gasification and the optimisation of CO_2 as a gasification agent[J]. Fuel,2016,183:557-567.

[8] DUAN T H,WANG Z T,LIU Z J,et al. Experimental study of coal pyrolysis under the simulated high-temperature and high-stress conditions of underground coal gasification[J]. Energy & fuels,2017,31(2):1147-1158.

[9] 曲方. 原位状态煤体热解及力学特性的实验研究[D]. 徐州:中国矿业大学,2007.

[10] 杨洋.褐煤热解-渗透特性的理论研究[D].太原:太原理工大学,2010.
[11] 李明敏.褐煤热解渗透及其微观结构变化的研究[D].太原:太原理工大学,2012.
[12] 李春玉,房倚天,赵建涛,等.晋城无烟煤加压快速热解特性及其对气化反应的影响[J].燃料化学学报,2010,38(4):391-397.
[13] DUAN T H, ZHANG J M, MALLETT C, et al. Numerical simulation of coupled thermal-mechanical fracturing in underground coal gasification[J]. Proceedings of the institution of mechanical engineers, part A: journal of power and energy, 2017, 232(1):74-84.
[14] 张彬.煤炭地下气化调控机理与计算机仿真技术研究[D].阜新:辽宁工程技术大学,2004.
[15] DUAN T H, LU C P, XIONG S, et al. Evaluation method of the energy conversion efficiency of coal gasification and related applications[J]. International journal of energy research, 2015, 40(2):168-180.
[16] HUANG B X, XUE W C, WANG Y Z, et al. Review of theory and practice on natural gas hydrate[J]. Advanced materials research, 2011, 361-363:149-160.
[17] 中国地质调查.天然气水合物组成结构[EB/OL].(2017-05-18)[2018-02-26]. http://www.cgs.gov.cn/ddztt/jqthd/trqshw/krbkp/201705/t20170518_429921.html.
[18] 刘昌岭,陈强,业渝光,等.多孔介质中甲烷水合物生成的排盐效应及其影响因素[J].石油学报,2006,27(5):56-60.
[19] 徐梦华,刘澜,章茵.可燃冰试采并关井成功:得来不易[EB/OL].[2018-02-26]. http://www.kepu.net.cn/gb/ydrhcz/ydrhcz_zpzs/ydrh_201707/201707/t20170711_27652.html.
[20] 中国地质调查局油气资源调查中心.可燃冰是什么?[EB/OL].[2018-02-26]. http://www.gmgs.cgs.gov.cn/hykp/dxzs/201706/t20170601_431111.html.
[21] 曹代勇,李靖,王丹,等.青海木里煤田天然气水合物稳定带研究[J].中国矿业大学学报,2013,42(1):76-82.
[22] 许威,邱楠生,孙长宇,等.不同因素对天然气水合物稳定带厚度的影响[J].天然气地球科学,2010,21(3):528-534.
[23] COLLETT T S. Natural gas hydrate as a potential energy resource[M]. Dordrecht: Springer Netherlands, 2003:123-136.
[24] 康志勤,吕兆兴,杨栋,等.油页岩原位注蒸汽开发的固-流-热-化学耦合数学模型研究[J].西安石油大学学报(自然科学版),2008,23(4):30-34.
[25] 王贵召.油页岩热解产物生成过程动力学研究[D].吉林:东北电力大学,2012.
[26] 赵静.油页岩热解渗透及内部结构变化相关规律实验研究[D].太原:太原理工大学,2011.
[27] 麻凤海,侯剑华,左成.国际矿山开采沉陷领域研究的知识结构分析[J].中国矿业,2013,22(2):96-100.
[28] 马然.油页岩开采利用中页岩油对地下水污染的原位生物修复研究[D].长春:吉林大

学，2013.
[29] 耿毅德.油页岩地下原位压裂-热解物理力学特性试验研究[D].太原：太原理工大学，2018.
[30] 王鹏，李明.沙市背斜东翼下第三系沙市组二段含盐系地层测井响应特征及识别[J].中国井矿盐，2016，47(6)：17-19.
[31] 刘刚，万军，魏勇.超深盐井水平对接生产盐岩提高采收率[J].中国井矿盐，2010，41(6)：14-16.
[32] 王建新.威西矿区延长卤井安全期的技术研究[J].中国井矿盐，2004，35(3)：21-25.

10 煤系共伴生资源协调开采

本章以煤系共伴生资源为例，主要从三个方面介绍煤系共伴生资源的协调开采。首先介绍了煤系共伴生资源的分类、赋存状态及储量等，在此基础上提出了煤与煤系共伴生资源协调开采的理论与技术框架；接着介绍了煤与煤系共伴生资源协调开采的理论问题，包括煤系共伴生多资源协调开采的资源所有权统一与共探方法、技术经济评价方法与资源协调开采规划、协调开采方法、围岩活动与多场演化规律、污染元素迁移规律等；最后介绍了煤与煤系共伴生资源协调开采的关键技术问题，包括协调开采工艺、叠加采动影响下的岩层移动与围岩控制技术、矿井通风与安全技术、污染元素扩散与环境控制技术等。

共生矿产(symbiotic minerals)是指同一矿床或矿区内，存在两种或两种以上有用组分(矿石、矿物、元素)，分别达到工业品位，或虽未达到工业品位，但已达到边界品位以上，经论证后可以制定综合工业指标的一组矿产。伴生矿产(associated minerals)是指在主矿产矿体中赋存的未达到工业品位但已达到综合评价参考指标，或虽未达到综合评价参考指标，但可在加工选冶过程中单独出产品或可在主矿种的精矿及某一产品中富集且达到计价标准，通过开采主矿产可综合回收利用的其他有用组分矿产[1]。中国已探明的大量矿床中，单一矿种的矿床相对较少，大部分都有一种或多种伴生矿产。特别是分散元素，基本上都是作为伴生矿产产出的。传统的矿产资源勘探与开发均是针对单一主体能源的，而忽略了其余共伴生矿产资源，造成了很大的能源浪费，而共伴生矿产资源的赋存特征为多资源协调开采提供了可行性。因此，需对共伴生矿产资源进行综合勘查与协调开采，从而提高能源的利用率。

煤系矿产资源多以共伴生形式赋存(见图 10-1)，目前已探明的煤中共伴生战略性矿产资源达 14 种以上，探明种类占 33 种战略性矿产资源的 42%。煤系共伴生资源种类多且储量丰富，可作为战略接替资源(见表 10-1)。传统煤矿仅开采煤炭资源，对煤系共伴生资源考虑较少，导致资源浪费严重。2013—2015 年国内煤炭价格持续下跌，煤炭行业的效益整体下滑，东部大量矿井可采煤炭资源枯竭，处境艰难。因此，可以尝试转变思路，由传统的仅开采煤炭，转变为煤与煤系共伴生资源协调开采[2]，使产品多样化，突破单一矿种的限制，实现企业的最佳经济与社会效益，同时支撑我国矿产资源的高质量供给。

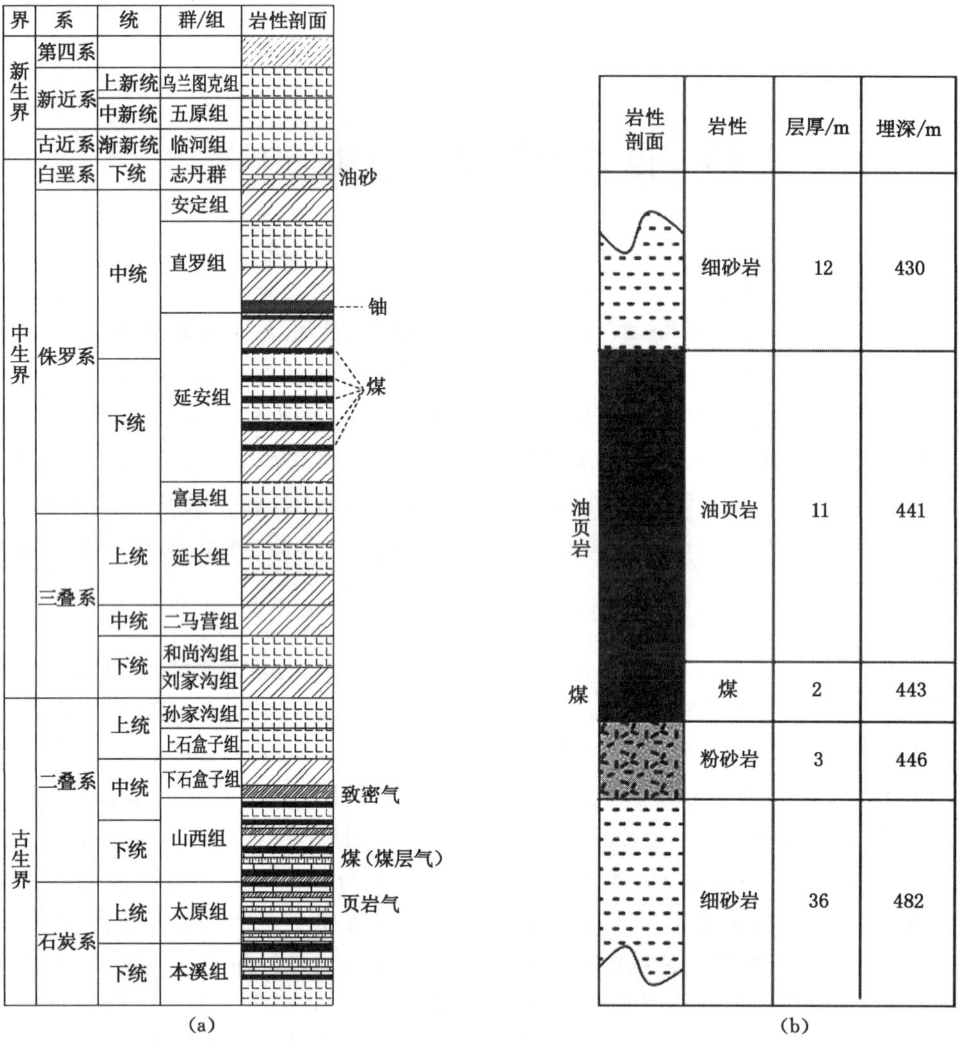

(a) 鄂尔多斯盆地东胜矿区能源矿产赋存层位;(b) 延安禾草沟煤矿地层钻孔柱状。

图 10-1 煤系共伴生资源

表 10-1 部分煤系共伴生资源/储量统计

伴生金属		储量	伴生非金属	储量	伴生油气	储量
稀有金属	铀	Koldzhatsk 和 Nizhneillisk 铀矿床煤系铀的资源量分别为 37 000 t 和 60 000 t[2]。内蒙古大营铀矿煤系铀的储量达 30 000 t,为中国目前发现的最大规模的世界级铀矿	硫铁矿	中国煤系硫铁矿的保有储量约 16 亿 t,占全国硫铁矿储量的 50%以上[3]	油页岩	全国预测资源量约 7 200 亿 t,主要埋深 1 000 m 以浅,部分埋深 1 500 m 以浅,折算页岩油 476 亿 t,是中国剩余石油储量的 12.8 倍

表 10-1(续)

伴生金属		储　量	伴生非金属	储　量	伴生油气	储　量
稀有金属	锗	云南临沧、内蒙古乌兰图噶和俄罗斯巴甫洛夫 3 个煤-锗矿床锗的储量约 4 000 t,占世界工业锗储量的 50%以上[4-6]	高岭土	中国煤系高岭土的资源量为 497.09 亿 t,预测可靠储量为 151.20 亿 t,其中,准格尔煤田储量达 57 亿 t[3,7]	煤层气	2 000 m 以浅达 3.0×10^{13} m^3
	镓	山西、陕西、内蒙古煤系镓的资源量为 1 028 500 t[3]	耐火黏土	中国煤系耐火黏土的探明储量为 17 亿 t,远景储量为 56 亿 t,估测储量为 112 亿 t[3,7]	页岩气	4 500 m 以浅达 1.22×10^{14} m^3
	铌	中国煤系铌的探明储量为 116 500 t[6]	硅藻土	中国煤系硅藻土的探明储量为 119 亿 t,占全国硅藻土探明储量的 71%[3]	致密气	1.2×10^{13} m^3
稀土元素		准格尔煤田稀土元素氧化物(REO)的储量达 500 万 t[2,8-9]	石墨	中国煤系石墨的探明储量在 5 000 万 t 以上,占世界煤变质成因石墨的 42%[3,8]		
铝土矿		仅准格尔煤田东部地区煤灰中的 Al_2O_3 资源量即达 31.5 亿 t[3]	膨润土	中国大型膨润土矿床中的 80%以上位于煤系中,探明储量为 8 188 亿 t[3]		

10.1 煤与煤系共伴生资源概述

按照国家标准《煤矿科技术语 第 1 部分:煤炭地质与勘查》(GB/T 15663.1—2008)定义,煤系又称含煤地层、含煤建造,是一套含有煤层并有成因联系的沉积岩系。煤系矿产资源指含煤地层中有成因联系的所有矿产资源,包括煤和煤系共伴生矿产[3]。

人们对煤系共伴生资源勘探的研究较多,重点勘察了我国煤系共伴生资源的分布情况与储量概况,对煤系共伴生资源进行了分类[3,10],分析了煤系共伴生资源的地质成因及赋存特征等,提出了煤系资源综合勘探方法与利用评价方法[2,8-9,11-24]。而对煤与煤系共伴生资源协调开采的研究较少,相关研究人员重点总结了我国煤系共伴生资源的开发利用历程及现状[25-28],介绍了目前一些煤系共伴生资源的加工利用方法,分析了煤系共伴生资源的开发利用前景[29-34]。但都局限于分析煤系矿产资源的分布与赋存特征,没有将煤系水、地热等资源进行综合考虑,没有系统地提出煤与煤系共伴生资源协调开采的理论与关键技术等。

近些年,国内部分矿区开始进行煤与煤系伴生资源协调开采的实践。山西大同塔山煤矿每年从煤矸石中提取约 5 万 t 高岭土[35],安徽淮北朔里煤矿高岭土年产量达 50 万 t 以上[36]。2014 年,中核集团与神华集团达成“鄂尔多斯塔然高勒矿区煤炭与铀矿开采技术”的合作项目[37]。但我国煤与煤系共伴生资源协调开采仍然处于探索阶段,尚未形成系统的协调开采理论与技术规范体系,仍需要进行长期的深入研究。

煤与煤系共伴生资源的分类见 1.1 节。

10.2 煤系共伴生资源成因及赋存状态

煤炭是在漫长的地质运动过程中由植物的遗体经成煤作用形成的一种沉积矿产。在成煤作用过程中由于地质构造运动和煤自身的变质作用，在聚煤盆地中富集了大量的共伴生资源，包括金属与非金属矿产资源、微量元素、油气资源与非常规天然气资源以及水资源等。煤与煤系共伴生资源的赋存示意如图 10-2 所示。

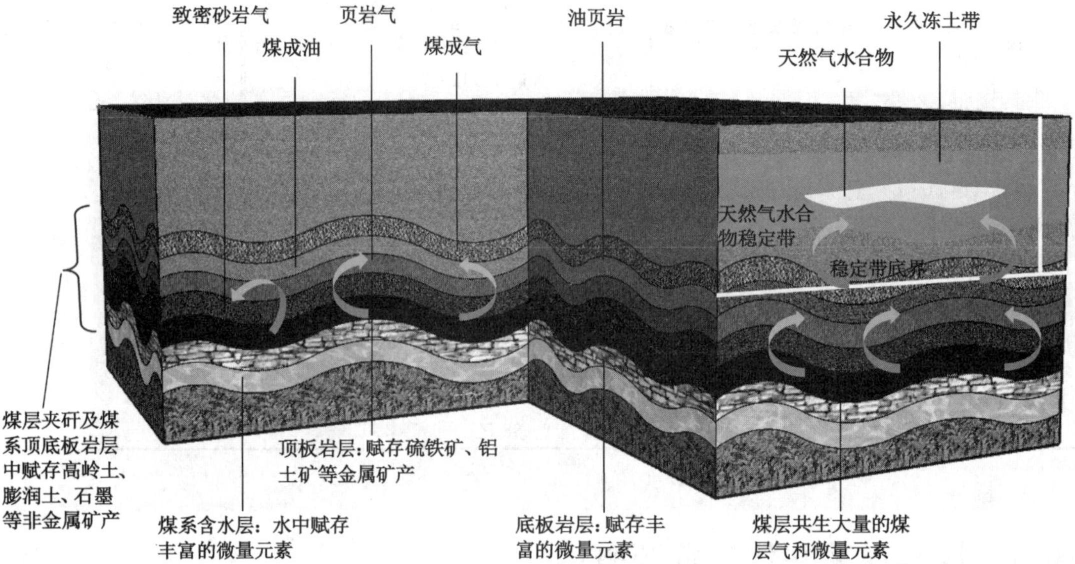

图 10-2　煤与煤系共伴生资源的赋存示意[1]

10.2.1 煤系共伴生金属及非金属资源

煤-铝、煤-铁等金属矿产资源多以化合物的状态赋存在煤层黏土矿物、煤层夹矸或煤层顶底板岩层中，如硫铁矿与铝土矿等，主要形成于泥炭聚集和成岩早期阶段。煤中铝的氢氧化物矿物主要是局部强酸性条件下高岭石的脱硅作用形成的[12]。煤中黄铁矿常以细粒浸染状、团块状或粒状等分布于黏土矿物或均质镜质体中，有时充填于惰质组胞腔中[13]。

目前已发现煤系共伴生的微量元素有 60 多种，其中，具有重要工业价值且已经开发利用的微量元素有铀、镓、锗、钒等[9]。而且富铀煤、富锗煤、富钒煤中微量元素的价值远高于煤本身。煤系共伴生微量元素的富集成因可分为 4 类[8]（见表 10-2）。

煤系中稀土元素主要来源于陆源碎屑，其含量主要受控于陆源碎屑的供给。其分布模式大多呈右倾的“V”字形，为典型的矿脉模式[14]。稀土元素的赋存状态有矿物态、有机质和离子吸附态，形成于同生阶段、后生或成岩阶段[2]。

煤中黏土矿物或黏土夹矸形成于聚煤作用过程中的有机沉积间断阶段，其沉积物质主要来源为陆源区母岩风化产物和火山喷发物[13]。煤中石英以陆源石英碎屑为主，常以不规则形状分布于煤有机组分中，少量充填于胞腔中[15]。石墨则赋存在煤层黏土矿物、煤层夹矸中。

表 10-2 煤系共伴生微量元素成因特征[8]

成因类型	成因特征	富集阶段
陆源型	以离子或胶体的形态随地表水进入聚煤盆地	聚煤盆地的沉积阶段
凝灰岩型	来源于富含此类元素的火山灰	聚煤盆地的沉积阶段
渗入型	随地下水或大气降水渗入富集在煤中	聚煤盆地的后生作用阶段
渗出型	随热、冷的气饱和矿化水等各种来源的深部流体上升流动而渗出富集在煤中	聚煤盆地发育的任何阶段

10.2.2 煤系非常规天然气

煤具有很强的生气能力，仅从褐煤到无烟煤阶段，煤生气可达 400 m^3/t 以上，故整个成煤期生成的煤系气远大于煤层中保存的天然气[16]。据苏联地质学家 A. K. 马特维耶夫提供的资料，苏联含煤盆地煤层生成甲烷总量约为 2.65×10^{15} m^3，而保存在煤层中的甲烷只有 $2.4\times10^{14}\sim2.5\times10^{14}$ m^3，表明 90%以上约 2.4×10^{15} m^3的甲烷从煤层中运移而出，而这些逸出的甲烷多运移到煤系中[17]。煤系气经过运移，呈游离状态聚集在其他沉积岩、火成岩或变质岩储层中，成为煤成气；煤系气生成之后，未逸出的部分主要呈吸附状态赋存在煤层中，成为煤层气；赋存在富有机质页岩层系中则成为煤系页岩气，它是页岩气的一种重要类型；赋存在低孔隙率、低渗透性、低饱和度的砂岩中，则成为致密砂岩气[18]。近年来，国内学者对青海木里矿区的天然气水合物进行了研究，认为冻土带的存在为天然气水合物的形成提供了温度和压力条件，而木里地区丰富的煤炭资源在煤化进程中提供了气源基础，故称之为煤型气源天然气水合物[19-20]。我国目前已探明的天然气水合物储量大约是煤炭、石油和天然气总储量的 2 倍，其中，煤型气源天然气水合物大概占 35%。

10.2.3 煤系地热资源

煤炭资源的长期开采使得浅部煤炭资源日益枯竭，煤炭开采将逐步进入深部。随着矿井开采深度的不断加大，原岩温度也不断升高。据不完全统计，采深达到 1 km 的矿井，其原岩温度高达 40～45 ℃，工作面温度达 34～36 ℃，平均地温梯度超过 3 ℃/100 m[21-22]。地温升高使得矿井生产面临严重的高温热害，如果对深部矿井地热资源不加以利用，则不仅会对我国深部煤矿安全生产造成巨大压力，而且会造成地热资源的极大浪费。

10.2.4 煤系水资源

据调查统计，全国平均每采 1 t 煤，排放矿井水约 2.1 m^3[23]。而我国大部分煤矿对矿井排放水的利用率很低，大部分作为废水排放，这不仅浪费宝贵的水资源，而且对矿区及其附近会产生严重的污染。另外，全国约有 70%的矿区面临缺水问题，有 40%的煤矿严重缺水[24]。因此，对矿井水资源进行综合利用，不仅可以防止水资源流失、避免对水环境造成污染，还能缓解矿区供水不足的局面。

据调查，煤系含水层中往往含有丰富的微量元素及稀土元素，通过一些化学方法可以从煤系水中提取丰富的微量元素及稀土元素。同时，一些煤系含水层中的矿泉水可以直接饮用，有利于缓解矿区生活用水紧张的局面。

10.3 煤与煤系共伴生资源协调开采的基本框架

煤与煤系共伴生资源协调开采的基本框架如图10-3所示。在理论方面，要实现资源协调开采，首先必须解决煤系资源所有权的统一与共探方法等问题，针对煤系多资源协调开采需要重新制定相应的技术经济评价体系，对资源协调开采进行合理规划，确定各种资源的开采方式及开采顺序，分析多资源协调开采过程中的围岩活动与多场演化规律，分析资源协调开采导致的污染元素迁移规律等。在此基础上，提出煤系共伴生资源协调开采的关键技术，包括资源协调开采的工艺、协调开采过程中的岩层移动与围岩控制技术、协调开采系统的通风与安全技术以及污染元素扩散与环境控制技术等。

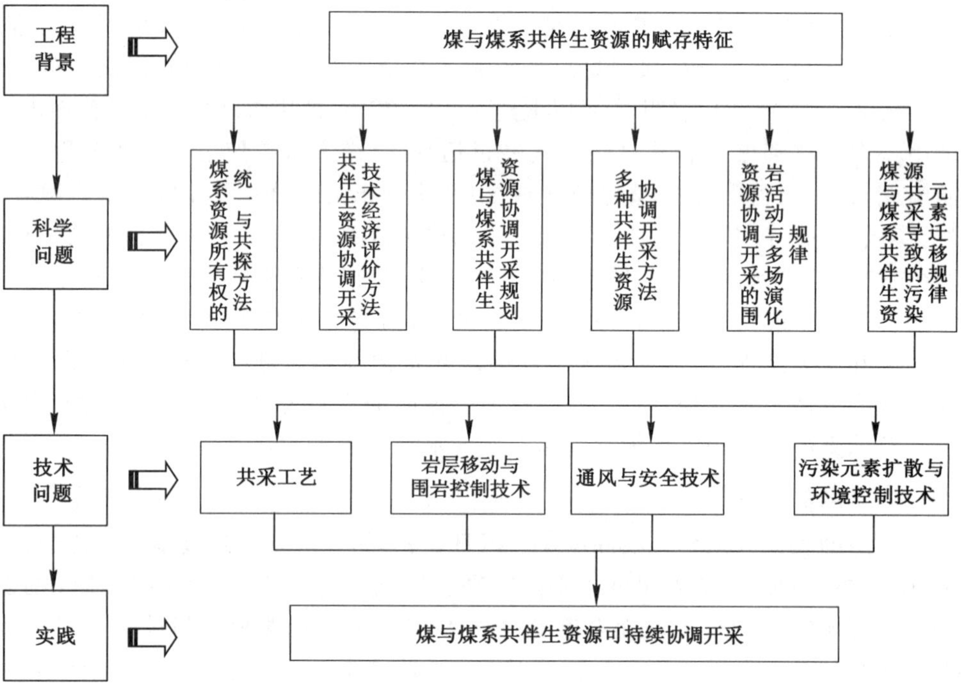

图10-3 煤与煤系共伴生资源协调开采的基本框架[1]

10.4 煤与煤系共伴生资源协调开采的理论问题

10.4.1 煤系资源所有权的统一与共探方法

传统的资源勘探和开采均是针对单一矿产资源的。探矿权人在取得特定区域的探矿权后，大多只针对某一资源进行详细勘探，而对该区域的其他共伴生资源没有进行必要的勘探，相应在后续开采过程中，采矿权人也只是针对特定的单一资源进行规划开采。这就形成了目前煤矿、金属矿、油气田等独立开采的局面，鲜有多种资源协调开采的实例。

然而矿产资源不是以单一资源存在的，往往是多种资源共伴生的，主体资源的开采意味着其余非主体资源的浪费。因此，必须从勘探和开发两个方面进行改革，进行煤系共伴生资源的综合勘探与开发利用。其中，涉及的问题有矿产权与资源税的评价体系的改革、相关法律的改革以及政府与企业之间的统筹协调等。政府的审批职能与煤矿企业的开采理念应转变，最终实现煤系共伴生资源的协调开采。

10.4.2 共伴生资源协调开采技术经济评价方法

煤系共伴生矿产资源中有很多非煤矿产，而传统的资源开采技术评价体系均是针对单一资源的。例如，固体矿产资源开采的技术经济评价标准为可采储量即“111 评价方法”，非煤矿产资源开采的技术经济评价标准为可采品位。然而开采煤系共伴生资源，从技术经济的角度与传统的单一资源开采是不一样的。因为在煤矿已有的开采系统下，用于开采共伴生资源所需开掘的巷道等系统会相应地减少很多，从而可降低开采初期的资金投入、缩短开采准备时间。因此，不能用传统的单一开采品位来衡量煤系共伴生资源的开采价值。

提出共伴生开采品位的概念，即利用现有的煤矿开采系统开采煤系共伴生资源的成本低于盈利的矿石品位，作为煤系共伴生资源开采的技术经济评价标准，从而实现煤与煤系共伴生资源协调开采，达到降本提效的目的。

10.4.3 煤与煤系共伴生资源协调开采规划方法

矿井资源开采规划是指统筹矿井资源，根据资源的开采方式，合理地进行矿井生产系统布局以及后续的采掘接替安排等，以期用最低的成本投入得到最大化的经济效益。传统的煤矿开采规划仅考虑煤炭资源的赋存及分布特征，并设计相应的生产系统，而忽略了煤系共伴生资源的开采。应对煤与煤系共伴生资源协调开采进行规划，统筹全矿总体资源，升级开采设计理念，优化矿井生产系统布局与采掘接替关系等，以确保利用最简单的生产系统开采出更多的资源。

影响煤与煤系共伴生资源协调开采规划的主要因素有煤系共伴生资源的地质赋存特征、各种资源的开采方式与开采顺序等。在进行协调开采规划时，首先需要根据资源的赋存特征确定好开采方式和开采顺序，以便对开采系统进行优化布局。其次，应使各种资源开采系统之间相互协调配合，充分利用已有的开采系统，处理好采掘接替关系。最终以最低的成本实现经济效益与资源利用的最大化。

10.4.4 多种共伴生资源协调开采方法

10.4.4.1 固态共伴生资源协调开采

(1) 固态沉积层状矿体开采

固态沉积层状矿体的开采，采用现有的煤矿、金属矿与非金属矿的开采方法，包括井工开采和露天开采两种方式(见图 10-4)。采用井工开采方式时，煤矿开采方法有长壁开采与房柱式开采等，金属矿和非金属矿开采方法有空场采矿法、崩落采矿法、充填采矿法和支柱采矿法[38-39]。在进行多种共伴生矿产协调开采时，可以集成现有的开采方法，将不同的开采系统相互配合，井工与露天协调开采，充分利用开采系统，从而实现资源采出率最大化。

(2) 固态非层状矿体开采

固态非层状矿体常常以脉状等形态赋存在地层中，这类矿体的开采方法较多，既可以采用金属矿和非金属矿的开采方法，也可以采用溶浸开采法、热溶开采法、化学开采法等进行开采。

(a) 井工开采；(b) 露天开采。

图 10-4 固态沉积层状矿体开采

(3) 多种固态共伴生资源协调开采

主要以沉积层状赋存的固态资源为例，介绍固态-固态共伴生资源的协调开采技术。按照中间是否具有隔层，可将固态-固态共伴生资源的赋存状态分为两种形式：一种为接触式共伴生，即煤层上方顶板直接赋存固态共伴生矿产资源，如依兰三矿油页岩直接共伴生于煤层上方的顶板中。另一种为中间具有隔层的非接触式共伴生，如北皂煤矿的上覆岩层中共伴生有油页岩，油页岩与煤层的平均层间距为 16.88 m。对于接触式共伴生，可以采用放顶煤的开采方式，随着下部煤层的开采，直接将上部的矿产资源放出[见图 10-5(a)]，采用各自的运输及提升系统运至地面，实现协调开采，其中，运输巷道及提升井筒等可以共用，以减少开采成本。对于中间具有隔层的非接触式共伴生，可采用上行卸荷开采方式[见图 10-5(b)]，先开采底层的固态资源，同时对上部固态资源进行卸荷，然后再进行开采。采用上行卸荷开采方式时，两种共伴生固态资源可以共用提升井筒。

接触式固态-固态共伴生资源协调开采方式涉及的问题有上部固态资源的冒放性，如较难冒放，则应采取相应的弱化技术；在协调开采时需要确保两种资源可有效分离，以减小后续分选的难度，运输与提升系统相互独立，联采分装分运[40]。

非接触式固态-固态共伴生资源协调开采方式要求两个固态资源储层具有合理的层间距，位于上部的固态资源应处于下部固态资源开采后的裂缝带内[41]，这样既能对上部固态资源起到卸压弱化作用，又不影响其开采系统布置。

10.4.4.2 流态共伴生资源协调开采

流态资源的开采方法有钻井压裂抽采法、热溶开采法、化学开采法等。由于行业部门及资源赋存特征的限制，传统的流态资源开采由我国不同的行业部分进行单独研究实施。而对于地质赋存相互叠置的流态伴生矿产资源，单独开采不仅会加大开采成本、延长开采周期，而且容易造成相邻流态资源的浪费。

煤系为共伴生的流态资源提供了进行联合协调开采的重要地质条件。由于这些含煤地层与泥页岩形成的共伴生流态资源在地层上交互储集在各种储集体中，因此，可以对煤系共伴生的煤层气、页岩气、致密砂岩气等流态资源进行联合协调开采。通过单井分层压裂、多层开采，一井多用，从而减少作业时间、降低开发成本。

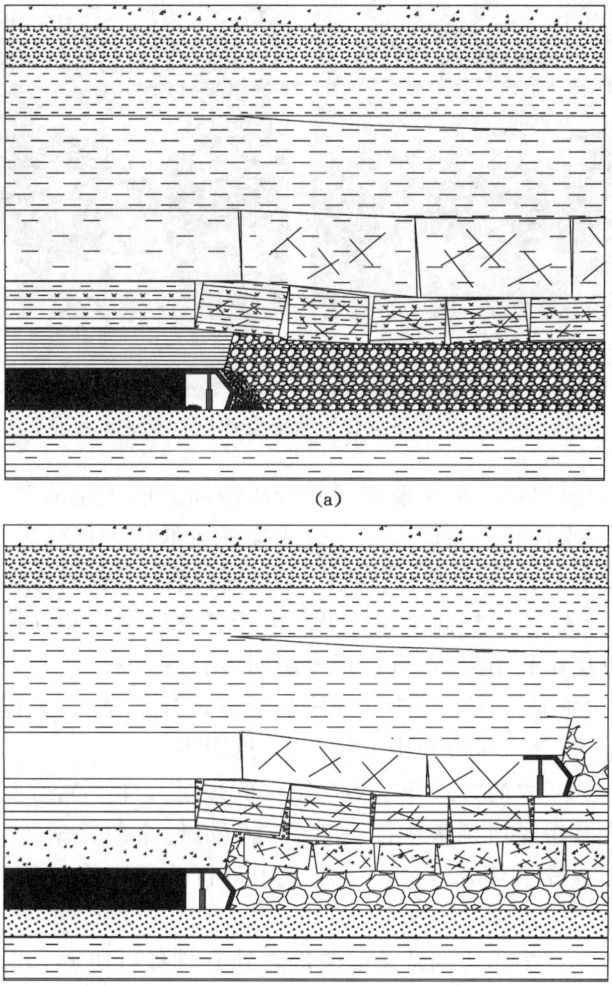

(a)

(b)

(a) 接触式；(b) 非接触式。

图 10-5 固态-固态共伴生资源协调开采模式原理

近年来，石油行业对分层压裂、多层合采的开采方式进行了初步的探讨和现场试验。大牛地气田和苏里格气田的试验表明，分层压裂、多层合采可以对多层叠置气层进行均衡改造，从而增加气井最终累计产气量和稳产时间[42-45]。

共伴生的流态资源既有多种流态资源储集在同一岩层中的情况，也有分开单独储集的情况。对于储集在同一岩层中的多种流态资源，采用同时开采的方法，然后进行分流处理。而多种流态资源单独储集在不同岩层中分为两种情况：一种是不同流态资源储层间具有隔层[见图 10-6(a)]，另一种是不同流态资源储层间不具有隔层[见图 10-6(b)]。多种伴生流态资源赋存方式不同，其协调开采方式也会不同。

对于中间具有隔层的情况，采用逐层压裂单独开采的方式，即当一个储层的资源压裂、开采结束后，再移动管柱至下一层位，进行压裂及开采。按照开采顺序可分为上行分层压裂逐层开采和下行分层压裂逐层开采，具体的开采顺序根据流态资源及其储层的特性确

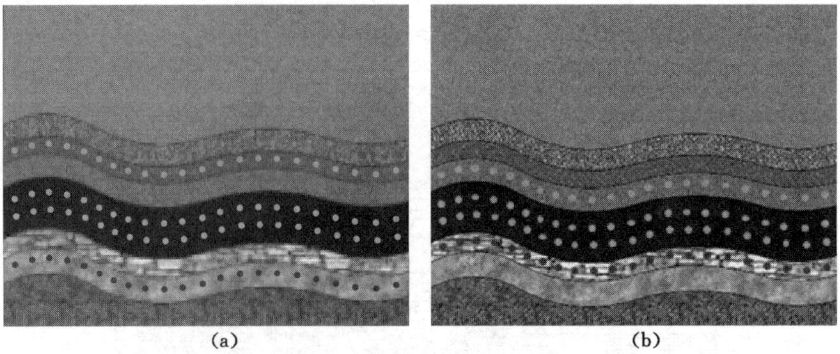

(a) 各储层间具有隔层；(b) 各储层间无隔层。

图 10-6 煤系共伴生流态资源赋存模式示意

定。对于中间没有隔层的情况，可采取多层同步压裂和分层压裂两种方式。由于各含气储层的强度存在差异，一次性同步整段压裂会造成强度较低的岩层优先开裂，压裂较为充分，而强度较高的岩层压裂不充分或没有开裂，从而导致整体压裂不均匀。因此，需要分层压裂，逐层进行储层结构改造，以提高压裂效果。由于各含气储层相互接触，分段压裂时会发生串层的情况。待分层压裂结束后，可进行多层同步分流开采。

因此，流态共伴生资源一井多用协调开采包括三种开采模式：上行分层压裂逐层开采、下行分层压裂逐层开采、分层压裂同步分流开采(见图 10-7)。

通过一井多用协调开采的方式开采多个层位的煤系共伴生流态资源，如采用上行分层压裂逐层开采方式先开采煤层顶板中的页岩气或可溶性金属元素等，然后开采煤层气，最后抽采煤层底板中的铀或水资源等。也可以采用下行分层压裂逐层开采的方式由深及浅地开采。

流态共伴生资源一井多用协调开采的关键之处有具备可协调开采的地质条件、工艺设备和工艺使用条件等，以及同步开采的分流技术等，需要对这些关键问题进行深入研究。目前，流态共伴生资源一井多用协调开采方式还处于概念提出阶段，后续应对该技术的可行性进行充分论证，对其关键技术进行攻关，实现多层流态共伴生资源一井多用协调开采，提高单井控制储量，该技术也可用于具备协调开采地质条件的油气开采领域。

10.4.4.3 流态-固态共伴生资源协调开采

流态-固态共伴生矿产资源可以赋存在同一储层中，如煤与煤层气，煤层中赋存煤层气，而煤本身也是一种能源矿产；也可以赋存在不同储层中，如煤与页岩气，页岩气赋存在煤层的顶板岩层中。

根据流态-固态共伴生矿产资源的赋存特征，其协调开采方式包括两种模式：一种开采模式针对流态资源赋存于固态资源的上覆岩层中的情况，先开采固态资源，利用固态资源开采引起的采动影响对流态资源储层进行卸压，在流态资源储层中产生采动裂隙，达到卸压增透的目的，然后通过地面钻井对流态资源进行抽采[见图 10-8(a)]。另一种开采模式针对流态资源与固态资源赋存于同一储层的情况，先利用地面钻井对储层进行压裂增透，然后抽采储层中的流态资源，同时对储层进行弱化，待流态资源抽采结束后，再开采固态资源[见图 10-8(b)]。

预先开采固态资源后抽采流态资源的开采方式，有其开采使用条件，即流态资源储层

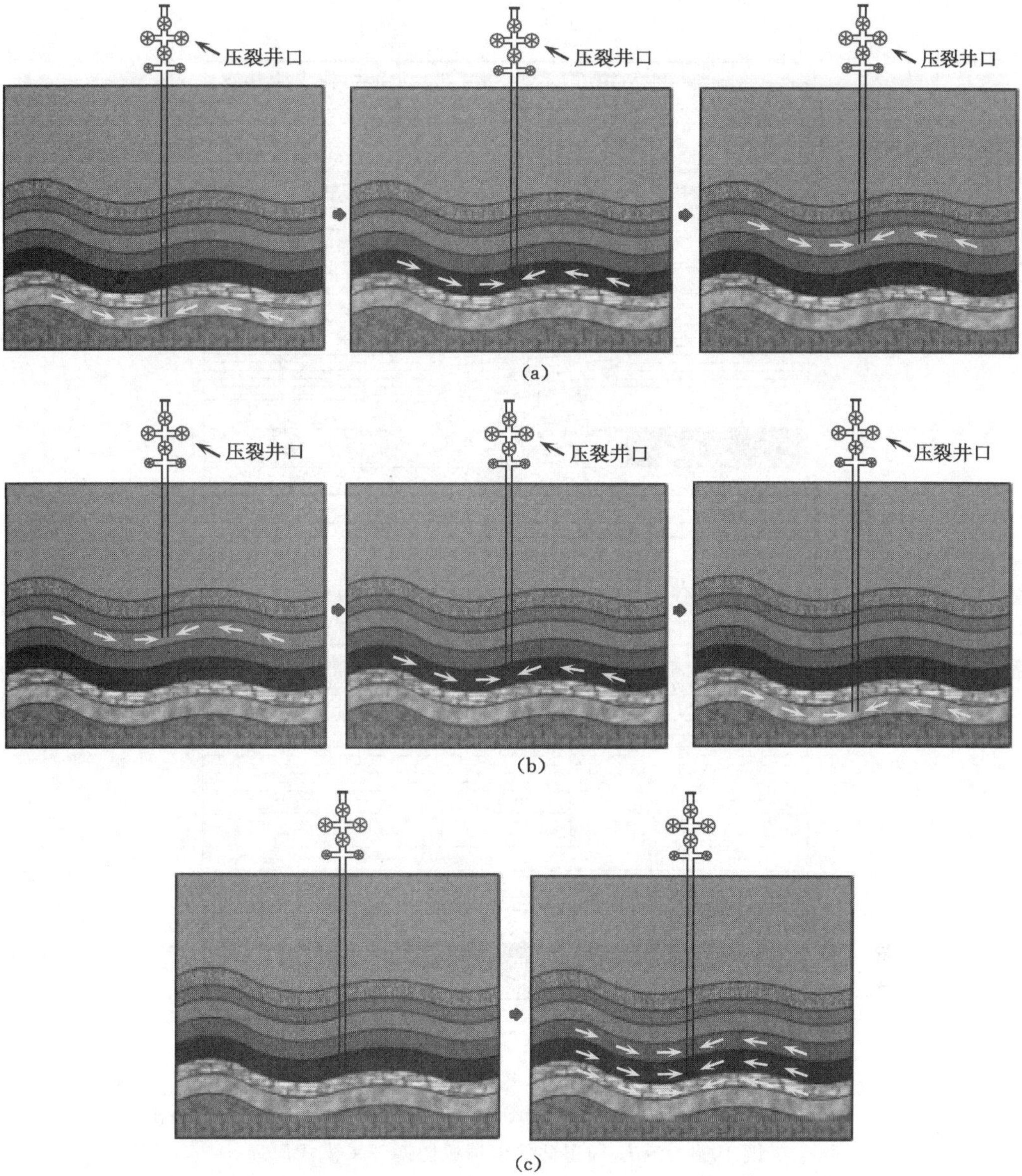

(a) 上行分层压裂逐层开采;(b) 下行分层压裂逐层开采;(c) 分层压裂同步分流开采。

图 10-7 流态共伴生资源一井多用协调开采模式原理

与固态资源储层要具有合理的层间距,流态资源储层应位于固态资源储层开采后的裂缝带范围内,才会对流态资源储层起到较好的卸压增透效果。预先抽采流态资源后开采固态资源的开采方式,流态资源的抽采井对后续固态资源开采的安全影响及其防治措施应受到重视。

由于煤系共伴生资源众多,赋存特征差异较大,现有的开采方法多针对赋存特征相同的单一资源,且不同资源的开采系统相对独立,进行多资源协调开采难度较大,应在固体挖采、钻井抽采、溶浸、气化、热溶、化学开采等基础上探索新的针对性采矿方法。

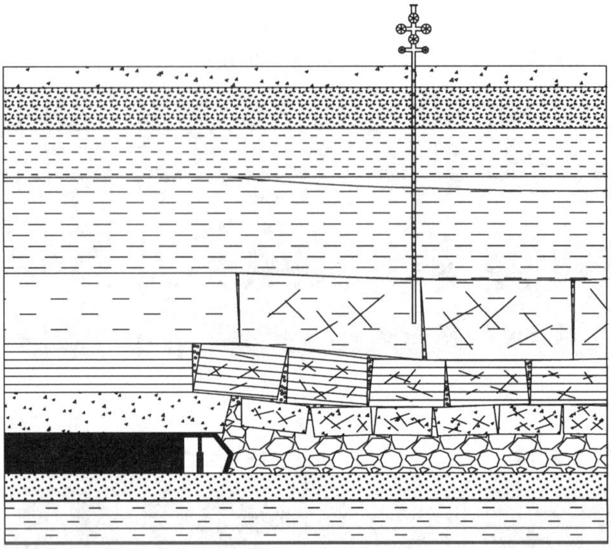

(a)

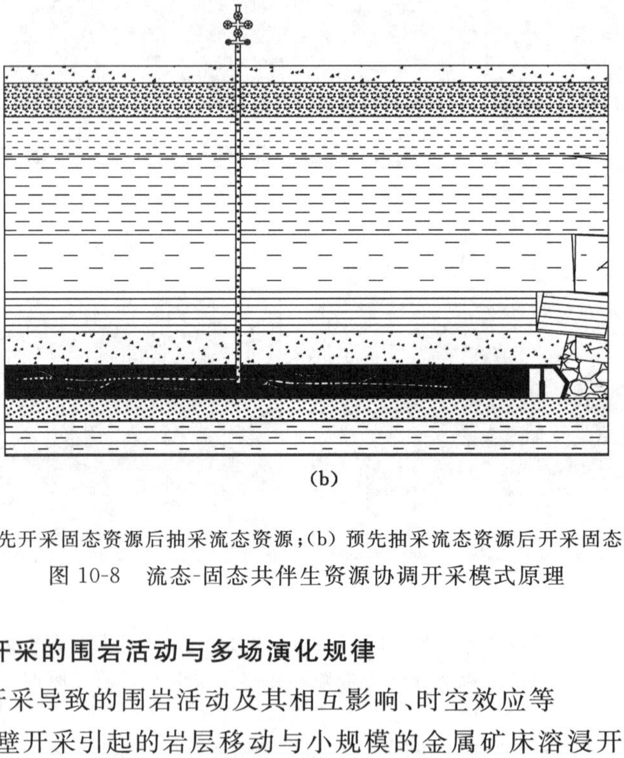

(b)

(a) 预先开采固态资源后抽采流态资源；(b) 预先抽采流态资源后开采固态资源。

图 10-8　流态-固态共伴生资源协调开采模式原理

10.4.5　资源协调开采的围岩活动与多场演化规律

(1) 不同资源开采导致的围岩活动及其相互影响、时空效应等

① 煤矿井下长壁开采引起的岩层移动与小规模的金属矿床溶浸开采等引起的岩层移动的叠加与相互影响。

② 固态资源的开采引起的地层围岩活动对地面钻井的井壁稳定性与储层裂缝导流能力的影响。

③ 储层压裂引起的地层结构与应力变化对井下开采围岩稳定性的影响等。

(2) 采动应力场、裂隙场、渗流场(流体，含瓦斯、水等)等演化规律

井下固态资源开采引起的采动应力场、岩层断裂及储层压裂引起的裂隙场、储层中流

体(瓦斯、水、水砂混合液等)流动引起的渗流场等多场耦合及其演化规律。

10.4.6 煤与煤系共伴生资源协调开采导致的污染元素迁移规律

煤系中除了共伴生丰富的有益资源外,往往也富集多种有害元素,如砷、铀、钍、铯、铍、氟、铊[36]等,这些元素具有放射性,在煤与煤系共伴生资源开采的过程中可能会对环境和人体产生危害。如开采铀矿时,氡和氡子体会向采空区和井巷析出,产生辐射[36,46-49],如果没有相应的防护措施,就会对施工人员的身体健康产生危害。

煤与煤系共伴生资源的开采会导致应力场发生变化,同时岩层破断会形成采动裂隙场,在采动应力场和裂隙场等的影响下煤及煤系中的污染元素会发生扩散和迁移。如果煤系中有含水层,污染元素迁移至含水层,则会污染含水层中的水及生物。同时,污染元素会向上迁移,扩散至地表土壤中,污染地表植被,进而污染环境,危害人体健康。

10.5 煤与煤系共伴生资源协调开采的关键技术问题

10.5.1 煤与煤系共伴生资源协调开采的工艺

煤与煤系共伴生资源协调开采工艺示意如图 10-9 所示。煤与煤系共伴生资源协调开采工艺技术的关键在于多资源之间的协调开采顺序。比如先进行地面钻井开采煤系流态资源,然后再通过地下开挖开采固态资源。或者先进行地下开挖开采固态资源,利用采动应力场和裂隙场对流态资源的储层进行卸压增透,然后再通过地面钻井抽采流态资源。或者地面与井下联合开采,同时进行;又或者地面井下间歇交替式进行开采等。

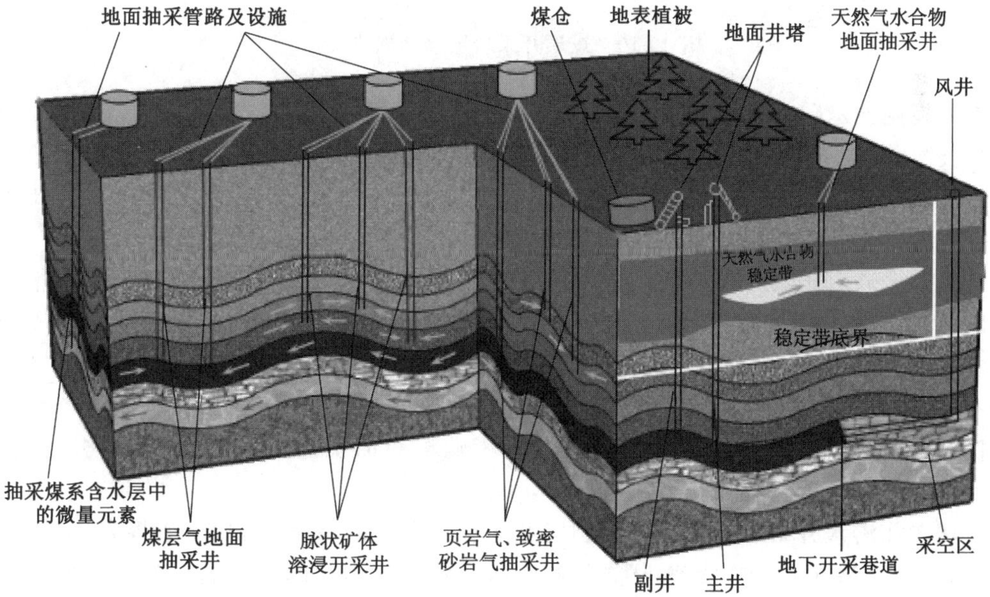

图 10-9 煤与煤系共伴生资源协调开采工艺示意

煤层上方存在冻土带的地层中容易形成天然气水合物藏。煤层的开采对上部天然气水合物储层卸压,会造成天然气水合物发生相变分解,分解后的天然气会沿着采动裂隙涌向井下采空区,从而造成回采空间瓦斯异常涌出现象。因此,在开采煤层的同时,利用煤层开采的卸压作用,在地面钻井抽采天然气水合物。

10.5.2 多资源协调开采的岩层移动与围岩控制技术

(1) 沉积层状矿体开采

沉积层状矿体开采后会引起上覆岩层向采空区移动(见图 10-10),岩层移动向四周发展到开采空间周围产生矿山压力显现现象,向上发展到地表引起地表沉陷。同时,上覆岩层在移动过程中会发生破断,形成采动裂隙,引起周围煤岩体中的水和瓦斯流动,引发井下的瓦斯事故和突水事故等。因此,为确保井下安全开采,需要对岩层移动进行控制。

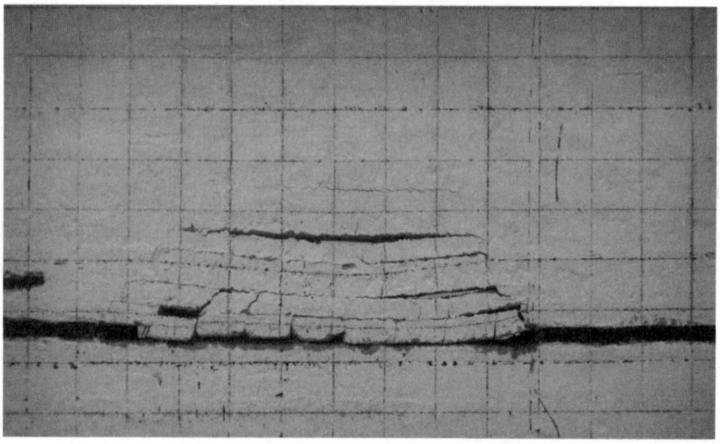

图 10-10 煤层开采岩层移动规律模拟

围岩控制技术包括采场围岩控制技术和巷道围岩控制技术。采场围岩控制技术有充填开采技术、覆岩离层注浆技术等。巷道围岩控制技术有被动支护技术和主动支护技术,被动支护技术有木垛支护技术、U 型钢架棚支护技术等,主动支护技术有锚杆支护技术、锚索支护技术、锚网与喷浆加固联合支护技术等。

(2) 脉状矿床开采

脉状矿床溶浸开采后,随着浸出液的抽出,在储层中形成溶腔,可引起围岩变形、基质收缩、围岩内的孔隙压力发生变化。孔隙压力变化对围岩应力产生扰动,引起围岩应力重新分布;同时,围岩应力又会影响围岩内流体的流动特性,进而影响孔隙压力的分布,即产生流固耦合作用。围岩内的流固耦合作用会影响溶腔的稳定性,溶腔失稳会引起地表沉陷。因此,需要研究溶腔稳定性等控制技术。

脉状矿床溶浸开采面临的围岩控制问题还有浸出液的渗漏问题,由于煤岩层中天然裂隙发育,同时受邻近岩层的采动裂隙影响,有些脉状矿床储层的上下岩层裂隙较发育、渗透率较大,没有形成有效的上下隔层,从而导致在溶浸开采过程中浸出液沿裂隙发生渗漏。因此,需要重点研究溶浸开采过程中的防渗漏技术。

(3) 流态资源钻井抽采

流态资源地面或矿井下钻井开采的岩层移动与控制技术主要有钻井井筒加固与井壁稳定性控制等技术(见图 10-11)、近井地带储层裂缝解堵技术、储层裂缝导流能力控制技术等。

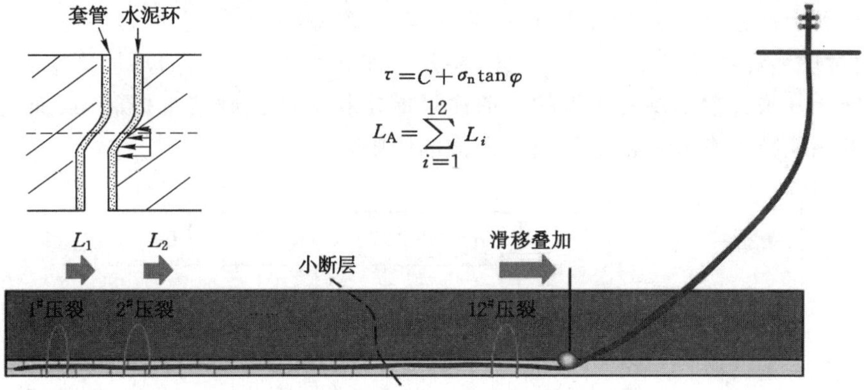

图 10-11 井筒剪切破坏

煤系多资源协调开采时,往往涉及以上三种岩层移动的叠加影响与协调控制。因此,需要根据多资源协调开采工艺分析相应的岩层移动规律,进而制定相应的围岩协调控制技术措施。

10.5.3 共伴生资源协调开采的矿井通风与安全技术

矿井通风与安全技术是煤系共伴生资源协调开采的又一关键技术,需要将煤矿原有的通风系统与非煤矿床开采通风技术等进行结合。由于不同开采系统相互叠加,通风系统会变得非常复杂,各通风网络的连接与协调以及风量的分配等都需要进一步优化。同时,需要考虑防止通风系统紊乱、风流污染等问题,以及采用不同层系导气裂隙漏风控制技术等。图 10-12 为煤矿长壁开采、金属和非金属无底柱分段崩落开采以及地面钻井(压裂、溶浸、注热等)开采矿井通风系统示意。不同层系资源的开采均会产生采动裂隙,进而导致通风系统严重漏风以及有害气流通过导气裂隙进入通风系统,污染新鲜风流等。因此,必须制定相应的导气裂隙漏风控制技术措施,以确保矿井的通风安全。

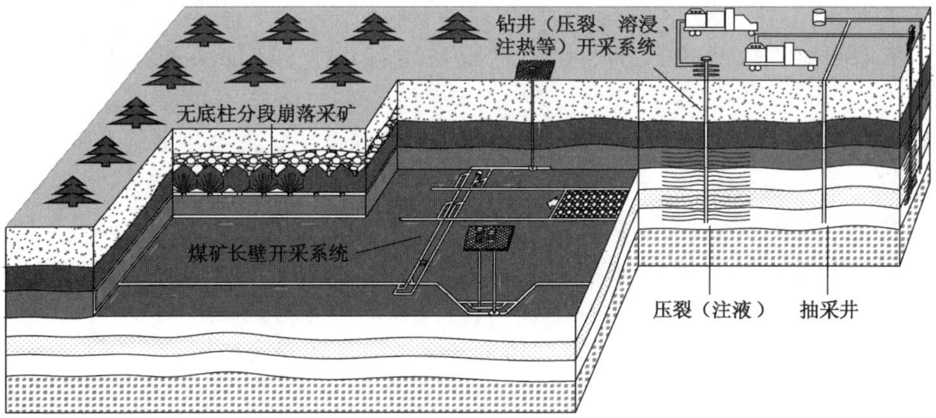

图 10-12 煤与煤系共伴生资源协调开采矿井通风系统示意

10.5.4 污染元素扩散与环境控制技术

在煤系资源开采过程中，污染元素扩散与环境控制技术框架如图 10-13 所示。由于煤系共伴生资源中往往富集多种有害元素，随着煤系资源的开采，这些有害元素会发生扩散迁移，进而对环境和人体产生危害。因此，在开采前必须进行全面的环境影响评估，根据煤系共伴生资源开采过程中污染元素的扩散途径制定相应的控制技术措施，从而确保在开采过程中尽可能地减少有害元素对环境和人体的影响。

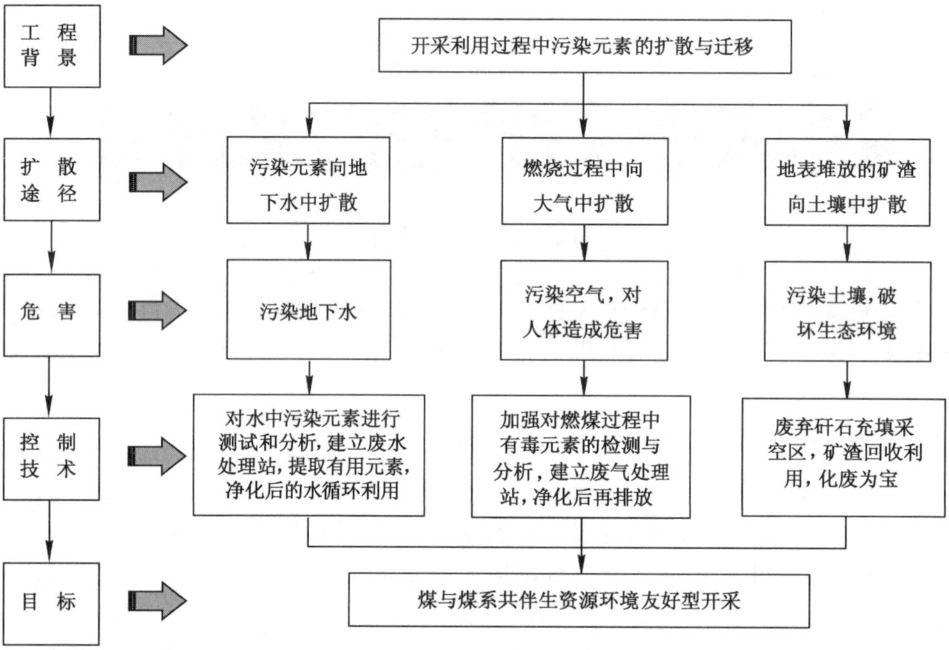

图 10-13 污染元素扩散与环境控制技术框架

探索性思考题

(1) 根据所学的知识，你认为目前制约煤与煤系共伴生资源协调开采的主要障碍是什么？

(2) 查阅石油行业的相关压裂技术，你认为流态共伴生资源一井多用分层压裂如何实现？难点有哪些？

(3) 流态资源的抽采井对后续固态资源开采的安全影响及防治措施有哪些？

(4) 查阅相关资料，了解有哪些成功的煤与煤系共伴生资源协调开采实例，它们是如何实现多资源协调开采的？

(5) 结合所学知识，分析共伴生资源协调开采的前景及发展趋势。

参考文献

[1] 黄炳香,赵兴龙,张权.煤与煤系伴生资源共采的理论与技术框架[J].中国矿业大学学报,2016,45(4):653-662.

[2] 代世峰,任德贻,周义平,等.煤型稀有金属矿床:成因类型、赋存状态和利用评价[J].煤炭学报,2014,39(8):1707-1715.

[3] 孙升林,吴国强,曹代勇,等.煤系矿产资源及其发展趋势[J].中国煤炭地质,2014,26(11):1-11.

[4] 黄文辉,孙磊,马延英,等.内蒙古自治区胜利煤田锗矿地质及分布规律[J].煤炭学报,2007,32(11):1147-1151.

[5] LI J,ZHUANG X G,QUEROL X,et al. New data on mineralogy and geochemistry of high-Ge coals in the Yimin coalfield,Inner Mongolia,China[J]. International journal of coal geology,2014,125:10-21.

[6] 任德贻,代世峰.煤和含煤岩系中潜在的共伴生矿产资源:一个值得重视的问题[J].中国煤炭地质,2009,21(10):1-4.

[7] ZHUANG X G,QUEROL X,ALASTUEY A,et al. Geochemistry and mineralogy of the Cretaceous Wulantuga high-germanium coal deposit in Shengli coal field,Inner Mongolia,northeastern China[J]. International journal of coal geology,2006,66:119-136.

[8] SEREDIN V V,DAI S F,SUN Y Z,et al. Coal deposits as promising sources of rare metals for alternative power and energy-efficient technologies[J]. Applied geochemistry,2013,31:1-11.

[9] 李增学.煤矿地质学[M].北京:煤炭工业出版社,2009:216-221.

[10] 袁国泰,黄凯芬.试论煤系共伴生矿产资源的分类及其它[J].中国煤田地质,1998,10(1):21-23,29.

[11] DAI S F,REN D Y,CHOU C L,et al. Geochemistry of trace elements in Chinese coals:a review of abundances,genetic types,impacts on human health,and industrial utilization[J]. International journal of coal geology,2012,94:3-21.

[12] 梁绍暹,任大伟,王水利,等.华北石炭—二叠纪煤系粘土岩夹矸中铝的氢氧化物矿物研究[J].地质科学,1997,32(4):478-486.

[13] 白向飞.中国煤中微量元素分布赋存特征及其迁移规律试验研究[D].北京:煤炭科学研究总院,2003:49-52.

[14] 代世峰,任德贻,李生盛.华北若干晚古生代煤中稀土元素的赋存特征[J].地球学报,2003,24(3):273-278.

[15] 赵存良.鄂尔多斯盆地与煤伴生多金属元素的分布规律和富集机理[D].北京:中国矿业大学(北京),2015:56-59.

[16] 孙永祥.苏联煤系和亚含煤系中天然气生成和聚集的几个问题[J].石油勘探与开发,1989,16(4):80-81.

[17] 王佟,王庆伟,傅雪海.煤系非常规天然气的系统研究及其意义[J].煤田地质与勘探,2014,42(1):24-27.
[18] 戴金星,倪云燕,吴小奇.中国致密砂岩气及在勘探开发上的重要意义[J].石油勘探与开发,2012,39(3):257-264.
[19] 王佟,刘天绩,邵龙义,等.青海木里煤田天然气水合物特征与成因[J].煤田地质与勘探,2009,37(6):26-30.
[20] 曹代勇,姚征,李靖.煤系非常规天然气评价研究现状与发展趋势[J].煤炭科学技术,2014,42(1):89-92.
[21] 何满潮,徐敏.HEMS深井降温系统研发及热害控制对策[J].岩石力学与工程学报,2008,27(7):1353-1361.
[22] 李化敏,付凯.煤矿深部开采面临的主要技术问题及对策[J].采矿与安全工程学报,2006,23(4):468-471.
[23] 何绪文,杨静,邵立南,等.我国矿井水资源化利用存在的问题与解决对策[J].煤炭学报,2008,33(1):63-66.
[24] 莫樊,郁钟铭,吴桂义,等.煤矿矿井水资源化及综合利用[J].煤炭工程,2009(6):103-105.
[25] 晏达宇.我国煤系共伴生矿产资源概况及开发利用的意义[J].煤炭加工与综合利用,2004(6):44-47.
[26] 张利珍,吕子虎,谭秀民,等.我国煤系共伴生矿物资源及开发利用现状[J].中国矿业,2012,21(11):59-61.
[27] 张信龙,任红星,陈子彤,等.煤系常见共伴生矿物资源利用概况[J].煤炭加工与综合利用,2007(5):49-52.
[28] 王开华,丁德馨.我国煤型铀矿床开采的现状和需要研究的问题[J].核科学与工程,2005,25(4):289-294.
[29] 王开华.煤型铀矿的开采技术[M].北京:原子能出版社,1991.
[30] 刘广义,戴塔根.富镓煤矸石的综合利用[J].中国资源综合利用,2000(12):16-19.
[31] 何佳振,胡晓莲,李运勇.从粉煤灰中回收金属镓的工艺研究[J].粉煤灰,2002(5):23-26.
[32] 陈晨,孙友宏.油页岩开采模式[J].探矿工程(岩土钻掘工程),2010,37(10):26-29.
[33] 秦勇,王文峰,程爱国,等.首批煤炭国家规划矿区煤中镓的成矿前景[J].中国煤炭地质,2009,21(1):17-21,26.
[34] 赵跃民.煤炭资源综合利用手册[M].北京:科学出版社,2004:882-911.
[35] 魏连生.大同煤矿集团煤矸石综合利用的实践[J].煤炭经济研究,2009,29(8):103-104.
[36] 崔等.淮北煤系高岭土资源特征及开发利用[J].中国非金属矿工业导刊,2010(5):56-58.
[37] 国务院国有资产监督管理委员会.中核集团与神华集团携手推进铀煤资源共采[EB/OL].(2014-10-31)[2019-03-10].http://www.sasac.gov.cn/n2588025/n2588124/c3789607/content.html.

[38] 张世雄.固体矿物资源开发工程[M].2版.武汉:武汉理工大学出版社,2010:208-212.
[39] PENG S S. Topical areas of research needs in ground control:a state of the art review on coal mine ground control [J]. International journal of mining science and technology,2015,25(1):1-6.
[40] 胡成军.依兰三矿煤与油页岩联合开采关键技术研究[D].邯郸:河北工程大学,2014.
[41] 左建平,孙运江,姜广辉,等.煤与油页岩上行卸荷联合开采破坏行为及模拟分析[J].煤炭学报,2017,42(3):567-573.
[42] 周豪,王超勇.煤层气、页岩气、致密砂岩气联合开采可行性分析:以川西坳陷须家河组为例[EB/OL].(2014-07-26)[2018-12-26]. http://www. doc88. com/p-6826777883325. html.
[43] 唐俊伟,贾爱林,何东博,等.苏里格低渗强非均质性气田开发技术对策探讨[J].石油勘探与开发,2006,33(1):107-110.
[44] 秦玉英,陈付虎,王福平.综合压裂技术在低压致密气藏储层中的研究与应用[J].吉林大学学报(地球科学版),2009,39(3):503-506.
[45] CHEN S B,ZHU Y M,WANG M,et al. Prospect conceiving of joint research and development of shale gas and coalbed methane in China[J]. Energy and power engineering,2011,3(3):348-354.
[46] 李梅.高砷煤开采和利用中砷的环境影响分析[J].气象与环境学报,2007,23(4):67-71.
[47] 黄文辉,唐修义.中国煤中的铀、钍和放射性核素[J].中国煤田地质,2002,14(增刊):55-63.
[48] 刘福东,潘自强,刘森林,等.全国煤矿中煤、矸石天然放射性核素含量调查分析[J].辐射防护,2007,27(3):171-180.
[49] 王开华,丁德馨,张志军,等.煤型铀矿井辐射防护的技术措施和工程管理措施[J].核科学与工程,2006,26(4):373-379.

11 流态矿产资源的可持续开发

通过学习本章内容，需要掌握矿井开发规划全生命周期的内涵及矿业权重叠的相关问题，了解流态矿产资源可持续开发的范畴及可持续开发过程中可能遇到的安全、环境、技术经济、法律法规、开发规划等方面的问题，积极思考矿业开发中社区问题及闭坑矿井资源利用问题。

采矿对人类社会的能源和工业原料供应具有重要意义，矿产资源的可持续开发对人类社会的健康发展非常重要，时至今日，人们也越来越意识到这一点。随着安全、环保意识的增强，人们越来越重视矿业开发过程中涉及的安全、环境问题，达成了“没有安全就没有一切”“不要金山银山，也要绿水青山”等共识。随着矿业形势的发展，也出现了一些新问题，如矿业权重叠问题、矿井闭坑问题、国外采矿问题、法律法规滞后问题等，这些问题在一定程度上阻碍了矿产资源的持续开发，急需采矿从业人员在更高层次上去理解、思考、解决这些问题。

11.1 矿井全生命周期科学采矿的概念和内涵

传统观念认为，矿井的生命周期是从规划建设到废弃的整个过程，对废弃后存在的土地破坏、环境恶化、塌陷事故频发等问题考虑较少。要解决闭坑问题，应将科学采矿的理念贯穿于矿井生命周期的全过程，包括采前科学规划、采中科学开采、采后科学利用，将其称为“矿井全生命周期采矿”(见图 11-1)[1]。

采前科学规划包括矿与矿系共伴生资源的共探与协调开采可行性评价等，采中科学开采包括传统的科学开采、矿与矿系共伴生资源开采、生态环境保护开采和地下空间保护开采四个方面，采后科学利用包括安全、环境的治理和地下空间的利用技术等。采后应能实现长期的安全、环保，科学利用结束即矿井生命周期的结束。

目前，国内外主要对闭坑矿井地面生态复垦修复技术进行了大量研究[2-6]，技术相对成熟；前人提出了地下采空区具有广泛的应用前景[7]，并且认为地下采空区利用具有重要性和紧迫性[8]，研究了采空区的经济和环境保护效益[9]，初步探讨了地下采空区的利用途径[10]，但对于闭坑矿井地下空间的系统性利用研究较少。

应从根本上转变有关矿井闭坑的思路，在矿井全生命周期中进行考虑，将资源开采和采后利用放到平等的地位考虑，改变现有矿井单一的关井模式，制定新的闭坑评价标准，统筹安排闭坑序列，大力发展闭坑矿井安全、生态环境保护以及采后利用的技术。

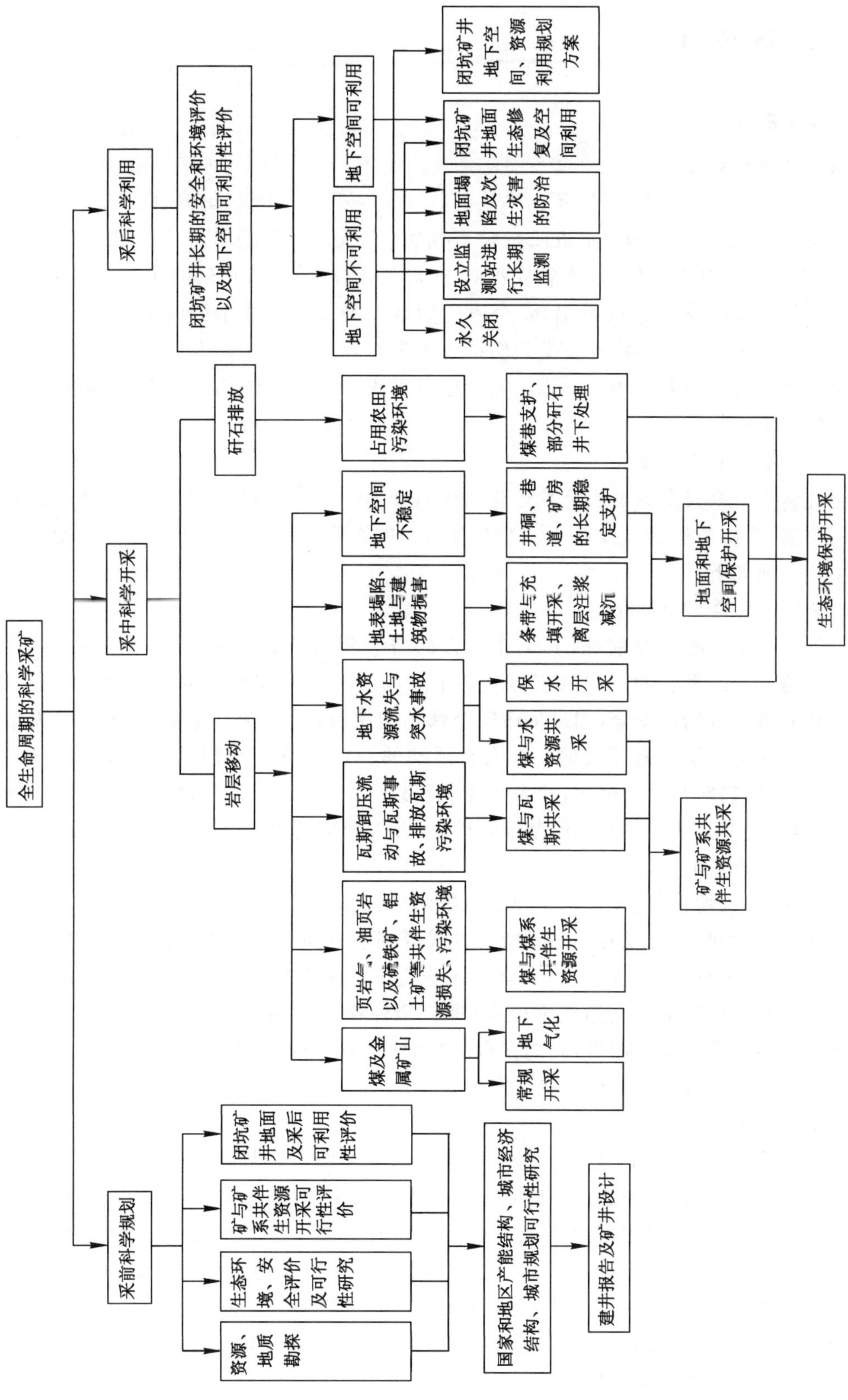

图11-1 矿井全生命周期采矿体系框架[1]

11.2 安全技术

11.2.1 安全概述

11.2.1.1 安全的定义

安全(safety),泛指没有危险、不出事故的状态。“安”字是指不受威胁、没有危险,即所谓无危则安;“全”字是指完满、完备或指没有伤害、无残缺、无损失等,可谓无损则全。因此,安全通常是指免受人员伤害、疾病或死亡,或设备、财产破坏或损失的状态[11]。

从以上的安全定义中可以看出,安全表述的是一个复杂物质系统的动态过程或状态,过程或状态的目标是使人和物不会受到伤害或损失。安全还可表述人们的一种理念,即人和物不会受到伤害和损失的理想状态。安全也可表述一种特定的技术状态,即满足一定安全技术指标要求的状态[11]。

11.2.1.2 安全的基本特征

安全科学是研究安全的本质及其运动规律的科学。安全的本质反映人-物-环境的相互关系,并使其实现协调运转。要认识安全的本质,首先就需要探讨其基本特征。安全的基本特征主要表现如下[12]:

(1) 安全的必要性和普遍性

安全是人类生存的必要前提,安全作为人的身心状态及其保障条件,是绝对必要的。而人和物遭遇人为或天然的危害或损坏又是常见的,因此,不安全因素是客观存在的。人类生存的必要条件首先是安全,如果生命安全都不能保障,生存就不能维持,繁衍也无法进行。实现人的安全又是普遍需要的。在人类活动的一切领域,人们必须尽力减少失误、降低风险,尽量使物趋向本质安全化,使人能控制和减少灾害,维护人与物、人与人、物与物之间协调运转,为生产活动提供必要的基础条件,发挥人和物的生产力作用。

(2) 安全的随机性

安全取决于人、物、环境及其相互关系的协调,如果失调就会出现危害或损坏。安全状态的存在和维持时间、地点及其动态平衡的方式等都带有随机性。因而保障安全的条件是相对的,限定在某个时空,条件变了,安全状态也会发生变化,故实现安全有其局限性和风险性。当然要尽量做到不安全的概率极小(即安全性极高),保证安全时空条件稳定,就当代人的素质和科技发展水平而言,只能在有限的时空内尽力做到控制事故。如果条件发生变化,人与物间关系失调,事故就会随时发生。

(3) 安全的相对性

安全的标准是相对的,因为人们总是逐步揭示安全的运动规律,逐渐提高对安全本质的认识,向安全本质化逐渐逼近的。影响安全的因素很多,以明显和潜隐形式表征客观(宏观)安全。安全的内涵引申程度及标准取决于人们的生理和心理承受的范围,科技发展水平和政治经济状况,社会的伦理道德和安全法学观念,人们的物质和精神文明程度等现实条件。安全标准应当成为保护公众的安全规范,并以严格的科学依据为基础。公众接受的相对安全与本质安全之间是有差距的,现实安全标准是有条件的、相对的,并且是随着社会的物质和精神文明程度提高而提高的。

(4) 安全的局部稳定性

无条件地追求绝对安全,特别是巨系统的绝对安全是不可能的。但有条件地实现人的局部安全或追求物的本质安全化,则是必要的、必需的、可达到的。只要利用系统工程原理调节、控制安全的要素,就能实现局部稳定的安全。安全协调运转如可靠性及工作寿命一样,有一个可度量的范围,其范围由安全的局部稳定性而决定。

(5) 安全的经济性

安全与否,直接与经济效益的增长或损失相关。保障安全的必要经济投入是维护劳动者的生产流动能力的基本条件,包括安全装置、安全技能培训、防护设施、防护用品及安全与卫生作业条件改善等方面的投入,是保障和再生生产力的前提。安全科学与技术(含安全管理)不仅可提高生产效率,而且对维护和保障生产安全运转、人的生命和健康具有重要作用。它作为生产力投入有其馈赠性的经济价值,包括创造的产品本身的安全性能同样含有安全的潜在经济价值,安全即保障不出现危险、伤害和损坏(本身就减少了经济负效益),等同于创造了经济利益。

(6) 安全的复杂性

安全与否取决于人、物、环境及其相互关系的协调,实际上形成人(主体)-机(对象)—环境(条件)运转系统,这是一个自然与社会结合的开放巨系统。在安全活动中,由于人的主导作用和本质属性,包括人的思维、心理、生理等因素以及人与社会的关系,即人的生物性和社会性,安全问题具有极大的复杂性。安全科学的着眼点是从维护人的安全角度去研究某系统的状态,最终使该系统成为安全系统。

(7) 安全的社会性

安全与社会的稳定直接相关。安全的社会性的一个重要方面还体现在对各级行政部门以及对国家领导人或政府高层次决策者的影响。“安全第一、预防为主、综合治理”是我国安全生产的基本方针,反映在国家的法令、各部门的法规及职业安全与卫生的规范与标准中,从而使社会和公众在安全方面受益。

(8) 安全的潜隐性

对各类事物的安全本质和运动变化规律的把握程度,总是受人的认识能力和科技水平的局限。广义安全的含义,不仅必须考虑不死、不伤、不危及人的生命和躯体,而且还必须考虑不对人的行为、心理造成精神和心理伤害。客观安全包括明显的和潜隐的两种安全因素,它是客观存在而不以人的意识为转移的,当今人们认为安全的概念,只能是宏观安全。所谓安全的潜隐性,是指控制多因素、多媒介、多时空、交混综合效应而产生的潜隐性安全程度。人们总是努力使安全的潜隐性转变为明显性。因此,安全的潜隐性问题亟待人们研究,只有通过探索、实践才能找到实现安全的方法。

11.2.1.3 安全的基本术语

涉及安全的基本术语主要有[11-13]:

(1) 安全指标(safety targets)

安全指标是指人类在生产、科学实验活动中,为实现某种目的和目标,在规定的时间、空间和对象范围内,对可能产生的伤亡、损害、破坏和失败等所确定的计划量度。安全指标是当时经济技术发展水平所能实现并且人们的认识可以接受的一种量度。

(2) 安全要素(safety elements)

安全要素是指构成具有安全功能整体的各个独立的、性质不同而又不服从整体安全规律要求的因素组分。安全要素组成安全体系的结构单元，安全的结构单元又组成安全整体或安全系统。

(3) 安全信息(safety information)

安全信息是指生产、科研活动中与安全有关的数据、报表、情报、消息、资料和文件。

(4) 本质安全化(intrinsic safety)

本质安全化一般是针对某一个系统(或设施)而言的，表明该系统的安全技术与安全管理水平已达到本部门当代的基本要求，系统可以较为安全可靠地运行。但并不表明该系统不会发生事故，其原因为：

① 本质安全化的程度是相对的，不同的技术经济条件下有不同的本质安全化水平，当代本质安全化并不是绝对本质安全化。由于技术经济的原因，系统的许多方面尚未安全化，事故隐患仍然存在，事故发生的可能性并未彻底消除，只是有了将事故损失控制在被接受程度上的可能性。

② 生产是一个动态过程，许多情况是事先难以预料的。人的作业还会因健康或心理原因产生某种失误，机具及设备也会因日常检查时未能发现的缺陷产生临时性故障，环境条件也会由于自然的或人为的原因而发生变化，因此，人-机-环境系统日常随机的一般性事故损失仍然是不可避免的。

(5) 安全评价(safety assessment)

安全评价是指对于一个生产(或生活)系统以安全为目标，对其功能及质量进行的系统分析与评价，一般可分为系统安全评价和随机安全评价。

系统安全评价的对象，可以是一个人-机-环境系统，也可以是其中某一个子系统。对于企业的系统安全评价，就是对企业人-机-环境系统本质安全化程度的评价，其标准就是对该企业所属行业客观的人-机-环境系统本质安全化程度的控制水平。

系统安全评价是系统安全管理的起点，也是它的归宿。生产系统通过实行系统安全评价，找出问题并经过整改、运行一段时期后，又需第二次评价，当其所属行业的技术经济条件有较明显提高时，就需要修订和提高安全评价标准，如此不断评价，生产系统的本质安全程度将不断提高，从而使安全生产形成最佳的良性循环。

随机安全评价是对生产过程中随机事故进行的危险性评价。随机安全评价需结合具体生产工作作危险性预先分析，根据分析结果，确定对人-机-环境系统应采取的安全措施。这种对事故的预先分析可以对生产中危险点作预先分析，即根据危险的性质确定安全管理的对策及定时检查的时间间隔；也可以对每日具体的作业任务进行危险性预先分析，然后确定作业安全的技术及管理措施。随机安全评价是日常安全管理工作的主要依据之一。

(6) 安全受益(safety benefit)

安全受益即安全产出。安全的实现不但能减少或避免人员伤亡和财产损失，而且能通过维护和保护生产力，实现促进经济生产增值的功能。由于安全受益具有潜伏性、间接性、延长性、迟效性等特点，因此研究安全受益是安全经济的重要课题之一。

(7) 安全目标管理(safety objective management)

安全目标管理就是在一定时期内(通常为 1 a)，根据企业经营管理的总目标，从上到下地确定安全工作目标，并为达到这一目标制定一系列对策措施，开展一系列的组织、协调、指导、激励和控制活动。

(8) 危险物质(dangerous substances)

危险物质是指一种物质或若干种物质的混合物，由于其化学、物理或毒性特性，它具有易导致火灾、爆炸或中毒的危险性。

(9) 重大危险源(major hazard sources)

重大危险源是指长期地或临时地生产、加工、搬运、使用或储存危险物质，且危险物质的数量等于或超过临界量的单元。

(10) 危害(hazard)

危害是指可能带来人员伤害、疾病、财产损失或作业环境破坏的根源或状态。危害也可理解为危险源或事故隐患。从本质上讲，就是存在能量、有害物质和能量、有害物质失去控制而导致的意外释放或有害物质的泄漏、散发这两方面危害因素。危害因素的分类方法有多种，根据《生产过程危险和有害因素分类与代码》(GB/T 13861—2009)将生产过程危险和有害因素分为四大类：人的因素、物的因素、环境因素和管理因素。

(11) 危险性(risk)

危险性是描述系统危险程度的客观量，它用危险概率和危险严重度来表示可能的损失。

(12) 危险概率(risk probability)

危险概率是指发生危险的可能性。它可以用定性或定量的方法来表示，一般用单位时间、事件、人员、项目或活动的危险可能出现的概率来描述。

(13) 危险严重度(hazard severity)

危险严重度是指由危害造成的最坏结果的定性评价，即由于人的失误，不安全的环境条件，设计欠缺，措施不当，系统、子系统、组件故障或缺陷造成的最严重后果的定性尺度。它可以用工伤职业病、财产损失或设备损坏的最终可能出现的程度来评价。美国MIL-STD-882A标准将危险严重度分为四类：Ⅰ类——致命的，可造成人员死亡或系统损坏；Ⅱ类——严重的，可造成严重伤害、严重职业病或主系统破坏；Ⅲ类——危险的，可造成轻伤、轻职业病或次要系统损坏；Ⅳ类——可忽略的，不会造成伤害或职业病，系统不遭受破坏。

(14) 职业病(occupational diseases)

职业病是指企业、事业单位和个体经济组织的劳动者在职业活动中，因接触粉尘、放射性物质和其他有毒有害物质等因素而引起的疾病。职业病的分类和目录由国务院卫生行政部门会同国务院劳动保障行政部门规定、调整并公布。

(15) 危害辨识(hazard identification)

识别危害的存在并确定其性质的过程，称为危害辨识。辨识时应识别出危害因素的性质、种类与分布以及伤害(危害)方式和途径。对于用人单位来说，应主要辨识厂址、厂区平面布局、建筑物、生产工艺过程、生产机械设备、有害作业(粉尘、毒物、噪声、振动、辐射、高温、低温等)部位和管理设施、事故应急抢救设施及辅助生产生活卫生设施等。

(16) 危险因素(dangerous factor)、有害因素(hazard factor)和事故隐患(hidden danger of accident)

在生产过程中存在着各种与人的安全和健康息息相关的因素。其中，能造成人员伤亡或对物造成突发性损坏的因素，称为危险因素；能影响人的身体健康，导致疾病，或对物造成慢性损坏的因素,称为有害因素。

事故隐患泛指现存系统中可导致事故发生的物的危险状态、人的不安全行为及管理上的缺陷。通常,通过检查、分析可以发现和察觉它们。事故隐患在本质上属于危险、有害因素的一部分。

(17) 系统安全(system safety)

所谓系统安全,是指在系统使用期限内,应用安全科学的原理和方法,分析并排除系统要素的缺陷及可能导致灾害的潜在危险,使系统在整个寿命周期内保持最佳安全状态。

(18) 劳动保护(labour protection)

劳动保护是指依靠技术进步和科学管理,采取技术措施和组织措施,来消除劳动过程中危及人身安全和健康的不良条件和行为,防止伤亡事故和职业病危害,保障劳动者在劳动过程中的安全与健康。劳动保护实际上就是站在政府的立场上,强调为劳动者提供人身安全与身心健康的保障。

(19) 职业安全卫生(occupational health and safety)

职业安全卫生是指以保障职工在劳动过程中的安全和健康为目的的工作领域以及在法律、技术、设备、组织制度和教育等方面所采取的相应措施。劳动安全卫生与职业安全卫生作为同义词使用。

(20) 职业健康安全管理体系(occupational health safety management system, OHSMS)

职业健康安全管理体系是指为建立职业健康安全方针和目标并实现这些目标所制定的一系列相互联系或相互作用的要素管理体系。

11.2.2 事故

事故(accident)是指人们在实现其目的的行动过程中,突然发生的、迫使其有目的的行动暂时或永远终止的一种意外事件。安全与事故的关系是对立统一、相互依存的,即有了事故发生的可能性才需要安全,有了安全的保证才可能避免事故的发生。

事故有生产事故和非生产事故之分,生产事故系指企业在生产过程中突然发生的伤害人体、损坏财务、影响生产正常进行的意外事件。根据生产事故所造成的后果不同,有工伤事故、设备事故、未遂事故三类。

11.2.2.1 工伤事故的主要影响因素

从宏观上看,工伤事故的产生因素可以分为自然界的因素(如地震、山崩、海啸、台风等)和非自然界的因素两类。后者导致的工伤事故也被称为人为事故。前者往往非人力所能左右,因此,这里着重研究后者,即着重研究非自然界的因素所造成的工伤事故。目前,人们认为,工伤事故是物的不安全状态或人的不安全行为所引起的,它是物质、环境、行为等诸因素的多元函数。具体地说,影响事故发生的主要因素有五项:人、物、环境、管理和事故处置。

(1) 人的原因[11-12]

所谓人,包括操作工人、管理人员、事故现场的在场人员和其他有关人员,他们的不安全行为是事故的重要致因。

① 人的不安全行为

a. 未经许可进行操作，忽视安全，忽视警告；

b. 冒险作业或高速操作；

c. 人为地使安全装置失效；

d. 使用不安全设备，用手工代替工具进行操作或违章作业；

e. 不安全地装载、堆放、组合物体；

f. 采取不安全的作业姿势或方位；

g. 在有危险的运转着的设备装置上或移动着的设备上工作，不停机，边工作边检修；

h. 注意力分散，嬉闹，恐吓等。

② 引起人的不安全行为的原因[11-12]

a. 缺乏安全知识和经验，或不知道有危险；

b. 有生理缺陷或生病、迟钝、忧伤、体力不足；

c. 过度疲劳、睡眠不足；

d. 注意力不集中，操作时心不在焉；

e. 劳动态度不端正；

f. 醉酒；

g. 不懂装懂，满不在乎。

总之，人的不安全行为与人的素质、受训练和教育情况等有关。

(2) 物的原因

所谓物，包括原料、燃料、动力、设备、工具、成品、半成品等。物的不安全状态有以下几种：

① 设备和装置的结构不良，材料强度不够，零部件磨损和老化；

② 存在危险物和有害物；

③ 工作场所的面积狭小或有其他缺陷；

④ 安全防护装置失灵；

⑤ 缺乏防护用具或服装有缺陷；

⑥ 物品的堆放、整理有缺陷；

⑦ 工艺工程不合理，作业方法不安全。

物的不安全状态是构成事故的物质基础。没有物的不安全状态，就不可能发生事故。物的不安全状态构成生产中的隐患和危险源，当它满足一定条件时就会转化为事故。

(3) 管理的原因[11-12]

管理的原因即管理的缺陷，主要有：

① 技术缺陷，指工业建(构)筑物及机械设备、仪器仪表等的设计、选材、安装、布置、维护维修有缺陷，或工艺流程、操作方法方面存在问题；

② 劳动组织不合理；

③ 对现场工作缺乏检查指导，或检查指导错误；

④ 没有安全操作规程或不健全，挪用安全措施费用，不认真实施事故防范措施，对安全隐患整改不力；

⑤ 教育培训不够，工作人员不懂操作技术知识或经验不足，缺乏安全知识；

⑥ 人员选择和使用不当，生理或身体有缺陷，如有疾病，听力、视力不良等。

管理的缺陷是事故的间接原因，是事故的直接原因得以存在的条件。

(4) 环境的原因[11-12]

不安全的环境是引起事故的物质基础。它是事故的直接原因，通常指的是：

① 自然环境的异常，即岩石、地质、水文、气象等的恶劣变异；

② 生产环境不良，即照明、温度、湿度、通风、采光、噪声、振动、空气质量、颜色等方面的缺陷。

以上人的不安全行为、物的不安全状态以及环境的恶劣状态都是导致事故发生的直接原因。

(5) 事故的处置情况[11-12]

① 对事故前的异常征兆是否能作出正确的判断和反应；

② 一旦发生事故，是否能迅速地采取有效措施，防止事态恶化和事故扩大；

③ 抢救措施和对负伤人员的急救措施是否妥当。

显然，这些因素对事故的发生和发展起着制约作用，这些因素在事故发生过程中出现，对事故的影响范围具有重要作用。

11.2.2.2 事故的基本特征

事故的特征主要包括：事故的因果性，事故的偶然性、必然性和规律性，事故的潜在性、再现性、预测性和复杂性。

(1) 事故的因果性[12]

事故是许多因素互为因果连续发生的结果，一个因素是前一个因素的结果，又是后一个因素的原因。也就是说，因果关系有继承性，是多层次的。

事故的因果性决定事故的必然性。事故是一系列因素互为因果、连续发生的结果。事故因素及其因果关系的存在决定事故或迟或早必然要发生。其随机性仅表现在何时、何地、因什么意外事件触发产生而已。

掌握事故的因果关系，砍断事故因素的因果连锁，就可消除事故发生的必然性，就可能防止事故的发生。

(2) 事故的偶然性、必然性和规律性[12]

从本质上讲，伤亡事故属于在一定条件下可能发生、也可能不发生的随机事件。就一特定事故而言，其发生的时间、地点、状况等均无法预测。

事故是由于客观存在不安全因素，随着时间的推移，出现某些意外情况而发生的，这些意外情况往往是难以预知的。因此，掌握事故的原因可减小事故发生的概率，掌握事故的原因是防止事故发生的必要条件。但是，即使完全掌握了事故原因，也不能保证绝对不发生事故。

事故的偶然性还表现在事故是否产生后果（人员伤亡、物质损失），以及后果的大小如何都是难以预测的。反复发生的同类事故并不一定产生相同的后果。事故的偶然性决定要完全杜绝事故是困难的，甚至是不可能的。

事故的必然性中包含着规律性。既为必然，就有规律可循。必然性来自因果性，深入探查、了解事故因果关系，就可以发现事故发生的客观规律，从而为防止事故发生提供依据。应用概率理论，收集尽可能多的事故案例进行统计分析，就可以从总体上找出带有根本性的规律，为宏观安全决策奠定基础，为改进安全工作指明方向，从而做到"预防为主"，实现安全生产的目的。

由于事故或多或少地含有偶然的本质，因而要完全掌握它的规律是困难的。但在一定范畴内，用一定的科学仪器或手段可以找出它的近似规律。

从偶然性中找出必然性，认识事故发生的规律性，变不安全条件为安全条件，把事故消除在萌芽状态之中。这就是防患于未然，预防为主的科学依据。

(3) 事故的潜在性、再现性、预测性和复杂性[12]

事故往往是突然发生的，然而导致事故发生的因素即隐患或潜在危险是早就存在的，只是未被发现或未受到重视而已。随着时间的推移，一旦条件成熟，就会显现而酿成事故，这就是事故的潜在性。

事故一经发生，就成为过去。时间是一去不复返的，完全相同的事故不会再次显现。然而没有真正地了解事故发生的原因，并采取有效措施去消除这些原因，就出再次出现类似的事故。应当致力于消除这种事故的再现性，这是能够做到的。

人们根据对过去事故所积累的经验和知识，以及对事故规律的认识，并使用科学的方法和手段，可以对未来可能发生的事故进行预测。

事故预测就是在认识事故发生规律的基础上，充分了解、掌握各种可能导致事故发生的危险因素以及它们的因果关系，推断它们发展演变的状况和可能产生的后果。事故预测的目的在于识别和控制危险，预先采取对策，最大限度地减少事故发生的可能性。

事故的发生取决于人、物和环境的关系，具有极大的复杂性。

11.2.2.3　事故预防的基本原则

事故的发生有其固有规律，除了人类无法左右的自然因素造成的事故(如地震、海啸等)以外，在人类生产和生活中的其他各种事故均可预防。在预防事故发生的过程中，应遵循如下基本原则。

(1) 可以预防原则[12]

除自然灾害造成的事故无法采取主动的防止措施以及某些事故原因在技术上尚无有效控制措施外，其余事故都可以通过消除原因控制其发生，但无论什么事故，都可以寻求出避免或减少损失的办法。例如，地震灾害的预防，可以通过对地震活动规律进行分析，预测地震可能出现的时间、地点，采取疏散、撤离、转移等手段，减少其带来的损失。因此，我们要分析事故发生的原因和过程，研究防止事故发生的理论及对策，是可以防止事故发生，减少损失的。

(2) 防患于未然原则[12]

预防事故积极有效的办法是防患于未然，即将事故隐患、不安全因素消除在潜在、孕育阶段，这是我们防止事故的根本出发点。

(3) 根除事故原因原则[12]

引起事故的原因是多方面的，而原因之间又有其联系。事故预防就是从事故的直接原因入手，分析事故的最本质原因，只有消除这些最本质的原因，才能根除事故。

(4) 全面治理、系统工程原则[12]

消除事故隐患，根除事故的最基本原因，应遵循全面治理的原则。海因里希把人的不安全行为和物的不安全状态的主要原因归结为四个方面：不正确的态度、技术和知识不足、身体不适、不良的工作环境。针对这四个方面的原因，海因里希提出事故控制的“3E”原则，即工程技术、安全教育、安全管理三个方面的措施。

工程技术：运用工程技术消除不安全因素，实现生产工艺、机械设备等生产条件的安全。

安全教育：利用各种形式的教育和训练，使职工树立“安全第一”的思想，掌握安全生产所必需的知识和技术。

安全管理：借助规章制度、法规等必要的行政乃至法律手段约束人们的行为。

换言之，为了防止事故发生，需要在上述三个方面实施事故预防与控制的对策，而且应该始终保持三者间的均衡。合理地采取相应措施，或结合使用上述措施，才有可能做好事故的预防和控制工作。

11.2.2.4 事故预防的具体原则

(1) 技术原则[12]

在生产过程中，客观上存在的隐患是事故发生的前提。因此，要预防事故的发生，就需要针对隐患采取有效的技术措施进行治理。在采取有效的技术措施治理隐患的过程中，应当遵循的基本原则为：

① 消除潜在危险原则。从本质上消除事故隐患，其基本做法为：以新的系统、新的技术和工艺代替旧的不安全的系统和工艺，从根本上消除事故发生的可能性。例如，用不可燃材料代替可燃材料，改进机器和设备，消除人体操作对象和作业环境的危险因素，消除噪声、尘毒对工人的影响等，从而最大限度地保证生产过程的安全。

② 降低潜在危险严重度原则。即在无法彻底消除危险的情况下，最大限度地限制和降低危险程度。例如，对手电钻工具采取双层绝缘措施，利用变压器降低回路电压，在高压容器中安装安全阀等。

③ 闭锁原理。在系统中将一些元器件的机器连锁或电气互锁，作为保证安全的条件。例如，冲压机械的安全互锁器，电路中的自动保护器，煤矿上使用的瓦斯-电闭锁装置等。

④ 能量屏蔽原则。在人、物与危险源之间设置屏障，防止意外能量作用到人体和物体上，以保证人和设备的安全。例如，建筑高空作业的安全网、核反应堆的安全壳等都可起到保护作用。

⑤ 距离保护原则。当危险和有害因素的伤害作用随着距离的增加而减弱时，应尽量让人距离危险源远一些。例如，化工厂建立在远离居民区，爆破时的危险距离控制等。

⑥ 个体保护原则。根据不同作业性质和条件，配备相应的保护用品及用具，以保障作业人员的安全与健康。例如，使用安全带、护目镜、绝缘手套等。

⑦ 警告、禁止信息原则。用声、光、电等标志传递组织和技术信息，以保证安全。例如，采用警灯、警报器、安全标志、宣传画等。

此外，还有时间保护原则、薄弱环节原则、坚固性原则、代替作业人员原则等，可以根据需要，确定采取相关的预防事故的技术原则。

(2) 组织管理原则[12]

预防事故的发生，不仅要遵循上述的技术原则，而且还要在组织管理上采取相应的措施，才能最大限度地减少事故发生的可能性。

① 系统整体性原则。安全工作是一项系统性、整体性的工作，它涉及企业生产过程中的各个方面。安全工作的整体性体现在：有明确的工作目标，综合地考虑问题的原因，动态

地认识安全状况而且落实措施要有主次，要有效抓住各个环节，并且能够适应变化的要求。

② 计划性原则。安全工作要有计划和规划，近期目标和长远目标的实现要协调进行。工作方案及人、财、物的使用要按照规划进行，并且有最终的评价，形成闭环的管理模式。

③ 效果性原则。安全工作的好坏，要通过最终成果指标来衡量。但是，由于安全问题的特殊性，安全工作的成果既要考虑经济效益，又要考虑社会效益。正确认识和理解安全的效果性，是落实安全生产措施的重要前提。

④ 党政工团协调安全工作原则。党制定正确的安全生产方针和政策，教育干部和群众遵章守法，了解和解决工人的思想负担，把不安全行为变为安全行为。政府履行安全监督管理职责，不断改善劳动条件，提高企业生产的安全性。工会代表工人的利益，监督政府和企业把安全工作做好。青年是劳动力中的有生力量，青年工人中往往事故发生率高，因此，动员青年开展事故预防活动，是安全生产的重要保证。

⑤ 责任制原则。各级政府及相关的职能部门和企业单位应当实行安全生产责任制，对违反劳动安全法规和不负责任而造成伤亡事故的人员应当给予行政处罚（如《国务院关于特大安全事故行政责任追究的规定》），造成重大责任事故的，应当根据《刑法》追究其刑事责任。只有将安全责任落到实处，安全生产才能得以保证，安全管理才能有效。

综上所述，事故的预防要从技术、组织管理和教育多方面采取措施，从总体上提高预防事故的能力，才能有效地控制事故，保证生产和生活的安全。

11.2.3 安全法律法规与制度

我国的安全生产基本方针是“安全第一、预防为主、综合治理”。“安全第一”是安全生产方针的基础，是处理安全工作与其他工作关系的重要原则和总的要求；“预防为主”是安全生产方针的核心和具体体现，是实施安全生产的根本途径；“综合治理”是保证“安全第一、预防为主”的安全管理目标实现的重要手段。我国现在实行的是“国家监察、行业管理、企业负责、群众监督、劳动者遵章守纪”的安全管理体制，此安全管理体制从不同角度、不同层次、不同方面来推动“安全第一、预防为主、综合治理”方针的贯彻，协调一致搞好安全生产[11]。

按照“安全第一、预防为主、综合治理”的安全生产方针，国家制定了一系列关于安全生产、劳动保护的法规。目前，具有非常重要作用的是《中华人民共和国安全生产法》《中华人民共和国矿山安全法》《中华人民共和国劳动法》《中华人民共和国职业病防治法》《生产安全事故报告和调查处理条例》等。我国的安全生产法律法规体系由国家根本法、劳动综合法、安全生产与健康基本法、专门安全法、行政法规及安全标准等组成[11]。

11.2.4 案例分析——美国墨西哥湾原油泄漏事故原因分析

2010 年 4 月 20 日，美国墨西哥湾西西比海底峡谷 252 区块 Macondo 探区，在相隔 10 s 的两次大爆炸后，“深水地平线”钻井平台升起一团熊熊燃烧的大火，并于 2010 年 4 月 22 日沉入墨西哥湾。事故造成了人类历史上最大的海洋石油泄漏污染，并导致 11 人死亡，17 人受伤。大量泄漏的原油，加之后期海风和暖流加速了海面油污的扩散，事故造成了近 1 500 km 海滩受到污染，至少 2 500 km^2 的海面被石油覆盖，多种物种灭绝，严重破坏了墨西哥湾生态平衡。英国石油公司（BP）拥有该区块的租赁权并担任作业者，“深水地平线”钻井平台也被称为世界上最先进的第五代半潜式钻井平台。一流的公司、顶级的装备，却为何发生如此惨重的事故呢?

(1) 人为的责任事故

Macondo 井为一口勘探井,一旦发现有经济价值的油气资源,该勘探井将转为生产井。"深水地平线"钻井平台是世界上最先进的第五代半潜式钻井平台,可在水深 2 438 m 的海域作业,最大钻井深度约为 8 850 m,造价 3.5 亿美元,作业日均费用达到 49.68 万美元,于 2001 年交付下水。事故调查发现,墨西哥湾漏油事件是一起人为的责任事故[14]。

① 套管选择失误

套管是用于支撑油气井井壁的钢管,需要根据井况和井深来选择相应的套管。2010 年 4 月 9 日,作业者对先下尾管还是直接下长串生产套管问题展开激烈讨论:下尾管可以防止井喷,但会减慢施工进度,而下入长串生产套管是一种较快的作业方式,工期可以减少 3 d;直接下长串生产套管还可节约 700 万～1 000 万美元。在利益面前,BP 忽视安全因素,决定在 4 月 15 日直接下长串生产套管完井[14]。

② 违规减少 15 个扶正器

扶正器安装在套管外侧,用来支撑套管,使套管顺利下到预定井深,并使套管在井眼内居中。负责固井作业的美国哈里伯顿公司固井工程师按照 API RP 65 规范,并通过计算机模拟计算出应使用 21 个套管扶正器,才能基本保证固井质量,而实际上 Macondo 井队下套管时只安放了 6 个扶正器,从而大大增加了上部窜槽的风险[14]。

③ 水泥浆封堵缺陷把控不严

下完套管后,为防止油气从产层中进入井眼,开始注入水泥浆。BP 使用的是一种轻质的氮化泡沫水泥浆,该水泥浆虽然封堵效果好,但是稳定性差。这归结于前期哈里伯顿公司室内水泥浆试验不全面,加之 BP 把关不严,没有发现水泥浆设计的潜在缺陷;再加上固井方案设计的水泥浆用量太少;固井前,钻井泥浆循环不够等因素降低了固井质量,最后出了问题[14]。

④ 缩短候凝时间

注入的水泥浆需要一段时间来凝固,即候凝。由于钻井进度比计划推迟了大约 42 d,BP 为了赶进度,仅候凝 16.5 h,水泥浆并未完全凝固,就令井队用海水替换钻井液。这导致压力失衡,井内液柱压力不足以平衡地层压力,从而引发地层液体涌入井筒[14]。

⑤ 未进行水泥胶结测井

水泥胶结测井,指用声波仪器来检测水泥是否与套管外壁和井洞壁胶合结实。水泥胶结测井是检验固井质量重要的一步,若发现水泥中有通道,可以在套管上钻个孔再注入一些水泥。但 BP 并没有进行水泥胶结测井,据称,一次测井需要耗时 9～12 h,并花费 12.8 万美元[14]。

⑥ 误认为负试压成功

按照预定计划完成固井施工后,需要根据设计测固井质量。2010 年 4 月 20 日上午,对油井进行第一次完整性测试——正试压,试压成功。下午做负试压,先使用隔离液,然后利用海水置换井中的一些泥浆,以确认环空水泥、套管鞋、套管和井口密封的完整性。经过调查,调查组认为此次负试压存在多个问题。首先,在试验开始时,向防喷器充入了约 50 桶的隔离液,这将可能抑制压井管线上的压力;其次,排量超过了预期,表明屏障封隔油层失败;再次,钻井人员发现压井管线无流体流出,但钻杆压力上升至 9 653 kPa,这一压力表明油井的完整性存在问题，钻井人员却错误地认为压力是"气囊效应"造成的。因此，钻井作业人员错误地认为负试压成功[14]。

⑦ 溢流后未及时关闭防喷器

2010 年 4 月 20 日 20 时 20 分，作业人员发现溢流，但整整 1 h 后，才意识到需要关闭防喷器，但为时已晚，油气已经上涌。21 时 49 分，发生井喷，随后泥浆泵房机房爆炸，井控系统失效等，造成 11 人死亡，17 人受伤[14]。

⑧ 防喷器失效

安装在井口的防喷器是防止漏油的最后一道屏障。但"深水地平线"钻井平台的防喷器在发生漏油后并未正常启动，此外平台上装备的一套自动备用系统也未能被激活，因此，防喷器当时并没有发挥作用。高大威猛的防喷器为什么会失效呢？据了解，为节省时间和经费，"深水地平线"钻井平台防喷阀中没有使用永久性"变径闸板"，取而代之的是一个测试阀门，这增加了阀门失效的风险[14]。

⑨ 安全重视程度不够

事故调查组发现了油井爆炸前确知的非正常状况就有 20 处，而 BP 在 2 月和 3 月间的两次内部审查时就指出了平台上的 26 处部件工况糟糕，其中在此次爆炸事故中有重大干系的防爆阻截器就已被发现有泄漏。这个防爆阻截器本应每 5 a 检查一次，但事实上 2000 年以后它就没再接受过检查，负责的经理说他并不知道有每 5 a 检查一次这回事[15]。

⑩ 安全预案不完善

爆炸事故发生后，在第一时间里所有的专家都对深海补漏方案束手无策。灌注法、灭顶法、燃烧法、打捞法都以失败告终，堵漏处置花了长达 3 个月时间。

(2) BP 的主观原因[14]

① 管理原因。2009 年美国政府向 BP 颁布了"安全奖"，事发当天 BP 的 7 名高级官员正在现场庆祝，未能第一时间参与救援。

② 赶工原因。该井设计钻井周期 51 d，但实际作业时间超设计周期 43 d，另外，平台租赁费多花了 2 100 多万美元。

③ 监管不力。按照规定，每个月要求做一次安全检查，但 BP 的检查率只有 41%～75%，而且安全检查不认真。

11.3 环境影响与控制

矿产是发展经济、提高人民生活水平的重要物质基础，但由于矿产开发的负外部性，在其开发过程中，时刻都在向环境中输入有害元素，从而影响和污染大气环境、土壤环境、水环境等。在流态化矿产资源开采过程中，同样会产生环境污染等问题。

11.3.1 污染物的产生方式

不同矿产资源开采过程中，污染物的产生方式各不相同，对环境的影响表征及程度也存在很大差异，一般盐岩的地下开采容易造成地表沉陷、溶浸采矿容易污染地下水及土壤等，油气的开采容易污染水资源、土壤、大气等。下面对油气资源开采过程中污染物的产生方式进行具体分析。

油气资源开采利用从地质勘探、钻井、测井、固井、完井、压裂、排采、储运、分离加工到消费者使用，每一个环节都会造成污染物的泄漏[16]。虽然各个环节都可能有污染物的输入，但是从污染物的污染程度或者某一环节相对其他环节而言，其主要污染物来源如下。

① 钻井期间：当钻井深度未达到储层时，钻井会产生一系列的废弃钻井液、泥浆、钻机油等。当钻井深度达到储层时，除上述污染物之外，还会出现石油类污染物等，它们通过地下天然裂缝和钻井产生的次生裂缝进行无规则渗透扩散，甚至在钻井时会有地下放射性元素、重金属或难降解的物质析出，从而会污染土壤及地下水。

② 压裂期间：压裂液作为水压致裂的必要条件之一，虽然其中只有1%的化学物质，但压裂区域范围大，所需的压裂液随之增多，故它也是污染地下环境的重要因素。压裂时，伴随着压裂液的输入同样会产生大量的废水或返排水、烃类污染物、机械油、放射性物质、噪声等。

③ 排采期间：泄漏的石油、烃类气体、设备维修产生的废水、排出的采油废水等都将作为污染物对环境构成威胁。

④ 储运期间：管道运输作为储运过程中的重要环节之一，人为操作不当、管道受周围环境中有害液体的腐蚀及自身老化，都会导致油气的泄漏。

除此之外，事故导致的污染为最严重的污染方式，此类事故产生的原因主要包括自然因素和人为因素两大类。自然因素包括设备故障、井喷、管道腐蚀和老化等。人为因素包括在各个环节中人为操作不当而导致的设备损坏和管道毁坏、在运输过程中交通事故引起的翻车等[16-17]。

油气开采各个环节污染源与污染物的产生示意图如图11-2所示。

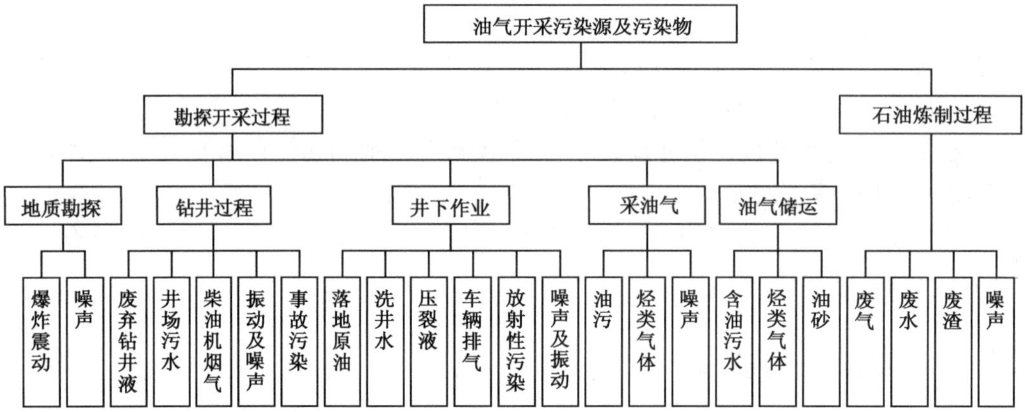

图11-2　油气开采污染源与污染物示意

11.3.2　污染物的存在状态

污染物在陆地环境中主要有以下四种存在方式[16]，即挥发态、溶解态、遗留态和自由态。

① 挥发态污染物是指容易挥发的污染物，当其温度、压力达到一定值时会自发地散逸进土壤颗粒之间的孔隙中，并在压力差的作用下进行传播扩散。

② 溶解态污染物是指进入地下含水层中的污染物，它可以随着水的流动被携带至其他区域而发生大面积扩散。

③ 遗留态污染物是指在外力作用下遗留在表土层孔隙或者地层裂缝中的有毒有害物质,它不会因重力而随意扩散传播。

④ 自由态污染物是指可以因重力等外力作用而随意向周围自由移动扩散的污染物,通常情况下,自由态污染物可以通过挥发和溶解向土壤和地下水中转移。

虽然污染物以上述四种状态存在于地表环境中,但是由于其污染源所处的环境因素不同,其存在形式也随着时间、地点、土壤环境的不同而出现差异,而且由于地质环境复杂,其存在形式不是一成不变的,而会通过一系列的理化作用相互转化。

海洋环境中的石油烃类污染物在微生物、阳光、洋流、风流、海浪等的作用下,会经历挥发、乳化、分解、氧化、光化反应、生物降解、沉降等过程[17-18],其组成成分、性质及存在状态均会发生不同程度的变化。在长时间的作用下,污染物最终以挥发态、溶解态、乳化态、固体态等形式漂浮在海洋表面或者沉降在海洋底部或溶解在海水当中。

11.3.3　污染物的迁移途径

污染物的迁移是指它在环境中所发生的空间位置的移动及其所引起的污染物富集、分散和消失的过程,迁移过程往往伴随着污染物的转化。

11.3.3.1　污染物在土壤中的迁移途径

通常来讲,污染物主要是通过污染源直接或间接地对地层、表土层、含水层、地表、大气等产生危害的,其迁移途径如图 11-3 所示,其主要迁移形式分为以下四种。

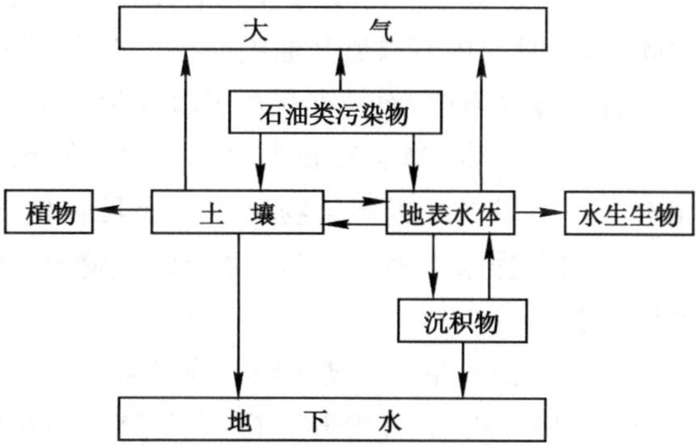

图 11-3　石油类污染物的迁移途径[17]

① 污染物在土壤中的运移。一方面,自由态部分会因外力而向地表深处渗透运移,特别是在富含污染物地区,当遇到暴雨天气时,由于土壤本身对有机物的吸附作用有限,当超过其上限值时,未被吸附的污染物会转化为溶解态在渗入水的作用下加速向地表深处迁移,最终会以地下水位为界线而趋于稳定。另一方面,遗留态部分与自由态部分也会在毛细管力的作用下在平面内扩散传播。由于土壤对污染物吸附力的存在,其上的污染物基本不发生明显的扩散[19-20]。

② 污染物经土壤污染地下水。对于一些地处表土层中的地下水而言,如果它同时又处于有毒有害物质富集区,那么溶解态物质就会随水流向深处扩散,甚至可以穿过地下含水层而进一步污染地层。一般情况下,自由态污染物与残留态污染物会在地下水位附近通过毛细管力的作用做水平扩散运动,其扩散趋势相比地下水要大[18-20]。

③ 污染物由土壤挥发至空气中。地表或接近地表的有毒有害物质,其易于挥发部分,在升温或者光照下可以挥发至大气当中,随空气流向四面八方做无规则传播扩散,在扩散的同时吸附在空气当中的微小颗粒物上,随着颗粒物的降落进而对远处的土壤产生威胁。这种影响范围根据风流向、流速的不同而不同,在风速大的情况下,污染物很可能发生长距离的迁移而导致污染范围扩大[19-20]。

④ 污染物经土壤污染地表水体。返排液中所携带的有害物质会扩散迁移至地表径流中，如果遇到雨水天气，则会缩短其进入地表径流的时间，在随水的流动而迁移的过程中，由于水的流动与表土层形成剪切力而改变土壤原有的骨架，它会带着地下孔隙中的烃类污染物一起进入水流中。由于油与水互不相溶且其相对密度比水小，故进入水流当中的污染物会很快在浮力的作用下浮出水面，形成油团，随着水流的迁移而进入地表水体中[19-20]，而且难以降解，会长期大面积地污染地表水体。

总而言之，由于污染物的来源广，因此整个油气开采过程都可能伴随着污染物的产生。在低渗透性地层中，如果地层节理不发育，只存在微结构面，则污染物在毛细管力的影响下，向地表或者在平面内做扩散运动，从而污染上部土壤及含水层。在高渗透性的地层中，如果节理发育，自然裂缝较多，那么污染物会因重力作用而向深处扩散传播，从而污染地层及深层含水层。返排至地面的有毒有害物质可以挥发至大气中，也可以由地表向下渗透而污染表土层和地表水体。

11.3.3.2 污染物在海洋中的迁移途径

海上油气开采产生的石油类污染物，其部分具有疏水性并且相对密度比水小，在浮力的作用下会快速上升至海水表面，在洋流、风流等外力的作用下迅速扩散形成油膜，在上升的同时易于溶解的部分会残留在海水当中，随洋流自由扩散。与此同时，油膜中易挥发的部分在扩散的同时，短时间内可以离开油膜而挥发至大气中。在海底储层区域的污染物，并不会与海水贯通而进入海水当中，而一直存在于海底地层中，在地层中扩散，从而造成地层污染。

在浅水地带，当氧气和光照充足时，部分污染物会在一定时间内发生光化反应，促使低相对分子质量的烃类污染物反应生成具有化学和生物活性的高相对分子质量化合物[21]，而这部分化合物很难降解，在长时间风化降解的过程中，会与漂浮在海洋上的其他物质结合形成乳化物等。

当污染物的相对密度比较大或者被海洋生物吞食之后进入其代谢物中，其可能会在重力作用下沉降在海底，在海底生物、微生物等的作用下最终将形成残渣，从而污染海底环境。

除此之外，微生物对石油类污染物可以起到降解的作用，而海洋环境中又存在大量的微生物，这些微生物可以对从低到高相对分子质量的化学物质依次进行降解[21]。但是微生物的降解作用能力有限，而且它对污染物的降解作用有一定的选择性，只能降解部分污染物而不能彻底清除污染物。

典型的石油类污染物在海洋中的迁移情况如表 11-1 所示。

表 11-1 石油类污染物在海洋中的迁移情况[21]

迁移途径	时间/d	比例/%
挥发	1～10	25
溶解	1～10	5
光化反应	10～100	5
生物代谢	50～500	30
沉降	100～1 000	15
残渣	＞100	20

11.3.4 矿产资源开采对环境的影响

矿产资源开采对环境的影响是多方面的、复杂的，下面主要对水、大气、土地、生物、海洋等方面的环境影响以及噪声污染和诱发地震等潜在危害进行说明。

(1) 对水环境的影响

矿产资源开采过程中，伴随着水资源的消耗以及钻井液、压裂液、溶浸剂等可能会进入水体中，与此同时，地层中已有的有害元素也会扩散到水体中，从而对水环境造成污染。根据水赋存的位置，将其分为对地表水环境的影响、对地下水环境的影响两大类。

① 对地表水环境的影响

一方面，随着开采力度的加大，地表水的消耗量随之大量增加，尤其是页岩气的开采，其水力压裂过程中所需水量是同等条件下开采天然气所需水量的 50～100 倍，但其最终耗水量由开采地质条件所决定[22]。以四川省为例，开采 1 m^3 的页岩气将消耗约 0.114 m^3 的淡水资源，2006 年四川省水资源公报显示，四川省当年页岩气开采耗水量占生活用水的 10.5%和工业用水的 2.7%[23]。此外，我国云贵地区常年干旱缺水，因此页岩气的开采在一定程度上不仅威胁着当地的生活用水，而且会导致缺水问题愈加严重。在美国，每口页岩气井的耗水量可达 0.87 万～2.1 万 m^3，且在页岩气井生命周期内可能需要多次水力压裂以维持生产。美国各大页岩气产地页岩气井耗水量如表 11-2 所示。

表 11-2 美国各大页岩气产地页岩气井耗水量[24]

参数	单位	页岩气产地				常规天然气
		巴尼特	费耶特维尔	海尼斯维尔	马尔采鲁斯	
生命周期	a	30	30	30	30	30
钻探	m^3/井	920	640	1 080	670	300～400
固井	m^3/井	100	70	140	90	27～37
压裂次数	次/井	3	3	3	3	—
压裂	万 m^3/井	0.87～1.4	1.1～1.6	1.0～1.9	1.4～2.1	—
返排比		2.75	0.25	0.9	0.2	—

注：返排比＝返排量/注入量。

另一方面，水力压裂所用的压裂液（一般配方如表 11-3 所示）的泄漏、返排液和工业废水的输出都可能会引发当地水资源的严重污染。尽管压裂液中化学添加剂所占比例甚小，但是由于压裂液呈液态，具有较强的流动性，如遇上暴雨天气，则其影响程度、影响范围会更大。另外，工业废水所含的放射性元素用传统方式、传统设备很难彻底清除，故其排放仍然会对河流湖泊、生活用水等造成严重污染[25]。

表 11-3 压裂液的一般组成[24]

类　型	主要化合物	作　用	主要成分的日常用途
稀释酸(15%)	盐酸或者氯化物酸	有助于溶解矿物及造缝	游泳池化学剂和清洗剂
抗菌剂	戊二醛	清洗细菌生成的腐蚀性产物	消毒，医药设备的无菌化处理

表 11-3(续)

类 型	主要化合物	作 用	主要成分的日常用途
缓蚀剂(抗腐蚀剂)	甲酰胺(N,N-二甲基甲酰胺)	防止管道(套管)腐蚀	在药物、塑料中使用
除氧剂	氟化氢铵	去除水中的氧,预防管道腐蚀	化妆品,水处理
除垢剂	乙二醇	防止管道内结垢	
金属控制剂	柠檬酸	防止金属氧化物沉淀	食品和饮料添加剂
减阻剂	聚丙烯酰胺	减少压裂液与套管的摩擦力,减少压力损失	水处理,土壤调节剂
	矿物油		卸妆啫喱水、泻药和糖果
交联剂	硼酸盐	当温度升高时保持压裂液的黏度	衣物洗涤剂、吸收剂和化妆品
表面活性剂	异丙醇	增加携砂流体的黏度,减少压裂液的表面张力并提高返液率	玻璃清洁剂,染发
凝胶	瓜胶或羟乙基纤维素	增加清水的浓度,以便携砂	化妆品、牙膏、烘焙食品、冰激凌
防塌剂	氯化钾	使携砂液卤化,以防止流体与底层黏土发生反应	低钠食品的替代品
破乳剂(抑制剂)	过硫酸铵	使凝胶剂延迟破裂	在清洁剂和美发剂中用作漂白药剂,家用塑料制作
pH 调节剂	碳酸钠或碳酸钾	保持其他成分的有效性,如交联剂	洗手苏打、洗涤剂、沐浴露、软水剂
支撑剂	石英砂、二氧化硅	支撑裂缝	饮用水过滤,混凝土

② 对地下水环境的影响

一方面,钻井过程中使用的钻井液具有非常复杂的化学成分[26],会沿着周围裂隙渗透传播,从而污染地下水环境;另一方面,水力压裂过程中使用的压裂液中含有化学添加剂,化学添加剂中可能会同时含有重金属、放射性元素及溶解有甲烷等有毒气体[25],这些化学物质会沿着裂缝自下而上进行扩散,同样也可能由于管道系统的密封性问题而泄漏到地层当中,从而污染地下蓄水层或河流湖泊,进一步对地下生物造成威胁[27]。

(2) 对大气环境的影响

矿产资源的开采会对大气环境造成不同程度的污染,尤其像天然气、页岩气及天然气水合物等能源矿产,主要由甲烷及其携带的硫化物、氮化物等温室气体组成,它们在开采过程中容易发生气体泄漏。温室效应会导致全球变暖,冰川、冻土消融,进而引发全球的生态灾难(见图 11-4)。

图 11-4 温室效应威胁北极熊的生存(图片来自网络)

一方面,在钻探、水力压裂及采气的过程中,人为操作不当、设备及管道密封不严或损坏均可能造成气体泄漏,由于钻探只有穿过含水层才能到达更深的矿床层，泄漏的气体一部分直接排入大气，另一部分通过钻探产生的裂缝和地下天然裂缝扩散传播，其中部分溶于水中由下至上携带至地表挥发到大气当中。另一方面，在开采的各个环节产生的有害气体直接或间接排放至空气中，都会恶化空气质量，从而对动植物乃至人类造成一系列危害。

油气对大气环境的污染，让空气变得污浊、刺鼻，从而造成雾霾天气（见图 11-5）。甲烷作为一种温室气体，一旦排入大气将会导致温室效应，加速全球变暖，而硫化物与氮化物的过量排放会造成酸雨，甚至光化学烟雾[28-29]，这些有害气体的排放会进一步影响人的健康、动植物的生长以及污染土壤和水环境，造成生态系统的失衡等。

图 11-5　油气开采造成的大气污染[30]

（3）对土地环境的影响

矿产资源的分布是随机的、不确定的，其开采不仅会大面积地占用土地，而且还会破坏原有的地表建筑物和原有的生态环境。与此同时，开采过程中烃类油污扩散、废水排放及钻井泥浆的泄漏等都会直接或间接地将污染物带入土壤当中，附着在土壤颗粒上。这些污染物由于具有难以降解的性质，很难通过大范围扩散而稀释，因此随开采过程的进行源源不断地渗入土壤中，形成富集区[29,31]，直接污染土地原有的生态环境，改变土壤的理化性质及内部组成结构，甚至其影响是现有的技术不可能修复的[32]。这些污染物的集聚使土质恶化，进而降低土地的肥力和生产能力，甚至造成草场退化、湿地退化、土地盐碱化、土地沙化、湖泊萎缩等问题[33]。

除此之外，油气的开采，特别是煤层气的开采会引发岩层移动、弯曲下沉，从而造成地表沉降[34]、地面建筑物破坏。在地下水位相对较高的地区，地表下沉会形成塌陷区并且容易由于降雨而形成积水，破坏土地资源；在地下水位相对较低的地区，会引起地表裂缝，造成水土流失等。图 11-6 为江西会昌盐矿开采诱发的地面沉降情况。

（4）对生物的影响

首先，矿产资源的开采会大面积地占用土地，一定程度上直接影响当地的植被及动物的栖息地。其次，矿产资源开采引起的水质污染、土质污染、大气污染等间接地对当地动植

图 11-6　江西会昌盐矿开采诱发的地面沉降[35]

物甚至人类造成威胁。在污染区范围内,由于土壤内含有大量的烃类油渍并形成油膜,从而会影响植物根部呼吸作用和对水的吸收,弱化植物根部固氮作用,影响植物的发育,降低农作物的收成。对于污染区内的动物来说,矿产资源的开采造成当地原有动物迁徙,土壤及地下水的污染严重威胁地下生物的生存环境。

除此之外,人类作为生态系统中不可或缺的一部分,矿产资源的开采对人类的影响将是长期的、不可修复的。空气、水、食物作为人类生存的必要条件,当大气环境、水环境和土地环境受到污染时,会进一步影响人类的健康,导致各种疾病等。如废气中的硫化物、碳化物会影响人类的呼吸系统,导致呼吸器官发炎,引发咳嗽、哮喘、肺癌及其他并发症等疾病[20]。水污染及土地污染同样会导致人类的饮水和饮食安全得不到保障而引起疾病。所有的这些症状一般是隐形的、慢性的、不易发觉的、长期的甚至是致命的。

(5) 对海洋环境的影响

在世界范围内,海底矿产资源储量丰富,随着对能源需求量的增加及开采技术的逐步提升,海上矿产资源的开采进入初始阶段。海上石油、天然气、可燃冰等流态矿产资源的开采,会对世界范围内海洋的生态环境造成不同程度的影响。

一方面,在开采过程中带有泥浆的原油进入海水,使海水变得浑浊,危害海洋生物的生存环境,而底栖生物的活动范围小、地区性强,严重时会导致受影响区域内的生物大量死亡。另一方面,在开采过程中可能会产生油气的泄漏,在浮力的作用下,油气会快速在海水表面形成油膜,在风及海洋洋流的作用下逐渐扩散。油膜会阻碍空气与海水中 O_2 和 CO_2 的交换,使得进入污染区海水中的氧气大大减少,从而对浅海生物的生存造成威胁并降低海洋的自身净化能力,影响海洋生态调节作用的发挥[18,31]。另外,石油污染会影响近海岸的渔业、旅游业的发展,给经济带来巨大的损失。图 11-7 为墨西哥湾漏油造成的生物灾难情况。

除此之外,更为严重的是,由于海上矿产资源的开采技术并不成熟,加上部分国家对海洋环境的保护立法不足,往往为了减少开采成本,获得更大的利益,在开采完之后不拆除采油采气平台,从而造成平台废置,进一步对海洋生态环境造成诸多的危害[36]。

图 11-7 墨西哥湾漏油造成的生物灾难(图片来自网络)

(6) 噪声污染

油气田的钻井、冶炼等过程中产生的噪声也是一个重要的环境问题。根据划定的噪声标准,超过 50 dB 的噪声就会影响人的正常休息和睡眠,当人们的睡眠得不到保障时,其注意力就会相应下降,从而会影响其正常工作等活动。超过 70 dB 的噪声会影响人与人之间的对话,超过一定时间,会造成耳鸣、头晕,从而会因注意力不集中而导致工作效率下降,严重的会引起一系列灾害性事故。长时间工作在 85～90 dB 以上的噪声环境中,人们的听力会下降,言语听力会受到损伤,严重的可能会产生神经紊乱、心血管疾病等。

因此,当油气田位于高度城镇化地区或者矿区附近时,其开采会影响附近人们的正常生活,人们长时间在此环境中会产生听力下降、耳鸣等症状,因此必要时需要对噪声进行声屏控制。在油气开采的各个环节中,噪声主要来源于发电机、钻机、泥浆泵及振动筛等。以某一钻机为例[37],当钻进至 3 500 m 处时,该钻机产生的噪声在其周围分布示意如图 11-8 所示,其钻井工作中心的噪声可能超过 70 dB,方圆 250 m 范围内的噪声超过 50 dB,在一定程度上影响了工作人员的健康及周围居民的正常生活。

由此可见,油气田的开采产生的噪声对其周围有一定的影响,但是只要对需要受保护的建筑物进行特殊处理,就可以降低噪声对环境的影响。

(7) 诱发地震和海底滑坡

随着水力压裂技术的推广使用,美国、英国、加拿大等国家在开采页岩气过程中先后出现过轻微地震现象[38-39]。压裂过程引发的轻微地震震级一般在 2 级以下,多数为 1 级,也有 3 级以上的案例,但是不具有破坏性。部分专家表示,这些轻微地震现象可能是在压裂过程中大量的压裂液打入岩层时,岩层内部出现不稳定现象而产生的。也有学者提出水力压裂并不会引发破坏性的地震。但是以目前的技术水平,很难证明水力压裂技术与地震的直接关系。

海底天然气水合物稳定带是在一定温度、压力条件下形成的,在开采或受到其他扰动时,容易导致其底部的固体水合物变为液态的气体水合物,底部可能出现剪切强度降低的薄弱区域,从而发生大片水合物层的滑坡(见图 11-9),并带动岩层移动和崩塌,接着甲烷气体释放到水层中。海底滑坡是能产生巨大危害的海洋地质灾害之一。大规模的海底滑坡

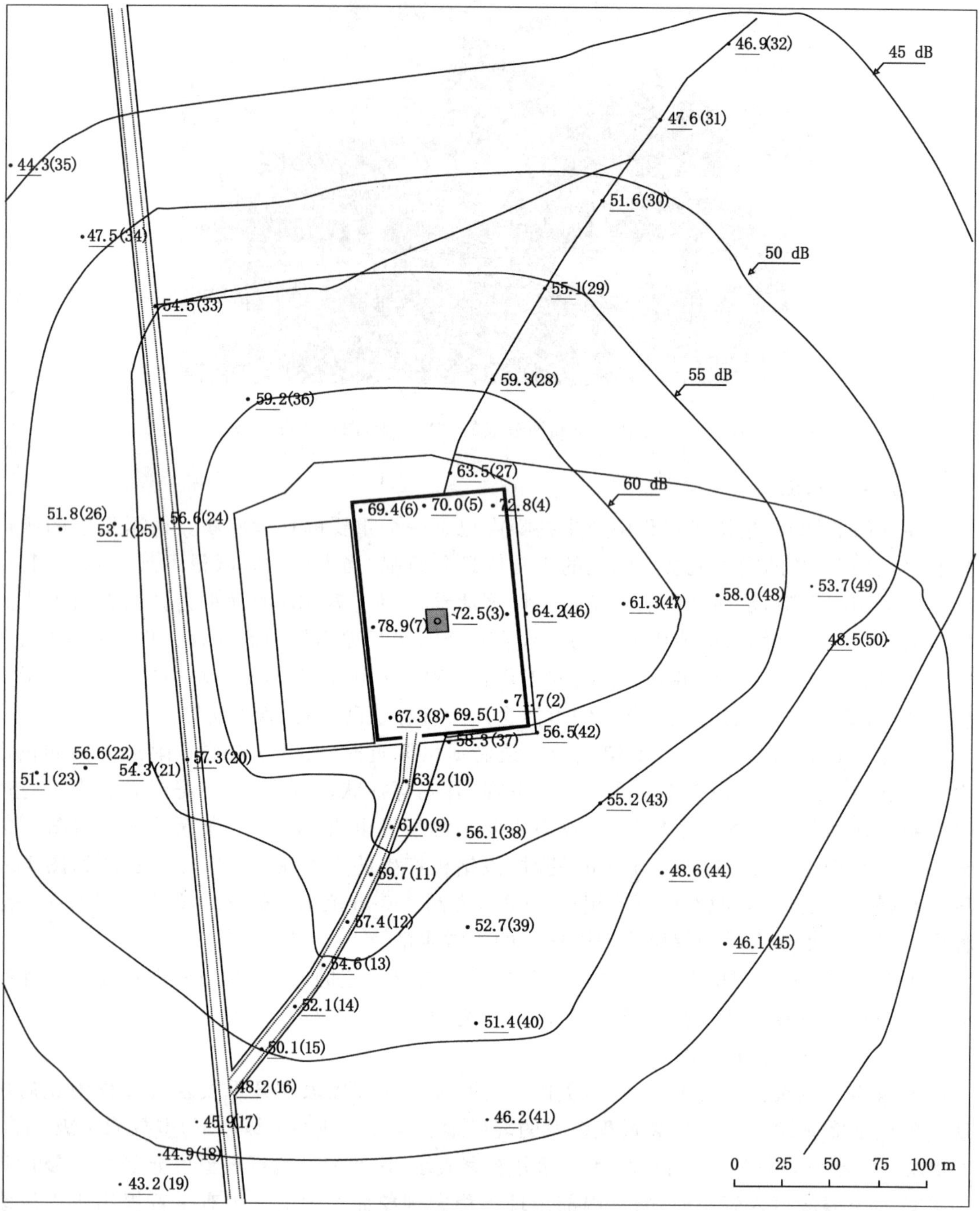

图 11-8　某钻机在 3 500 m 深处工作时噪声分布[37]

不但会给海上交通运输和通信等带来一系列问题，而且能引发海啸，极大地危害着人们的生命和财产安全[40]。

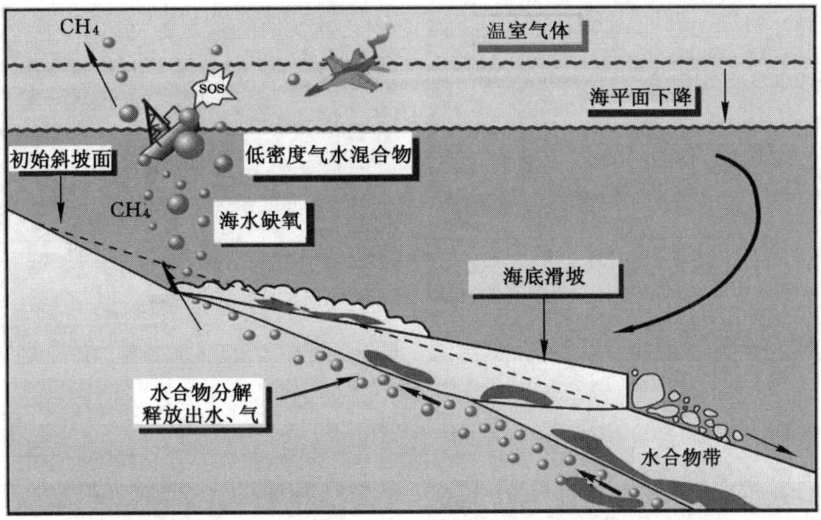

图 11-9　可燃冰分解造成的海底滑坡示意[41]

11.3.5　案例介绍——墨西哥湾漏油事件

2010 年 4 月 20 日晚，美国墨西哥湾西西比海底峡谷 252 区块 Macondo 探区，由 BP 向瑞士越洋钻探公司租赁的“深水地平线”钻井平台发生爆炸并引起大火，36 h 后该平台沉入墨西哥湾，造成 11 人死亡，17 人受伤。自 4 月 24 日起，钻井平台底部开始漏油，至 2010 年 7 月 15 日控油装置罩住水下漏油点，此时漏油事故共造成 2.06 亿加仑(1 加仑≈3.785 升)的原油流入墨西哥湾，被称为美国历史上最严重的环境灾难。与此同时，造成了数千亿美元的经济损失及巨大的社会、政治影响。

这场漏油事故，近乎中断了美国开发近海石油的国策，近乎使出事海域的各类生物遭遇“灭顶之灾”，近乎毁了美国南部海岸的整个渔业及渔民生计，事故导致的各方面损失高达数千亿美元，影响将延续几十年。

距离漏油点最近的路易斯安那州有 160 km 海岸线受到影响，是受灾最严重的州，油污带在洋流带动下，向佛罗里达群岛和其他地区移动，威胁佛罗里达群岛邻近海域的珊瑚礁等生态系统，并扩散到野生动植物保护区，导致野生动植物和许多鸟类、海洋生物大量死亡。预计受此影响，全美超过 40% 的湿地可能需要数十年才能完全恢复。研究人员还发现，少量原油滞留水下，消耗水中氧气，威胁到贝类、蟹、虾等深海生物的生长，情形有待进一步观察。泄漏原油还有可能通过环境和海洋食物链造成目前未知或还不明显的影响[42]。受漏油影响的部分海面及动植物情况如图 11-10 至图 11-13 所示。

11.3.6　环境影响控制

矿产资源的开采会对环境造成损害，但是经济的发展离不开矿产，所以不能因噎废食，而应该积极采取科学、管理、法律、行政等多方面措施，将矿产资源开采对环境造成的损害控制在最小限度内，将污染物的排放控制在环境容量范围内。

污染防治的基本做法主要有两方面[26]，即

① 在生产过程中，尽可能不产生或少产生污染物。采取的措施包括改变产品组成或产

图 11-10　污染的海面[43]

图 11-11　生命尽头的幼年苍鹭[43]

图 11-12　鹈鹕及其栖息地[43]

图 11-13　根部被污染的芦苇[43]

品设计、改变原料、改进生产工艺、改进管理等。

② 如果生产过程中不得不产生废料，应当将这些废料当成原料看待，尽可能回用。包括作为本产品或其他产品的原料，作为副产品及作为新的资源或能源使用。

加拿大提出的“3R 运动”，即 Reduce(减少)、Reuse(再生)、Recycle(循环)，正是概括了污染防治、源头控制的精髓。污染防治、源头控制的具体实施方法和技术，可用图 11-14 表述。

污染防治具体有以下方面：

① 严格执行国家关于环境影响评价报告书(表)的审批制度和防治污染及其他公害的设施与油气田主体工程同时设计、同时施工、同时投产使用的“三同时”制度。积极开展环境质量评价工作[26]。

② 各级政府严格执行环境保护法律、规章制度等，以绿色 GDP 作为干部政绩考核指标，实行“一票否决制度”和“行政问责制度”，让环境保护政策落到实处[44]。

③ 提高民众参与度，增强环保意识，让政府、企业、民众树立起“绿水青山就是金山银山”的环保理念。

④ 依靠科技进步，大力发展气体压裂技术、无毒无害的油类微生物降解技术及研发强力油污吸附材料等。

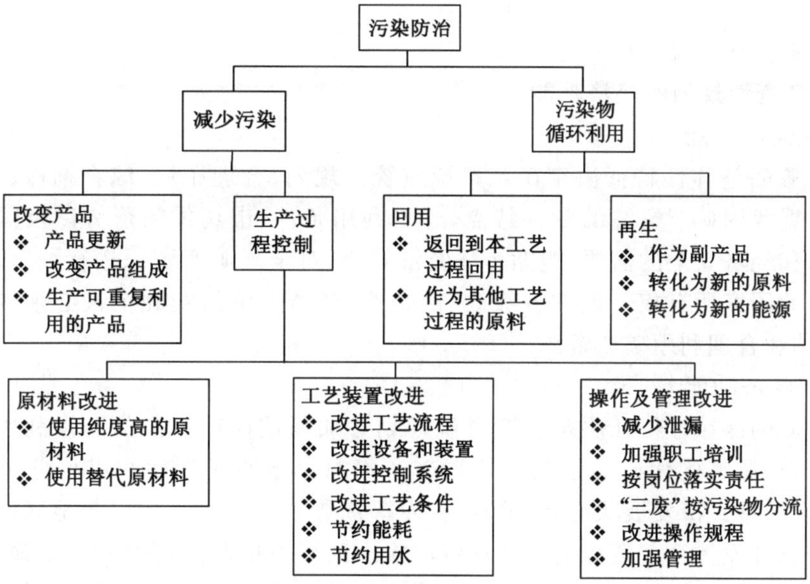

图 11-14　污染防治、源头控制的具体实施方法和技术[26]

⑤ 发展全产业链生产技术，将上一环节产生的废物用作下一环节的原料。

⑥ 加强环境监测。如对油气田的大气、水体、土壤、生物等环境要素进行检测，分析其中有害物质的浓度，检查是否符合国家规定的标准；对油气田钻探、开采、集输、加工等各环节的污染源进行定期检测，如果超标，则及时向上级和有关部门反映，追查原因，并采取治理措施，控制排放[26]。

⑦ 加强员工培训。为使环境保护方案行之有效，必须让所有执行方案的人理解和接受该方案，培训计划应该在作业说明书中加入环境问题，在为晋升和加薪而进行的工作表现评鉴中也应加入是否与环境和谐发展[44]。

⑧ 应急预案。应急预案可使工厂做好准备以减少任何可预见紧急事件的影响。为防止会影响环境的材料意外泄漏，环境保护的应急预案应给出所有员工须采取的措施，如切断释放物的源头，估计释放物的性质、数量及范围，鉴定控制释放物的方法，回收所有损失和被污染的材料，并通知相关管理机构等[45]。

⑨ 加大处罚力度，增加损害环境的成本，坚持谁破坏谁补偿的原则。

11.4 开采规划与社区

11.4.1 矿产资源规划

11.4.1.1 矿产资源规划的含义

矿产资源规划是指国家或地区根据矿产资源禀赋条件、勘查开发利用现状和一定时期内国民经济和社会发展的需求，对矿产资源的调查评价与勘查、开发利用与保护、矿山地质环境保护与治理恢复、矿区土地复垦等在总量、结构、布局和时序上作出的总体安排和部署。从经济学角度看，矿产资源规划的最终目的是实现资源优化配置和高效的产出回报[46]。

11.4.1.2 *矿产资源规划的功能*

(1) 矿产资源规划的经济功能

① 宏观经济功能[47]

矿产资源的整体性特征决定矿产资源应统一规划、合理布局、综合勘探、合理开采、综合利用。根据我国矿产资源的赋存特点、开发利用条件、市场供需形势以及国家区域经济布局的要求和经济安全的需要,遵循市场经济规律,对全国矿产资源进行统筹规划,坚决维护矿产资源的国家所有权。地方各级政府、企业、各类经济组织和个人必须以国家利益为重,有效保护和合理利用矿产资源。

② 中观经济功能[47]

矿产资源的区域性特征决定矿产资源规划必须强调矿产资源的开发利用要与区域经济发展相结合,调整优化矿业结构应依据矿产资源分布的区带性和组合分布的区域性特征,密切结合区域经济发展状况,统筹规划,发挥优势,重点开发,建立起地区间分工合理的区域矿产资源开发体系。资源输入区和资源输出区要因地制宜,优势互补,横向联合,分工合作,协调发展。以市场为导向,积极推进矿业探采结构、产品结构、进出口结构、企业组织结构和地区结构等的调整和优化,合理布局,协调发展。

③ 微观经济功能[47]

矿产资源的有限性、不可再生性决定矿产资源规划必须遵循开发与保护并举的原则,提高资源利用率。在具体的经济活动中体现为:a. 加强矿业秩序治理整顿,避免人为破坏、浪费矿产资源;b. 在矿产资源的开发、冶炼、加工、运输、消费等各个环节提高资源利用水平;c. 依靠科技进步和科学管理,提高采矿回收率和选矿回收率;d. 扩大共伴生矿产的综合开发利用,尾矿、废石(矸)的综合利用和废旧金属的回收利用;e. 根据资源赋存特点,实行规模经营和集约生产;f. 大力开展节能减排工作,不断提高单位能源、矿产资源的国民经济产出率;g. 切实推进矿产资源开发利用方式从粗放型向集约型转变。

(2) 矿产资源规划的法律功能

矿产资源规划一经制定,经有关部门批准和同级政府发布,即成为矿产资源管理的法规,是同级人民政府及国土资源主管部门依法管理和保护矿产资源的重要依据,具有强制性的法律效力,包括如下几方面的内容[47]:

① 矿产资源规划应贯彻"控制人口增长,保护自然资源,保持良好的生态环境"的基本国策,坚持"在保护中开发,在开发中保护"的总原则。

② 矿产资源规划是各级人民政府依法管理和保护矿产资源的指导性文件,其主要规划目标纳入同级国民经济与社会发展规划中实施。

③ 矿产资源规划是国家加强矿产资源勘查、开发宏观调控的重要手段,是各级人民政府地质矿产主管部门依法对矿产资源勘查、开发利用与保护进行监督管理的依据。

④ 国家规划区和国家规定实行保护性开采的特定矿种的设立、变更或者撤销及开发利用,应当符合全国矿产资源总体规划。

⑤ 各级人民政府地质矿产主管部门审批颁发勘查许可证、采矿许可证,应当符合矿产资源规划。

⑥ 下级矿产资源规划服从上级矿产资源规划,专项规划服从总体规划,行业性规划和

地区性规划服从全国性规划。矿产资源规划自上而下编制，下级矿产资源规划的编制必须以上级矿产资源规划为依据，并与上级相关规划相一致，与同级相关规划相衔接。

此外，面对新形势对矿产资源规划的要求，矿产资源规划在基本功能上还要做到[47]：

① 强化规划的空间指导和约束功能，促进矿产资源勘查开发的合理布局，推动矿山环境保护与恢复治理。

② 强化规划的矿产资源总量调控和结构调整的引导与约束功能，促进矿产资源开采总量与市场需求量相适应，促进矿产资源勘查与开发结构优化。

③ 强化节约和高效利用的政策导向功能，提高资源利用率。

④ 强化规范管理功能，充分发挥规划在规范矿业权市场中的重要作用，促进矿产资源开发利用有序有偿、合理规范。

11.4.1.3　*矿产资源规划实施保障体系总体框架*

“三分规划，七分实施”。矿产资源规划实施保障体系是矿产资源规划工作的重要组成部分，是加强和改进矿产资源管理、实现规划目标的重要支撑。矿产资源规划实施保障体系总体框架如图 11-15 所示。

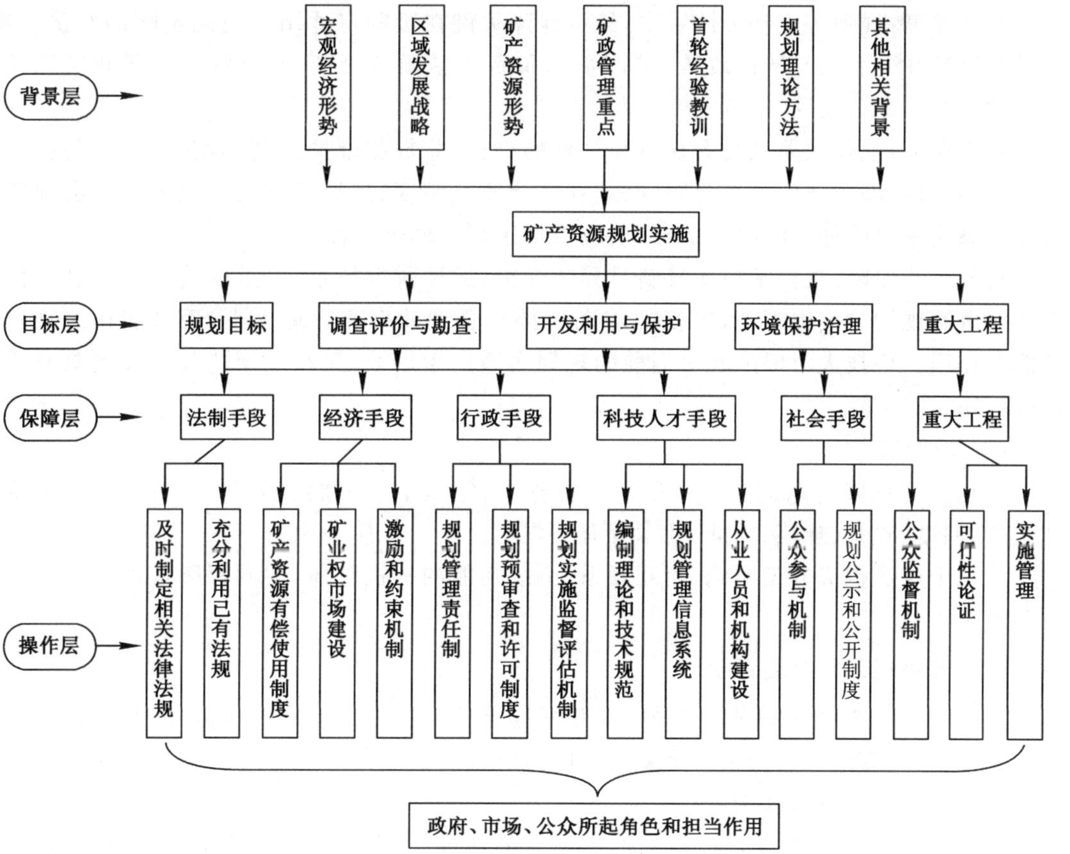

图 11-15　矿产资源规划实施保障体系总体框架[46]

(1) 目标层[46]

规划实施保障体系的第一个层次应为目标层，即规划实施管理目标。规划实施管理不仅是矿产资源行政管理的重要内容，也是面向社会的管理活动，其根本目的是维护矿产资源合理和可持续利用的社会整体利益，促进经济社会的可持续发展，这是整个体系建立的出发点与基础。因此，目标层应包含上述目标。

(2) 保障层[46]

规划实施保障体系的第二个层次为保障层，主要为法制、行政、经济、社会、科技人才保障。具体包括以下内容。

法制保障：通过具有强制性效力的法律、法规来规范规划实施管理是国际上通行的、基本的方法。在我国社会主义市场经济体制初步建立并逐步完善的过程中，规划的实施管理更需要由行政保障向法制保障转变。法制保障适用于处理矿产资源规划实施管理中的共性问题，但不适宜处理某些特殊性、个性的问题，而行政保障则具有一定灵活性，所以法制和行政保障是相辅相成的关系，在实际工作中可结合使用。

行政保障：包括矿产资源利用制度，如矿业权管理年度预审制度、规划项目审查制度、规划许可证制度及规划执法监察制度等，是我们目前主要采取的规划实施管理的行政保障措施。

经济保障：规划实施管理体系中，经济保障关键在于制定适用于地区实际的经济政策，如矿产资源开发利用与转让政策、矿产资源税费收缴调节政策、矿产资源储备政策以及矿产资源收益分配政策等。

社会保障：就是发动社会大众参与规划的制订、监督和维护规划的实施，主要包括三方面制度的建设，即规划公众参与制度、规划社会监督制度、规划管理公开制度。社会保障不仅是规划实施保障体系的组成部分，也应贯彻于规划的全过程。

科技人才保障：在科学技术日新月异的今天，运用科学技术、先进的管理方法和手段开展矿产资源规划的实施管理，不仅能够大大提高管理效率和管理水平，而且能拓展规划的功能和作用。科技人力保障既对当前的规划实施产生影响，又对规划的长远发展具有决定性的作用。

(3) 操作层[46]

规划实施保障体系的第三个层次为操作层，它是上两个层次的深化，主要体现为细化的法规、制度、政策、规范、标准、技术等有关内容。

这三个层次构成分工明确、相互联系、围绕功能的有机整体，共同保障矿产资源规划的顺利实施。

11.4.2 开采规划的社会评价

大规模矿产资源开发项目涉及大量移民搬迁或者占用较多农田等问题，项目的社会影响较为久远，存在的社会因素较为复杂、社会风险较大，应评价项目的社会可行性。

11.4.2.1 社会评价的作用

社会评价旨在系统调查和预测拟建项目的建设、运营产生的社会影响与社会效益，分析项目所在地区的社会环境对项目的适应性和可接受程度。通过分析项目涉及的各种社会因素，评价项目的社会可行性，提出协调项目与当地社会关系、规避社会风险、促进项目顺利实施、保持社会稳定的方案[47]。

进行社会评价，有利于国民经济发展目标与社会发展目标协调一致，防止单纯追求项目财务效益；有利于项目与所在地区利益协调一致，减少社会矛盾和纠纷，防止可能产生不利的社会影响和后果，促进社会稳定；有利于避免和减少项目建设和运营的社会风险，提高投资效益[47]。

11.4.2.2　社会评价的主要内容

社会评价从以人为本的原则出发，研究内容包括项目的社会影响分析、项目与所在地区的互适性分析和社会风险分析。

(1) 社会影响分析

项目的社会影响分析旨在分析预测项目可能产生的正面影响(通常称为社会效益)和负面影响，包括如下内容[47]：

① 项目对所在地区居民收入的影响。主要分析预测项目实施可能造成当地居民收入增加或者减少的范围、程度及其原因；收入分配是否公平，是否会扩大贫富差距，并提出促进收入公平分配的措施建议。

② 项目对所在地区居民生活水平和生活质量的影响。分析预测项目实施后居民居住水平、消费水平、消费结构、人均寿命的变化及其原因。

③ 项目对所在地区居民就业的影响。分析预测项目的建设、运营对当地居民就业结构和就业机会的正面影响与负面影响，以及由此引发的社会矛盾。其中，正面影响是指可能增加就业机会和就业人数，负面影响是指可能减少原有就业机会及就业人数。

④ 项目对所在地不同利益群体的影响。分析预测项目的建设和运营使哪些人受益或受损，以及对受损群体的补偿措施和途径。如兴建露天矿区等引起非自愿移民，应特别加强对该项内容的分析。

⑤ 项目对所在地区弱势群体利益的影响。分析预测项目的建设和运营对当地妇女、儿童、残疾人员利益的正面影响及负面影响。

⑥ 项目对所在地区文化、教育、卫生的影响。分析预测项目的建设和运营是否可能引起当地文化教育水平、卫生健康程度的变化以及对当地人文环境的影响，提出减小不利影响的措施建议。

⑦ 项目对当地基础设施、社会服务容量和城市化进程等的影响。分析预测项目的建设和运营是否可能增加或者占用当地的基础设施，包括道路、桥梁、供电、给排水、供气、服务网点，以及产生的影响。

⑧ 项目对所在地区民族风俗习惯和宗教的影响。分析预测项目的建设和运营是否符合国家的民族和宗教政策，是否充分考虑了当地民族的风俗习惯、生活方式或者当地居民的宗教信仰，是否会引发民族矛盾、宗教纠纷，影响当地社会安定。

通过以上分析，对项目的社会影响作出评价。编制项目的社会影响分析表，如表 11-4 所示。

表 11-4　项目的社会影响分析表[47]

序号	社会因素	影响的范围、程度	可能出现的后果	措施建议
1	对居民收入的影响			
2	对居民生活水平与生活质量的影响			

表 11-4(续)

序号	社会因素	影响的范围、程度	可能出现的后果	措施建议
3	对就业的影响			
4	对不同利益群体的影响			
5	对弱势群体的影响			
6	对地区文化、教育、卫生的影响			
7	对地区基础设施、社会服务容量和城市化进程的影响			
8	对民族风俗习惯和宗教的影响			

(2) 互适性分析

互适性分析,主要分析预测项目能否为当地的社会环境、人文条件所接纳,以及当地政府、居民支持项目存在与发展的程度,考察项目与当地社会环境的相互适应关系。互适性分析包括如下内容[47]:

① 分析预测与项目直接相关的不同利益群体对项目建设和运营的态度及参与程度,选择可以促使项目成功的各利益群体的参与方式,对可能阻碍项目存在与发展的因素提出处理措施。

② 分析预测项目所在地区的各类组织对项目建设和运营的态度,可能在哪些方面、在多大程度上对项目予以支持和配合。对需要由当地提供交通、电力、通信、供水等基础设施条件,粮食、蔬菜、肉类等生活供应条件,医疗、教育等社会福利条件的,当地是否能够提供、是否能够保障。

③ 分析预测项目所在地区现有技术、文化条件能否适应项目的建设和发展。

(3) 社会风险分析

项目的社会风险分析,是指对可能影响项目的各种社会因素进行识别和排序,选择影响面大、持续时间长,并容易导致较大矛盾的社会因素进行预测,分析可能出现这种风险的社会环境和条件[47]。

11.4.2.3 社会评价的步骤与方法

(1) 社会评价的步骤

社会评价一般分为调查社会资料、识别社会因素、论证比选方案三个步骤。

① 调查社会资料

调查社会资料,是指调查了解项目所在地区的社会环境等方面的资料。调查的内容包括:项目所在地区的人口统计资料、基础设施与服务设施状况;当地的风俗习惯、人际关系;各利益群体对项目的反应、要求与接受程度;各利益群体参与项目活动的可能性,如项目所在地区干部、群众对参与项目活动的态度及积极性,可能参与的形式、时间,妇女在参与项目活动方面有无特殊情况等。社会调查可采用多种调查方法,如查阅历史文献、统计资料,问卷调查,现场访问、观察,开座谈会等[47]。

② 识别社会因素

识别社会因素,是指分析社会调查获得的资料,对项目涉及的各种社会因素进行分类。一般可分成三类,即影响人类生活和行为的因素、影响社会环境变迁的因素、影响社会稳定与发展的因素。应从中识别与选择影响项目实施和项目成功的主要社会因素，作为社会评价的重点和论证比选方案的内容之一[47]。

③ 论证比选方案

对项目可行性研究拟定的建设地点、技术方案和工程方案中涉及的主要社会因素进行定性、定量分析，比选推荐社会正面影响大、社会负面影响小的方案[47]。

（2）社会评价的方法

项目涉及的社会因素、社会影响和社会风险不可能用统一的指标、量纲和判据进行评价，因此，社会评价应根据项目的具体情况采用灵活的评价方法。在项目前期准备阶段，采用的社会评价方法主要有快速社会评价法和详细社会评价法。

① 快速社会评价法

快速社会评价法是在项目前期阶段进行社会评价常用的一种简捷方法。通过这一方法，可大致了解拟建项目所在地区社会环境的基本状况，识别主要社会影响因素，粗略地预测可能出现的情况及其对项目的影响程度。快速社会评价主要分析现有资料和现有状况，着眼于负面社会因素的分析判断，一般以定性描述为主。快速社会评价法的步骤如下[47]：

a. 识别主要社会因素，对项目的社会因素分组，可按与项目之间关系和预期影响程度将其划分为影响一般、影响较大和影响严重三级。应侧重分析评价那些影响严重的社会因素。

b. 确定利益群体，对项目所在地区的收益、受损利益群体进行划分，着重对受损利益群体的情况进行分析。按受损程度一般、受损较大、受损严重三级，重点分析受损严重群体的人数、结构，以及他们对项目的态度和可能产生的矛盾。

c. 估计接受程度，大体分析当地现有经济条件、社会条件对项目存在与发展的接受程度，一般分为高、中、低三级。应侧重对接受程度低的因素进行分析，并提出项目与当地社会环境相互适应的措施建议。

② 详细社会评价法

详细社会评价法是在可行性研究阶段广泛应用的一种评价方法。其功能是在快速社会评价的基础上，进一步研究与项目相关的社会因素和社会影响，进行详细论证，并预测风险度。详细社会评价结合项目备选的技术方案、工程方案等，从社会分析角度进行优化。它采用定量与定性分析相结合的方法，进行过程分析。其主要步骤如下[47]：

a. 识别社会因素并排序，对社会因素按其正面影响与负面影响、持续时间长短、风险度大小、风险变化趋势（减弱或者变强）分组。应着重对那些持续时间长、风险度大、可能激化的负面影响进行论证。

b. 识别利益群体并排序，对利益群体按其直接受益或者受损、间接受益或者受损、减轻或者补偿受损措施的代价分组。在此基础上，详细论证各受益群体与受损群体之间、利益群体与项目之间的利害关系以及可能出现的社会矛盾。

c. 论证当地社会环境对项目的适应程度，详细分析项目建设与运营过程中可以从地方获得支持与配合的程度，按好、中、差分组。应着重研究地方利益群体、当地政府和非政府机构的参与方式及参与意愿，并提出协调解决的措施。

d. 比选优化方案，将上述各项分析的结果进行归纳，比选、推荐合理方案。

在进行项目详细社会评价时一般采用参与式评价方式，即吸收公众参与评价项目的技术方案、工程方案等。这种方式有利于提高项目方案的透明度;有助于取得项目所在地各有关利益群体的理解、支持和合作;有利于提高项目的成功率,预防不良社会后果。一般来说,公众参与程度越高,项目的社会风险越小。参与式评价可采用下列方式[47]:

a. 咨询式参与。由社会评价人员将项目方案中涉及当地居民生产、生活的有关内容直接交给居民讨论,征询意见。通常采用问卷调查法。

b. 邀请式参与。由社会评价人员邀请不同利益群体中有代表性的人员座谈,注意听取反对意见,并进行分析。

c. 委托式参与。由社会评价人员将项目方案中特别需要当地居民支持、配合的问题,委托给当地政府或机构,组织有关利益群体讨论,并收集反馈意见。

11.4.3 "走出去"开发利用国外矿产资源的地区选择

开发利用国外资源,进行全球资源配置对我国的经济发展具有重要意义,也是我国资源规划的一个重要组成部分。地区(国家)选择是"走出去"开发利用国外矿产资源时所面临的第一个问题。

世界主要国家在实施全球矿产战略时,均十分重视地区选择。地区选择是国家全球矿产战略的一个重要内容。目前,美国、加拿大实施全球矿产战略时地区选择的优先重点是拉丁美洲,其次是亚太地区、非洲国家及独联体国家。美国和加拿大对在澳大利亚、南非这些传统的矿业国家的投资也十分重视。澳大利亚开发利用国外矿产资源时地区选择的优先重点是亚太地区发展中国家,其次是非洲国家、拉丁美洲国家和独联体国家。欧洲一些国家,开发利用国外矿产资源时地区选择的优先重点是非洲国家,其次是亚太地区、拉丁美洲国家等。日本实施全球矿产战略时地区选择的优先重点是亚太地区和拉丁美洲国家,其次是非洲国家等[48]。

可见,世界主要国家实施全球矿产战略时,均十分重视对地缘政治的考虑。美国、加拿大将拉丁美洲当作后院,非洲历史上就是一些欧洲国家的殖民地,澳大利亚将亚太地区作为重点,拉丁美洲国家有不少日侨,南非在走出去时自然将重点选择在了非洲,等等。其主要宗旨是,利用全球矿产战略的实施,来实现经济、政治、外交等各方面的目标,综合考虑地缘、资源、安全、政治、经济、外交等多方面的因素,确定实施全球矿产战略的重点地区[48]。

跨国矿业公司在开发利用国外矿产资源的地区选择方面,与国家战略中的地区选择有所不同,但基本原则有相似之处。特别是国家通过政策调控,尽可能地引导跨国矿业公司的地区选择。我国在制定"走出去"战略时,有必要借鉴西方跨国矿业公司选择地区的原则。

矿业投资的特点是周期长、投资大、环境影响强。矿业投资的成功受诸多因素的影响,它不仅仅涉及地质、找矿等方面的因素,而且涉及政治、经济、法律、环保、人文地理、基础设施等多方面的因素。因此,在海外进行投资时,通常都要对各国进行认真的矿业投资环境评估,以选准国家,减少投资的盲目性、增加投资的成功率[48]。

综合国外专家的意见,决定一个国家矿业投资环境的因素可分为四大类,包括地质和找矿潜力(包括地质信息的可得性)、与矿业法有关的问题、矿业财税制度、除矿业法以外的其他法律和政策问题。这些问题彼此之间是有联系的,并不是孤立的。

(1) 地质和找矿潜力[48]

① 目标矿产已被发现。

② 目标矿产已有成功的生产史。

③ 存在已知的有吸引力的区域地质构造。

④ 存在并能够得到已有的勘探信息。

⑤ 设置有国家地质调查机构或相关机构负责国家地质和矿产潜力的调查。

⑥ 批准并执行有以调查矿产潜力为目的的区域矿产资源调查和评价项目。

⑦ 建立并运行有高质量的地矿信息数据库和高质量的地学主题图件。

⑧ 各类信息的可得性：免费或以合理公平价格（名义价格）取得，保密期过后的商业信息及时进入公开文档系统。

（2）与矿业法有关的问题[48]

① 矿业法相对的独立性，不受其他法律干扰的能力；矿业法在国家法律体系中的合理地位；稳定、清晰、可预测性强；矿权包括所有所发现的矿产。

② 矿业权的保障，唯一性和排他性。

③ 申请程序清晰；面积及时间期限规定合理；报告要求合理；租金是名义上的；责任规定明确并合理；申请人资格规定明确，允许不同形式的联合风险经营协议；一个部门管理；审批或拒绝的时间短；可转让，转让程序清晰而合乎实际。

④ 矿业权规定的权利尽可能可代替其他法律赋予的其他权利，不必要服从其他法律产生的限制。

⑤ 土地准入：容易获得土地准入；采矿在各类土地用途中有一定的优越性；对其他土地用户有公正、合理的赔偿程序。

⑥ 预先确定环境责任，以环境影响评价计划和经营计划及恢复计划为基础；单一的管理机构和简单的审批程序；不可追溯。

⑦ 单一的管理机构；高效、快捷、透明度高；官员无索贿记录。

⑧ 争端解决程序规定明确，在一定条件下允许使用仲裁，甚至国际仲裁。

（3）矿业财税制度[48]

① 能预先确定税责。

② 财税制度的稳定性、透明度及便利性。

③ 有畅通的渠道筹集外部资本。

④ 在尽可能短的时间使投资偿还并且有与所承受风险相匹配的收益率。

⑤ 税收结构对资源分配的扭曲应最小并鼓励提高管理效率。

⑥ 无汇率管制，利润和股息能自由汇兑。

⑦ 经营的管理控制权和产品的处置权。

⑧ 勘查支出的税收处理和财政补贴。

⑨ 再投资优惠，股东公司再投资。

⑩ 所得税：税率有竞争力；放宽对利息和股息的扣减；放宽亏损移后和移前结转条款；稳定性条款；税收合并或汇兑。

⑪ 权利金尽可能地与利润挂钩。

⑫ 国家参股尽可能地少或不参股；对外国投资参与矿业的股本无限制。

⑬ 允许非法人的联合风险经营协议的存在，让外方公司在其母国从其他收入来源中抵

扣或摊销勘查支出和前生产支出。

⑭ 总体上应该是递增税制而不是递减税制。

(4) 除矿业法之外的其他法律和政策问题[48]

① 系统的、协调一致的、一揽子的、总体上推进矿业发展的国家政策,无限制性和歧视性的规定。

② 政府管理矿业部门投资的方法是一致的及可预测的。

③ 利润和股本的汇兑基本无限制。

④ 符合实际的外汇管理规定,公司可以开境外或外国账户。

⑤ 对项目有影响的设备及供应品的进口,限制或附加要求少或无,关键设备及部件免税。

⑥ 对项目有影响的向国际市场的出口,限制或附加要求少或无,出口导向型企业有额外优惠。

⑦ 多边或双边投资协定的缔约国。

⑧ 外国股权无限制,允许持多数股乃至100%的股权。

⑨ 允许外国公司有管理控制权。

⑩ 对于雇佣外籍专家无过多限制。

⑪ 合理的劳工法及赔偿。

⑫ 允许国际仲裁。

⑬ 技术、培训和设备的可得性。

⑭"主权风险"低。

根据调查研究,按照所关心问题的重要性,跨国矿业公司在选择投资目标国家和目标项目时应主要考虑以下7个因素[48]:

① 到有矿或可能有矿的地方去。

② 到挣了钱能拿回去的地方去。

③ 到矿业权有保障的地方去。

④ 到知道怎么干的地方去。

⑤ 到能够挣钱的地方去。

⑥ 到服务好的地方去。

⑦ 到市场化程度高的地方去。

这是跨国矿业公司在选择投资国家和地区时的主要决定因素。我国矿山企业在"走出去"开发利用国外矿产资源时,也应主要考虑这些因素。

11.4.4 海外采矿风险

历史表明,工业生产,尤其是自然资源与矿产开发与环境退化、环境污染,尤其是水和土地资源的破坏有着密切的联系。环境污染问题如果得不到妥善处理,则会引发海外投资者和当地居民的关系紧张和冲突,并可能进而迫使东道国采取环境规制措施。当地居民的抗议往往是东道国规制的前奏[49]。

这样的例子不胜枚举。例如,布莱克法尔(Blackfire)公司与墨西哥争端的起因即在于作为加拿大的采矿公司,布莱克法尔公司的开采活动对墨西哥恰帕斯(Chiapas)州造成了消极的社会和环境影响,甚至发生了暗杀抗议民众领袖的犯罪行为。在当地民众的反抗浪潮下,该州环境当局命令临时关闭矿井,并指责布莱克法尔公司没有获得授权就一直在铺设道路,排放污染物质和有毒物质,影响了当地水源的流向和流量。在著名的 Metalclad v. Mexico 案中,墨西哥地方政府拒绝给予美国投资者颁发许可证的原因之一即当地公众反对修建有害废物填埋场,担心其会造成当地环境污染。在废物处理设施建立后,由于当地居民为保护环境进行抗议,墨西哥地方政府拒绝签发许可证。在加拿大的熊溪采矿公司(Bear Creek Mining Corporation)与秘鲁的争端中,该公司拟经营圣安娜(Santa Ana)银矿,但由于当地有组织地抗议反对所有的环境破坏性经营,秘鲁政府采取措施予以禁止,而且秘鲁政府还对所有普诺省南部矿场停止颁发新的开矿许可证[49]。

实际上,即使海外投资者获得了行政许可证,但东道国政府迫于民众压力,也可能停止续发或撤销许可证。在 Tecmed v. Mexico 案中,墨西哥联邦政府拒绝给有害废物填埋场续发许可证,主要推动力就是公众的强烈反对,因为这个填埋场距离市中心仅仅 8 km,当地公众担心环境污染问题。再如,1989 年,加拿大的曼哈顿采矿公司(Manhattan Minerals)得到秘鲁政府授予的特许权,允许其在皮乌拉(Piura)省的坦博格兰德(Tambogrande)镇附近建立一个露天开采矿。然而,这一项目需要转移一半(约 1.6 万人)当地人口。虽然曼哈顿采矿公司承诺给予较好的交换条件,但当地居民担心会造成环境污染,拒绝了这一交易,并于 2001 年进行了请愿运动和公民投票,反对该项目。结果,秘鲁采矿部不得不于 2003 年决定终止其与曼哈顿采矿公司的特许权协议[49]。

历史上,西方的跨国公司曾以牺牲东道国当地的环境和人民利益为代价,攫取了大量的超额利润。然而,今非昔比。当时,东道国当地环境标准低,市民社会不发达,那些强大的西方跨国公司可以自行其是,为所欲为。然而,自 20 世纪 90 年代开始,尤其是网络化时代的今天,各国都在重视环境保护、提高环境标准,国际环境标准也越来越多、越来越严格。而且市民社会权利意识觉醒,导致投资者仅仅获得东道国的行政许可远远不够,还必须获得市民社会的“社会许可证”(social license)。如果投资者希望在当地获得良好的经营环境,必须赢得当地社区与其他利益相关方的支持。由于投资项目会影响到当地社区及其他利益相关方的利益,需要取得他们的接受或批准是理所当然的。这样,投资者才能与当地社区及其他利益相关方和平共处,从而使投资项目顺利进行下去,很多投资项目的流产都证明了这一点[49]。

前已述及,在已裁决的案件中,有许多争端是公众为保护环境拒绝给予“社会许可证”而导致东道国政府拒绝颁发行政许可证的。所以,投资者的眼中不应仅仅有东道国的政府,还要有东道国的社会和人民。对东道国的社会和人民负责才能避免投资的环境和社会风险。很多情况下,“社会许可证”的要求可能是无形的、非正式的,但现代社会已经有越来越多的国家在法律上正式要求投资项目要取得社会许可。为了取得“社会许可证”,投资者需要披露投资项目信息,了解东道国当地社区和利益相关方,并与之沟通,使之承认投资项目的正当性。而且,取得“社会许可证”并非一劳永逸,其维持还需要公司通过遵守规则的行为取得信誉。而投资者取得“社会许可证”的最高境界是与当地社区及利益相关方建立信任关系[49]。

中国的海外投资者目前也面临同样的环境规制风险,以下仅举几例予以说明[49]。

实例一:紫金矿业集团股份有限公司(以下简称紫金矿业)是一家以黄金及基本金属矿

产资源勘探和开发为主的大型矿业集团。2010 年 7 月 3 日和 9 月 21 日，由于其在国内先后发生污染和溃坝重大事故，受到有关部门严肃处理，并遭到受害人索赔。其中，因“9·21”事件涉诉的金额已超过 3 亿元人民币。紫金矿业通过并购和绿地投资的方式，其海外投资已经进入缅甸、加拿大、英国、越南、蒙古、俄罗斯、秘鲁、南非等多个国家，发展模式也随之扩展到海外。

举例来说，秘鲁北部的三个市镇投票反对紫金矿业投资 14 亿美元的里奥布兰科(Rio Blanco)铜矿项目。位于秘鲁北部皮乌拉省的里奥布兰科矿，据说是世界上最大的未开发铜矿，该铜矿储量为 12.57 亿 t，预计在 20 a 内平均每年年产值可达 10 亿美元。紫金矿业于 2007 年投资该矿，2011 年正式投产。但当地社区认为紫金矿业的这一投资项目会污染当地水源和土地，破坏当地生计，因此抗议此矿的开发。2007 年，秘鲁当地居民以公民投票的方式，反对里奥布兰科矿的开发，并且要求国际团体帮助进行社会、环境和经济影响评估。至 2009 年，在没有提交环境影响评估报告的情况下，该项目已经获得秘鲁政府批准，但是由于并没有得到当地社区许可，随时都可能发生环境和社会风险，因为按照现行秘鲁法的要求，开矿必须得到当地社区居民的同意。

需要指出的是，里奥布兰科矿是紫金矿业于 2007 年从总部设在英国的蒙特里科金属公司(Montericco metals)手中收购的，显然，紫金矿业当时并没有充分认识到其将面临的环境和社会风险，不知道该项目是个“烫手的热山芋”。据报道，紫金矿业又被指没有披露里奥布兰科矿项目的重大环境和社会风险，当地的环境保护机构已经对紫金矿业当地公司及其高层处以罚款，其面临的环境规制风险可想而知。然而，对于这样一个环境风险极高的项目，中国进出口银行、中国农业银行、中国银行、中国建设银行以及中国工商银行都参与了投融资，从而和紫金矿业一起面临着环境规制风险。

实例二：在秘鲁，首钢集团自 1993 年就在圣胡安省马尔科纳市(San Juan de Marcona)经营秘鲁铁矿公司。至今，首钢集团因为环境违法受到了四次罚款。2002 年，因为圣尼古拉斯(San Nicolas)厂的尾矿浓密池塌陷污染了马尔科纳市及其周围地区的水资源，首钢集团被罚 3 万美元。首钢集团也被指将废水排放到附近的圣尼古拉斯湾。2006 年 3 月，伊卡(Ica)地区政府甚至宣布圣胡安省马尔科纳市处于环境紧急状态(environmental emergency)，这实际是当地政府对首钢集团忽视环境治理的一大抗议活动。

实例三：总部位于温哥华的考伦特资源公司(Corriente Resources)是中国企业的一个加拿大附属公司，该公司雇佣的一群加拿大和智利顾问既没有经管理恩戈贝布格勒自治区的代表性土著恩戈贝布格勒自治区组织的同意，也没有巴拿马当局颁发的许可证，即在巴拿马进行活动。恩戈贝布格勒自治区当局对他们的行为予以指责，并宣布他们为不受欢迎的人。2012 年，恩戈贝布戈勒自治区当局宣布禁止在他们的管理区开矿。

类似的实例还有，中国石油天然气集团有限公司在加蓬环保部通过环境影响评估之前，即开始在自然保护区卢安果国家公园(Loango National Park)进行石油勘探。中国石油天然气集团公司没有意识到保护土著居民的文化和生活条件已经成为一种潮流，也是环境保护的重要方面，此类地区往往被划为保护区。现在，世界环保意识日渐增强，环保组织力量日益强大，很多项目因地处资源国环境保护区而无法顺利进行，如中国石油化工集团在加蓬的 LT2000 项目就因环保组织的阻挠延期了半年。此外，中国海外投资者在蒙古、印尼、墨西哥的某些项目确实遇到了环境方面的问题，某一环境保护方面的批复或许可的欠缺而导致项目延期、无法按期投产的情况，主要涉及油气、矿山、冶炼厂投资等方面的项目。

实际上，即使是发达国家的投资者，也同样会面临东道国环境规制的风险，甚至发展成为国际争端。这样的例子不胜枚举，这里仅以 Renco Group Inc. v. Peru 案为例，在该案中，美国的投资者伦科(Renco)作为设在秘鲁的多伦秘鲁公司(Doe Run Peru)的母公司，在 2011 年 4 月 7 日根据《美国—秘鲁自由贸易协定》(U. S. -Peru Free Trade Agreement)和联合国国际贸易法委员会(United Nations Commission on International Trade Law, UNCITRAL)的仲裁规则提出仲裁，主张秘鲁政府违反了《美国—秘鲁自由贸易协定》，并寻求 8 亿美元的补偿。而该法案的起因就在于秘鲁政府对多伦秘鲁公司所在的世界上污染最严重的地区进行环境治理，拒绝了伦科延长环境治理合同的要求，并于 2010 年 7 月撤销了其经营拉奥罗亚(La Oroya)冶炼厂的许可证。根据秘鲁政府的说法，自 1997 年接管该冶炼厂，多伦秘鲁公司一再违反必要的环境治理计划(environmental clean-up program)，达不到秘鲁的环境法标准，导致其所在地区成为世界上污染最严重的地区[49]。

11.4.5 国外采矿社区问题的处理措施

由于采矿活动对环境的负效应，采矿活动不可避免地会对环境及采矿所在地的社区产生重大影响，社区问题是否能得到较好解决决定采矿项目的成败。下面概述了加拿大和澳大利亚采矿企业在社区问题上的具体做法，供国内采矿企业参考。

11.4.5.1 加拿大采矿社区问题的处理措施

(1) 制定利益相关者协议(impact and benefit agreement)

利益相关者协议是当地居民及其他利益相关者获取利益保障的基础，同时对建立和维持社区和谐关系可起到非常关键的作用。采矿活动往往给矿区的经济、环境、社会、文化等带来很大的影响，而通常情况下，社区居民从采矿活动中获得的收益较少，甚至没有。为了保护矿区居民利益，使采矿行为带来的负面影响最小化，加拿大政府规定，跨国公司在进入当地前，需要与当地居民签署利益相关者协议，以建立与保持矿业公司和当地居民的正当关系[50]。

在加拿大，矿业公司进行开采活动前须与所有与此矿业活动有关的利益相关者进行谈判。目前，加拿大将利益相关者协议视为私人合同，协议各方需要遵守合同法签约。另外，为保障利益相关者协议的顺利实施，加拿大还设立实施委员会、仲裁机构以及建立其他纠纷解决机制[50]。

(2) 利益相关者协议的内容

利益相关者协议主要包括以下几方面的内容[50]。

① 当地居民的雇佣。利益相关者协议会对有关当地居民的雇佣问题作较为具体的规定，主要包括以下方面：优先雇佣土著居民，并设定土著居民录用目标或配额；最大限度地增加土著居民的就业机会，并开展培训；确定裁员时，遵循土著居民下岗最少的原则；帮助土著居民在工作领域消除文化障碍；为防止对土著居民的歧视，公司须提供明确的员工考核、升职、员工准则等程序或文件；为土著居民提供培训、教育及奖学金计划；对土著居民工作参与度提供必要的信息；为土著居民提供交通补贴等。

② 当地居民的经济发展与商机。为了促进土著企业的发展，利益相关者协议要求，矿产公司在有商品和服务需求时，应以与土著企业合作为主，协议还可能设置具体的土著企

业提供商品或服务的比例。若确实没有合适的土著企业可签约时，签约的非土著企业必须为土著居民提供尽可能多的就业机会。通常情况下，土著企业的技术、体制、经济能力和专业知识相对落后，没有能力为矿业公司提供商品，或无法在规定时间内成功投标，为解决这一问题，利益相关者协议要求矿业企业提供有关投标程序信息、帮助土著企业准备投标、协助土著企业获得融资、允许土著企业使用公司的基础设施、给予土著企业预付款以帮其履行合同、拆分合同等以使土著企业获得收益。

③ 资金或股票等其他经济利益。除就业及土著企业优惠政策外，当地居民可能还会要求利润分享、股权、现金等其他与具体投资相关联的经济利益。由于采矿活动可能遇到的危险较多，因此协议还可能规定具体的赔偿方法及机制。

④ 社区的环境保护。环境方面的规定可能会直接出现在利益相关者协议中，也可能以计划表的形式出现，这部分内容也可以与协议分开单独进行谈判。环境方面的规定会对环境法律法规进行补充，其制定一是为了对司法规定中被忽视或模棱两可的地方进行补充解释，二是为了防止企业不需要通过环境影响评估而使得矿区没有环境保障措施的情况。利益相关者协议可以包含环境影响评估的主要内容，也可以以附件的形式将项目预期影响、处理方式等附在协议中。若利益相关者协议在环境影响评估前签署，则协议可能要求保证土著居民参与评估活动。

⑤ 社区的社会文化问题。相较自然资源，社区土著居民更注重精神文化的保护。矿山建设及经营通常会带来大量的外来工作者，这些外来者中不乏歧视土著居民的人士，另外，某些矿山活动还可能会与当地风俗习惯产生冲突等，这些行为都可能会对当地精神文化传统造成损害。为此，利益相关者协议会专门规定一些条款对其文化进行保护。例如，禁止非土著居民进入原住民的某些土地，开展帮助当地居民减压的咨询服务，为当地的社区工程或娱乐设施提供资金或设施支持，保护社区妇女和儿童的特殊规定等。

(3) 利益相关者协议的实施与保障

由于利益相关者协议内容很复杂，其具体实施通常相对困难。为了保障协议的顺利实施，加拿大主要采取以下几个方面的措施[50]。

① 建立实施委员会。为保障协议的实施，加拿大成立专门的实施委员会进行协调管理。实施委员会通常由公司与土著居民代表构成。

② 对于协议中模糊不清或模棱两可的规定，需由政府、法院或仲裁机构进行裁定。

③ 对可标准化或可量化的规定尽量量化；对于需要根据日后矿区情况进行调整的具有灵活性的条款，需要对其定期盘点的机制及责任等情况进行充分说明。

④ 建立纠纷解决机制，以最小的成本处理双方矛盾。也可通过司法途径来保障自身的经济利益。

⑤ 在各方当事人同意的情况下，可重新谈判或修改利益相关者协议等。

(4) 利益相关者协议的执行情况[50]

在2006—2008年间，加拿大全境先后达成了52个影响和利益协议。由于加拿大的土地很多都是私有的，矿业公司在和社区达成影响和利益协议时，不仅要支付高额补偿和赔偿，而且对矿业利益的分享有复杂的契约规定。

以维克多(Victor)钻石矿山的开发为例。该矿山先后花费3 a时间，雇佣多个顾问开展环境影响评估工作，并且召开100多次会议在原住民聚集地介绍该公司和工程项目情况，以及对社区的益处，如教育、基础设施建设、商业发展等，以获取社区的认可及对矿山开采的同意。

该企业与社区于1999年签订备忘录，影响和利益协议内容主要包括教育、用工及培训、环境监管等。到2005年通过社区投票，正式签订影响和利益协议。2008年展开运营。在矿山雇佣的全职工人中原住民占43.5%，合同工中原住民占50%。加拿大的经验告诉我们，通过法律关系确定的矿产资源开发利益分享机制实现了地方政府、矿山企业、矿区居民的共赢共荣，促进了矿区和谐。

11.4.5.2　澳大利亚采矿社区问题的处理措施

（1）确定利益相关者和土著居民权益

澳大利亚的法律制度属于普通法体系，联邦议会可以通过法令、法规处理特定问题。司法机关负责制定和解释普通法主体，同时解释法令、法规。根据法律规定，只有联邦政府有权征收商品与服务税、所得税等，并将税收收益与省州政府共享。相关的法律法规主要有[50]：

① 联邦矿业法

如《矿权法》规定了矿产勘探、开采、加工活动等土地使用权的授予程序；《矿业管理法》规定了采矿审批、矿区管理以及环境保护等的审批及程序；其他还有《石油法》《环境保护与生物多样性保护法》等。

② 各省的矿业法

如《北部省环境保护法》，建立了开发活动潜在或预期环境评估框架。

以上两个层次的法律基本确立了中央政府、地方政府和企业在矿产资源开发中的利益分配规则。

③ 土著人权益法

如《土著人权益法》，规定了为保护土著人利益而批准传统土著人土地的程序。《土著人土地法》规定了特定土著人土地权利和利益。《北部省土著人圣地法》也对土著人的相关权益做了规定。这些针对原住民的立法，保障了矿区居民在矿产资源开发中的合理利益，促进了矿区的可持续发展。

（2）澳大利亚矿产资源利益分配

① 利益相关者[50]

在澳大利亚，联邦政府和皇室掌握着所有矿产资源的所有权和支配权。在服从联邦立法的前提下，各州和地区有权制定自己的矿业法。同时，澳大利亚目前实行州有租赁土地、保留土地、私有土地并存的土地所有及其管理制度。土地的所有制度主要包括政府代表皇室所有、私人所有、土著人所有等多种形式，还有一些自然保护区及军事用地。在这种资源所有权结构下，矿产资源利益相关者涉及负责矿业管理的联邦政府和州政府、进行矿产资源勘探开发活动的矿山企业以及矿区社会。矿业可持续发展的基本框架要求，矿产资源要向矿区社会提供适当的回报，矿产资源收益需要在利益相关主体之间进行合理分配。政府在批准授予矿业权之前，要就土地准入进行审查。

a. 土著土地。根据联邦《土著权法》的规定，土著人享有其土地上的所有权利，可以排除其他人包括政府在内的任何干扰。与此同时，《土著人土地权法》规定土地权的要求人和拥有人有协商权，在勘探和开采中都要达成协议。矿山企业如果要进入土著人所有的土地进行资源的勘探开发活动，首先必须得到土著人的许可，达成共识的可提交勘探许可证申请；未达成共识的，可通过协议进行延期；部分达成共识的，在提议的勘探区域设立禁止勘探区。

b. 公共保留地。根据《土地法》对土地资源的划分，在A类土地或国家公园等范围内进行采矿活动，需要国会两院以决议的方式通过，授予采矿租约。矿业活动对土地资源造成损害的，作业方应该将损害消除。如果作业方没有履行义务，那么管理和经营该地的人可以先消除损害，然后向法院起诉，索回其支付的费用。

c. 私人土地。西澳大利亚州的矿业法明文规定，矿业公司若要在私人土地上进行矿产勘探开发活动，则必须征得私人土地所有者和占用者的书面同意。如果没有得到书面许可，那么所进行的作业只限于从地表至地面以下30 m深度范围内。

② 矿业税费制度[50]

澳大利亚是资源大国，与矿业相关的税收是联邦和州政府的重要财政收入，也是宏观调控的手段。政府会通过合理的税率，来调整政府与矿业公司之间的利益分配，保证社会的公平发展。现行澳大利亚有关矿产资源税费主要包括权利金、资源租赁税及矿区租金。

从2012年7月开始，联邦政府开始向在当地注册的资源类企业征收40%的资源租赁税。从税政内容来看，资源租赁税款主要用于支付养老金、加大矿业基础设施建设和扶持小企业发展等。因此，低收入者、临退休人员和小企业将成为这次税收改革的主要受益者。通过征收资源租赁税，更多澳大利亚人将分享到资源类利益。

除了以上三种矿业税费，在澳大利亚省或州级政府，还存在采矿权特许使用费、石油特许使用费、铀矿特许使用费、工资税、印花税、土地税等税费，这些税费对矿产资源的利益分配起着重要的作用。

③ 利益分配规则[50]

澳大利亚的矿业企业、联邦政府、州政府和地方都能从矿业发展中分配到利益。澳大利亚的矿产资源管理主要由州政府负责，州政府的收益主要来自其管辖区内的矿产资源税，包括企业税、海岸线3海里(1海里=1.852千米)外的矿产资源税和石油收入税。澳大利亚对权利金收入的分配实行60%的权利金支付给邻近地区的州或领地政府，其余40%上缴联邦政府的政策。资源租赁税只适用于由澳大利亚联邦政府行使管辖权的3海里以外的海上石油资源，Roxby Downs工作合同与西澳大利亚州的巴罗岛石油资源两个项目，由联邦政府负责征收。

矿产资源开发为矿区居民带来的收益主要表现在以下几方面：一是政府在矿产资源税费中转移一部分用于当地矿区的发展；二是矿山占有当地土地所给予的补偿；三是矿山企业付给当地居民的生态环境的补偿费用；四是矿业企业为当地居民提供就业机会，对其加强培训，履行社会责任等。例如，当地居民的就业、企业建设的基础设施、企业共建的服务设施等，澳大利亚政府准备建立公共设施建设基金，向国内的公路、铁路及港口设施建设提供持续性资金支持。

④ 利益调配[50]

a. 矿业管理制度对利益调配的规定。矿产资源的勘探和开发，既涉及矿产资源、土地使用的问题，又会给当地造成一系列社会、经济和环境影响，加上澳大利亚特殊的国情，西澳大利亚州有近3.8万的土著居民，12.1%的西澳大利亚州面积作为原始土著土地保留，所以，矿产资源所有权的运作，会同当地政府、群众发生复杂的关系。布罗肯希尔、怀阿拉、伍伦贡、卡尔古利和其他一些大城市都因采矿而兴起。

b. 公众参与，自由谈判。公众参与是澳大利亚矿业管理的一种重要手段。在公众参与的过程中，各个利益主体充分表达意愿。例如，在矿业权的申请过程中，申请的细节将会公布在当地的报纸上，并根据需要通知土地所有人、占用人、土著人土地委员会、政府机构、公共事业机构和当地政府机构。如果有人提出反对意见，那么资源部将出面解决。若利益冲突得到解决，则可以继续办理申请；若问题得不到解决，则申请将有可能被转交给土地、规划和矿业仲裁庭，并进行听证。

澳大利亚矿业管理强调企业与社区之间的磋商。矿业公司与那些可能会受采矿影响的人讨论，制定策略以尽可能减小或避免这些不良影响，使矿区的建设更全面、和谐。矿业公司与矿区内的人们讨论有关开发项目的各个方面，并听取他们的忧虑、需要和建议，采取的开发方法应以整个矿区为中心，而不是以项目为中心，让矿区内的公众共同参与。

c. 企业与社区建立合作伙伴关系。很多澳大利亚的矿业公司都制订了支持当地经济发展的计划，如支持小企业发展、优先向当地企业采购。哈默斯利铁矿公司在西澳大利亚州开发杨迪矿时，与当地社区利益的代表 Gumala 土著公司经过 18 个月的谈判签订了一份协议。协议规定，哈默斯利铁矿公司将建设社区基础设施、加强对当地居民的培训、雇佣当地居民以及为当地社区创造其他的商业机会等，并承诺在未来二十年中为当地矿区居民带来超过 6 000 万澳元的经济利益。

d. 企业承担社会责任。在矿业与地方发展的关系中，澳大利亚矿业公司除了要遵守法律法规、保护矿山环境外，还要承担社会责任。多年来，矿业一直是许多边远社区劳动力就业的主要行业，矿产资源的开发为当地土著人社区的发展提供了大量的就业机会。

11.5 技术经济评价

11.5.1 矿业技术经济学概述

矿业技术经济学是研究矿业领域技术和经济之间辩证关系的交叉学科。凡是与地质勘查、矿厂建设、矿床开采、矿物加工等矿业生产环节以及产业链下游的销售、使用、加工、处置等矿产交换环节相关的社会和经济及其与矿业科学技术的关系等问题，都可以纳入矿业技术经济学范畴进行研究。矿业技术经济学的研究内容与发展方向大致归纳为(但不限于)以下方面[51-52]。

① 矿业技术经济学的基础理论与方法。矿业技术经济学的基础理论应包括扩大再生产理论、技术周期理论、技术进步和技术创新理论、经济增长理论等。矿业技术经济学的应用理论除了技术创新的转移和扩散、技术选择理论等之外，向前延伸到前端是技术生成的制度、环境和政策，涉及技术战略和技术政策等领域，后端延伸到技术效果的评价，包括技术效果的载体——工程项目的评价。另外，矿业技术经济学除了研究现存资源的优化配置外，还应研究技术资源的创造和开发。因此，矿业技术经济学的应用理论应包括经济效果理论、技术转移理论、技术选择理论、技术扩散理论、技术经济计算参数的确定理论以及技术经济评价方法等。

② 矿产品市场分析与预测。矿产品市场分析与预测就是通过市场调查，分析矿产品的市场供求关系和发展趋势，预测未来矿产品市场供求变化趋势，从而为矿业项目的技术经济评价提供科学依据。矿产品市场分析与预测是矿业项目技术经济评价的重要基础。

③ 矿业项目生产规模的确定。包括影响矿业项目生产规模的主要因素分析、矿业项目生产规模的设计规范及有关规定、矿业项目生产规模的计算方法以及矿业项目生产规模的优化方法等。

④ 矿业项目技术评价。包括矿业项目建设与生产条件评价、矿业项目工艺技术方案评价以及矿业项目工程设计方案评价等内容。

⑤ 矿业项目环境影响评价。包括矿业项目环境影响评价的基本理论与方法、水环境影响评价、声环境影响评价、大气环境影响评价、固体废弃物环境影响评价、生态环境现状与影响评价以及环境经济损益分析与评价等。

⑥ 矿业项目经济效果分析与财务评价。包括矿业建设项目工程造价计量、矿业项目经济效果分析方法、矿业项目财务评价方法、矿业项目设备更新和改扩建项目技术经济分析、矿业项目后评价理论与方法等。

⑦ 矿产资源合理开发、利用与综合利用问题。包括各种难采难选难冶矿产资源、低品位矿产资源、伴生矿、尾矿的综合利用问题等。

⑧ 矿业新技术、新工艺、新设备、新材料的合理利用问题。例如，矿床开拓新技术、矿井爆破与井巷掘进新技术、特殊矿床开采新工艺技术、矿石分析检验新技术、环保与生态复垦新技术等合理使用问题。

⑨ 矿业项目厂址选择、设备选型、工艺流程和生产系统选择问题。例如，矿山采矿场设计与优化，选矿厂、冶炼厂厂址选择与合理布局，矿山设备选型，选矿工艺流程设计与优化等。

⑩ 矿区发展规划问题。包括矿区开发目标，矿区资源状况、矿床分布、建设规模及开采顺序，外部建设条件状况，矿区综合开发思路，矿区公用工程建设，矿区生态环境保护等。

⑪ 矿业跨国并购技术经济评价理论与方法。包括矿业跨国并购政治风险、政策法律风险、宏观经济风险、市场风险、金融风险、社会文化风险、自然资源风险、经营管理风险等评价理论与方法。

⑫ 矿业项目投资与融资。总体而言，矿业基本属于资本密集型产业，从矿产勘查开始，经过矿厂建设到矿山生产，一般需要投入大量的资金。另外，矿床多赋存在地下，矿业生产对象的属性复杂、多变，生产开始前获得的信息不完备，诸如对丰度、产状、水文地质、构造、瓦斯、围岩力学特性等认识与实际情况经常存在较大差异，矿业生产技术风险大。矿山建设工程时空跨度大，投资时滞长，经济效果受价格变动和通货膨胀水平影响大，矿产系中间需求，受经济周期影响价格波动大，繁荣时矿产需求大、价高，萧条时矿产需求小、价低，矿产市场风险大。可持续发展理念及社会责任意识的普及，使得矿业投资的环境及社会风险较以往增加。此外，虽然国内外两个市场、两种资源的矿产资源供给战略已经成为矿业界共识，但是我国矿产资源类企业走出去的初步尝试似乎还不十分成功。这些都迫切需要研究经济全球化条件下的矿业投资动态与非确定性分析及决策方法，借以适应技术、市场、金融等条件的变化。

⑬ 矿产资源价值评估。在矿业生产与交换等经济活动中，经常需要评估矿产资源的价

值。在矿产勘查的各个主要阶段，需要对勘查成果即矿床进行经济评价；在矿业权依法出让或流转时，需要对探矿权、采矿权进行价值评估；在矿产资源资产化管理时，需要对矿产资源资产进行价值评估；在矿山企业重组并购时，需要对矿产资源企业的价值进行评估。

11.5.2　矿业可持续发展评价

11.5.2.1　*矿业可持续发展评价的程序*

矿业可持续发展评价的程序不仅是开展评价工作的科学依据，同时还是矿业可持续发展评价从理论向实际应用转化的中间环节。因此，研究评价工作程序，对于矿业可持续发展评价理论与方法体系的完善及在实际工作中的开展和推广都具有十分重要的意义。矿业可持续发展评价工作程序包括三个阶段。

(1) 评价方案的制定[53]

① 确定评价对象。在矿业可持续发展评价工作中，要根据矿业可持续发展理论研究情况以及实际需要，遵循有效性与可行性相结合的原则，确定评价对象：一方面要求所确定的评价对象在矿业系统内具有一定的代表性或者对系统的发展具有较大影响，值得去评价且能达到一定的目的；另一方面，评价对象又必须是可以评价的，即从时机、人力、物力、财力以及所掌握的资料等方面能满足评价的需要。

② 选择评价指标及标准。评价标准指衡量评价指标优劣的标准值。矿业可持续发展评价的标准值有定性和定量两种形式。定量标准值可以根据可持续发展有关理论和国家规定的矿业有关指标，参考其他产业的同类标准确定；定性标准值可以根据专家意见和公众可以接受的水平来确定。在层次上划分得越细，即某一指标在矿业可持续发展评价体系中层次越低，越容易被定量化；相反，层次越高的指标越不易被定量化，这时可以用定性标准来衡量。

③ 选择评价方法。矿业可持续发展评价工作中多使用定性与定量相结合的评价方法，一般从高层次系统到低层次子系统，定量程度逐渐增加。依据前面关于矿业可持续发展评价类型的分析，按照评价目的，可将矿业可持续发展评价划分为时点水平评价、发展趋势评价和协调性评价三类。可以根据评价目的及欲了解的矿业发展特征确定评价方法。

(2) 评价工作的实施[53]

① 评价资料的收集。评价资料是评价的基础。资料收集的主要任务是利用各种调查手段和技术设备，全面收集有关矿业系统或者其子系统经营发展的第一手资料及当时社会、经济、环境中与之相关的资料。收集资料的方法有：查阅文献法、实地调查法、类比分析法、问卷调查法、利用遥感技术收集法等。使用时常常采用多种技术相互配合与补充的集成方法，以保证所收集的信息具有广泛性、系统性、准确性和及时性。

② 评价信息处理与分析。所收集到的信息，往往都是原始数据，需要对其进行系统的整理、分类，有时需要对其进行一定的技术处理。通常采用多元统计方法对各类数据进行系统研究。

③ 评价并得出结论。在数据处理分析的基础上，利用选定的评价方法与模型对矿业的可持续发展状况进行研究分析，并得出结论。这里的结论主要包括：被评价矿业系统所处的发展状态、具有的发展趋势、取得的主要成绩和存在的主要问题，以及各个子系统对整个矿业系统可持续发展的贡献或影响程度和矿业与系统外的关系等。

(3) 对评价的总结[53]

这是矿业可持续发展评价工作的最后一个阶段，也是评价工作成果的体现。因此，这一阶段在矿业可持续发展评价工作全过程中是非常重要的环节。这一阶段主要内容有如下两个方面：

① 对矿业可持续发展主导因子和限制因子进行分析。根据评价结论中揭示的矿业系统的子系统发展状况和各个基本要素对系统发展的贡献和影响程度，确定矿业可持续发展的主导因子和限制因子。这里，所谓主导因子是指对矿业发展起主要推动或者促进作用的子系统或者基本要素；而限制因子是指对矿业发展起主要阻碍或者制约作用的子系统或者基本要素。

② 提出决策建议。根据评价结果所揭示的矿业系统发展特征，对矿业未来的发展策略和经营思路提出建议。

11.5.2.2 *矿业可持续发展评价指标选择的基本原则*

矿业系统结构复杂、层次多变，子系统之间既有相互作用，又有相互的输入和输出，某些层次、某些元素及某些子系统的改变可能导致整个矿业系统由优到劣或者由劣到优的变化。因此，要在众多的指标中筛选出那些最灵敏的、便于度量的且内涵丰富的主导性指标作为评价指标，确实不是一件容易的事。对于矿业系统这样的复杂巨系统而言，目前还不可能用几个指标来描述系统的状态和变化，因而需要用多个指标组成一个有机的整体，通过建立指标体系来描述矿业系统的发展状况。在选择矿业可持续发展评价指标体系时，除了要符合统计学的基本规范外，必须遵循以下原则[53]：

① 科学性原则。指标体系一定要建立在科学基础之上，指标概念必须明确，并且具有一定的科学内涵，能够度量和反映矿业系统结构和功能的现状以及发展的趋势。

② 可操作性原则。指标的设置要尽可能利用现有的统计资料。指标具有可测性和可比性，易于量化。在实际调查评价中，指标数据易于通过对统计资料整理、抽样调查或典型调查而获得，或直接从有关部门(科研部门或技术部门)获得。

③ 相对完备性原则。矿业可持续发展评价指标体系作为一个有机整体，应该能够比较全面地反映和测定矿业企业(微观矿业)或整个矿业系统(宏观矿业)的主要发展特征和状况。按照矿业可持续发展评价的内涵，评价指标应该能反映矿业的可持续发展状态、发展趋势、发展协调性以及矿业发展与系统开放的相关性。

④ 相对独立性原则。反映矿业系统发展状况的指标往往存在指标间信息的重叠问题，因此在选择指标时，应尽可能选择具有相对独立性的指标，从而增加评价的正确性和科学性。

⑤ 主成分性原则。在相对完备性的基础上，应力求指标体系简洁、少而精，尽量选择那些具有代表性的综合指标和主要指标。对于某些在含义和功用上与其他指标存在一定重复，且对刻画被评价对象的本质特征又作用较小的指标，应酌情取舍。

⑥ 多样性原则。该原则要求在矿业可持续发展评价指标体系中，既有定量指标，又有定性指标；既有绝对量指标，又有相对量指标；既有价值型指标，又有实物型指标。这样才能满足不同性质、不同层次、不同范围、不同要求的矿业发展状况评价的需要。

⑦ 相对稳定性与绝对动态性相结合的原则。矿业可持续发展评价应贯穿矿业可持续发展战略的全过程，即战略制定、战略实施、战略调整三个阶段，因此应保证矿业可持续发

展评价指标体系具有相对稳定性或相对一致性。但同时，由于矿业可持续发展评价具有复杂性及战略实施过程的动态性特征，应在实际评价过程中不断修正指标体系，以满足系统发展的要求；另外，应该根据专家意见并且结合公众参与的反馈信息不断补充、完善矿业可持续发展评价指标体系。

⑧ 同趋势化原则。同趋势化原则要求矿业可持续发展评价的各指标保持同向趋势。对于不同类型、不同量纲的指标，应先通过一定的方法处理后再进行比较。

11.5.2.3 矿业可持续发展评价的基本指标集

矿业可持续发展评价指标体系，是根据矿业可持续发展评价的内涵，在对矿业系统特征和矿业可持续发展基本要素分析的基础上，遵循指标选择的八大原则确定的。进行矿业可持续发展评价时应该考虑的基本要素（子系统）主要有矿产资源、生态环境、矿业经济效益、社会效益等，每一个基本要素又都有自己的评价指标体系，而它们的并集就是矿业系统可持续发展评价指标体系。涉及矿业发展的指标很多，其基本指标集主要包括以下 5 个方面[53]。

① 矿产资源子系统可持续性评价指标。主要有：矿产资源回收率、伴生资源综合利用率、万元产值矿产资源消耗量、矿产资源储采比、矿产资源储耗比、矿产资源丰度（资源品位、开采难易程度等）、矿产资源消耗速率、矿产资源新增速率、地质勘探程度、地勘费增长率、矿产资源开采贫化率、矿产资源远景储量、矿产资源可采储量、人均矿产资源占有率、矿产资源开发利用投入、矿产资源循环利用率、矿产资源替代率等。

② 生态环境子系统可持续性评价指标。主要有：矿业水资源循环利用率、固体废弃物综合利用率、矿业废水达标排放率、矿业废气治理率、土地复垦率、万元产值固体废弃物产生量、万元产值污水产生量、万元产值有害气体产生量、污染物排放量增长速率、矿区大气质量、矿区水质量、矿区生态环境保护投入、矿区环境综合指数等。

③ 矿业经济子系统可持续性评价指标。主要有：工业总产值、工业增加值、工业增加值率、全员劳动生产率、产值利税率、资金利税率、利润增长率、职工人均收入、综合开发及多种经营产值比例、总资产报酬率、矿产品下游产品利税率、投资回收期、内部收益率、资本保值增值率、固定资产增长率、产品销售率、科技进步贡献率、从业人员中专业技术人员比例、科研投入量、技术创新价值比例等。

④ 矿业社会子系统评价指标。主要有：就业职工人数、职工人均住房面积、万元产值死亡人数、矿业职业病发病率、矿业社会贡献率、社会对矿产资源的消耗量、矿产品对社会需求的满足程度、计划生育达标率、职工子弟入学率、职工平均受教育年限、职工子弟待业率、矿区社会保障体系完善程度、矿区社会发展投入等。

⑤ 区域矿业系统开放状况评价指标。主要有：矿产进出口量、矿产进出口额度、矿业技术进出口量、矿业技术进出口额度、外资引入额度、外资矿业企业家数、外资矿业企业生产能力、外资矿业企业产值占矿业总产值的比例、境外矿产开采量、境外矿产开采产值、境外矿产开采利润、境外矿产开采产值占矿业总产值的比例等。

上述评价基本指标集包含的是一般情况下矿业可持续发展评价基本指标，在实际评价工作中应根据被评价对象的具体情况，在确定评价方法的基础上，按照前文提到的原则和筛选方法进行取舍。如进行煤炭工业可持续发展评价时，应在其矿产资源评价指标中增加“煤炭洗选率”“煤炭液化率”等指标，而舍弃“循环利用率”等指标；在进行有色金属矿业可持续发展评价时，应在其矿产资源评价指标中增加“冶炼回收率”等指标；在进行地下矿山可持续发展评价时应考虑“采掘比”，而对露天矿山进行评价时则应增加“剥采比”等[55]。

11.5.2.4 *矿业可持续发展评价的方法选择*

矿业可持续发展评价涉及矿产资源、生态环境、社会和经济等不同子系统的许多因子，并且各子系统内众多因子的特点、属性及运动规律复杂多样，这就决定应该针对不同因子，甚至同一因子的不同环节，采用不同的评价方法。

选择矿业可持续发展评价方法时，首先要对被评价对象及其历史演变作出尽可能透彻的分析，把握方法选择的关键，选择成熟的、被经验证明行之有效的方法；其次，必须仔细分析被评价对象的个性特点，选取能够满足其个性特点需要的矿业可持续发展评价方法；最后，在实施时还要注意多种评价方法的结合使用，以相互检验[53]。

在选择矿业可持续发展评价方法时应考虑的因素很多，如评价因子的特点、资料情况、所要求的准确度、评价费用等。而这些因素往往是互相抵触、互相制约、无法兼顾的，这可能导致人们在选择矿业可持续发展评价方法时无所适从。相对而言，矿业可持续发展评价方法的选择取决于以下两个方面的因素[53]：

① 被评价对象的特点、性质和发展变化规律。在选择矿业可持续发展评价方法时，不仅要考虑被评价对象的系统结构形式，更要考虑其本质内涵。矿业可持续发展评价方法一般都是通用的，或者说是在大量的矿业可持续发展问题的共性基础上形成的。而矿业可持续发展评价的不同对象由于其特有的机制而具有极其鲜明的个性，在个性基础上形成它对矿业可持续发展评价工作的特殊要求，产生了非通用的评价方法，或需要对通用的评价方法作特殊技术处理。可见，矿业可持续发展评价方法的选择应首先考虑被评价对象的特殊性。比如，对矿业经济子系统进行评价时，一般情况下数据都比较齐全，适合采用回归分析方法；但若把回归分析法用于评价矿业的社会子系统，由于该子系统中一部分指标并未完全量化（如职工健康状况等），则必须首先采用一定的方法（如模糊数学或灰色系统方法等）对这部分指标进行处理，才能进行回归分析。

② 对评价结果的要求和评价目的。评价结果的利用对评价结果提出某些特定的要求，如精确度、时间、费用、定量化程度等，从而影响矿业可持续发展评价方法的选择。

一般来说，比较复杂、精细的方法所得的评价结果的精确度要高一些，但所花费的时间、精力与费用也要多一些，对资料、技术设备的要求也高；而较为简单的评价方法所花费的时间、精力与费用较少些，对资料、设备的要求较低，但评价结果的精确度也较低。因此，选择矿业可持续发展评价方法要从对评价结果的利用要求出发。

11.5.3 矿业权及其评估概述

11.5.3.1 *矿业权*

（1）矿业权的概念

矿业权是指自然人、法人和其他社会组织在一定的区域和时间内依法享有的，进行矿产资源勘查或开采等一系列经济活动的权利。

矿业权包括探矿权、采矿权。探矿权是指探矿权人在依法取得的勘查许可证规定的范围和期限内，勘查矿产资源的权利。采矿权是指采矿权人在依法取得的采矿许可证规定的范围和期限内，开采矿产资源的权利。

(2) 矿业权法律特征[54]

① 矿业权是矿产资源所有权派生出来的一种物权。

矿产资源所有权人将矿产资源使用权能让予他人，允许他人使用，从而形成的矿业权，属于他物权。矿业权人对矿产资源没有完全支配力，只具有使用和收益的权利。因此，它是一种限制物权，即只能在一定范围内对矿产资源进行使用、收益。也就是说，矿业权是以矿产资源的利用并获取收益为目的的用益物权。

② 矿业权具有排他性和主体唯一性，任何单位或个人都不得妨碍矿业权人行使自己的矿业权。

③ 矿业权的权能内容仅指对矿产资源的使用、收益，而不包括对矿产资源的处分权。

④ 矿业权的取得和转移必须履行严格的法律、行政程序。

(3) 矿业权与矿产资源所有权

① 矿产资源所有权的概念[54]

a. 矿产资源所有权是指作为所有者的国家依法对矿产资源享有占有、使用、收益和处分的权利。

b. 矿产资源的国家主权性质。国家对其所有领土范围和管辖海域范围内的矿产资源都享有主权权利，矿产资源是国家主权的客体之一。国家主权高于民事权，除了国家，任何主体均不得对矿产资源享有主权权利。中央政府代表国家所有者，由国务院行使国家对矿产资源的所有权，不存在地方政府、社区、集体、个人、企业、部门所有。

c. 矿产资源所有权的法律特征。国家是矿产资源所有权的唯一主体，客体矿产资源为禁止流通物。

d. 矿产资源所有权的内容。对矿产资源所有权的占有、使用、收益和处分等各项权能构成矿产资源所有权的内容。矿产资源所有者的代表是国务院，即国务院代表国家行使占有、使用、收益和处分的权利。占有是指国家的矿产资源神圣不可侵犯，任何法人、自然人使用矿产资源须经国务院许可。使用是指国家可以依法设立矿业权，通过资源规划合理开发。收益是指国家作为所有者在经济利益上的回报，如收取矿产资源补偿金(权利金)。处分是指对矿产资源的规划分配和矿业权的出让、拍卖或作价投资等。一般国家通过矿业权的设定、许可和管理，可以基本实现所有权的各项权能。矿产资源所有权和矿业权共同构成矿产资源财产权的内容。

② 矿业权与矿产资源所有权的联系[54]

a. 它们同为物权，矿产资源所有权属于自物权，矿业权是他物权。

b. 矿业权是在矿产资源所有权之下所设定的物权，派生于矿产资源所有权。

c. 它们的权利客体同为矿产资源。

③ 矿业权与矿产资源所有权的区别[54]

a. 权利主体不同。矿业权的主体是自然人、法人和其他社会组织；矿产资源所有权的主体是国家。

b. 权利的可流转性不同。矿业权依法可以流转，为限制流通物；而法律规定矿产资源所有权不允许流通，为禁止流通物。

c. 权利取得的方式不同。矿业权是以申请、审批登记和其他经批准的有偿方式取得的，而矿产资源所有权由宪法规定。

d. 权利灭失原因不同。矿业权因行为和事实，如民事法律行为、行政行为和权利期限届满而灭失；而矿产资源所有权只因事实，包括自然灭失和人工利用而灭失。

11.5.3.2 矿业权价值

(1) 矿业权价值的概念[54]

① 矿业权价值，即矿业权人在一定期限内通过对矿产资源客体的活劳动和物化劳动的投入而可能产出的投资收益率。

② 矿业权价格，即矿业权价值的货币表现。在矿业权市场中，矿业权价格是矿业权人买卖矿业权的交易额。一般而言，矿业权价格应由交易双方议定。

③ 矿业权价款，即探矿权价款或采矿权价款。其实质是国家勘查投资的收益，特指国家将其出资勘查形成的矿产地的矿业权出让给他人，或者矿业权人将国家出资勘查形成的矿产地的矿业权转让给他人，按国家规定向矿业权人或受让人收取的款项。

(2) 矿业权市场

① 矿业权市场的定义[54]

矿业权市场是指矿业权流转、交易所产生和形成的经济关系和行为的综合。市场的产生和形成源于商品，矿业权市场的商品就是矿业权。

矿业权市场所包含的主要经济关系可概括为：矿产资源所有者与矿业权人的关系；地矿行政管理机关与矿业权人的关系；矿业投资人与矿业权人的关系；中介组织与矿业权市场主体（地矿行政管理机关、矿业权人、矿业投资人）的关系。这些经济关系表现为管理与被管理、服务与被服务、平等交易的相互关系。矿业权市场的这些关系是通过申请、审批、授予、买卖、合作、合资、委托等行为建立起来的。

② 矿业权市场的特征[54]

a. 矿业权市场的主体和客体。矿业权市场的主体就是矿业权交换关系中的行为人。矿业权市场的主体由国家、矿业权人（地勘单位、矿山企业、其他投资者）和中介组织（经纪人、评估机构、律师事务所等）构成。矿业权人和中介组织是一般民事主体，国家是矿业权市场的特殊民事主体。矿业权是矿业权市场的客体。

b. 矿业权市场的客体是矿产资源的探矿权和采矿权，不是矿产资源本身。

c. 矿业权市场机制是竞争性，国家鼓励有序竞争。国家作为矿产资源所有权人出让其矿产资源使用权，可以采用申请出让的形式，也可实行公开招标、拍卖的形式。矿业权人之间的转让在市场中则完全放开。

③ 矿业权市场的结构[54]

矿业权市场作为矿业权这一特殊商品交易关系的综合，其市场体系的结构模式，按矿业权所有者的不同分为一级（出让）市场和二级（转让）市场。

a. 一级（出让）市场。出让是指矿业权登记管理机关以审批、招标、拍卖等方式，向申请人授予矿业权的行为。矿业权登记管理机关向申请人、投标人出让矿业权即构成矿业权一级市场。

b. 二级（转让）市场。转让是指矿业权人将矿业权转移的行为，包括出售、作价出资、合作、重组改制等方式。矿业权在一般民事主体（矿业权人和中介组织）之间转移即构成矿业权二级市场。

11.5.3.3 *矿业权评估*

(1) 矿业权评估的概念[54]

矿业权评估是指对矿业权的价值进行评价和估算的行为。评估时,选择适当的评估方法,根据评估对象的实际情况及社会经济环境条件,由专门机构和人员,依据国家的法律、法规和有关技术经济资料,在特定的条件下,运用科学的计算方法,对某一时点的矿业权价值进行评定估算。

矿业权评估的对象是探矿权和采矿权。探矿权、采矿权与矿产资源实体或矿床(矿产地)实体有不可分性。

(2) 矿业权评估的依据[54]

矿业权评估的依据主要有:行为依据、法律法规依据、产权依据、地质矿产信息依据、经济技术依据和取价依据。

① 评估委托合同

评估委托合同是评估的行为依据。矿业权评估要有起因,即首先要有需求。需求者可以是矿业权人,也可以是矿业权登记管理机关,或其他的法人、自然人。他们为某个目的选择并委托中介组织为其进行矿业权评估。矿业权评估委托人与中介组织就评估达成一致意见后签订的矿业权评估委托合同即矿业权评估的行为依据,对双方都有约束力。

② 法律法规

a. 矿业管理法律法规。矿业权评估必须以矿产资源法律法规为基本依据。这些法律法规主要有《中华人民共和国矿产资源法》《中华人民共和国矿产资源法实施细则》《矿产资源勘查区块登记管理办法》《矿产资源开采登记管理办法》《探矿权采矿权转让管理办法》以及以这些法律法规为依据制定的规章等。

b. 财务制度。国家对地勘单位、矿山企业等都制定有相应的财务制度。矿业权评估中如有涉及,应遵循有关的财务规则和规定。

c. 税费征收法律法规和政策。矿业权评估过程中需要对矿业权人按法律法规和政策规定缴纳的各种税费进行核算,核算的依据是国家有关矿山税费缴纳、减免的法律法规和政策。这些法律法规和政策主要有《中华人民共和国资源税暂行条例》《矿产资源补偿费征收管理规定》《中华人民共和国增值税暂行条例》《中华人民共和国企业所得税暂行条例》《中华人民共和国外商投资企业和外国企业所得税法》等。

d. 环境保护的法律和政策。矿业权评估应该考虑环境保护的投入,依据的主要法律和政策有《中华人民共和国环境保护法》《中华人民共和国水土保持法》《中华人民共和国水污染防治法》《关于加强矿山生态环境保护工作的通知》等。

e. 规范评估行为的规定。是指规范评估机构、人员行为的法律法规和政策,主要有《探矿权采矿权评估管理暂行办法》《探矿权采矿权评估资格管理暂行办法》等。

③ 勘查许可证和采矿许可证

勘查许可证和采矿许可证是矿业权人的产权证书,也是矿业权人委托评估和评估机构受托评估的产权依据。

④ 地质报告和图件及矿山技术经济资料等

地质报告和图件及矿山技术经济资料、对地质报告的审批文件与储量评审报告是对评估对象的描述性文件,是评估的地质矿产信息依据,是矿业权评估的核心资料。主要包括反映评估范围矿产地及周围区域的勘探程度、区域地质、矿产资源赋存状况和特征、地质构造、开采技术条件、主矿产与共伴生矿产的资源或储量级别及数量和质量等地质信息的资料。

⑤ 行业经济技术指标和市场信息资料

行业经济技术指标是确定评估方案的经济技术依据，市场交易实况和根据市场情况编制的标准是评估的取价依据。主要包括反映行业、矿种和矿山类别的当前技术水平与管理水平、投资规模、成本费用指标、各级别矿产品的市场供求与价格状况，一级矿业资本市场、财务市场、股票市场、矿业权市场等信息的资料和文件。

⑥ 国家的产业政策

产业政策是政府为了实现一定的经济和社会目标而对产业的形成与发展进行干预的政策的总和。干预包括规划、引导、促进、调整、保护、扶持、限制等方面的含义。如国家在煤层气、页岩气等能源开发方面的政策。

(3) 矿业权评估的目的

矿业权评估的目的就是为矿业权交易或其他市场经济行为提供矿业权定价的参考意见或依据。同一矿业权因将发生的市场经济行为的不同，评估时选取参数的角度会有所不同，进而使评估价值也往往不相同。因此，明确评估目的，对于科学地组织矿业权的评估工作、提高矿业权评估质量具有重要意义。矿业权评估目的来自矿业权市场的需求。我国矿业权评估需求主要有矿政管理、矿业经营活动、金融市场、法律事务及咨询、环境保护等。不同的评估需求产生不同的评估目的。

① 以矿业权出让为目的。矿业权出让是指国家作为矿产资源所有者将矿产资源使用权(含勘探的权利)让渡给矿业权人，赋予矿业权人在规定的范围和时间内勘探、开采矿产资源的权利和部分收益权。《矿业权出让转让管理暂行规定》规定："各级地质矿产主管部门按照法定管辖权限出让国家出资勘查并已经探明矿产地的矿业权时，应委托具有国务院地质矿产主管部门认定的有矿业权评估资格的评估机构进行矿业权评估。""出让矿业权的范围可以是国家出资勘查并已经探明的矿产地、依法收归国有的矿产地和其他矿业权空白地。"因此，凡在一级市场出让的矿业权，其内含矿产地的都必须进行评估[54]。

② 以矿业权转让为目的。矿业权转让是矿业权在二级转让市场上的流转。《矿业权出让转让管理暂行规定》第八条规定："矿业权人转让国家出资勘查形成矿产地的矿业权的，应由矿业权人委托评估机构进行矿业权评估。"就是说，如果矿业权人拟出让的矿业权，其勘查投资的性质属于中央财政或地方财政的地质勘探费、矿产资源补偿费、各种基金以及专项经费的，就必须进行矿业权评估，这是强制性的。除此之外，由矿业权人或当事人自主决定是否进行转让评估[54]。

③ 以矿业权抵押为目的。矿业权人因向银行贷款融资或其他举债经济行为等目的将矿业权作为抵押物设定抵押权时，债权人要求抵押人提供抵押物价值的，抵押人应委托评估机构评估抵押物。这是担保法对债权人提供的法律保护，但不是对评估做的强制性规定。它仍要依据债权人的意愿进行[54]。

④ 以矿业权出租为目的。《矿业权出让转让管理暂行规定》第五十条规定："出租国家出资勘查形成的采矿权的，应按照采矿权转让规定进行评估、确认，采矿权价款按有关规定进行处置。"

⑤ 以法律事务或咨询服务为目的。改革开放以来，我国矿业迅速发展，产权意识也不断增强，越界开采、非法开采等侵权行为带来的矿业权纠纷亦不断发生，付诸法律的事例屡见不鲜，给矿产资源所有者和矿业权人造成经济损害的索赔诉讼案件常常需要依靠矿业权评估来解决，这种矿业权评估可为司法实施提供依据[54]。

11.5.3.4　矿业权评估的原则与途径

(1) 矿业权评估的原则[54]

① 尊重地质规律和资源经济规律的原则。主要包括矿产形成和赋存的规律、地质工作和资源开发的规律等。应充分揭示矿产的地质赋存条件、储量的可信度、矿石品位及其变化规律等技术经济内涵，客观地确定职业评估的各种影响因素，科学地判断资源的经济特性。

② 尊重地质勘查规范的原则。地质勘查工作的开展、勘查程度和质量的评述、勘查报告的编制、地质图件的绘制、一级储量的圈定和计算等，均依据相应的地质勘查规范。矿业权评估过程中，对于勘查成果和可靠性的判断和评价、矿产储量和矿石质量的审定、综合利用方案的确定、开采技术条件分析，以及地质信息资料的取舍等，要严格遵守地质勘查规范，以保证评估结果的可靠性和科学性。

③ 预测原则。矿业权的价值一般不是由形成矿业权的资金投入直接决定的，通常是基于对矿产地未来收益的判断确定的。所以，重点在于将来的收益，而非过去的历史资料。矿业权评估必须合理预测其未来的获利能力以及拥有获利能力的有效期限。对于探矿权，要合理预测其找矿前景和发现经济矿床的潜力；对于采矿权，要合理预测开采这些矿产资源的未来收益。

④ 供求原则。矿业权的价格在一定程度上取决于矿业权市场与矿产品的供求关系，与需求成正比，与供应成反比。

⑤ 替代原则。如果两宗或两宗以上相类似的矿业权可以在矿业权市场上同时买到，则购买者总是购买价格最低的。因此，评估时，某一矿业权的可选择性和有无替代性是需要考虑的一个重要因素。

⑥ 变动原则。影响矿业权价值的因素很多，如采、选、冶技术及矿产品价格等，这些因素的变化会引起价值的变化。因此，在矿业权评估中必须充分考虑这些影响因素引起的参数变动。

⑦ 竞争原则。真正公平的市场价值是在市场中形成的，无论买卖双方，竞争均会影响其交易价格。进行矿业权评估时不能无视市场竞争的存在，应考虑矿业权市场竞争程度对评估的影响。

⑧ 收益递增递减原则。根据经济学中的边际效益递减原则，追加某一投资，初始阶段收益随着投入而增加，但达到某一点后，如果继续追加投资，则收益不再会随追加投资成比例增加。矿业经济同样遵循这一规律。

⑨ 最有效利用原则。效用最大化和追求最大效益是市场经济的基本原则。对于不同的矿业权人来说，由于采取的管理方式不同、采用的采选技术不同，有效利用程度不同，实现的矿业权价值也就不同。矿业权评估应以一定技术管理水平时矿业权的最佳效用或收益为前提。

⑩ 协调原则。矿产资源开发总是处于一定的自然与社会环境中，必须与周围的环境相

协调。矿业权与周围环境同质,其价值必定高于异质环境下的类似矿业权的价值。矿业权评估要考虑矿业权与周围环境的协调性。

⑪ 收益分配原则。矿业权这种生产要素,可为三个主体创造效益:成本部分构成企业职工的工资和其他产值,为社会作出了贡献;税费(资源补偿费、资源税和其他税费)由国家占有并进行再分配,对政府作出了贡献;净收益为矿业权人所有,形成矿业开发的驱动力。

⑫ 均衡原则。当矿业资本市场、矿产勘查劳务市场、矿产品市场和矿业权市场,以及经营因素等矿业生产要素的应用达到量的均衡而尚未发生边际效益递减时,收益状况最佳。

(2) 矿业权评估的途径

① 评估途径

矿业权评估,要根据评估对象、评估目的和应该遵循的原则选择适当的评估途径。矿业权评估主要有收益、成本和市场三种途径。

a. 收益途径[54]。

它是指通过估算资产未来预期收益并折算成现值,来确定被评估资产价值的一种评估方法。采用收益途径对矿业权进行评估,所确定的矿业权价值是为获得矿业权以取得预期收益的权利所支付的货币总额。矿业权的评估价值与矿业权的效用和有用程度密切相关,矿业权的效用越大、获利能力越强,它的价值越大。应用收益途径进行矿业权评估必须具备两个条件:其一,矿业权未来的预期收益可以预测,并能用货币计量;其二,矿业权人未来承担的风险能被估计并量化。运用收益途径进行矿业权评估,要以矿业权的持续经营并能连续获利为前提,若矿业权投资的未来收益无法预测,则不能采用收益途径。

运用收益途径进行矿业权评估要确定的主要指标为收益额、贴现率和收益期限。

收益额是矿业权所指向的矿产地被持续经营或假设开发时,在一定假设条件下,某个时点所能够带来的未来收益预测值。收益额可以用净利润、净现金流量或利润总额来表示,但计算现值时应恰当地确定贴现率。

收益期限是矿业权使用期间矿产地(或矿山)持续经营的收益时间。矿业权评估的收益期限,一般由法定范围内的矿产资源开发年限确定,有时也可由法律、契约或合同的规定来确定。

收益途径能在客观、合理地确定评估参数的情况下,得到与市场交易比较接近的评估值,相对公正,易于为买卖双方所接受。

b. 成本途径[54]。

当探矿权所指向的矿产地的勘查程度较低、储量的可靠性差,不适合采用收益途径评估探矿权价值时,才可考虑采用成本途径进行评估。

探矿权的价值由成本和修正系数两部分决定。成本部分指的是勘查时所采用的各种技术方法(手段)的资金投入现值,不是原始实际成本。修正系数是地质专家和评估人员通过对成本的效用价值和勘查成果的找矿意义进行判断加以确定的。根据评估对象的勘查工作程度和所获得的地质、地矿信息资料的丰富程度的差异,可以进行不同程度的修正。对于尚未圈定矿体的探矿权,只能对勘查投入现值的效用价值进行评判,其修正系数称作“效用系数”。对初步圈定矿体的探矿权,已获得的地质、矿产信息资料丰富了一些,在对成本的效用价值判断的基础上,还可对其进一步的找矿意义进行评判,用“调整系数”再作修正。因此,成本方法评估探矿权价值的技术思路是,探矿权的价值由勘查投入成本现值经修正系数调整后确定。

c. 市场途径[54]

市场法也称为市场比较法，其途径是指通过比较被评估矿业权与最近交易的矿业权的异同，调整某些参数，从而确定被评估矿业权价值的一种途径。

一般来讲，市场途径是最接近市场价格的一种有效途径，但市场途径的运用需要具备一些前提条件：一是要有一个发育的矿业权市场，矿业权交易频繁，与被评估矿业权相类似的矿业权交易样本容易获得；二是参照矿业权与被评估矿业权有可对比的指标、技术参数等资料。

运用市场途径进行矿业权评估的关键是参照矿业权差异的调整，差异调整因素主要包括交易时间差异因素、所处地域差异因素和矿业权效用差异因素。具体需要进行规模调整、矿石品位调整、矿产品价格调整，以及反映交通条件、自然条件、经济环境、地质采选冶条件差异的成本调整。

② 选择评估途径的影响因素[54]

a. 矿业权的类型。不同类型和不同阶段的矿业权，适用不同的价值评估途径和方法。采矿权和勘查工作程度较高的探矿权评估应采用收益途径。勘查程度较低的探矿权，因进行开发的技术和经济参数无法取得，则其评估只能采用成本途径。对于在矿业权市场上进行交易的矿业权，评估的是资产的交换价值或公平市场价值，若市场上可以找到参照矿业权，且差异调整参数可搜集，则市场途径不失为一种简单有效的评估途径。

b. 信息资料。矿业权评估所依赖的信息资料包括地质、矿产、矿山建设、开发方案、采选技术、财务、市场等。根据可得相关信息的数量和质量，评估人员要凭借自己在矿产开发和评估等方面的经验和知识，对信息的可用性、可靠性、真实性、准确性等进行分析和评价，从而选择合理的评估途径和方法。在评估报告中要说明信息的来源，信息的质量，为什么选择这种评估途径和方法，可得信息与选择使用的评估途径是否匹配等。

11.6 矿井闭坑

矿井闭坑主要是指资源枯竭、地质条件复杂、宏观调控、市场影响、经营状况等因素造成的矿山永久性停产，矿井闭坑也称为关井、矿井关闭、矿井关停等。

许多矿井由于资源枯竭面临关闭，如徐州、淄博、肥城、枣庄、峰峰、焦作、沈阳等矿区[57]；部分深部矿井冲击地压、瓦斯、水害、热害等灾害频发，生产和安全成本很高，在煤炭形势低迷情况下关闭[55]；国家为保证煤炭资源的安全有序开采，从 2005 年大力整合煤炭资源，重组煤矿；仅 1998—2013 年间，中国煤矿由 8 万多座减少至 1.2 万座[55]；国内外对安全和环保问题的重视程度也进一步增加：2015 年 11 月 30 日习近平总书记出席“巴黎气候变化大会”，明确提出节能减排、保护环境的具体目标[56]；对此，国务院 2016 年 2 月 1 日下发的《关于煤炭行业化解过剩产能实现脱困发展的意见》，对今后一个时期化解煤炭行业过剩产能、推动煤炭企业实现脱困发展提出要求、明确任务并作出部署[57]。

11.6.1 闭坑矿井的特征

11.6.1.1 闭坑矿井的数目及发展趋势

2005—2013 年，我国矿业集中度不断提高，矿山数量不断下降，8 a 间减少了 2.8 万座

[见图 11-16(a)]。

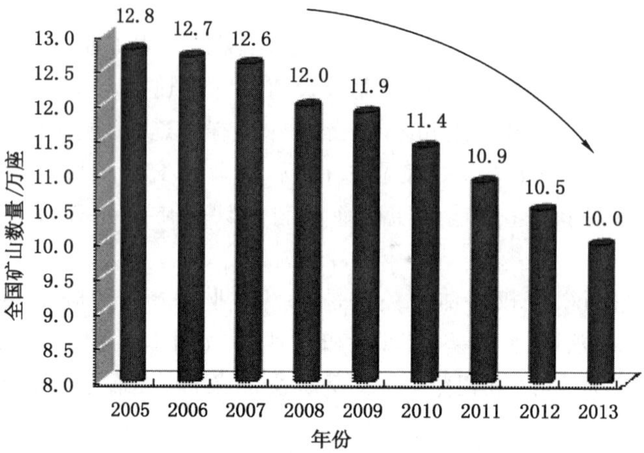

(a)

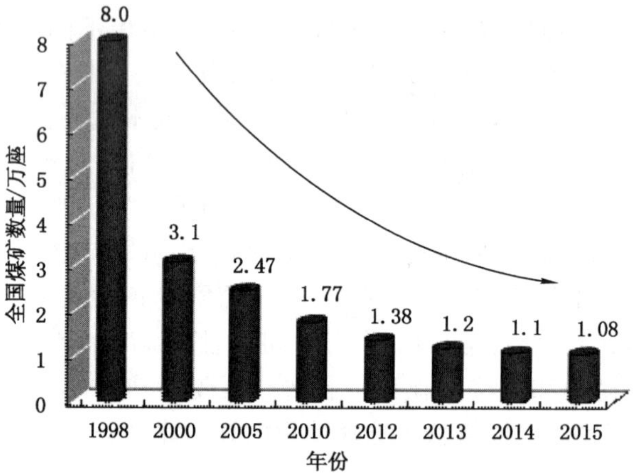

(b)

(a) 2005—2013 年矿山(含油气田)数量变化情况[58];(b) 1998—2015 年煤矿数量变化情况。

图 11-16　我国矿山数量变化情况

煤矿占各类矿山数量的 12.43%,约 95%的煤矿采用井工开采[58]。由于国家对煤炭资源整合工作的推进以及整顿煤炭资源开发秩序,被关闭的煤矿数量逐年增多,截至 2013 年年底全国煤矿数量由 1998 年的 8 万座减少至 1.2 万座。受煤炭产能过剩、行业不景气的影响,2013—2015 年全国新增闭坑煤矿 3 331 座,截至 2015 年年底全国煤矿数量缩减为 1.08 万座[59][见图 11-16(b)]。

11.6.1.2　闭坑矿井地下空间状态

各类闭坑矿井一般会留有一定量的井巷等地下空间,如煤矿的井硐、井底车场、永久大巷和金属矿山的矿房等,这些空间由于断面小、围岩稳定、支护强度高、保护矿柱宽,通常会在闭坑后很长一段时间内处于基本稳定状态。并且这些地下空间配套有完善的运输、供电、通风、进水、排水系统,瓦斯等有害气体浓度相对较低,适宜人员活动,为其合理利用提供了便利的条件。

开采时,采空区上覆岩层会发生不同程度的弯曲、下沉甚至垮落,然后被重新压实,形成新的极限平衡状态。采空区一般连通大量的水系，不仅会形成稳定的积水，而且可能参与到周边水系的水循环系统中，形成复杂的水文交替和演变环境，并长期处于动态平衡状态。采空区富含大量的气体，包括残余的瓦斯气体以及采空区自燃产生的CO等，与外界气体交换程度低，封存效果较好。

闭坑矿井地下空间的利用具有以下特点。

① 闭坑矿井地下空间种类全、数量多、面积大，利用形式多样。闭坑矿井种类不同：包括煤矿、金属矿山、石膏矿、盐矿以及其他非金属矿山；开采工艺不同：包括长壁式开采、房柱式开采、条带开采等；采空区处理方式不同：包括自然垮落、充填等；自然条件不同：包括地理位置、埋深、围岩稳定性、水文地质条件、矿井气候等。我国的矿区分布范围广，数量众多，类型庞杂，我国各省份矿井数量所占比例见图11-17。闭坑矿井地下空间巨大，一个中等规模的矿井，井下空间可达百万立方米，且具有封闭性能好，与外界物质、能量交换量小，气候恒定等特点。因此，闭坑矿井的地下空间利用形式多样。

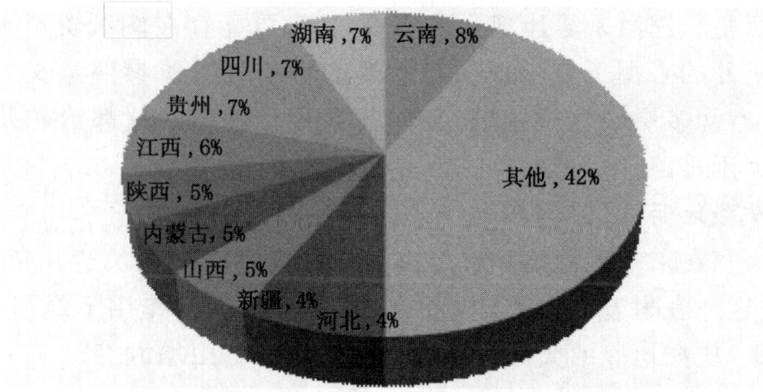

图11-17 我国各省份矿井数量所占比例[56]

② 对闭坑矿井地下空间、资源科学利用问题及资源数量认识不足。政府和社会已经开始关注闭坑矿井带来的安全和生态环境问题。但对于闭坑矿井塌陷区的治理及采后利用还仅仅停留在依靠大量资金修复环境、恢复生态的层面上，对闭坑矿井地下宝贵空间、资源的科学利用及资源数量还缺乏认识。以即将关闭的400万t产能煤矿为例，粗略统计的各类资源如表11-5所示[60]。

表11-5 某煤矿各类资源统计[60]

分 类	项 目	数 量
土地资源	工业广场	0.65 km^2
	沉陷区	17.6 km^2
建(构)筑物	主要建筑物	28栋
	主要构筑物	20座
地面线性设施	铁路	18 km
	公路	15 km
	电力网	21 km

表 11-5(续)

分类	项目	数量
水资源	地面水资源	60.0 万 m^3
	井下水资源	7 200 m^3
设备	地面设备	45 套
	井下设备	336 套
井下空间	主要巷道、硐室	22.5 m^3
	孔隙、裂隙	1 260 万 m^3

③ 闭坑矿井时空位置不清。一般前期矿井闭坑后，其相关的监督、管理工作意味着结束，很难再去跟进遗留问题，也没有系统性地对矿井各类图纸进行收集备案。各类矿井的永久测量基准点也不统一，闭坑后容易遭到废弃和破坏。存在越界开采、开采保护煤柱、私设工作面以及小煤窑私挖滥采等违规开采现象，且有可能存在图纸资料虚假问题。上述原因可能导致闭坑矿井的采掘工程平面图等重要的资料失去了参照意义。废弃的矿区与城区相互交错，地下空间多层位盘根错节，空间位置很难确定。这都给矿井闭坑后的安全和空间利用带来很大困难。

11.6.1.3 闭坑矿井地面状态

闭坑矿井地表存在采空区塌陷和次生灾害的安全隐患。在长达几年、十几年甚至几十年的闭坑期，采空区地表附着的矸石山、土方、山体等在流变作用下缓慢变形，直至发展成为突发性动力灾害，比如地面的大面积垮塌、泥石流、矸石山塌方等。

采空区地面生态环境一般破坏较为严重，从而会对居民生活造成影响。开采引起的地表沉陷、地下水系破坏，会使得地面的农作物减产甚至绝产，附近居民饮用水困难；地表沉陷会引起民房和厂房开裂、道路塌陷，同时对地面建筑的施工、基础设施以及城市规划造成影响；地表堆积的矸石山和选煤厂会恶化下行风方向居民的居住环境。

目前，闭坑矿井普遍缺少长期的安全和环境评价，未设立专门的测点进行长期性监测，甚至没有划定可能存在塌陷或者次生灾害的危险区，有些塌陷区地表开始重新开发建造住宅楼和厂房等，存在巨大的安全隐患。

11.6.2 矿井闭坑问题的基本框架

矿井闭坑问题的基本框架如图 11-18 所示。

在理论问题研究方面，首先应提出闭坑矿井评价准则并明确责任体系，然后对采空区覆岩长期沉陷规律及采空区水、气与污染物质的多场耦合和迁移规律进行研究；基于此，制定闭坑矿井地下空间长期稳定性评价方法，并指明闭坑矿井地下空间和资源利用方法。在此基础上，提出矿井闭坑的关键技术问题，包括矿井闭坑的长期安全监测与评价技术、长期环境监测与评价技术、开拓巷道空间利用技术、采空区利用技术、生态环境修复技术等。

11.6.3 矿井闭坑的理论问题

11.6.3.1 矿井闭坑的评价准则与责任体系

(1) 矿井闭坑评价准则

闭坑矿井地下空间与资源利用评价应基于地区的发展和规划，原则上应在采前统筹规

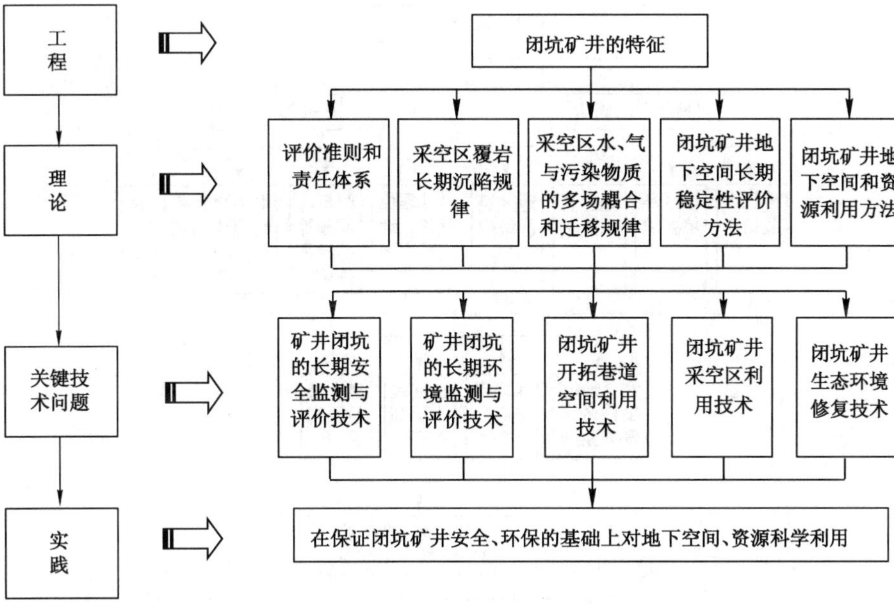

图 11-18 矿井闭坑问题的基本框架

划，采中为采后准备条件。对于未进行闭坑矿井地下空间与资源利用评价的，应及时补充，可分阶段将已经闭坑或者即将闭坑的矿井纳入近期规划，正在生产中的矿井纳入中期规划，刚投产或者未投产的矿井纳入长期规划。

矿井闭坑评价准则应将地区的需求和矿井自身特点相结合(见图 11-19)，充分考虑地区产能结构、经济结构以及城市中长期规划，充分考虑矿井的地理位置、地势、深度、开拓布置、地下运输方式、服务年限、地下空间形式、稳定性和体积量、地下气候、水资源环境、地面厂房及矸石量、地面生态环境以及周边人文环境等。以"利于地区的整体协调发展"为矿井闭坑评价的第一原则，以矿区在"全生命周期产生的总价值最大化"作为矿井闭坑评价的第二原则。"全生命周期产生的总价值最大化"原则具体包括保证安全、成本最低、效益最大。在此基础上制定矿井闭坑的综合评价标准，然后根据每个矿井的实际特点和属性，制定专门的利用方案。这样不仅可减少二次利用时的改造费用，也可大大提高其利用的可行性。

矿井闭坑评价报告应由相关责任部门统一规划，达不到矿井闭坑后地下空间、资源利用标准的，应按要求设立长期测站，在保证地面长期安全和生态环保的情况下进行关闭。受地区经济、产能等影响需对地下空间、资源利用时间调整的，可提前或延后闭坑，涉及多个矿井同时闭坑联合利用地下空间的，可同时或者分批次有序闭坑。

(2) 矿井闭坑责任体系

目前，矿井采前审批和采中的生产、安全、经营方面都有明确的责任体系，但是闭坑矿井的安全、环境问题长期存在，原因是矿井闭坑后责任主体缺失。因此，应明确矿井闭坑后的责任主体，完善矿井的责任体系，在矿井的全生命周期实行责任制，即谁开采，谁承担生产、安全、经营责任，谁负责闭坑后的安全、生态环境改善和地下空间、资源利用。

矿井闭坑后应由责任企业在采空区设立长期测点，及时监测地表、山体等变形以及采空区岩层移动和生态环境变化，发现异常及时处理。

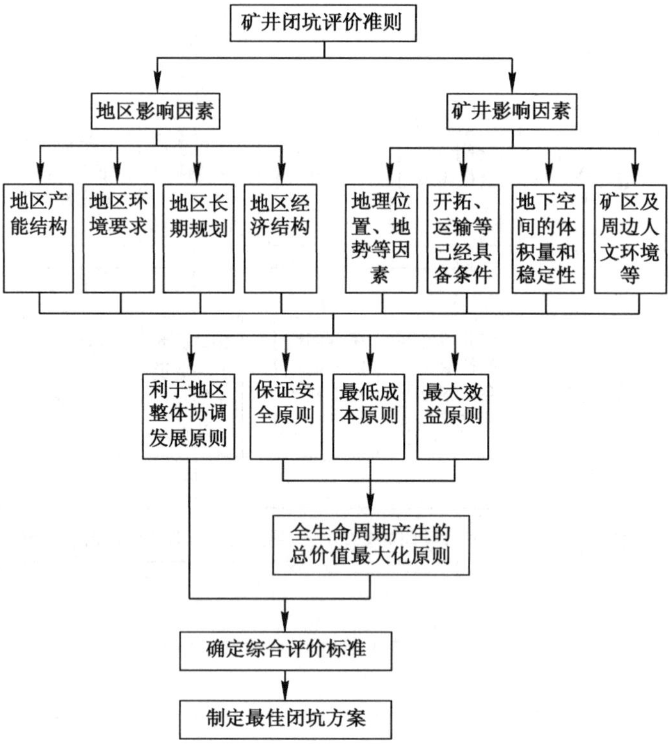

图 11-19 矿井闭坑评价准则

矿井闭坑后应由责任企业向有关部门提交闭坑矿井的真实档案，包括准确的地质资料图、综合柱状图、采掘平面图、开拓系统图、通风系统图、机电系统图等相关的地质和采掘资料，为后续矿井地下空间、资源利用提供依据。

可优先考虑由责任企业对闭坑矿井进行采后利用，当移交非责任企业进行采后利用时，责任企业应积极配合。矿井的生态环境、安全问题由历任的全部责任企业共同承担。

11.6.3.2 采空区覆岩长期沉陷规律

闭坑矿井在几年、十几年甚至几十年的长期闭坑期，采空区岩层在流变作用下会发生缓慢运移，地下空间围岩、矿柱在岩石流变以及遇水软化作用下强度也会降低，当变形程度达到覆岩系统的临界失稳条件时，就会发生突发性动力灾害，一般会发展至地表，形成大面积瞬间坍塌或者沉陷[61-62]。如果该过程受到外界的震动、雨季、地震等影响，则失稳破坏的变形发展将会加速。在一些地面资源缺乏的地区，一些工业厂房和建筑物紧邻采空区或者直接建在采空区上方，受建筑物施工和长期载荷的作用，采空区岩层重新活化而快速失稳，形成二次沉降，从而造成严重影响[63]。

闭坑矿井流变塌陷与正常开采沉陷差异较大，主要表现为：塌陷范围大，一般在几十平方千米以上；潜伏时间长，一般在几十年以上；具有突发性；塌陷分布规律不明显；预测预报难度大等。流变塌陷是闭坑矿井由短期平衡向长期稳定发展的过程，是矿井整个生命周期中最危险的阶段。

1975 年，大同马脊梁矿刀柱屈服后，诱发了小型地震。在铁法、鹤岗、北票、阜新、扎来诺尔等矿区多次发生护巷煤柱在风化和侵蚀的作用下，几十年后突然坍塌波及地表的现象[63]。2005 年 11 月 6 日，邢台市尚汪庄石膏矿区的康立石膏矿、林旺石膏矿和太行石膏矿发生特别重大坍塌事故，坍塌区面积为 5.3×10^4 m^2，塌陷区中心下沉量约为 8 m[64]。

国内外对开采沉陷研究较多，但对闭坑矿井采空区覆岩长期移动规律研究较少，对于闭坑矿井采空区上覆岩层的不连续性和可变性[65]、巷道和矿柱稳定性评价、岩体破碎后力学强度的表征和流变特性、采空区地表长期沉降的机理和沉降规律等关键理论问题，至今未能很好地解决。

11.6.3.3　废弃矿井水、气与污染物的多场耦合和迁移规律

矿井闭坑后，采空区内一般会存在裂隙涌水和含水层渗水，形成稳定的流动体系，且在采空区煤岩层中存在大量的吸附态和游离态瓦斯以及 CO 等有害气体，这些物质与采空区的岩层形成固-液-气三相耦合的动态平衡状态(见图 11-20)。在漫长的矿井闭坑期，岩层在流变作用下会缓慢运移，在地震等作用下会发生剧烈运动，这些变化均不同程度改造采空区的空间结构和裂隙分布状态，进而缓慢改变水循环路径和气体赋存规律。采空区的积水量增加在一定程度上会挤压瓦斯等气体的赋存空间，进而影响气体的分布和压力，甚至对气体吸附解吸的动态平衡产生一定影响。此外，巷道和采空区一般会遗落大量的废锚杆、刮板、金属网、油桶、乳化液、电缆等物料，甚至大型废旧的设备，从而使井下污染源增多。其中，油料、乳化液会随着水循环进入不同的水系，甚至发生化学反应，造成更大面积的污染。

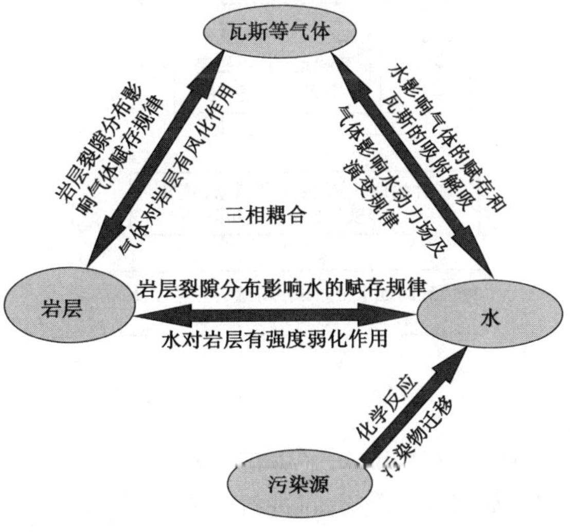

图 11-20　采空区三相耦合作用机制

闭坑矿井采空区瓦斯吸附解吸、迁移规律和空间分布特征是瓦斯抽采利用技术与瓦斯资源评价体系、预测方法的基础理论。采空区水循环机理、迁移规律以及交替演变规律是研究采空区水资源利用以及污染物控制技术的基础理论。研究采空区裂隙空间分布特征、固-液-气三相耦合规律及物理化学属性对采空区空间利用以及长期安全环境评价具有重要意义。

11.6.3.4　闭坑矿井地下空间长期稳定性评价方法

要使地下空间达到利用标准，其服务年限要达到 50～100 a，应充分考虑围岩流变作用，对现有地下空间进行长期稳定性评价(见图 11-21)。根据现场地质资料，将地下空间进行分类，分析每类地下空间的围岩稳定性、支护可靠性、人为扰动、雨季时间、地震强度等方

面，围岩稳定性主要包括围岩结构、围岩强度、流变特性，支护可靠性主要包括支护强度、支护刚度、支护稳定性等。由此得出每类地下空间的长期变形规律，按照不同时期的变形特征划分为稳定阶段、较稳定阶段和不稳定阶段，进而根据每类地下空间的变形特征确定稳定等级，最后确定矿井的地下空间稳定性等级、区域分布以及安全服务年限。

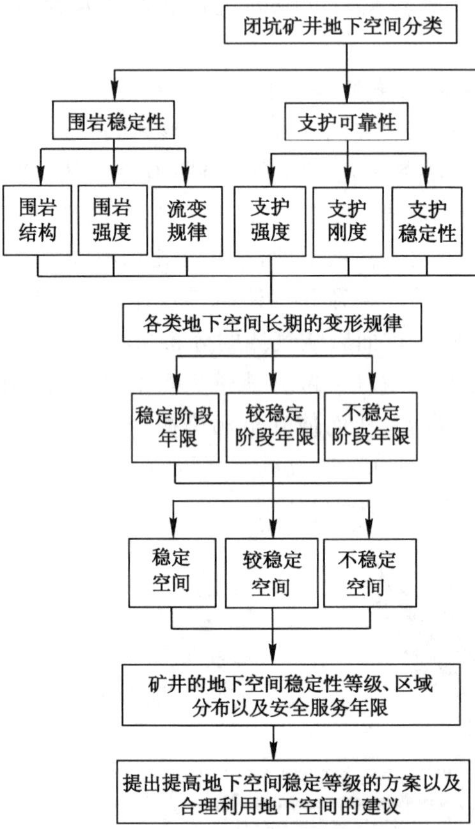

图 11-21　闭坑矿井地下空间长期稳定性评价方法

在地下空间长期稳定性评价结束后，一方面应给出提升稳定性等级的方案，如对不稳定空间进行一次性巷修、加强支护或者进行定期多次治理；另一方面应给出地下空间利用的建议，如针对较稳定空间，前期可用于人员活动，后期可永久存放废弃物品等。

划分每类地下空间稳定性的标准、划分各阶段的变形特性标准以及建立整个矿井的评价标准（见图 11-22）还需要进行大量的实验和理论分析，并最终形成行业标准。

应建立地下空间长期变形监测系统，设立观测点，进行定期或实时监测和分析，发现异常变形及时分析处理。

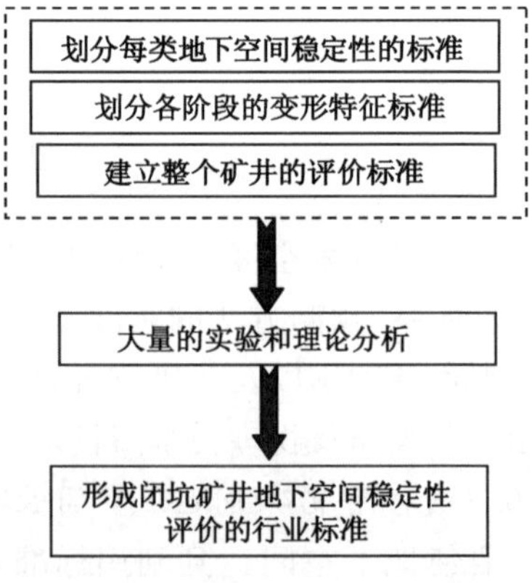

图 11-22　闭坑矿井地下空间标准确定

11.6.3.5 闭坑矿井地下空间和资源利用方法

矿井地下空间利用应因地制宜，总体利用方法确定的基本原则(见图 11-23)为：

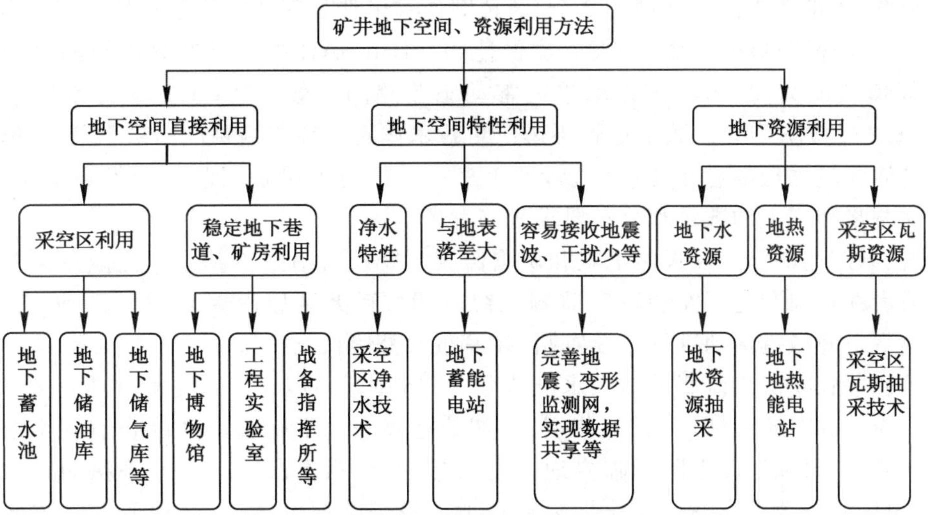

图 11-23 闭坑矿井地下空间与资源利用方法

① 地下空间直接利用原则。包括利用采空区建造地下蓄水库和地下储油、气库等，以及将稳定地下巷道改造成地下博物馆、高校相关专业的原位实验室和实习基地、新型工业科技园、工业生产车间、工程实验室、地下秘密试验室、战备指挥所、战备抢救中心、战备中心控制室、防空掩蔽部、养殖基地、地下观光旅游和娱乐场所等。

② 地下空间特性利用原则。包括利用采空区净水特性的水资源净化技术、利用采空区和地表落差大的水力蓄能技术以及利用深井干扰少的特点设立地震台站和应变测点，丰富地震、地表变形监测台网，实现地面、井下双向数据共享等。

③ 地下资源利用原则。包括采空区纯净水抽采技术、地热资源利用技术以及采空区瓦斯抽采利用技术。

11.6.4 矿井闭坑及其利用的关键技术问题

11.6.4.1 长期安全监测与评价技术

矿井闭坑时间长短不一、面积大小各异，矿井采空区位置和范围很难确定，加上各种图文资料缺失，地理坐标系统基准点及井下原有的气体、应力、地球物理等各种监测系统随着矿井闭坑而撤销或失效，难以准确做到长期安全监测与评价。

(1) 塌陷灾害监测与评价技术

目前，能用于闭坑矿井长期沉陷监测的技术主要有水准测量、GPS 测量、D-InSAR 技术等。

精密水准测量是矿山地面沉降常用的监测手段，基于矿井基准点进行观测，当基准点在闭坑后被废弃时，首先需要恢复基准点。与传统水准测量相比，GPS 测量具有布网迅速、监测周期短、数据处理快、精度高、受气候限制小等优点，在矿井地面塌陷监测中得到了较好的应用，并且常用来与水准仪进行联合监测，如韩国已有的 300 多个闭坑矿井主要采用水准仪和 GPS 进行测量[66]。但是水准测量和 GPS 测量均按照点、线布置测点，存在监测点不在沉降范围内的风险，不适合矿区大范围动态监测，且GPS测量和水准测量数据之间存在较大差异。

合成孔径雷达(synthetic aperture radar，SAR)是一种使用微波探测地表目标的主动式成像传感器，借助覆盖同一区域的2个SAR图像的干涉处理和雷达平台的姿态参数重建地表三维数字高程，具有全天候、全天时成像能力。D-InSAR技术具有毫米级的测量精度和连续空间覆盖能力，是闭坑矿井塌陷灾害动态监测的有效方法，也是对传统水准测量和GPS测量的有效补充[67]。数字近景摄影测量技术作为一种非接触性测量手段，能够瞬间获取被测物体大量物理信息和几何信息，近年来在矿山地表塌陷区监测中得到了应用，然而该技术对测量特征点的数量和分布要求较高[68-70]。

地震、微震监测已经在天然地震和矿震监测预警及防治中得到了广泛应用。可利用地震台站或者在地面和地下安装微震监测系统对闭坑矿井区域内煤岩层破裂、地表沉陷、采空区和地下空间微震活动进行连续监测，并发布预警信息。

闭坑矿井长期沉陷监测需加强水准测量、GPS测量、D-InSAR技术、地震/微震监测技术的联合应用和对比验证，形成大范围、长期的地表和地下闭坑矿井综合监测系统。基于综合监测系统，研究地面塌陷的临界地表变形指标，包括下沉、倾斜、水平移动和水平变形值等，并根据监测数据与临界变形指标建立地面塌陷的评价体系，对地面塌陷灾害进行分级；在此基础上建立闭坑矿井塌陷的综合监测预警模型，开发相关的软件系统；通过研究各类典型闭坑矿井长期沉陷规律，尽快制定闭坑矿井长期沉陷防治技术标准。

(2) 气体监测与评价技术

及时对采空区气体成分和浓度进行监测，是避免灾害发生的有效途径。一般开采期间采掘空间内安装的CH_4、CO、CO_2等传感器和在线气体检测仪也随矿井关闭而回收，人们对采空区内气体监测重视程度不高，实际监测难度也较大，目前一般采用束管监测系统对采空区气体进行简单取样分析。

应研究闭坑矿井采空区气体长期监测系统，可在开采期间进行计划性预埋和安装；研究采空区气体赋存规律和安全性评价标准；建立瓦斯资源评估模型。

(3) 地下水监测与评价技术

闭坑矿井地下水污染和治理已经成为闭坑矿井研究的重点。闭坑矿井地下水监测包括地下水位监测、地下水循环路径监测、地下水污染监测三方面。一般于开采期间在采空区或大巷内预埋或安装地下水位、水质监测传感器，或在已闭坑矿井采空区上方和周边施工监测钻孔，形成闭坑矿井采空区和矿井周边水位、水质监测网，实时动态监测水位、水质数据，并储存在数据库中，建立采空区内或与周边水系的交换演变空间模型，对地下水位、水质以及污染物控制起到预测报警作用。

在闭坑矿井地下水监测中，应结合当地的污染源有重点地进行监测，尤其要对重金属、放射性物质等典型污染物数据进行建档备案，并针对性地提出治理方案。

国外对闭坑矿井水污染治理进行了大量的研究，包括闭坑矿井水的毒性及对环境的影响[71-75]、控制地下水污染的基本因素[76]，分析了地下水的水文地球化学特征[77-78]和水的演变过程、水质自净化能力[79]，基于GIS的地球统计分析[80-81]，建立了水质演变和预测模型[82-83]，并给出了解决矿井水污染的具体治理措施[84-85]，取得了较好的效果。国内研究了废弃矿井水位回升诱发地质灾害的机理，提出了废弃矿井环境地质灾害的监测、监控及综合治理的技术思路[86-89]，原国家安全生产监督管理总局也于2006年公布实施了《废弃矿井地下水污染监测布网技术规范》(MT/T 1022—2006),但是闭坑矿井地下水诱发的安全问题、环境效应及其治理利用的研究还处在初级阶段,还没有得到足够的重视。

11.6.4.2 长期环境监测与评价技术

矿井塌陷区生态环境治理是闭坑矿井普遍面临的问题,因缺少闭坑后环境评价,该问题一直不能有效解决。现有的闭坑矿井长期环境监测体系主要包括的环境监测项目、内容和方法,见表 11-6。

表 11-6 闭坑矿井长期环境监测体系[90]

序号	监测项目	监测内容	监测技术
1	采空区地表裂缝	地表裂缝数量、最大长度、宽度、深度、走向、破坏程度	大地测量法、GPS 测量法、人工观测法
2	山体开裂、滑坡、崩塌及泥石流等地质灾害	本年度发生次数、造成的危害,地质灾害隐患点或隐患区的数量,已得到治理的隐患点或隐患区的数量	参照《崩塌、滑坡、泥石流监测规范》(DZ/T 0221—2006)
3	尾矿库	尾矿库数量和规模,年接纳尾矿量,尾矿的主要有害成分、主要隐患、年综合利用量等	参照《尾矿库安全监测技术规范》(AQ 2030—2010)
4	侵占、破坏土地及土地复垦	侵占和破坏土地类型、面积、方式,破坏植被类型、面积,可复垦和已复垦土地面积	人工现场调查、测量,辅以遥感技术
5	水土流失和土地沙化	水土流失和土地沙化的区域面积及治理情况	地下水位动态监测和 GPS 测量及人工现场调查、测量相结合
6	土壤污染	土壤污染的污染源、主要污染物、污染程度及造成的危害	人工现场调查、取样分析,辅以土壤污染自动监测仪
7	固体废弃物及其综合利用	固体废弃物的种类、年排放量、累计积存量、来源、年综合利用量,固体废弃物堆的主要隐患、压占土地面积等	人工现场调查、取样分析
8	废水废液排放	年废水排放量及达标排放量、主要有害物质及排放去向,废水年处理量和综合利用量等	人工现场调查、取样分析
9	矿区地表水体污染	地表水体污染源、主要污染物、污染程度及造成的危害、年循环利用量、年处理量	人工现场调查、取样分析
10	地下水	地下水均衡破坏监测:地下水位、年排水量、含水层疏干面积、地下水降落漏斗面积等;地下水质监测:pH、氨氮和硝酸盐含量等	人工现场调查、取样分析,辅以地下水位自动监测仪

11.6.4.3 开拓巷道空间利用技术

(1) 建地下核电站

核电站可有效减轻能源压力,但其地面优良建造空间正日趋紧张。在工程地质评价、地下空间稳定性评价等基础上,结合地下空间综合整治技术,利用地下空间的相对封闭性建造地下核电站具有明显优势:地下核电站的运行更加安全,即使发生安全事故,地下空间的相对封闭性能有效防止介质辐射污染,大大降低危害程度;地下核电站服务期满后其闭站埋藏问题在技术上易于实现且具有可靠性;核电站运行期间产生的放射性废料的埋藏和处理方便可行[91]。

（2）建地下工厂与特殊实验室

高精密型的工厂和特殊实验室，要求温度、湿度、粉尘度等相对稳定，且无外部噪声和震动干扰。闭坑矿井的地下空间由于深处地下并具有良好的封闭性能，刚好能满足其严苛的环境要求，并且将一些特殊的战略性工程合理地建设在地下具有重大的安全生产和战略防御意义。美国开采深度最深的南达科他州的霍姆斯特克金矿在闭坑后，被美国科学家联合会于 2009 年改建成美国最大的粒子物理实验室[91]。

（3）存放固体废物

对于一般的固体废物，如煤矸石、金属矿山的尾矿等，人们既可以利用矿井生产时期产生的地下空间，比如废弃巷道或者矿房随采随弃，也可以利用闭坑矿井遗留的地下空间进行充填处理（见图 11-24）。

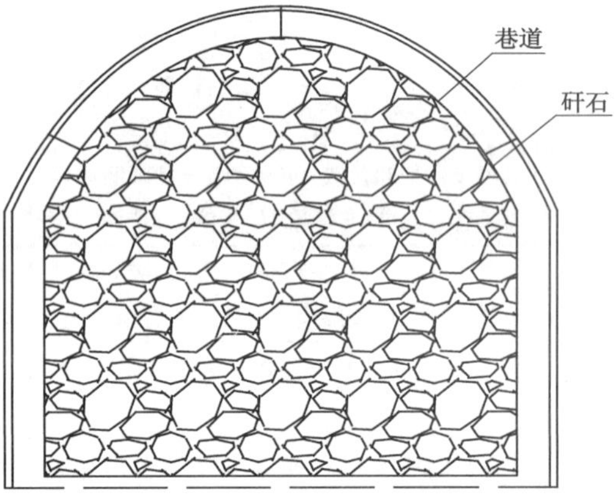

图 11-24　矸石充填巷道

处理危险固体废物，是闭坑矿井地下空间最合理的利用形式之一。应将有放射性和强腐蚀性的危险固体废物装入具有防辐射功能的器皿中，置入废弃地下空间后再现场浇筑厚层混凝土[见图 11-25(a)]，然后进行堆垛存放[见图 11-25(b)]，从而可解决放射泄漏问题[92]。应封闭和隔绝堆放固体废物的废弃地下空间同其他区域的水力联系，避免出现地下水的污染问题。

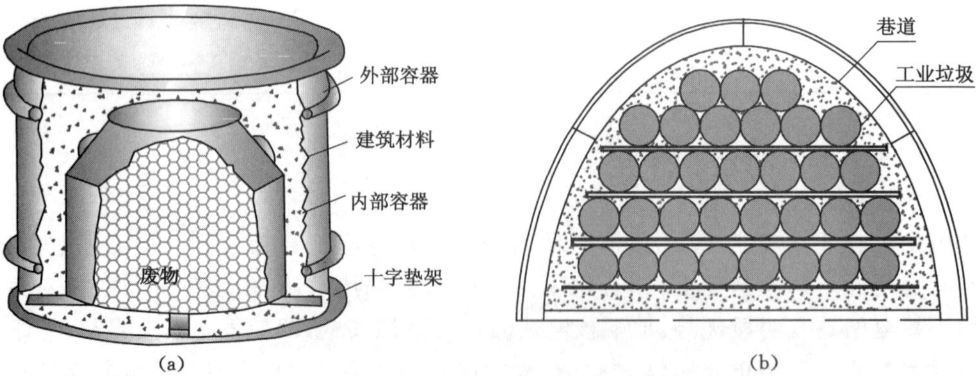

(a) 容器密封处理方法；(b) 容器堆垛处理方法。

图 11-25　危险固体废物存放[92]

为保护地下空间利用环境，应在开采过程中及闭坑后最大限度地回收废弃的设备、材料，如锚索、锚杆、电缆、油桶等，无法回收升井的应作无害化处理，以避免地下空间利用环境受污染。

(4) 地下养殖和低能耗果蔬储藏

利用某些动植物要求恒温、常阴等特点，可在闭坑矿井地下空间内进行养殖。地下空间具有与外界能量交换少、受外界干扰小的特点，能很容易调节温度、空气成分、光照等，非常适宜特定动植物生长。

对地下空间进行空气调节和局部隔热后，地下空间很容易满足低能耗果蔬的储藏条件，目前鲁西南某石膏矿已经开始探索这项技术[91]。

11.6.4.4　采空区利用技术

(1) 净水技术

采空区净水技术是指利用大容量的采空区作为天然的过滤池和沉淀池来处理矿井水。闭坑矿井采空区一般存在断裂破碎的砂质泥岩、粉砂岩、细砂岩、中粗砂岩和部分残煤等，可形成一个很好的过滤层，将污水注入后，经过采空区沉淀、过滤、吸附三方面作用可达到水质净化目的。该技术不仅可解决水资源短缺的问题，而且采空区水回灌对地下水流失造成的地表下沉也有缓解作用。大柳塔煤矿首先对井下采空区进行安全防护，然后将大气渗水、矿井上部岩层裂隙水、地面及井下污水注入井下采空区，利用采空区的过滤、净化作用，将采空区变为一座井下净化、蓄存的水库，再将清水引出用于矿区及周边生产和生活，从而大大缓解了水资源短缺的局面[93]。

(2) 蓄水技术

首先在采空区与大巷相连的各巷口施工挡水墙，再加上采空区周边保护煤柱，使采空区形成一个完整、封闭的空间，可将积水安全有效地储存在采空区内；同时，实时监测采空区内水位和水质，根据需要采取改善水质的措施，使采空区积水处于可控、可利用的范围。该技术一方面可解决地面干旱无法蓄水的问题；另一方面可将采空区作为备用水仓，通过增加水仓的蓄水能力，在用电低谷时间段排水，达到避峰填谷降低成本的目的。

(3) 垃圾回填技术

目前，城市工业垃圾和生活垃圾主要通过焚烧和埋藏来处理，不仅占用大量的耕地，而且污染环境。闭坑矿井采空区垃圾回填技术是指将集中、筛选、分类回收后废弃的固体垃圾废弃物进行预处理后，在地面向采空区注入回填的技术。该技术不仅可提高采空区的地表稳定性，也可大大降低城市垃圾处理危机，缓解传统垃圾处理带来的环境问题，是极具发展潜力的研究方向之一。

由于垃圾一般都有较大的污染性，因此在制定垃圾回填方案前应首先进行区域地质环境及地下水环境等评价，对垃圾回填的污染危害性进行预测，严禁不适宜埋藏在采空区的垃圾直接回填，应先通过地面无害化处理使其污染性处在可控范围之内。

目前，该技术在欧洲国家已经较为成熟，而在我国起步时间不长，但发展前景乐观。国内一些学者从理论上对该技术可行性进行了阐述[94]，但现场实践较少，且该技术相关的技术标准和要求还未制定。

(4) 油气等战略资源的存储

利用闭坑矿井对石油、天然气等不可再生资源进行战略储备具有明显优势：地下空间相对密闭，不易泄露；温度、湿度相对恒定，储存环境安全且可节省大量的工程费用；使用寿命长，污染小，装卸速度快[95]；能有效避免地震、战争活动等潜在危险因素的破坏，安全性可得到保证。

应对闭坑矿井采空区油气储存进行可行性研究，分析储存空间的密封性及安全性能。对密封性不符合要求的应进行专门的防渗处理，以防止油气泄漏。可以优先考虑将井筒作为油气储存库。

油品储存技术在闭坑矿井下施工挡水墙等使采空区形成一个密闭的空间，先在采空区内注入水，水通过节理裂隙等渗透到岩层的深部并完全充满岩层空隙(见图 11-26)，将油品注入后，油品周围会存在一定的压力差，因而在任一油面上，水压力都大于油压力，从而使油品不能从裂隙中漏走。同时，由于油的密度比水的密度小且油水不能混合，流入采空区的水汇集到采空区底部形成水垫层，可由水泵抽出[95-97]。气体储存技术通过注气泵将气体压入封闭的采空区。

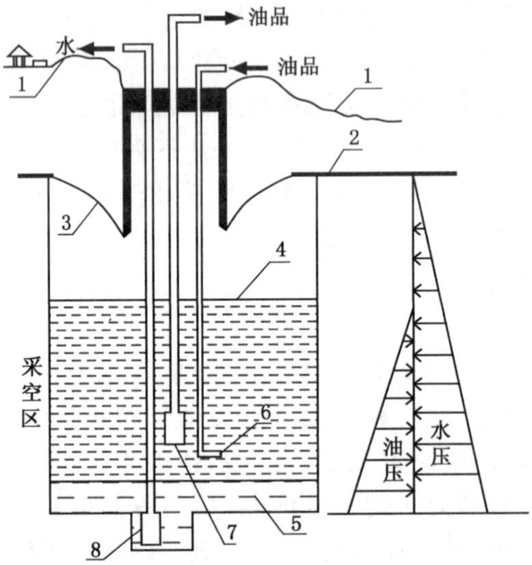

1—裂隙状岩体；2—地下水位；3—地下水降落漏斗；4—所贮油品；
5—水垫层；6—油品注入管；7—抽取油品的潜液泵；8—抽取地下水的潜液泵。

图 11-26　闭坑矿井采空区储油原理

20 世纪六七十年代，地下油库建设进入发展时期，每年建设几百万立方米地下油库，储存原油、石油产品、液化石油气及重质燃料油。芬兰将 1 a 使用量的石油和燃料储备存放在地下，美国已在地下建成 1.0×10^8 m^3 燃料储备库[98]。加拿大 1915 年就开始建设地下气库，并制定了《地下碳氢储库》国家级标准；澳大利亚的 4 个储气库全是枯竭气藏；苏联在 1990 年已建成 46 座储气库，其中枯竭气(油)藏型 32 座，水层型 13 座，盐穴储气库 1 座，没有废煤矿型储气库；截至 2005 年，法国共建成了地下含水层和盐穴储气库约 15 座；美国截至 2008 年已经建设了 436 座地下气库[99]。中国的地下储气库建设起步较晚，目前已进入快速发展阶段，至 2017 年已投产的地下储气库达 13 座，设计工作气量达 1.864×10^{10} m^3[100]。有关学者提出用喷射水雾来封闭地下空间中的天然气，并对矿山井下帷幕注浆技术堵漏的可靠性进行了研究[101]。

该技术主要研究采空区围岩裂隙的发育规律，裂隙内地下水的赋存及运移特征，裂隙岩体在复杂应力应变条件下与裂隙水、油、气间的共同作用机制等科学问题，属于以研究裂隙岩体水力耦合机制为代表的岩体水力学问题，其关键问题是围岩密封性能的可靠性和稳定性[97]。目前，国内外对此研究较多，但在地下储油气的标准化规范、风险体系评价、配套的地面工艺、设备的研制等方面还需进一步研究[97]。

(5) 地下蓄能与地热发电站

随着对闭坑矿井的治理和利用程度不断提高，出现了一些新的利用方法。如在地下空间建造地下蓄能发电站，在城市用电低谷时利用电能提升地下水或压缩采空区气体[102]进行蓄能，在用电高峰时再将所蓄能量转变为电能释放补充至电网，调节地区的电能平衡，或者利用矿井地热建造新型地热发电站[103]。这些技术均创造出可观的经济与社会效益，为地下空间利用提供了新思路。

(6) 废弃矿井瓦斯的开采利用

目前，对矿井瓦斯的抽排利用主要集中在采前和采中阶段，很少涉及闭坑后采空区的瓦斯利用，其主要原因是人们忽视了闭坑矿井残留的瓦斯，不清楚采空区瓦斯的赋存规律，而事实证明这一瓦斯资源量是丰富的，也是可以被开发利用的[69]。

美国、德国、英国等国家对煤炭资源枯竭矿井的瓦斯资源量评价进行了研究，对其瓦斯商业化抽采配套技术与工艺也进行了探讨，建立了一些示范工程[10,104]，但对闭坑矿井瓦斯赋存及运移规律和瓦斯资源量预测及评估等基本问题缺少深入的研究，没有形成成熟的理论体系。我国有关闭坑矿井瓦斯的资料很少，相关的研究工作鲜有报道，闭坑矿井瓦斯气体勘探、开发方面的研究尚处于起步阶段，今后应对闭坑矿井瓦斯赋存、运移等的地质特征、瓦斯资源量预测及评价等进行系统深入的理论研究，在此基础上研发闭坑矿井瓦斯开发利用技术工艺。

11.6.4.5 生态环境修复技术

一般矿井闭坑后生态环境都会遭到一定程度的破坏，采空区生态环境的修复已经成为社会问题，采空区的生态修复技术还需要进一步研究[105-107]。

矿山土地复垦一般分为工程复垦、生态复垦、生物复垦和组合复垦4大类。针对闭坑矿井大量土地塌陷、场地被破坏、废渣堆积严重和长期荒废的现状，首先应在闭坑矿井地表设立观测站，划定区域进行标高测量，建立地面测量系统，并对采空区岩层稳定性、水文特性、水质成分、采空区气体性质、边坡稳定性等重要因素进行长期安全性评价，然后结合实际地形特征、地表破坏形式、废渣堆积特点等，以最大化利用废物、降低复垦成本、保证安全、改善生态环境以及带动地区经济发展等原则进行整体规划，确定复垦方法和方案。

对闭坑矿井采空区可利用矿山废渣进行充填，以减小地表进一步塌陷，对大范围地面塌陷可高削低填[92]。对规划为建筑场地的，可采用回填、注浆等地基加固措施，使场地地基达到拟建建筑的要求。对废渣堆放场、选煤厂、井口平台等土地遭到破坏的地段，可采用机械和人工平整，然后覆土、栽种适宜当地生长的树种及树种组，以修复生态环境、恢复土地资源[92]。对于规划为农地、林地、鱼塘的治理对象，宜采用生态修复技术，使改造后的场地利于生物成活[92]。同时，在进行土地复垦规划设计时，要加大对水土保持、水源涵养、林草场等生态环境的修复治理，减少耕地特别是水浇地和水田的规划，以防止产生严重的透水、崩塌及滑坡、泥石流等灾害事故[92]。

11.6.5 国内外矿井闭坑后资源利用情况

国内外的政府、企业、科研人员等已经意识到矿井闭坑后资源利用问题,并进行了一些实践。目前主要集中在将闭坑后矿井打造成矿业博物馆、文化旅游场所、酒店、医院、实验室等方面。国外闭坑矿井开发利用主要案例见表 11-7。

表 11-7 国外闭坑矿井开发利用主要案例[108]

位置	关停矿井类型	开发形式
德国鲁尔区	煤矿	集矿井生产系统、采矿机械设备、工人用品等于一体的矿业博物馆
德国上施普利瓦尔德-劳西茨县	煤矿	将矿区建设为 70 km^2 的湖泊群,形成生态和工业文化旅游景点
芬兰奥陶克恩普	煤矿	原位再现采矿过程,演示采矿工具使用方法,开发出矿井乐园和博物馆
荷兰海尔伦市	煤矿	建成利用关停矿井地热资源的新型地热发电站,从地下 800 m 处泵出热水并产生蒸汽,推动涡轮机转动发电,并将热水输往附近 300 多处民宅、商店、图书馆和大型办公楼以调节室温,待水冷却后再输回矿井深处以循环加热
波兰克拉科夫市	盐矿	1744 年,利用废弃巷道修建古盐矿博物馆,保留盐湖、祈祷堂和矿工们劳动场面等工业遗迹,用于展示盐矿工业遗迹及盐雕艺术,并利用岩盐坑道治理呼吸道疾病,被联合国教科文组织列入世界最高级文化遗产名录
德国拉莫斯贝格矿	有色金属矿	地面、地下一体化开发,转型升级原有矿山设施,形成原位采矿史博物馆
美国南达科他州	金矿	建成深地实验室,用于提供粒子物理前沿领域实验所需的深地环境
俄罗斯乌达奇纳亚矿	钻石矿井	利用矿井奇观特征,开发露天钻石矿井(深 600 m,顶部直径 1 200 m)
美国科罗拉多州	大理石矿井	矿井特色旅游区
南斯拉夫	水晶矿井	由于其水晶的独特外观,该矿井被誉为“水晶宫”旅游景区
瑞典瓦德斯特曼兰德郡萨拉镇	银矿	综合矿井观光设施及怡人温度,建成五星级“地宫酒店”
澳大利亚澳宝镇	蛋白矿	世界著名旅游胜地,充分发挥关停矿井空间优势,建成酒店、教堂、高尔夫球场等场所

罗马尼亚的萨利纳·图尔达盐矿(Salina Turda Salt Mines of Romania)被改造成世界最大的盐矿博物馆[109](见图 11-27)。该博物馆位于 120 m 深的地下,在诡谲的灯光下,通向博物馆的通道似乎没有尽头,进入宽敞的博物馆仿佛置身外星球一般,博物馆闪着奇异的光芒;博物馆内共有三个展区,里面分布着奇形怪状的建筑,建筑上点缀着璀璨的 LED 灯,从高处俯视博物馆,灯火迷离,光芒璀璨,实在是壮丽非凡。游客可以乘坐电梯降落在不同深度,参观经过修复的采矿设备。

瑞典萨拉银矿被改造成一所豪华五星级“地宫酒店”[110](见图 11-28)。萨拉银矿是一座被采掘了几百年的旧矿山,曾出产大量银矿石,十几年前此矿山闭坑。改造成的酒店拥有先进的供暖系统,可保持怡人温度。每一套间,都修建在靠矿壁的小凹室内,床铺和浴室一应俱全。酒店不设电话,与外界联系的唯一方式是借助对讲机,宁静安逸是这里的最大特点,住宿者都戏称自己是五星级的“洞穴人”。住宿者在导游的带领下,还可以到旧矿井各处参观,体味矿下生活。此外,一些人还专门到这个寂静神秘的地方举行派对和办婚礼。

图 11-27　罗马尼亚盐矿博物馆[109]

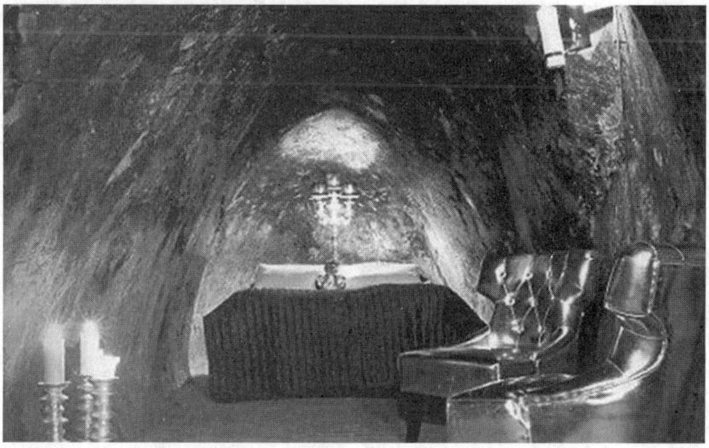

图 11-28　瑞典银矿五星级“地宫酒店”客房[110]

美国科罗拉多州的大理石矿井，出产纹理细腻、色彩华丽的名贵大理石。开采枯竭后，遗址洞穴被人以“大理石之旅”为招牌开发为旅游区，如图 11-29 所示。

我国自 2005 年开始建设矿山公园[60]，截至 2013 年已建成开放国家矿山公园共 70 多个，较为典型的有河北唐山开滦煤矿国家矿山公园(见图 11-30)、山西太原西山国家矿山公园、黑龙江鸡西恒山国家矿山公园等，山西晋城无烟煤矿业集团有限责任公司凤凰山矿和平顶山工业职业技术学院利用废弃矿井巷道和生产设备建设的教学实践基地已投入使用。

徐州矿务集团有限公司在徐州矿区的矿产资源面临枯竭，大部分矿井已经关闭，形成了大面积塌陷区并长期荒废。潘安湖位于权台矿和旗山矿采煤塌陷区域，因塌陷天然形成

图 11-29　美国科罗拉多州的大理石矿井特色旅游区[110]

图 11-30　河北唐山开滦煤矿国家矿山公园[60]

大面积坑塘，是贾汪区内塌陷时间最长、塌陷面积最大、塌陷程度最深的采煤塌陷地，环境恶化严重[见图 11-31(a)]。

通过对潘安湖地质条件进行分析，认为潘安湖仍有进一步塌陷的可能，因此大部分用地不适宜建设，可通过对塌陷区进行整治和再利用，兴建湿地公园。该项规划不但可减少农田的征用面积和征地费用，充分利用塌陷地的地形地貌特征，减少土地的翻、挖和再整理，极大地降低湿地公园的建设成本，而且湿地具有生物多样性，可以起到调节大气、蓄洪防旱、净化环境等作用[见图 11-31(b)]。

(a)

(b)

(a) 塌陷区旧貌[107]；(b) 湿地公园新貌。

图 11-31 徐州潘安湖湿地公园

11.6.6 小结

虽然国内外的政府、企业、科研人员等已经意识到矿井闭坑后资源利用问题，但是利用的广度和深度还远远不够。政府与矿山企业需要转变闭坑理念，重视闭坑矿井带来的安全、环境问题，充分认识到矿井闭坑后仍然具有非常大的资源潜力，从矿井全生命周期对该问题进行思考和采取相应措施；积极研究闭坑矿井长期安全和环境监测、评价、修复治理技术，进行闭坑矿井的地下空间及资源的利用评价，并最大限度研究地下空间利用方法，为矿山行业可持续发展提供新的思路。

11.7 法律法规政策

11.7.1 中国矿业法律法规

我国的矿产资源勘探开发、环境、安全、监管法律体系以《中华人民共和国宪法》为根本，以法律为基础，以国家和地方两个层级的条例、法规和政策作为实施细则，与中国缔结或参加的有关国际条约共同构成一套较为完整的法律体系。

涉及矿产资源的法律主要有：《中华人民共和国宪法》《中华人民共和国矿产资源法》《中华人民共和国环境保护法》《中华人民共和国水土保持法》《中华人民共和国矿山安全法》《中华人民共和国煤炭法》《中华人民共和国安全生产法》《中华人民共和国环境影响评价法》《中华人民共和国循环经济促进法》《中华人民共和国水污染防治法》《中华人民共和国水法》《中华人民共和国固体废物污染环境防治法》《中华人民共和国放射性污染防治法》《中华人民共和国清洁生产促进法》《中华人民共和国大气污染防治法 》《中华人民共和国森林法》《中华人民共和国土地管理法》等。

涉及矿产资源的国务院行政法规及文件主要有：《矿产资源监督管理暂行办法》《中华人民共和国对外合作开采陆上石油资源条例》《中华人民共和国矿产资源法实施细则》《矿产资源勘查区块登记管理办法》《矿产资源开采登记管理办法》《探矿权采矿权转让管理办法》《中华人民共和国对外合作开采海洋石油资源条例》《地质资料管理条例》《地质勘查资质管理条例》《土地复垦条例》《国务院办公厅关于加快煤层气（煤矿瓦斯）抽采利用的若干意见》《中华人民共和国资源税暂行条例》《矿产资源补偿费征收管理规定》等。

涉及矿产资源的部门规章及规范性文件主要有：《关于矿产资源勘查登记、开采登记有关规定的通知》《关于加强对矿产资源开发利用方案审查的通知》《关于在海域颁发采矿许可证有关问题的通知》《关于加强煤炭和煤层气资源综合勘查开采管理的通知》《关于加强矿产资源勘查开采监督管理工作的通知》《关于印发〈探矿权采矿权使用费和价款管理办法〉的通知》《关于加强矿产资源补偿费征收管理的通知》《关于加强矿山生态环境保护工作的通知》《矿山地质环境保护规定》《矿山生态环境保护与污染防治技术政策》《财政部 国土资源部 环保总局关于逐步建立矿山环境治理和生态恢复责任机制的指导意见》《国土资源部办公厅关于印发〈全国“矿山复绿”行动方案〉的通知》《中华人民共和国矿山安全法实施条例》等。

(1) 中华人民共和国宪法（节选）

第九条　矿藏、水流、森林、山岭、草原、荒地、滩涂等自然资源，都属于国家所有，即全民所有；由法律规定属于集体所有的森林和山岭、草原、荒地、滩涂除外。

国家保障自然资源的合理利用，保护珍贵的动物和植物。禁止任何组织或者个人用任何手段侵占或者破坏自然资源。

(2) 中华人民共和国矿产资源法（节选）

第一条　为了发展矿业，加强矿产资源的勘查、开发利用和保护工作，保障社会主义现代化建设的当前和长远的需要，根据中华人民共和国宪法，特制定本法。

第二条　在中华人民共和国领域及管辖海域勘查、开采矿产资源，必须遵守本法。

第三条　矿产资源属于国家所有，由国务院行使国家对矿产资源的所有权。地表或者地下的矿产资源的国家所有权，不因其所依附的土地的所有权或者使用权的不同而改变。

国家保障矿产资源的合理开发利用。禁止任何组织或者个人用任何手段侵占或者破坏矿产资源。各级人民政府必须加强矿产资源的保护工作。

勘查、开采矿产资源，必须依法分别申请、经批准取得探矿权、采矿权，并办理登记；但是，已经依法申请取得采矿权的矿山企业在划定的矿区范围内为本企业的生产而进行的勘查除外。国家保护探矿权和采矿权不受侵犯，保障矿区和勘查作业区的生产秩序、工作秩序不受影响和破坏。

从事矿产资源勘查和开采的，必须符合规定的资质条件。

第七条　国家对矿产资源的勘查、开发实行统一规划、合理布局、综合勘查、合理开采和综合利用的方针。

第八条　国家鼓励矿产资源勘查、开发的科学技术研究，推广先进技术，提高矿产资源勘查、开发的科学技术水平。

第九条　在勘查、开发、保护矿产资源和进行科学技术研究等方面成绩显著的单位和个人，由各级人民政府给予奖励。

第十条　国家在民族自治地方开采矿产资源，应当照顾民族自治地方的利益，作出有利于民族自治地方经济建设的安排，照顾当地少数民族群众的生产和生活。

民族自治地方的自治机关根据法律规定和国家的统一规划，对可以由本地方开发的矿产资源，优先合理开发利用。

第十五条　设立矿山企业，必须符合国家规定的资质条件，并依照法律和国家有关规定，由审批机关对其矿区范围、矿山设计或者开采方案、生产技术条件、安全措施和环境保护措施等进行审查；审查合格的，方予批准。

第十六条　开采下列矿产资源的，由国务院地质矿产主管部门审批，并颁发采矿许可证：

（一）国家规划矿区和对国民经济具有重要价值的矿区内的矿产资源；

（二）前项规定区域以外可供开采的矿产储量规模在大型以上的矿产资源；

（三）国家规定实行保护性开采的特定矿种；

（四）领海及中国管辖的其他海域的矿产资源；

（五）国务院规定的其他矿产资源。

第二十条　非经国务院授权的有关主管部门同意，不得在下列地区开采矿产资源：

（一）港口、机场、国防工程设施圈定地区以内；

（二）重要工业区、大型水利工程设施、城镇市政工程设施附近一定距离以内；

（三）铁路、重要公路两侧一定距离以内；

（四）重要河流、堤坝两侧一定距离以内；

（五）国家划定的自然保护区、重要风景区，国家重点保护的不能移动的历史文物和名胜古迹所在地；

（六）国家规定不得开采矿产资源的其他地区。

第二十一条　关闭矿山，必须提出矿山闭坑报告及有关采掘工程、不安全隐患、土地复垦利用、环境保护的资料，并按照国家规定报请审查批准。

第二十二条　勘查、开采矿产资源时，发现具有重大科学文化价值的罕见地质现象以及文化古迹，应当加以保护并及时报告有关部门。

第三十条　在开采主要矿产的同时，对具有工业价值的共生和伴生矿产应当统一规划，综合开采，综合利用，防止浪费；对暂时不能综合开采或者必须同时采出而暂时还不能综合利用的矿产以及含有有用组分的尾矿，应当采取有效的保护措施，防止损失破坏。

第三十一条　开采矿产资源，必须遵守国家劳动安全卫生规定，具备保障安全生产的必要条件。

第三十二条　开采矿产资源，必须遵守有关环境保护的法律规定，防止污染环境。

开采矿产资源，应当节约用地。耕地、草原、林地因采矿受到破坏的，矿山企业应当因地制宜地采取复垦利用、植树种草或者其他利用措施。

开采矿产资源给他人生产、生活造成损失的，应当负责赔偿，并采取必要的补救措施。

第三十三条　在建设铁路、工厂、水库、输油管道、输电线路和各种大型建筑物或者建筑群之前，建设单位必须向所在省、自治区、直辖市地质矿产主管部门了解拟建工程所在地区的矿产资源分布和开采情况。非经国务院授权的部门批准，不得压覆重要矿床。

(3) 中华人民共和国矿山安全法(节选)

第一条　为了保障矿山生产安全，防止矿山事故，保护矿山职工人身安全，促进采矿业的发展，制定本法。

第二条　在中华人民共和国领域和中华人民共和国管辖的其他海域从事矿产资源开采活动，必须遵守本法。

第三条　矿山企业必须具有保障安全生产的设施，建立、健全安全管理制度，采取有效措施改善职工劳动条件，加强矿山安全管理工作，保证安全生产。

第四条　国务院劳动行政主管部门对全国矿山安全工作实施统一监督。

第五条　国家鼓励矿山安全科学技术研究，推广先进技术，改进安全设施，提高矿山安全生产水平。

第六条　对坚持矿山安全生产，防止矿山事故，参加矿山抢险救护，进行矿山安全科学技术研究方面取得显著成绩的单位和个人，给予奖励。

第十三条　矿山开采必须具备保障安全生产的条件，执行开采不同矿种的矿山安全规程和行业技术规范。

第十五条　矿山使用的有特殊安全要求的设备、器材、防护用品和安全检测仪器，必须符合国家安全标准或者行业安全标准；不符合国家安全标准或者行业安全标准的，不得使用。

第十六条　矿山企业必须对机电设备及其防护装置、安全检测仪器，定期检查、维修，保证使用安全。

第十七条　矿山企业必须对作业场所中的有毒有害物质和井下空气含氧量进行检测，保证符合安全要求。

第十八条　矿山企业必须对下列危害安全的事故隐患采取预防措施：

(一) 冒顶、片帮、边坡滑落和地表塌陷；

（二）瓦斯爆炸、煤尘爆炸；

（三）冲击地压、瓦斯突出、井喷；

（四）地面和井下的火灾、水害；

（五）爆破器材和爆破作业发生的危害；

（六）粉尘、有毒有害气体、放射性物质和其他有害物质引起的危害；

（七）其他危害。

第十九条 矿山企业对使用机械、电气设备，排土场、矸石山、尾矿库和矿山闭坑后可能引起的危害，应当采取预防措施。

(4) 中华人民共和国环境保护法(节选)

第二十九条 国家在重点生态功能区、生态环境敏感区和脆弱区等区域划定生态保护红线，实行严格保护。

各级人民政府对具有代表性的各种类型的自然生态系统区域，珍稀、濒危的野生动植物自然分布区域，重要的水源涵养区域，具有重大科学文化价值的地质构造、著名溶洞和化石分布区、冰川、火山、温泉等自然遗迹，以及人文遗迹、古树名木，应当采取措施予以保护，严禁破坏。

第三十条 开发利用自然资源，应当合理开发，保护生物多样性，保障生态安全，依法制定有关生态保护和恢复治理方案并予以实施。

引进外来物种以及研究、开发和利用生物技术，应当采取措施，防止对生物多样性的破坏。

第三十一条 国家建立、健全生态保护补偿制度。

国家加大对生态保护地区的财政转移支付力度。有关地方人民政府应当落实生态保护补偿资金，确保其用于生态保护补偿。

国家指导受益地区和生态保护地区人民政府通过协商或者按照市场规则进行生态保护补偿。

第三十二条 国家加强对大气、水、土壤等的保护，建立和完善相应的调查、监测、评估和修复制度。

第三十三条 各级人民政府应当加强对农业环境的保护，促进农业环境保护新技术的使用，加强对农业污染源的监测预警，统筹有关部门采取措施，防治土壤污染和土地沙化、盐渍化、贫瘠化、石漠化、地面沉降以及防治植被破坏、水土流失、水体富营养化、水源枯竭、种源灭绝等生态失调现象，推广植物病虫害的综合防治。

县级、乡级人民政府应当提高农村环境保护公共服务水平，推动农村环境综合整治。

第三十四条 国务院和沿海地方各级人民政府应当加强对海洋环境的保护。向海洋排放污染物、倾倒废弃物，进行海岸工程和海洋工程建设，应当符合法律法规规定和有关标准，防止和减少对海洋环境的污染损害。

(5) 中华人民共和国清洁生产促进法(节选)

第一条 为了促进清洁生产，提高资源利用效率，减少和避免污染物的产生，保护和改善环境，保障人体健康，促进经济与社会可持续发展，制定本法。

第二十五条 矿产资源的勘查、开采，应当采用有利于合理利用资源、保护环境和防止污染的勘查、开采方法和工艺技术，提高资源利用水平。

(6) 中华人民共和国水土保持法(节选)

第一条　为了预防和治理水土流失,保护和合理利用水土资源,减轻水、旱、风沙灾害,改善生态环境,保障经济社会可持续发展,制定本法。

第二条　在中华人民共和国境内从事水土保持活动,应当遵守本法。

本法所称水土保持,是指对自然因素和人为活动造成水土流失所采取的预防和治理措施。

第三条　水土保持工作实行预防为主、保护优先、全面规划、综合治理、因地制宜、突出重点、科学管理、注重效益的方针。

第二十八条　依法应当编制水土保持方案的生产建设项目,其生产建设活动中排弃的砂、石、土、矸石、尾矿、废渣等应当综合利用;不能综合利用,确需废弃的,应当堆放在水土保持方案确定的专门存放地,并采取措施保证不产生新的危害。

第三十八条　对生产建设活动所占用土地的地表土应当进行分层剥离、保存和利用,做到土石方挖填平衡,减少地表扰动范围;对废弃的砂、石、土、矸石、尾矿、废渣等存放地,应当采取拦挡、坡面防护、防洪排导等措施。生产建设活动结束后,应当及时在取土场、开挖面和存放地的裸露土地上植树种草、恢复植被,对闭库的尾矿库进行复垦。

(7) 中华人民共和国循环经济促进法(节选)

第一条　为了促进循环经济发展,提高资源利用效率,保护和改善环境,实现可持续发展,制定本法。

第二十二条　开采矿产资源,应当统筹规划,制定合理的开发利用方案,采用合理的开采顺序、方法和选矿工艺。采矿许可证颁发机关应当对申请人提交的开发利用方案中的开采回采率、采矿贫化率、选矿回收率、矿山水循环利用率和土地复垦率等指标依法进行审查;审查不合格的,不予颁发采矿许可证。采矿许可证颁发机关应当依法加强对开采矿产资源的监督管理。

矿山企业在开采主要矿种的同时,应当对具有工业价值的共生和伴生矿实行综合开采、合理利用;对必须同时采出而暂时不能利用的矿产以及含有有用组分的尾矿,应当采取保护措施,防止资源损失和生态破坏。

第三十条　企业应当按照国家规定,对生产过程中产生的粉煤灰、煤矸石、尾矿、废石、废料、废气等工业废物进行综合利用。

(8) 中华人民共和国水污染防治法(节选)

第十条　排放水污染物,不得超过国家或者地方规定的水污染物排放标准和重点水污染物排放总量控制指标。

第十九条　新建、改建、扩建直接或者间接向水体排放污染物的建设项目和其他水上设施,应当依法进行环境影响评价。

第二十一条　直接或者间接向水体排放工业废水和医疗污水以及其他按照规定应当取得排污许可证方可排放的废水、污水的企业事业单位和其他生产经营者,应当取得排污许可证;城镇污水集中处理设施的运营单位,也应当取得排污许可证。排污许可证应当明确排放水污染物的种类、浓度、总量和排放去向等要求。排污许可的具体办法由国务院规定。

禁止企业事业单位和其他生产经营者无排污许可证或者违反排污许可证的规定向水

体排放前款规定的废水、污水。

第三十三条　禁止向水体排放油类、酸液、碱液或者剧毒废液。

禁止在水体清洗装贮过油类或者有毒污染物的车辆和容器。

第三十四条　禁止向水体排放、倾倒放射性固体废物或者含有高放射性和中放射性物质的废水。

向水体排放含低放射性物质的废水，应当符合国家有关放射性污染防治的规定和标准。

第三十五条　向水体排放含热废水，应当采取措施，保证水体的水温符合水环境质量标准。

第三十六条　含病原体的污水应当经过消毒处理；符合国家有关标准后，方可排放。

第三十七条　禁止向水体排放、倾倒工业废渣、城镇垃圾和其他废弃物。

禁止将含有汞、镉、砷、铬、铅、氰化物、黄磷等的可溶性剧毒废渣向水体排放、倾倒或者直接埋入地下。

存放可溶性剧毒废渣的场所，应当采取防水、防渗漏、防流失的措施。

第三十八条　禁止在江河、湖泊、运河、渠道、水库最高水位线以下的滩地和岸坡堆放、存贮固体废弃物和其他污染物。

第三十九条　禁止利用渗井、渗坑、裂隙、溶洞，私设暗管，篡改、伪造监测数据，或者不正常运行水污染防治设施等逃避监管的方式排放水污染物。

第四十条　化学品生产企业以及工业集聚区、矿山开采区、尾矿库、危险废物处置场、垃圾填埋场等的运营、管理单位，应当采取防渗漏等措施，并建设地下水水质监测井进行监测，防止地下水污染。

加油站等的地下油罐应当使用双层罐或者采取建造防渗池等其他有效措施，并进行防渗漏监测，防止地下水污染。

禁止利用无防渗漏措施的沟渠、坑塘等输送或者存贮含有毒污染物的废水、含病原体的污水和其他废弃物。

第四十一条　多层地下水的含水层水质差异大的，应当分层开采；对已受污染的潜水和承压水，不得混合开采。

第四十二条　兴建地下工程设施或者进行地下勘探、采矿等活动，应当采取防护性措施，防止地下水污染。

报废矿井、钻井或者取水井等，应当实施封井或者回填。

第四十三条　人工回灌补给地下水，不得恶化地下水质。

(9) 中华人民共和国固体废物污染环境防治法(节选)

第四十二条　矿山企业应当采取科学的开采方法和选矿工艺，减少尾矿、煤矸石、废石等矿业固体废物的产生量和贮存量。

国家鼓励采取先进工艺对尾矿、煤矸石、废石等矿业固体废物进行综合利用。

尾矿、煤矸石、废石等矿业固体废物贮存设施停止使用后，矿山企业应当按照国家有关环境保护等规定进行封场，防止造成环境污染和生态破坏。

(10) 中华人民共和国放射性污染防治法(节选)

第二条　本法适用于中华人民共和国领域和管辖的其他海域在核设施选址、建造、运行、退役和核技术、铀(钍)矿、伴生放射性矿开发利用过程中发生的放射性污染的防治活动。

第三十四条　开发利用或者关闭铀(钍)矿的单位,应当在申请领取采矿许可证或者办理退役审批手续前编制环境影响报告书,报国务院环境保护行政主管部门审查批准。

开发利用伴生放射性矿的单位,应当在申请领取采矿许可证前编制环境影响报告书,报省级以上人民政府环境保护行政主管部门审查批准。

第三十五条　与铀(钍)矿和伴生放射性矿开发利用建设项目相配套的放射性污染防治设施,应当与主体工程同时设计、同时施工、同时投入使用。

放射性污染防治设施应当与主体工程同时验收;验收合格的,主体工程方可投入生产或者使用。

第三十六条　铀(钍)矿开发利用单位应当对铀(钍)矿的流出物和周围的环境实施监测,需要并定期向国务院环境保护行政主管部门和所在地省、自治区、直辖市人民政府环境保护行政主管部门报告监测结果。

第三十七条　对铀(钍)矿和伴生放射性矿开发利用过程中产生的尾矿,应当建造尾矿库进行贮存、处置;建造的尾矿库应当符合放射性污染防治的要求。

第三十八条　铀(钍)矿开发利用单位应当制定铀(钍)矿退役计划。铀矿退役费用由国家财政预算安排。

(11) 中华人民共和国水法(节选)

第二条　在中华人民共和国领域内开发、利用、节约、保护、管理水资源,防治水害,适用本法。

本法所称水资源,包括地表水和地下水。

第三十一条　从事水资源开发、利用、节约、保护和防治水害等水事活动,应当遵守经批准的规划;因违反规划造成江河和湖泊水域使用功能降低、地下水超采、地面沉降、水体污染的,应当承担治理责任。

开采矿藏或者建设地下工程,因疏干排水导致地下水水位下降、水源枯竭或者地面塌陷,采矿单位或者建设单位应当采取补救措施;对他人生活和生产造成损失的,依法给予补偿。

(12) 土地复垦条例(节选)

第三条　生产建设活动损毁的土地,按照"谁损毁,谁复垦"的原则,由生产建设单位或者个人(以下称土地复垦义务人)负责复垦。但是,由于历史原因无法确定土地复垦义务人的生产建设活动损毁的土地(以下称历史遗留损毁土地),由县级以上人民政府负责组织复垦。

自然灾害损毁的土地,由县级以上人民政府负责组织复垦。

第十五条　土地复垦义务人应当将土地复垦费用列入生产成本或者建设项目总投资。

第二十三条　对历史遗留损毁土地和自然灾害损毁土地,县级以上人民政府应当投入资金进行复垦,或者按照"谁投资,谁受益"的原则,吸引社会投资进行复垦。土地权利人明确的,可以采取扶持、优惠措施,鼓励土地权利人自行复垦。

第二十八条　土地复垦义务人按照土地复垦方案的要求完成土地复垦任务后,应当按照国务院国土资源主管部门的规定向所在地县级以上地方人民政府国土资源主管部门申请验收,接到申请的国土资源主管部门应当会同同级农业、林业、环境保护等有关部门进行验收。

进行土地复垦验收,应当邀请有关专家进行现场踏勘,查验复垦后的土地是否符合土地复垦标准以及土地复垦方案的要求,核实复垦后的土地类型、面积和质量等情况,并将初步验收结果公告,听取相关权利人的意见。相关权利人对土地复垦完成情况提出异议的,国土资源主管部门应当会同有关部门进一步核查,并将核查情况向相关权利人反馈;情况属实的,应当向土地复垦义务人提出整改意见。

11.7.2 美国矿业法律法规及政策

11.7.2.1 美国矿业法律法规

法律法规在美国矿产资源和矿业、能源管理上日益起着主导性和决定性的作用,目前主要有[116]《通用采矿法 1872》《矿产租约法 1920》《矿物材料法 1947》《战略与关键材料储备法 1946》《联邦煤炭租约修正法 1977》《联邦陆上石油天然气租借改革法 1987》《外大陆架土地法 1953》《淹没土地法 1953》《联邦石油和天然气权利金管理法 1982》《联邦土地政策与管理法 1976》《印第安矿产租约法 1938》《印第安矿产开发法 1982》《矿产收益支付澄清法 2000》《能源政策法 2005》《政策、研究与开发法 1970》《联合碳氢租约法 1981》《联邦石油和天然气权利金简化和公平法 1966》《采矿和矿产政策法 1970》《征购土地法 1947》《地表资源法 1955》《露天矿山复垦与执行法 1977》《联邦矿山安全和健康法 1969》《有毒物质控制法 1976》《天然气政策法 1978》《战略与关键材料储备修正法 1979》《国内矿产项目扩展法 1953》《深水区权利金减免法》《国家环境政策法 1969》《污染防治法 1990》等,它们涉及矿产资源土地准入、勘查、开发及矿业权的招投标程序,矿产品生产、运输、销售、贸易及矿业税收、矿业收益利益分配,管理者和开发者、矿业权持有者的权利、义务、责任到环境保护、矿山安全、防范措施、应急程序、劳动力健康、矿山复垦、社区安全、文化古迹保护、战略矿产储备等各个方面,可以认为,它们构成了美国关于矿产资源的完整法律法规体系。

(1)《通用采矿法 1872》[111]

《通用采矿法 1872》,也称《硬岩采矿法》。该法的立法宗旨是:促进西部联邦土地上的矿产资源的勘查与开发活动,对已开采的矿山提供获得矿权的机会,帮助开拓者在西部定居。

该法是美国矿业和矿产资源管理中的一部经典法律,至今对美国(联邦土地上)的矿产资源管理仍有重要影响。该法规定,“公共土地上的矿产资源,均属于美国,允许(美国公民)个人或公司自由准入公共土地进行找矿活动”。概括地说,1872 年颁布的《通用采矿法 1872》具有 5 个要素:① 发现有价值的矿床;② 确立采矿权和地点;③ 记录采矿权和地点;④ 采矿权和地点的维持费;⑤ 矿产专权。

该法的不足是,未含有环境保护的条款,从而导致许多自然景观和土地因后来的采矿活动而遭到破坏。另外,该法没有对每人所能确立的矿权地数量作出限制,也未对矿产开发的时机和方式作出规定,从而导致许多矿权地从未进行过生产、开发活动。

(2)《矿产租约法 1920》[111]

《矿产租约法 1920》确立了美国矿产资源和矿业管理的租约制度。在该法中,首次明确了可租约矿产(leasable minerals)的概念。所谓可租约矿产,一般是指需要通过签订租约的形式，才能获得采矿权的那些矿产。

该法建立了矿产租约人的资格制度。该法规定，只有美国公民或根据美国或州法律成立的公民组织、公司，才有资格获得租约。该法也规定了承租人就某一特定矿种如煤、磷酸盐、石油、天然气等可以租用矿权地的最大面积。该法同时还规定了禁止外国人拥有采矿租约，但在（采矿）公司中拥有股份者除外。该法也首次确立了可租约矿产的权利金制度。

(3)《联邦煤炭租约修正法 1977》[111]

该法确立的基本政策是：煤炭租约持有者必须要及时地（在合理的期限内）开发、生产煤炭资源，满足国家能源需求。如果采煤公司不遵守联邦煤炭租约规定，即在获得煤炭租约的 10 a 内不进行商业性煤炭开发和生产活动，则将被禁止参与新的联邦陆上油气租约的竞争。

该法也同样适用于联邦陆上的石油天然气租约和其他矿产租约，从而奠定了联邦矿产租约持有者必须要在合理的期限范围内积极开发和生产相关矿产的政策基础和制度。

(4)《联邦陆上石油天然气租借改革法 1987》[111]

《联邦陆上石油天然气租借改革法 1987》是美国关于规范陆上石油和天然气勘查、开发活动的一部重要法律。该法规定，公共土地只有在通过了土地管理局多用途规划程序评估后，方可进行油气租约活动。

该法规定，只有美国成年公民才能获得联邦油气租约。未成年人不能获得租约，但租约可以授予未成年人的法定监护人或受托管理人。依据美国法律或州法律成立的公民组织和公司也有资格获得油气租约。外国公民不能获得联邦油气租约，外国人仅能通过持有美国公司的股票获取相关利益，且只有当该外国公民所属国法律不排斥美国公民类似的权利时才有效。

该法规定，租约给予租约人在所租土地上勘查、钻探、提取、处理石油天然气矿床的权利，但不包括氦。租约人在进行有关扰动地表的行动前，必须要得到土地管理局的批准。

(5)《外大陆架土地法 1953》[111]

该法是指导、规范在外大陆架地区开展石油天然气租约活动，加快勘查、开发石油天然气资源，保护海洋环境的一部重要法律。

该法认为，开发外大陆架土地上的油气资源对保障美国经济和能源安全至为重要，因而应当鼓励在外大陆架上开展石油天然气勘查和开发活动，鼓励用新技术开发油气资源，减少因石油开发带来的负面影响。该法也要求，要严格保护海上环境，要平衡油气开发与人类、海洋和海岸环境保护之间的关系。

该法规定，必须要以投标方式取得在外大陆架（土地）上的油气租约；必须要保障可能受到影响的州和地方政府能及时了解外大陆架开发信息，保障州和政府参与油气政策和规划决策。该法授权内政部长签发外大陆架矿产租约，并制定外大陆架油气开发活动的管理规章。

(6)《联邦石油和天然气权利金管理法 1982》[111]

《联邦石油和天然气权利金管理法 1982》明确规定了承租人、运营商和其他相关人对从联邦土地、印第安土地和外大陆架土地上采出的石油天然气开展运输或销售等商业活动时所应承担的责任和义务。同时，明确界定了内政部长在管理、实施和维持与在联邦土地、印第安土地和外大陆架土地上开展石油天然气租约活动有关的权利金管理体系的职权和责任。该法对规范联邦土地上与石油天然气生产、销售有关的记账活动和权利金收取活动有重要意义。

(7)《露天矿山复垦与执行法 1977》[111]

《露天矿山复垦与执行法 1977》是一部确立美国煤炭矿山土地复垦制度的重要法律。该法规定所有煤矿在采完之后必须要进行矿山复垦，要达到复垦要求和标准，并规定在复垦不可行的地区不得进行露天煤炭采矿活动，同时规定必须要以保护环境的方式开展露天和地下煤炭采矿活动。

为了解决复垦资金问题，该法规定，煤炭生产者必须缴纳复垦费，标准是：露天煤矿每吨 35 美分，地下煤矿每吨 15 美分，或按煤炭价值的 10%缴纳复垦金。履行职责的联邦雇员不得在露天或地下煤炭矿山中有任何直接或间接经济利益关系，凡故意违反者将面临不超过 2 500 美元的罚款和/或不超过 1 a 的监禁。

《露天矿山复垦与执行法 1977》还规定开采其他矿产资源也必须要进行土地复垦，从而原则上确立了美国矿山土地的复垦制度。

(8)《联邦矿山安全和健康法 1977》[111]

《联邦矿山安全和健康法 1977》是一部综合性的涉及所有煤和非煤采矿工业的矿山安全和健康的法律，对保障美国矿山安全生产具有重要意义。

该法还授权成立了矿山安全和健康管理局(MSHA)，由其负责美国联邦矿山安全和健康检查工作，并建立了独立的矿山安全与健康委员会专门负责评估 MSHA 的执法行动。该法将以前属内政部的矿山安全检查职能调整到劳工部的职能中。

(9)《能源政策法 2005》[111]

《能源政策法 2005》是美国应对 21 世纪能源问题的一部重要法律，也是一部指导美国未来能源生产、发展和走向的纲领性法律。该法的立法宗旨是：加强能源保护和研究与开发，为美国人民提供能源供应安全和能源供应多样性。

该法对美国当前一段时期能源(利用)效率、能源管理、能源利用标准、能源市场准则、高效率能源产品、可再生能源生产与鼓励措施、低收入家庭能源帮助，美国化石能源生产与销售、深水油气生产税收减免、天然气管线铺设、公共土地准入、陆上枯竭油井、市场改革、市场透明性、煤炭开发与利用、技术转让、能源与环境、国际合作、研发项目评估方法等进行了一系列详细规定和界定。

11.7.2.2 美国的环境与生态保护政策

保护环境与生态是美国矿业、能源和矿产资源管理的基本政策，同样也是美国的基本国策。20 世纪 60 年代以来，美国制定了大量保护环境的法律[111]，如《综合环境反应、赔偿和责任法 1980》《清洁水法 1977》《海洋倾倒法 1972》《安全饮用水法 1974》《联邦环境杀虫剂控制法 1972》《有毒物质控制法 1976》《铀水冶尾矿辐射控制法 1978》《核废物政策法 1982》《石棉公害紧急应对法 1986》《资源保护与回收法 1988》《铅污染控制法案 1988》等。其中，《清洁水法 1977》规定：① 直接向水体排放的许可证计划；② 非直接向水体排放的控制计划；③ 当国家标准不能满足水体质量要求时，应制定进一步的控制污染物计划；④ 非点源污染的控制计划；⑤ 保护湿地的许可证计划。《资源保护与回收法 1988》规定危险废物的制造者必须：① 保存危险废物成分和数量的有关记录；② 处理和储存危险废物应使用适当容器和标志；③ 与经过批准的合法运输、处理者签订协议；④ 向运输、处理者提供准确的成分分析资料；⑤ 负责所有危险废物的运输，并用书面的船货清单来证明其运输和处置是适当的；⑥ 定期向联邦和经授权的州环保机构提交关于运输和处置活动的报告。这些严格的法律规定，有力地保护了美国的自然环境，使美国的环境政策日益深入人心。

20 世纪 90 年代以来，为了进一步强化环境保护的基本国策，美国政府又相继制定了《清洁空气法 1990》《污染防治法 1990》《石油污染法 1990》《海洋哺乳动物保护法修正案 1994》《含汞电池和可充电池管理法 1996》《污染预防和控制法 1999》《清洁空气法修正案 1999》《大湖区自然遗产法 2002》等法律。其中，《清洁空气法 1990》规定了以下内容：① 国家环境空气质量标准；② 国家危险空气污染物排放标准计划，超过联邦环保局规定的标准排放污染物是不允许的；③ 新污染源执行标准；④ 明显环境退化的预防计划等。通过这些法律的制定和实施，美国的环境保护政策日益制度化、规范化、科学化[111]。

不仅如此，自 20 世纪 80 年代末期以来，通过环境立法和行政命令，美国还创建了保护环境的 4 种控制模式[111]：① 命令控制模式，通过要求公民和组织不得进行某种活动来达到消除污染的目的；② 排污控制模式，通过控制污染物排放量来达到减少污染的目的；③ 技术强制模式，通过强制使用一些污染控制技术来达到有效控制污染的目的；④ 市场控制模式，运用市场机制达到预防污染和废物减量化目标，把污染成本列入产品成本，不让其转嫁给社会。

11.7.2.3 美国可持续发展政策

实现可持续发展，既是近 40 年来美国政府的基本国策，也是美国资源管理部门、环境保护部门和产业经济部门的基本工作方针。

美国的可持续发展战略核心可归纳反映在资源和环境两个重点要素上。在资源利用(包括矿产资源利用)方面，大力利用国外资源，保护本国资源，有效和可持续地发展经济；在环境保护方面，严格执行相关标准，大力倡导和发展新技术，唤起全民、全社会保护环境的意识和自觉性[111]。

目前，为贯彻共同可持续发展的倡议，美国与矿产资源和矿业管理有关的各联邦机构和政府部门都制订了相应的可持续发展行动计划。美国联邦矿产管理局是美国联邦政府管理海上矿产资源的主要机构。该机构自 20 世纪 90 年代就一直致力于可持续发展目标，针对可持续发展课题，在其政府网站发表政策观点，认为能源生产与消费是经济发展和社会福利的基本组成要素，然而化石能源的开发和使用将耗尽不可再生的自然资源，并且对环境和社会不是没有成本的，如对空气和水质量的影响和对地方社区的影响，因而能源部门必须要可持续生产和使用能源，其相关的计划、倡议和措施对可持续发展是十分重要的。美国土地管理局是管理联邦政府土地上矿产资源(包括油气资源)的主要部门，在其就公共土地上自然资源的开发利用所做的政策宣示中明确表明，其基本政策是可持续开发利用自然资源，保护生态和自然资源[111]。

美国地质调查局是美国地质调查(包括矿产资源调查)的主要机构，其矿产资源项目(mineral resources program，MRP)在 MRP 1999—2004 五年规划中确立的 5 大目标中的首要目标就是“了解国家(美国)矿产资源的地质背景和成因，确保国家未来矿产资源的可持续供应”。在 2002 年启动的为期 8 a 的国际合作项目(GMRAP)中，也进一步确立了可持续资源开发的目标。

为贯彻可持续发展战略，美国能源部化石能源局早在 1999 年就制订了可持续发展战略规划，在其 2001 年出炉的题为《战略和多年项目计划》的报告中，就明确提出了节约利用能源、提高能源利用效率及发展新能源和可再生能源的政策主张。

此外，联邦机构也联合采取措施，尽可能将可持续发展落在实处，如1999年3月18日，能源部和内政部就联合启动“绿色能源公园计划”，旨在促进在国家公园内使用可持续能源技术等。

11.7.3　加拿大矿业法律法规及政策

11.7.3.1　加拿大矿业法律法规

加拿大是联邦制国家，联邦宪法赋予联邦和省政府有独立立法权限，因此联邦和各省都有自己的相关的法律法规。省政府根据本省的矿业法，管理管辖区内的矿产资源勘查、开发、销售、环境保护、安全健康、劳资关系等工作。

联邦政府没有专门的矿业法，与矿业活动有关的法律主要有《领土土地法》和《公共土地授权法》，这两部法律中涉及矿业活动的有关条款主要用于约束北部三个地区的矿业活动。

各省制定的与矿业有关的法规条例很多，以不列颠哥伦比亚省为例，其法规条例包括[112]：《矿产法》(管辖非煤矿产)、《砂金法》、《煤矿法》、《矿山法》、《铜矿补助法》、《矿产加工(提炼)法》、《矿源探查法》、《矿山路权法》，以及《矿产开发条例》和《矿山废料管理条例》等。这些法规条例对各种矿产勘查和开采、矿山复垦、矿工健康、设备操作安全及环境保护等均有详细规定。各省政府矿业管理部门派督察员对本省的矿山企业进行监督，检查其对矿业法规条例的执行情况。有些省政府还设有矿业法庭(如安大略省)，专门负责处理、解决矿业所产生的土地争端和纠纷。

在能源方面，联邦制定了一系列国家级大法及行业性法规[112]。如《能源管理法》《石油和天然气操作法》《环境评价法》《石油资源法》《竞争法》《竞争委员会法》《国家能源理事会法案》《加拿大资源法案》《加拿大石油天然气经营法案》《加拿大管道法》等。除上述国家级大法和行业性法规外，还有一些由政府部门制定的管理规章，其中，国家能源委员会制定了70多项具有法律效力并与相关大法配套的规章[112]，如《陆上石油天然气管道条例》《管道仲裁委员会处事规则》《管道公司资料保护条例》等。此外，加拿大各省也都有自己的监管法律法规，如阿尔伯塔省的能源与公共设施委员会实施监管的法律依据就有《阿尔伯塔能源与公共设施委员会法》《公共设施委员会法》《能源资源保护法》《天然气设施法》《天然气资源保护法》《地方政府法》等40多项。不列颠哥伦比亚省的能源监管机构——石油天然气委员会是根据该省的《石油天然气委员会法》成立的，其实施的监管权力依据该省的一系列法律法规。在海洋管理方面，1996年12月加拿大通过了《海洋法》，把《联合国海洋法公约》赋予各沿海国的权利以国内立法的形式具体化。目前，加拿大已经颁布的其他海洋管理法律和法规有《渔业法》《北冰洋管理法》《大陆架法》《海洋倾倒法》《防止油类污染法》等。

目前，联邦和省涉及矿业的法律法规，立法宗旨均坚持如下几点[112]：

① 由一个部门对矿业活动进行控制，相关部门只协助管理，以使投资者与政府的接触和对法律的执行相对来说更协调和直接。

② 保证可依之法相对直观，以便使每个人均能读懂它们而不必通过律师的解读。

③ 对矿产普查和矿产地的占用尽量少设限或少设资格要求，诸如居民或公民、财力或技术能力、是否有可采矿石的存在等方面的要求。

④ 站在为“用户”服务的角度设定各项费用，尽量减少投资者的相关服务支出费用。

⑤ 维护广泛的公开数据记录，包括政府已经完成的和由私人勘探者所完成的地质工作记录。这些资料均为公开的资料，可以随意查阅和缴纳名义上的复制费进行复制。

11.7.3.2 加拿大矿产资源的可持续发展政策

自20世纪80年代末可持续发展政策制定以来，加拿大政府每两年就对矿产资源政策进行修订和完善，使矿产资源可持续发展内涵更适应本国的需要。加拿大政府为实现矿产资源的可持续发展提出了六大任务[112]：

① 在联邦政府就有关矿产工业的决策中完善可持续发展的概念。

② 确保加拿大矿业在开放和自由的全球贸易和投资框架下的国际竞争能力。

③ 在国际上，通过与其他国家、矿权拥有者和各类机构等建立伙伴关系，进一步完善矿产资源的可持续发展。

④ 在推动矿物和金属及其产品的安全使用上建立加拿大的全球领导地位。

⑤ 推动土著人参与与矿产资源有关的活动。

⑥ 在增强工业竞争能力和环境改善方面，提供科学技术发展和应用的框架。

加拿大政府矿产资源的可持续发展政策从1996年开始实施。该政策指出，矿产开发所产生的经济和社会效益不能全部被当代人消耗掉。由于矿山项目寿命长及在反复使用过程中矿产资源仍保持它们的自然属性，目前在人力和有形资本方面的投资不仅可使当代人获益，而且可使后代人获益。

五项主要原则奠定了加拿大矿产资源的可持续发展政策的基础，即生产寿命周期管理、风险评估和风险管理、安全使用、科学和技术、回收利用。

(1) 生产寿命周期管理[112]

生产寿命周期管理是环境管理中不可缺少的部分。它可提供实现该政策其他方面的中心框架，与风险评估和安全使用原则密切相关。在管理与矿产资源有关的健康、环境问题时，生产寿命周期管理的原则对过程和产品寿命周期两者来说都起着必不可少的作用。

过程寿命周期管理适用于具体企业及与矿产资源生产有关的风险，如勘探、提取、选矿、熔炼和提纯，也包括废物管理和场地恢复。

产品寿命周期管理适用于具体元素、物质或产品以及与其相关的风险，基于对制造、使用、再使用、再回收使用和处理此种特别元素、物质或产品周期的所有阶段的评估。

(2) 风险评估和风险管理[112]

风险评估和风险管理方法是在矿产资源的生产寿命周期管理中固有的方法。风险评估要估计因暴露了所生产的物质而产生不利影响的程度和可能性；风险管理则是指决定对所评估的风险做什么的过程，应考虑评估的结果和经济、社会及法律因素。

(3) 安全使用[112]

安全使用原则要求负责任地使用、管理与矿产品生产、利用、再利用、再回收利用和处理等有关的环境和人类健康因素，其应用与生产寿命周期管理、风险评估和风险管理原则有密切关系。

安全使用也基于包含在加拿大毒性物质管理政策(1995)中的两个前提：承认自然界中产出的物质——矿产资源实际上不能从环境中消除；某些含有矿产的产品或其使用构成无法应对的风险，因此有待逐渐停止、禁止使用或完全从人为因素中消除。

(4) 科学和技术[112]

加拿大矿产资源的可持续发展政策承认科学和技术在取得可持续发展目标中的重要作用，致力于发展科学和技术，并鼓励信息交流以及建立国际合作，提倡采矿、选冶、废料回收再利用方面的技术创新。

(5) 回收利用[112]

回收利用是矿产资源可持续发展的关键部分，可提高环境和经济效益。它可增加矿产资源的有效使用量，减小对土地的压力，节省资源，并为后代子孙开发利用矿产资源留有潜力。

11.7.3.3 加拿大矿山关闭及复垦制度

加拿大政府非常重视矿山复垦工作，为此制定有相关的法律。其中，不列颠哥伦比亚省相关的法律有《矿山法》《环境评价法》《废料管理法》《水资源法》等；安大略省矿业法中规定，所有生产和新建矿山必须提交矿山闭坑阶段将要采取的恢复治理措施和步骤及其相关计划[112]。

通常情况下，矿业公司在加拿大申请采矿权时，必须同时提供矿区环境评估报告和矿山闭坑复垦环境恢复方案。由政府的环境、资源等有关主管部门共同组织专家论证，举行各种类型的听证会，凡与此有关系或对此感兴趣的公民都可以参加。环境评估报告和复垦方案通过后，公司必须严格执行。环境评价阶段往往会持续几个月甚至3～5 a时间。矿山闭坑复垦耗资巨大，为保证复垦方案得以落实，各省矿业法通常都规定矿山经营者从取得第一笔矿产品销售款开始，就要提取复垦基金或保证金(见表11-8)。到2001年不列颠哥伦比亚省已经收到复垦保证金2亿多加元。保证金可以交给政府，或交给保险公司，也可以存进银行。较早的时候公司一般将钱交给政府主管部门，但目前常用的办法是交给第三者(银行或复垦公司)，闭坑后由政府监督，复垦公司用这笔钱完成治理。由保险公司将复垦作为一种产业来办，这正在进行尝试。在加拿大，闭坑复垦并不一定要求恢复原貌，而是因地制宜，有的把山夷平后改造成公园，原居民可回迁；有的露天大矿坑，则建成水库或鱼池。总的要求是不能低于原有的生态水平[112]。

表11-8 加拿大部分省份矿地恢复与保证金制度[112]

省份	矿地恢复与保证金制度
安大略省	根据《采坑与采场管理法》，砂砾开采者应存入一笔保证金以支付土地恢复成本。这笔保证金按每开采1 t砂砾交纳8分加币收取，并以每公顷3 000加元为限。根据1990年颁布的安大略省矿业法，矿权人应履行矿地恢复义务，包括逐步恢复和按闭坑计划的要求恢复，并且应交纳保证金。恢复工作由北方开发与矿山部的矿山恢复长官负责管理，由部长任命的监察员负责检查。另外，安大略省114/9号规定对于闭坑计划和恢复标准作了进一步规定
阿尔伯塔省	1973年，阿尔伯塔省土地保护与恢复委员会根据《土地地表保护与恢复法》制订了一项恢复计划，要求矿业公司交纳保证金并按单位产量交纳一项附加费。如果矿业公司履行了恢复义务，则保证金如数返还。该法的具体要求是，小煤矿交纳保证金5 000加元，其他矿山交纳2.5万加元并按不低于0.25加元每吨的费率交纳一笔附加费；日生产原油低于10万桶的油砂矿应交纳保证金10万加元，其他交纳2.5万加元，并且按不低于3分(加币)每桶的费率交纳一笔附加费
新斯科舍省	该省矿业法规定，矿业公司在矿业活动的各个阶段，如勘查、挖土、采矿、选矿阶段，履行恢复义务，并交纳土地恢复保证金，每公顷为1万加元
新不伦瑞克省	该省矿业法规定，矿业公司在进行各个阶段矿业活动时交纳土地恢复保证金

土地复垦是加拿大推行矿业可持续发展战略的侧重点。各省通常要求在颁发采矿许可证前，由矿山企业提出关闭计划，即关闭、复垦及后续的处理或监督费用的估计及实施计划。

由于复垦是一项长期的费用较高的工作，对部分矿山企业来讲，它们很难按计划实施，因此往往采取现金支付、资产抵押、信用证、债券、法人担保等方式。

11.7.4 澳大利亚矿业法律法规及政策

11.7.4.1 澳大利亚矿业法律法规

根据澳大利亚联邦宪法，联邦政府对距海岸线 3 英里以外的海底矿产资源有管辖权，故联邦政府对距海岸线 3 英里以外的海底矿产资源的管理有立法权。而陆地上的矿产资源和距海岸线 3 英里以内的海底矿产资源，因管理权（或管辖权）属于州或领地政府，故州或领地政府对其管理有立法权[113]。

联邦法律主要有[113]《石油（淹没土地）法 1967》、《海上矿产法 1994》、《能源效率法》、《澳大利亚能源市场法》、《能源许可（清洁燃料）计划法》及其修正案、《大洋洲协议（环境保护）（环境影响评价）条例》、《职业健康和安全（联邦雇佣）法 1991》、《联邦土著权利法 1993》、《联邦土著土地权（北方领地）法》等。

《石油（淹没土地）法 1967》是澳大利亚联邦政府管理海上石油勘探与生产的基础性法律，它确立了联邦政府管理在所属海域开展石油有关活动的基本思路、架构、政策、方针和措施。该法自生效实施后经历了 80 多次修改和补充，在不断完善的同时，也使一些法律规定变得趋于复杂。为使该法更便于操作和掌握，2006 年 3 月 29 日，澳大利亚总督签署了《石油（淹没土地）法 1967》新版本——《海上石油法 2006》，该法在若干方面简化了一些程序性规定，更便于为投资者掌握和应用[113]。

澳大利亚州政府也颁布了诸多矿业方面的法律。如西澳大利亚州管理矿业的法律主要有[113]《危险物品（运输）法 1998》《爆炸和危险物品法 1961》《采矿补充法 2004》《矿山安全和检查法 1994》《工业与技术发展法 1998》《矿业法 1978》《石油法 1967》《石油（淹没土地）法 1982》。主要的法规有《采矿规章 1981》《石油规章 2006》《矿山安全与检查规章 1995》等。其他与矿产工业管理相关的法律有《私人地产上的采矿法 1898》《采矿（有效和修正）法 1986》《核活动管理法 1978》《石油管线法 1969》《石油（注册费）法 1967》《石油（淹没土地）注册费法 1982》《巴罗岛权利金信托账户法 1985》《巴罗岛权利金变化协议法 1985》《西澳大利亚州煤炭工业裁判所法 1992》《煤炭矿山立法修正和评估法 1998》等。这些法律法规涉及矿业生产的各个方面和各个环节，包括矿产资源所有权、管理者权限、矿业权申请、权利金、王室土地和私人土地对矿业活动的开放、矿业权形式和持有者的义务、地方政府的权利、争端解决、矿山安全检查、矿工的权利与义务、矿业活动过程中所产生损失的补偿等，构成了一套完整的涉及矿业管理的法律法规体系。

11.7.4.2 澳大利亚矿业的可持续发展政策

实现矿业的可持续发展是近 40 年来澳大利亚联邦政府与州/领地政府的基本政策和战略。早在 1983 年，针对矿业等活动带来的诸多问题，澳大利亚政府就制定了“澳大利亚国家保护战略”(National Conservation Strategy for Australia)，对国家重要的遗产、文化和环境等实施保护。对矿业来说，可持续发展概念就是，矿业项目的投资在财务上是可赢利的，在技术上是可行的,在环境上是牢靠的,在社会上是负责任的[113]。

澳大利亚“国家生态可持续发展战略”(National Strategy for Ecologically Sustainable Development)在经澳大利亚政府理事会(Council of Australian Governments)同意支持后,于1992年正式出台。该战略确立的生态可持续发展指导原则为:决策过程应有效地将长期和短期的经济、环境、社会和平等目标合而为一;在有严重威胁或不可逆转的环境损害的地方,缺乏全面的科学肯定性不能作为延缓预防环境恶化措施的理由;应认识和考虑行动和政策的全球尺度对环境的影响;需要发展能提高环境保护能力的强劲、扩大和多样化的经济;应认识到需要以环境牢靠的方式维持和提高国际竞争力;应采纳成本有效和灵活的政策措施,如改进的评估机制、定价机制和诱因鼓励机制等;决策和行动应就影响社区的问题提供广泛的社区参与[113]。

该国家战略确立的实现矿业生态可持续发展的战略途径为:通过改善决策、获得高水平环境与职业健康安全业绩、最大化采矿对社会的经济回报和改进协商机制,来达到使矿业和能源生态可持续发展的目的。其目标是[113]:

① 按照环境与安全标准进行复垦,并至少达到与周围土地条件一致的水平。

② 向社区提供合理的回报,并取得更好的环境保护效果。

③ 改进与社区协商和信息沟通机制,提高职业健康和安全业绩,达到社会公平目标。

为了有效推荐和实施国家战略,澳大利亚政府还成立了生态可持续发展政府间委员会(Intergovernmental Committee on Ecologically Sustainable Development),专门负责监督各项战略的实施,并形成两年一次的评估报告。

自1992年该国家战略公布以来,直至目前,寻求生态可持续发展已不断融入澳大利亚从联邦到地方各级政府的政策和计划中,并成为一项重要的政策目标。事实上,该国家战略也作为各产业特别是资源产业的行动指南。

澳大利亚不仅在政策上,而且在行动上指导矿业的可持续发展。自1995年开始,澳大利亚政府就发表了一系列关于采矿业最佳方法的(实践)环境管理丛书,如《指导实践采矿工业可持续发展项目》系列手册,包括管理、社区参与与发展、矿山复垦、矿山关闭和完成、生物多样性管理、酸性和含金属水排放管理、尾矿管理、氰化物管理、水管理、风险评估与管理等各手册。该系列手册通过对一系列将环境、经济和社会因素融入从矿产勘查到矿山建设、矿山运作和矿厂关闭等矿山生产各个阶段的研究和实践的介绍,普及了保护环境和实现可持续发展的可能的最佳有效做法,既帮助了产业界对可持续发展理念和实践的理解与认识,又为矿业公司提供了具体的案例指导和服务[113]。

11.7.4.3 澳大利亚职业健康与安全体系

不论是联邦政府,还是州政府,均十分重视矿业的职业健康与安全,都有一套完整的有关职业健康与安全的法律法规体系和一整套严格、规范的确保矿山安全运作的管理措施(州级层次)。同时,在管理方式和管理战略上,不断推进职业健康与安全管理水平的提高[113]。

在联邦层级上,尽管联邦政府不太多涉及具体产业的管理,但在1985年,联邦政府还是通过立法成立了国家职业健康与安全委员会(National Occupational Health and Safety Commission),以协调和领导澳大利亚境内工作场所伤亡与疾病防治工作。联邦政府制定出台了《职业健康和安全法1991》《职业健康与安全(海运工业)法1993》《联邦工作场所安全标准法2005》《澳大利亚工作场所安全标准规章2005》等。进入21世纪，联邦政府大力推进制定《国家职业健康与安全战略2002—2012》等[113]。2007年12月陆克文政府执政后承诺，评估各州和领地及联邦管辖的职业健康与安全立法，努力建立全国统一的职业健康与安全立法标准。联邦层级的产业协会——澳大利亚矿产理事会，根据不同州矿山安全标准不一致的现象，多次呼吁建立全国统一的矿山职业健康与安全标准，并起草了新的《国家职业健康与安全框架》等[113]。

在州级层次上，各州均有一套完整、专门的有关矿山职业健康与安全的法律法规体系和管理制度[113]。西澳大利亚州有《职业健康与安全法1984》《职业安全与健康规章1996》《矿山安全与检查法1994》；南澳大利亚州有《矿山与工程检查法1920》《职业健康、安全与福利法1986》《职业健康、安全和福利规章1995》《职业健康、安全与福利修正法2005》等；昆士兰州有《工业场所健康与安全法1995》《工业场所健康与安全规章1997》《煤炭采矿安全和健康法1999》《采矿、采场安全与健康法1999》《煤炭采矿安全和健康规章2001》等；维多利亚州有《职业健康与安全(受限制空间)规章1996》《职业健康与安全(有害物质)规章1999》《职业健康与安全(手工操作)规章1999》《职业健康与安全(铅)规章2000》《职业健康与安全(主要危险设施)规章2000》《职业健康与安全(矿山)规章2002》《职业健康与安全(进入许可)规章2005》等；新南威尔士州有《职业健康与安全法2000》《职业健康与安全规章2001》《煤矿山健康与安全规章1998》等；北方领地有《工作健康法》《工作健康(职业健康与安全)规章》《石油(职业健康与安全)规章》等。此外，在许多州的矿业法中，均有建立矿山安全顾问理事会的法律规定，在职业健康与安全立法中则均有建立安全工作顾问委员会或采矿工业顾问委员会或类似组织的法律规定。

11.7.4.4 澳大利亚土著土地与土著权保护政策

土著土地认同与土著权保护是澳大利亚联邦政府40多年来的基本国策。早在1976年联邦政府就颁布了《土著土地权(北方领地)法1976》，在20世纪80年代中期，又相继颁布了《土著土地授予(杰维斯领地)法1986》和《土著土地(康达湖和弗拉姆灵厄姆森林)法1987》。1989年，联邦政府正式通过了《土著及托雷斯海峡岛民委员会法1989》，旨在从法律上确保和维护全联邦系统的土著人与托雷斯海峡岛民权利，促进土著民众与托雷斯海峡岛民自我管理目标的实现，确保土著民众最大限度地参与制定和实施相关的政府政策等。该法还明确规定成立土著土地公司，以承担土地获得和土地管理职能(但不排斥、不对抗其他相关机构的相关管理职能)，从而帮助土著人和托雷斯海峡岛民获得土地并帮助土著人管理所持有的土地。为了实现和保护土著权，1993年联邦政府又出台了《土著权法》，明确规定了保护土著权及其各项事务、运作方法和相关程序[113]。

这些法律法规及政策，不仅从法律上确立了土著土地的认同、地位和土著权的保护，而且在具体行动和计划上确保了土著土地认同和土著权保护政策的实施。

此外，为了有效帮助解决土著权问题，早在1994年，依据《土著权法》，联邦政府就成立了专门的国家土著权裁判所，对涉及土著权益和土著权保护、土著土地使用协议、未来计划的土地开发问题进行司法上的裁判和管理[113]。

土著土地认同与土著权保护政策是澳大利亚重要的国家政策，对于维护澳大利亚社会的和谐和稳定起到了重要作用。

11.7.5 中国煤层气产业发展相关问题及对策

11.7.5.1 中国煤层气产业发展面临的问题

(1) 煤层气基础理论和技术水平有待提高

我国煤田地质条件复杂、煤层透气性差、抽采难度大及煤层气储层存在“三低”(低含气饱和度、低渗透率以及低压力)特征,在煤层气生成、运移、高产富集机制,煤层气勘探理论,煤层气在地球物理场中的流动理论等基础研究诸多方面存在理论问题。我国煤层气相关技术主要是借鉴常规油气和引进美国等技术发展起来的,许多技术针对性不强,不适合我国煤田地质条件,从而使得产气效果不理想,在煤层气资源评价技术、煤层气选择区评价与勘探技术、高煤阶煤层和低含气量厚煤层中的煤层气开采技术、低煤阶煤层气勘探和开发技术、不同煤田类型煤层气生产井钻井及完井技术、多分支水平钻井与排采工艺技术、储层压裂增产改造技术、煤层气产品集输和加工利用技术等方面存在许多关键性难题[114]。

(2) 相关法律法规体系不完善,技术标准不健全

煤层气产业属于技术资金密集型产业,其发展初期具有投入高、风险高、单井产量低、产出周期长、投资回报期长等特点,因此,煤层气产业快速发展需要国家政策的大力支持。我国现行的煤层气开发利用政策与法规,只是比照常规天然气的做法,没有出台更优惠的激励政策,在资金投入、税收优惠、贷款、融资渠道等方面缺乏一定的政策倾斜,甚至有些政策法规体系由于不完善,并没有得到很好的贯彻落实,从而极大地影响了中、外企业开发煤层气的积极性,亟待落实和细化有关优惠政策文件[114]。

总体来说,我国目前有关煤层气方面的政策性规定比较多,而法律法规层面的规定相对较少。另外,地面煤层气开发工艺、安全技术、操作规程等标准和规范多为空白,影响了煤层气开发的良性发展。

(3) 煤层气资源管理体制不顺,矿业权重叠严重

煤层气和煤是同一储层的共生矿产资源,但目前煤层气开发利用缺乏必要的协调,条块分割严重,管理体制和运行机制有待进一步理顺。国家原则上规定先采气再采煤、采煤采气一体化,但实际上难以执行。原因在于煤层气与煤炭的探矿权、采矿权分属不同部门,煤层气是部一级发证,煤炭则是部省两级发证。根据《中华人民共和国矿产资源法实施细则》等相关法律法规,煤层气是与煤炭矿业权分置的独立矿种,由国土资源部(现自然资源部)实施一级登记管理,其探矿权取得实行“申请在先”原则,具有“排他性”,而煤炭探矿权管理归各省区,在具体开发中出现矿业权重叠问题,致使相关部门、企业之间产生经济利益和管理权限方面的分歧,各自为政、自行发展,产业开发难成气候,地方与企业参与煤层气开发利用的动力不足,这些问题严重阻碍了煤层气的抽采与利用[114]。

(4) 煤层气输气管网及基础设施滞后,限制了煤层气的产业化开发

我国煤层气资源丰富的山西、陕西、内蒙古和新疆地区,与煤层气消耗大区(东部经济发达城市)之间缺乏长输管网。在煤田范围内,没有相应的煤层气管线,影响了煤层气产业化开发利用。煤层气主产区的地面煤层气进入天然气主管线管网仍需投入相当大的基础建设,这从基础设施上增加了煤层气进入市场的难度和成本,限制了煤层气的产业化开发[114]。

11.7.5.2 中国煤层气产业的法律法规

煤层气作为一个独立矿种,在地质赋存条件和开发技术方面既不同于固体的煤炭,也

不同于流体的石油和天然气，但它以煤炭为载体，同时又可以与天然气共享管道且共同服务最终用户。因此，煤层气与煤炭、天然气之间形成既独立又相互依赖的关系。煤层气勘探开发初期具有高风险、高投资特点，但煤层气市场需求潜力巨大、效益可观。对于独立的煤层气开发企业来说，承担风险较高，这就需要政策的支持和鼓励。20 世纪 80 年代以来，中国政府一直十分重视煤层气的勘探与开发利用工作，特别是 21 世纪以来，先后出台了一系列法规与优惠政策，以鼓励和支持煤层气产业的发展[114]。

(1) 国务院及中央部委颁发的法规与条例[114]

①《中华人民共和国煤炭法(1996 修正)》第三十五条规定，国家鼓励煤矿企业发展煤炭洗选加工，综合开发利用煤层气、煤矸石、煤泥、石煤和泥岩。

② 2001 年 3 月，全国人大通过的《国民经济和社会发展第十个五年计划纲要》提出“开发煤层气资源”。

③《中华人民共和国对外合作开采陆上石油资源条例(第一次修订)》(国务院令〔2001〕第 317 号)第三十条规定：对外合作开采煤层气资源由中联煤实行专营，并参照本条例执行。批准中联煤享有对外合作进行煤层气勘探、开发、生产的专营权；在国家计划中实行单列，按项目安排地质勘探费、资源补偿费和科研项目费；还明确中联煤作为一级预算单列单位。

2007 年 9 月，《国务院关于修改〈中华人民共和国对外合作开采陆上石油资源条例〉的决定》(国务院令〔2007〕第 506 号)将《中华人民共和国对外合作开采陆上石油资源条例(第一次修订)》的第三十条规定修改为“对外合作开采煤层气由中联煤层气有限责任公司、国务院指定的其他公司实施专营，并参照本条例执行”。

④ 2004 年，《外商投资产业指导目录》将煤层气勘探、开发列为“鼓励外商投资产业目录”项目，煤层气勘探开发企业可享受国家有关优惠政策。

⑤ 2005 年 6 月 22 日，国家发展改革委发布《关于印发煤矿瓦斯治理与利用总体方案的通知》(发改能源〔2005〕1137 号)，研究制定了《煤矿瓦斯治理与利用总体方案》，统一了煤层气(煤矿瓦斯)的概念，明确提出了“采煤采气一体化”的概念，将“煤矿瓦斯抽放”改为“煤矿瓦斯抽采”。

⑥ 2006 年，煤层气开发被列入中国政府“十一五”规划重点项目，国家发展改革委出台了《煤层气(煤矿瓦斯)开发利用“十一五”规划》。原国家计委和科技部将煤层气的勘探、开发列入《当前国家重点鼓励发展的产业、产品和技术目录》和《中西部地区外商投资产业指导目录》。

⑦ 2006 年 6 月，国务院出台的《国务院办公厅关于加快煤层气(煤矿瓦斯)抽采利用的若干意见》(国办发〔2006〕47 号)，明确提出煤层气抽采利用项目经各省(区、市)煤炭行业管理部门会同同级人民政府资源综合利用主管部门认定后，可享受有关鼓励和扶持政策。

⑧ 2008 年，环境保护部发布《煤层气(煤矿瓦斯)排放标准(暂行)》，规定要求自 2008 年 7 月 1 日起，新建矿井及煤层气地面开发系统的煤层气，浓度大于或等于 30%的禁止排放，低于 30%的不作要求。自 2010 年 7 月 1 日起，现有矿井及煤层气地面开发系统的煤层气，浓度大于或等于 30%的禁止排放，低于 30%的不作要求。

⑨ 2010 年，商务部、国家发展改革委、国土资源部、国家能源局同意中国石油天然气集团公司、中国石油化工集团公司、河南省煤层气开发利用有限公司三家公司在国务院批准的区域内与外国企业开展合作开采煤层气资源。

⑩ 2011 年 5 月 23 日，国务院办公厅转发国家发展改革委、安全监管总局的《关于进一步加强煤矿瓦斯防治工作若干意见的通知》（国办〔2011〕26 号）要求：加强煤矿瓦斯防治监督检查，提高准入门槛，强化基础管理，加大政策支持。对已批在建年产 30 万吨以下高瓦斯矿井和 45 万吨以下瓦斯突出矿井，不具备瓦斯防治能力的矿业企业要退出。严厉打击超能力生产，严肃查处并关闭矿井瓦斯超限事故矿井。

(2) 煤层气税收、价格优惠政策[114]

① 增值税优惠政策。财政部、国家税务总局制定了增值税优惠政策（国办通〔1997〕8 号），具体规定：中外合作开采陆上煤层气，按实物征收 5%的增值税，不抵扣进项税额；自营开采陆上煤层气增值税实行先征后返的政策，即按 13%的税率征收，返还 8 个百分点，实际负担 5%。

2007 年 2 月 7 日，财政部、国家税务总局联合下发的《关于加快煤层气抽采有关税收政策问题的通知》（财税〔2007〕16 号）规定：对煤层气抽采企业的增值税一般纳税人抽采销售煤层气实行增值税先征后退政策。先征后退税款由企业专项用于煤层气技术的研究和扩大再生产，不征收企业所得税。煤层气抽采企业应将享受增值税先征后退政策的业务和其他业务分别核算，不能分别准确核算的，不得享受增值税先征后退政策。对独立核算的煤层气抽采企业购进的煤层气抽采泵、钻机、煤层气检测装置、煤层气发电机组、钻井、录井、测井等专用设备，统一采取双倍余额递减法或年数总和法实行加速折旧，具体折旧方法可以由企业自行决定，但一经确定，之后年度不得随意调整。

② 企业所得税优惠政策。财政部、国家税务总局联合下发的《关于外国石油公司参与煤层气开采所适用税收政策问题的通知》（财税字〔1996〕62 号）规定：从事合作开采石油资源的企业所得税问题的规定，均适用于开采中国陆上煤层气资源的企业；对外合作开采煤层气的企业所得税实行二免三减半政策，即从煤层气生产的获利年开始，第一年和第二年免征所得税，第三年至第五年减半征收企业所得税。

2007 年 2 月 7 日，财政部、国家税务总局联合下发的《关于加快煤层气抽采有关税收政策的通知》（财税〔2007〕16 号）规定：对独立核算的煤层气抽采企业利用银行贷款或自筹资金从事技术改造项目国产设备投资，其项目所需国产设备投资的 40%可从企业技术改造项目设备购置当年比前一年新增的企业所得税中抵免。对财务核算制度健全、实行查账征税的煤层气抽采企业研究开发新技术、新工艺发生的技术开发费，在按规定实行 100%扣除基础上，允许再按当年实际发生额的 50%在企业所得税税前加计扣除。对地面抽采煤层气暂不征收资源税。

③ 关税减免政策。目前主要有《国务院关于调整进口设备税收政策的通知》（国发〔1997〕37 号）、《关于煤层气勘探开发项目进口物资免征进口税收的规定》（财关税〔2006〕13 号）、《关于"十二五"期间煤层气勘探开发项目进口物资免征进口税收的通知》（财关税〔2011〕30 号）等政策。

④ 煤层气价格制度。根据国务院办公厅 1997 年国办通〔1997〕8 号文件规定：煤层气价格按市场经济原则，由供需双方协商确定，国家不限价。

2007 年 4 月 20 日，《国家发展改革委关于煤层气价格管理的通知》（发改价格〔2007〕826 号）规定：民用煤层气出厂价格由供需双方协商确定。现已纳入地方管理价格范围内的，要积极创造条件尽快放开价格。未进入城市公共配气管网的民用煤层气销售价格由供需双方协商确定；进入城市公共配气管网并纳入政府管理范围的民用煤层气销售价格，按照与天然气、煤气、液化气等可替代燃料保持等热值合理比价关系的原则确定。要加强对城市燃气公司煤层气配气费用的管理，努力降低配气成本。要根据购进煤层气价格的变化，及时调整进入城市公共配气管网的民用煤层气的销售价格。同时采取提高低保补助和最低工资标准等措施，切实保护城镇低收入居民的利益。

⑤ 财政补贴政策。财建〔2004〕119 号文件规定：生产 1 吨煤炭最高可提取 50 元瓦斯治理费(煤炭企业)。

2007 年 4 月 20 日，《财政部关于煤层气(瓦斯)开发利用补贴的实施意见》(财建〔2007〕114 号)规定：中华人民共和国境内从事煤层气开采的企业出售或自用作民用燃气、化工燃料等，且已安装可以准确计量煤层气抽采、销售和自用的计量设备，并能准确提供煤层气开发利用量的都可以享受财政补贴。补贴标准为：中央财政按 0.2 元/立方米煤层气(折纯)标准对煤层气开采企业进行补贴，在此基础上，地方财政可根据当地煤层气开发利用情况对煤层气开发利用给予适当补贴，具体标准和补贴办法由地方财政部门自主确定。中央财政安排的煤层气补贴资金按以下方式计算：补贴额度＝(销售量＋自用量－用于发电量)×补贴标准。

⑥ 煤层气发电补贴政策。2007 年 4 月 2 日，国家发展改革委印发《关于利用煤层气(煤矿瓦斯)发电工作实施意见》(发改能源〔2007〕721 号)提出：国家鼓励各类企业利用各种方式开发利用煤层气(煤矿瓦斯)。煤层气(煤矿瓦斯)电厂所发电量原则上应优先在本矿区内自发自用，需要上网的富余电量，电网企业应当予以收购，并按照有关规定及时结算电费。煤层气(煤矿瓦斯)电厂不参与市场竞价，不承担电网调峰任务。煤层气(煤矿瓦斯)电厂上网电价，比照国家发展改革委制定的《可再生能源发电价格和费用分摊管理试行办法》(发改价格〔2006〕7 号)中生物质发电项目上网电价(执行当地 2005 年脱硫燃煤机组标杆上网电价补贴电价)。高于当地脱硫燃煤机组标杆上网电价的差额部分，通过提高煤层气(煤矿瓦斯)电厂所在省级电网销售电价解决。

⑦ 煤层气抽采利用设备加速折旧政策。2007 年 2 月，《财政部 国家税务总局关于加快煤层气抽采有关税收政策问题的通知》(财税〔2007〕16 号)要求：对独立核算的煤层气抽采企业购进的煤层气抽采泵、钻机、煤层气监测装置、煤层气发电机组、钻井、录井、测井等专用设备，统一采取双倍余额递减法或年数总和实行加速折旧；对独立核算的煤层气抽采企业利用银行贷款或自筹资金从事技术改造项目国产设备投资，其项目所需国产设备投资的 40%可从企业技术改造项目设备购置当年比前一年新增的企业所得税中抵免；对财务核算制度健全、实行查账征税的煤层气抽采企业研究开发新技术、新工艺发生的技术开发费，在按规定实行 100%扣除基础上，允许再按当年实际发生额的 50%在企业所得税税前加计扣除。

(3) 煤层气资源管理及优惠政策[114]

① 探矿权与采矿权管理办法。《矿产资源勘查区块登记管理办法》和《矿产资源开采登记管理办法》规定，煤层气勘查、开采登记管理实行一级管理制度，由国务院地质矿产主管部门负责审批与管理。

② 探矿权与采矿权使用费用及减免办法。《探矿权采矿权使用费减免办法》规定，煤层气探矿权、采矿权使用费的减免按以下幅度审核：探矿权使用费，第一个勘查年度可以免

缴,第二至第三个勘查年度可以减缴50%,第四至第七个勘查年度可以减缴25%。采矿权使用费,矿山基建期和矿山投产第一年可以免缴,矿山投产第二至第三年可以减缴25%,矿山闭坑当年可以免缴。

③ 煤层气矿区使用费的征收办法。煤层气开采的矿区使用费按陆上常规天然气对外合作规定缴纳(按气田计算),即年度煤层气产量不超过10亿 m^3 的,免征矿区使用费;年度煤层气产量超过10亿 m^3 且低于25亿 m^3 的,缴纳1%矿区使用费;年度煤层气产量超过25亿 m^3 且低于50亿 m^3 的,缴纳2%矿区使用费;年度煤层气产量超过50亿 m^3 的,缴纳3%矿区使用费。

④ 资源使用费。对地面抽采煤层气暂不征收资源税(财税〔2007〕16号第五条)。

⑤ 矿权管理政策。2007年4月27日,国土资源部下发了《关于加强煤炭和煤层气资源综合勘查开采管理的通知》(国土资发〔2007〕96号),支持和鼓励煤炭矿业权人综合勘查开采煤层气资源,投资人申请煤炭探矿权,应提交煤炭和煤层气综合勘查实施方案。国土资源管理部门设置煤炭探矿权,应对煤炭和煤层气综合勘查实施方案进行严格审查。煤炭探矿权人在依法取得煤炭勘查许可证后,应对勘查区块范围内的煤炭和煤层气进行综合勘查。

(4) 对外合作对策[114]

① 2001年9月23日,国务院令〔2001〕第317号规定中联煤享有对外合作,进行煤层气勘探、开发、生产的专营权。2007年9月18日,国务院令〔2007〕第506号修改煤层气资源由中联煤层气有限责任公司和国务院指定的其他公司实施专营。

② 2007年,商务部、国家发展改革委、国土资源部联合下发的《关于进一步扩大煤层气开采对外合作有关事项的通知》(商资函〔2007〕94号)规定,按照既打破独立经营,吸引国外有经验、有实力的企业参加煤层气开发,又避免"多头对外"的原则,选择中国石油天然气集团有限公司、中国石油化工集团有限公司、河南省煤层气开发利用有限公司在国务院批准的区域内与国外企业开展煤层气合作开采试点工作。

③ 国外企业。作为合作对象的外国企业应具备至少有5年以上煤层气勘探开发的从业经验,国际先进的煤层气勘探开发技术及相应的技术队伍,组织煤层气勘探开发作业的管理能力,良好的资信和充足的资金。

11.7.5.3 国外煤层气产业化的经验

(1) 美国煤层气产业化的经验[114]

美国是世界上煤层气产业化最成功的国家,主要原因得益于具有十分理想的煤层气储层条件和完善的天然气管道系统,有众多的机构对煤层气勘探开发进行深入的研究,形成了系统理论技术装备体系,以及政府的税收优惠政策与完善的法律法规体系。

一是丰富的煤层气资源、发达的天然气管网等基础设施为煤层气产业的形成与发展奠定了物质基础。美国拥有完善的全国性天然气管道系统,煤层气可以通过天然气管道输送至各类用户。由于有关天然气管道输送的政策对煤层气产业具有直接影响,为此,美国联邦能源管理委员会于1985年相继颁布了第380号、第436号法令,允许分销商免除对管道公司的最低费用义务,向地方提供收购现货天然气的机会,并强令管道公司让出一部分输送能力给其他公司。至此,打破了管道公司对天然气市场的垄断。1992年,又颁布了第636号和637号法令,规定管道公司只能从事输送业务,实行天然气管道的市场开放政策;向天然气工业的输气部门提供了更多的灵活性，并进一步确保天然气承运人的利益。这些法令的颁布，使得煤层气生产商可以拥有更多选择来出售煤层气，既可以通过市场中间商销售煤层气，或直接销售给附近市场的分销商和终端用户，也可以自由地将煤层气输入天然气管道。

二是煤层气勘探开发的理论技术为煤层气产业化发展提供了技术支撑。美国率先形成了排水采气技术、储量激励增产技术和储层模拟技术，利用地面钻孔水力压裂技术和裸眼造穴完井技术开采煤层气资源，这些技术的实践应用为煤层气产业的发展提供了技术保障。

三是税收政策为煤层气产业的形成与发展创造了良好的环境。美国政府先后颁布了《能源政策法》《能源意外获利法》《气候变化行动计划》等相关法律法规，为煤层气产业的发展提供了有利的外部环境。

1980 年，美国联邦政府出台了《能源意外获利法》，该法第 29 条专门针对非常规燃料税收优惠问题，对煤层气开采实行“先征后退”的政策，即先按联邦税法征 4%～6%的生产或开采税，然后给予每立方米煤层气 2.82 美分的政策补贴(当时煤层气售价为 6 美分/m^3)。该税收优惠政策的出台在煤层气开发的初期起到了巨大的推动作用。

事实证明，美国《能源意外获利法》第 29 条税收优惠政策有效推动了美国煤层气井数和产量的增加，使美国煤层气年产量在不到 20 a 的时间里，从 1983 年的不足 2.0×10^8 m^3 迅速增加到 2000 年的 3.83×10^9 m^3，煤层气开发项目的内部收益率可达 20%，各煤层气生产商的技术进步和规模化发展提速，并最终成为具有竞争力的新能源企业。

四是完善的法律法规为煤层气产业发展提供了政策保障。美国联邦政府和州政府主要通过颁布和实施有关税收和矿区使用费征收、环境影响评价、井距控制、煤层保护、煤矿安全保证、钻井许可证发放等法律法规及调控煤层气价格等管理办法来促进煤层气产业发展。美国为减少甲烷的排放制定了强制性的技术标准，要求采煤企业在采煤过程中核准甲烷排放量或必须达到的抽采率；企业必须预先支付一笔抵押金，由政府依据其煤层气的利用情况予以返还；同时，政府利用征收的排污费建立煤层气开发利用补贴基金；美国通过立法取消政府对天然气(包括煤层气)价格的限制，保证煤层气与常规天然气一样实行市场价格体制。

五是贷款、贷款担保、援助、培训资助等各种措施为煤层气产业发展提供了资金支持。1996 年 3 月，美国环保局发布了《美国联邦政府对煤层气项目资助指南》，规定包括农业部、商业部、小企业管理局以及美国环保局、能源部等政府机构和组织可以为煤层气项目提供援助。

另外，在美国政府的政策引导下，许多私人金融机构和银行也愿意为煤层气开发提供资金支持。从 20 世纪 80 年代开始，美国政府先后投入 60 多亿美元进行煤层勘探开发活动，用于培训和研究的费用高达十几亿美元。

(2) 加拿大煤层气产业化的经验

加拿大煤层气产业化发展的原因主要如下[114]：

一是西部平原巨大而连续的煤层中煤层气资源丰富，并发现了马蹄谷组煤层气高产走廊。

二是北美地区常规天然气储量和产量下降，供应形势日趋紧张，天然气价格日益上升，给煤层气产业的发展带来了机遇。

三是多年来加拿大政府一直支持煤层气的发展，并强调自主发展。一些研究机构根据该国以低变质煤为主的特点，开展了一系列的技术研究工作，在多分支水平羽状井、连续油管压裂等技术方面取得了进展，降低了煤层气开采成本。

(3) 澳大利亚煤层气产业化的经验[114]

一是澳大利亚重视煤层气勘探开发资金的投入。例如，2000—2001 年仅昆士兰的鲍恩盆地用于煤层气勘探的费用就达 4 440 万美元，占该盆地全部 1.2 亿美元勘探费的 37%。

二是出台了许多配合政策。为加强对煤层气的开发与管理，昆士兰州政府在 1997 年出台了一系列规定与措施，主要包括：煤层气的开发权受 1989 年颁布的《矿产资源法》和 1923 年颁布的《石油法》保护；煤层气的产权管理保持与石油完全一致；现有的石油和煤炭租赁区以及租赁申请区都将授权进行煤层气的开采；在租赁申请方面，煤层气和煤炭开采将享有同等的优先进入权；在矿权审批时，将以垂向上的深度划分矿权，以避免地表矿权申请的冲突；煤炭与煤层气在地面允许同时作业，但应尽量避免相互间的干扰。

此外，昆士兰州政府颁布了《昆士兰能源政策——清洁能源政策》，要求燃气发电量占发电量的 13%，从而大大激励了煤层气的勘探开发。特别要求煤层中的瓦斯含量必须降到 3 m^3/t 以下，才能进行煤炭开采，从而保证了“先采气、后采煤”的实施，有利于煤矿的安全生产，促进了煤层气开采的发展。

三是注重技术创新。澳大利亚悉尼盆地煤的渗透率比美国的低，澳大利亚煤层气作业者 BHPB 公司针对本区块不同的地质条件研发了裸眼完井和 U 形水平井等钻井技术，从而大幅度提高了单井产量，形成了低成本开发系列技术。

四是注重降低成本，延长产业链。由于煤层气与常规天然气比较，产量一般偏低，前期投入大，地面建设费用也高，BHPB 公司采用各种措施最大限度降低单井成本。该公司在研制开发一系列新技术提高产量和效益的同时，还通过将煤层气产品加工转化发电的方式，避开了直接销售煤层气带来的效益低下的问题，从而拉长了产业链，提高了企业效益。

11.7.5.4　促进我国煤层气产业发展的对策及建议

目前，煤层气产业正处于发展的起步阶段，迫切需要政府的扶持与引导。为了尽快实现煤层气产业化、规模化发展，有效解决煤矿安全生产问题、环境污染问题、能源浪费问题，应当从体制、机制与政策上给予煤层气产业发展创造更多的机会与条件。促进煤层气产业发展的对策与建议如下[114]：

① 制定和完善相关政策法规体系，并对其细化，以适应煤层气产业发展的要求。建议国家及地方政府应围绕煤层气产业的安全、生产、技术等问题，尽快研究完善相关的规定和标准，制定独立的煤层气开发利用法律或行政法规，完善和规范煤层气治理开发秩序，依法促进煤层气产业的规范发展。

② 大力加强煤层气开发基础理论和关键技术研究。如深入研究不同地质条件下煤层气成藏理论，与煤层气富集高渗区预测密切相关的煤储层非均匀性问题，煤层气藏数值模拟技术，煤层气资源和储层特性的评价与研究，储层无污染的钻井技术，高效压裂技术，定向井、羽状井和多分支水平井钻完井技术，清洁压裂液、氮气泡沫煤层气增产技术，煤矿瓦斯抽采技术，高效低耗排采技术，低压集输技术，连续油管成套技术等。

③ 完善和改进矿权管理制度，实现煤层气与煤炭企业双赢、协调发展。严格按照《国务

院办公厅关于加快煤层气(煤矿瓦斯)抽采利用的若干意见》和《国土资源部关于加强煤炭和煤层气资源综合勘查开采管理的通知》的要求,坚持采煤采气一体化,妥善解决煤炭和煤层气矿业权交叉问题。

④ 统筹规划、加大重点煤层气田与长输管网基础设施建设。制定和出台天然气(含煤层气)长输管网法规政策,实现煤层气田、管网、利用的独立运营模式,加强政府监管,实行市场准入制度,遏制垄断;加大对煤层气基础设施的资金投入力度及对重点煤层气区的管网铺设、支线管网和基础设施建设力度,推进煤层气产业上下游一体化进程。

11.7.6 矿业权重叠

11.7.6.1 矿业权重叠的定义

矿业权重叠是指在同一矿区中存在两个或两个以上矿业权的情况,表现为不同矿区发生平面交叉或立体投影重叠,实际上就是矿区的重叠。存在的多个矿业权,可能是多个采矿权、多个探矿权,也可能是既有探矿权也有采矿权。按照矿种不同,重叠的矿业权可能是油气资源与非油气资源矿业权、非油气资源与非油气资源矿业权、煤层气矿业权与煤炭矿业权等。我国油层气与其他矿业权、煤炭与煤层气矿业权重叠的情况比较普遍[115]。

11.7.6.2 我国矿业权重叠的现状

据统计,至 2012 年,我国矿业权交叉重叠总数达到 10 070 个,占问题矿业权总数的 9.31%。其中,中部地区重叠数量最多,占 55.44%;西部次之,占 35.64%;东部较少,占 8.92%。山西、安徽、云南、贵州矿业权重叠数居前四,都超过 1 000 个。河南、内蒙古两省(区)矿业权重叠问题也较为严重。从矿种上看,我国油气与煤炭、煤炭与煤层气,以及煤炭与煤炭之间的矿业权重叠现象突出。据统计,2009 年前我国设置煤层气矿业权 111 个,面积约 6.3×10^4 km^2,而煤层气与煤炭矿业权重叠面积约 1.2×10^4 km^2,占煤层气矿业权总面积的 19.05%[116]。

鄂尔多斯盆地矿业权重叠面积达 43 180.94 km^2,占矿业权总面积的 15.39%,占盆地总面积的 17.67%。其中,在陕西省境内矿业权交叉重叠的数量最多,占 43.30%,其次为内蒙古,占 38.16%。从矿种重叠情况看,煤炭矿业权重叠数量最多,占矿业权重叠总数的 87.07%,其次依次为石油天然气、铝土、岩盐,分别占矿业权重叠总数的 5.92%、1.87%、1.79%。从矿业权属性上看,探矿权与探矿权交叉重叠的面积最大,占重叠部面积的 70.85%,但重叠的矿业权数相对最少,占 31.31%;采矿权与探矿权交叉重叠的矿业权数最多,占 78.27%,但重叠的面积不大,仅占 34.39%;采矿权与采矿权交叉重叠的面积最少,占 6.46%,重叠的矿业权数却占 41.43%[116]。

11.7.6.3 矿业权重叠的负面影响

矿业权重叠带来了许多负面影响,主要表现在以下四个方面[117-118]:

(1) 带来严重的安全隐患及资源浪费

不同的矿业权在勘探或开采中相互影响,给安全生产带来严重威胁。比如,在煤炭采矿权与石油采矿权重叠区域,采油需要人工地震,而人工地震很可能破坏煤矿的矿井,给煤矿安全生产带来隐患;在煤炭采矿权与油气探矿权重叠区域,油气钻探会给煤矿生产带来涌水、天然气泄漏等安全威胁;在纵向上多层叠加产出的采矿权重叠区域,由于不同层位的采矿权属于不同的主体,同时开采作业存在着崩塌等安全隐患。另外,也不利于矿产资源的合理利用。比如,铀矿资源赋存于煤炭资源的上部,煤田开采顶板控制采用自然陷落法,将造成对铀矿资源的破坏;在煤炭与油气重叠区,油气井附近需要预留矿柱,会造成大量的压煤即资源量浪费。

(2) 土地使用权产生冲突

虽然不同的矿种在地壳中分布的形态、层次不完全相同,但对矿产的勘探、开发往往都需要在地表进行施工建设和开采活动,如在地面钻井、铺设管线、修建水电设施等。当两个以上矿业权人需要在同一区域、同一时间进行施工建设或开采活动时,就会导致土地使用权的冲突。

(3) 地下通过权产生冲突

矿产开采活动对于土地的作用往往都是立体性的,矿业勘探、开采活动往往都要从地表逐步深入地下。因此,在行使下层矿种矿业权时,必须借助上层矿种矿业权才能得以实现,下层矿业权必须在上层矿业权区开挖井巷,从而实现其"通过权"。此时,可能会因为"通过权"的行使产生冲突。

(4) 责任分担不明确

当损害由两个或两个以上的矿业权人的责任原因而发生时,很难确定是谁的责任或各自责任的大小,从而导致相关矿业权人倾向互相推诿。在同一区域存在多个矿业权人,各自进行勘探、开采活动,当某一方发生损害时,可能出现无法确定是其自身原因还是其他矿业权人的行为所造成的现象;当第三方因为矿产的勘探、开采活动而受到损害时,可能出现无法确定是哪一个矿业权人或哪几个矿业权人的行为造成的,各自的责任大小很难界定的状况。如在矿区发生了环境污染,废水导致鱼塘中鱼苗死亡,则多个矿业权人势必指责对方,推诿自己的责任,受害人也很难确定其具体的因果关系。这样,矿产资源的勘探、开采活动就会受到影响。

11.7.6.4 中国矿业权重叠原因分析

国内矿业权出现重叠的原因是多方面的,但主要有以下几个[118]。

(1) 多头分散的管理体制

根据《中华人民共和国矿产资源法》及其相关法规,中国的矿业权管理实行分类分级管理体制,勘查许可证由国家和省两级发放,采矿权许可证分国家、省(自治区、直辖市)、市、县四级审核发放。石油、天然气、铀、煤层气等矿产资源采矿许可证由自然资源部颁发,煤、油页岩等矿产资源采矿权则由地方发证。这种多头分散的管理体制,使信息资源分散,资源勘探、开发等环节的管理权限分散在政府的不同部门,缺乏集中统一的协调和管理,容易造成矿业权重叠和重复勘探、不合理开发等问题。

(2) 单一的矿产资源开发模式

中国矿产资源的特点是贫矿多、富矿少,难选矿多、易选矿少,共生矿多、单一矿少。如有色金属矿的85%以上是共生矿,共伴生铁矿铁的储量约占其总储量的31%。显然,共伴生矿产的开发利用更适合采用综合开发模式。然而,中国长期采用的是单一的矿产资源开发模式,这种开发模式不可避免地造成在同一地区不同产出层位的矿产在空间上的矿业权重叠。比如,在鄂尔多斯盆地,由于受到多旋回构造运动的影响,在同一矿区内不同时代的地层出现了多层系成煤、多层系生油气、多旋回成煤、油气和铀叠加富集的现象,不仅有有机能源的叠加(油气叠加、煤气叠加、煤油气叠加),还有有机能源与无机能源的叠加(铀煤气叠加、铀煤油气叠加),以及能源矿产与非能源矿产(煤与钾盐、高岭土等)的叠加。按照传统的矿产资源开发模式,不同矿产在同一矿区的叠加产出,实际上被当作多个矿床分别进行开发利用,于是在鄂尔多斯盆地形成了除油、气综合勘探开采外,其他矿产单一矿种开发普遍存在的现象,相应的共生或伴生矿产资源没有得到综合开发。采煤的企业只开采煤,忽视煤层气开发,乱采滥挖,导致煤矿事故频发和资源浪费;而油气勘探开发企业则侧重常规油气开发,不重视非常规资源的开发,而且开发水平不高,不少地方仍存在打井无设计、开发无方案的现象,导致资源浪费;同时,缺乏对伴生、共生矿产资源的综合开发[118]。

(3) 矿业权信息化管理滞后

我国各地矿业权登记管理信息化水平不一。1987 年 4 月 29 日国务院颁布了《矿产资源勘查登记管理暂行办法》和《全民所有制矿山企业采矿登记管理暂行办法》,1987 年 12 月 16 日国务院批准,同年 12 月 24 日石油工业部颁布了《石油及天然气勘查、开采登记管理暂行办法》,但早期的矿业权登记基本采用纸质的。1998 年 2 月 28 日,国务院颁布了《矿产资源勘查区块登记管理办法》《矿产资源开采登记管理办法》《探矿权采矿权转让管理办法》,矿业权登记进入了信息化轨道,但 2007 年前,中国的四级矿业权登记管理机关的矿业权审批信息系统一直未能实现全国联网运行。各级登记管理机关的矿业权登记数据库长期处于相对分离的状态,这就造成各地的矿业权信息不能及时反馈和汇总。尤其是在一些偏远的贫困地区,矿业权的信息化管理水平严重滞后,矿业权信息根本没有录入数据库。这就容易造成不同级别管理机关所核发的矿业权证存在范围交叉重叠的现象[118]。

(4) 矿业权设置与核查技术落后

矿业权的设置严格依赖于技术,但由于历史原因,中国目前使用的坐标系统,既有 1954 年北京坐标系,也有比较先进的 1980 年西安坐标系、2000 国家大地坐标系和地方独立坐标系等,多个坐标系不统一,使得测量数据相互间转换往往存在很大误差。加上测量手段不一,比例尺大小不同(有 1∶1 000、1∶2 000、1∶5 000 和 1∶10 000),往往造成实际的矿业权坐标范围重叠。另外,由于核查系统不完备及核查技术落后,即使出现矿业权重叠现象,也难以检测出来[118]。

(5) 法律法规不健全

法律是解决社会矛盾的有效手段和最后保障,法律法规的不完善和缺失往往是产生问题的重要原因。中国矿业权重叠与相关法律法规的缺位有很大关系:一是现行的《中华人民共和国矿产资源法》以及相关法律并没有关于如何处理矿业权重叠的规定;二是这些专门法律法规大部分都是在 20 世纪 90 年代中后期制定和修改的,出现了法律体系与社会经济发展不相适应甚至冲突的地方,不利于矿业权重叠问题的根本解决。例如,《中华人民共和国矿产资源法》规定禁止探矿权、采矿权倒卖牟利,与之相冲突的是《矿业权出让转让管理暂行规定》却允许矿业权的转让,矿业权的转让方式包括矿业权的出售、作价出资、合作、出租、抵押、赠予、继承、交换等形式。虽然《中华人民共和国矿产资源法》在第六条规定了探矿权的有限转让,但仍没有规定探矿权的抵押、出租、出资如何管控。这些法律的不足和冲突限制了矿业权的合理转让和有效开发,不利于实现矿产资源的综合利用和开发[118]。

11.7.6.5 国外矿业权重叠管理制度

(1) 美国部分州允许重叠,鼓励两权人共同投资及分享利益[119]

美国矿产资源属于联邦、州、印第安部落和私人所有。在联邦层面,以煤层气为例,由于部分州未出台专门的鼓励煤层气开发成文法律，一旦在煤层气主权上存在争议，则遵循美国联邦政府《能源政策法》的相关规定：煤层气开采要以保护煤炭开采，不浪费煤层气资源为原则；采用联合开发的方式方法，该地区的土地拥有者及矿业权所有者可选择销售或租借煤层气所有权、参与经营开发、放弃经营并享有分红这三种权利；开发煤层气进行钻井时，煤矿主可提出申请，享有反对权利，同时明确了内政部拒绝煤层气井钻井的要求和条件。在美国各州层面则执行多元化的矿业权设置制度。华盛顿州法官采用类似概念审判，认为只要化学成分类似、能量值类似、开采方法类似、用途类似，甚至岩层类似等都可看作同种矿产，因此认定煤层气与煤炭归属同种矿产。得克萨斯州对油气资源采用相邻权原则，相邻权为(储油区)地表的土地所有者有权获取公平的份额，且不因采油对其他业主造成的损失承担责任。北达科他州对共伴生矿产用成文法作了强制规定：矿产权的任何转让，除租约外，都视作转让所有矿产，包括其化合物和伴生产品，除非在契约中特别指明不在其列。对油气矿产来说，视作转让了所有呈液态或气态存在的矿物质。对于煤层气而言，如果在转让煤炭资源租约中未对煤层气特别指明未转让，则视作煤炭的伴生品转让出去。另外，各州对煤层气矿业权设置采用不同的管理制度，一方面蒙大拿州、亚拉巴马州、科罗拉多州均认为煤层气应归属煤炭，煤炭企业主开采煤炭时，就必须先开发煤层气；另一方面，有的州采取早登记者优先原则，煤炭和煤层气企业都可获得煤层气资源的开发权，依据“先后登记、批准顺序”而定；同时，还有部分州认为煤炭和煤层气企业都拥有同一区块的煤层气开采的相同份额，采用矿业权分享措施，鼓励二者合作或合伙经营，保证以最小风险和最大灵活性去开发煤层气。

(2) 加拿大各省区对矿业权实行多元化的管理制度[119]

根据加拿大现行法规，矿产资源分别属联邦和省区两级政府所有，各省区对矿业权实行多元化的管理制度。以煤层气为例，加拿大新斯科舍省和哥伦比亚省分别出台的《石油资源法》和《煤层气法案》，将煤层气定位为一种独立的烃类资源，而不是作为煤炭的附属物，同时规定煤矿主没有权利从地面开采煤层气。在阿尔伯塔省，省能源部每两周公布一次全省的矿业权分布变化情况，并对尚没有设立矿业权的区块进行公开拍卖，其中包括煤层气矿业权，任何有资质的企业，包括煤炭企业都可以进行投标。

(3) 澳大利亚规定后申请人须征得政府和已有矿业权人同意[119]

澳大利亚法律规定土地所有权和矿业权分开，所有矿产资源归政府所有(土地归所有人所有)。在联邦层面，允许矿业权重叠设置。依据澳大利亚联邦《石油法》《矿产资源法案》《石油和天然气生产和安全法案》，采矿权申请人在递交煤炭或石油天然气采矿权申请的同时，要向重叠矿业权人和政府双方面递交采矿权申请。重叠矿业权人可以同意、拒绝、协商合作开发，如重叠矿业权人拒绝了申请，由政府作出最终决定。对煤炭与煤层气的矿业权重叠，其中一方的作业不得干扰重叠矿区另一方作业。假如在重叠区内双方同时申请采矿权，则需要协调合作制订合理开发计划，并由部长批准，该计划还必须包含双方管理安全问题及优化煤炭和煤层气生产方案，并要求煤炭、煤层气企业建立沟通合作机制，煤炭企业在开采前必须提前告知煤层气企业。煤炭和煤层气的地质资料为双方共享。

在各州层面，部分州允许矿业权重叠，部分州不允许重叠。西澳大利亚州《采矿法》规定，采矿权人有权开采和处置地上权利范围内的任何矿物体，并严格规定采矿权是以开采为目的的排他权，其他任何形式的开采权不可再设立在同一土地之上。昆士兰州针对煤层气与煤炭的开发与管理规定主要包括：在租赁申请方面，煤层气和煤炭开采享有同等的优先进入权，允许投资者进入已设煤炭矿业权的区域勘探开采煤层气；在矿业权审批时，将以垂向上的深度划分矿业权，以避免地表矿业权申请的冲突；对煤层气所有权的界定采取探矿权人优先权，如煤炭企业最先取得了煤炭开采租借权，则煤炭企业就有权开采煤层气；在施工方面，煤炭与煤层气在地面允许同时作业，但应尽量避免相互间的潜在影响。

(4) 俄罗斯规定矿业权可以重叠，但已有矿业权人具有排他性的专属权[119]

俄罗斯矿产资源归国家所有。《俄罗斯联邦矿产资源法》规定，依照许可证的授权，取得矿山用地的矿产资源利用人在所用地界限内对于利用矿产资源享有排他性的专属权。在授权用地界限内，任何与矿产资源利用有关的活动，只有在获得矿产资源利用人的同意后才可进行。

(5) 波兰规定煤矿主与煤层气企业共同获得开发特许权[119]

波兰矿产资源归国家所有。《波兰地质与采矿法》把煤层气认定为独立的矿产资源，但是波兰煤炭权力机构原则上反对在煤炭开采地区新设煤层气单独开发的特许权，并明确规定阻止不适当的激励技术和钻井下套管等对煤炭开采的干扰。他们认为目前最好的方案是煤矿主与煤层气企业进行联合，共同获得煤炭与煤层气统一开发的特许权，同时协商编制满足双方需求的开采计划。

(6) 英国不同意煤层气企业主进入煤炭开采区开采煤层气[119]

英国实行混合所有权制度，即私人土地上的矿产资源根据矿种不同分为个人所有和国家所有两类。在一般条件下，英国煤炭权力机构不会同意煤层气企业主申请进入煤炭开采区开采煤层气，如既有助于煤炭开采又可促进煤层气回收，则可以例外。对于尚未发放煤炭许可证的地区，煤炭权力机构通过公布煤层气开发申请，向社会各方征求是否有意开发煤炭资源的意见，如果在公布简讯 30 天内没有收到对此区域煤炭开采感兴趣的声明，煤炭权力机构将开始考虑煤层气开发申请。

(7) 中亚五国中的多数国家对矿业权有明确的排他性表述[119]

中亚五国在矿产资源开发上有着相似的管理制度，除了吉尔吉斯斯坦共和国允许矿业权出现重叠外，其余四国都对矿业权有明确的排他性表述：在已设置矿业权区域内申请非同类矿种的矿业权，无须经过现有矿业权人同意。但是，申请人必须保障其技术方案与此前取得矿业权的矿业权人的技术方案的兼容性。矿业权人可综合勘查非申请许可的矿种，也可购买其他矿业权人发现的资源信息；在设置多个矿业权的区块，政府可把相应的矿业用地权同时授予两个或两个以上的矿业权人，以便保障他们能够进入混合或交叉的地区。

(8) 非洲根据勘查程度不同，考虑矿业权设置是否排他[119]

非洲所有国家矿产资源都归国家所有。与其他地区相比，非洲国家的矿业权种类通常比较多，排他性的矿业权包括：2～7 a 的普查或勘查许可，20～30 a 的采矿许可。大部分国家还设有 1～2 a 的踏勘或普查许可的非排他性矿业权。

11.7.6.6 国内处理矿业权重叠的模式

目前，我国处理矿业权重叠主要有五种模式，即退出、互不干扰、联合勘探开发、产业一体化、探-转-还模式[116,120]。

(1) 一方退出模式

一方退出模式，是指在矿业权重叠区域内，通过协商、裁决或整合等方式，保留单一矿业权。它包含主动退出与裁决退出两种。

① 主动退出

为保障重要紧缺矿产的供给，企业间签订协议，一方矿业权人主动退出重叠区域。由于涉及利益问题，该模式应用得较少，在退出补偿问题上争议较大，往往需要权威的第三方组织协调。中联煤层气有限责任公司为支持煤炭生产，先后与煤炭企业签署了67个矿业权重叠解决协议，与14家煤炭企业签订了“内内联合，一致对外”的对外合作开采煤层气的内部协议，主动退出煤层气矿业权面积达1 254 km^2。

② 裁决退出

对于协调不成的矿业权重叠问题，目前我国一般采取由各省自然资源厅裁决的方式，依据矿业权设置时间先后，要求一方退出。这种一刀切的做法虽然操作简便，但不利于矿产的合理规划以及保护矿业人的权益。裁决退出需综合考虑矿产资源的战略性与紧缺程度、矿产的埋藏与开发条件以及矿业权人对重叠区的开发程度。

(2) 协议互不干扰模式

协议互不干扰模式，是指矿业权人双方本着双赢互利、共谋发展的原则，共同制定重叠矿种勘查开发安全施工技术规范，签订互不干扰勘查开采施工、保障安全生产作业协议。双方建立资料共享机制，相互提供矿山与钻井资料，调整各自的勘查开发布局，独立进行勘查和开发。该模式是当前处理矿业权重叠的主要方法，关键在于安全技术标准和协议标准的制定与协商。

陕西省榆林市区域内发生油气探矿、采矿权与其他矿产资源探矿、采矿权重叠问题，由榆林市人民政府代表矿业权重叠区域内所有煤炭勘探、生产企业与中国石油长庆油田公司共同制定了《榆林市矿权重叠区域油气勘探开发和煤炭开采安全施工技术规范》和《榆林市矿权重叠区域安全生产管理办法》。在此基础上，签订了《榆林市人民政府、长庆油田公司关于矿权重叠区域的安全生产协议》。

青海省柴达木盆地查尔汗盐湖钾镁盐矿别勒滩矿采矿权与中国石油天然气集团有限公司天然气矿业权存在重叠问题，双方签订关于维护油气矿业权人合法权益的承诺书，规定：在从事盐湖资源开采工作时，不得在已有的石油天然气井、油气管道及地面设施200 m范围内实施作业，不得对天然气、油气设施造成影响和破坏，不得妨碍正常的石油天然气勘查开采工作；当盐湖资源矿业权人与油气矿业权人发生矛盾时，应承认油气矿业权的优先权，为油气矿业权提供便利。

当油气资源与其他矿产资源(煤、铀、金属和非金属)重叠时，其他矿产资源在依法获得勘查许可证、从事勘查作业施工前30天，需将施工方案通报油气矿业权人并经其认可后再施工，不得影响油气矿业权人在该区域内的正常生产作业活动。在重叠区域内作业时，不得进入已有地面地下工程设施安全范围实施作业，只能对其持有勘查许可证允许的矿产进行勘查。当出现勘查、开采冲突时，应承认油气资源矿业权人的绝对优先权，其他矿产资源矿业权人在协商无法解决的条件下，无条件撤出有影响地区的施工。

(3) 联合勘探开发模式

联合勘探开发模式，是指在矿业权重叠区，矿业权人相互配合，共同投入资金，联合勘探，共享成果资料，分别申报储量，联合开发利用，节约勘查开发成本，实现共赢。与协议互不干扰模式相比，联合勘探开发模式中矿业权人双方合作与配合的程度较高。该模式在山西省三交地区的煤炭与煤层气矿业权重叠问题上运用得比较成功，又称“三交”模式。

“三交”模式主要将煤矿首采区年限与煤层气井服务年限相结合，以煤层气水平井的8年服务年限为基数，根据煤矿开采需要划分出煤矿8年首采区，在煤矿8年首采区以外生产互不影响，在煤矿8年首采区内配合煤矿排采，充分利用煤矿排放瓦斯生产混合商品气，在煤矿排采瓦斯的不同阶段采用不同的开采方式，实现煤层气地面抽采与煤矿瓦斯排采的有机结合。由此，形成采气采煤协调发展的开发模式。

(4) 产业一体化模式

产业一体化模式，是指在矿业权重叠区块，由某种矿产的矿业权人同时成为该区域内其他重叠矿产的矿业权人，或者通过整合、流转的方式实现重叠区域矿业权人归一化。这种方式主要适用于处理相关性较强或者共伴生的矿种矿业权重叠问题，比如煤与煤层气、煤与铝土以及其他共伴生的金属矿产之间的矿业权重叠问题。

山西省综合试验区改革方案建议按照“气随煤走，两权合一”的原则整体开发，规范相关法律体系，实现煤炭和煤层气的管理主体统一，实行气权和矿权一体化。在国家重点煤炭规划区域的煤层气开发，原则上以煤炭企业为主，将煤炭开采权和煤层气开发权交由山西省大型煤炭企业，煤炭企业和煤层气企业共同开发；对煤炭开发远景区的煤层气，以煤层气企业开发为主。同时出台支持煤层气开发的优惠措施，制定煤层气使用的标准并制定具体措施。

《国务院办公厅关于加快煤层气(煤矿瓦斯)抽采利用的若干意见》提出坚持采气、采煤一体化，依法清理并妥善解决煤层气和煤炭资源的矿业权交叉问题。《国土资源部关于加强煤炭与煤层气资源综合勘查开采管理的通知》规定：对于在煤炭国家规划矿区中为国家重要建设项目提供煤炭资源的矿产地，其范围内的煤层气综合开发由煤炭开采企业一并完成，煤炭企业应对已有的煤层气矿业权人进行补偿。

(5)“探-转-还”模式

“探-转-还”模式，是指重叠区域的矿业权人通过协商，一方承诺在一定年限内在重叠区进行勘查开发，并逐步缩小矿业权的范围，当探矿权转为采矿权时，将开发生产集中在较小的区块进行；到承诺期限时，承诺方完全退出重叠区域，将重叠区块交还给另一方进行勘探开发。该方案适合生产开发时布局集中在较小范围，且对后开发的矿种的开采不会产生重大影响的矿种。在我国，目前该方案主要应用于铀矿与煤炭重叠问题的处理。

11.7.6.7 解决中国矿业权重叠问题的对策

(1) 进一步修改完善矿业法律法规体系

完善矿业法律法规，一是要结合新的《物权法》和《公司法》以及相关法规，对《中华人民共和国矿产资源法》进行修改，并修改与其配套的法律法规，转变传统的单纯矿产资源管理为矿业活动全过程的管理，建立以矿产资源产权制度为核心，以矿产资源产权保护为重点，覆盖矿产资源普查、详查、勘探、开采利用全过程的矿业管理，从产业链全过程来提高矿产资源的利用率。二是在新的矿业法中明确规定矿业权重叠处理的基本原则和办法，明确矿业权重叠有关各方的权利和义务，使矿业权更易于操作，使解决矿业权重叠问题有章可循、有法可依。如规定同一矿种原则上只设一个矿业权，设立优先申请权和优先购买权，合理规划施工顺序等[115]。

(2) 加强信息体系建设，增强信息沟通和协作加强矿业信息体系建设，强化垂向、横向相关部门的信息沟通，明确矿区内矿业权重叠的具体情况。对于矿业权的新设置、变更，统一使用先进的2000国家大地坐标系测算的拐点坐标，逐步排除1954年北京坐标系，统一测量手段，实现测量标准的统一性[118]。

(3) 建立矿业权交易二级市场

由于没有矿业权二级市场，补偿费用的确定缺乏标准，因此，建立矿业权交易二级市场，可以为重叠矿业权的转让确定一个合理的价格，有利于矿业权的顺利转让。首先，依据《矿业权评估方法规范》，建立矿业权价值评估体系，规范矿业权评估收费标准，切断评估机构与行政权力之间的关联，从而使评估机构成为客观、公正、能够独立承担民事责任的法人组织。其次，建设全国性的多元、多维、多层次的矿业权流转信息贸易平台，在这个平台上可以查询到矿业权流转的信息，矿业权人也可以在这里寻找到买受人。第三，建立矿业权交易中心，为矿业权交易活动创造便利和规范运作的条件，提供合法场所和良好配套服务设施[118]。

(4) 引导企业共同开发、综合开发

解决矿业权重叠问题必须重视市场的作用，要充分发挥市场在资源配置中的决定性作用，充分尊重矿业企业的市场主体地位。同时，政府要多利用财税等经济手段，如税收优惠、财政扶持等，积极引导矿业权重叠各方本着双赢互利、共谋发展的原则，发挥市场主体的能动性，探索联合开发的新模式；如山西省三交地区在煤炭与煤层气重叠问题上运用得比较成功的先采气、后采煤的“三交”模式，协议划分、分别开采、下游合作的“沁南模式”，青海省油气与盐湖资源重叠的承诺制方式，都是在处理矿业权上比较成功的办法，可以大力推广。此外，还可以探索矿业权重叠各方以矿业权折价入股形式共同开发矿业权重叠区域的矿产资源。政府还可以支持有条件的矿业企业对矿业权重组、整合和并购，从而使矿业权重叠问题的外部性内部化，使矿业企业走上整装勘查、综合开采和探采合一的综合开发道路。当然，政府部门尽量不要直接介入矿业企业的事务[118]。

探索性思考题

(1) 怎么看待矿业开发规划的全生命周期理论？按照此理论，我们在开发矿业时应该怎么做？

(2) 安全是什么，你怎么认为？在矿业可持续发展过程中，怎么能更好地保证安全？

(3) 在矿业的开发过程中，不可避免地会对环境造成一定程度的损害，你怎么看待矿业开发与环境保护的关系？

(4) 矿业开发对社区有什么影响？如果你是某个矿业集团或某个矿业项目的负责人，那么你有哪些措施来解决社区的相关问题？考虑国内外情况，论述之。

(5) 面对煤炭及煤层气的矿业权重叠问题，两家企业采取协议解决的方式，如果你作为煤炭企业的负责人，那么在谈判中你有什么论据为自己的企业争取更大的合理利益？

(6) 如果你是某个矿业集团培训部负责人，那么你会为即将首次赴海外采矿的人员安排哪些方面的培训？

参 考 文 献

[1] 黄炳香,刘江伟,李楠,等. 矿井闭坑的理论与技术框架[J]. 中国矿业大学学报,2017,46(4):715-729.

[2] SHIPITALO M J,BONTA J V. Impact of using paper mill sludge for surface-mine reclamation on runoff water quality and plant growth[J]. Journal of environmental quality,2008,37(6):2351-2359.

[3] ZHOU B J. Land reclamation and environmental changes in Sichuan during the Qing dynasty: focusing on the problem of soil erosion[J]. Journal of Southwest Jiaotong University(social sciences),2006,7(3):87-92.

[4] SIMMONS J A,CURRIE W S,ESHLEMAN K N,et al. Forest to reclaimed mine land use change leads to altered ecosystem structure and function[J]. Ecological applications,2008,18(1):104-118.

[5] ANGEL P N, BURGER J A, DAVIS V M, et al. The forestry reclamation approach and the measure of its success in appalachia[C]//Proceedings America Society of Mining and Reclamation,2009:18-36.

[6] BREBER P,POVILANSKAS R,ARMAITIENĖ A. Recent evolution of fishery and land reclamation in Curonian and Lesina lagoons[J]. Hydrobiologia,2008,611(1):105-114.

[7] 梅尔尼科夫. 地下采空区其开发的效益和问题[J]. 国外金属矿山,1999(2):24-28.

[8] 毕忠伟,丁德馨,张新华. 地下采空区合理利用综述[J]. 地下空间与工程学报,2005,1(7):1080-1083.

[9] 李俊平,冯长根,曾庆轩. 采空场应用综述[J]. 金属矿山,2002(10):4-6.

[10] 冯长根,李俊平,晏鑫. 采空场处理与利用[J]. 工业安全与环保,2002,28(4):23-24.

[11] 金龙哲,杨继星. 安全学原理[M]. 北京:冶金工业出版社,2010.

[12] 林柏泉. 安全学原理[M]. 2 版. 北京:煤炭工业出版社,2013.

[13] 崔克清. 安全工程大辞典[Z]. 北京:化学工业出版社,1995.

[14] 孟伟,王伟. 美国墨西哥湾原油泄漏事故回顾[J]. 劳动保护,2016(7):72-75.

[15] 雷海. 油污事故警示录[J]. 中国远洋航务,2011(8):62-64.

[16] 张学佳,纪巍,康志军,等. 石油类污染物对土壤生态环境的危害[J]. 化工科技,2008,16(6):60-65.

[17] 岳战林,蒋平安. 石油类污染物的特性及环境行为[J]. 石化技术与应用,2006,24(4):307-309.

[18] 朱艳吉,王宝辉,盖翠萍. 石油类污染物的环境行为及其对环境的影响[J]. 化工时刊,2006,20(9):66-69.

[19] 张学佳,纪巍,康志军,等. 石油类污染物在土壤中的环境行为[J]. 油气田环境保护,2009,19(3):12-16.

[20] 张学佳,纪巍,康志军,等. 石油类污染物在土壤中的吸附与迁移特性[J]. 中国石油大学胜利学院学报,2008,22(3):20-23.

[21] 崔仙舟，尹相淳，王中柱．海洋中的烃及其迁移和衰变[J]．海岸工程，1995，14(4)：25-32．
[22] 林奇，王丹，杨兴华，等．页岩气开采对水环境的影响及其治理技术研究[J]．环境科学与管理，2017，42(1)：55-58．
[23] 夏玉强．Marcellus 页岩气开采的水资源挑战与环境影响[J]．科技导报，2010，28(18)：103-110．
[24] 刘小丽，田磊，阳光，等．中国页岩气开发环境影响评价和监管制度研究[M]．北京：中国经济出版社，2016．
[25] 陈志恒．美国"页岩气革命"的水环境影响及其监管[J]．环境保护，2013，41(13)：69-71．
[26] 张兴儒，吴振烈．油气田环境保护[M]．北京：石油工业出版社，1995．
[27] 蔡春艳．中国页岩气开发现状及发展前景[J]．氯碱工业，2016，52(12)：1-4，8．
[28] 薛鲲．基于页岩气开采的环境影响因素探析[J]．化工管理，2014(23)：283．
[29] 王双锋．石油开采对自然环境的影响探析[J]．中国石油和化工标准与质量，2016(16)：90-91．
[30] 飞扬 123．过度开采石油对地球有什么危害[EB/OL]．(2016-04-19)[2018-02-08]．http://www.fei123.com/1440000/1436122.shtml．
[31] 李志学，刘伟．油气田开发对环境的影响及其治理政策[J]．中国石油大学学报(社会科学版)，2009，25(5)：21-25．
[32] 顾涛，张立，孟德强．油气田开发对生态环境的影响：以昌吉州为例[J]．新疆环境保护，2003，25(1)：13-16．
[33] 宫燕，刘惠清．石油开采对大庆市生态环境影响的初探[J]．农业与技术，2005，25(5)：44-45．
[34] 刘群．论地下水资源开采对环境地质产生的影响[J]．科技与企业，2014(13)：159．
[35] 凤凰网．江西会昌盐矿采空诱发地质沉降，农田塌陷成水塘[EB/OL]．(2010-12-26)[2018-02-08]．http://news.ifeng.com/photo/hdsociety/detail_2010_12/26/3703636_2.shtml．
[36] 付霄．海上石油开采对海洋生态环境的影响及对策研究[J]．科技创业家，2013(24)：190．
[37] MACUDA J, KONIECZYŃSKA M. Environmental impact of exploration from unconventional gas deposits in Poland[J]. Ecological chemistry and engineering S, 2015，22(4)：703-717．
[38] 陈莉，任玉．页岩气开采的环境影响分析[J]．环境与可持续发展，2012(3)：52-55．
[39] 张东晓，杨婷云．美国页岩气水力压裂开发对环境的影响[J]．石油勘探与开发，2015，42(6)：801-807．
[40] 陈月明，李淑霞，郝永卯，等．天然气水合物开采理论与技术[M]．青岛：中国石油大学出版社，2011．
[41] 中国地质调查局青岛海洋地质研究所．可燃冰：未来新能源[EB/OL]．(2017-08-10)[2018-02-08]．http://www.qimg.cgs.gov.cn/dxkp/jmlsxq/201708/t20170810_437385.html．

[42] 陈立宏. 墨西哥湾漏油事故及其影响[J]. 环境保护与循环经济,2010(7):4-6.
[43] 天涯社区. 墨西哥湾漏油事件图片回顾[EB/OL]. (2010-07-29)[2018-02-08]. http://bbs. tianya. cn/post-no04-972792-1. shtml.
[44] 李鹏. 经济增长、环境污染与能源矿产开发的实证研究[M]. 上海:上海社会科学院出版社,2016.
[45] 约翰 C 赖斯. 石油工程环境保护[M]. 中国石油大学(北京)石油工程学院海外研究中心,译. 北京:石油工业出版社,2011.
[46]《矿产资源规划方法》编委会. 矿产资源规划方法[M]. 北京:地质出版社,2014.
[47] 邢立亭,徐征和,王青. 矿产资源开发利用与规划[M]. 北京:冶金工业出版社,2008.
[48] 国土资源部信息中心. "走出去"开发利用国外矿产资源[M]. 北京:中国大地出版社,2001.
[49] 韩秀丽. 中国海外投资的环境保护问题研究:国际投资法视角[M]. 北京:法律出版社,2013.
[50] 崔彬,葛新权,邹愉,等. 矿产资源产业发展[M]. 北京:中国发展出版社,2015.
[51] 郑明贵. 矿业技术经济学[M]. 北京:冶金工业出版社,2017.
[52] 李仲学,赵怡晴,李翠平. 矿业经济学[M]. 2 版. 北京:冶金工业出版社,2011.
[53] 陈建宏. 矿产资源经济学[M]. 长沙:中南大学出版社,2009.
[54] 仲伟志,曾绍金. 矿业权评估指南[M]. 北京:中国大地出版社,2001.
[55] 李庭. 废弃矿井地下水污染风险评价研究[D]. 徐州:中国矿业大学,2014.
[56] 矿业界. 中国 10 大省份矿业格局大调查[EB/OL]. (2015-11-07)[2016-05-10]. http://www. 360doc. com/content/15/1107/21/1582698_511513857. shtml.
[57] SHI Q L,LIN Y Z,ZHANG E P,et al. Impacts of cultivated land reclamation on the climate and grain production in northeast China in the future 30 years[J]. Advances in meteorology,2013(1): 153-156.
[58] 矿业界. 中国矿业发展趋势 2020[OE/OL]. (2018-05-06)[2019-04-29]. http://www. 360doc. com/content/18/0506/21/13310692_751695408. shtml.
[59] 前瞻产业研究院. 我国 2015 年底煤矿数量达 1. 08 万处[EB/OL]. (2016-02-26)[2019-05-10]. https://www. sohu. com/a/59049792_114835.
[60] 刘峰,李树志. 我国转型煤矿井下空间资源开发利用新方向探讨[J]. 煤炭学报,2017,42(9):2205-2213.
[61] 崔希民,缪协兴. 论煤矿环境地质灾害与防治[J]. 煤矿环境保护,2000,14(5):20-23.
[62] 冯东梅. 闭矿后矿区环境地质灾害分析[J]. 辽宁工程技术大学学报,2002,21(4):526-527.
[63] 滕永海,张俊英. 老采空区地基稳定性评价[J]. 煤炭学报,1997,22(5):504-508.
[64] 陈庆发,周科平,古德生,等. 采空区协同利用机制[J]. 中南大学学报(自然科学版),2012,43(3):1080-1086.
[65] 张永波. 老采空区建筑地基稳定性及其变形破坏规律的研究[D]. 太原:太原理工大学,2005.
[66] 程国明,赵龙辉,郝春明,等. 闭坑矿井地面塌陷监测示范区建设初探[J]. 水文地质工

程地质,2010,37(4):130-134.

[67] 彭小沾,崔希民.闭坑矿井塌陷灾害的动态监测方法研究[J].矿山测量,2006(2):72-74.

[68] 盛业华,闫志刚,宋金铃.矿山地表塌陷区的数字近景摄影测量监测技术[J].中国矿业大学学报,2003,32(4):411-415.

[69] 崔永君.废弃矿井瓦斯:值得关注的煤层气资源[J].中国煤层气,2005,2(3):27-31.

[70] 秦伟,许家林,胡国忠,等.老采空区瓦斯储量预测方法研究[J].煤炭学报,2013,38(6):948-953.

[71] KHALIL A,HANICH L,HAKKOU R,et al. GIS-based environmental database for assessing the mine pollution:a case study of an abandoned mine site in Morocco[J]. Journal of geochemical exploration,2014,144:468-477.

[72] KHALIL A, HANICH L, BANNARI A, et al. Assessment of soil contamination around an abandoned mine in a semi-arid environment using geochemistry and geostatistics:Pre-work of geochemical process modeling with numerical models[J]. Journal of geochemical exploration,2013,125:117-129.

[73] BHATTACHARYA P,SRACEK O,ELDVALL B,et al. Hydrogeochemical study on the contamination of water resources in a part of Tarkwa mining area,western Ghana [J]. Journal of African earth sciences,2012,66-67:72-84.

[74] EQUEENUDDIN S M, TRIPATHY S, SAHOO P K, et al. Hydrogeochemical characteristics of acid mine drainage and water pollution at Makum coalfield, India [J]. Journal of geochemical exploration,2010,105(3):75-82.

[75] OLÍAS M,MORAL F,GALVÁN L,et al. Groundwater contamination evolution in the Guadiamar and Agrio aquifers after the Aznalcóllar spill: assessment and environmental implications [J]. Environmental monitoring and assessment, 2012, 184(6):3629-3641.

[76] ROZKOWSKI A, CHMURA A, GAJOWIEC B, et al. Impact of mining on the groundwater chemistry in the Upper Silesian coal basin(Poland)[J]. Mine water and the environment,1993,12(1):95-105.

[77] LGHOUL M,MAQSOUD A,HAKKOU R,et al. Hydrogeochemical behavior around the abandoned Kettara mine site, Morocco[J]. Journal of geochemical exploration, 2014,144:456-467.

[78] PAUWELS H, PETTENATI M, GREFFIÉ C. The combined effect of abandoned mines and agriculture on groundwater chemistry [J]. Journal of contaminant hydrology,2010,115(1-4):64-78.

[79] LAMBERT D C, MCDONOUGH K M, DZOMBAK D A. Long-term changes in quality of discharge water from abandoned underground coal mines in Uniontown Syncline,Fayette County,PA,USA[J]. Water research,2004,38(2):277-288.

[80] ACOSTA J A,FAZ A,MARTÍNEZ-MARTÍNEZ S,et al. Multivariate statistical and GIS-based approach to evaluate heavy metals behavior in mine sites for future reclamation[J]. Journal of geochemical exploration,2011,109(1/3):8-17.

[81] SUN H,LI J,MAO X J. Heavy metals' spatial distribution characteristics in a copper mining area of Zhejiang Province[J]. Journal of geographic information system,2012,4(1):46-54.

[82] MUGUNTHAN P,SHOEMAKER C A. Time varying optimization for monitoring multiple contaminants under uncertain hydrogeology[J]. Bioremediation journal,2004,8(3/4):129-146.

[83] YOUNGER P L. Predicting temporal changes in total iron concentrations in groundwaters flowing from abandoned deep mines:a first approximation[J]. Journal of contaminant hydrology,2000,44(1):47-69.

[84] 刘埔,孙亚军.闭坑矿井地下水污染及其防治技术探讨[J].矿业研究与开发,2011,31(4):91-95.

[85] WOLKERSDORFER C. Water management at abandoned flooded underground mines[M]. [S. l. :s. n.],2008:235-377.

[86] 虎维岳,闫兰英.废弃矿井地下水污染特征及防治技术[J].煤矿环境保护,2000,14(4):37-38.

[87] 虎维岳,周建军,闫兰英.废弃矿井水位回弹诱致环境与安全灾害分析[J].西安科技大学学报,2010,30(4):436-440.

[88] 周建军,虎维岳,侯大勇.废弃矿井地下水淹没过程的水流与水位数值模拟[J].煤田地质与勘探,2011,39(4):28-31.

[89] 周建军,虎维岳,刘英锋.废弃矿井含水介质场特征和水流运动特征分析[J].煤炭科学技术,2011,39(1):107-110.

[90] 张进德,田磊,赵慧.我国矿山地质环境监测工作方法初探[J].水文地质工程地质,2008,35(2):129-132.

[91] 武光明,郑怀昌,肖超,等.地下采空区利用及其稳定性分析[J].化工矿物与加工,2015,44(7):32-36.

[92] 赫英臣.煤矿废弃井巷可作为废物处置的安全场地[J].煤炭学报,1999,24(4):429-434.

[93] 侯志成.大柳塔煤矿井下水资源保护及复利用技术工程实践[J].中国煤炭,2014,40(增刊):121-124,129.

[94] 谷志孟,白世伟.关于用城市垃圾回填矿山采空区的环境治理问题[J].科技导报,2000,18(6):55-57.

[95] 杨明举,关宝树,钟新樵.水封式地下储气洞库的应用及研究[J].地下空间,2000,20(3):171-175.

[96] 杨森.地下洞库做为国家原油战略储备库的可行性分析[J].中国勘察设计,2005(11):55-58.

[97] FROISE S. Hydrocarbon storage in unlined rock caverns: Norway's use and experience[J]. Tunnelling and underground space technology,1987,2(3):265-268.

[98] 毕忠伟,丁德鑫,张新华.地下采空区合理利用综述[J].地下空间与工程学报,2005,1(7):1080-1083.

[99] 苏欣,张琳,李岳. 国内外地下储气库现状及发展趋势[J]. 天然气与石油,2007,25(4):1-4.

[100] 袁光杰,夏焱,金根泰,等. 国内外地下储库现状及工程技术发展趋势[J]. 石油钻探技术,2017,45(4):8-14.

[101] 陈奕柏,王杰. 帷幕注浆可靠性分析[J]. 工程力学,1998(1):614-619.

[102] 申朗. 利用废弃矿井的压缩空气蓄能发电站[J]. 今日科技,2006(11):27.

[103] 北极星电力新闻网. 荷兰废弃矿井开发地热资源[EB/OL]. (2008-11-10)[2019-01-29]. http://news.bjx.com.cn/html/20081110/155090.shtml.

[104] KUNZ E, SCHLUTER R. Abandoned mine methane in germany-gas potential assessment and drilling experiences[R]. [S. l.],2005:233-237.

[105] 耿殿明,姜福兴. 我国煤炭矿区生态环境问题分析[J]. 煤矿环境保护,2002,16(6):5-9.

[106] 党晋华. 采煤生态环境破坏及生态补偿机制研究[J]. 环境与可持续发展,2007,32(3):42-44.

[107] 岩土工程网. 徐州采煤塌陷地治理“疮疤”变宝藏[EB/OL]. (2013-08-23)[2016-05-10]. https://bbs.zhulong.com/102030_group_3000021/detail19179141/.

[108] 谢和平,高明忠,高峰,等. 关停矿井转型升级战略构想与关键技术[J]. 煤炭学报,2017,42(6):1355-1365.

[109] 旅游运营网. 罗马尼亚盐矿变身宏伟地下博物馆[EB/OL]. (2013-12-14)[2016-05-10]. http://www.lwcj.com/wh/w/StudyResut00202_1.html.

[110] 搜狐网. 废物利用的奇葩:世界各地的“废矿景点”[EB/OL]. (2012-01-21)[2016-05-10]. http://roll.sohu.com/20120121/n332860840.shtml.

[111] 何金祥,李茂. 美国国土资源与产业管理[M]. 北京:地质出版社,2007.

[112] 宋国明. 加拿大国土资源与产业管理[M]. 北京:地质出版社,2005.

[113] 何金祥. 澳大利亚国土资源与产业管理[M]. 北京:地质出版社,2009.

[114] 牛冲槐,张永胜. 中国煤层气产业发展研究[M]. 北京:知识产权出版社,2016.

[115] 苏继成.《矿产资源法》修改应规制矿业权重叠[J]. 中国国土资源经济,2014(7):11-16.

[116] 罗世兴,沙景华,吕古贤. 鄂尔多斯盆地矿权重叠问题探析[J]. 中国矿业,2012,21(增刊):201-204.

[117] 马欣,谭箭航,马蕊华,等. 石油天然气与其他矿种重叠相关法律问题探讨[J]. 天然气技术与经济,2013,7(6):64-66.

[118] 吴文盛,刘小磊. 中国矿业权重叠问题探析[J]. 石家庄经济学院学报,2014,37(2):55-58.

[119] 方敏,毛成栋,周海东.“矿中矿”探采权利如何厘得清:国外油气矿业权重叠管理制度借鉴[J]. 资源导刊,2014(8):50-51.

[120] 罗世兴,沙景华. 国内外矿权重叠勘查开发模式研究[J]. 中国煤炭,2011,37(10):28-31.